JN441166

2025년
기업정보화통계집

과학기술정보통신부
한국지능정보사회진흥원

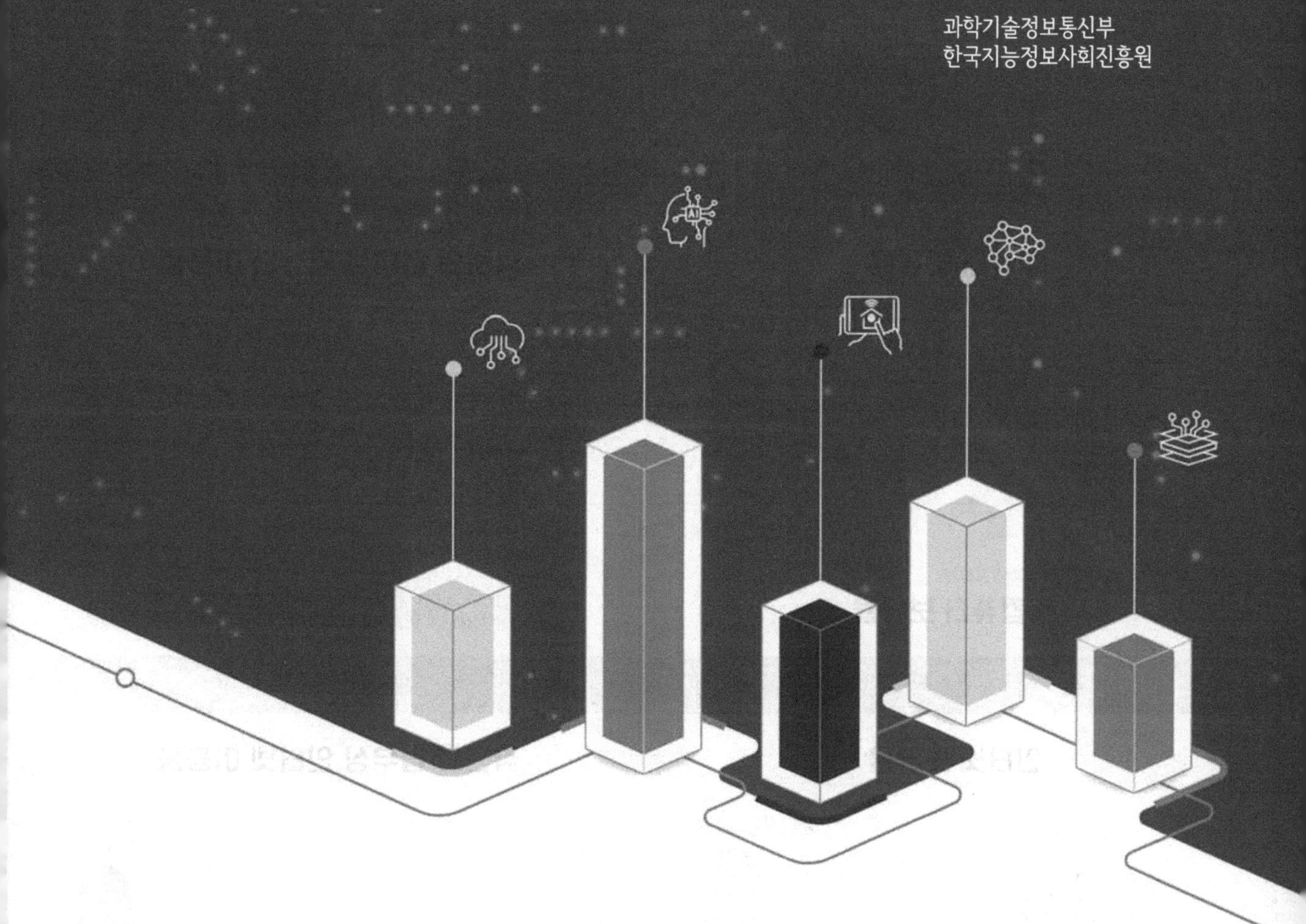

한눈에 보는 기업체의 주요 정보화 현황

| 핵심항목

사물인터넷 이용률

2023년 12월 55.2% > 2024년 12월 55.8%

클라우드 컴퓨팅 이용률

2023년 12월 74.2% > 2024년 12월 77.7%

데이터 분석 이용률

2023년 12월 40.2% > 2024년 12월 40.7%

인공지능 이용률

2023년 12월 30.3% > 2024년 12월 32.9%

컴퓨터

컴퓨터 보유율

	2023년 12월	2024년 12월
컴퓨터 보유율	100.0%	100.0%

기준 : 전국의 종사자수 10인 이상 기업체

컴퓨터 보유율

직원의 업무상 컴퓨터 이용률

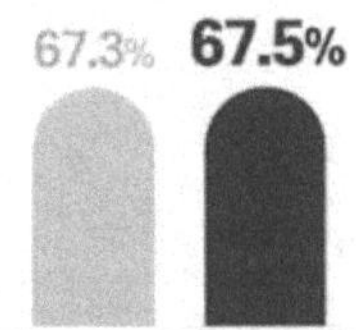

	2023년 12월	2024년 12월
직원의 업무상 컴퓨터 이용률	67.3%	67.5%

기준 : 1) 컴퓨터를 보유한 기업체
2) 직원의 업무상 컴퓨터 이용률은 전체 직원 중 일주일에 적어도 한번 이상 컴퓨터를 이용하여 업무를 수행하는 직원의 비율을 말함

인터넷

인터넷 보유율

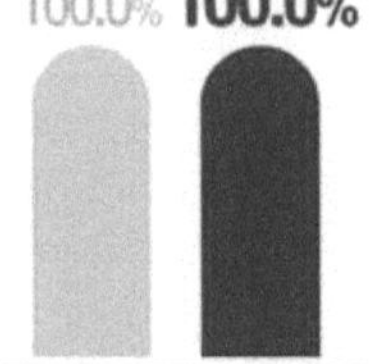

	2023년 12월	2024년 12월
인터넷 보유율	100.0%	100.0%

기준 : 전국의 종사자수 10인 이상 기업체

직원의 업무상 인터넷 이용률

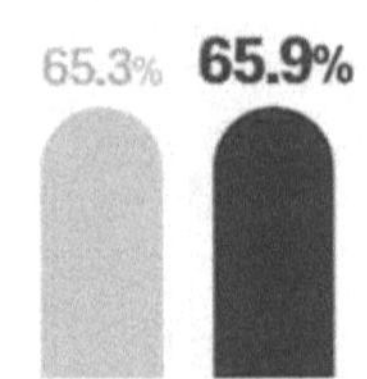

	2023년 12월	2024년 12월
직원의 업무상 인터넷 이용률	65.3%	65.9%

기준 : 1) 인터넷 이용 기업체
2) 직원의 업무상 인터넷 이용률은 전체 직원 중 일주일에 적어도 한번 이상 인터넷을 이용하여 업무를 수행하는 직원의 비율을 말함

웹사이트(홈페이지 등)

웹사이트(홈페이지 등) 이용률

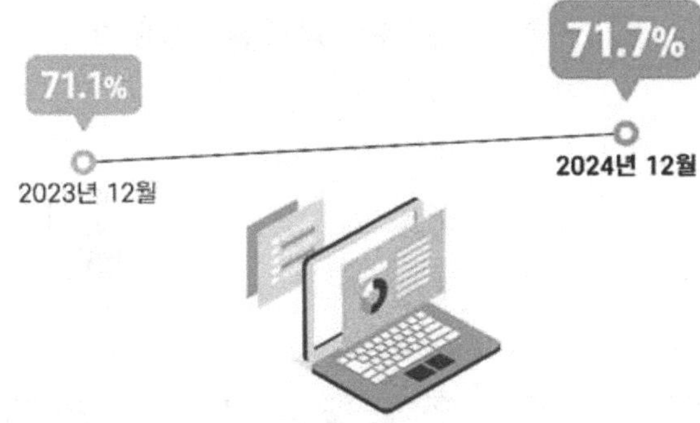

기준 : 전국의 종사자수 10인 이상 기업체

웹사이트(홈페이지 등) 이용 형태

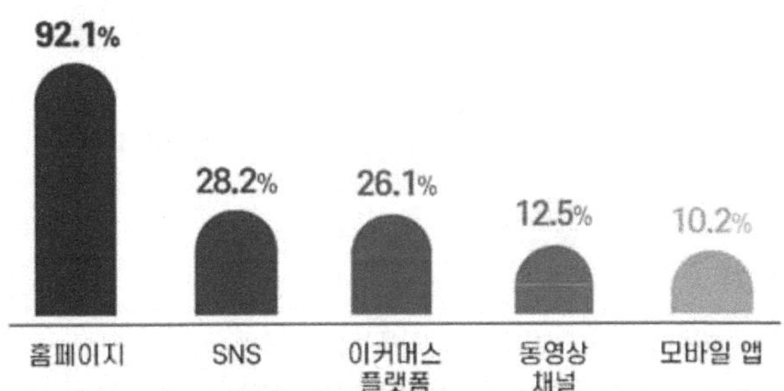

기준 : 1) 2024년 12월, 웹사이트(홈페이지 등) 이용 기업체
2) 웹사이트(홈페이지 등) 이용 형태별 복수응답 수치임

전자상거래 구매 / 판매

구매 이용률

판매 이용률

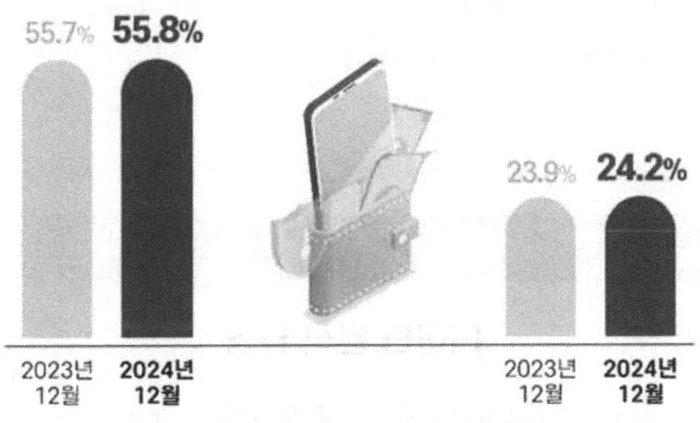

기준 : 전국의 종사자수 10인 이상 기업체

전자정부 서비스

전자정부 서비스 이용률

기준 : 전국의 종사자수 10인 이상 기업체

공공데이터

공공데이터 활용률

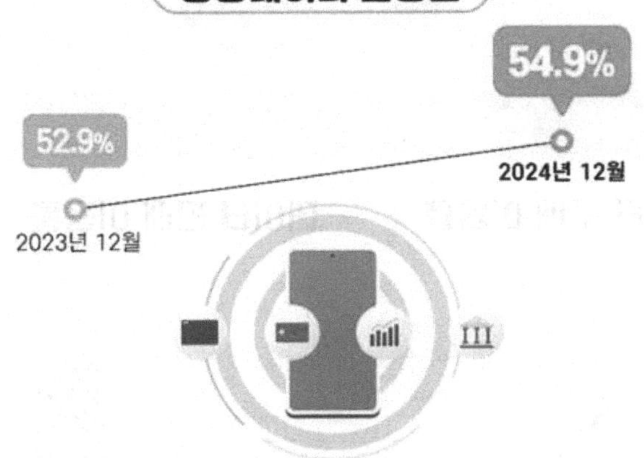

기준 : 전국의 종사자수 10인 이상 기업체

경영정보시스템

경영정보시스템 이용률

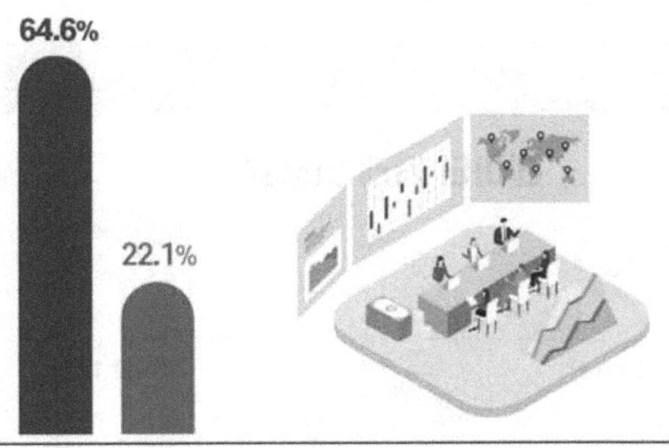

기준 : 전국의 종사자수 10인 이상 기업체

사물인터넷 기기 및 서비스

사물인터넷 기기 및 서비스 이용률

기준 : 전국의 종사자수 10인 이상 기업체

사물인터넷 기기 및 서비스 이용 분야

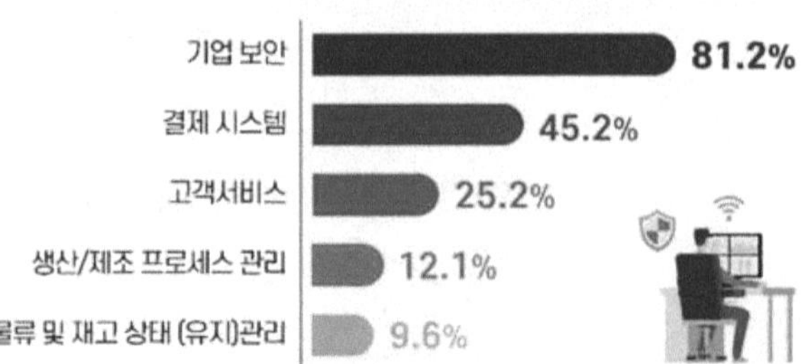

기준 : 2024년 12월, 사물인터넷 기기 및 서비스 이용 기업체 / 5순위, 복수응답

클라우드 컴퓨팅 서비스

클라우드 컴퓨팅 서비스 이용률

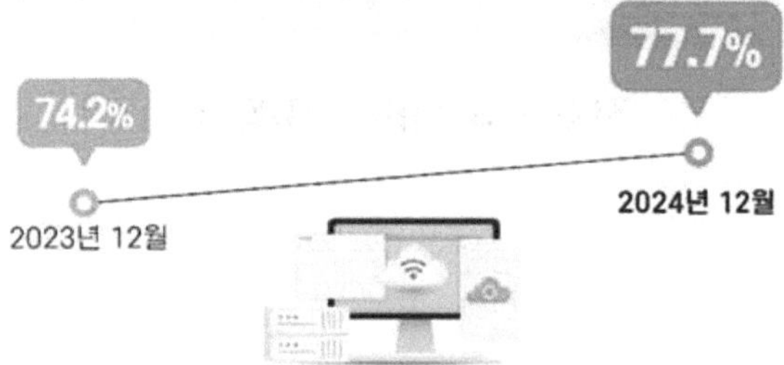

기준 : 전국의 종사자수 10인 이상 기업체

클라우드 컴퓨팅 서비스 이용 분야

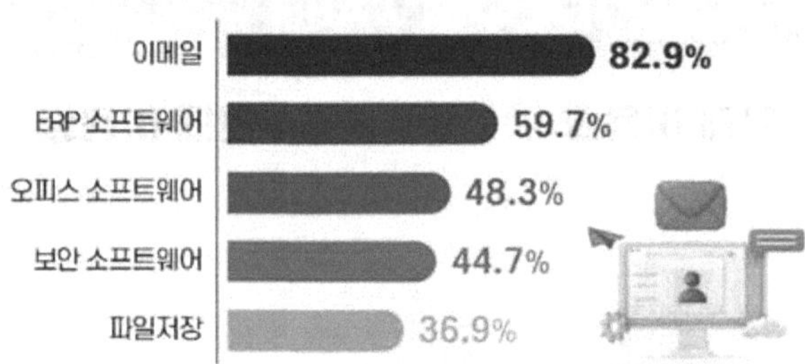

기준 : 2024년 12월, 클라우드 컴퓨팅 서비스 이용 기업체 / 5순위, 복수응답

데이터 분석 및 서비스

데이터 분석 및 서비스 이용률

기준 : 전국의 종사자수 10인 이상 기업체

데이터 분석 유형

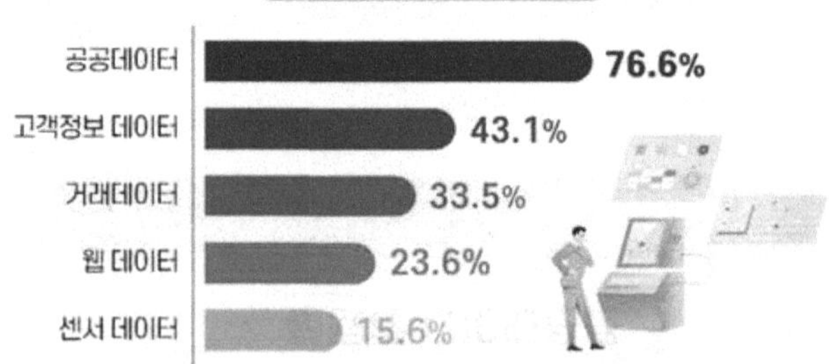

기준 : 2024년 12월, 데이터 분석 및 서비스 이용 기업체 / 5순위, 복수응답

데이터 거래

데이터 거래 이용률

기준 : 전국의 종사자수 10인 이상 기업체

데이터 구매 이용률

2023년 12월	2024년 12월
5.4%	5.3%

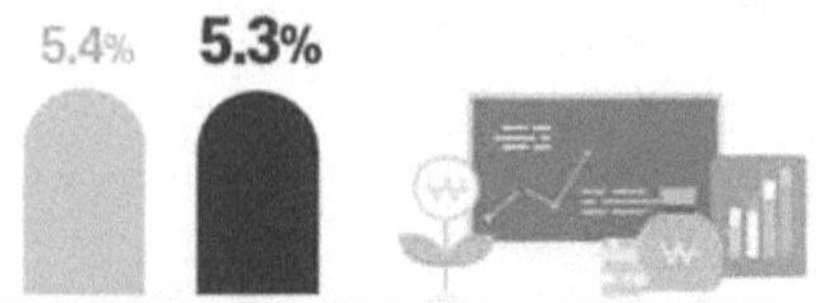

데이터 판매 이용률

2023년 12월	2024년 12월
2.9%	3.2%

기준 : 전국의 종사자수 10인 이상 기업체

인공지능 기술 및 서비스

인공지능 기술 및 서비스 이용률

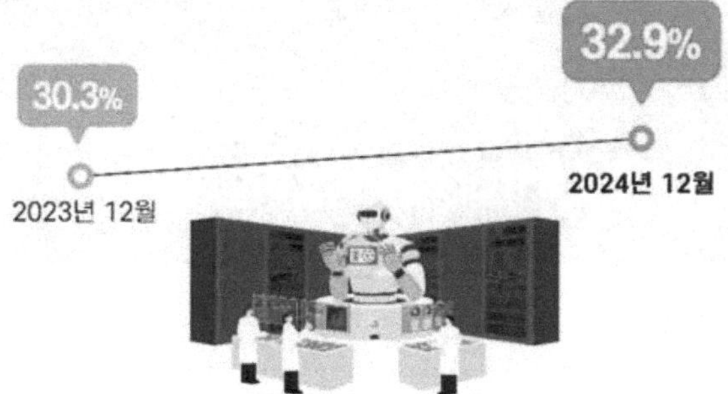

기준 : 전국의 종사자수 10인 이상 기업체

인공지능 기술 및 서비스 투자율

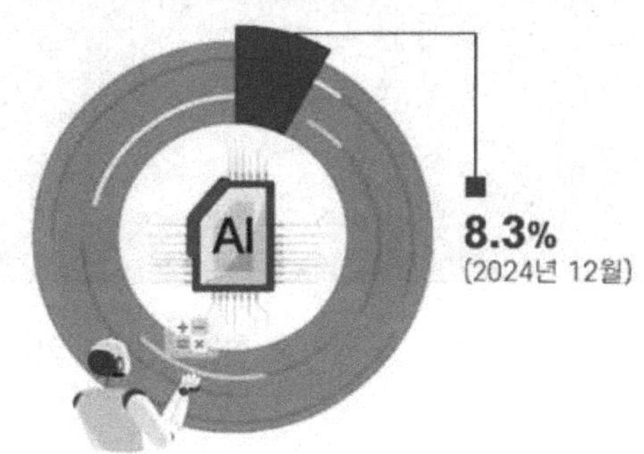

기준 : 전국의 종사자수 10인 이상 기업체

인공지능 기술 및 서비스 이용 분야

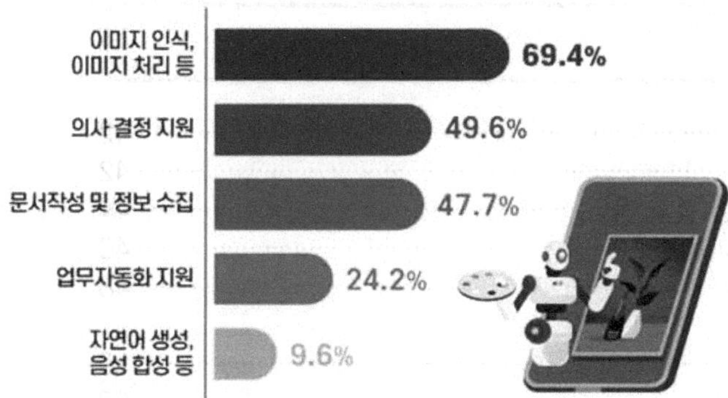

기준 : 2024년 12월, 인공지능 기술 및 서비스 이용 기업체 / 5순위, 복수응답

인공지능 기술 및 서비스 이용 목적

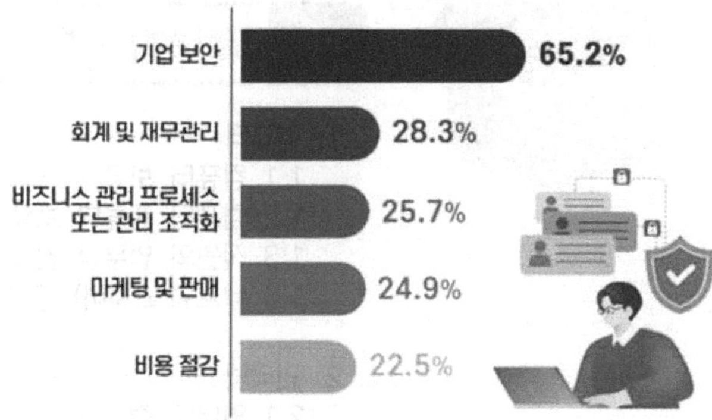

기준 : 2024년 12월, 인공지능 기술 및 서비스 이용 기업체 / 5순위, 복수응답

인공지능 기술 및 서비스 이용 형태

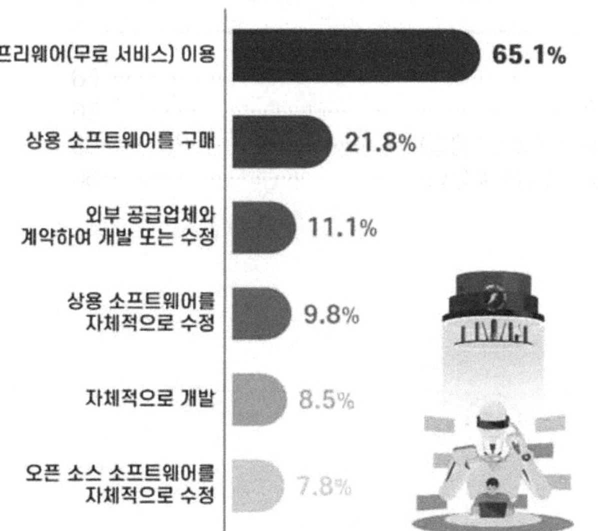

기준 : 2024년 12월, 인공지능 기술 및 서비스 이용 기업체 / 5순위, 복수응답

인공지능 기술 이용 효과

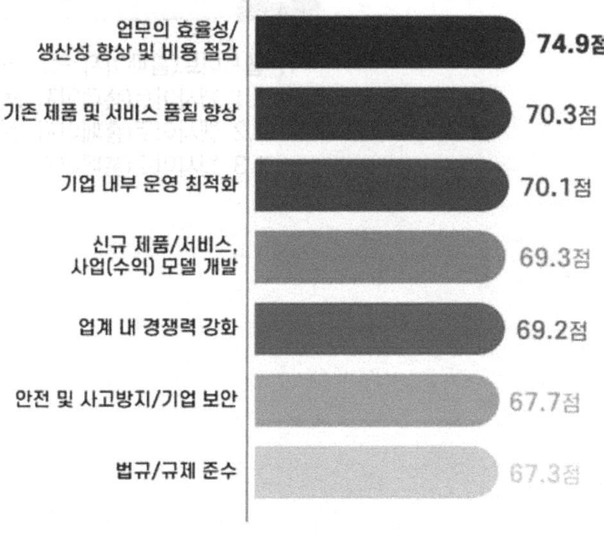

기준: 1) 2024년 12월, 인공지능 기술 및 서비스 이용 기업체
2) 인공지능 이용 효과별 100점 평균 수치임

분석편

Ⅰ 정보화 기반

Ⅱ 정보화 응용

CONTENTS

Ⅳ 정보화 투자

CONTENTS

통계편

Ⅰ 정보화 기반

Ⅱ 정보화 응용

Ⅲ 지능정보기술 활용

CONTENTS

일러두기

01 본 통계집은 1999년을 시작으로 매년 발간되고 있으며, 2020년부터 국제기구(OECD)의 권고사항을 준수하여 조사단위를 기존 1인 이상 사업체에서 10인 이상 기업체[1)]로 변경하여 조사를 실시하고 그 결과를 수록함

02 조사 응답자 및 통계 이용자 편의성을 강화하기 위해 2024년도부터 조사명을 「정보화통계조사」에서 「기업정보화통계조사」로 변경함

03 기업정보화통계조사에 수집된 통계는 해당 기업체의 전산담당자와 총무담당자를 대상으로 하여 기업체 전체에 관한 정보를 수집함

04 2025년 기업정보화통계조사는 과학기술정보통신부와 한국지능정보사회진흥원에 의해 2025년 7월부터 9월까지 수행함

05 기업정보화통계조사는 2019년까지 '전국의 종사자수 1인 이상 사업체'를 조사모집단으로 하였으나, 국가 간 비교·분석 자료로서의 정확성 제고를 위해 국제기구(OECD)의 권고사항을 준수함

- 기존 1인 이상 사업체 단위에서 10인 이상 기업체 단위로 통계단위 변경
- 조사모집단 구성 시 경제의 모든 업종을 포함한 기업체 범위 설정
- 공공부문을 제외한 순수 민간부분의 전체 산업 분야를 포괄

06 지역별, 조직 형태별 통계의 경우 표본 설계 시에는 고려하지 않은 변수임에도 통계의 정확성 제고를 위하여 최종 통계 산출 과정에서 사후 모수 추정 방법을 적용하여 모집단 자료와 동일한 결과로 제시하고 있기 때문에 전체의 조사 결과를 해석하는 데 유의해야 함

1) '기업체'란 동일 자금에 의하여 소유되고 통제되는 제도적 단위 또는 법적 단위로서 하나 이상의 사업체로 구성됨. 즉 1개의 기업체가 여러 지역에 지사를 가지고 있는 경우, 이들은 각각 별개의 사업체로 간주됨. '사업체'란 영리, 비영리를 불문하고 개개의 상점, 사무소, 영업소, 은행, 학교, 병원, 여관, 식당, 각종 교습소, 교회, 사찰, 공공기관, 사회복지시설 등과 같이 일정한 물리적 장소에서 단일 소유권 또는 단일 통제 하에서 경제활동을 하는 경제단위를 말함.

07 통계편 자료의 숫자는 반올림되었으므로 합계와 일치되지 않을 수 있음
조사 기준시점은 항목별로 상이하며 구체적인 조사 기준시점은 해당 통계표에 주기함

08 기업체의 모집단 통계는 모수의 객관성을 확보하기 위하여 아래와 같이 공공 통계자료를 이용함

➡ 기업체 부문 모집단 : 통계청 2024 기업통계등록부 4분기 기준(2024년 12월 기준)

09 조사항목에 대한 정의, 조사기준 등 세부사항은 부록편의 용어 정의 및 설문지에 기록됨

10 통계표에 사용된 부호의 뜻은 다음과 같음

➡ [-] 조사는 되었으나 정보가 없는 경우
➡ [0] 조사 결과 값이 0이거나 0의 근삿값인 경우

11 본 통계집은 과학기술정보통신부(http://www.msit.go.kr)와
한국지능정보사회진흥원(http://www.nia.or.kr) 홈페이지를 통해서도 확인하실 수 있음

12 수록된 자료에 대한 의문이나 궁금하신 점은 한국지능정보사회진흥원 인공지능정책실
미래전략팀으로 문의(053-230-1278, syjang@nia.or.kr)

본 통계집에 실린 조사 내용은 과학기술정보통신부와 한국지능정보사회진흥원에서 실시한 「2025년 기업정보화통계조사」의 결과이며 구체적인 조사개요는 다음과 같다

PART I 조사개요

1 조사 목적

본 조사는 급변하는 정보화 환경과 신규 정보화정책 수요에 따라 우리나라 기업체의 정보화 현황을 다양한 측면에서 파악하기 위해 실시하였으며 조사 결과는 정보화 관련 정책 수립 및 연구 등에 필요한 기초자료로 활용되며, 경제개발협력기구(OECD), 유엔무역 개발회의(UNCTAD) 등의 국제기구에 우리나라 공식 통계 자료로 제공됨

2 조사 연혁

1999년 처음 실시되었으며, 2025년 스물일곱 번째 조사에 이어 향후에도 과학기술정보통신부와 한국지능정보사회진흥원이 공동으로 매년 시행할 예정임

- **1999** 「정보화통계조사」 최초 실시
- **2001** 「가구, 기업, 공공부문」에서 「기업/공공부문」으로 조사범위 변경 (관련 기관 간 중복 조사 방지 및 기관 고유 업무와의 연계성을 고려)
- **2002** 「기업/공공부문」 구분 조사에서 「사업체부문」 통합 조사로 대체
- **2003** 조직형태별 조사를 추가하여 국가/지방자치단체와 기타 조직 간과의 비교 조사 실시
- **2004** 국가 지정통계로 승인(지정통계 제12008호, 2004. 7. 15)
- **2005** 사업체의 업종과 규모 분류에 있어 국제기구(OECD)의 분류기준 권고안 적용
- **2006** 「종사자 5인 이상 사업체」에서 「전체 사업체」로 조사대상 확대
  「당해년도 6월 말」에서 「전년도 12월 말」로 조사 기준시점 통일
- **2007** 표본 규모 확대(전국 11,000개 사업체를 대상으로 조사)
  정보통신부에서 안전행정부로 주관기관 변경
- **2008~2010** 표본 규모 확대(전국 14,000개 사업체를 대상으로 조사)
- **2011** 업종 분류에 한국표준산업분류 9차 개정과 국제기구(OECD, UNCTAD) 신분류기준안 적용
- **2013** 안전행정부에서 미래창조과학부로 주관기관 변경
- **2016** 국가지정통계 승인 번호 변경(제12008호 → 제120008호)
  「정보보호 및 보안 분야」 항목은 「민간기업 정보보호실태조사」 (KISA)로 이관
- **2017** 미래창조과학부에서 과학기술정보통신부로 주관기관 변경
- **2020** 10인 이상 민간 부문 기업체로 조사모집단 단위 및 표본 규모(12,500개) 변경 (통계자료의 정확성 및 국가 간의 비교성 고려)
- **2023** 조사표 구성 변경
- **2024** 「정보화통계조사」에서 「기업정보화통계조사」로 조사명 변경

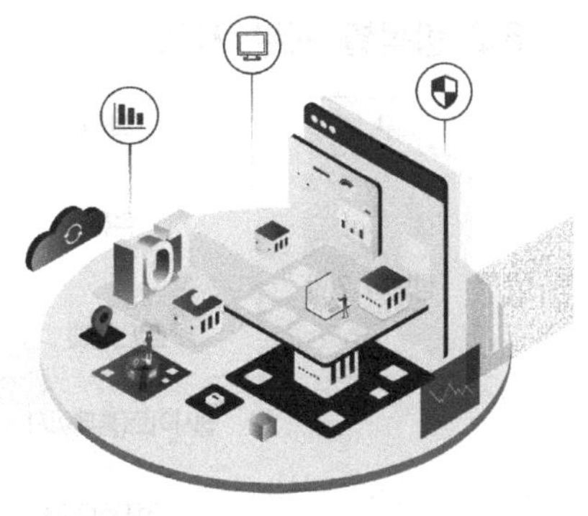

3 조사 근거

『통계법』 제17조에 의한 국가승인 지정통계(제120008호, 2004년 7월 15일)로 『지능정보화기본법』 제66조(지표조사) 및 동법 시행령 제53조(지표의 개발 · 보급)에 근거하여 실시됨

4 조사 주기 : 연 1회

조사주기는 1년이며, 매년 조사가 진행됨

5 조사 대상(범위)

5.1 목표 모집단

전국의 종사자 수 10인 이상 민간 부문의 모든 기업체(211,615개)

5.2 표본 추출틀(Sampling Frame)

통계청, 2024 기업통계등록부 4분기 기준(2024년 12월 기준)

5.3 조사 모집단

2025년 기업정보화통계조사의 목표 모집단은 전국의 종사자수 10명 이상의 민간 부문 기업체임
2024년 12월 기준의 통계청 기업통계등록부의 목표모집단 전체 기업체수는 211,615개임

6 조사 내용(항목)

6.1 지표 구성 방향

정보화의 다양한 측면을 최대한 포괄하고, 현재 정보화 환경에 맞게 지표를 구성하고자 크게 정보화 기반, 정보화 응용, 지능정보기술 활용, 정보화 투자 및 효과 등의 4개 분야별로 세부 지표를 수정 · 보완함

6.2 항목별 세부 지표

구 분	항 목	세부 지표
Ⅰ. 정보화 기반	컴퓨터	컴퓨터 보유 여부 및 활용 종류
		직원의 업무상 컴퓨터 이용률
		네트워크(혹은 서버) 구축 여부
	인터넷	인터넷 접속 여부 및 접속 방법
		직원의 업무상 인터넷 이용률
Ⅱ. 정보화 응용	웹사이트(홈페이지 등)	웹사이트(홈페이지 등) 이용 여부 및 이용 형태
		웹사이트(홈페이지 등) 제공 기능
	전자상거래 구매(발주)/판매(수주)	전자상거래 구매(발주)/판매(수주) 여부
		총 판매(수주)액 대비 전자상거래 판매(수주)액 비율
		고객유형별 전자상거래 판매(수주)액 비율
	전자정부 서비스	전자정부 서비스 이용 여부 및 이용 유형
	공공데이터	공공데이터 활용 여부
		공공데이터 활용 수준
	경영정보시스템	경영정보시스템(ERP, CRM) 운영 여부
		경영정보시스템 운영 방식
	원격 근무(스마트워크)	원격 근무(스마트워크) 운영 여부 및 운영 방식
Ⅲ. 지능정보기술 활용	사물인터넷(IoT)	사물인터넷(IoT) 기기 및 서비스 이용 여부 및 유형
		사물인터넷(IoT) 기기 및 서비스 이용 목적
		사물인터넷(IoT) 기기 및 서비스 미이용 이유
	클라우드 컴퓨팅	클라우드 컴퓨팅 서비스 이용 여부 및 유형
		클라우드 컴퓨팅 서비스 이용 목적
		클라우드 컴퓨팅 서비스 미이용 이유
	데이터 분석	데이터 분석 및 서비스 이용 여부 및 유형
		데이터 분석 및 서비스 이용 목적
		데이터 분석 및 서비스 이용 형태
		데이터 분석 및 서비스 미이용 이유
	데이터 거래	데이터 구매/판매 여부
	인공지능(AI)	인공지능(AI) 기술 및 서비스 이용 여부 및 유형
		인공지능(AI) 기술 및 서비스 투자(비용지출) 여부 및 유형
		인공지능(AI) 기술 및 서비스 이용 목적
		인공지능(AI) 기술 및 서비스 이용 형태
		인공지능(AI) 기술 및 서비스 이용 효과
		인공지능(AI) 기술 및 서비스 미이용 이유
Ⅳ. 정보화 투자	정보화 투자	정보화 투자(비용지출) 여부 및 유형
		정보화 투자(비용지출) 비율
		인공지능(AI) 기술 및 서비스 투자(비용지출) 비율
	정보화 전담인력	정보화 전담인력 보유 여부 및 보유 형태

6.3 조사표 변천

이번 조사에서 2024년과 비교해 변경된 항목은 다음과 같으며, 『2025년 기업정보화통계조사』에 사용된 조사표는 부록에 별도로 수록함

☑ 조사표 변경 내역(2024~2025년)

대 항목	세 항목	세부 지표		사 유
II. 정보화 응용	경영정보시스템,	경영정보시스템(ERP, CRM) 운영 여부, 경영정보시스템 운영 방식	수 정	조사의 시의성을 고려한 보기 항목 재구성
III. 지능정보기술 활용	인공지능 (AI)	인공지능(AI) 기술 및 서비스 이용 여부 및 이용 유형, 인공지능(AI) 기술 및 서비스 투자(비용지출) 여부 및 이용 유형	수 정	조사의 시의성을 고려한 응답 이원화
		인공지능(AI) 기술 및 서비스 이용 형태	수 정	조사의 시의성을 고려한 보기 항목 재구성
		인공지능(AI) 기술 및 서비스 이용 효과	추 가	조사의 시의성을 고려한 문항 추가
IV. 정보화 투자	정보화 투자	정보화 투자(비용지출) 비율, 인공지능(AI) 기술 및 서비스 투자(비용지출) 비율	수 정	조사의 시의성을 고려한 응답 이원화
	정보화 효과	정보화 효과	삭 제	조사의 시의성을 고려한 문항 삭제

7 실사

7.1 조사 기간[2)]

- 조사 기준시점 : 2024년 12월 31일 현재
- 조사 대상기간 : 2024년 1월 1일 ~ 12월 31일(1년 간)
- 조사 실시기간 : 2025년 7월 29일 ~ 10월 2일(약 10주)
- 목표 표본수 : 12,500개
  - 최종 유효응답 : 12,264개(유효응답률 : 98.1%)

7.2 조사 기관

- 조사 주관기관 : 과학기술정보통신부
- 조사 전담기관 : 한국지능정보사회진흥원
- 조사 수행기관 : ㈜한국갤럽조사연구소

7.3 조사 체계 및 절차

조사의 진행은 아래의 그림과 같은 순서로 진행되었음

2) 2006년도부터 조사 시기를 변경하였다.

구 분	2006년 이전	2006년 이후
조사 기준 시점	조사년도 6월 30일 현재	조사전년도 12월 31일 기준
조사 대상 기간	조사전년도 7월 ~ 조사년도 6월(1년 간)	조사전년도 1월 ~ 조사전년도 12월(1년 간)

☑ 조사의 흐름도

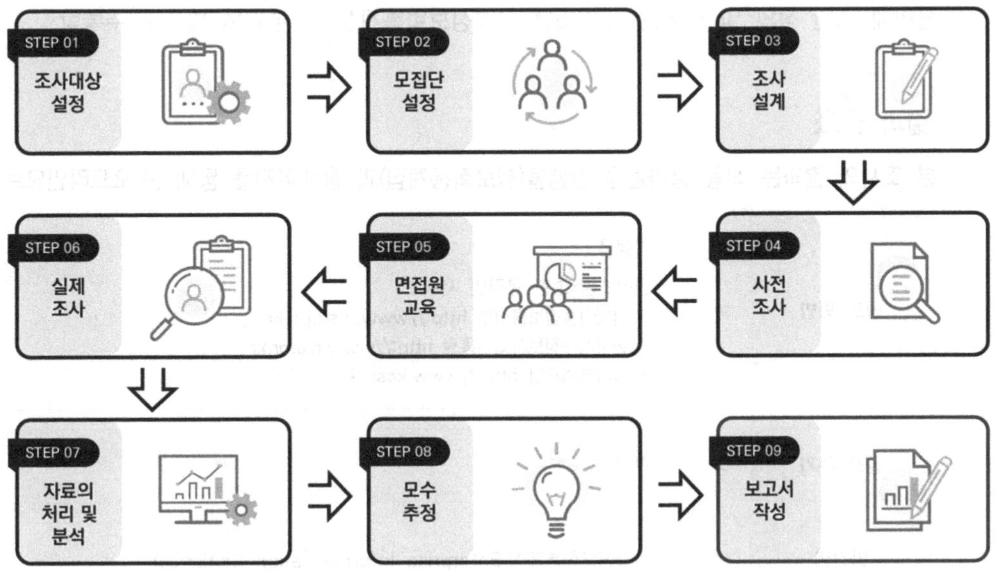

7.4 조사 방법

- 비표본오차를 최대한 줄일 수 있는 대인면접조사 방법을 우선으로 하여 전산담당자나 총무담당자 대상 면접조사를 진행하였으며, 대인면접조사가 어렵다고 응답한 기업체에 대해서는 웹, 이메일, 팩스조사를 병행함
- 특히, 매년 조사대상인 전수층(종사자수 1,000명 이상의 모든 기업체와 250명~999명 일부 기업체)에 대해서는 웹서베이 조사방법을 통해 조사의 접근성 및 효율성을 높임
- 면접원을 대상으로 조사의 취지, 조사 목적, 조사 방법, 유의사항 등 본 조사자료 수집에 관한 교육을 실시함. 또한 면접원이 설문지에 익숙하도록 연습 면접을 실시하여, 면접 시 발생할 수 있는 문제점을 사전에 발견하고 지적함으로써 비표본오차의 발생을 최소화함

8 자료 처리 및 통계 분석

수집된 자료는 자료 내검(에디팅), 부호화(코딩)를 거친 후 컴퓨터에 입력하여 자료파일을 만들었으며, 입력된 자료는 SPSS Statistics 25 프로그램을 사용하여 통계 처리함

- 조사된 설문지는 사후 전화검증을 통해 조사원 방문여부, 응답의 정확성 등을 확인하여 조사의 객관성과 신뢰성을 확보함
- 1차 검증이 완료된 설문지는 입력 시스템을 활용해 전담 입력원이 펀칭하였고, 입력된 자료의 오류 확인을 위해 재검토를 실시함
- 각 문항 간 논리적 일관성이 없는 데이터를 제외하고 최종 데이터를 확정함

9 용어 설명

용어에 대한 정의 및 설명은 『2025년 기업정보화통계집』의 부록에 별도로 수록함

10 결과 공표

본 조사의 결과는 최종 결과물을 간행물(정보화통계집)과 홈페이지를 통해 온·오프라인으로 공시함

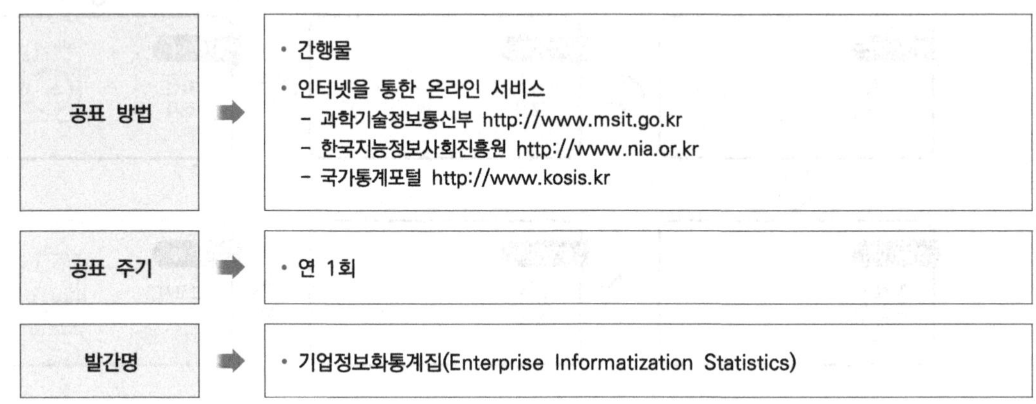

공표 방법	• 간행물 • 인터넷을 통한 온라인 서비스 - 과학기술정보통신부 http://www.msit.go.kr - 한국지능정보사회진흥원 http://www.nia.or.kr - 국가통계포털 http://www.kosis.kr
공표 주기	• 연 1회
발간명	• 기업정보화통계집(Enterprise Informatization Statistics)

PART Ⅱ 표본 설계

1 조사 모집단

2025년 기업정보화통계조사의 목표 모집단은 전국의 종사자수 10명 이상의 민간 부문 기업체임
2024년 12월 기준, 통계청 기업통계등록부의 모집단의 전체 기업체 수는 211,615개임

※ 기업체수와 종사자 수는 각각 21만 1천여 개, 1,041만여 명으로 나타남
조사 모집단 – 업종별 특성(한국표준산업분류 11차 개정 분류, 2024. 1. 1.)
국제기구 파트너십(OECD, UNCTAD 등)의 신 분류기준 권고안을 적용하여 층화변수 재분류

☑ 업종별 특성(한국표준산업분류 11차 개정 분류, 2024. 1. 1.)

구 분	기업체수 (개)	구성비 (%)	종사자수 (명)	구성비 (%)	평균 (명)	표준편차 (명)
전 체	211,615	100.00	10,419,544	100.00	49.24	468.84
A. 농업, 임업 및 어업	1,365	0.65	27,585	0.26	20.21	25.08
B. 광업	251	0.12	6,943	0.07	27.66	43.02
C. 제조업	65,369	30.89	3,461,446	33.22	52.95	687.87
D. 전기, 가스, 증기 및 공기 조절 공급업	205	0.10	42,536	0.41	207.49	1038.275
E. 수도, 하수·폐기물 처리, 원료재생업	2,353	1.11	76,707	0.74	32.60	75.23
F. 건설업	30,394	14.36	1,183,061	11.35	38.92	177.14
G. 도매 및 소매업	28,620	13.52	1,006,247	9.66	35.15	293.79
H. 운수 및 창고업	7,740	3.66	558,248	5.36	72.13	803.92
I. 숙박 및 음식점업	10,950	5.17	394,324	3.78	36.01	348.52
J. 정보통신업	11,502	5.44	648,542	6.22	56.39	286.46
K. 금융 및 보험업	1,525	0.72	314,515	3.02	206.24	943.35
L. 부동산업	2,687	1.27	188,397	1.81	70.11	253.27
M. 전문, 과학 및 기술서비스업	14,647	6.92	550,659	5.28	37.60	142.43
N. 사업시설관리, 사업지원 및 임대서비스업	10,975	5.19	1,239,256	11.89	112.92	479.16
P. 교육 서비스업	2,486	1.17	75,148	0.72	30.23	83.00
Q. 보건업 및 사회복지 서비스업	14,900	7.04	482,811	4.63	32.40	50.13
R. 예술, 스포츠 및 여가관련 서비스업	1,501	0.71	60,842	0.58	40.53	156.70
S. 협회 및 단체, 수리 및 기타 개인서비스업 [협회단체제외]	4,145	1.96	102,277	0.98	24.67	154.28

2 모집단의 근접성

2025년 기업정보화통계조사의 목표모집단(2024년 말 기준)과 표본추출을 위한 조사모집단(기업통계등록부 2024년 12월 기준)의 기간 차이는 존재하지 않음

3 표본 설계 방법

3.1 모집단의 층화

- 층화지표 : 업종별(산업 분류), 규모별(종사자 수) 분류 사용
- 층화구조 : 64개 층으로 2단계 층화

3.2 적용 분류 기준

기업체의 업종과 규모 분류에 있어 국제기구 파트너십(OECD, UNCTAD, ITU 등)의 분류기준 권고안을 적용하여 한국표준산업분류 11차 개정(KSIC Rev.11)에 의한 19개의 대분류 중 16개의 업종으로 재분류하였고, 규모는 기업체 종사자 수를 4개로 분류함

(1) 업종별 : ① 농림수산업(광업포함), ② 제조업, ③ 전기, 가스 증기 및 공기조절 공급업/수도, 하수·폐기물 처리, 원료재생업, ④ 건설업, ⑤ 도매 및 소매업, ⑥ 운수 및 창고업, ⑦ 숙박 및 음식점업, ⑧ 정보통신업, ⑨ 금융 및 보험업, ⑩ 부동산업, ⑪ 전문, 과학 및 기술 서비스업, ⑫ 사업시설관리, 사업지원 및 임대서비스업, ⑬ 교육 서비스업, ⑭ 보건업 및 사회 복지 서비스업, ⑮ 예술, 스포츠 및 여가관련 서비스업, ⑯ 협회/단체/수리 및 기타 개인서비스업

※ 2020년 정보화통계조사 조사대상 모집단 교체로 공공행정, 국방 및 사회보장행정(KSIC O), 제외, 협회 및 단체, 수리 및 기타 개인서비스업(KSIC S) 중 협회/단체 제외

(2) 규모별 : 10~49명, 50~249명, 250~999명, 1,000명 이상

✔ 업종별 분류 기준

한국표준산업분류 (10차 개정)	업종 분류 기준 (정보화통계조사)	국제기구 권고 분류기준 (ISIC ver 4.0)
A. 농업, 임업 및 어업	1. 농림수산업(광업포함)	-
B. 광업		
C. 제조업	2. 제조업	제조업 (ISIC C)
D. 전기, 가스, 증기 및 공기조절 공급업	3. 전기, 가스, 증기 및 공기조절 공급업/수도, 하수·폐기물 처리, 원료재생업	-
E. 수도, 하수·폐기물 처리, 원료재생업		
F. 건설업	4. 건설업	건설업 (ISIC F)
G. 도매 및 소매업	5. 도매 및 소매업	도매업 (ISIC G); 자동차 및 오토바이 도매업 제외
		소매업 (ISIC G); 자동차 및 오토바이 도매업 제외
H. 운수 및 창고업	6. 운수 및 창고업	운수업 (ISIC H)
I. 숙박 및 음식점업	7. 숙박 및 음식점업	숙박 및 음식점업 (ISIC I)
J. 정보통신업	8. 정보통신업	정보통신업 (ISIC J)
K. 금융 및 보험업	9. 금융 및 보험업	금융 및 보험업(ISIC K)
L. 부동산업	10. 부동산업	부동산업 (ISIC L)
M. 전문, 과학 및 기술 서비스업	11. 전문, 과학 및 기술서비스업	전문, 과학 및 기술 서비스업 (ISIC M)
N. 사업시설관리, 사업지원 및 임대서비스업	12. 사업시설관리, 사업지원 및 임대서비스업	사업시설관리, 사업지원 및 임대서비스업 (ISIC N)
P. 교육 서비스업	13. 교육 서비스업	-
Q. 보건업 및 사회복지서비스업	14. 보건업 및 사회복지서비스업	-
R. 예술, 스포츠 및 여가관련 서비스업	15. 예술, 스포츠 및 여가관련 서비스업	-
S. 협회 및 단체, 수리 및 기타 개인서비스업	16. 협회 및 단체, 수리 및 기타 개인서비스업 [협회 및 단체 제외]	기타 서비스업(ISIC S, S95 수리업 포함) - ISIC S94 협회 및 단체 - ISIC S95 컴퓨터, 개인 및 가정용품 수리업 포함 - ISIC S96 기타 개인서비스업

✔ 조직규모별 분류 기준

구분	규모 1층	규모 2층	규모 3층	규모 4층
규모 분류	10 ~ 49명	50 ~ 249명	250 ~ 999명	1,000명 이상

※ UNCTAD(1~9명, 10~49명, 50~249명, 250명 이상), OECD(10~49명, 50~249명, 250명 이상)

☑ 조사 모집단 - 업종별 특성

구 분	기업체수 (개)	구성비 (%)	종사자수 (명)	구성비 (%)	평균 (명)	표준편차 (명)
전 체	211,615	100.00	10,419,544	100.00	49.24	468.84
1. 농림수산업(광업포함)	1,616	0.76	34,528	0.33	21.36	28.72
2. 제조업	65,369	30.89	3,461,446	33.22	52.95	687.87
3. 전기 등 공기조절 공급업/수도 등 원료 재생업	2,558	1.21	119,243	1.14	46.61	305.72
4. 건설업	30,394	14.36	1,183,061	11.35	38.92	177.14
5. 도매 및 소매업	28,620	13.52	1006247	9.66	35.16	293.79
6. 운수 및 창고업	7,740	3.66	558,248	5.36	72.12	803.93
7. 숙박 및 음식점업	10,950	5.17	394,324	3.78	36.01	348.52
8. 정보통신업	11,502	5.44	648,542	6.22	56.39	286.46
9. 금융 및 보험업	1,525	0.72	314,515	3.02	206.24	943.35
10. 부동산업	2,687	1.27	188,397	1.81	70.11	253.27
11. 전문, 과학 및 기술서비스업	14,647	6.92	550,659	5.28	37.60	142.43
12. 사업시설관리, 사업지원 및 임대서비스업	10,975	5.19	1,239,256	11.89	112.92	479.16
13. 교육 서비스업	2,486	1.17	75,148	0.72	30.23	83.00
14. 보건업 및 사회복지서비스업	14,900	7.04	482,811	4.63	32.40	50.13
15. 예술, 스포츠 및 여가관련 서비스업	1,501	0.71	60,842	0.58	40.53	156.70
16. 수리 및 기타 개인 서비스업	4,145	1.96	102,277	0.98	24.67	154.28

※ 기업체 모집단 변경 후 기타 업종 분리, 전기/가스/증기 및 공기조절 공급업(KSIC D), 수도/하수/폐기물 처리/원료재생업(KSIC E) 통합, 공공행정/국방 및 사회보장 행정(KSIC O) 제외, 협회 및 단체/수리 및 기타 개인서비스(KSIC S) 중 협회 및 단체 제외

☑ 조사 모집단 - 규모별 특성

구 분	기업체수 (개)	구성비 (%)	종사자수 (명)	구성비 (%)	평균 (명)	표준편차 (명)
전 체	211,615	100.00	10,419,544	100.00	49.24	468.84
1. 10~49명	180,930	85.50	3,431,364	32.93	18.97	9.42
2. 50~249명	26,144	12.35	2,531,082	24.29	96.81	46.79
3. 250~999명	3,696	1.75	1,653,438	15.87	447.36	187.27
4. 1,000명이상	845	0.40	2,803,660	26.91	3317.94	6573.82

☑ 조사 모집단 - 업종/규모별 특성

업 종	규 모	기업체수 (개)	구성비 (%)	종사자수 (명)	구성비 (%)	평균 (명)	표준편차 (명)
전 체		211,615	100.00	10,419,544	100.00	49.24	468.84
농림수산업 (광업포함)	10~49명	1,537	0.73	25,871	0.25	16.83	8.36
	50~249명	75	0.04	7,109	0.07	94.79	47.06
	250~999명	4	0.00	1548	0.01	387	173.69
	1,000명 이상	-		-		-	-
제조업	10~49명	55,152	26.06	1,105,259	10.61	20.04	9.82
	50~249명	8,833	4.17	861,200	8.27	97.5	46.98
	250~999명	1,156	0.55	503,556	4.83	435.6	180.06
	1,000명 이상	228	0.11	991,431	9.52	4348.38	10787.2
전기 등 공기조절 공급업/수도 등 원료 재생업	10~49명	2,175	1.03	45,723	0.44	21.02	10.35
	50~249명	346	0.16	28,898	0.28	83.52	38.29
	250~999명	28	0.01	11,853	0.11	423.32	219.13
	1,000명 이상	9	0.00	32,769	0.31	3641	3788.4
건설업	10~49명	26,763	12.65	492,560	4.73	18.4	8.96
	50~249명	3,116	1.47	295,648	2.84	94.88	46.08
	250~999명	430	0.20	188,921	1.81	439.35	176.16
	1,000명 이상	85	0.04	205,932	1.98	2422.73	2066.25
도매 및 소매업	10~49명	26,036	12.30	450,433	4.32	17.3	8.44
	50~249명	2,256	1.07	208,474	2.00	92.41	44.91
	250~999명	262	0.12	116,328	1.12	444	191.67
	1,000명 이상	66	0.03	231,012	2.22	3500.18	4694.85
운수 및 창고업	10~49명	5,807	2.74	125,376	1.20	21.59	10.62
	50~249명	1,670	0.79	165,138	1.58	98.89	48.01
	250~999명	227	0.11	93,974	0.90	413.98	181.31
	1,000명 이상	36	0.02	173,760	1.67	4826.67	10867.26
숙박 및 음식점업	10~49명	10,313	4.87	163,828	1.57	15.89	7.44
	50~249명	535	0.25	50,167	0.48	93.77	46.26
	250~999명	72	0.03	35,665	0.34	495.35	207.06
	1,000명 이상	30	0.01	144,664	1.39	4822.13	4611.81
정보통신업	10~49명	9,251	4.37	186,760	1.79	20.19	9.92
	50~249명	1,922	0.91	190,272	1.83	99	48.53
	250~999명	276	0.13	118,076	1.13	427.81	172.7
	1,000명 이상	53	0.03	153,434	1.47	2894.98	2939.77

구 분		기업체수 (개)	구성비 (%)	종사자수 (명)	구성비 (%)	평균 (명)	표준편차 (명)
업 종	규 모						
금융 및 보험업	10~49명	977	0.46	19,647	0.19	20.11	10.43
	50~249명	362	0.17	39,765	0.38	109.85	51.13
	250~999명	130	0.06	67,675	0.65	520.58	213.16
	1,000명 이상	56	0.03	187,428	1.80	3346.93	3685.04
부동산업	10~49명	2,241	1.06	41,316	0.40	18.43	9.33
	50~249명	320	0.15	33,663	0.32	105.2	54
	250~999명	90	0.04	45,680	0.44	507.56	204.66
	1,000명 이상	36	0.02	67,738	0.65	1881.61	856.96
전문, 과학 및 기술서비스업	10~49명	12,861	6.08	241,916	2.32	18.81	9.18
	50~249명	1,551	0.73	144,268	1.38	93.01	45.75
	250~999명	199	0.09	86,540	0.83	434.87	177.7
	1,000명 이상	36	0.02	77,935	0.75	2164.86	1539.22
사업시설관리, 사업지원 및 임대서비스업	10~49명	7,649	3.61	162,462	1.56	21.24	10.52
	50~249명	2,488	1.18	263,527	2.53	105.92	50.4
	250~999명	643	0.30	312,333	3.00	485.74	201.72
	1,000명 이상	195	0.09	500,934	4.81	2568.89	2441.33
교육 서비스업	10~49명	2,294	1.08	40,993	0.39	17.87	8.62
	50~249명	160	0.08	14,707	0.14	91.92	42.11
	250~999명	29	0.01	14,563	0.14	502.17	192.48
	1,000명 이상	3	0.00	4,885	0.05	1628.33	524.17
보건업 및 사회복지서비스업	10~49명	12,621	5.96	234,934	2.25	18.61	9.32
	50~249명	2,153	1.02	197,920	1.90	91.93	40.86
	250~999명	123	0.06	45,444	0.44	369.46	129.61
	1,000명 이상	3	0.00	4513	0.04	1504.33	318.5
예술, 스포츠 및 여가관련 서비스업	10~49명	1,268	0.60	23,891	0.23	18.84	9.64
	50~249명	213	0.10	18,598	0.18	87.31	38.41
	250~999명	14	0.01	5,757	0.06	411.21	140.51
	1,000명 이상	6	0.00	12,596	0.12	2099.33	1243.14
수리 및 기타 개인 서비스업	10~49명	3,985	1.88	70,395	0.68	17.66	8.13
	50~249명	144	0.07	11,728	0.11	81.44	37.81
	250~999명	13	0.01	5,525	0.05	425	146.05
	1,000명 이상	3	0.00	14,629	0.14	4876.33	3503.69

3.3 표본수 결정

최종 조사 대상 표본수는 아래의 공식에 목표 변동계수 0.37%를 바탕으로 총 12,500개의 표본을 선정함

네이만배분법에 의한 표본크기 결정 공식

$$n = \frac{(\sum_{h=1}^{L} W_h S_h)^2}{\sum_{h=1}^{L} W_h S_h^2 / N + \left(\alpha \sum_{h=1}^{L} W_h \overline{Y_h}\right)^2}$$

L : 층의 개수 (업종×규모)

S_h^2 : h층의 종사자수 분산

W_h : 층별 가중치

N : 총 기업체수

$\overline{Y_h}$: h층의 종사자수의 평균

$\alpha = \frac{\sqrt{Var(\overline{Y_{st}})}}{\overline{Y_{st}}}$: 목표변동계수

✔ 목표변동계수에 따른 표본수 결정

목표 변동계수	0.0034	0.0035	0.0036	0.0037	0.0038	0.0039	0.0040
표본수	14,736	14,086	13,475	12,900	12,358	11,847	11,365

3.4 표본 배분 방법

전체 총 표본수에서 전수층의 표본수와 과표본추출수를 제외한 나머지의 표본을 각 층별 네이만 배분법(층별 크기와 분산 고려)을 이용하여 배분함

(1) 표본배분 방식의 결정

① 절사 추출 : 종사자 수(기업체의 규모)가 1,000명 이상인 기업체와
250~999명의 일부 기업체는 전수층 조사 실시

② 과표본추출(Oversampling) : 층별 최소 표본 수 50개 확보

- 최소 표본수를 보장하여 적은 수의 표본이 배분되는 일부 층의 특성을 잘 반영하면서도 전체 표본의 구성은 과년도와 크게 다르지 않도록 유지
- 업종×종사자규모 세부 단위 분석의 유의성 제고를 위해 95% 신뢰수준 하에서 허용오차를 10% 이내로 최소 표본 수 확보

※ 적은 수의 표본이 배분되는 일부 층(농림수산업 10~49명, 금융 및 보험업 10~49명, 예술/스포츠 및 여가관련 서비스업 10~49명, 수리 및 기타 개인서비스업 50~249명)과 상대적으로 많은 표본이 배분되는 일부 층(제조업 10~49명, 50~249명)의 추정치를 고려하여 배분하였으며, 95% 신뢰수준 하에서 허용오차를 10% 이내로 최소 표본 수 확보

③ 네이만 배분법 : 층별 크기와 분산을 고려하여 배분

※ 전수층의 표본수와 각 층의 최소 표본수의 총합을 제외한 나머지 표본수를 네이만 배분법으로 배분

종사자 규모별 표본 배분 결과

구 분	조사모집단						표본 (네이만배분)	
	기업체수 (개)	구성비 (%)	종사자수 (명)	구성비 (%)	평균 (명)	표준편차 (명)	기업체수 (개)	구성비 (%)
1. 10~49명	180,930	85.50	3,431,364	32.93	18.97	9.42	5,722	45.78
2. 50~249명	26,144	12.35	2,531,082	24.29	96.81	46.79	3,777	30.22
3. 250~999명	3,696	1.75	1,653,438	15.87	447.36	187.27	2,156	17.25
4. 1,000명이상	845	0.40	2,803,660	26.91	3317.94	6573.82	845	6.76

- 표본 배분 공식 및 결과
  12,500개의 총 표본수에서 3,083개 기업체(전수층 933개, 과표본추출 2,150개)를 제외한 9,417개의 표본을 각 층에 네이만 배분법을 이용하여 배분함
  과표본추출 적용으로 각 층에 50개 이상의 표본수가 확보되었으며, 표본배분의 큰 틀은 지켜지면서 작은 표본에 의한 왜곡 및 오차의 가능성을 줄이고자 함

네이만 배분법에 의한 표본크기 결정 공식

$$n_h = \frac{N_h S_h}{\sum_{h=1}^{L} N_h S_h} n$$

N_h : h층 기업체수

S_h : h층 종사자수 표준편차

✅ 최종 표본배분 현황

구 분		기업체수 (개)	종사자수 (명)			표본 조사층	전수 조사층	표본 배분	95% 신뢰수준 허용오차 (비율 p=0.5 가정)
업 종	규 모			평균 (명)	표준편차 (명)				
농림수산업 (광업포함)	10~44명	1,537	25,871	16.83	8.36	451	·	451	8.99
	50~249명	75	7,109	94.79	47.06	52	·	52	7.45
	250~999명	4	1548	387.00	173.69		4	4	·
	1,000명 이상	–	–	–	–	–	–	–	–
제조업	10~44명	55,152	1,105,259	20.04	9.82	1,168	·	1168	2.47
	50~249명	8,833	861,200	97.50	46.98	851	·	851	2.70
	250~999명	1,156	503,556	435.60	180.06	587	·	587	2.81
	1,000명 이상	228	991,431	4348.38	10787.20		228	228	·
전기 등 공기조절 공급업/수도 등 원료 재생업	10~44명	2,175	45,723	21.02	10.35	135	·	135	9.01
	50~249명	346	28,898	83.52	38.29	95	·	95	9.27
	250~999명	28	11,853	423.32	219.13		28	28	·
	1,000명 이상	9	32,769	3641.00	3788.40		9	9	·
건설업	10~44명	26,763	492,560	18.40	8.96	701	·	701	3.63
	50~249명	3,116	295,648	94.88	46.08	439	·	439	4.33
	250~999명	430	188,921	439.35	176.16	244	·	244	4.20
	1,000명 이상	85	205,932	2422.73	2066.25		85	85	·
도매 및 소매업	10~44명	26,036	450,433	17.30	8.44	701	·	701	3.60
	50~249명	2,256	208,474	92.41	44.91	318	·	318	5.05
	250~999명	262	116,328	444.00	191.67	153	·	153	4.97
	1,000명 이상	66	231,012	3500.18	4694.85		66	66	·
운수 및 창고업	10~44명	5,807	125,376	21.59	10.62	221	·	221	6.49
	50~249명	1,670	165,138	98.89	48.01	264	·	264	5.52
	250~999명	227	93,974	413.98	181.31	135	·	135	5.29
	1,000명 이상	36	173,760	4826.67	10867.26		36	36	·
숙박 및 음식점업	10~44명	10,313	163,828	15.89	7.44	265	·	265	5.99
	50~249명	535	50,167	93.77	46.26	121	·	121	8.15
	250~999명	72	35,665	495.35	207.06	56	·	56	5.82
	1,000명 이상	30	144,664	4822.13	4611.81		30	30	·
정보통신업	10~44명	9,251	186,760	20.19	9.92	301	·	301	5.55
	50~249명	1,922	190,272	99.00	48.53	295	·	295	5.20
	250~999명	276	118,076	427.81	172.70	150	·	150	5.27
	1,000명 이상	53	153,434	2894.98	2939.77		53	53	·

구분		기업체수 (개)	종사자수 (명)	평균 (명)	표준편차 (명)	표본 조사층	전수 조사층	표본 배분	95% 신뢰수준 허용오차 (비율 p=0.5 가정)
업 종	규 모								
금융 및 보험업	10~44명	977	19,647	20.11	10.43	241	·	241	9.69
	50~249명	362	39,765	109.85	51.13	101	·	101	8.58
	250~999명	130	67,675	520.58	213.16	92	·	92	5.38
	1,000명 이상	56	187,428	3346.93	3685.04		56	56	·
부동산업	10~44명	2,241	41,316	18.43	9.33	116	·	116	9.27
	50~249명	320	33,663	105.20	54.00	89	·	89	8.78
	250~999명	90	45,680	507.56	204.66	73	·	73	4.99
	1,000명 이상	36	67,738	1881.61	856.96		36	36	·
전문, 과학 및 기술서비스업	10~44명	12,861	241,916	18.81	9.18	370	·	370	4.99
	50~249명	1,551	144,268	93.01	45.75	233	·	233	5.84
	250~999명	199	86,540	434.87	177.70	130	·	130	5.20
	1,000명 이상	36	77,935	2164.86	1539.22		36	36	·
사업시설관리, 사업지원 및 임대서비스업	10~44명	7,649	162,462	21.24	10.52	255	·	255	5.98
	50~249명	2,488	263,527	105.92	50.40	382	·	382	4.57
	250~999명	643	312,333	485.74	201.72	378		378	3.23
	1,000명 이상	195	500,934	2568.89	2441.33		195	195	·
교육서비스업	10~44명	2,294	40,993	17.87	8.62	126	·	126	9.39
	50~249명	160	14,707	91.92	42.11	86	·	86	8.40
	250~999명	29	14,563	502.17	192.48		29	29	·
	1,000명 이상	3	4,885	1628.33	524.17		3	3	·
보건업 및 사회복지 서비스업	10~44명	12,621	234,934	18.61	9.32	270	·	270	5.88
	50~249명	2,153	197,920	91.93	40.86	251	·	251	5.44
	250~999명	123	45,444	369.46	129.61	70	·	70	7.38
	1,000명 이상	3	4513	1504.33	318.50		3	3	·
예술, 스포츠 및 여가관련 서비스업	10~44명	1,268	23,891	18.84	9.64	250	·	250	9.70
	50~249명	213	18,598	87.31	38.41	92	·	92	9.02
	250~999명	14	5,757	411.21	140.51		14	14	·
	1,000명 이상	6	12,596	2099.33	1243.14		6	6	·
수리 및 기타 개인 서비스업	10~44명	3,985	70,395	17.66	8.13	151	·	151	8.18
	50~249명	144	11,728	81.44	37.81	108		108	6.33
	250~999명	13	5,525	425.00	146.05		13	13	·
	1,000명 이상	3	14,629	4876.33	3503.69		3	3	

3.5 표본 추출

- 표본추출방법 : 다단계층화계통추출법
  ※ 기업체 규모(종사자수)에 따라 절사 추출법 적용
- 업종별-규모별로 층화한 후, 지역별 통계 작성을 위하여 2차 층인 규모별 모집단 내에서 각 기업체들을 지역별(시도), 지역 내의 규모별로 정렬하여 계통 추출함
- 지역별 표본추출의 편향을 줄이기 위해 개별 사례를 구간으로 설정하여 계통 추출함
  ※ 층별 표본추출은 h 번째 업종에서 k 번째 규모의 층에 대하여 층의 크기가 N_{hk} 개이고 표본수가 n_{hk} 개라면 추출간격의 크기($I_{hk} = N_{hk}/n_{hk}$, 소수 4자리)를 계산한 다음, 범위$(0.5,\ I_{hk}+0.5)$ 내에서 일양난수(소수 4자리)를 발생시켜 얻은 값을 반올림한 정수값을 첫 번째 표본으로 추출함.
  이 값에 추출간격 I_{hk} 를 더해가며 n_{hk} 개의 표본을 계통 추출하는 방식임

지역별 표본 분포

구 분	모집단						표본		95% 수준 허용 오차
	기업체수 (개)	구성비 (%)	종사자수 (명)	구성비 (%)	평균 (명)	표준편차 (명)	기업체수 (개)	구성비 (%)	
전 체	211,615	100.00	10,419,544	100.00	49.24	468.84	12,500	100.00	0.85
서울특별시	48,089	22.72	3,890,601	37.34	80.90	698.74	3,955	31.64	1.49
부산광역시	12,049	5.69	454,519	4.36	37.72	101.29	663	5.30	3.70
대구광역시	7,688	3.63	291,638	2.80	37.93	120.03	404	3.23	4.75
인천광역시	10,892	5.15	445,605	4.28	40.91	190.44	556	4.45	4.05
광주광역시	4,524	2.14	182,542	1.75	40.34	175.53	235	1.88	6.22
대전광역시	4,778	2.26	208,942	2.01	43.73	200.25	273	2.18	5.76
울산광역시	4,311	2.04	202,085	1.94	46.88	251.68	245	1.96	6.08
세종특별자치시	932	0.44	36,033	0.35	38.66	84.11	53	0.42	13.07
경기도	59,176	27.96	2,505,855	24.05	42.35	583.89	2,987	23.90	1.75
강원특별자치도	4,719	2.23	149,536	1.44	31.68	102.49	253	2.02	5.99
충청북도	7,270	3.44	274,716	2.64	37.79	97.47	382	3.06	4.88
충청남도	9,104	4.30	382,188	3.67	41.98	151.17	512	4.10	4.21
전북특별자치도	5,631	2.66	181,689	1.74	32.27	82.22	279	2.23	5.72
전라남도	6,710	3.17	245,786	2.36	36.63	141.08	373	2.98	4.93
경상북도	10,254	4.85	384,062	3.69	37.45	250.44	494	3.95	4.30
경상남도	13,113	6.20	510,383	4.90	38.92	169.77	681	5.45	3.66
제주특별자치도	2,375	1.12	73,364	0.70	30.89	129.31	155	1.24	7.61

☑ 조직형태별 표본 분포

구 분	모집단						표본		95% 수준 허용 오차
	기업체수 (개)	구성비 (%)	종사자수 (명)	구성비 (%)	평균 (명)	표준편차 (명)	기업체수 (개)	구성비 (%)	
전 체	211,615	100.00	10,419,544	100.00	49.24	468.84	12,500	100.00	0.85
1. 개인사업체	43,407	20.51	944,407	9.06	21.76	36.90	1,594	12.75	2.41
2. 회사법인	168,208	79.49	9,475,137	90.94	56.33	525.30	10,906	87.25	0.91

품질 관리 및 모수추정 방법

1 품질 관리

1.1 조사과정에서의 품질관리

- 초기 접촉 과정에서의 협조도 제고 전략
  - 조사공문과 조사안내 배너를 통해 조사 실시를 미리 통보하여 협조 요청
  - 기업정보화통계조사 안내 자료집을 제공하여 조사 홍보
  - 기업정보화통계조사의 결과를 확인할 수 있는 방법을 알려 조사 결과 공유

- 조사 기간 중 협조도 제고 전략
  - 조사에 대한 문의사항이 있을 경우 직통전화를 통해 문의하도록 연락처 제공
  - 유관기관과 본사의 협조가 필요한 경우 자체적으로 연락망을 형성하여 조사 참여 유도

1.2 자료입력 및 검증과정에서의 품질관리

- 에디팅(Editing)시 오류 발생 최소화
  - 실사연구원 및 보조연구원에 의한 이중 확인 작업(Double Check System) 실시
  - 사전에 작성된 지침서에 의한 체계적인 점검
  - 부정확한 응답 항목에 대해 응답자의 전화번호로 전화하여 재확인 및 완성
  - 조사의 정확성 제고를 위해 각 조사원별로 완성된 설문지를 사후검증(Quality Control) 실시

- 코딩(Coding) 과정의 오류 발생 최소화
  - 실태조사 경험이 있는 코딩요원 선발
  - 코딩 지침서에 의한 사전교육
  - 집단적으로 작업함으로써 협의과정을 통해 코딩 혼란을 최소화

- 펀칭(Punching) 과정의 오류 발생 최소화
  - 객관식 문항에 대해서는 Survey-Craft를 이용하여 사전 logic 설계 운영
  - 주관식(개방형) 문항의 경우, 무응답 또는 비해당 내용 등의 오류가 객관식 응답에 비해 상대적으로 높은 편이므로 전담 인력이 확인하여 입력하는 방식으로 편칭함

- 각 문항 간 Cross Check를 실시하여 논리적 일관성이 없는 Data를 추출, 조사표 확인 후 최종 데이터 확정

- 전산처리 과정의 오류 발생 최소화
  - 정보관련 전산요원이 전산처리 지침에 따라 데이터 클리닝(Data Cleaning) 작업 수행

1.3 모수추정 및 분석과정에서의 품질 관리

- 통계 전문 연구원이 직접 무응답 대체, 사후 모수추정 작업을 수행
- 모수추정 자문위원(교수 및 박사)의 검증을 통해 모수추정 정교화 실시

2 무응답 대체 및 검증

표본설계에 의해 최종 결정된 조사대상 표본수인 12,500개 기업체 중 98.1%에 해당하는 12,264개 기업체가 최종 조사 완료됨

2.1 조사대상 기업체의 무응답 현황(단위 무응답)

- 조사대상 기업체의 무응답 관리를 위해 조사대상 기업체에 조사에 관한 사전 협조공문 발송 및 사전조사 안내 연락, 홈페이지 내 조사 협조 공지를 하는 등 응답률을 제고하고자 함
  또한, 1차 거절된 기업체들에 대해서는 경험이 많은 조사원들이 다시 연락하여 응답률을 높이고자 노력함
- 조사 진행과정에서 조사대상 기업체의 응답거절이 있을 경우 원표본에 대한 예비표본을 제공하여 조사를 진행함. 조사 시작 시 원표본을 제공하고 사전 전화컨택 및 조사 진행과정에서 원표본으로 추출된 기업체의 조사 거절 사유가 분명한 경우, 리스트에 대체사유를 구체적으로 기록하고 예비표본으로 조사를 진행함. 조사대상 기업체의 무응답 현황은 다음과 같음

☑ 조사 대상 기업체의 무응답 현황

구분	비율
리스트 이상(결번, 주소 이상 등)	29%
응답 거부	34%
휴·폐업	1%
기타(담당자 부재 등)	36%
합계	100.0%

2.2 조사 응답 기업체의 항목 무응답 현황

- 조사에 참여하여 설문에 응답한 기업체가 각 항목별로 무응답한 경우가 발생한 경우, 재조사를 통해 보완함

- 재조사를 통해서도 보완되지 않는 경우, 무응답 대체는 UNCTAD 권고 대체방법 중 하나인 Hot-deck Imputation(핫덱 대체법)을 적용하였으며, 이 방법은 해당 문항을 응답한 전체 기업체들을 성격이 비슷한 집단끼리 분류하여 범주화한 후 hot-deck 테이블에 값을 넣고, 해당 설문에 무응답한 기업체의 성격이 어느 범주에 속하는지 판단하여 hot-deck 테이블에서 해당 범주의 평균값을 대체하는 방식을 말함
  범주형 문항의 무응답은 재조사 및 검색을 통해 대체했으며, 연속형 문항은 업종×규모별로 해당 범주의 평균값으로 대체하는 방식을 적용함

3 모수 추정

본 표본설계 시 고려된 업종과 규모별 층 외에도 지역과 조직형태 모수추정을 함께 진행하기 위해 업종과 규모를 모두 고려한 64개 층, 지역, 조직형태의 모집단 자료를 바탕으로 사후 층화 방법인 반복비례가중법을 적용하여 표본 가중치를 생산하여 모수를 추정함

- 업종과 규모 층별 표본에 대한 가중치는 다음과 같음

(1) 가중치 계산

가중치는 표본추출률과 각 층에서 응답률을 고려하여 계산하며, 조사대상 모집단을 업종 16개, 규모 4개 층으로 구분하여 네이만 배분법을 적용하여 표본을 배분하였으므로 각 층별로 표본추출 확률은 상이하게 나타남. 배분된 표본수와 실제 조사 완료된 사례수가 상이하므로 무응답에 대한 가중치 조정도 고려하여 가중치를 산출함

➡ 가중치 $w = w_1 \times w_{1R}$
(여기에서 w_1은 설계 가중치이고 w_{1R} 은 무응답 보정 가중치이다.)

업종×규모별 통계 이외에 표본 설계에서 고려하지 않았던 기업체의 지역별, 조직형태별 통계 작성과 조사내용을 기준으로 세분화된 범주별로 통계를 작성하기 위해 모수추정치의 편향을 줄일 수 있도록 레이킹 비 조정법을 적용함

(2) 레이킹 비 보정 가중치 계산

통계를 업종×규모별, 지역별, 조직형태별로 작성하므로 위의 설계가중치와 무응답 보정 가중치에 대한 합계를 계산하여 주변합을 산출하고 이 결과를 모집단 자료(기업통계등록부)와 비교하여 각 셀의 가중치를 보정한 레이킹 비 조정법을 사용함

☑ 업종·규모 층별 평균 가중치

구 분		모집단 기업체수	조사 표본수	층별 평균 가중치
업 종	규 모			
총 계		211,615	12,264	17.25
농림수산업(광업포함)	10~49명	1,537	435	3.53
	50~249명	75	50	1.50
	250~999명	4	4	1.00
	1,000명 이상	-		
제조업	10~49명	55,152	1,168	47.22
	50~249명	8,833	851	10.38
	250~999명	1,156	587	1.97
	1,000명 이상	228	168	1.36
전기 등 공기조절 공급업/수도 등 원료 재생업	10~49명	2,175	135	16.11
	50~249명	346	95	3.64
	250~999명	28	25	1.12
	1,000명 이상	9	7	1.29
건설업	10~49명	26,763	701	38.18
	50~249명	3,116	439	7.10
	250~999명	430	244	1.76
	1,000명 이상	85	76	1.12
도매 및 소매업	10~49명	26,036	701	37.14
	50~249명	2,256	318	7.09
	250~999명	262	153	1.71
	1,000명 이상	66	45	1.47
운수 및 창고업	10~49명	5,807	221	26.28
	50~249명	1,670	264	6.33
	250~999명	227	135	1.68
	1,000명 이상	36	35	1.03
숙박 및 음식점업	10~49명	10,313	265	38.92
	50~249명	535	121	4.42
	250~999명	72	56	1.29
	1,000명 이상	30	28	1.07
정보통신업	10~49명	9,251	301	30.73
	50~249명	1,922	294	6.54
	250~999명	276	144	1.92
	1,000명 이상	53	20	2.65

구 분		모집단 기업체수	조사 표본수	층별 평균 가중치
업 종	규 모			
금융 및 보험업	10~49명	977	241	4.05
	50~249명	362	101	3.58
	250~999명	130	90	1.44
	1,000명 이상	56	44	1.27
부동산업	10~49명	2,241	115	19.49
	50~249명	320	89	3.60
	250~999명	90	67	1.34
	1,000명 이상	36	33	1.09
전문, 과학 및 기술서비스업	10~49명	12,861	370	34.76
	50~249명	1,551	233	6.66
	250~999명	199	124	1.60
	1,000명 이상	36	30	1.20
사업시설관리, 사업지원 및 임대서비스업	10~49명	7,649	254	30.11
	50~249명	2,488	382	6.51
	250~999명	643	377	1.71
	1,000명 이상	195	176	1.11
교육서비스업	10~49명	2,294	126	18.21
	50~249명	160	86	1.86
	250~999명	29	25	1.16
	1,000명 이상	3	3	1.00
보건업 및 사회복지 서비스업	10~49명	12,621	270	46.74
	50~249명	2,153	251	8.58
	250~999명	123	68	1.81
	1,000명 이상	3	2	1.50
예술, 스포츠 및 여가관련 서비스업	10~49명	1,268	250	5.07
	50~249명	213	92	2.32
	250~999명	14	14	1.00
	1,000명 이상	6	4	1.50
수리 및 기타 개인 서비스업	10~49명	3,985	151	26.39
	50~249명	144	98	1.47
	250~999명	13	9	1.44
	1,000명 이상	3	3	1.00

• 층화절사 계통추출법을 사용하였으므로 전수조사와 표본조사 층으로 나누어 모수를 추정함
모집단이 L개의 층으로 구성되어 있다고 할 때, 각 층의 총계에 대한 추정량($\widehat{Y_h}$)의 합계로 전체 모집단 총계 $\widehat{Y}(=\sum_{h=1}^{L}\widehat{Y_h})$를 추정할 수 있으며, 여기에서, $\widehat{Y_h}$를 전수조사 부분과 표본조사 부분으로 구분하여 $\widehat{Y_h}=Y_{hc}+\widehat{Y_{hs}}$로 추정함

$$\widehat{Y}=\sum_{h=1}^{L}Y_{hc}+\sum_{h=1}^{L}\frac{N_{hs}}{n_{hs}}\sum_{k=1}^{n_{hs}}y_{hsk}$$

L : 층의 개수 (업종×규모)

Y_{hc} : 전수조사에서 각 층의 총계에 대한 추정량의 합계

N_{hs} : h층의 모집단 크기

n_{hs} : h층의 표본 크기

y_{hsk} : h층 표본의 k번째 관찰값

$\frac{N_{hs}}{n_{hs}}$: 표본조사단위의 모집단 단위에 대한 가중값

• 모총계 추정식에서 전체의 사례수로 나누어 주면 되므로 아래와 같은 식으로 추정함

$$\widehat{p_{st}}=\frac{\widehat{Y}}{N}=\frac{\sum_{h=1}^{L}Y_{hc}+\sum_{h=1}^{L}\frac{N_{hs}}{n_{hs}}\sum_{k=1}^{n_{hs}}y_{hsk}}{N}$$

4 모수치 추정에 따른 추정오차

모수 추정량과 그 특성에 대한 표본의 대표성 정도를 나타내는 추정량의 분산을 추정하는 것으로 표본조사의 경우, 모집단 총계의 추정량을 산출할 때 추정오차가 발생함
추정오차를 구하는 식은 아래와 같음

(1) 모총계 추정량에 대한 분산 추정(모총계의 추정오차)

$$\hat{V}(N\bar{y}_{st}) = \sum_{h=1}^{L} N_{hs}^2 \left(\frac{N_{hs}-n_{hs}}{N_{hs}}\right)\left(\frac{s_{hs}^2}{n_{hs}}\right)$$

N_{hs} : h층의 모집단 크기
n_{hs} : h층의 표본 크기
s_{hs}^2 : h층의 표본조사 부분의 표본분산

(2) 모비율 추정량에 대한 분산 추정(모비율의 추정오차)

$$\hat{V}(\hat{p}_{st}) = \sum_{h=1}^{L}\left(\frac{N_{hs}}{N}\right)^2\left(1-\frac{n_{hs}}{N_{hs}}\right)\frac{\hat{p}_{hs}\hat{q}_{hs}}{n_{hs}-1}$$

n_{hs} : h층의 표본 크기
N_{hs} : h층의 모집단 크기
$\hat{p}_{hs}$: h층에서 표본 비율
$\hat{q}_{hs} = 1-\hat{p}_{hs}$

2025년 기업정보화통계집

| Enterprise Informatization Statistics |

분석편

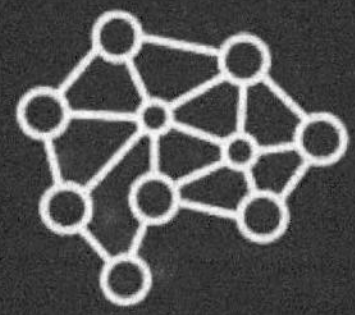

1 정보화 기반
2 정보화 응용
3 지능정보기술 활용
4 정보화 투자

PART I

정보화 기반

1 컴퓨터

1.1 컴퓨터 보유

- 기업체의 컴퓨터 보유율은 100.0%로 전년과 동일한 수준임

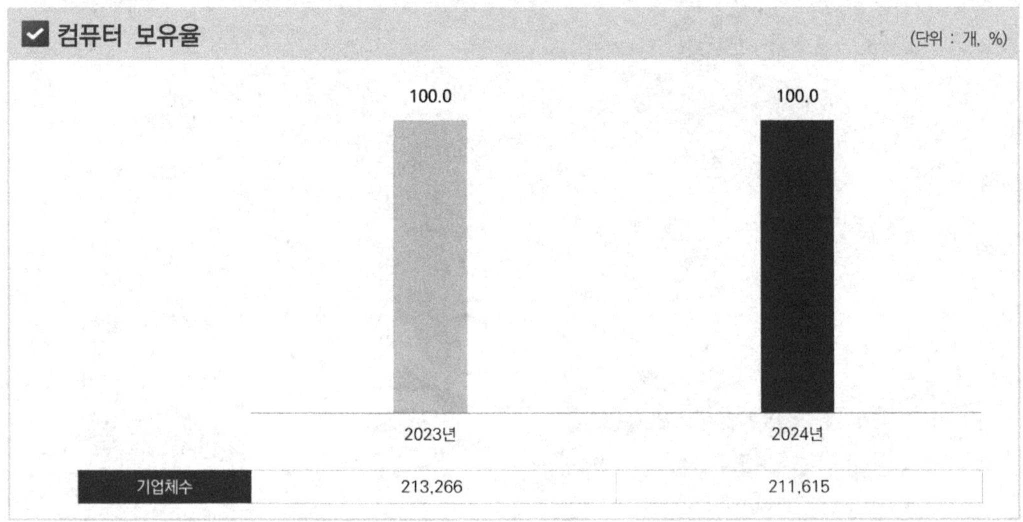

※ 기준시점 : 2024년 12월 31일
※ 기업체 : 전국의 종사자수 10인 이상 민간 부문 기업체(통계청, 2024년 12월 기준 기업통계등록부)
※ 컴퓨터 보유 기업체 : 컴퓨터를 한 대라도 보유하고 있는 기업체

✔ 업종별_컴퓨터 보유율

(단위 : %)

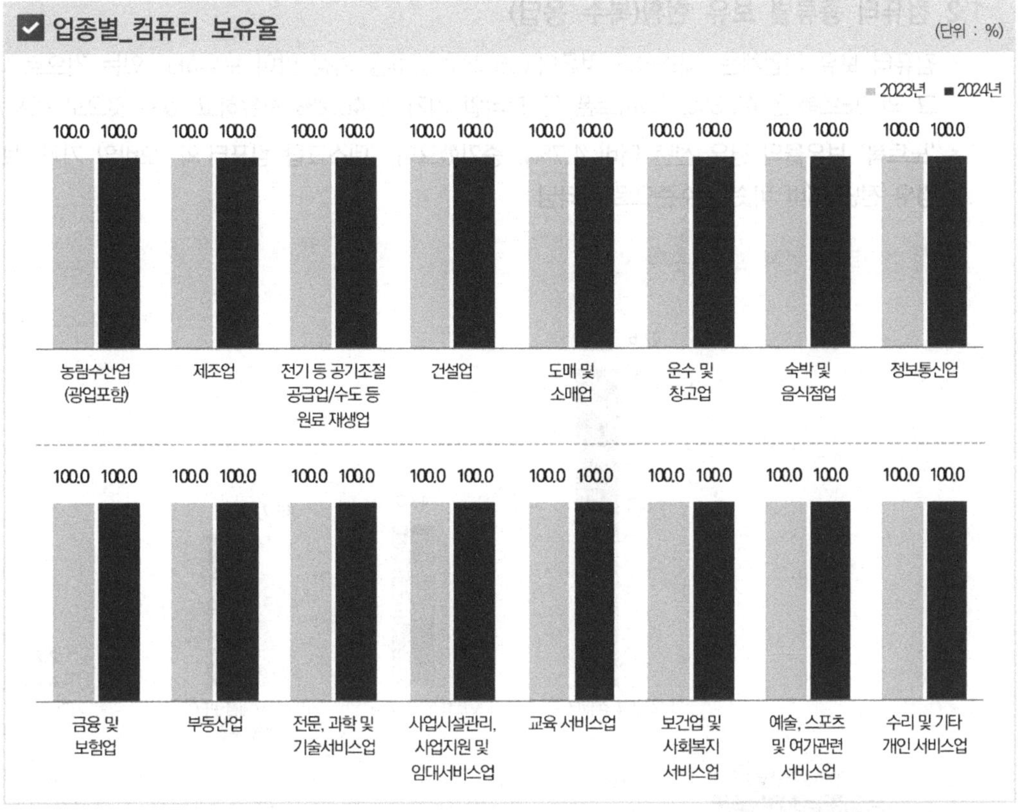

✔ 규모 및 조직 형태별_컴퓨터 보유율

(단위 : %)

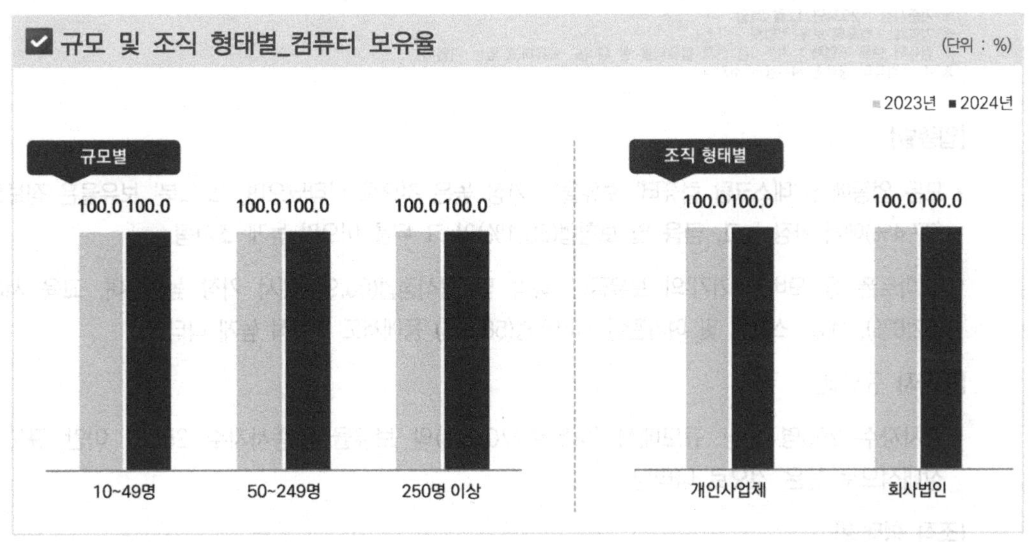

1.2 컴퓨터 종류별 보유 현황(복수 응답)

- 컴퓨터 보유 기업체는 '데스크탑 컴퓨터'(95.7%) 종류를 가장 많이 보유하고 있는 것으로 나타남 그 외 '노트북'은 48.8%, '스마트폰 등 모바일 기기'는 46.2% 보유하고 있는 것으로 조사됨
- '노트북' 보유율의 경우 전년 대비 4.7%p 증가했으며, '데스크탑 컴퓨터'와 '모바일 기기' 보유율의 경우 전년 대비 비슷한 수준으로 나타남

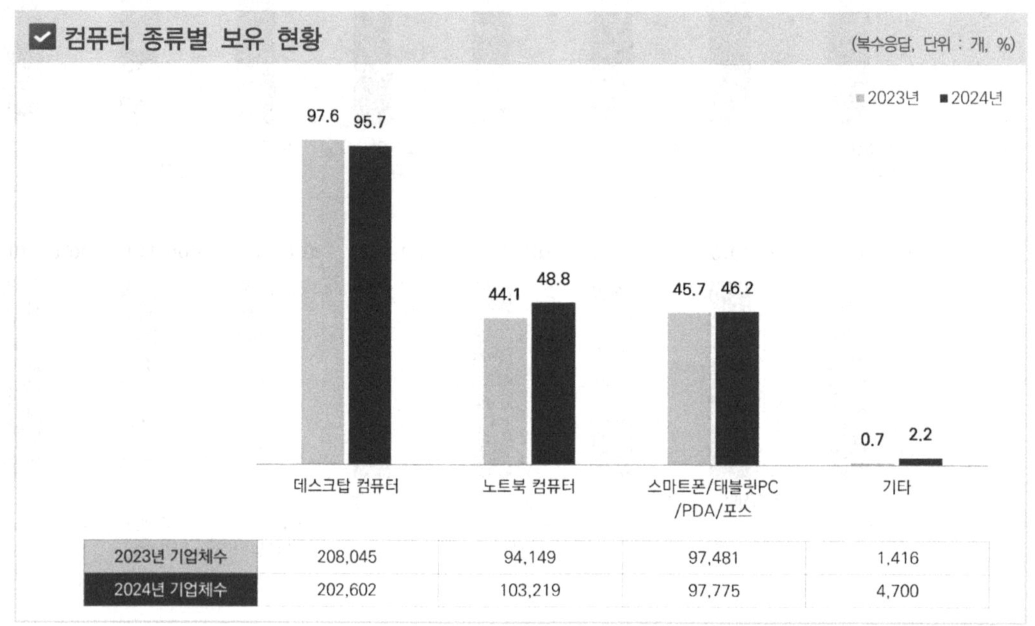

	데스크탑 컴퓨터	노트북 컴퓨터	스마트폰/태블릿PC/PDA/포스	기타
2023년 기업체수	208,045	94,149	97,481	1,416
2024년 기업체수	202,602	103,219	97,775	4,700

※ 기준시점 : 2024년 12월 31일
※ 기업체 : 컴퓨터 보유 기업체
※ 컴퓨터 보유 기업체 : 기준시점 현재 컴퓨터를 한 대라도 보유하고 있는 기업체
※ 주 : 컴퓨터 종류별 복수응답 수치임

[업종별]

- 모든 업종에서 '데스크탑 컴퓨터' 보유율이 가장 높은 것으로 나타났으며, '노트북' 보유율은 정보통신업(77.4%)에서 가장 높고, 금융 및 보험업(65.1%)이 그 뒤를 이으며 높게 조사됨
- '스마트폰 등 모바일 기기'의 보유율은 숙박 및 음식점업(86.9%)에서 가장 높았으며, 교육 서비스업(62.0%), 예술, 스포츠 및 여가관련 서비스업(56.5%) 등에서도 비교적 높게 나타남

[종사자 규모별]

- 종사자수 250명 이상 규모에서 '노트북'(70.2%)의 보유율이 종사자수 250인 미만 규모 대비 상대적으로 높은 것으로 나타남

[조직 형태별]

- '노트북'은 회사법인(52.3%)에서 개인사업체(35.0%)보다 높게 나타남
- '모바일 기기'는 개인사업체(56.0%)에서 회사법인(43.7%)보다 상대적으로 높게 조사됨

업종별_컴퓨터 종류별 보유 현황

(복수응답, 단위 : %)

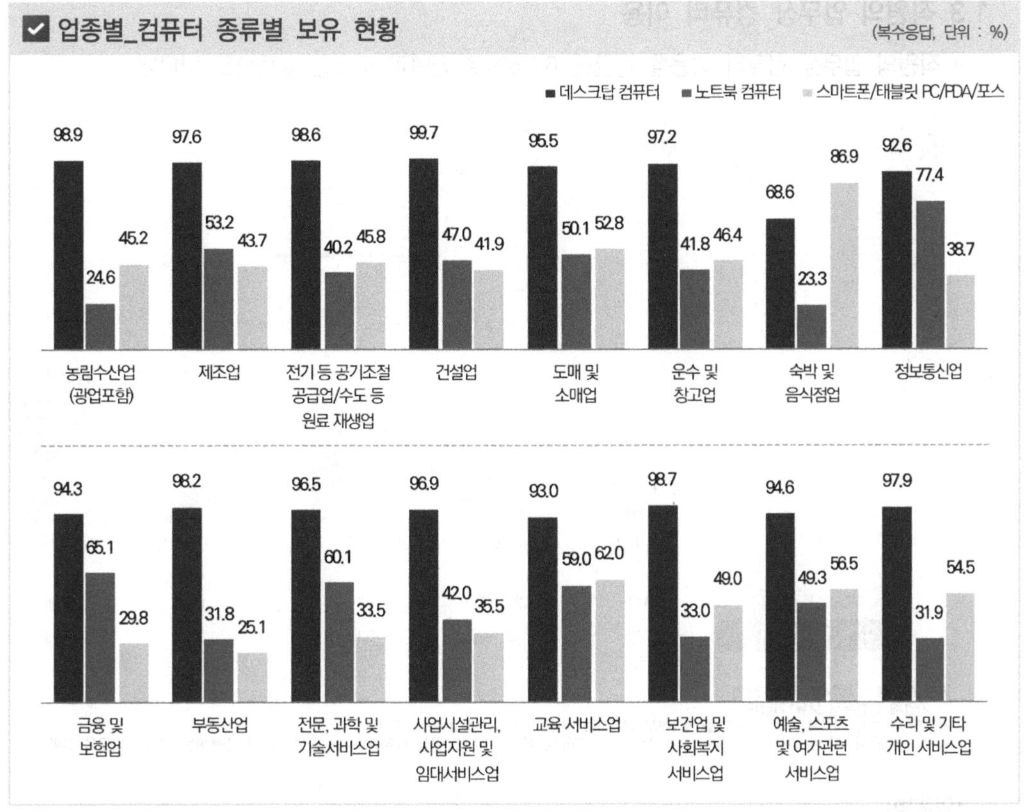

규모 및 조직 형태별_컴퓨터 종류별 보유 현황

(복수응답, 단위 : %)

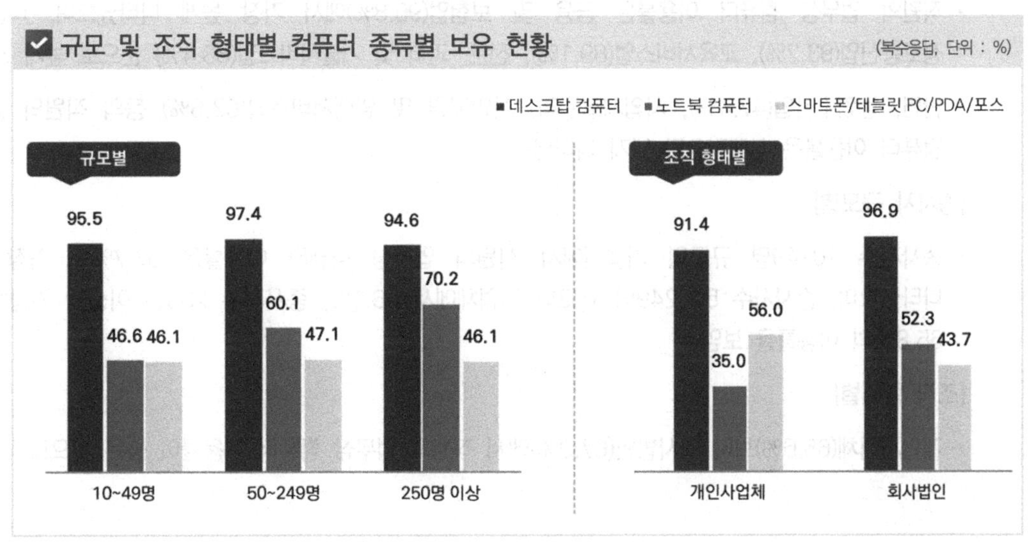

1.3 직원의 업무상 컴퓨터 이용

- 직원의 업무상 컴퓨터 이용률 평균은 67.5%로 전년과 비슷한 수준으로 나타남

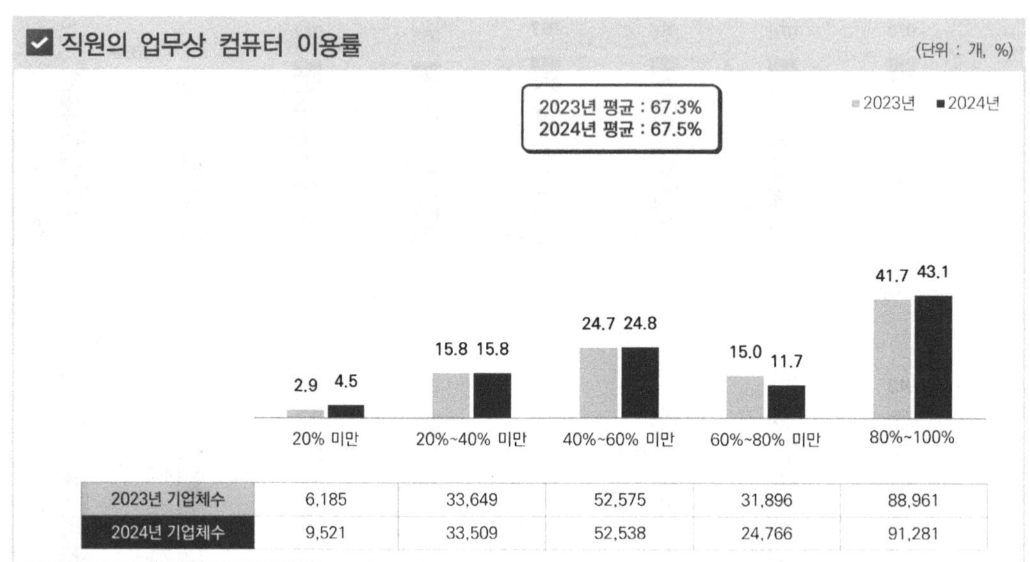

	20% 미만	20%~40% 미만	40%~60% 미만	60%~80% 미만	80%~100%
2023년 기업체수	6,185	33,649	52,575	31,896	88,961
2024년 기업체수	9,521	33,509	52,538	24,766	91,281

※ 기준시점 : 2024년 12월 31일
※ 기업체 : 컴퓨터 보유 기업체
※ 컴퓨터 보유 기업체 : 2024년 12월 말 현재 컴퓨터를 한 대라도 보유하고 있는 기업체
※ 주 : 직원의 업무상 컴퓨터 이용률은 전체 직원 중 일주일에 적어도 한 번 이상 컴퓨터를 이용하여 업무를 수행하는 직원의 비율을 말함

[업종별]

- 직원의 업무상 컴퓨터 이용률은 금융 및 보험업(96.8%)에서 가장 높게 나타났으며, 다음으로 정보통신업(93.2%), 교육서비스업(89.1%), 전문, 과학 및 기술서비스업(88.4%) 순으로 높게 조사됨
- 반면, 농림수산업(47.4%), 사업시설관리, 사업지원 및 임대서비스업(53.6%) 등의 직원의 업무상 컴퓨터 이용률은 상대적으로 낮게 나타남

[종사자 규모별]

- 종사자수 10~49명 규모의 기업체에서 직원의 업무상 컴퓨터 이용률은 67.7%로 가장 높게 나타났으며, 종사자수 50~249명 규모의 기업체에서 66.1%, 종사자수 250명 이상의 기업체에서 65.8%의 이용률을 보임

[조직 형태별]

- 개인사업체(65.6%)보다 회사법인(67.9%)에서 직원의 업무상 컴퓨터 이용률이 높은 것으로 나타남

업종별_직원의 업무상 컴퓨터 이용률(평균)

(단위 : %)

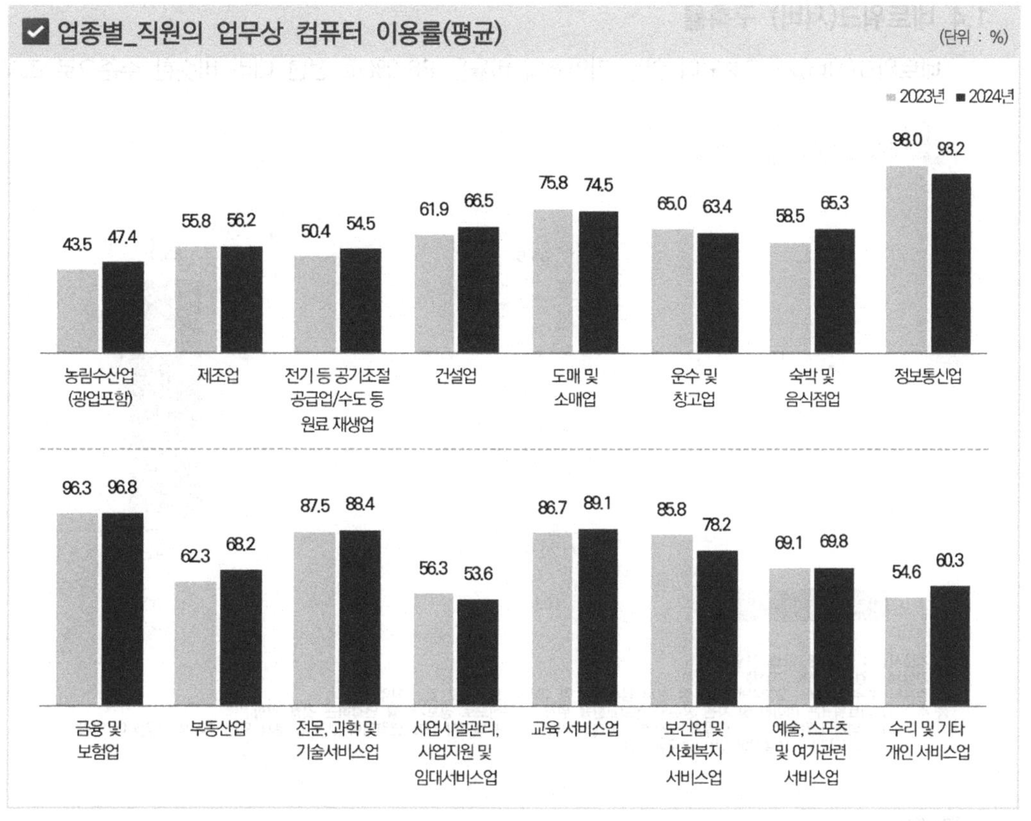

규모 및 조직 형태별_직원의 업무상 컴퓨터 이용률(평균)

(단위 : %)

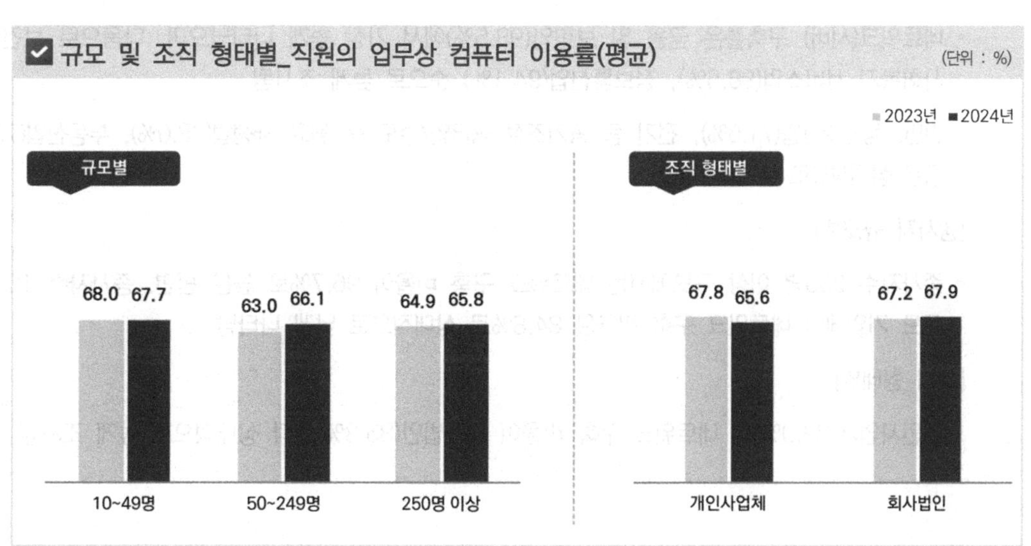

1.4 네트워크(서버) 구축률

- 네트워크(서버)가 구축되어 있는 기업체의 비율은 86.0%로 전년 대비 비슷한 수준으로 조사됨

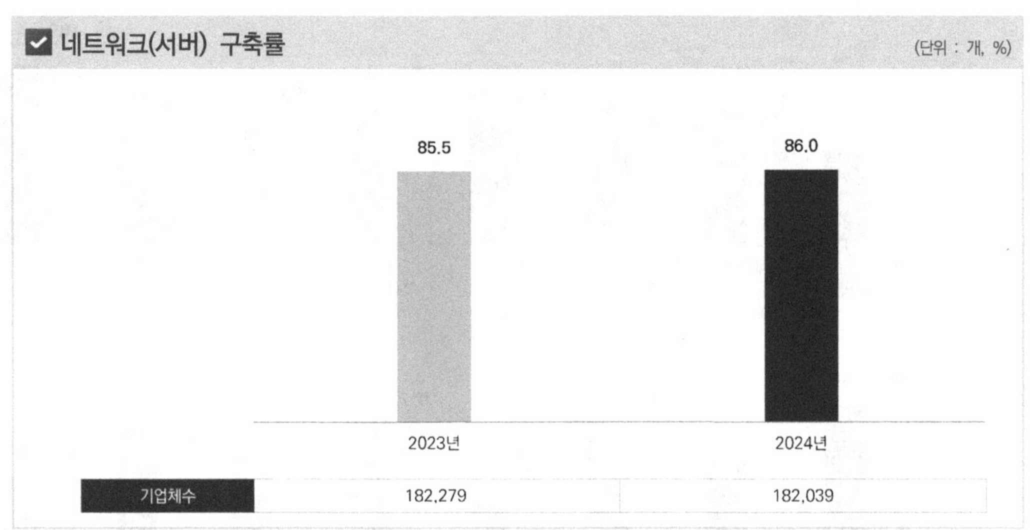

	2023년	2024년
기업체수	182,279	182,039

※ 기준시점 : 2024년 12월 31일
※ 기업체 : 컴퓨터 보유 기업체
※ 컴퓨터 보유 기업체 : 2024년 12월 말 현재 컴퓨터를 한 대라도 보유하고 있는 기업체
※ 주 : 1) 네트워크는 데이터 및 자원 공유와 정보교환을 위해 유·무선으로 정보기기를 연결하는 것을 말함
2) 기업체의 컴퓨터 또는 단말기가 서버를 매개로 기업체/기관 내에서 상호 연결되어 있거나, 본사 또는 지사와 연결되어 있거나, 타사(기관)와 연결되어 있는 경우를 포함

[업종별]

- 네트워크(서버) 구축률은 금융 및 보험업(98.5%)에서 가장 높게 나타났으며, 다음으로 보건업 및 사회복지 서비스업(96.5%), 정보통신업(94.1%) 순으로 높게 조사됨
- 반면, 농림수산업(71.6%), 전기 등 공기조절 공급업/수도 등 원료 재생업(78.0%), 부동산업(79.7%) 등은 상대적으로 낮게 나타남

[종사자 규모별]

- 종사자수 250명 이상 규모에서는 네트워크 구축 비율이 96.7%로 높은 반면, 종사자수 10~49명 규모 기업체의 네트워크 구축 비율은 84.8%로 상대적으로 낮게 나타남

[조직 형태별]

- 개인사업체(89.0%)의 네트워크 구축 비율이 회사법인(85.3%)보다 상대적으로 높게 조사됨

업종별_네트워크(서버) 구축률

(단위 : %)

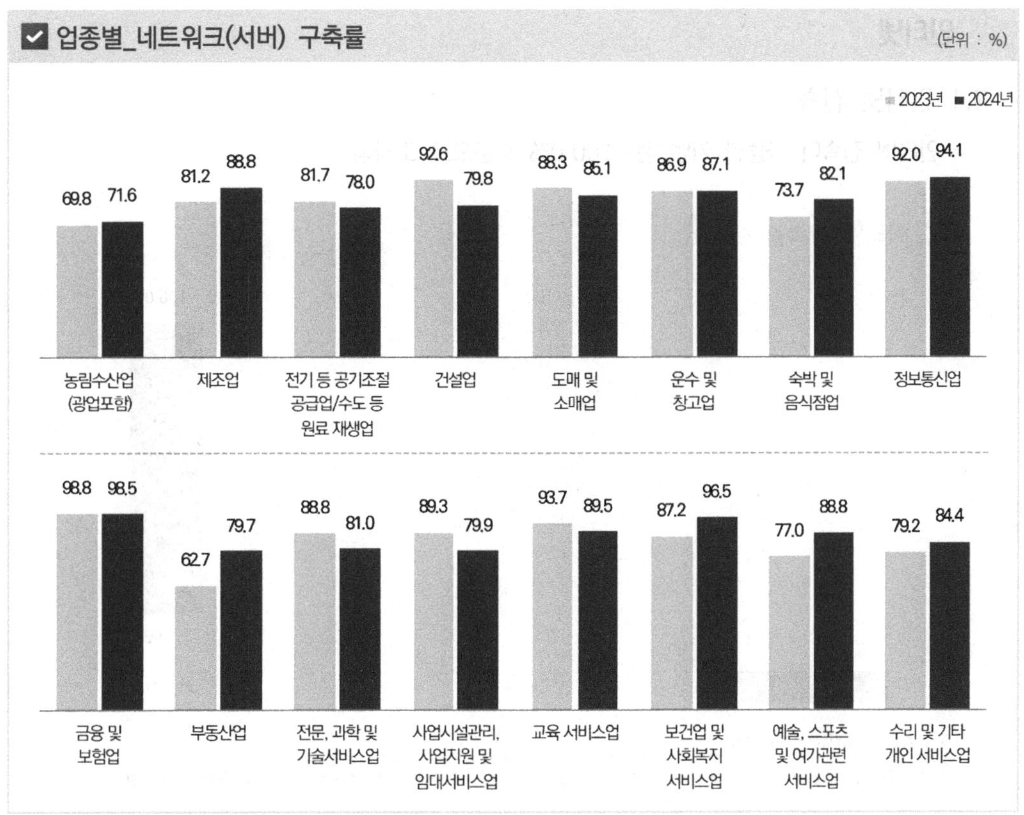

규모 및 조직 형태별_네트워크(서버) 구축률

(단위 : %)

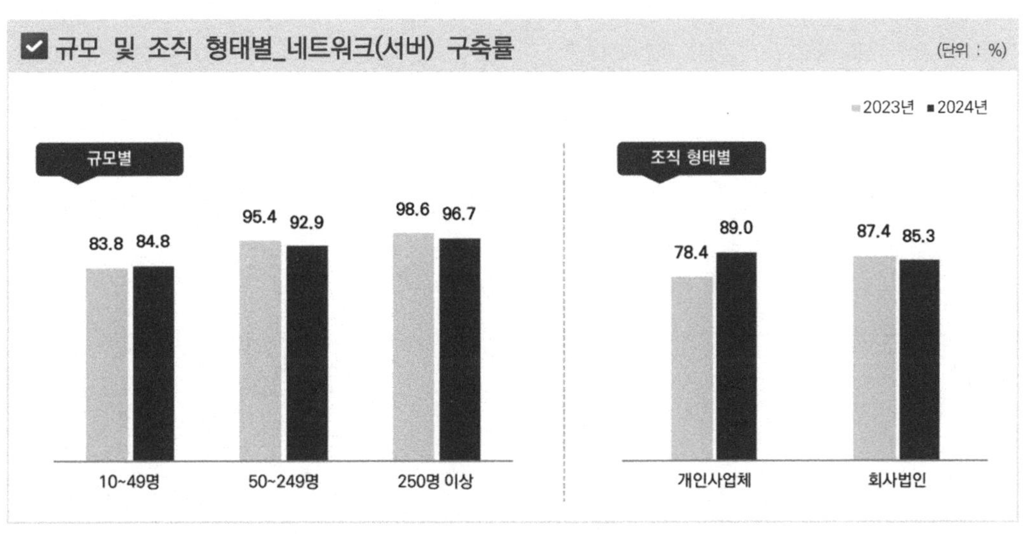

2 인터넷

2.1 인터넷 접속

- 인터넷 접속이 가능한 기업체는 100.0% 수준으로 조사됨

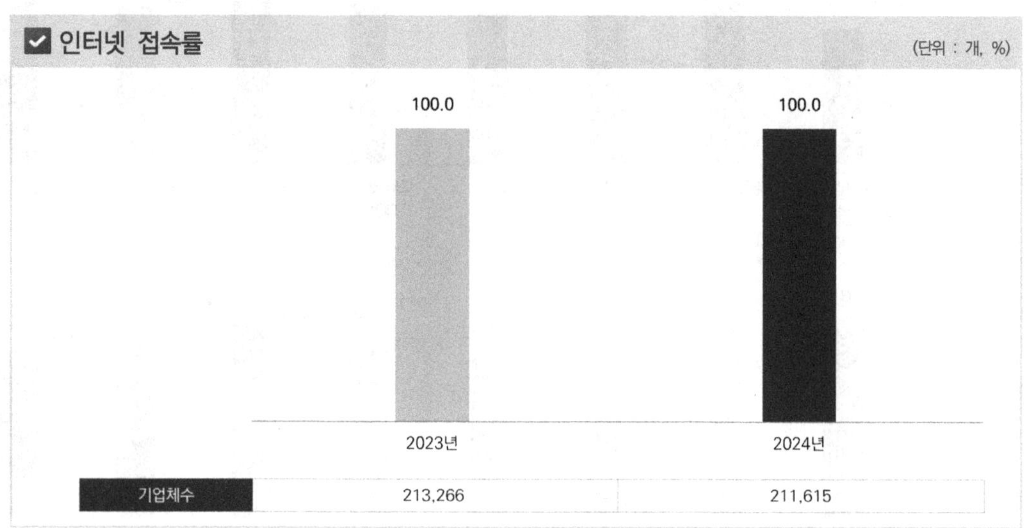

※ 기준시점 : 2024년 12월 31일
※ 기업체 : 전국의 종사자수 10인 이상 민간 부문 기업체(통계청, 2024년 12월 기준 기업통계등록부)
※ 주 : 인터넷 접속은 기기의 종류와 관계없이 이메일 송수신, 정보검색, 인터넷뱅킹, 데이터 파일 전송 등을 가능케 함을 말함

업종별_인터넷 접속률

(단위 : %)

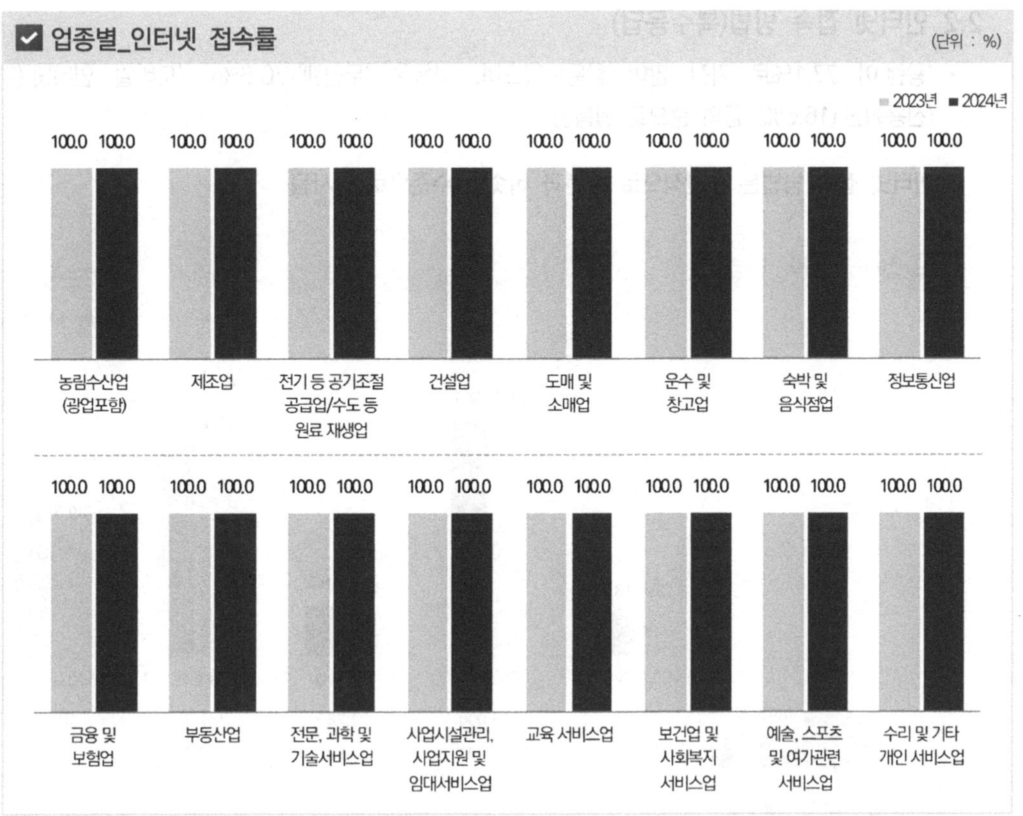

규모 및 조직 형태별_인터넷 접속률

(단위 : %)

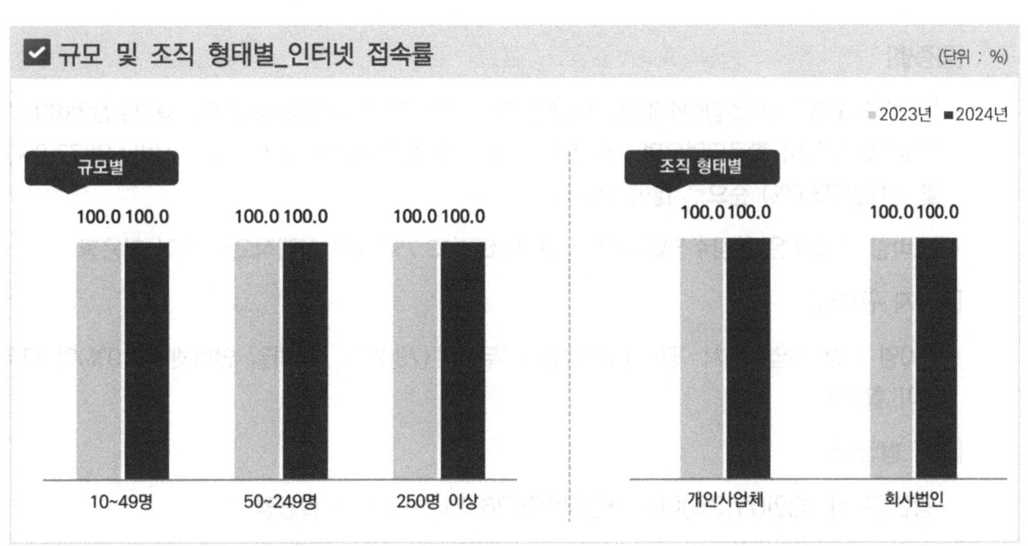

2.2 인터넷 접속 방법(복수응답)

- '광랜'이 77.1%로 가장 많이 활용되었으며, 다음은 '무선랜'(70.6%), '모바일 인터넷'(37.5%), '전용회선'(16.5%) 등의 순으로 활용됨

- 인터넷 접속 방법은 전반적으로 작년과 비슷한 수준으로 조사됨

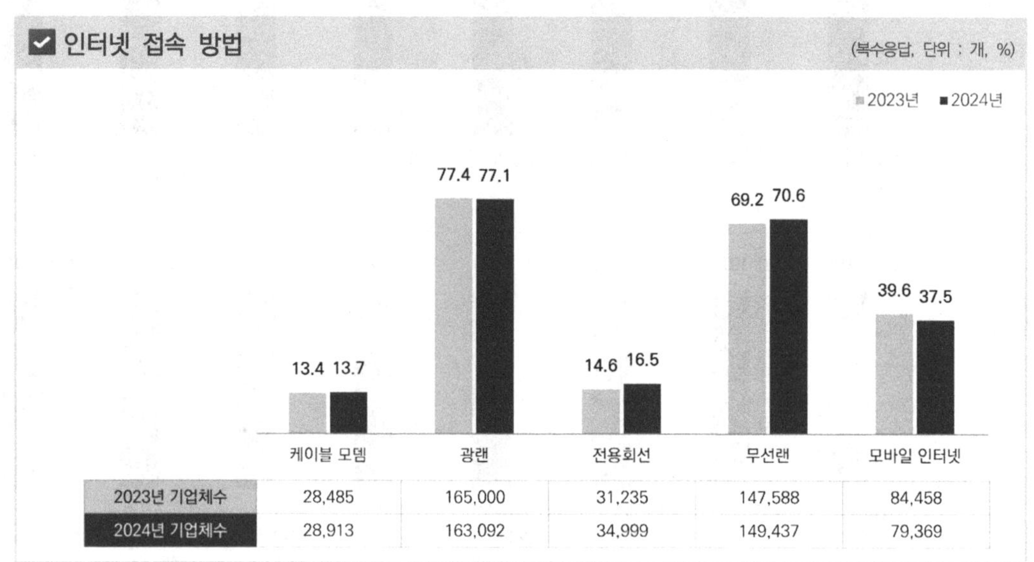

	케이블 모뎀	광랜	전용회선	무선랜	모바일 인터넷
2023년 기업체수	28,485	165,000	31,235	147,588	84,458
2024년 기업체수	28,913	163,092	34,999	149,437	79,369

※ 기준시점 : 2024년 12월 31일
※ 기업체 : 인터넷 접속 기업체
※ 주 : 인터넷 접속 방법별 복수응답 수치임

[업종별]

- '광랜'은 교육 서비스업(94.3%), 보건업 및 사회복지 서비스업(90.3%), 농림수산업(89.4%)에서 상대적으로 많이 활용되었으며, '무선랜'은 숙박 및 음식점업(77.5%), 교육 서비스업(77.0%), 도매 및 소매업(73.6%) 순으로 많이 활용됨

- '모바일 인터넷'은 농림수산업(48.1%)과 제조업(43.7%)에서 상대적으로 많이 활용됨

[종사자 규모별]

- 250명 이상 기업체에서 '광랜'(81.1%)과 '무선랜'(73.2%), '모바일 인터넷'(43.9%)이 모두 가장 많이 활용됨

[조직 형태별]

- '광랜'은 회사법인(77.3%)에서 개인사업체(76.0%)보다 많이 활용됨

- '무선랜', '모바일 인터넷'은 개인사업체(각각 72.9%, 39.0%)에서 회사법인(각각 70.0%, 37.1%)보다 많이 활용됨

☑ 업종별_인터넷 접속 방법

(복수응답, 단위 : %, 상위 3순위)

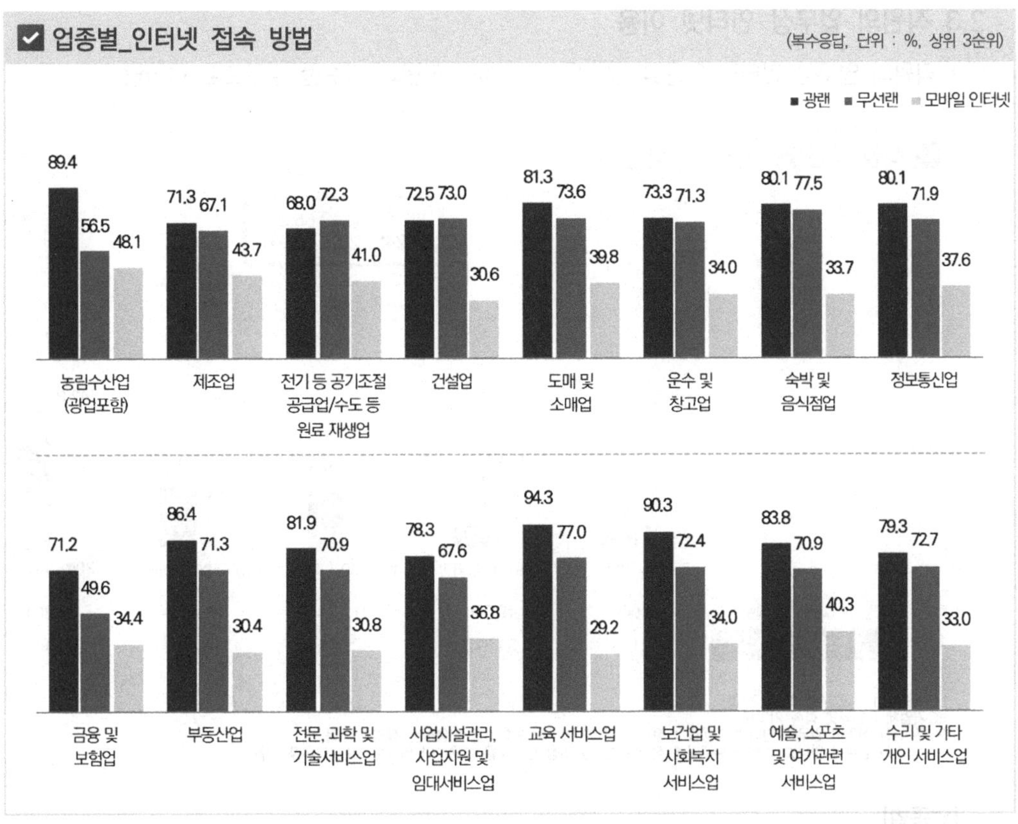

☑ 규모 및 조직 형태별_인터넷 접속 방법

(복수응답, 단위 : %, 상위 3순위)

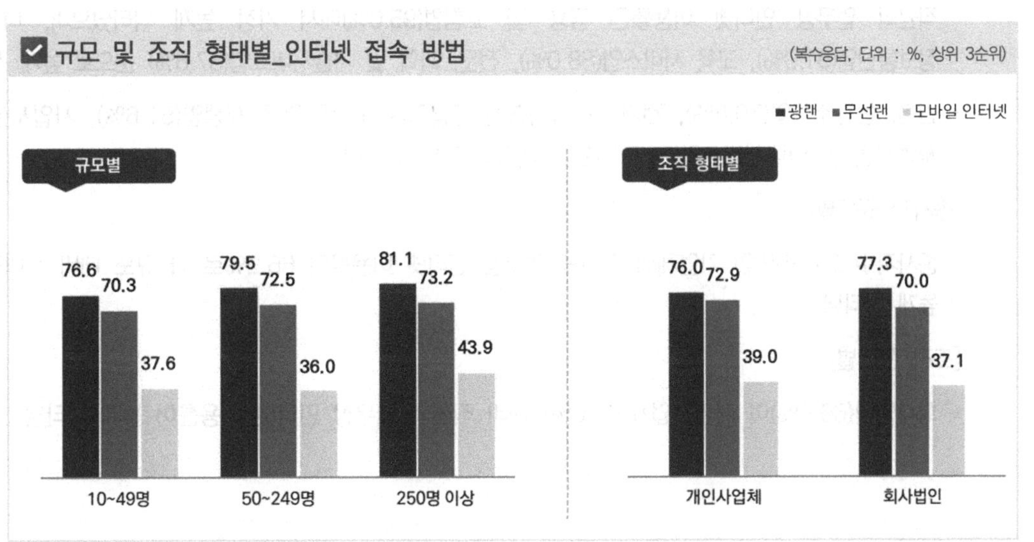

1. 정보화 기반

2. 정보화 응용

3. 지능정보기술 활용

4. 정보화 투자

2.3 직원의 업무상 인터넷 이용

- 직원의 업무상 인터넷 이용률 평균은 65.9%로 전년과 비슷한 수준으로 나타남

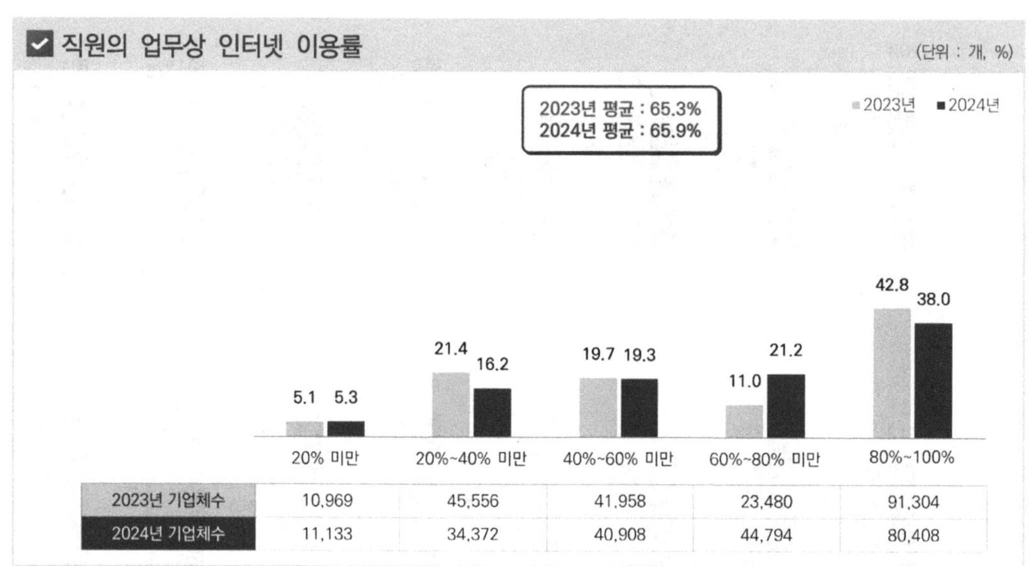

	20% 미만	20%~40% 미만	40%~60% 미만	60%~80% 미만	80%~100%
2023년 기업체수	10,969	45,556	41,958	23,480	91,304
2024년 기업체수	11,133	34,372	40,908	44,794	80,408

※ 기준시점 : 2024년 12월 31일
※ 기업체 : 인터넷 접속 기업체
※ 주 : 1) 직원의 업무상 인터넷 이용률 : 전체 직원 중 업무상 인터넷을 이용하는 직원의 비율
2) 업무상 인터넷 이용은 일주일에 적어도 한 번 이상 인터넷을 이용하여 업무를 보는 경우를 말함

[업종별]

- 직원의 업무상 인터넷 이용률은 금융 및 보험업(95.0%)에서 가장 높게 나타났으며, 다음으로 정보통신업(91.9%), 교육 서비스업(88.0%), 전문, 과학 및 기술서비스업(87.6%) 순으로 높게 조사됨
- 반면, 농림수산업(50.8%), 전기 등 공기조절 공급업/수도 등 원료 재생업(51.6%), 사업시설관리, 사업지원 및 임대서비스업(51.7%)은 상대적으로 낮게 나타남

[종사자 규모별]

- 종사자수 10~49명인 기업체의 직원의 업무상 인터넷 이용률이 66.2%로 타 규모 대비 상대적으로 높게 나타남

[조직 형태별]

- 회사법인(66.4%)이 개인사업체(64.0%) 대비 직원의 업무상 인터넷 이용률이 높게 나타남

업종별_직원의 업무상 인터넷 이용률(평균)

(단위 : %)

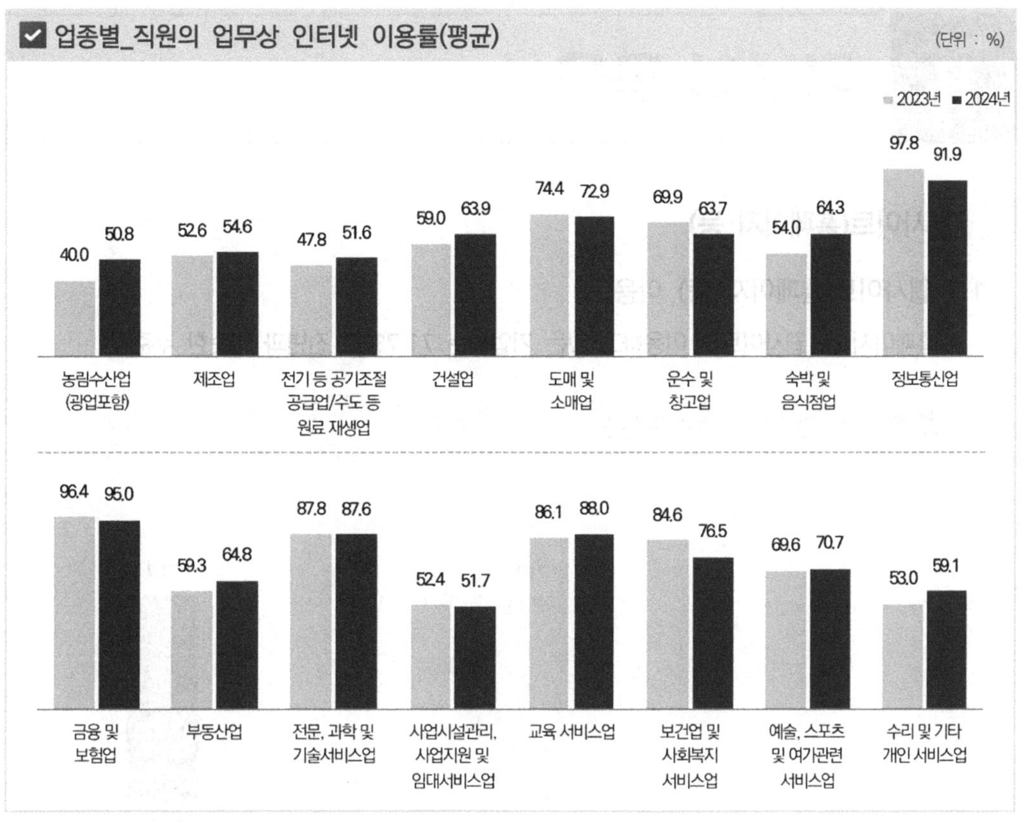

규모 및 조직 형태별_직원의 업무상 인터넷 이용률(평균)

(단위 : %)

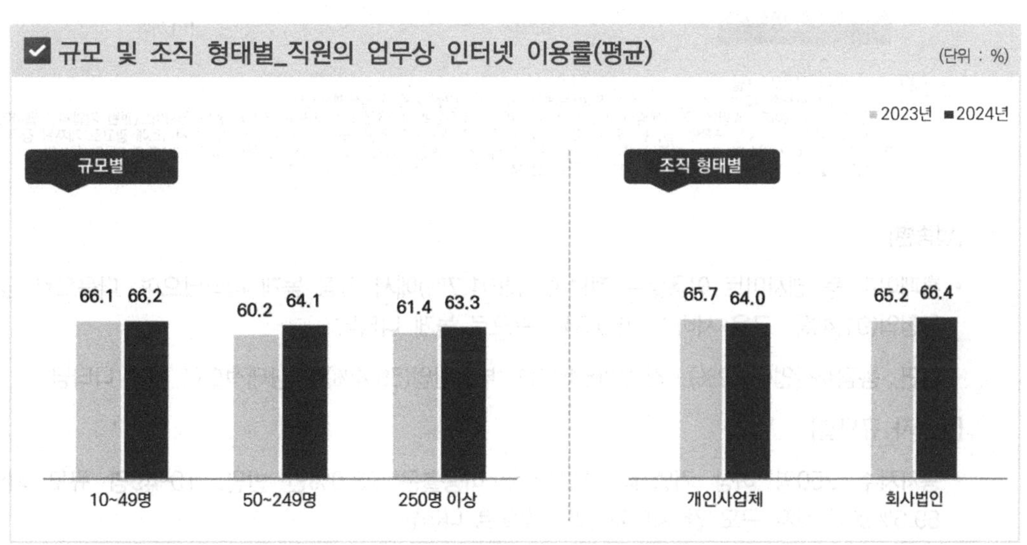

정보화 응용

1 웹사이트(홈페이지 등)

1.1 웹사이트(홈페이지 등) 이용

- 홈페이지 등 웹사이트를 이용하고 있는 기업체는 71.7%로 전년과 비슷한 수준임

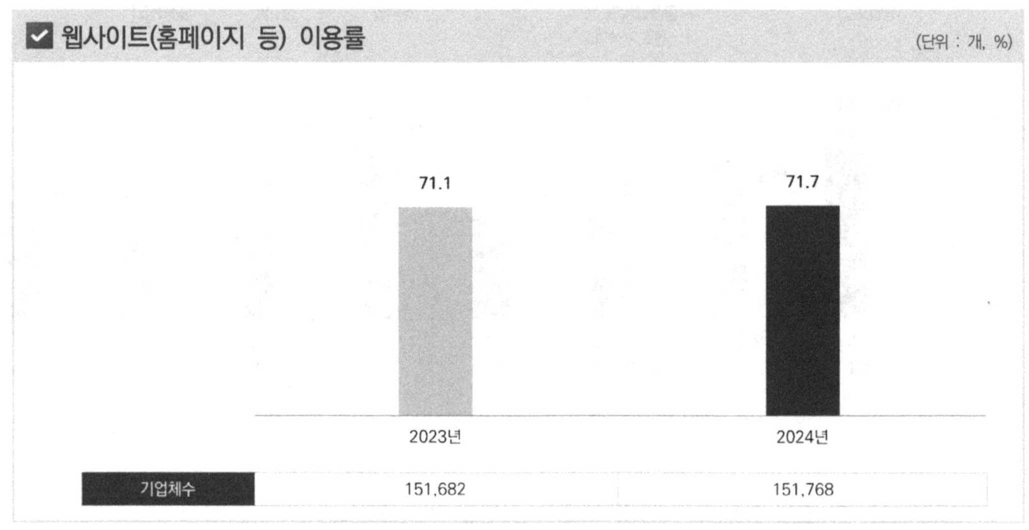

※ 기준시점 : 2024년 12월 31일
※ 기업체 : 전국의 종사자수 10인 이상 민간 부문 기업체(통계청, 2024년 12월 기준 기업통계등록부)
※ 주 : 1) 웹사이트, 홈페이지, 쇼핑몰 등을 운영하거나, 사업체/기관이 내용(콘텐츠)에 대해 통제 가능한 타사/기관의 웹사이트(관련 기업체의 웹사이트 포함)에 올라있는 경우 등을 포함함. 단, 온라인 디렉토리(기업체 주소와 전화번호 제공) 또는 다른 사업체/기관의 사이트에 광고로 게재된 경우는 제외됨
2) 자사 제품 및 서비스의 홍보, 광고 등을 위한 수단으로 이커머스 플랫폼(G마켓, 옥션, 11번가, 쿠팡, 네이버 스마트스토어 등) 및 동영상 플랫폼(Youtube, 카카오 TV, 치지직 등)을 활용하는 경우도 웹사이트 이용으로 포함함

[업종별]

- 홈페이지 등 웹사이트 이용률은 정보통신업(91.7%)에서 가장 높게 나타났으며, 다음으로 금융 및 보험업(91.4%), 교육 서비스업(89.3%) 순으로 높게 나타남
- 반면, 농림수산업(53.2%), 건설업(54.8%), 부동산업(59.4%)은 상대적으로 낮게 나타남

[종사자 규모별]

- 종사자수 250명 이상 기업체의 웹사이트 이용률은 93.0%인 반면, 10~49명 규모 기업체는 69.5%로 종사자 규모 간 차이가 있는 것으로 나타남

[조직 형태별]

- 개인사업체의 웹사이트 이용률은 70.0%, 회사법인은 72.2%로 조사됨

업종별_웹사이트(홈페이지 등) 이용률

(단위 : %)

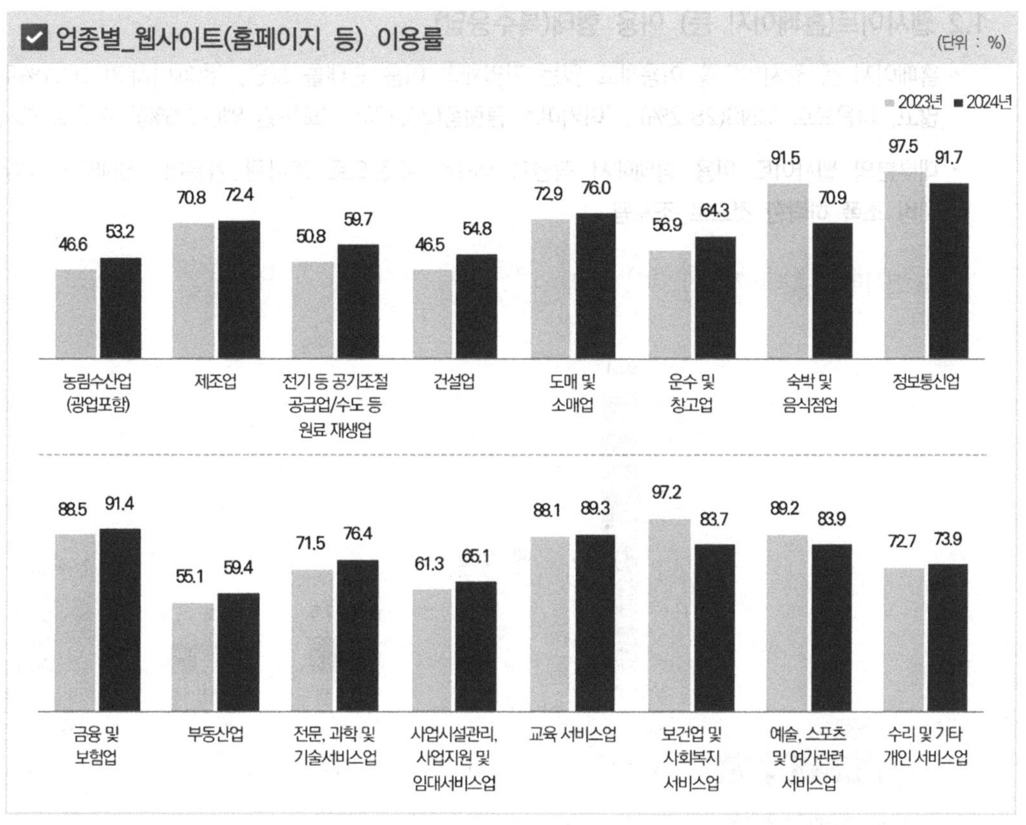

규모 및 조직 형태별_웹사이트(홈페이지 등) 이용률

(단위 : %)

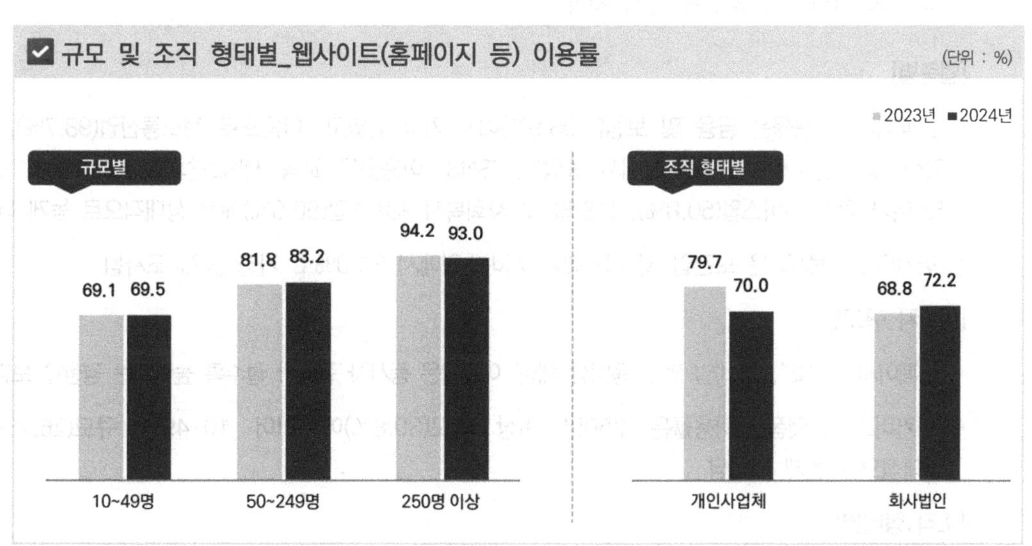

1. 정보화 기반
2. 정보화 응용
3. 지능정보기술 활용
4. 정보화 투자

1.2 웹사이트(홈페이지 등) 이용 형태(복수응답)

- 홈페이지 등 웹사이트를 이용하고 있는 기업체의 이용 형태를 보면, '홈페이지'가 92.1%로 가장 많고, 다음으로 'SNS(28.2%)', '이커머스 플랫폼(26.1%)', '모바일 앱(12.5%)' 순으로 조사됨
- 대부분의 웹사이트 이용 형태에서 작년과 비슷한 수준으로 조사된 가운데, 'SNS'의 경우 전년 대비 소폭 하락한 것으로 조사됨

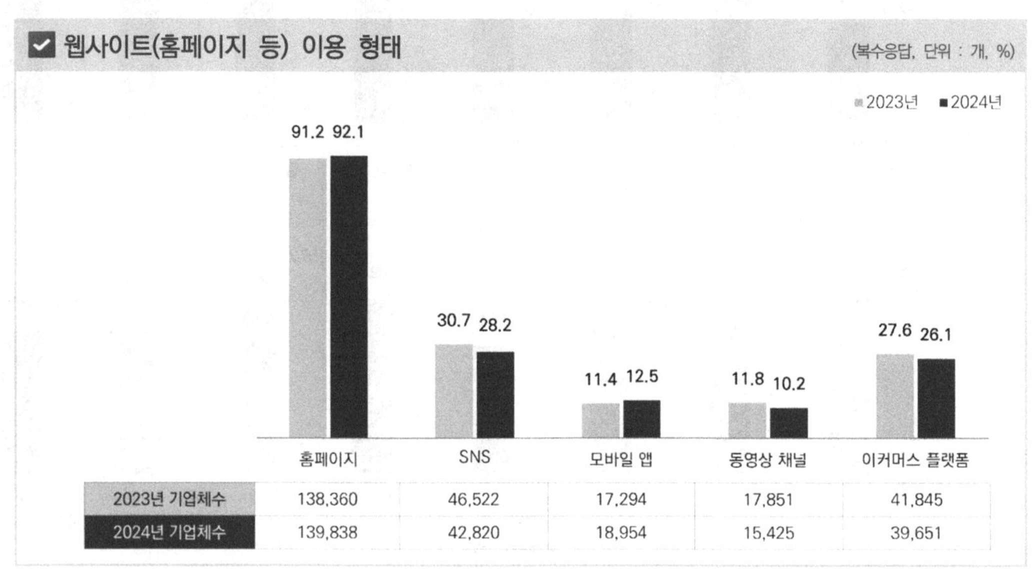

	홈페이지	SNS	모바일 앱	동영상 채널	이커머스 플랫폼
2023년 기업체수	138,360	46,522	17,294	17,851	41,845
2024년 기업체수	139,838	42,820	18,954	15,425	39,651

※ 기준시점 : 2024년 12월 31일
※ 기업체 : 웹사이트(홈페이지 등) 이용 기업체
※ 주 : 웹사이트(홈페이지 등) 이용 형태별 복수응답 수치임

[업종별]

- '홈페이지' 이용률은 금융 및 보험업(98.9%)에서 가장 높았고, 다음으로 정보통신업(98.7%), 전문, 과학 및 기술서비스업(96.1%)에서 높았음. 'SNS' 이용률은 교육 서비스업(53.9%), 예술, 스포츠 및 여가 관련 서비스업(50.8%), 보건업 및 사회복지 서비스업(50.0%)에서 상대적으로 높게 나타남
- '이커머스 플랫폼'은 보건업 및 사회복지 서비스업에서 36.0%로 가장 높게 조사됨

[종사자 규모별]

- '홈페이지', 'SNS', '모바일 앱', '동영상 채널' 이용률은 종사자 규모가 클수록 높아지는 경향을 보임
- '이커머스 플랫폼' 이용률은 250명 이상 규모(30.8%)에 이어 10~49명 규모(26.2%)에서 상대적으로 높게 나타남

[조직 형태별]

- '홈페이지' 이용률은 회사법인이 94.0%로 개인사업체(84.8%)에 비해 높고, 'SNS' 이용률은 개인사업체가 37.9%로 회사법인(25.8%)에 비해 상대적으로 높게 조사됨

업종별_웹사이트(홈페이지 등) 이용 형태

(복수응답, 단위 : %, 상위 2순위)

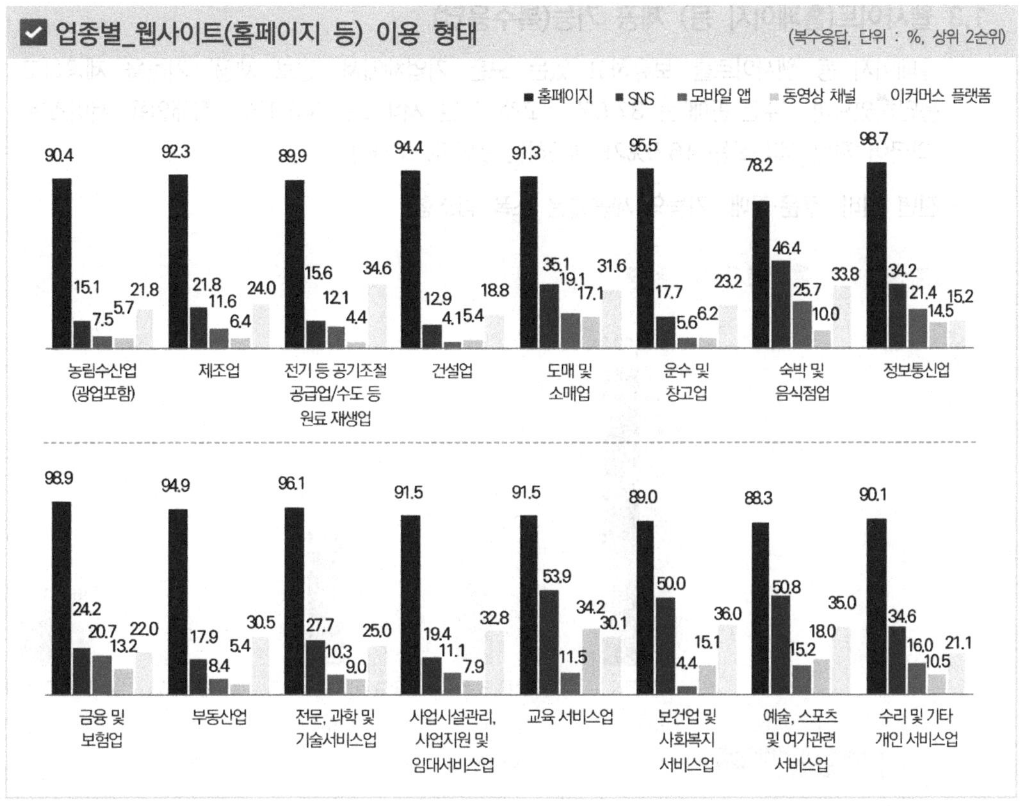

규모 및 조직 형태별_웹사이트(홈페이지 등) 이용 형태

(복수응답, 단위 : %, 상위 2순위)

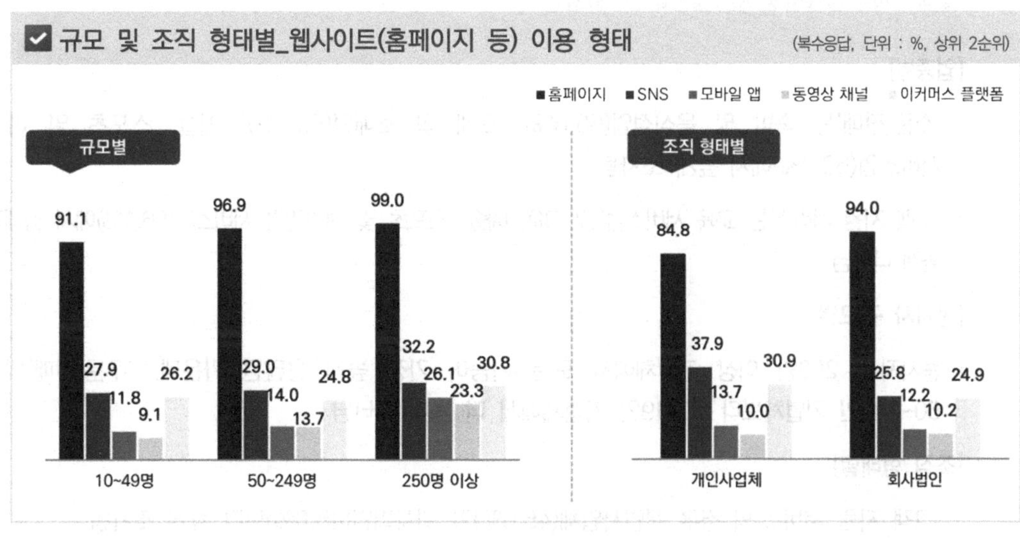

1.3 웹사이트(홈페이지 등) 제공 기능(복수응답)

- 홈페이지 등 웹사이트를 보유하고 있는 모든 기업체에서 '정보 제공' 기능을 제공하고 있다고 응답하였으며, '주문·판매'는 37.5%, '고객 지원 서비스'는 45.1%, '장애인용 서비스'는 2.7%, '외국어 지원 서비스'는 16.5%가 제공하는 것으로 조사됨
- 전년 대비 '주문·판매' 기능의 제공률은 소폭 감소함

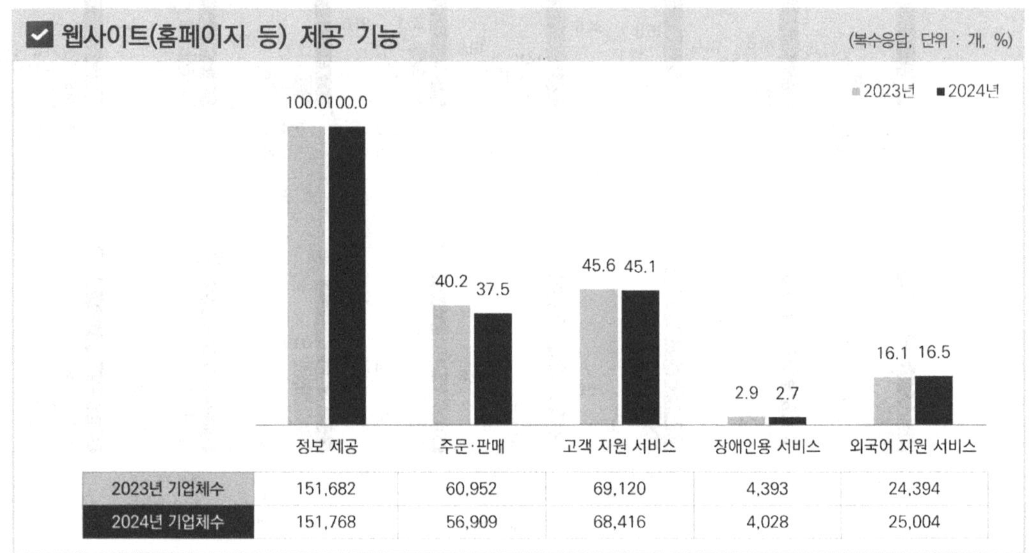

	정보 제공	주문·판매	고객 지원 서비스	장애인용 서비스	외국어 지원 서비스
2023년 기업체수	151,682	60,952	69,120	4,393	24,394
2024년 기업체수	151,768	56,909	68,416	4,028	25,004

※ 기준시점 : 2024년 12월 31일
※ 기업체 : 웹사이트(홈페이지 등) 이용 기업체
※ 주 : 웹사이트(홈페이지 등) 제공 기능별 복수응답 수치임

[업종별]

- '주문·판매'는 숙박 및 음식점업(56.6%), 도매 및 소매업(55.1%), 예술, 스포츠 및 여가관련 서비스업(53.9%)에서 높게 조사됨
- '고객 지원 서비스'는 교육 서비스업(67.5%), 예술, 스포츠 및 여가관련 서비스업(56.1%)에서 상대적으로 높게 나타남

[종사자 규모별]

- 종사자수 250인 이상 기업체에서 모든 기능이 가장 높게 응답된 가운데, '주문·판매'의 경우 50~249인 기업체보다 10~49인 기업체에서 더 높게 나타남

[조직 형태별]

- '고객 지원 서비스'의 경우 개인사업체(45.6%)가 회사법인(45.0%)보다 높게 조사됨
- '외국어 지원 서비스'의 경우 회사법인(18.0%)이 개인사업체(10.3%)보다 더 높게 나타남

업종별_웹사이트(홈페이지 등) 제공 기능

(복수응답, 단위 : %)

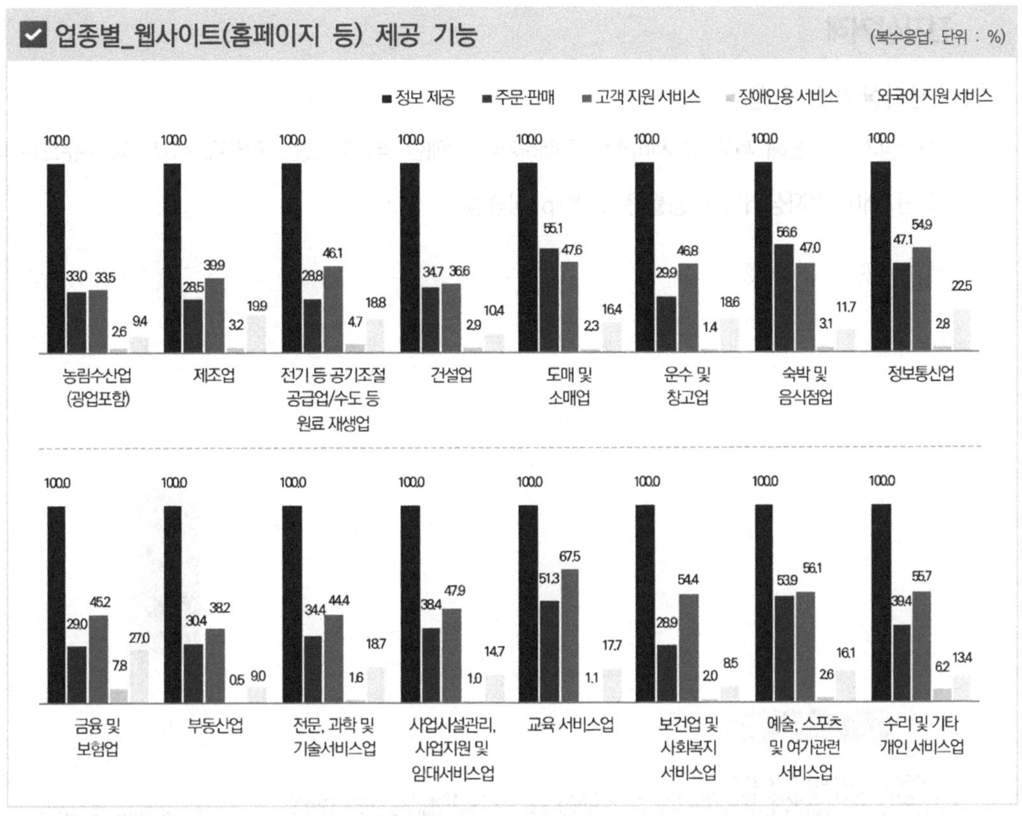

규모 및 조직 형태별_웹사이트(홈페이지 등) 제공 기능

(복수응답, 단위 : %)

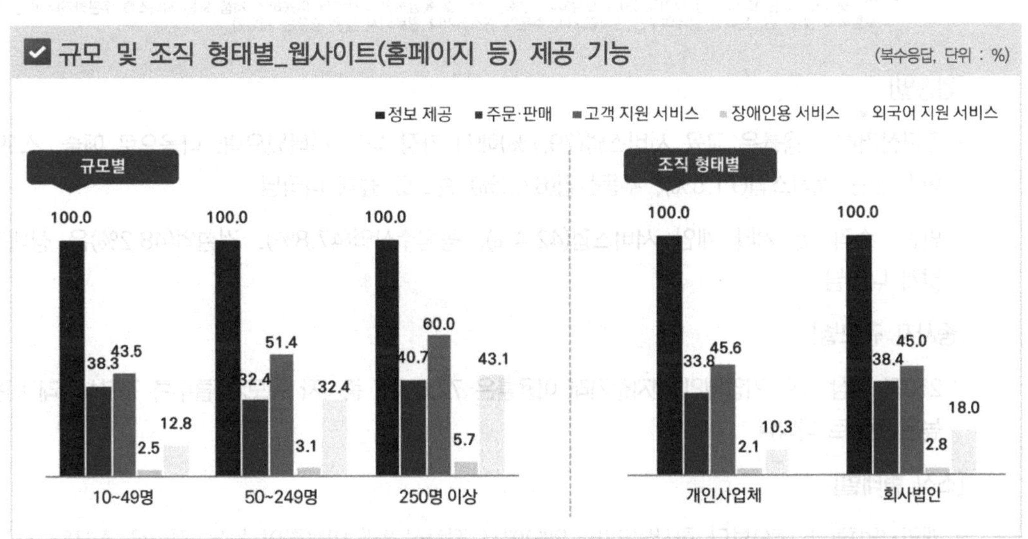

2 전자상거래

2.1 전자상거래 이용

- 전자상거래를 통해 제품 및 서비스를 구매하거나 판매한 경험이 있는 기업체는 57.4% 수준으로 나타남
- 전년 대비 전자상거래 이용률은 1.0%p 상승함

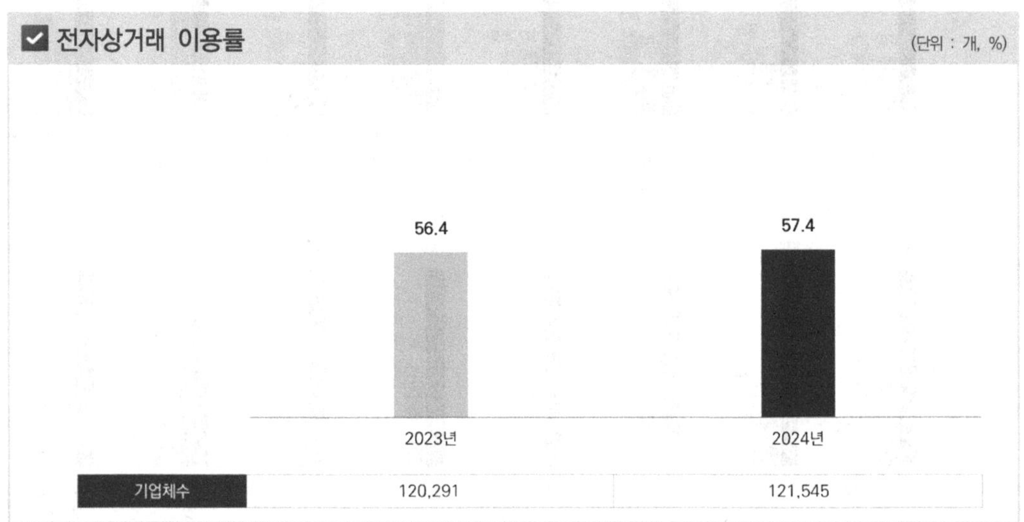

※ 기준시점 : 2024년 12월 31일
※ 기업체 : 전국의 종사자수 10인 이상 민간 부문 기업체(통계청, 2024년 12월 기준 기업통계등록부)
※ 주 : 1) 본 조사에서 전자상거래란 "컴퓨터 및 네트워크를 통해 제품 또는 서비스에 대한 구매(발주) 또는 판매(수주)가 이루어지는 방식(모바일 상거래 포함)"을 말함
2) 인터넷 기반 이동전화(모바일 상거래 등)가 포함되나, 전화, 팩스 및 통상적인 이메일을 이용하여 제품 또는 서비스를 주문하거나 받는 경우는 포함되지 않음. 단, 온라인 결제여부는 관계없으나, 주문이 취소되거나 완료되지 않은 경우는 제외됨

[업종별]

- 전자상거래 이용률은 교육 서비스업(79.7%)에서 가장 높게 나타났으며, 다음으로 예술, 스포츠 및 여가 관련 서비스업(71.5%), 부동산업(67.2%) 순으로 높게 나타남
- 반면, 수리 및 기타 개인 서비스업(42.4%), 농림수산업(47.8%), 건설업(48.2%)은 상대적으로 낮게 나타남

[종사자 규모별]

- 250명 이상 규모 기업체의 전자상거래 이용률은 72.5%로 종사자 규모가 클수록 전자상거래 이용률이 높은 것으로 나타남

[조직 형태별]

- 개인사업체(55.9%)보다 회사법인(57.8%)에서 전자상거래 이용률이 높은 것으로 조사됨

업종별_전자상거래 이용률

(단위 : %)

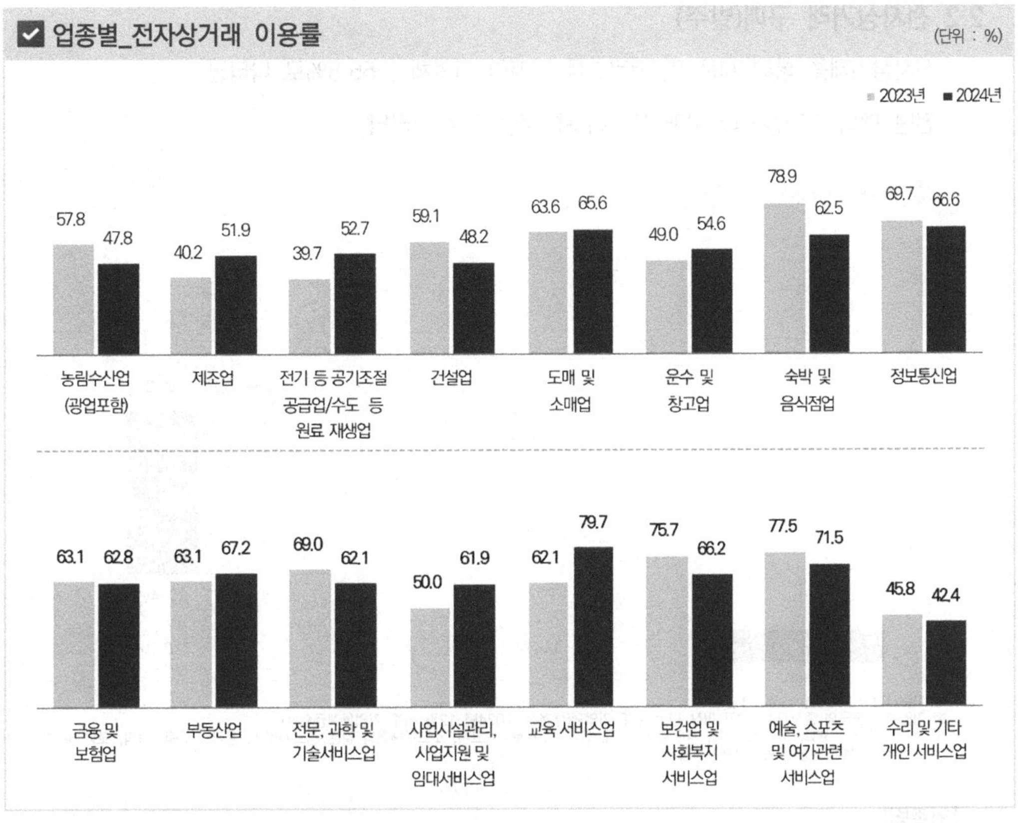

규모 및 조직 형태별_전자상거래 이용률

(단위 : %)

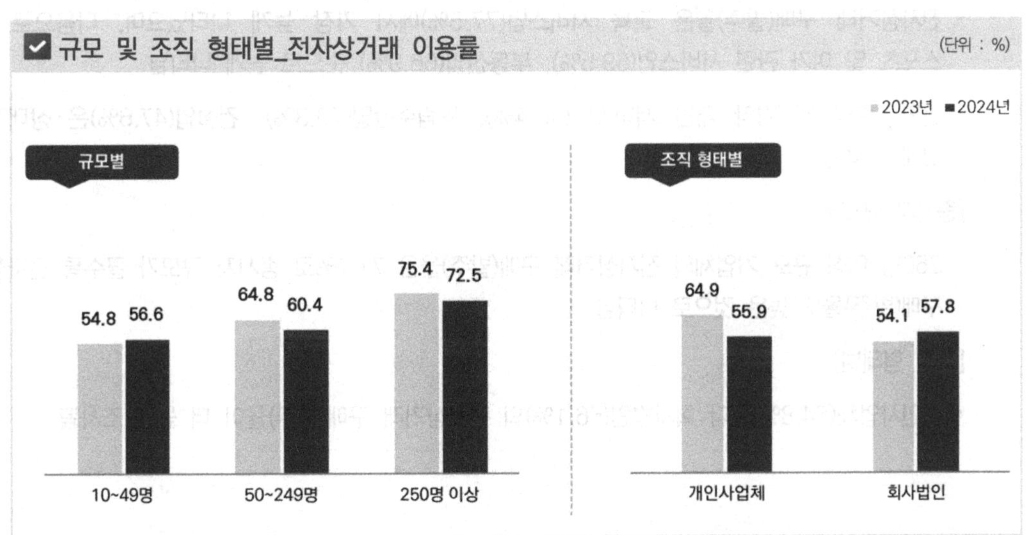

2.2 전자상거래 구매(발주)

- 전자상거래를 통해 제품 및 서비스를 구매한 기업체는 55.8%로 나타남
- 전년 대비 전자상거래 구매율은 비슷한 수준으로 나타남

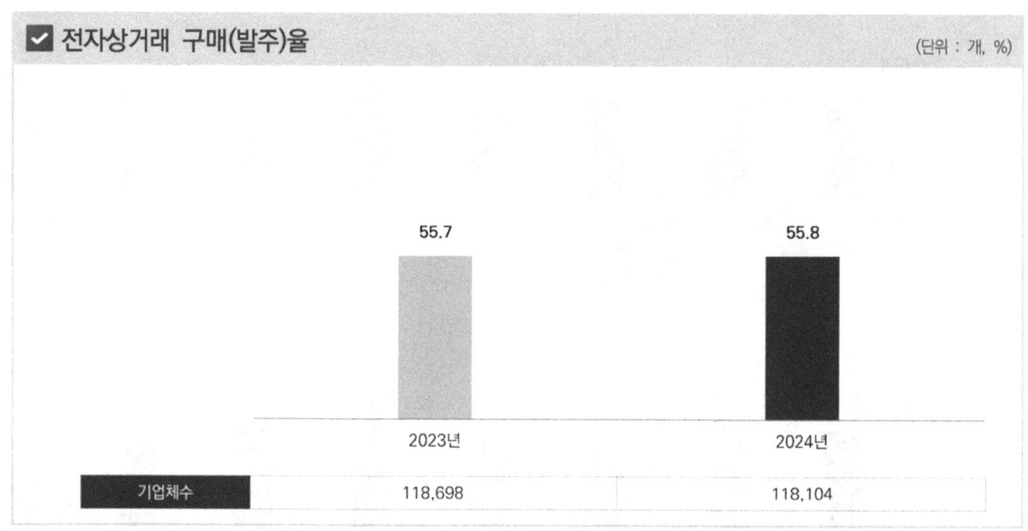

※ 기준시점 : 2024년 12월 31일
※ 기업체 : 전국의 종사자수 10인 이상 민간 부문 기업체(통계청, 2024년 12월 기준 기업통계등록부)
※ 주 : 구매에는 원료, 식료품, 부품, 사무용품, 기기, 유지보수용품, 보고서, 소프트웨어와 같은 정보서비스, 온라인 금융, 숙박, 교통 및 항공 여행과 같은 서비스 등 모든 자본이 포함

[업종별]

- 전자상거래 구매(발주)율은 교육 서비스업(77.5%)에서 가장 높게 나타났으며, 다음으로 예술, 스포츠 및 여가 관련 서비스업(69.5%), 부동산업(66.9%) 순으로 높게 나타남
- 반면, 수리 및 기타 개인 서비스업(40.4%), 농림수산업(46.3%), 건설업(47.6%)은 상대적으로 낮게 조사됨

[종사자 규모별]

- 250명 이상 규모 기업체의 전자상거래 구매(발주)율은 71.7%로 종사자 규모가 클수록 전자상거래 구매(발주)율도 높은 것으로 나타남

[조직 형태별]

- 개인사업체(54.8%)보다 회사법인(56.1%)의 전자상거래 구매(발주)율이 더 높게 조사됨

업종별_전자상거래 구매(발주)율

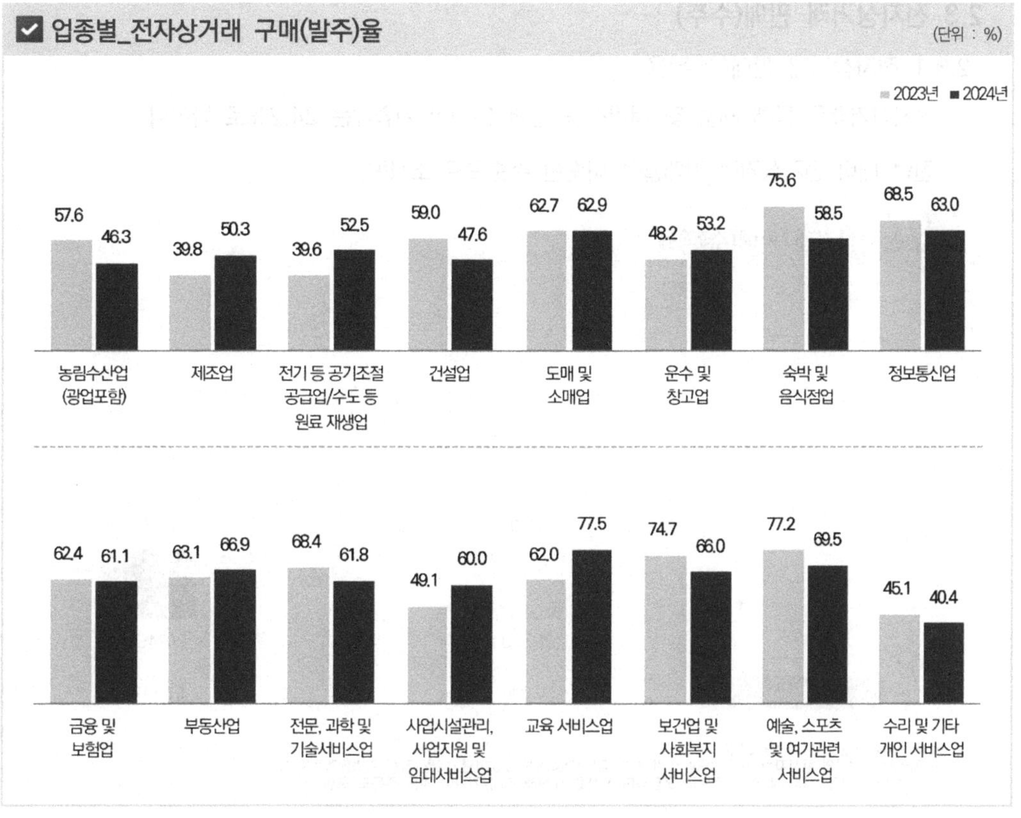

규모 및 조직 형태별_전자상거래 구매(발주)율

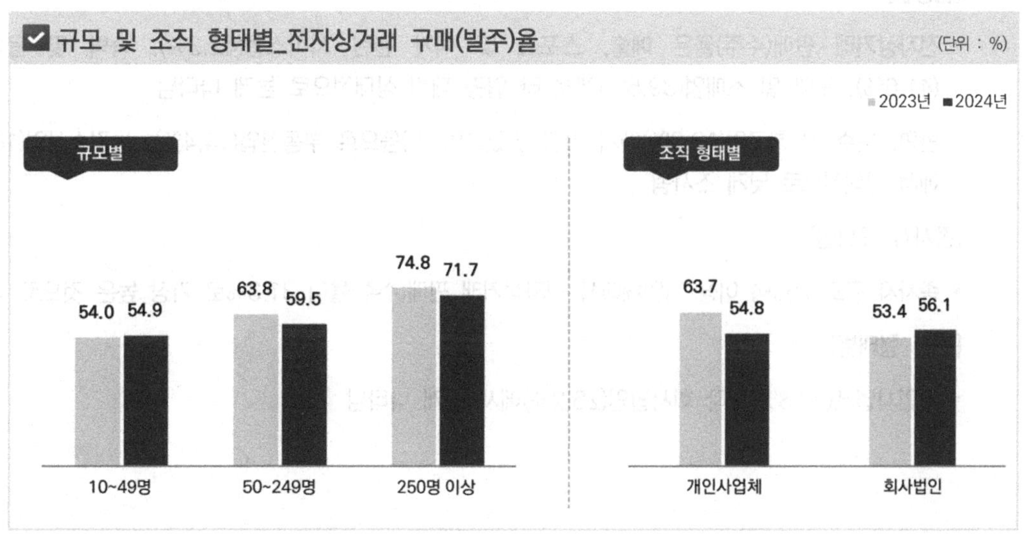

2.3 전자상거래 판매(수주)

2.3.1 전자상거래 판매(수주)율

- 전자상거래를 통해 제품 및 서비스를 판매(수주)한 기업체는 24.2%로 나타남
- 전년 대비 전자상거래 판매율은 비슷한 수준으로 조사됨

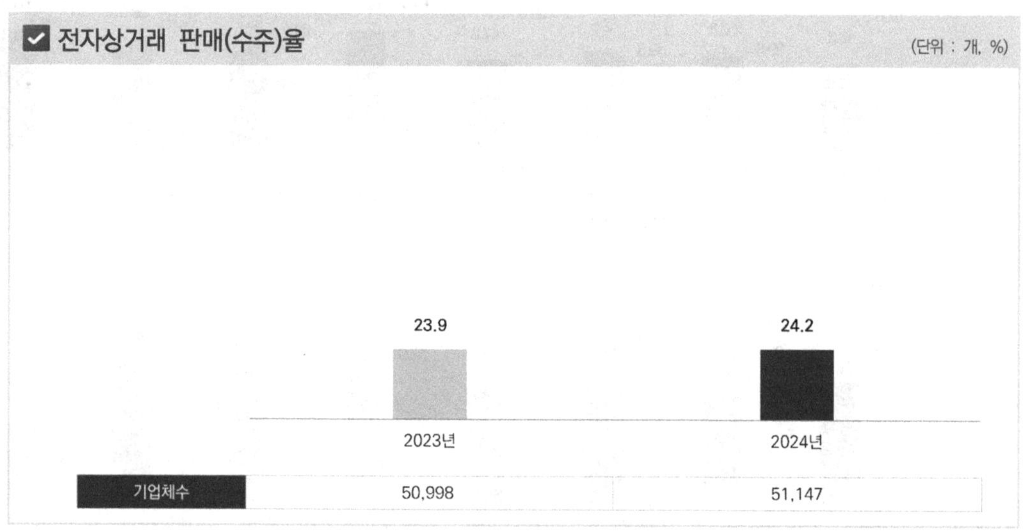

※ 기준시점 : 2024년 12월 31일
※ 기업체 : 전국의 종사자수 10인 이상 민간 부문 기업체(통계청, 2024년 12월 기준 기업통계등록부)
※ 주 : 타사/기관을 대신해 받은 주문도 포함되며 자사를 대신해 타사/기관이 받은 주문도 포함

[업종별]

- 전자상거래 판매(수주)율은 예술, 스포츠 및 여가 관련 서비스업(42.3%), 숙박 및 음식점업(41.6%), 도매 및 소매업(39.5%)에서 타 업종 대비 상대적으로 높게 나타남
- 반면, 운수 및 창고업(13.9%)에서 가장 낮았으며, 다음으로 부동산업(14.4%), 농림수산업(14.7%)에서 상대적으로 낮게 조사됨

[종사자 규모별]

- 종사자 규모 250명 이상 기업체에서 전자상거래 판매(수주)율이 31.3%로 가장 높은 것으로 나타남

[조직 형태별]

- 개인사업체(20.3%)보다 회사법인(25.2%)에서 높게 나타남

업종별_전자상거래 판매(수주)율

(단위 : %)

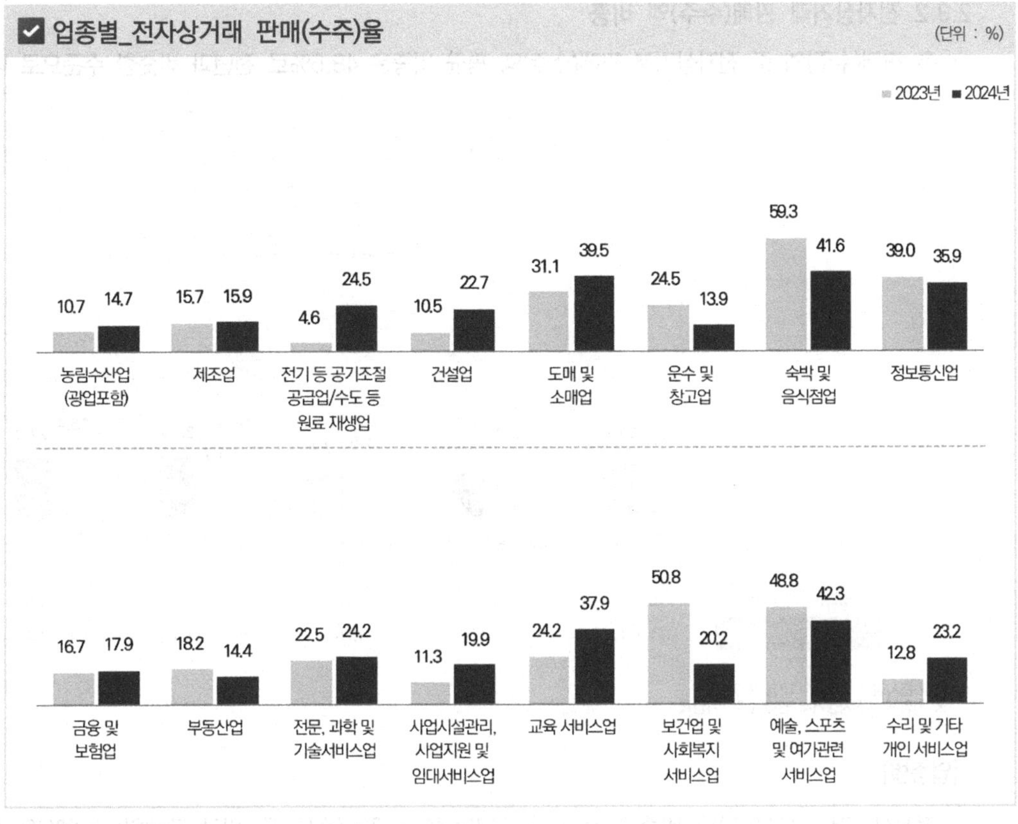

규모 및 조직 형태별_전자상거래 판매(수주)율

(단위 : %)

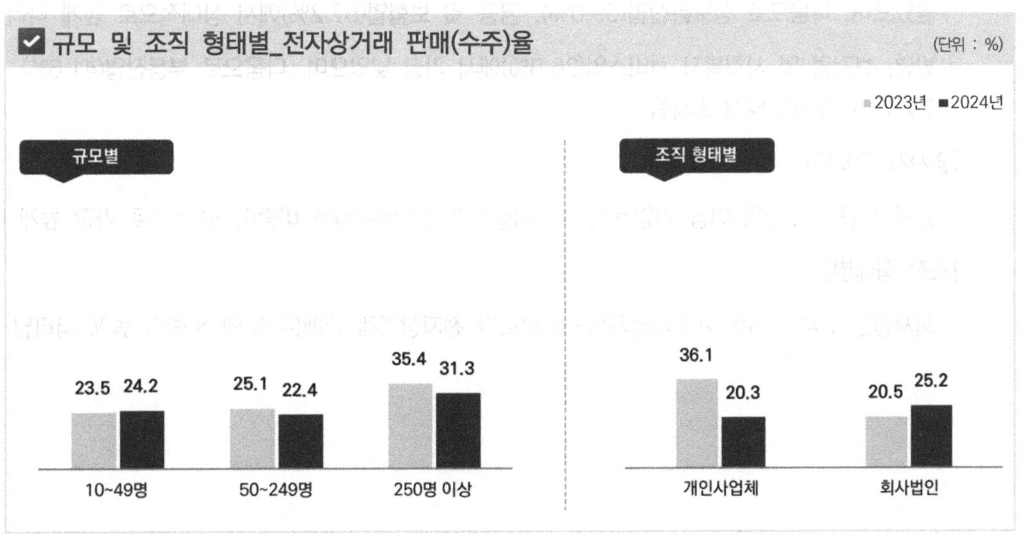

2.3.2 전자상거래 판매(수주)액 비중

- 총 판매(수주)액 중 전자상거래 판매(수주)액 평균 비중은 48.5%로 전년과 비슷한 수준으로 나타남

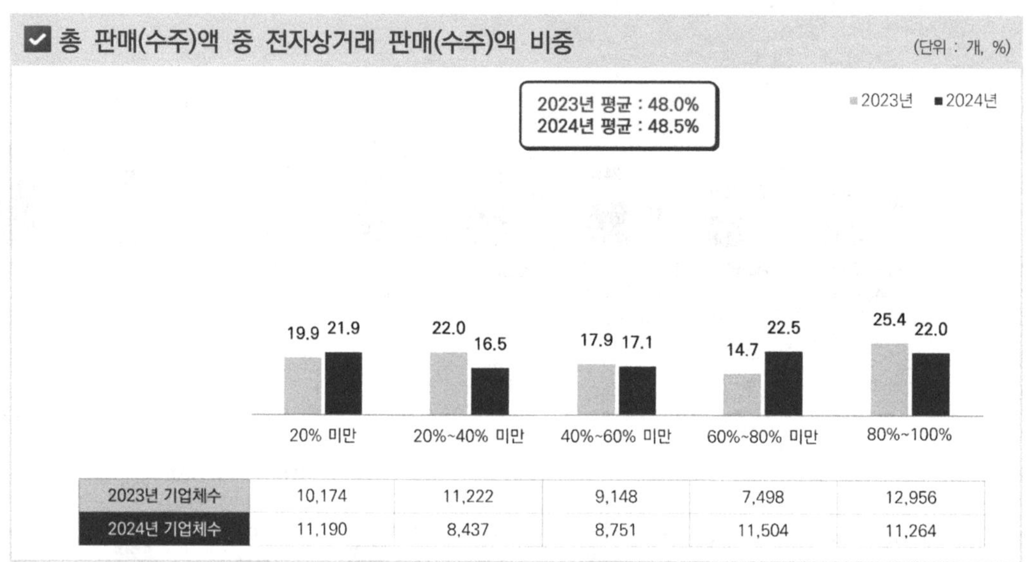

	20% 미만	20%~40% 미만	40%~60% 미만	60%~80% 미만	80%~100%
2023년 기업체수	10,174	11,222	9,148	7,498	12,956
2024년 기업체수	11,190	8,437	8,751	11,504	11,264

※ 기준시점 : 2024년 12월 31일
※ 기업체 : 전자상거래 판매(수주) 기업체

[업종별]

- 전자상거래 판매(수주)액 비중은 전기 등 공기조절 공급업/수도 등 원료 재생업(65.6%)에서 가장 높았으며, 다음으로 정보통신업(59.0%), 금융 및 보험업(57.2%)에서 상대적으로 높게 나타남
- 반면, 보건업 및 사회복지 서비스업(36.9%)에서 가장 낮았으며, 다음으로 부동산업(41.6%), 제조업(42.7%) 순으로 낮게 조사됨

[종사자 규모별]

- 종사자 규모 250명 이상 기업체에서 전자상거래 판매(수주)액 비중이 51.1%로 가장 높게 나타남

[조직 형태별]

- 회사법인이 49.6%로 개인사업체(43.6%)보다 전자상거래 판매(수주)액 비중이 높게 나타남

업종별_총 판매(수주)액 중 전자상거래 판매(수주)액 비중(평균)

(단위 : %)

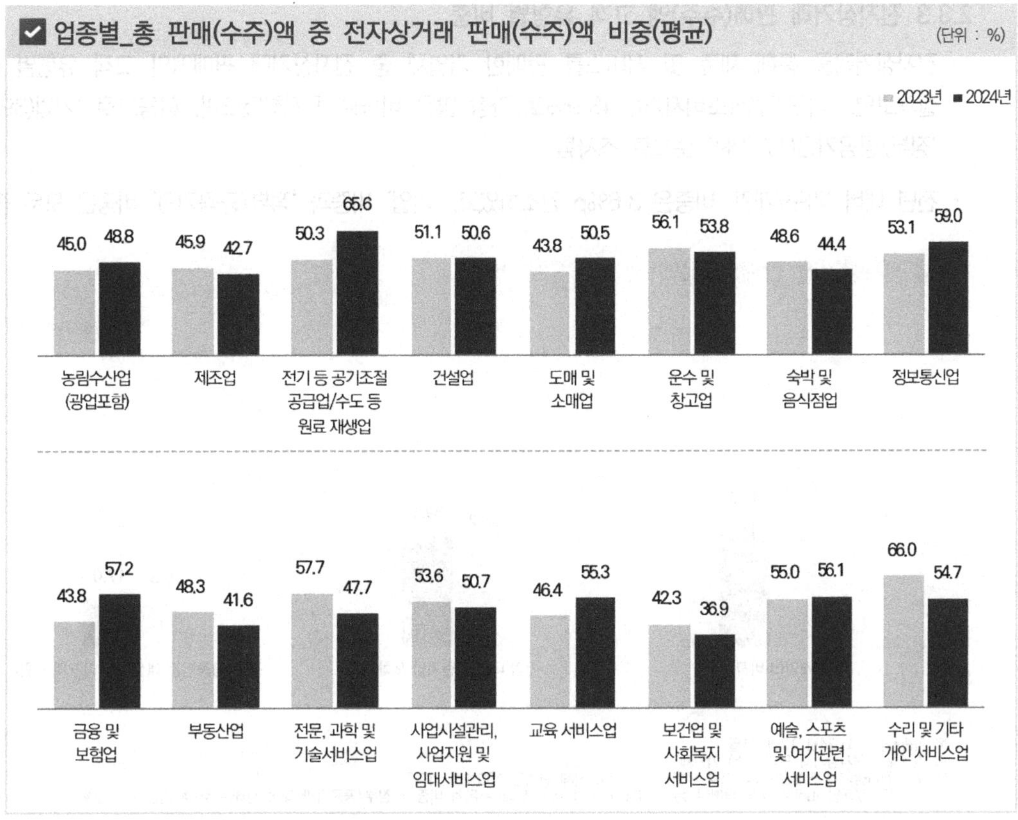

규모 및 조직 형태별_총 판매(수주)액 중 전자상거래 판매(수주)액 비중(평균)

(단위 : %)

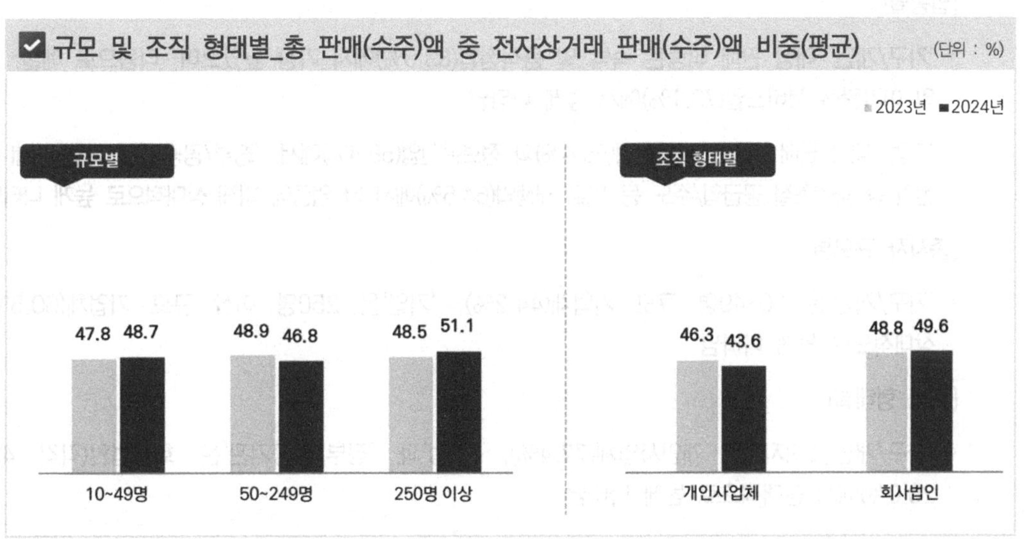

2.3.3 전자상거래 판매(수주)액 고객 유형별 비중

- 전자상거래를 통해 제품 및 서비스를 판매한 기업체 중 전자상거래 판매액의 고객 유형별 비중을 살펴보면, '가구/개인(소비자)'이 43.9%로 가장 많은 비중을 차지하였으며, 다음으로 '기업(39.1%)', '정부/공공기관(17.0%)' 순으로 조사됨
- 전년 대비 '가구/개인' 비중은 3.6%p 감소하였고, '기업' 비중과 '정부/공공기관' 비중은 모두 증가함

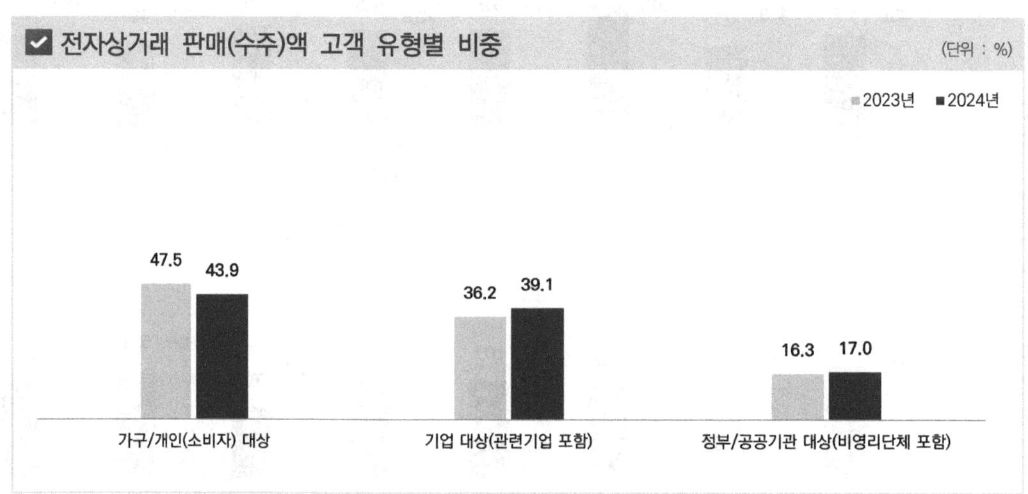

※ 기준시점 : 2024년 12월 31일
※ 기업체 : 전자상거래 판매(수주) 기업체
※ 주 : 전자상거래 판매(수주)액 고객 유형별 비중으로 전체 합계는 100%를 의미함
(가구/개인 소비자 대상 판매(수주)액 비중 + 기업 대상 판매(수주)액 비중 + 정부/공공기관 대상 판매(수주)액 비중 = 100%)

[업종별]

- '가구/개인' 대상 판매 비중은 숙박 및 음식점업(83.0%)에서 가장 높았으며, 다음으로 예술, 스포츠 및 여가관련 서비스업(73.1%)에서 높게 나타남
- '기업' 대상 판매 비중은 부동산업(65.4%)과 정보통신업(58.4%)에서, '정부/공공기관' 대상 판매 비중은 전기 등 공기조절 공급업/수도 등 원료 재생업(64.5%)에서 타 업종에 비해 상대적으로 높게 나타남

[종사자 규모별]

- '가구/개인'은 10~49명 규모 기업체(44.2%), '기업'은 250명 이상 규모 기업체(50.5%)에서 상대적으로 높게 나타남

[조직 형태별]

- '가구/개인(소비자)'은 개인사업체(72.4%), '기업'과 '정부/공공기관'은 회사법인(각각 42.1%, 20.0%)에서 상대적으로 높게 나타남

☑ 업종별_전자상거래 판매(수주)액 고객 유형별 비중

(단위 : %)

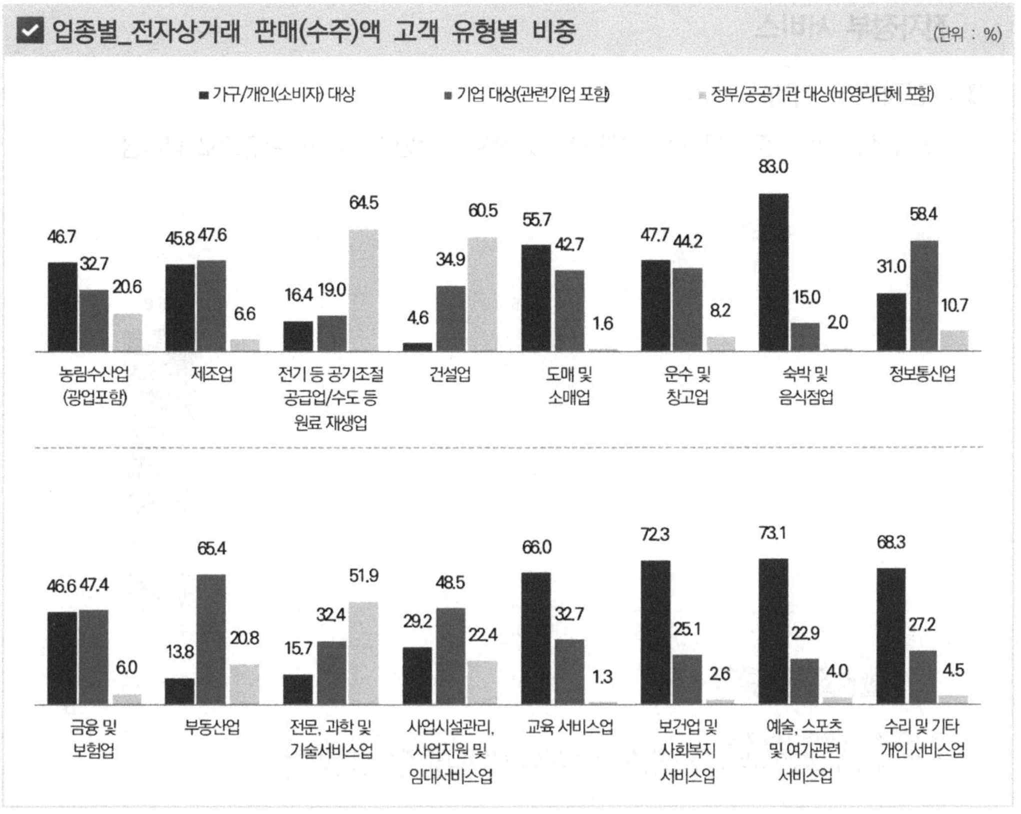

☑ 규모 및 조직 형태별_전자상거래 판매(수주)액 고객 유형별 비중

(단위 : %)

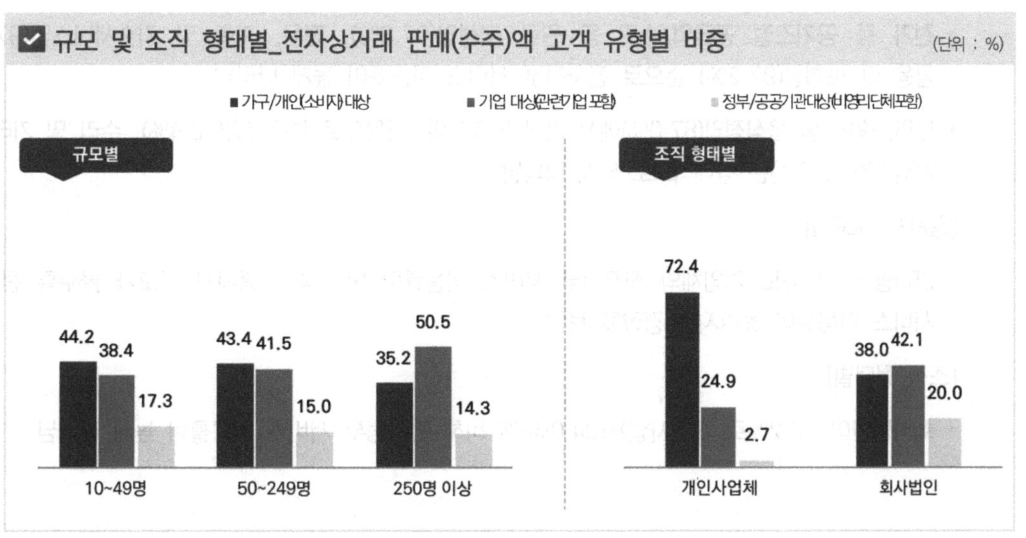

3 전자정부 서비스

3.1 전자정부 서비스 이용

• 전자정부 서비스를 이용하는 기업체는 95.8%로 전년과 비슷한 수준으로 나타남

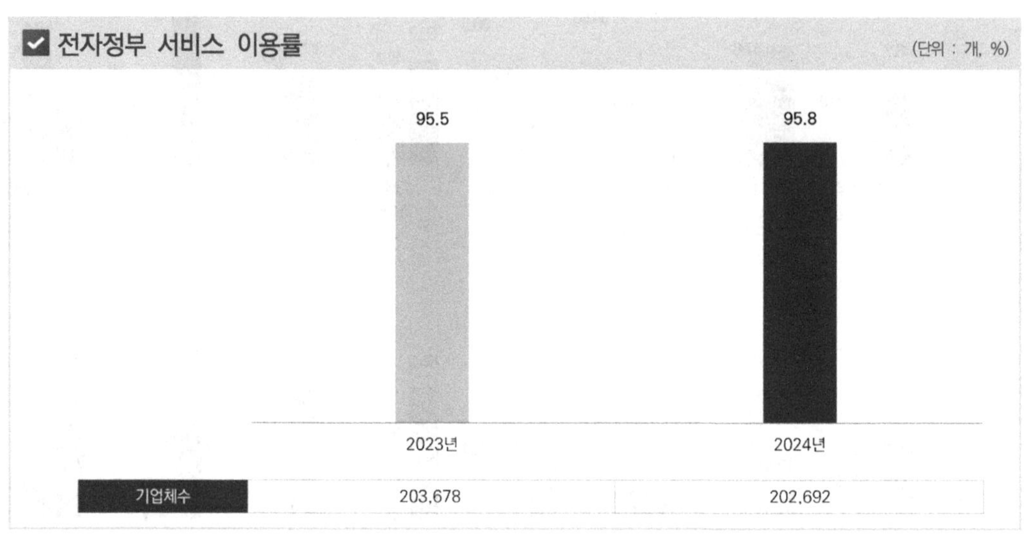

※ 기준시점 : 2024년 12월 31일
※ 기업체 : 전국의 종사자수 10인 이상 민간 부문 기업체(통계청, 2024년 12월 기준 기업통계등록부)
※ 주 : 전자정부 서비스는 '인터넷을 통해 제공되는 정부 및 공공기관의 행정정보 및 공공서비스'를 말함

[업종별]

• 전기 등 공기조절 공급업/수도 등 원료 재생업(97.8%), 전문, 과학 및 기술서비스업(97.4%), 금융 및 보험업(97.2%) 순으로 전자정부 서비스 이용률이 높게 나타남

• 반면, 숙박 및 음식점업(87.0%)에서 가장 낮았으며, 다음으로 부동산업(90.4%), 수리 및 기타 개인 서비스업(92.8%)은 상대적으로 낮게 나타남

[종사자 규모별]

• 250명 이상 규모 기업체의 전자정부 서비스 이용률이 98.9%로 종사자 규모가 클수록 전자정부 서비스 이용률이 높아지는 경향을 보임

[조직 형태별]

• 회사법인이 96.2%로 개인사업체(94.0%)에 비해 전자정부 서비스 이용률이 높게 나타남

✔ 업종별_전자정부 서비스 이용률

(단위 : %)

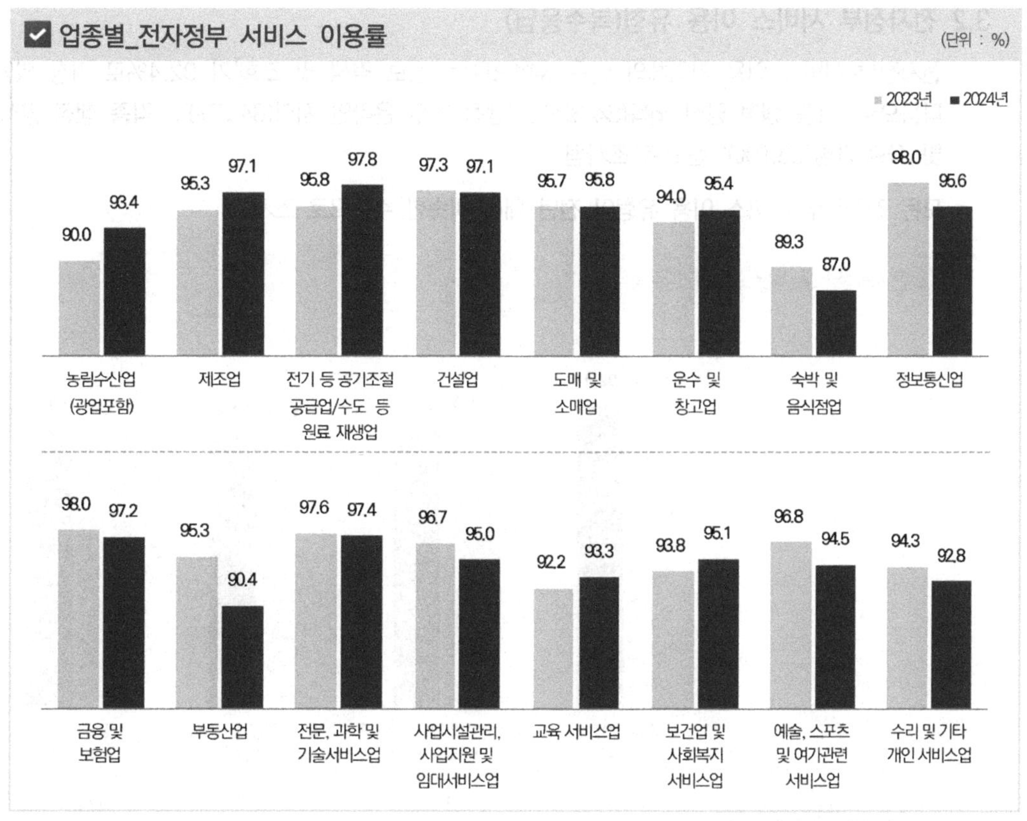

✔ 규모 및 조직 형태별_전자정부 서비스 이용률

(단위 : %)

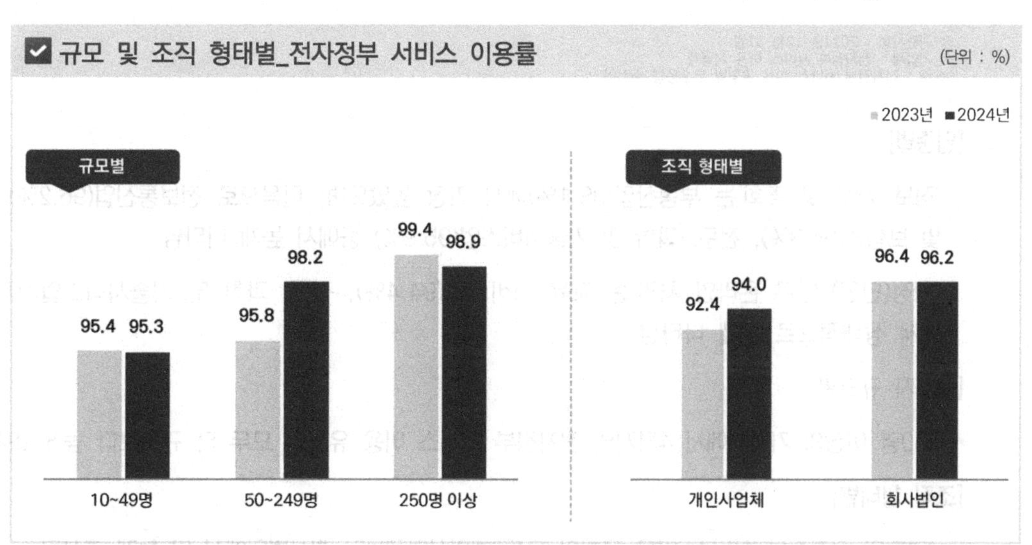

3.2 전자정부 서비스 이용 유형(복수응답)

- 전자정부 서비스 이용 기업체의 이용 유형으로는 ‘정보 검색 및 조회’가 92.4%로 가장 많았으며, 다음으로 ‘각종 행정 양식 획득(84.8%)’, ‘행정 업무 온라인 처리(84.5%)’, ‘각종 행정 양식 작성 및 자료 제출(83.9%)’ 순으로 조사됨
- 모든 전자정부 서비스 이용 유형이 전년 대비 비슷한 수준으로 조사됨

전자정부 서비스 이용 유형 (복수응답, 단위 : 개, %)

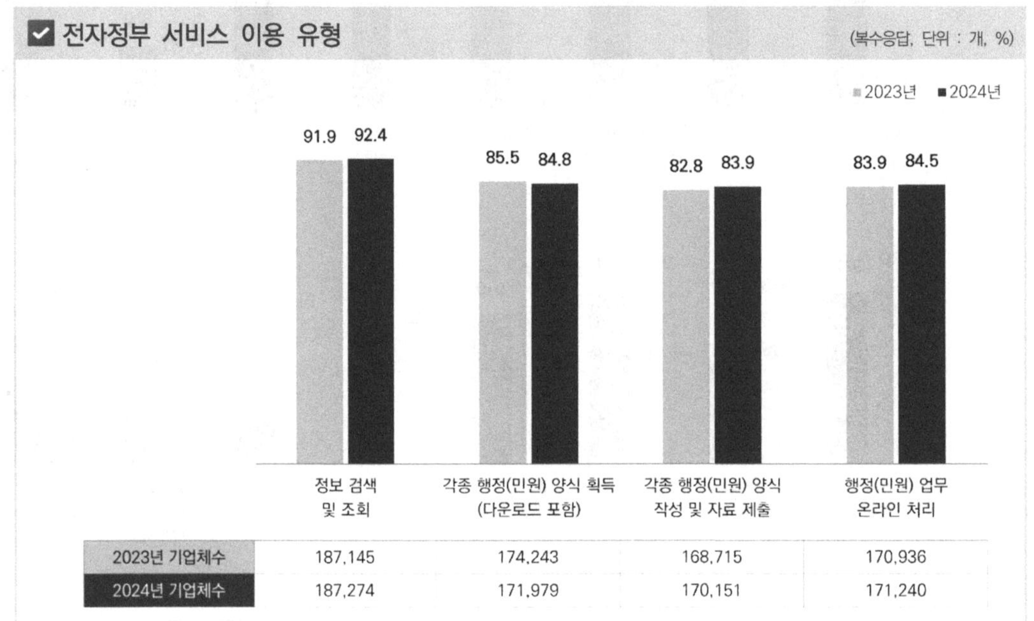

	정보 검색 및 조회	각종 행정(민원) 양식 획득 (다운로드 포함)	각종 행정(민원) 양식 작성 및 자료 제출	행정(민원) 업무 온라인 처리
2023년 기업체수	187,145	174,243	168,715	170,936
2024년 기업체수	187,274	171,979	170,151	171,240

※ 기준시점 : 2024년 12월 31일
※ 기업체 : 전자정부 서비스 이용 기업체
※ 주 : 전자정부 서비스 이용 유형별 복수응답 수치임

[업종별]

- ‘정보 검색 및 조회’는 부동산업(98.1%)에서 가장 높았으며, 다음으로 정보통신업(96.2%), 금융 및 보험업(95.9%), 전문, 과학 및 기술서비스업(95.9%) 등에서 높게 나타남
- ‘행정(민원) 업무 온라인 처리’는 교육 서비스업(94.4%), 전문, 과학 및 기술서비스업(92.8%), 에서 상대적으로 높게 나타남

[종사자 규모별]

- 250명 이상의 기업체에서 4가지의 전자정부 서비스 이용 유형이 모두 타 규모보다 높게 조사됨

[조직 형태별]

- 4가지의 전자정부 서비스 이용 유형이 모두 개인사업체보다 회사법인에서 더 높게 조사됨

업종별_전자정부 서비스 이용 유형

(복수응답, 단위 : %)

업종	정보 검색 및 조회	각종 행정(민원) 양식 획득(다운로드 포함)	각종 행정(민원) 양식 작성 및 자료 제출	행정(민원) 업무 온라인 처리
농림수산업(광업포함)	94.1	84.8	82.9	80.9
제조업	91.4	82.9	82.2	83.7
전기 등 공기조절 공급업/수도 등 원료 재생업	94.2	88.6	91.3	87.4
건설업	91.2	82.4	89.0	86.4
도매 및 소매업	94.5	85.8	82.1	81.0
운수 및 창고업	88.4	86.3	90.7	91.6
숙박 및 음식점업	92.0	75.1	66.4	74.1
정보통신업	96.2	90.9	84.9	82.4
금융 및 보험업	95.9	94.4	92.5	91.0
부동산업	98.1	88.7	91.5	88.0
전문, 과학 및 기술서비스업	95.9	92.3	92.0	92.8
사업시설관리, 사업지원 및 임대서비스업	91.6	91.2	85.3	87.3
교육 서비스업	92.9	87.1	91.9	94.4
보건업 및 사회복지 서비스업	90.1	83.7	81.4	84.1
예술, 스포츠 및 여가관련 서비스업	91.7	88.3	87.2	89.7
수리 및 기타 개인 서비스업	91.7	82.2	73.0	75.4

규모 및 조직 형태별_전자정부 서비스 이용 유형

(복수응답, 단위 : %)

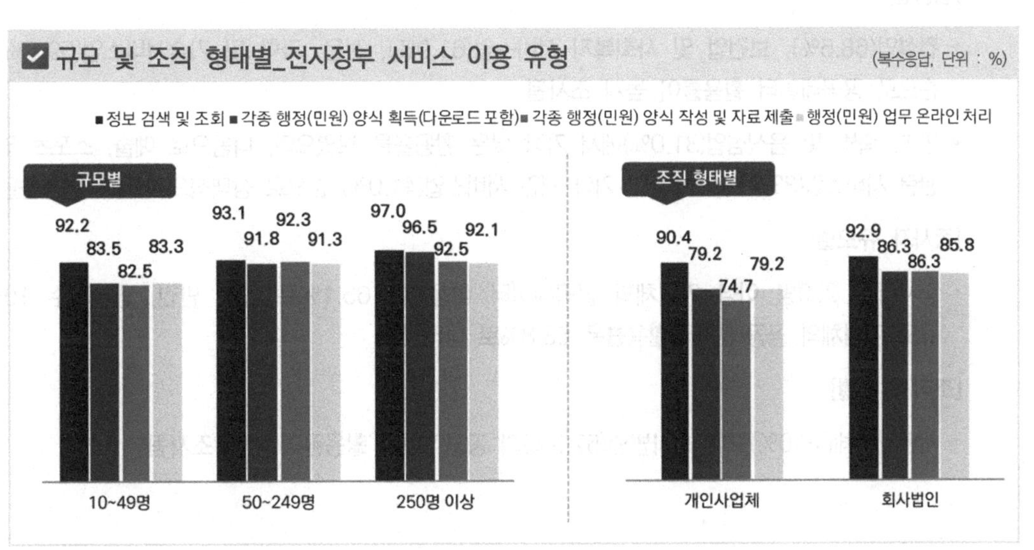

4 공공데이터 활용

4.1 공공데이터 활용

• 공공데이터를 활용하고 있는 기업체는 54.9%로 전년 대비 소폭 상승함

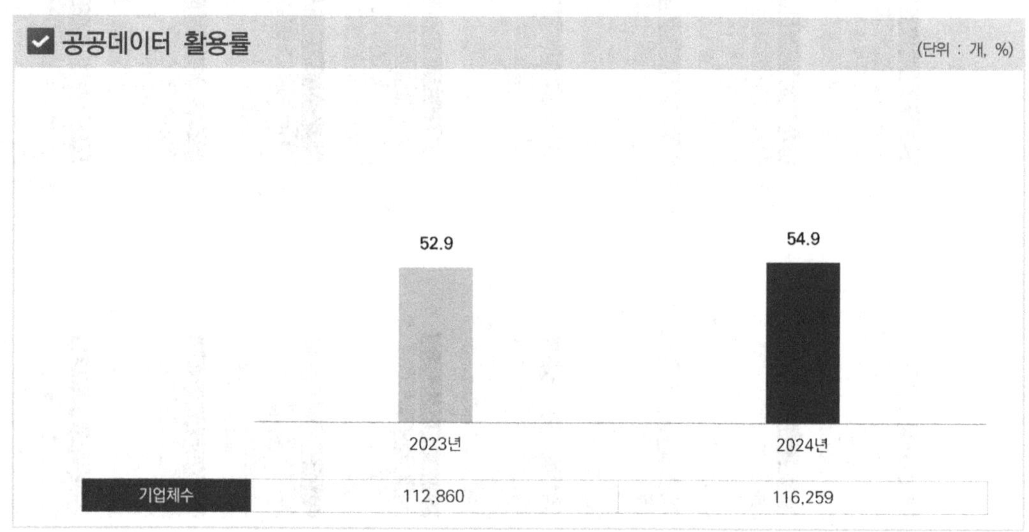

※ 기준시점 : 2024년 12월 31일
※ 기업체 : 전국의 종사자수 10인 이상 민간 부문 기업체(통계청, 2024년 12월 기준 기업통계등록부)
※ 주 : 공공데이터는 '공공기관이 직무상 전자적 방식으로 처리, 작성, 취득해 관리하고 있는 문자, 영상, 음성 등으로 표현된 모든 종류의 데이터'를 말함

[업종별]

• 건설업(68.5%), 보건업 및 사회복지 서비스업(61.9%), 전문, 과학 및 기술서비스업(59.6%) 등의 순으로 공공데이터 활용률이 높게 조사됨

• 반면, 숙박 및 음식점업(31.0%)에서 가장 낮은 활용률을 보였으며, 다음으로 예술, 스포츠 및 여가 관련 서비스업(33.7%), 수리 및 기타 개인 서비스업(41.0%) 순으로 상대적으로 낮은 활용률을 보임

[종사자 규모별]

• 종사자수 250명 이상 기업체의 공공데이터 활용률은 65.1%로 높은 반면, 종사자수 10~49명 규모 기업체의 공공데이터 활용률은 53.8%로 나타남

[조직 형태별]

• 개인사업체(46.0%)보다 회사법인(57.3%)의 공공데이터 활용률이 높게 조사됨

업종별_공공데이터 활용률

(단위 : %)

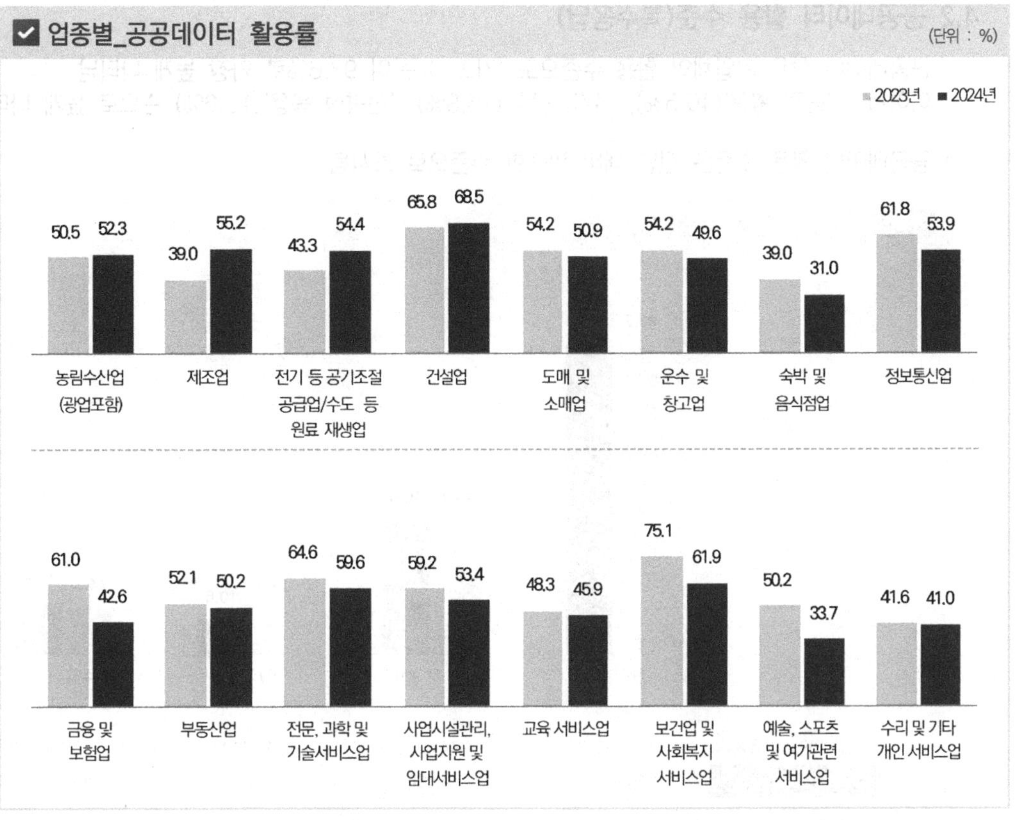

규모 및 조직 형태별_공공데이터 활용률

(단위 : %)

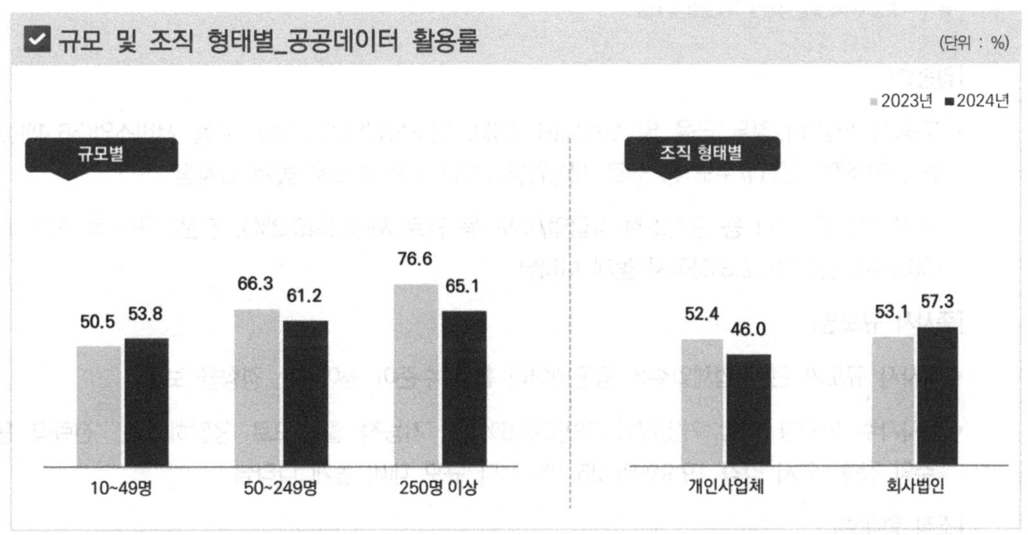

4.2 공공데이터 활용 수준(복수응답)

- 공공데이터 활용 기업체의 활용 수준으로 '기초 수준'이 93.6%로 가장 높게 나타남
  이어서 '기능적 활용'(40.5%), '수익 창출'(15.8%), '전략적 응용'(10.6%) 순으로 높게 나타남

- 공공데이터 활용 수준은 전년 대비 비슷한 수준으로 조사됨

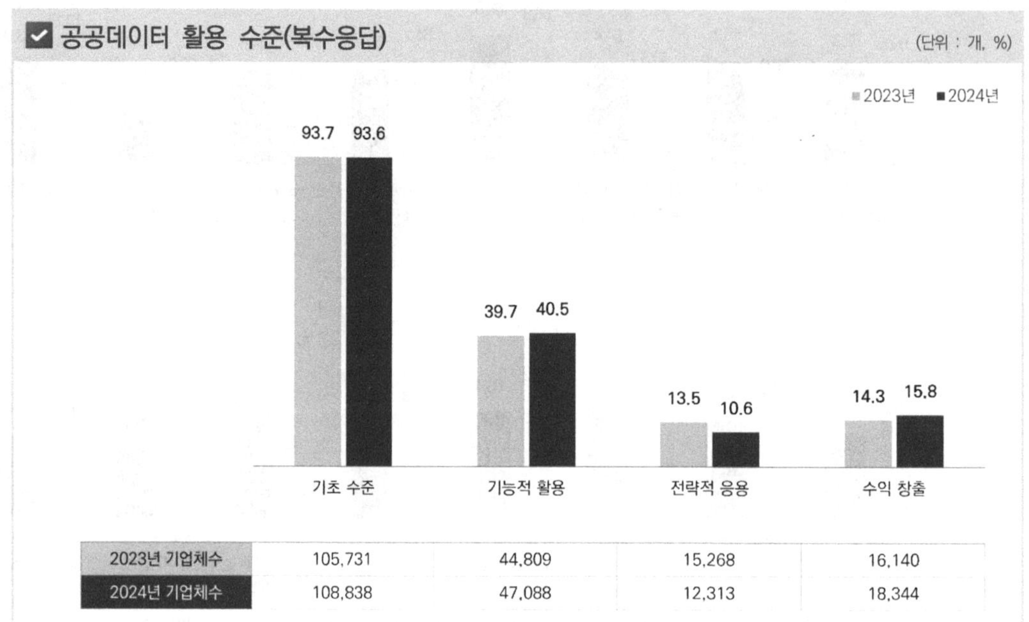

	기초 수준	기능적 활용	전략적 응용	수익 창출
2023년 기업체수	105,731	44,809	15,268	16,140
2024년 기업체수	108,838	47,088	12,313	18,344

※ 기준시점 : 2024년 12월 31일
※ 기업체 : 공공데이터 활용 기업체
※ 주 : 공공데이터 활용 수준별 복수응답 수치임

[업종별]

- '기능적 활용'의 경우 금융 및 보험업(63.6%), 정보통신업(56.7%), 교육 서비스업(56.4%), 전기 등 공기조절 공급업/수도 등 원료 재생업(54.4%) 등의 순으로 높게 조사됨

- '수익 창출'은 전기 등 공기조절 공급업/수도 등 원료 재생업(49.8%), 전문, 과학 및 기술서비스업(36.9%), 건설업(32.3%)에서 높게 나타남

[종사자 규모별]

- 종사자 규모가 큰 기업체일수록 공공데이터 활용 수준이 높아지는 경향을 보임

- 종사자수 250명 이상 기업체의 과반(57.6%)은 '기능적 활용'으로 응답하였고, '전략적 응용'과 '수익 창출' 역시 각각 19.9%와 25.1%로 타 규모 대비 높게 나타남

[조직 형태별]

- 회사법인에서 공공데이터의 기능적 활용(40.9%), '전략적 응용'(11.2%)과 '수익 창출'(18.0%)이 개인사업체(각각 38.4%, 7.6%, 5.3%)에 비해 높게 나타남

업종별_공공데이터 활용 수준(복수응답)

(단위 : %)

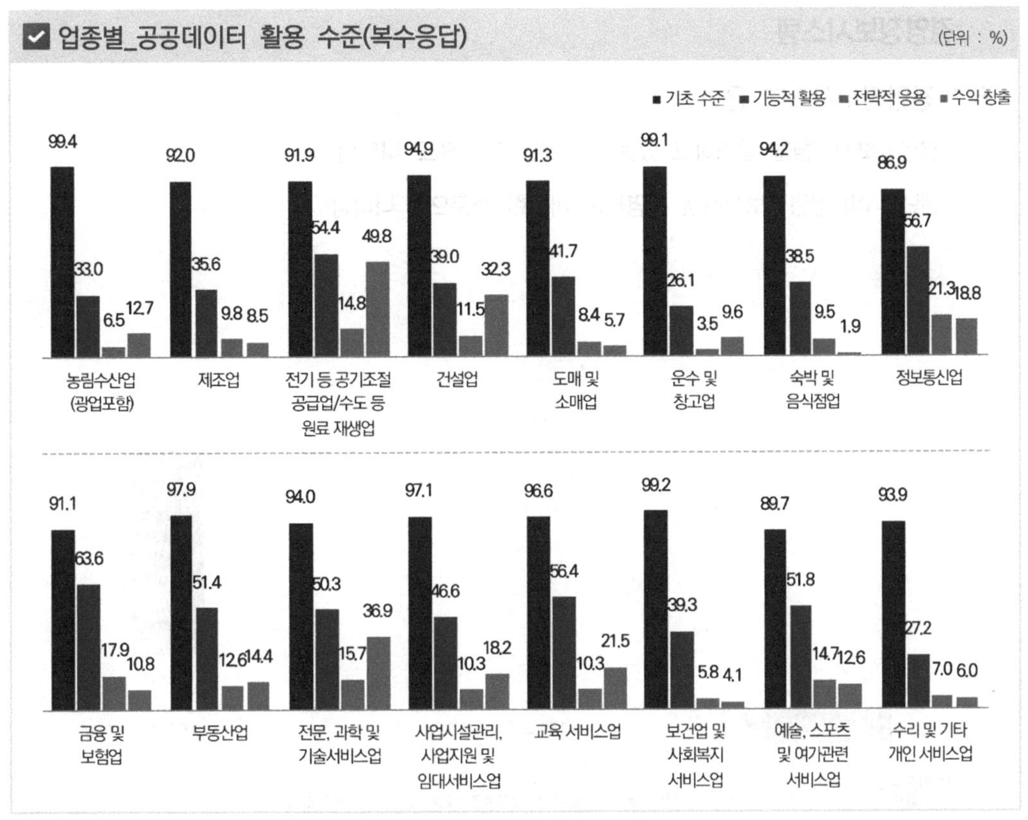

규모 및 조직 형태별_공공데이터 활용 수준(복수응답)

(단위 : %)

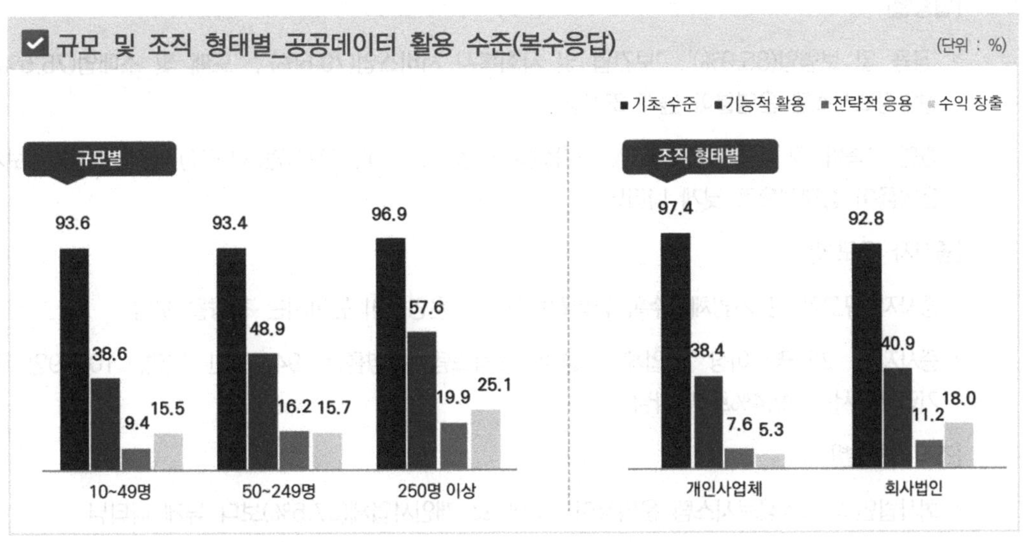

5 경영정보시스템

5.1 경영정보시스템 운영

- 경영정보시스템을 운영하고 있는 기업체는 71.0%로 나타남
- 전년 대비 경영정보시스템 운영률은 비슷한 수준으로 나타남

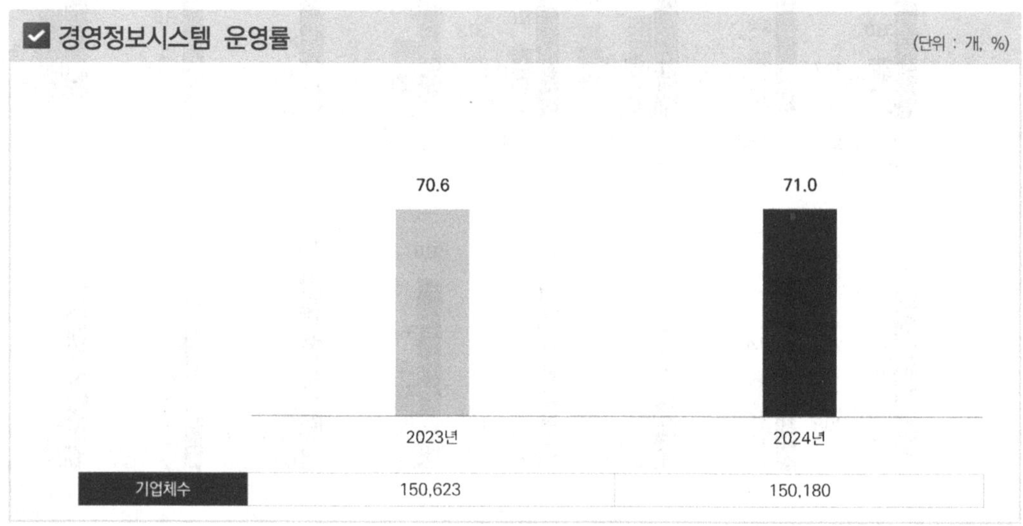

※ 기준시점 : 2024년 12월 31일
※ 기업체 : 전국의 종사자수 10인 이상 민간 부문 기업체(통계청, 2024년 12월 기준 기업통계등록부)

[업종별]

- '금융 및 보험업(85.9%)', '보건업 및 사회복지 서비스업(79.6%)', '도매 및 소매업(75.5%)'에서 경영정보시스템 운영률이 높게 조사됨
- 반면, '숙박 및 음식점업(53.7%)', '농림수산업(60.2%)', '건설업(62.4%)'에서는 경영정보시스템 운영률이 상대적으로 낮게 나타남

[종사자 규모별]

- 종사자 규모가 큰 기업체일수록 경영정보시스템 운영률이 높아지는 경향을 보임
- 종사자수 250명 이상 기업체의 경영정보시스템 운영률은 94.7%인 반면, 10~49명 규모의 기업체에서는 68.4%로 나타남

[조직 형태별]

- 회사법인의 경영정보시스템 운영률이 71.9%로 개인사업체(67.5%)보다 높게 나타남

☑ 업종별_경영정보시스템 운영률

(단위 : %)

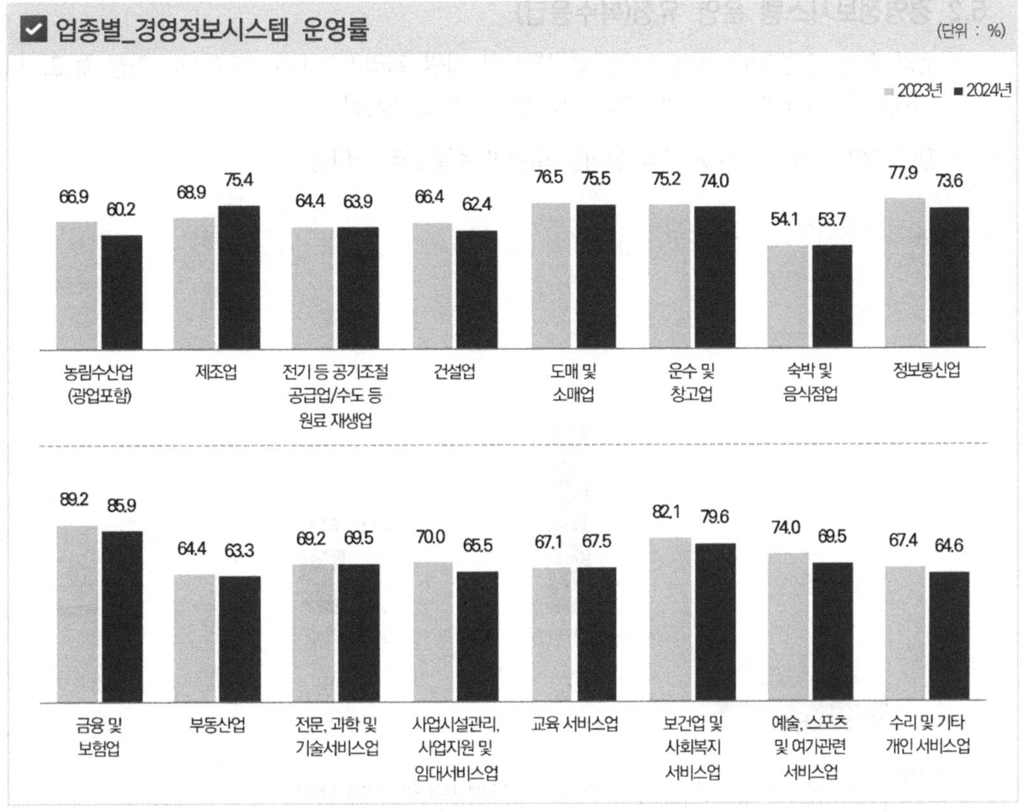

☑ 규모 및 조직 형태별_경영정보시스템 운영률

(단위 : %)

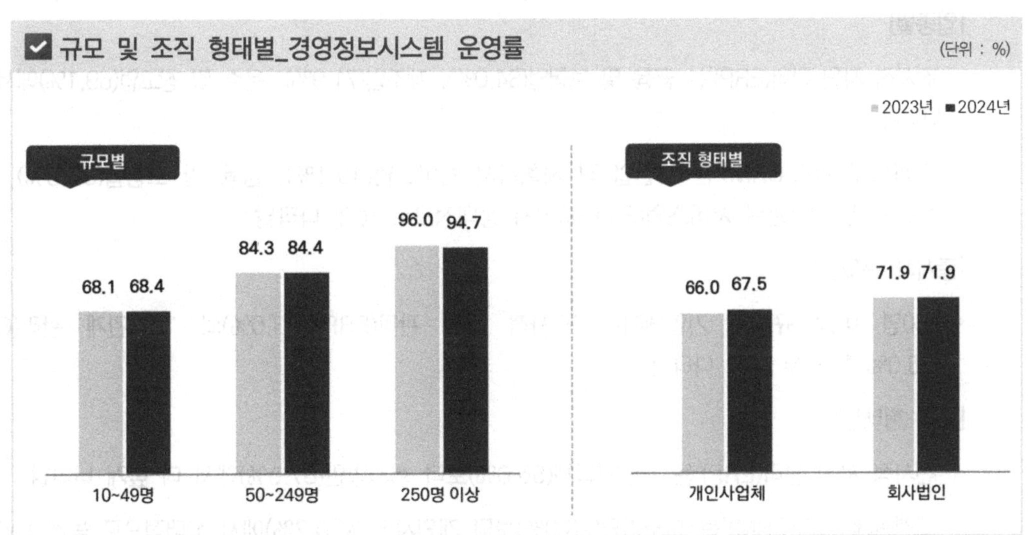

5.2 경영정보시스템 운영 유형(복수응답)

- 운영 중인 경영정보시스템 유형으로 '전사적 자원 관리(ERP)'가 65.0%로 가장 높고, 다음으로 '고객관계 관리(CRM)'가 22.1%, '기타'는 3.7%로 조사됨
- 전년 대비 ERP와 CRM 운영 유형은 비슷한 수준으로 나타남

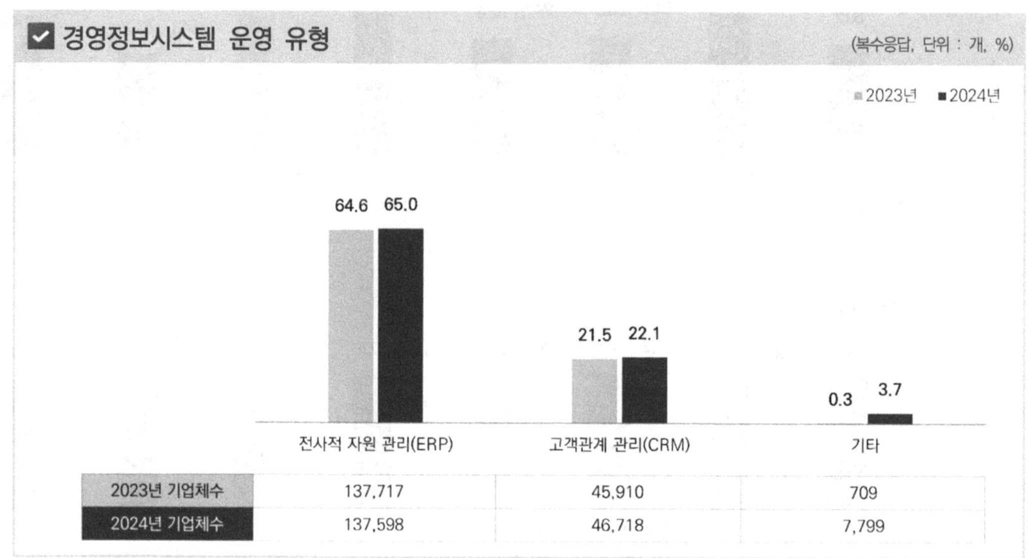

	전사적 자원 관리(ERP)	고객관계 관리(CRM)	기타
2023년 기업체수	137,717	45,910	709
2024년 기업체수	137,598	46,718	7,799

※ 기준시점 : 2024년 12월 31일
※ 기업체 : 전국의 종사자수 10인 이상 민간 부문 기업체(통계청, 2024년 12월 기준 기업통계등록부)
※ 주 : 경영정보시스템 운영 항목별 복수응답 수치임

[업종별]

- '전사적 자원 관리(ERP)'는 금융 및 보험업(84.0%), 제조업(71.9%), 운수 및 창고업(69.1%)에서 높게 나타남
- '고객관계 관리(CRM)'는 보건업 및 사회복지 서비스업(40.1%), 금융 및 보험업(37.5%), 예술, 스포츠 및 여가관련 서비스업(33.8%)에서 상대적으로 높게 나타남

[종사자 규모별]

- 250명 이상 규모의 기업체에서 '전사적 자원 관리(ERP)'(93.0%)와 '고객관계 관리(CRM)'(26.0%)가 모두 높게 나타남

[조직 형태별]

- '전사적 자원 관리(ERP)'는 개인사업체(55.6%)보다 회사법인(67.5%)에서 더 높게 나타남
- '고객관계 관리(CRM)'는 회사법인(20.0%)보다 개인사업체(30.2%)에서 상대적으로 높게 나타남

✔ 업종별_경영정보시스템 운영 유형

(복수응답, 단위 : %)

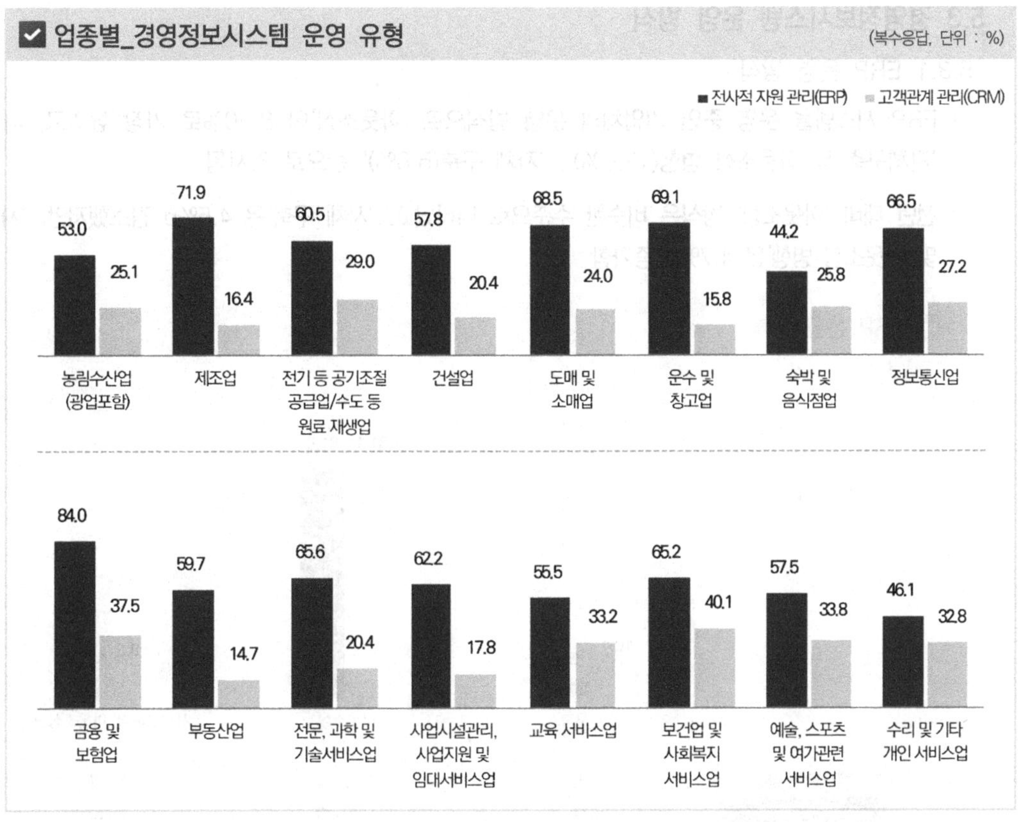

✔ 규모 및 조직 형태별_경영정보시스템 운영 유형

(복수응답, 단위 : %)

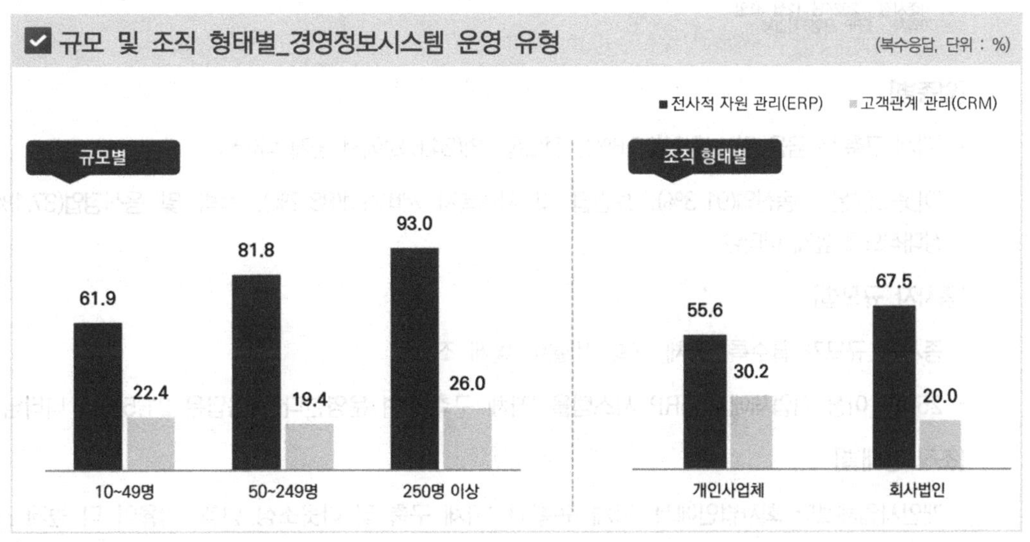

5.3 경영정보시스템 운영 방식

5.3.1 ERP 운영 방식

- ERP 시스템을 운영 중인 기업체의 운영 방식으로 '아웃소싱'이 81.0%로 가장 높았고, 다음으로 '자체구축 및 아웃소싱 병행(13.5%)', '자체 구축(5.6%)' 순으로 조사됨
- 전년 대비 '아웃소싱' 방식은 비슷한 수준으로 나타났고, '자체 구축'은 4.5%p 감소했지만, '자체구축 및 아웃소싱 병행'은 4.7%p 증가함

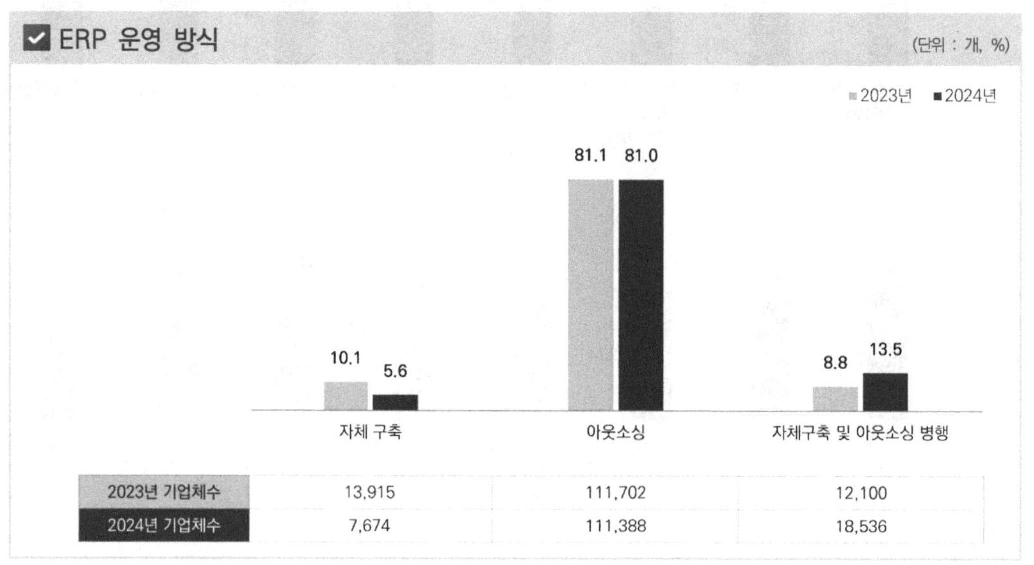

	자체 구축	아웃소싱	자체구축 및 아웃소싱 병행
2023년 기업체수	13,915	111,702	12,100
2024년 기업체수	7,674	111,388	18,536

※ 기준시점 : 2024년 12월 31일
※ 기업체 : ERP 운영 기업체

[업종별]

- '자체 구축'은 금융 및 보험업(25.6%), 정보통신업(24.6%)에서 높게 나타남
- '아웃소싱'은 부동산업(91.3%), 보건업 및 사회복지 서비스업(88.2%), 숙박 및 음식점업(87.1%)에서 상대적으로 높게 나타남

[종사자 규모별]

- 종사자 규모가 클수록 '자체 구축' 비율이 높게 조사됨
- 250명 이상 기업체에서 ERP 시스템을 '자체 구축'하여 운영한다는 응답은 21.5%로 나타남

[조직 형태별]

- 개인사업체보다 회사법인에서 '자체 구축'과 '자체 구축 및 아웃소싱 병행' 비율이 더 높게 조사됨

업종별_ERP 운영 방식

(복수응답, 단위 : %)

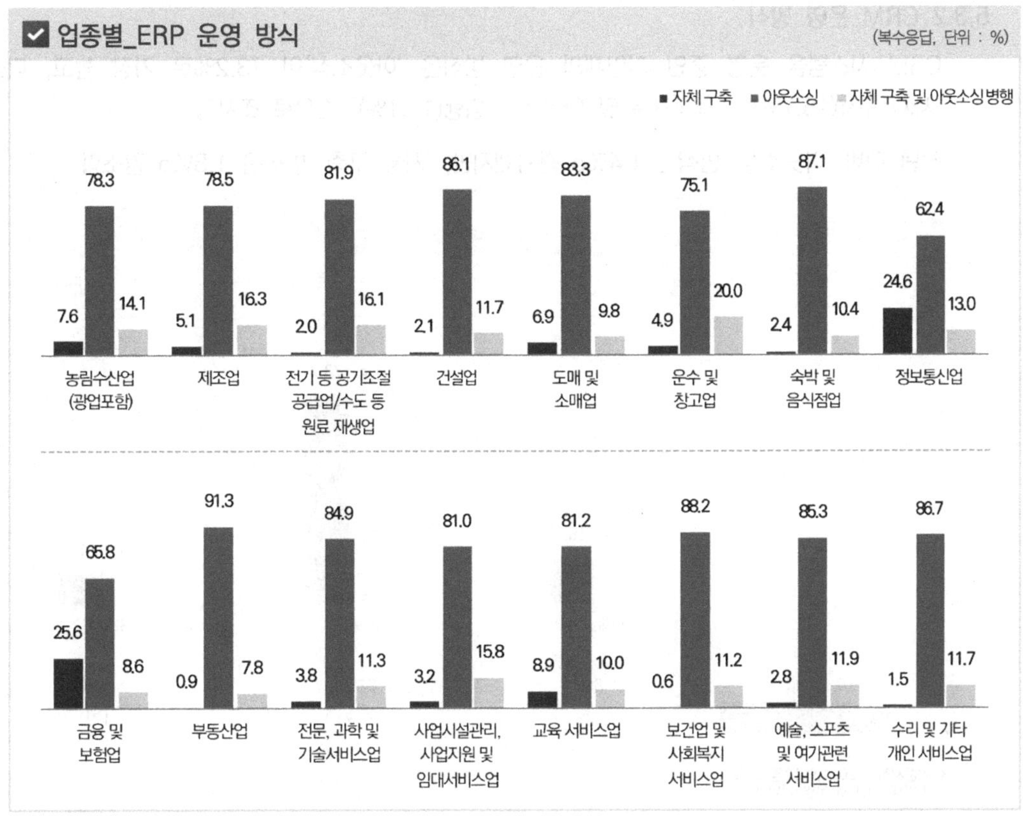

규모 및 조직_ERP 운영 방식

(복수응답, 단위 : %)

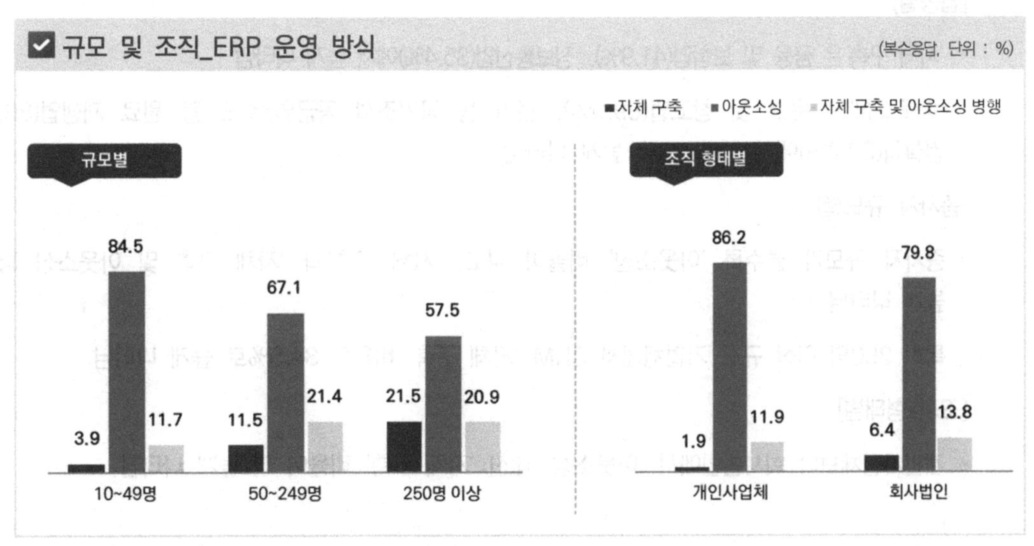

5.3.2 CRM 운영 방식

- CRM 시스템을 운영 중인 기업체의 운영 방식은 '아웃소싱'이 73.2%로 가장 높고, 다음으로 '자체 구축(15.7%)', '자체구축 및 아웃소싱 병행(11.1%)' 순으로 조사됨
- 전년 대비 '아웃소싱' 방식은 1.4%p 증가했지만, '자체 구축' 방식은 1.5%p 감소함

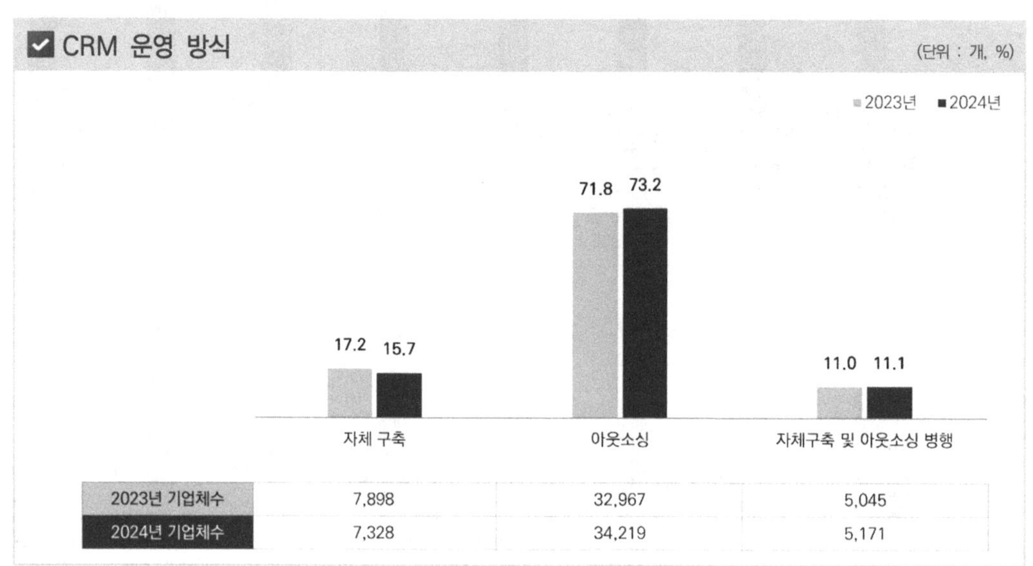

	자체 구축	아웃소싱	자체구축 및 아웃소싱 병행
2023년 기업체수	7,898	32,967	5,045
2024년 기업체수	7,328	34,219	5,171

※ 기준시점 : 2024년 12월 31일
※ 기업체 : CRM 운영 기업체

[업종별]

- '자체 구축'은 금융 및 보험업(41.9%), 정보통신업(35.4%)에서 높게 나타남
- '아웃소싱'은 운수 및 창고업(89.0%), 전기 등 공기조절 공급업/수도 등 원료 재생업(86.4%), 건설업(82.4%)에서 상대적으로 높게 나타남

[종사자 규모별]

- 종사자 규모가 클수록 '아웃소싱' 비율이 낮고, '자체 구축'과 '자체 구축 및 아웃소싱 병행'이 높게 나타남
- 특히 250명 이상 규모 기업체에서 CRM '자체 구축' 비율은 34.5%로 높게 나타남

[조직 형태별]

- 개인사업체보다 회사법인에서 '아웃소싱' 대신 '자체 구축' 비율이 더 높게 나타남

업종별_CRM 운영 방식

(복수응답, 단위 : %)

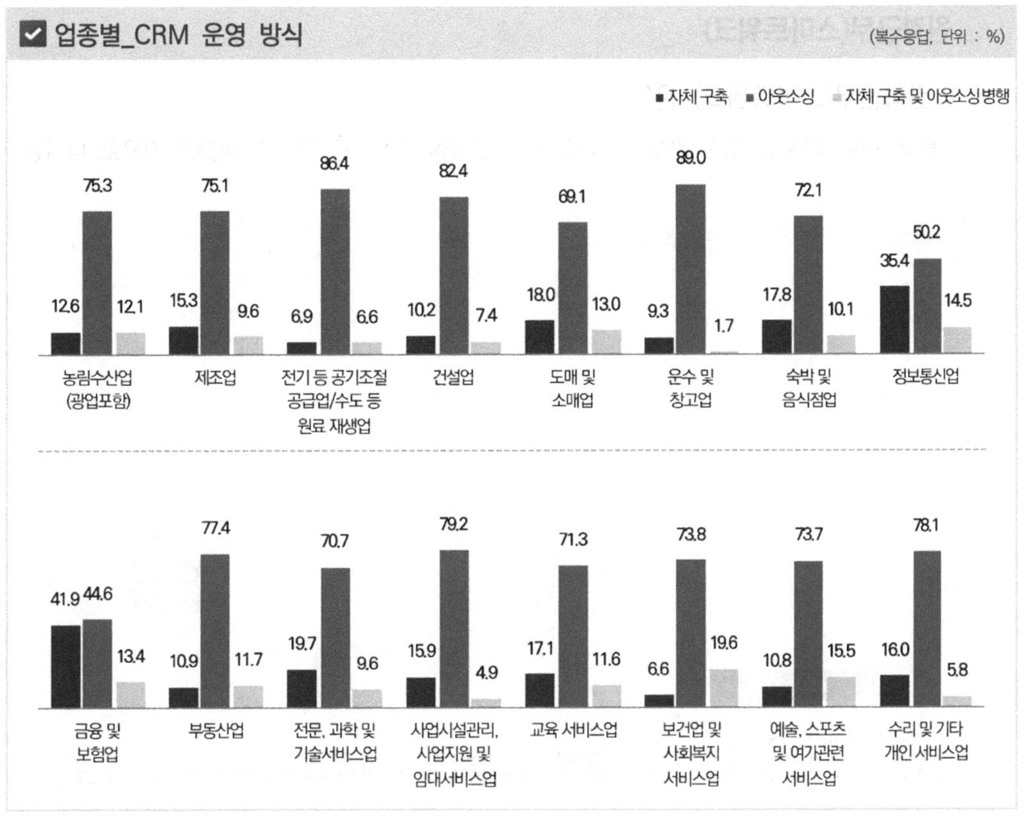

규모 및 조직_CRM 운영 방식

(복수응답, 단위 : %)

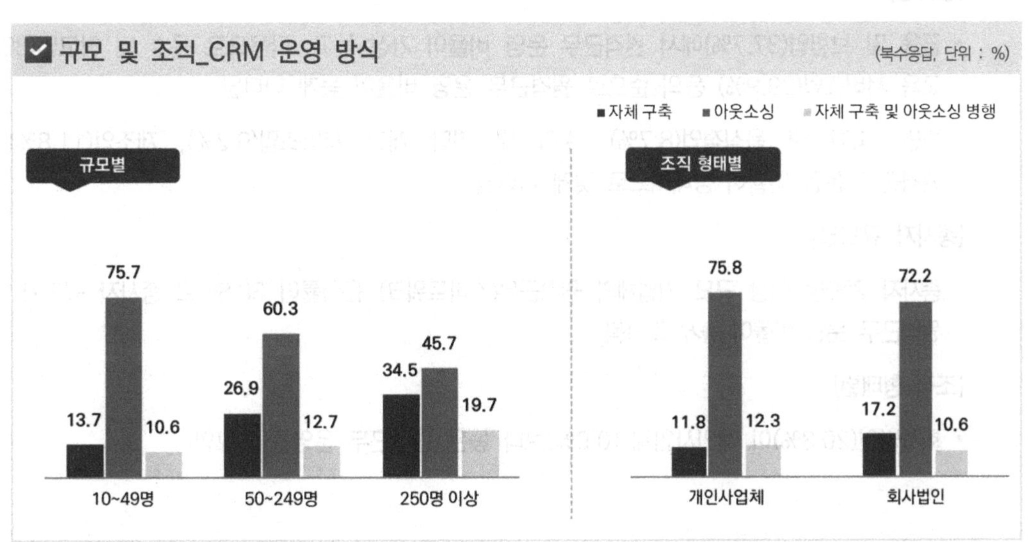

6 원격근무(스마트워크)

6.1 원격근무(스마트워크) 운영

- 원격근무(스마트워크)를 운영하는 기업체는 18.4% 수준으로 전년과 비슷한 것으로 나타남

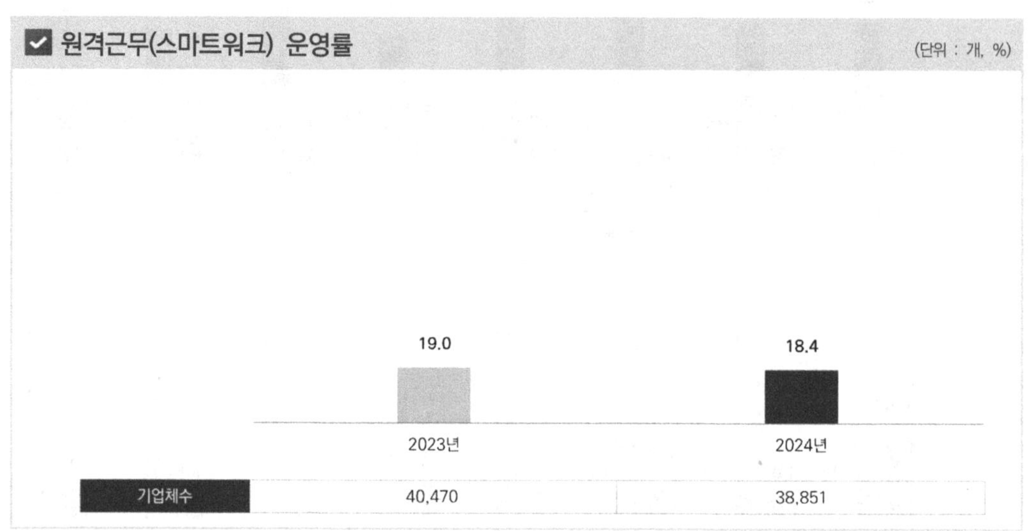

※ 기준시점 : 2024년 12월 31일
※ 기업체 : 전국의 종사자수 10인 이상 민간 부문 기업체(통계청, 2024년 12월 기준 기업통계등록부)
※ 주 : 원격근무(스마트워크) : 정보통신기술(ICT)을 활용하여 시간과 장소에 제약 없이 업무를 수행할 수 있는 유연한 근무방식을 말함

[업종별]

- 금융 및 보험업(37.7%)에서 원격근무 운영 비율이 가장 높고, 다음으로 운수 및 창고업(30.8%), 교육 서비스업(29.9%) 등의 순으로 원격근무 운영 비율이 높게 나타남
- 반면, 숙박 및 음식점업(8.7%), 수리 및 기타 개인 서비스업(9.2%), 제조업(11.8%) 등은 원격근무 운영 비율이 상대적으로 낮게 나타남

[종사자 규모별]

- 종사자 250명 이상 규모 기업체의 원격근무(스마트워크) 운영률이 38.8%로 종사자 규모가 클수록 원격근무 운영 비율이 높게 조사됨

[조직 형태별]

- 회사법인(20.3%)이 개인사업체(10.9%)보다 높은 원격근무 운영률을 보임

업종별_원격근무(스마트워크) 운영률

(단위 : %)

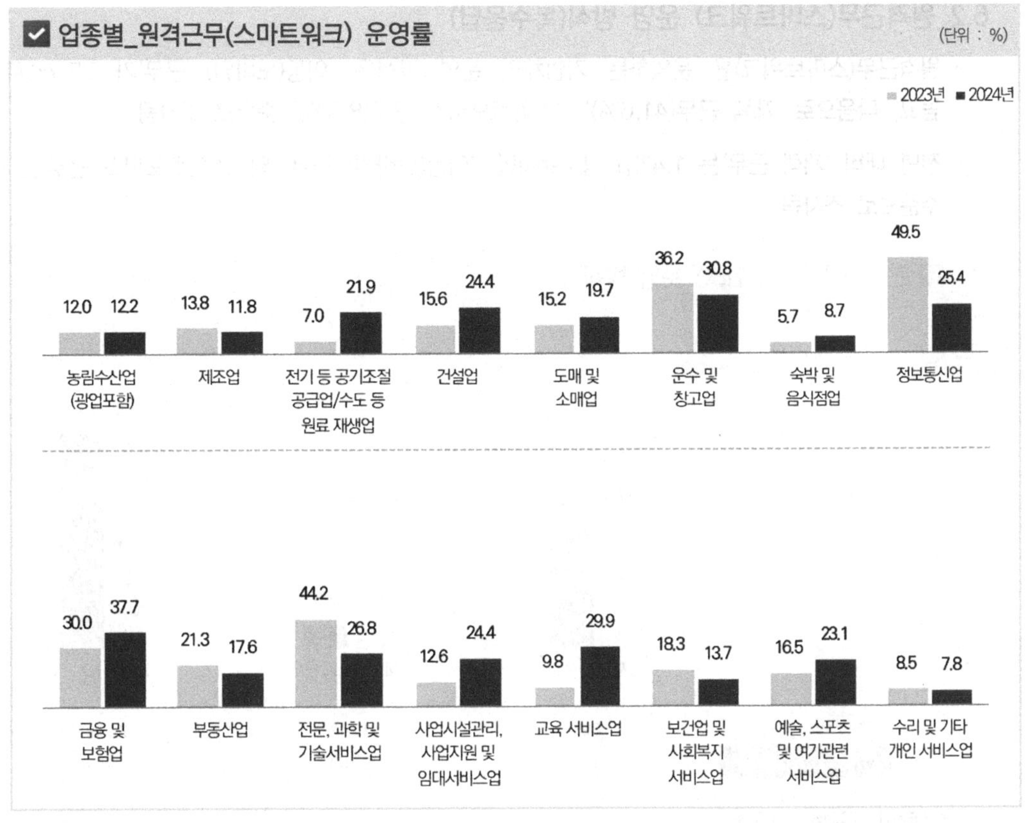

규모 및 조직 형태별_원격근무(스마트워크) 운영률

(단위 : %)

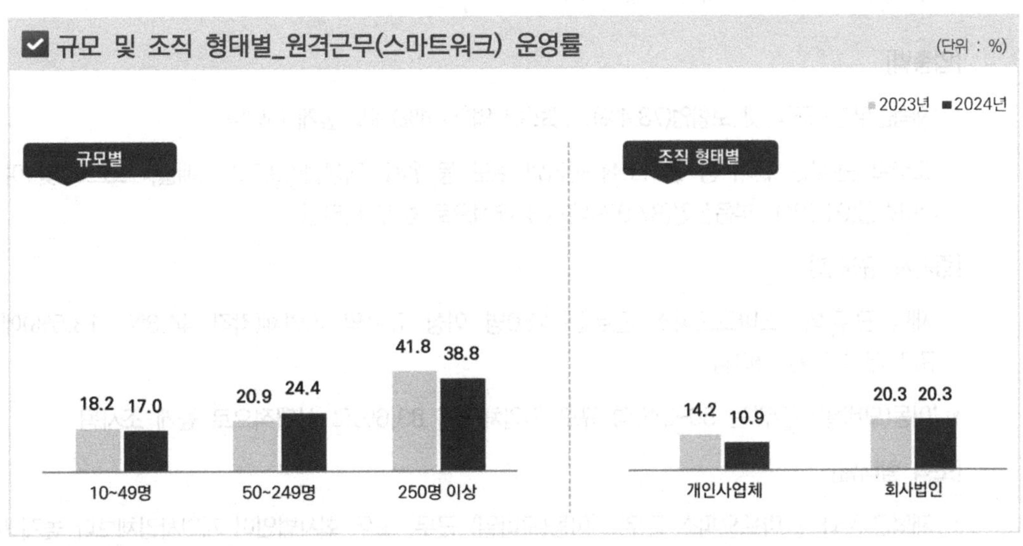

6.2 원격근무(스마트워크) 운영 방식(복수응답)

- 원격근무(스마트워크)를 운영하는 기업체의 운영 방식은 ‘이동(모바일) 근무’가 75.7%로 가장 높고, 다음으로 ‘재택 근무(41.6%)’, ‘스마트오피스 근무(8.5%)’ 순으로 조사됨
- 전년 대비 ‘재택 근무’는 1.4%p 감소했지만, ‘이동(모바일) 근무’ 및 ‘스마트오피스 근무’는 비슷한 수준으로 조사됨

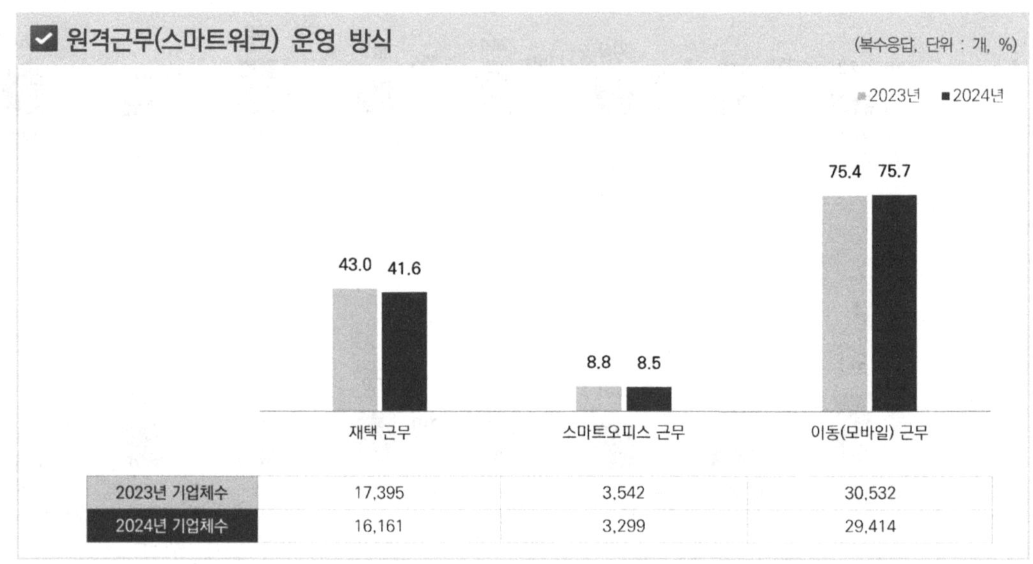

	재택 근무	스마트오피스 근무	이동(모바일) 근무
2023년 기업체수	17,395	3,542	30,532
2024년 기업체수	16,161	3,299	29,414

※ 기준시점 : 2024년 12월 31일
※ 기업체 : 원격 근무(스마트워크) 운영 기업체
※ 주 : 원격 근무(스마트워크) 운영 방식별 복수응답 수치임

[업종별]

- ‘재택근무’는 금융 및 보험업(78.4%), 정보통신업(77.4%)에서 높게 나타남
- ‘모바일 근무’는 전기 등 공기조절 공급업/수도 등 원료 재생업(93.7%), 예술, 스포츠 및 여가관련 서비스업(91.2%), 부동산업(87.9%)에서 상대적으로 높게 나타남

[종사자 규모별]

- ‘재택 근무’와 ‘스마트오피스 근무’는 250명 이상 규모의 기업체(각각 44.8%, 13.5%)에서 타 규모 대비 높게 나타남
- ‘이동(모바일) 근무’는 50~249명 규모 기업체에서 83.6%로 상대적으로 높게 조사됨

[조직 형태별]

- ‘재택근무’와 ‘스마트오피스 근무’, ‘이동(모바일) 근무’ 모두 회사법인이 개인사업체보다 높게 나타남

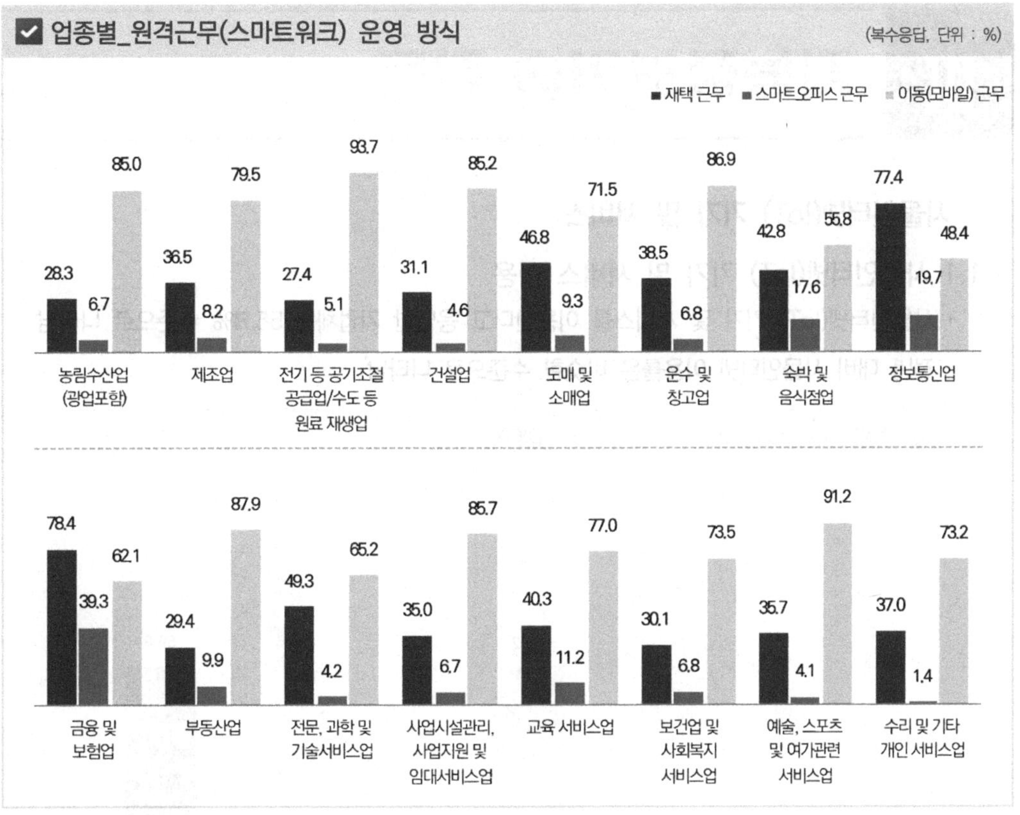
업종별_원격근무(스마트워크) 운영 방식
(복수응답, 단위 : %)
■재택 근무 ■스마트오피스 근무 ■이동(모바일) 근무
농림수산업(광업포함) 28.3 6.7 85.0
제조업 36.5 8.2 79.5
전기 등 공기조절 공급업/수도 등 원료 재생업 27.4 5.1 93.7
건설업 31.1 4.6 85.2
도매 및 소매업 46.8 9.3 71.5
운수 및 창고업 38.5 6.8 86.9
숙박 및 음식점업 42.8 17.6 55.8
정보통신업 77.4 19.7 48.4
금융 및 보험업 78.4 39.3 62.1
부동산업 29.4 9.9 87.9
전문, 과학 및 기술서비스업 49.3 4.2 65.2
사업시설관리, 사업지원 및 임대서비스업 35.0 6.7 85.7
교육 서비스업 40.3 11.2 77.0
보건업 및 사회복지 서비스업 30.1 6.8 73.5
예술, 스포츠 및 여가관련 서비스업 35.7 4.1 91.2
수리 및 기타 개인 서비스업 37.0 1.4 73.2

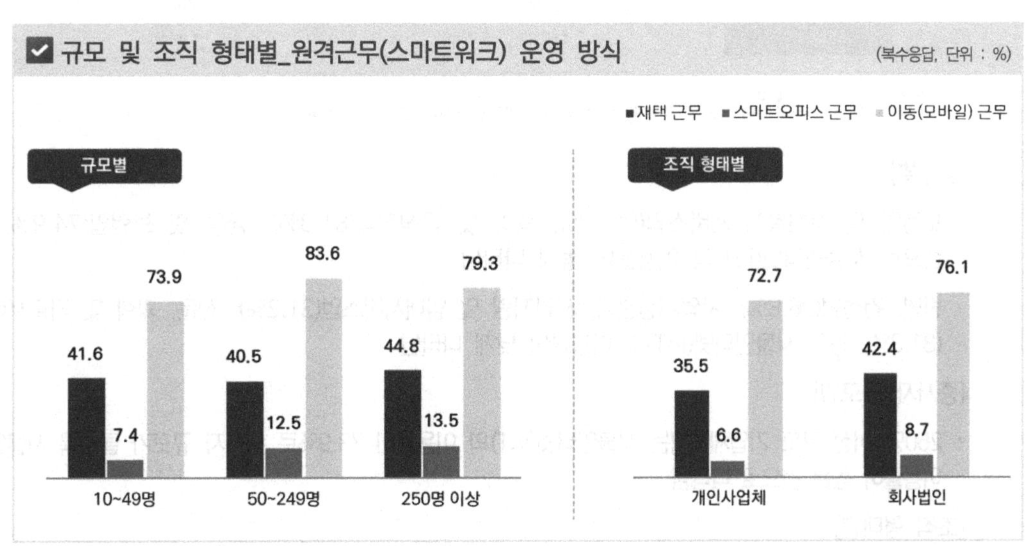
규모 및 조직 형태별_원격근무(스마트워크) 운영 방식
(복수응답, 단위 : %)
■재택 근무 ■스마트오피스 근무 ■이동(모바일) 근무
규모별
10~49명 41.6 7.4 73.9
50~249명 40.5 12.5 83.6
250명 이상 44.8 13.5 79.3
조직 형태별
개인사업체 35.5 6.6 72.7
회사법인 42.4 8.7 76.1

지능정보기술 활용

1 사물인터넷(IoT) 기기 및 서비스

1.1 사물인터넷(IoT) 기기 및 서비스 이용

- 사물인터넷(IoT) 기기 및 서비스를 이용한다고 응답한 기업체는 55.8% 수준으로 나타남
- 전년 대비 사물인터넷 이용률은 비슷한 수준으로 나타남

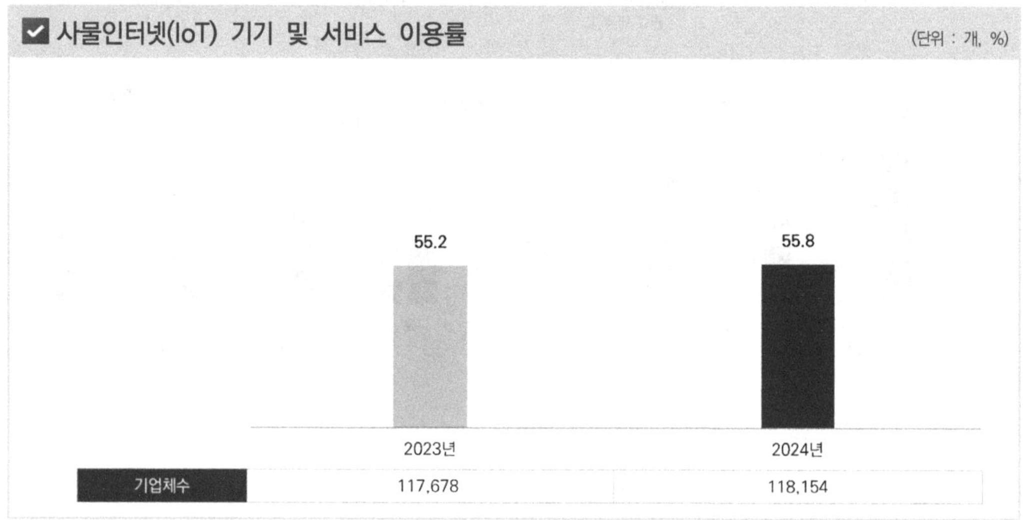

※ 기준시점 : 2024년 12월 31일
※ 기업체 : 전국의 종사자수 10인 이상 민간 부문 기업체(통계청, 2024년 12월 기준 기업통계등록부)

[업종별]

- 보건업 및 사회복지 서비스업(91.0%), 숙박 및 음식점업(81.3%), 금융 및 보험업(74.9%) 등의 순으로 사물인터넷(IoT)의 이용률이 높게 나타남
- 반면, 건설업(26.8%), 사업시설관리, 사업지원 및 임대서비스업(31.2%), 전문, 과학 및 기술서비스업(31.3%) 등은 사물인터넷(IoT)의 이용률이 낮게 나타남

[종사자 규모별]

- 250명 이상 규모 기업체에서는 사물인터넷(IoT)의 이용률이 73.9%로 종사자 규모가 클수록 사물인터넷 이용률이 높은 것으로 나타남

[조직 형태별]

- 개인사업체가 71.3%로 회사법인(51.9%)보다 상대적으로 높게 나타남

업종별_사물인터넷(IoT) 기기 및 서비스 이용률

(단위 : %)

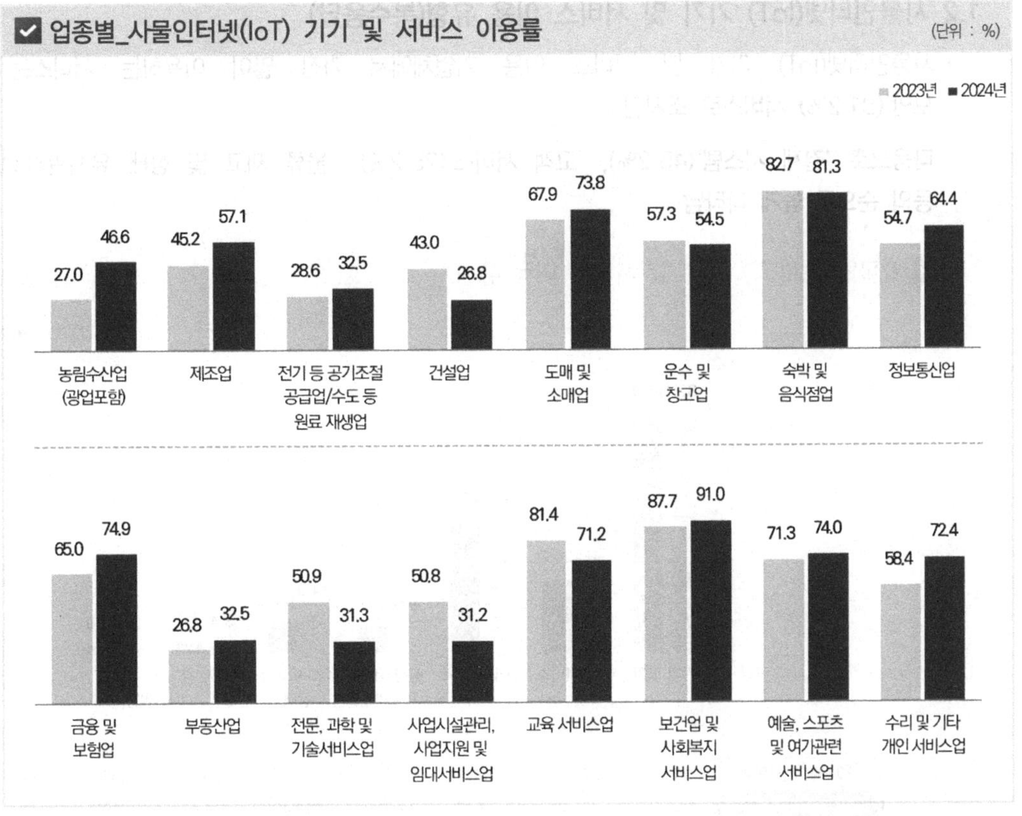

규모 및 조직 형태별_사물인터넷(IoT) 기기 및 서비스 이용률

(단위 : %)

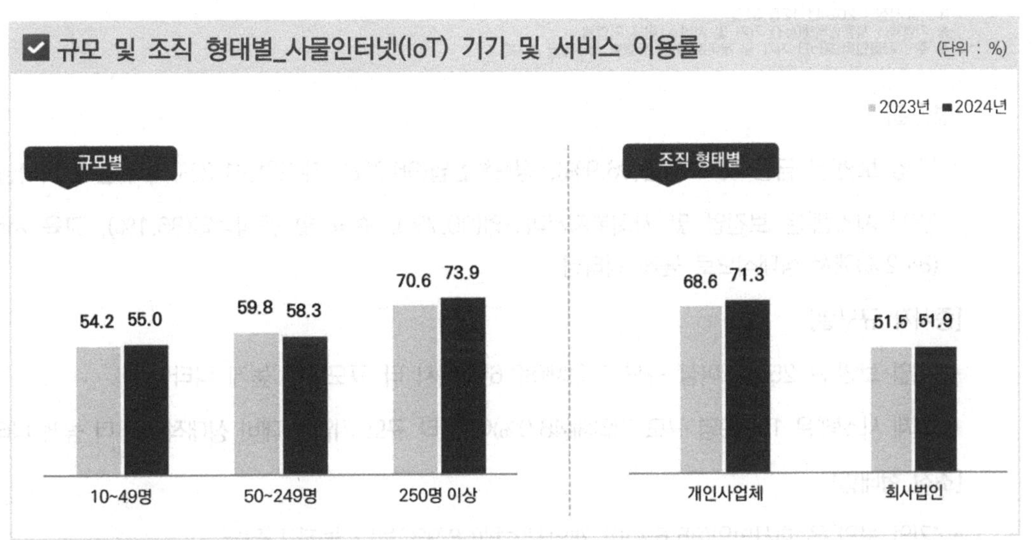

1.2 사물인터넷(IoT) 기기 및 서비스 이용 유형(복수응답)

- 사물인터넷(IoT) 기기 및 서비스 이용 기업체에서 가장 많이 이용하는 서비스는 '기업 보안'(81.2%) 서비스로 조사됨
- 다음으로 '결제 시스템'(45.2%), '고객 서비스'(25.2%), '물류 재고 및 상태 유지관리'(12.1%) 등의 순으로 높게 나타남

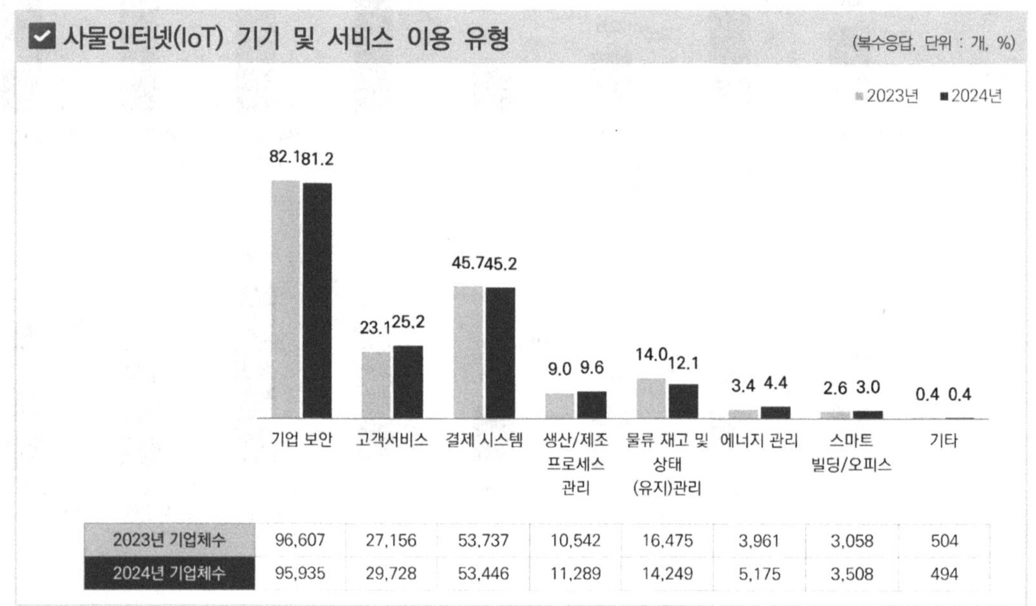

	기업 보안	고객서비스	결제 시스템	생산/제조 프로세스 관리	물류 재고 및 상태 (유지)관리	에너지 관리	스마트 빌딩/오피스	기타
2023년 기업체수	96,607	27,156	53,737	10,542	16,475	3,961	3,058	504
2024년 기업체수	95,935	29,728	53,446	11,289	14,249	5,175	3,508	494

※ 기준시점 : 2024년 12월 31일
※ 기업체 : 사물인터넷(IoT) 기기 및 서비스 이용 기업체
※ 주 : 사물인터넷(IoT) 기기 및 서비스 이용 유형별 복수응답 수치임

[업종별]

- '기업 보안'은 금융 및 보험업(96.9%), 정보통신업(95.7%), 제조업(91.3%)에서 높게 나타남
- '결제 시스템'은 보건업 및 사회복지서비스업(90.7%), 숙박 및 음식점업(86.1%), 교육 서비스업(84.2%)에서 상대적으로 높게 나타남

[종사자 규모별]

- '기업 보안'은 250명 이상 규모 기업체(88.6%)에서 타 규모보다 높게 나타남
- '결제 시스템'은 10~49명 규모 기업체(46.0%)에서 타 규모 기업체 대비 상대적으로 더 높게 나타남

[조직 형태별]

- '기업 보안'은 회사법인(85.6%)이 개인사업체(68.9%)보다 높게 나타남
- 반면, '결제 시스템'은 개인사업체(73.3%)에서 회사법인(35.3%)보다 높게 나타남

업종별_사물인터넷(IoT) 기기 및 서비스 이용 유형

(복수응답, 단위 : %, 상위 2순위)

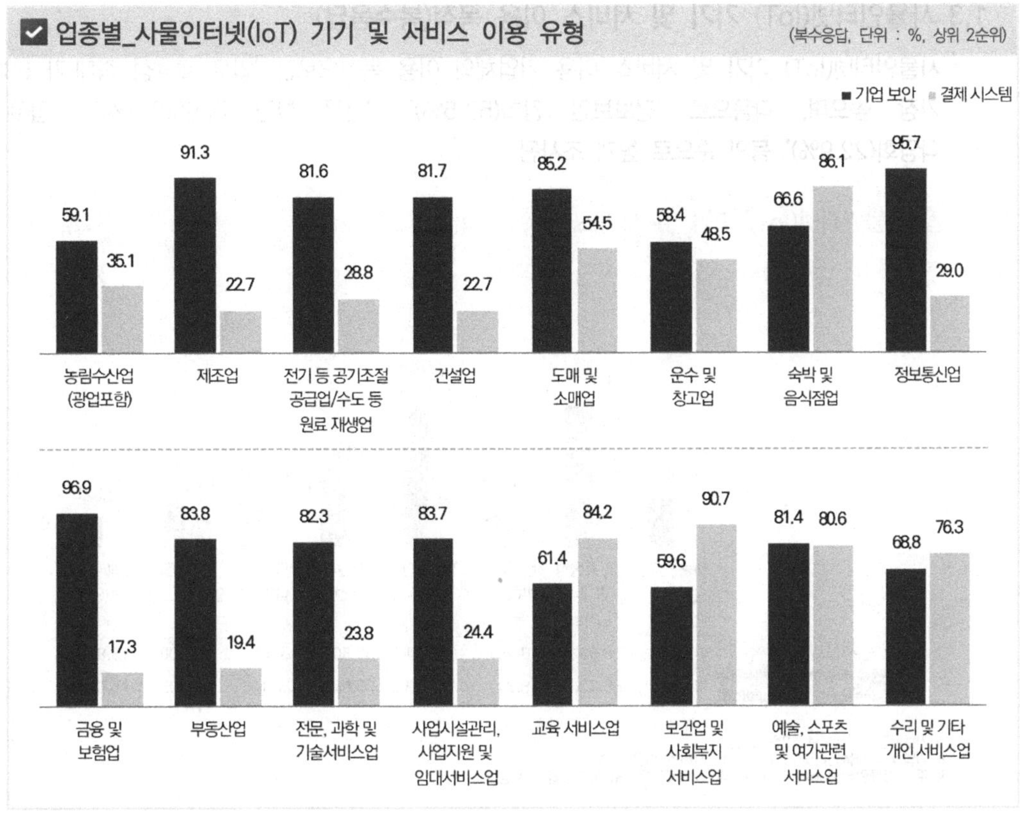

규모 및 조직 형태별_사물인터넷(IoT) 기기 및 서비스 이용 유형

(복수응답, 단위 : %, 상위 2순위)

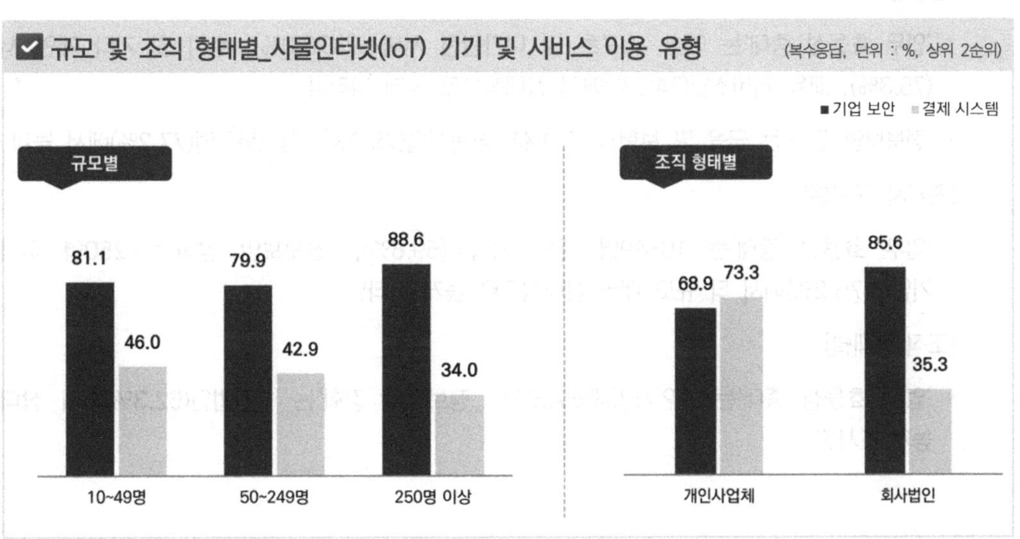

1.3 사물인터넷(IoT) 기기 및 서비스 이용 목적(복수응답)

- 사물인터넷(IoT) 기기 및 서비스 이용 기업체의 이용 목적으로는 '업무 효율성 증대'가 58.7%로 가장 높으며, 다음으로 '정보보안 강화(57.5%)', '근무 환경 개선(28.5%)', '업무 방식 다양화(22.9%)' 등의 순으로 높게 조사됨

☑ 사물인터넷(IoT) 기기 및 서비스 이용 목적 (복수응답, 단위 : 개, %)

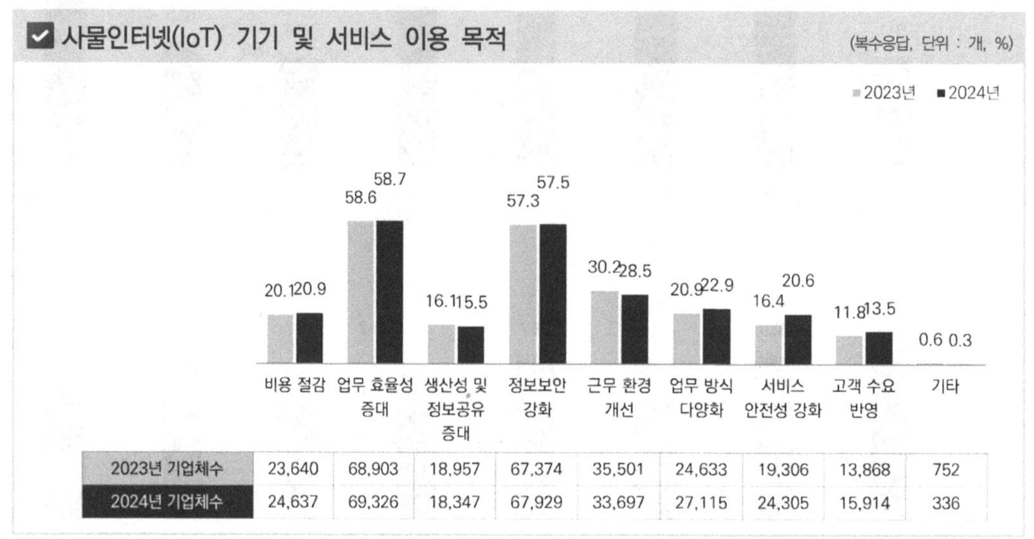

	비용 절감	업무 효율성 증대	생산성 및 정보공유 증대	정보보안 강화	근무 환경 개선	업무 방식 다양화	서비스 안전성 강화	고객 수요 반영	기타
2023년 기업체수	23,640	68,903	18,957	67,374	35,501	24,633	19,306	13,868	752
2024년 기업체수	24,637	69,326	18,347	67,929	33,697	27,115	24,305	15,914	336

※ 기준시점 : 2024년 12월 31일
※ 기업체 : 사물인터넷(IoT) 기기 및 서비스 이용 기업체
※ 주 : 사물인터넷(IoT) 기기 및 서비스 이용 목적별 복수응답 수치임

[업종별]

- '업무 효율성 증대'는 예술, 스포츠 및 여가관련 서비스업(76.0%), 수리 및 기타 개인 서비스업(75.3%), 교육 서비스업(74.3%)에서 상대적으로 높게 나타남
- '정보보안 강화'는 금융 및 보험업(90.4%), 부동산업(78.0%), 정보통신업(77.2%)에서 높게 나타남

[종사자 규모별]

- '업무 효율성 증대'는 10~49명 규모 기업체(59.8%), '정보보안 강화'는 250명 이상 규모 기업체(76.2%)에서 타 규모 대비 상대적으로 높게 나타남

[조직 형태별]

- '업무 효율성 증대'는 개인사업체(67.6%), '정보보안 강화'는 회사법인(62.3%)에서 상대적으로 높게 조사됨

업종별_사물인터넷(IoT) 기기 및 서비스 이용 목적

(복수응답, 단위 : %, 상위 2순위)

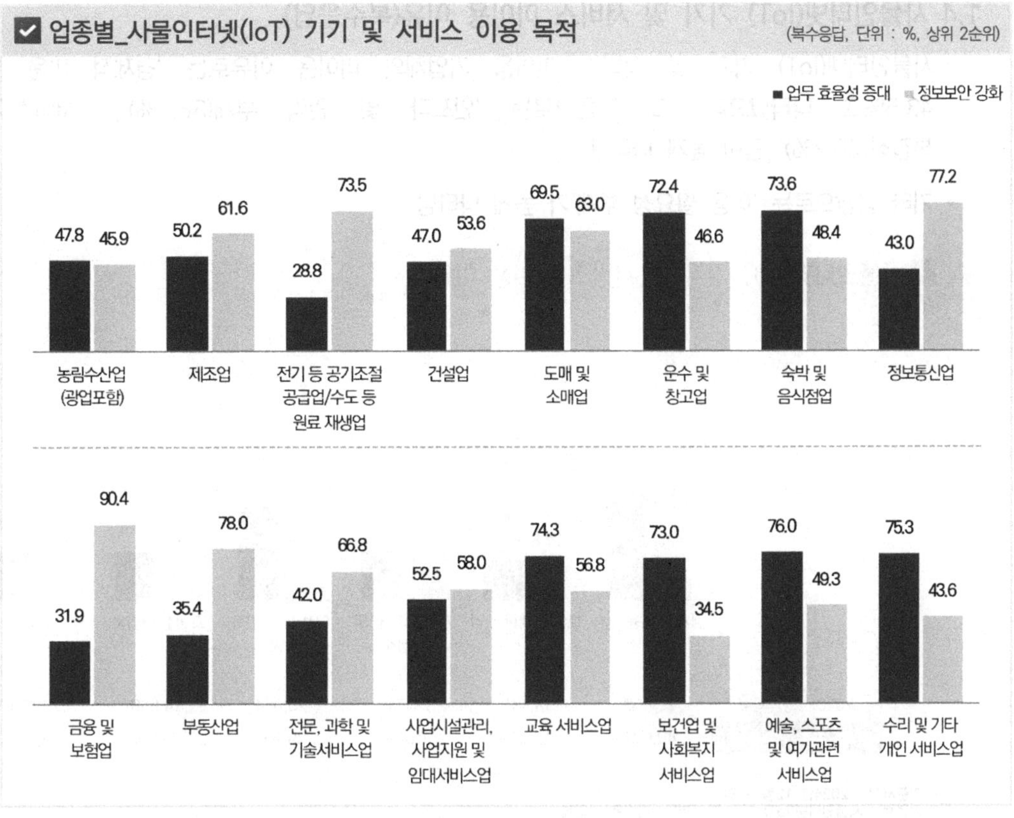

규모 및 조직 형태별_사물인터넷(IoT) 기기 및 서비스 이용 목적

(복수응답, 단위 : %, 상위 2순위)

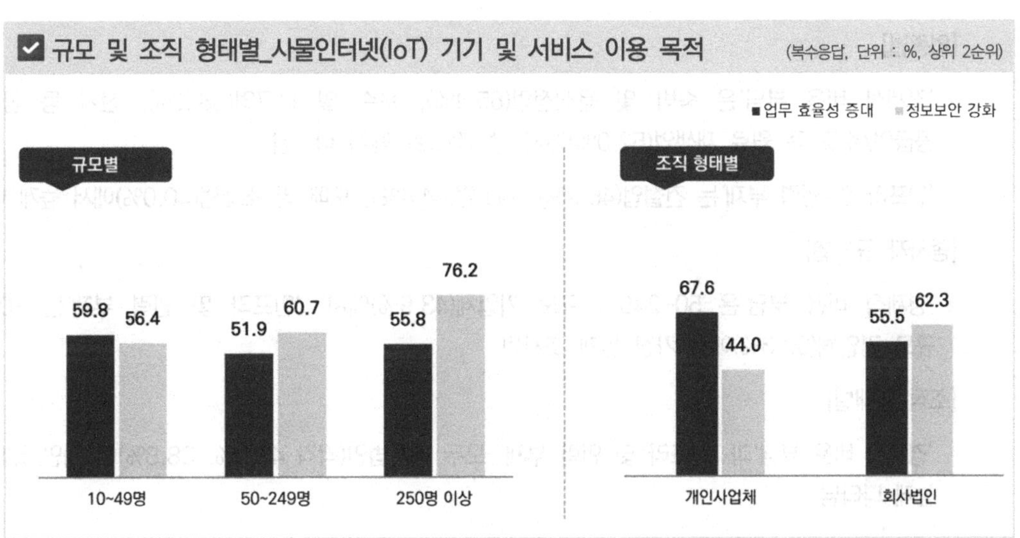

1.4 사물인터넷(IoT) 기기 및 서비스 미이용 이유(복수응답)

- 사물인터넷(IoT) 기기 및 서비스 미이용 기업체의 미이용 이유로는 '경제적 비용 부담'이 43.5%로 나타났으며, 그 다음으로는 '인프라 및 인력 부재(38.5%)', '서비스(기술)의 복잡성(20.2%)' 등이 높게 나타남
- 기타 응답으로는 '이용 필요성 부재'가 높게 나타남

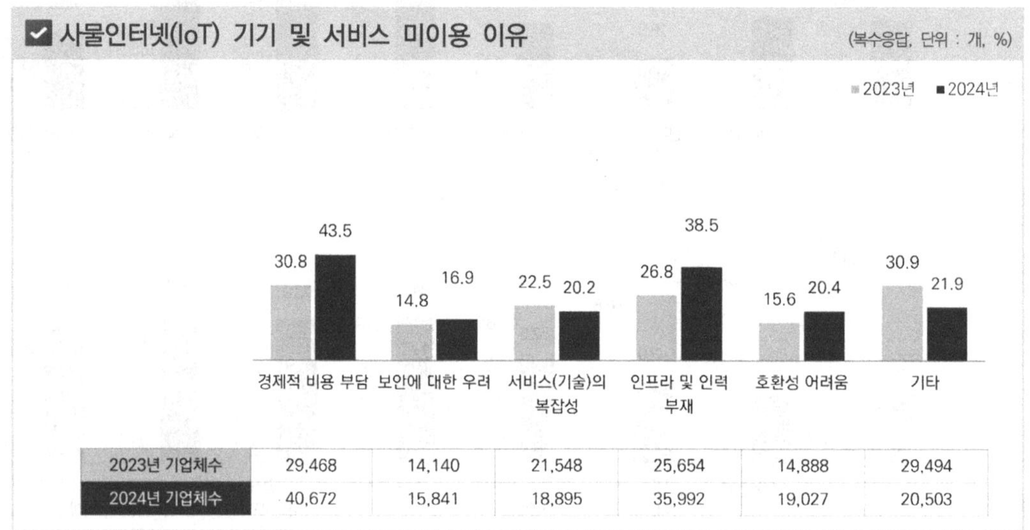

	경제적 비용 부담	보안에 대한 우려	서비스(기술)의 복잡성	인프라 및 인력 부재	호환성 어려움	기타
2023년 기업체수	29,468	14,140	21,548	25,654	14,888	29,494
2024년 기업체수	40,672	15,841	18,895	35,992	19,027	20,503

※ 기준시점 : 2024년 12월 31일
※ 기업체 : 사물인터넷(IoT) 기기 및 서비스 미이용 기업체
※ 주 : 사물인터넷(IoT) 기기 및 서비스 미이용 이유별 복수응답 수치임

[업종별]

- '경제적 비용 부담'은 숙박 및 음식점업(65.4%), 운수 및 창고업(58.2%), 전기 등 공기조절 공급업/수도 등 원료 재생업(52.0%)에서 상대적으로 높게 나타남
- '인프라 및 인력 부재'는 건설업(46.9%), 제조업(44.4%), 도매 및 소매업(40.0%)에서 높게 나타남

[종사자 규모별]

- '경제적 비용 부담'은 50~249명 규모 기업체(43.9%)에서, '인프라 및 인력 부재'는 10~49명 규모 기업체(39.8%)에서 가장 높게 조사됨

[조직 형태별]

- '경제적 비용 부담'과 '인프라 및 인력 부재' 모두 회사법인(각각 43.9%, 38.8%)이 개인사업체보다 높게 나타남

업종별_사물인터넷(IoT) 기기 및 서비스 미이용 이유

(복수응답, 단위 : %, 상위 2순위)

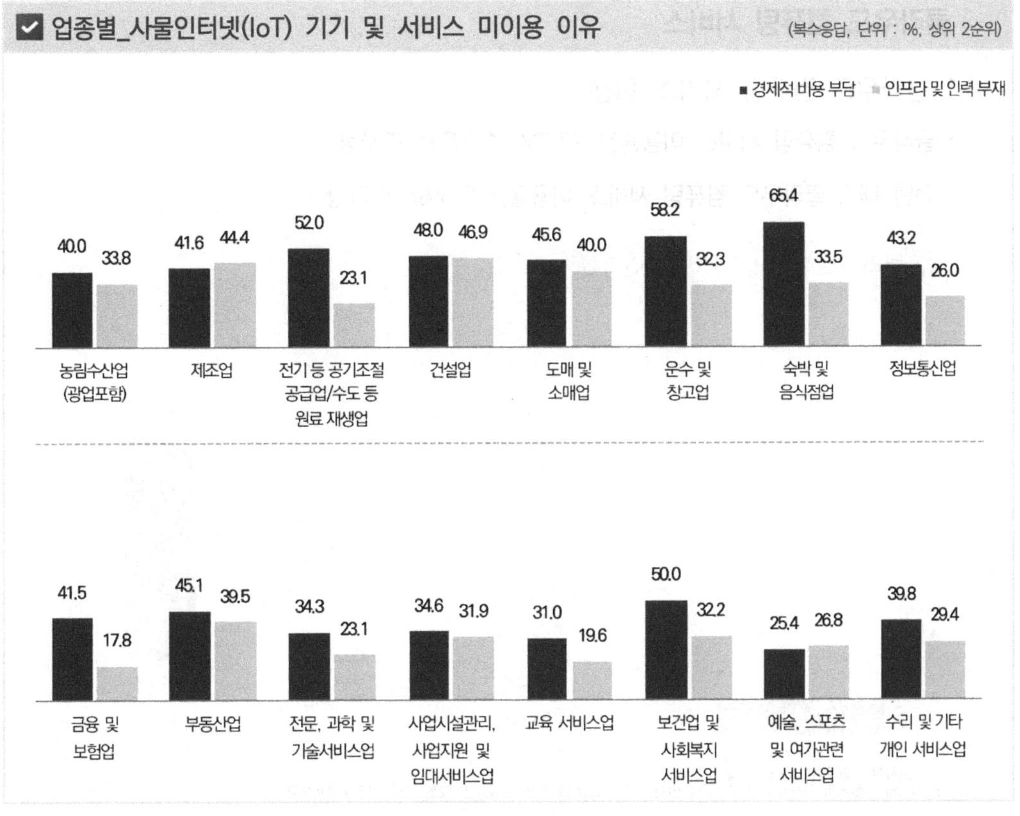

규모 및 조직 형태별_사물인터넷(IoT) 기기 및 서비스 미이용 이유

(복수응답, 단위 : %, 상위 2순위)

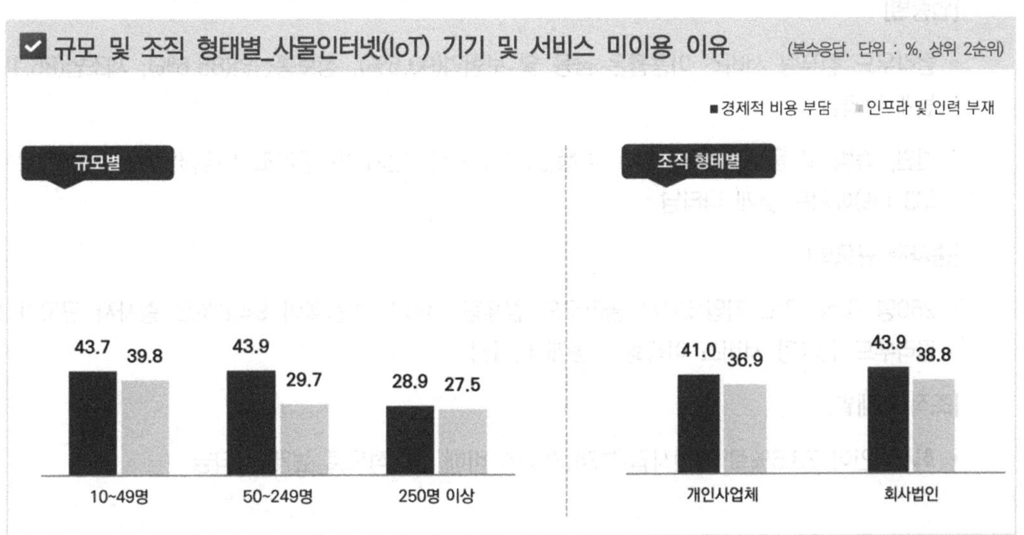

2 클라우드 컴퓨팅 서비스

2.1 클라우드 컴퓨팅 서비스 이용

- 클라우드 컴퓨팅 서비스 이용률은 77.7% 수준으로 조사됨
- 전년 대비 클라우드 컴퓨팅 서비스 이용률은 3.5%p 증가함

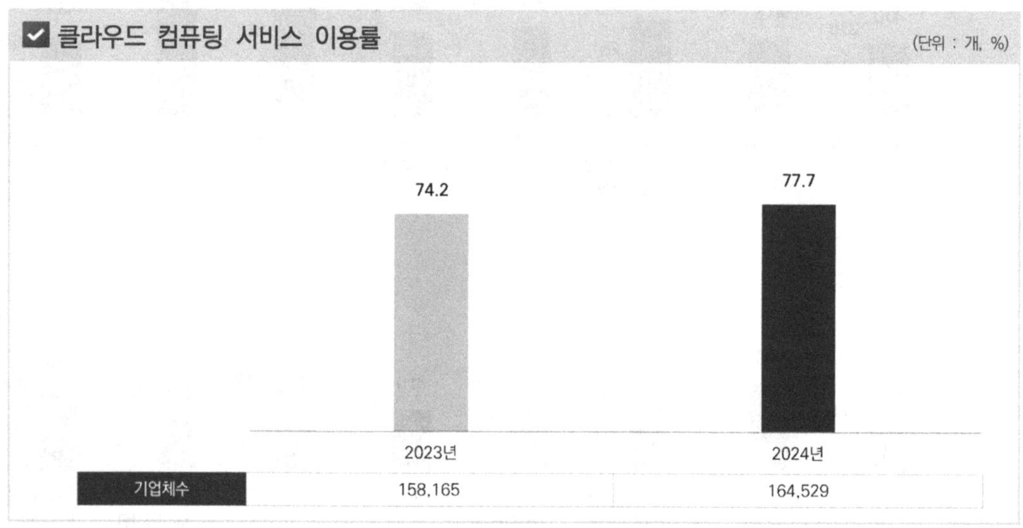

※ 기준시점 : 2024년 12월 31일
※ 기업체 : 전국의 종사자수 10인 이상 민간 부문 기업체(통계청, 2024년 12월 기준 기업통계등록부)

[업종별]

- 클라우드 컴퓨팅 서비스 이용률은 금융 및 보험업(90.5%), 정보통신업(85.6%), 제조업(85.1%)에서 높게 나타남
- 반면, 숙박 및 음식점업(57.4%), 부동산업(61.2%), 전기 등 공기조절 공급업/수도 등 원료 재생업(63.1%)에서는 낮게 나타남

[종사자 규모별]

- 250명 이상 규모 기업체에서 클라우드 컴퓨팅 서비스 이용률이 94.8%로 종사자 규모가 클수록 클라우드 컴퓨팅 서비스 이용률이 높게 나타남

[조직 형태별]

- 회사법인이 78.6%로 개인사업체(74.3%)에 비해 상대적으로 높게 나타남

업종별_클라우드 컴퓨팅 서비스 이용률

(단위 : %)

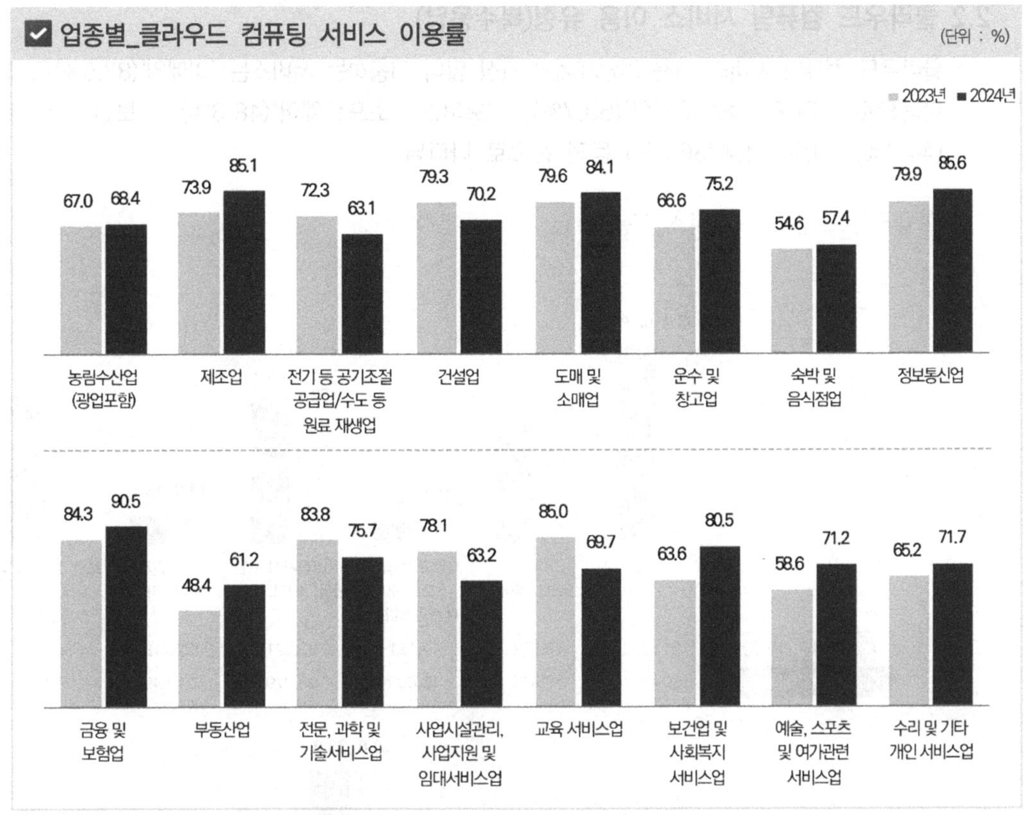

규모 및 조직 형태별_클라우드 컴퓨팅 서비스 이용률

(단위 : %)

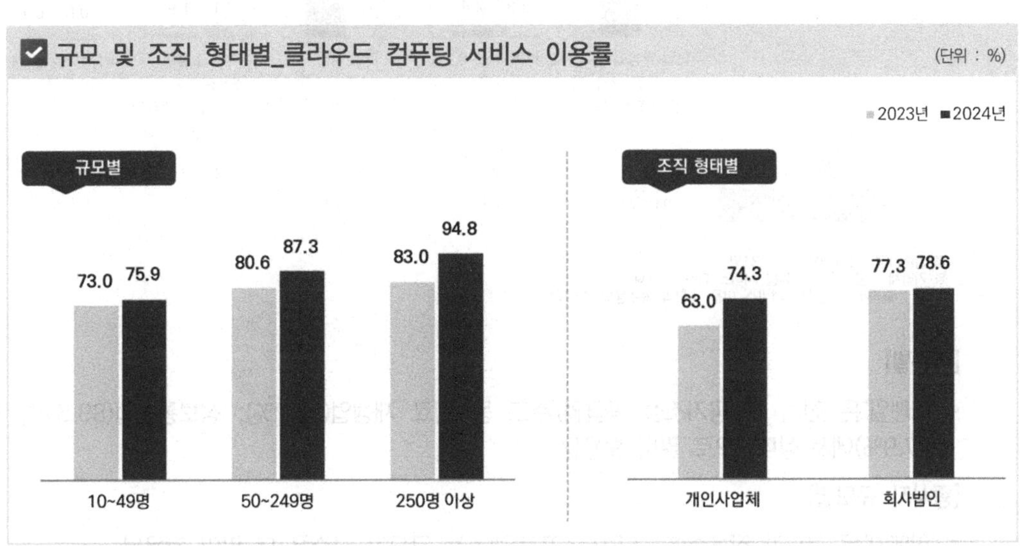

2.2 클라우드 컴퓨팅 서비스 이용 유형(복수응답)

- 클라우드 컴퓨팅 서비스 이용 기업체에서 가장 많이 이용하는 서비스는 '이메일'(82.9%)로 조사됨. 다음으로 'ERP 소프트웨어'(59.7%), '오피스 소프트웨어'(48.3%), '보안 소프트웨어'(44.7%), '파일 저장'(36.9%) 등의 순으로 나타남

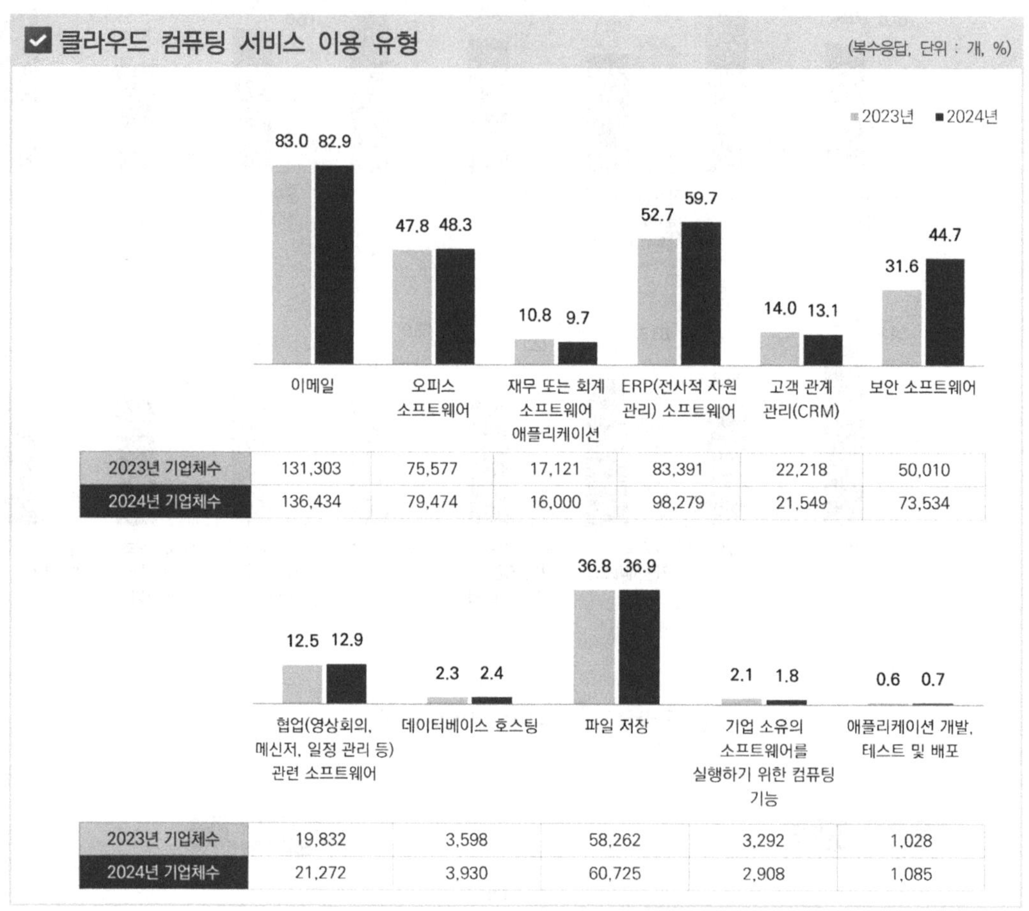

	이메일	오피스 소프트웨어	재무 또는 회계 소프트웨어 애플리케이션	ERP(전사적 자원 관리) 소프트웨어	고객 관계 관리(CRM)	보안 소프트웨어
2023년 기업체수	131,303	75,577	17,121	83,391	22,218	50,010
2024년 기업체수	136,434	79,474	16,000	98,279	21,549	73,534

	협업(영상회의, 메신저, 일정 관리 등) 관련 소프트웨어	데이터베이스 호스팅	파일 저장	기업 소유의 소프트웨어를 실행하기 위한 컴퓨팅 기능	애플리케이션 개발, 테스트 및 배포
2023년 기업체수	19,832	3,598	58,262	3,292	1,028
2024년 기업체수	21,272	3,930	60,725	2,908	1,085

※ 기준시점 : 2024년 12월 31일
※ 기업체 : 클라우드 컴퓨팅 서비스 이용 기업체
※ 주 : 클라우드 컴퓨팅 서비스 이용 유형별 복수응답 수치임

[업종별]

- '이메일'은 전기 등 공기조절 공급업/수도 등 원료 재생업(92.2%), 정보통신업(89.8%), 제조업(87.9%)에서 상대적으로 많이 활용됨

[종사자 규모별]

- '이메일'은 규모가 작을수록, 'ERP 소프트웨어'는 규모가 클수록 더 많이 활용됨

[조직 형태별]

- '이메일'과 'ERP 소프트웨어' 모두 회사법인(각각 84.1%, 61.9%)에서 상대적으로 많이 활용됨

업종별_클라우드 컴퓨팅 서비스 이용 유형

(복수응답, 단위 : %, 상위 2순위)

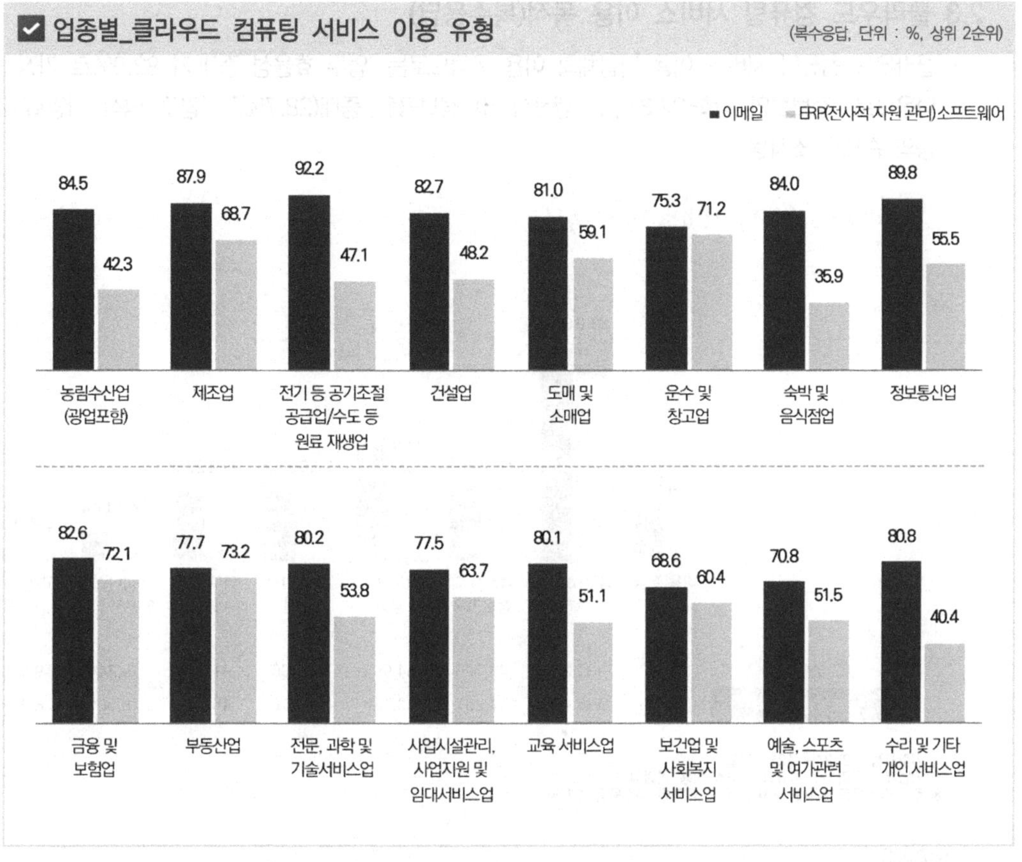

규모 및 조직 형태별_클라우드 컴퓨팅 서비스 이용 유형

(복수응답, 단위 : %, 상위 2순위)

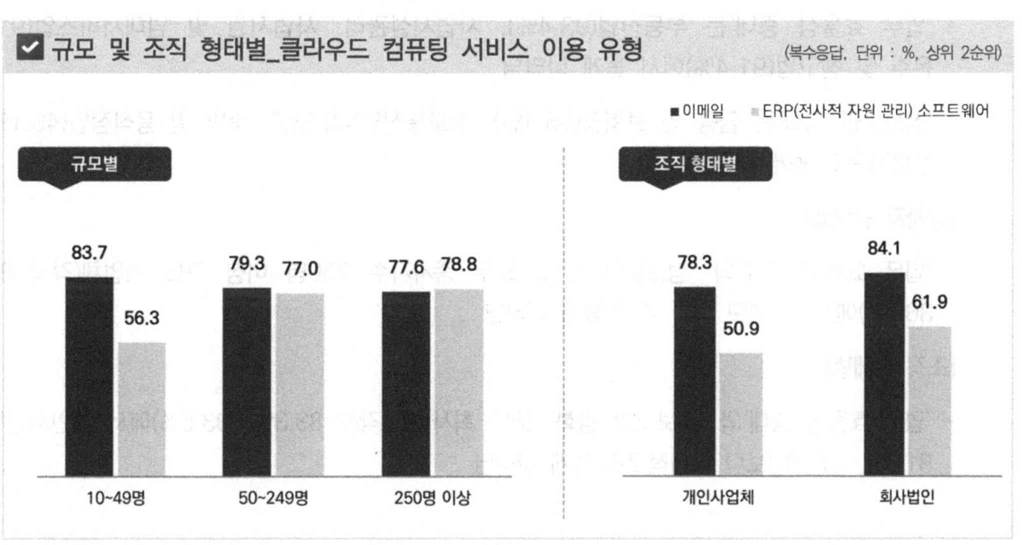

2.3 클라우드 컴퓨팅 서비스 이용 목적(복수응답)

- 클라우드 컴퓨팅 서비스 이용 기업체의 이용 목적으로는 '업무 효율성 증대'가 82.9%로 가장 높으며, 다음으로 '정보보안 강화(32.3%)', '생산성 및 정보공유 증대(28.7%)', '업무 방식 다양화'(27.5%) 등의 순으로 조사됨

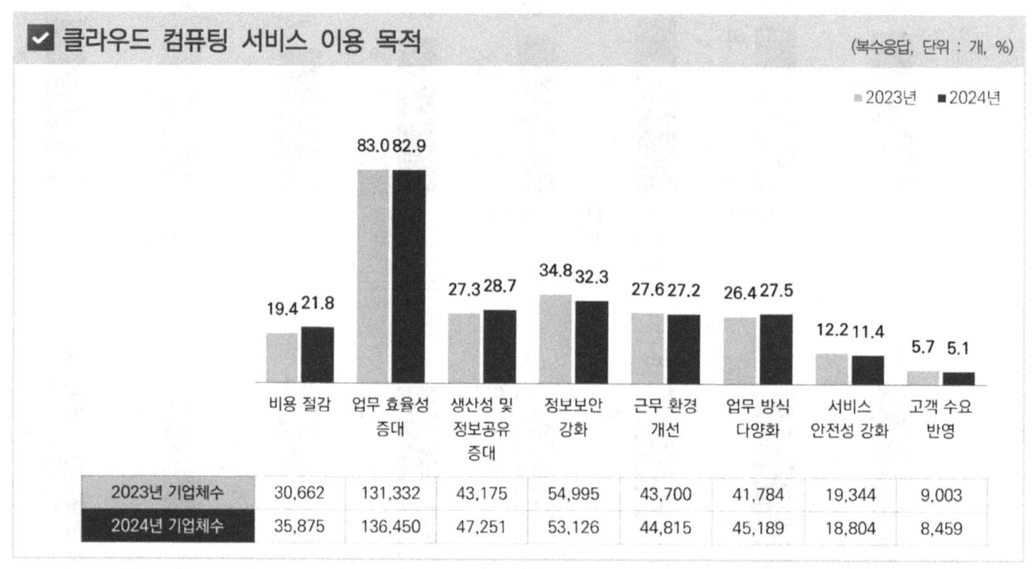

	비용 절감	업무 효율성 증대	생산성 및 정보공유 증대	정보보안 강화	근무 환경 개선	업무 방식 다양화	서비스 안전성 강화	고객 수요 반영
2023년 기업체수	30,662	131,332	43,175	54,995	43,700	41,784	19,344	9,003
2024년 기업체수	35,875	136,450	47,251	53,126	44,815	45,189	18,804	8,459

※ 기준시점 : 2024년 12월 31일
※ 기업체 : 클라우드 컴퓨팅 서비스 이용 기업체
※ 주 : 클라우드 컴퓨팅 서비스 이용 목적별 복수응답 수치임

[업종별]

- '업무 효율성 증대'는 부동산업(93.4%), 사업시설관리, 사업지원 및 임대서비스업(91.9%), 운수 및 창고업(91.4%)에서 높게 나타남
- '정보보안 강화'는 금융 및 보험업(55.4%), 정보통신업(46.5%), 숙박 및 음식점업(46.1%)에서 상대적으로 높게 나타남

[종사자 규모별]

- '업무 효율성 증대'와 '정보보안 강화' 모두 종사자수 250명 이상 규모 기업체(각각 87.5%, 36.7%)에서 타 규모 대비 가장 높게 나타남

[조직 형태별]

- '업무 효율성 증대'와 '정보보안 강화' 모두 회사법인(각각 83.3%, 33.5%)에서 개인사업체(각각 81.3%, 27.2%)보다 상대적으로 높게 나타남

업종별_클라우드 컴퓨팅 서비스 이용 목적

(복수응답, 단위 : %, 상위 2순위)

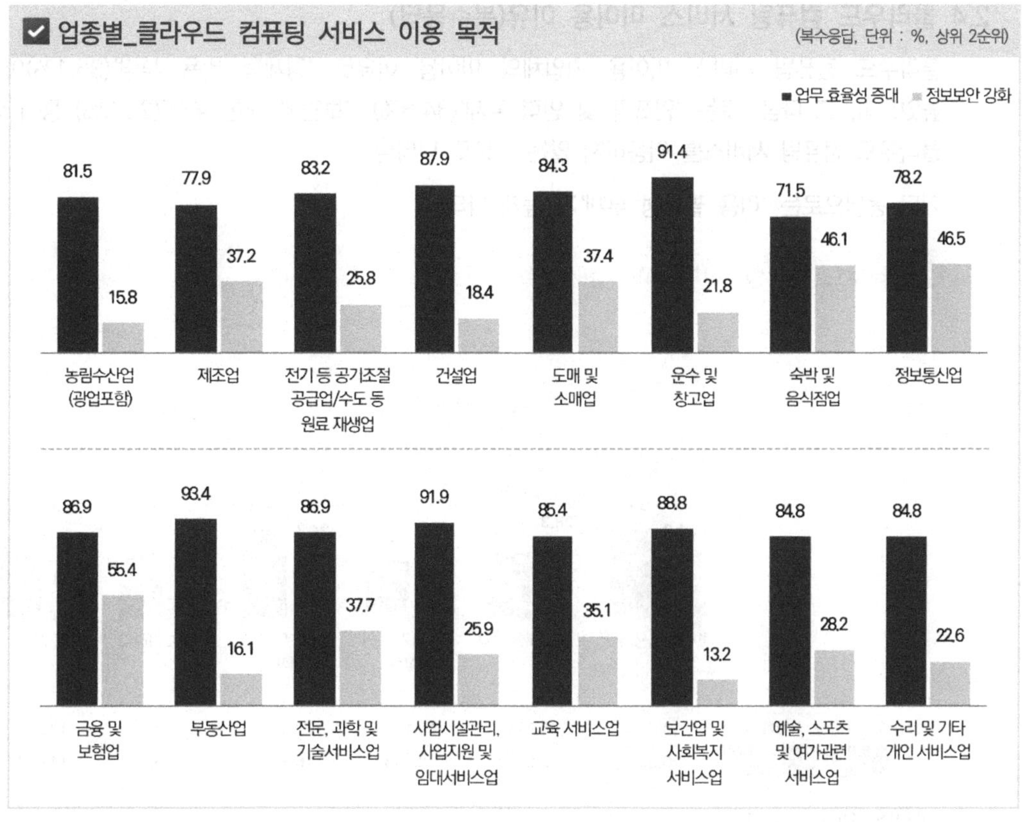

규모 및 조직 형태별_클라우드 컴퓨팅 서비스 이용 목적

(복수응답, 단위 : %, 상위 2순위)

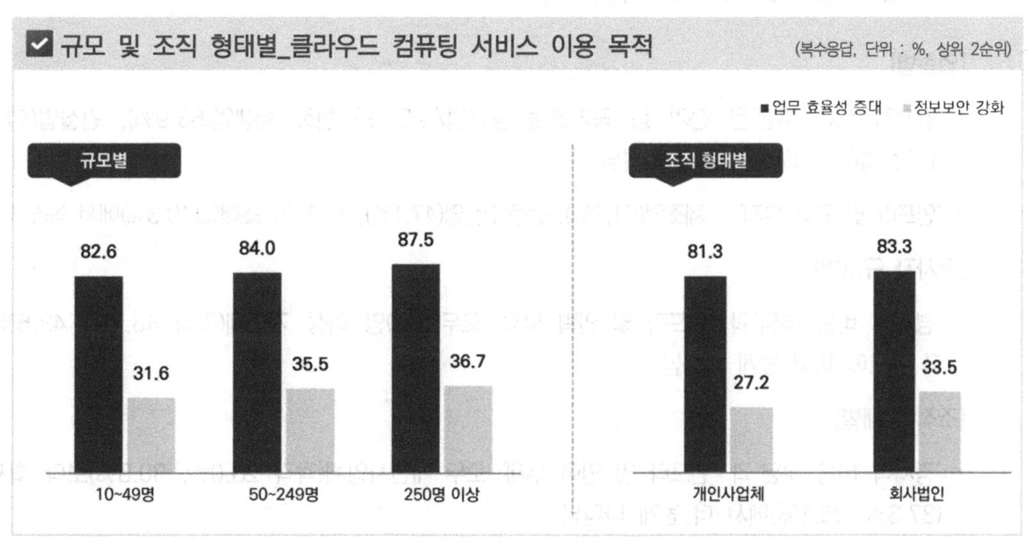

2.4 클라우드 컴퓨팅 서비스 미이용 이유(복수응답)

- 클라우드 컴퓨팅 서비스 미이용 기업체의 미이용 이유로 '경제적 비용 부담'(35.1%)이 가장 높았으며, 그 다음으로는 '인프라 및 인력 부재'(34.8%), '보안에 대한 우려'(25.5%) 등의 이유로 클라우드 컴퓨팅 서비스를 이용하지 않는 것으로 나타남
- 기타 응답으로는 '이용 필요성 부재'가 높게 나타남

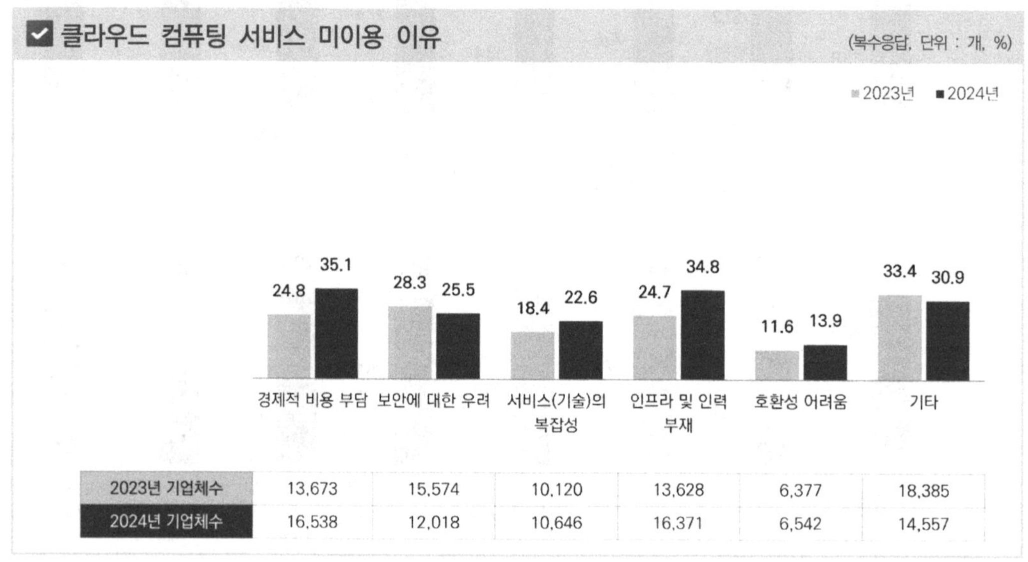

	경제적 비용 부담	보안에 대한 우려	서비스(기술)의 복잡성	인프라 및 인력 부재	호환성 어려움	기타
2023년 기업체수	13,673	15,574	10,120	13,628	6,377	18,385
2024년 기업체수	16,538	12,018	10,646	16,371	6,542	14,557

※ 기준시점 : 2024년 12월 31일
※ 기업체 : 클라우드 컴퓨팅 서비스 미이용 기업체
※ 주 : 클라우드 컴퓨팅 서비스 미이용 이유별 복수응답 수치임

[업종별]

- '경제적 비용 부담'은 전기 등 공기조절 공급업/수도 등 원료 재생업(53.9%), 건설업(41.5%), 부동산업(40.3%)에서 높게 나타남
- '인프라 및 인력 부재'는 제조업(51.3%), 농림수산업(47.1%), 도매 및 소매업(40.3%)에서 높게 나타남

[종사자 규모별]

- '경제적 비용 부담'과 '인프라 및 인력 부재' 모두 250명 이상 기업체(각각 46.7%, 43.5%)에서 타 규모에 비해 높게 나타남

[조직 형태별]

- '경제적 비용 부담'과 '인프라 및 인력 부재' 모두 개인사업체(각각 28.0%, 30.3%)보다 회사법인(37.3%, 36.1%)에서 더 높게 나타남

업종별_클라우드 컴퓨팅 서비스 미이용 이유 (복수응답, 단위 : %, 상위 2순위)

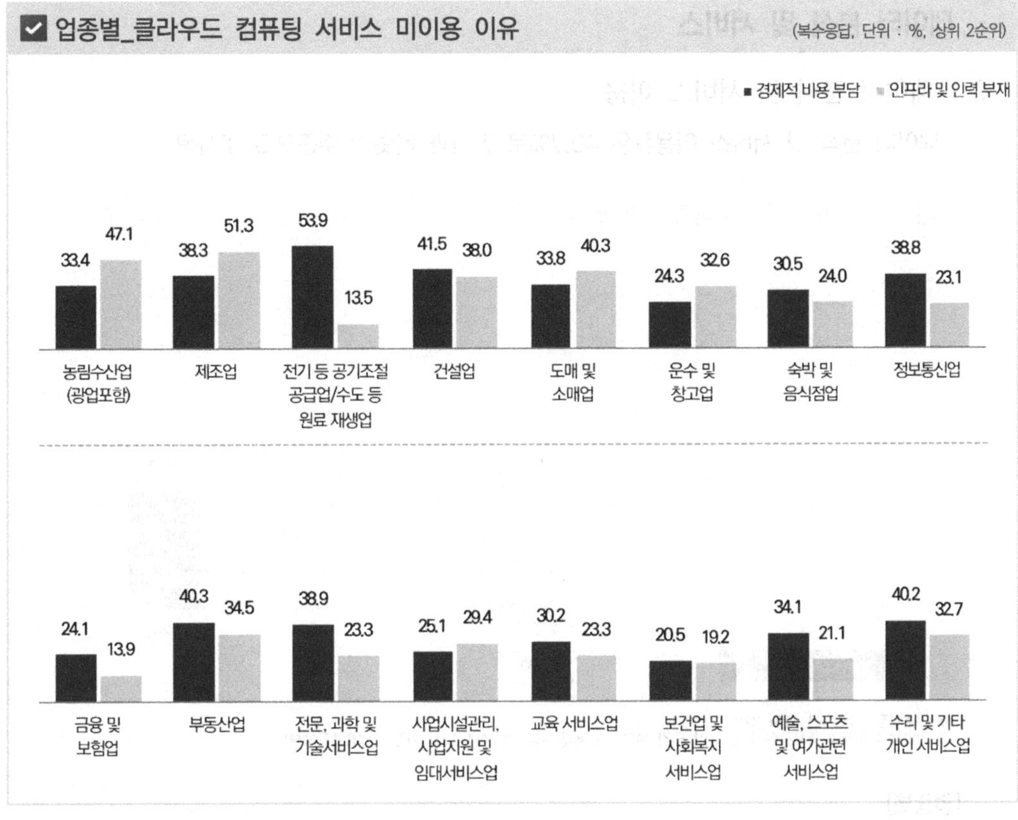

규모 및 조직 형태별_클라우드 컴퓨팅 서비스 미이용 이유 (복수응답, 단위 : %, 상위 2순위)

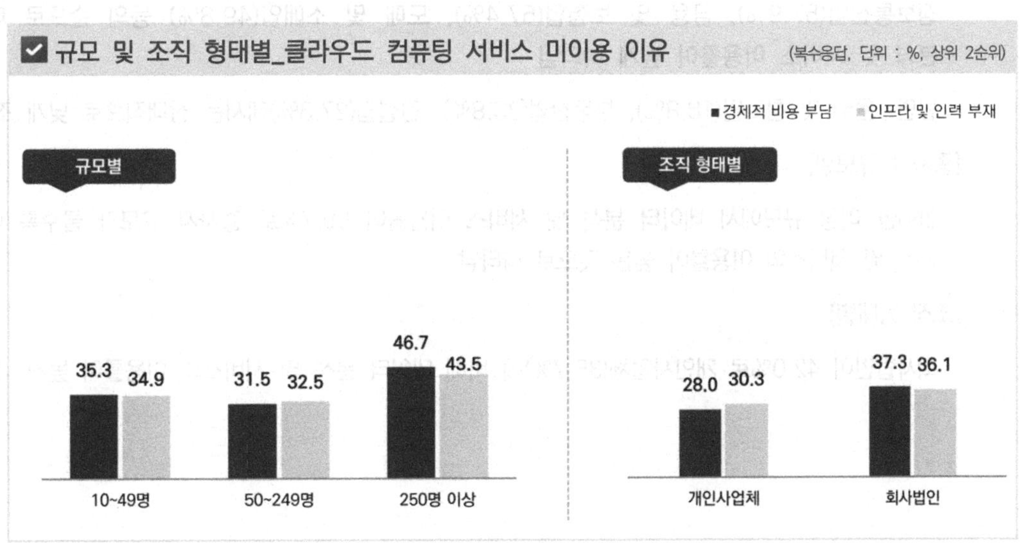

3 데이터 분석 및 서비스

3.1 데이터 분석 및 서비스 이용

• 데이터 분석 및 서비스 이용률은 40.7%로 전년과 비슷한 수준으로 조사됨

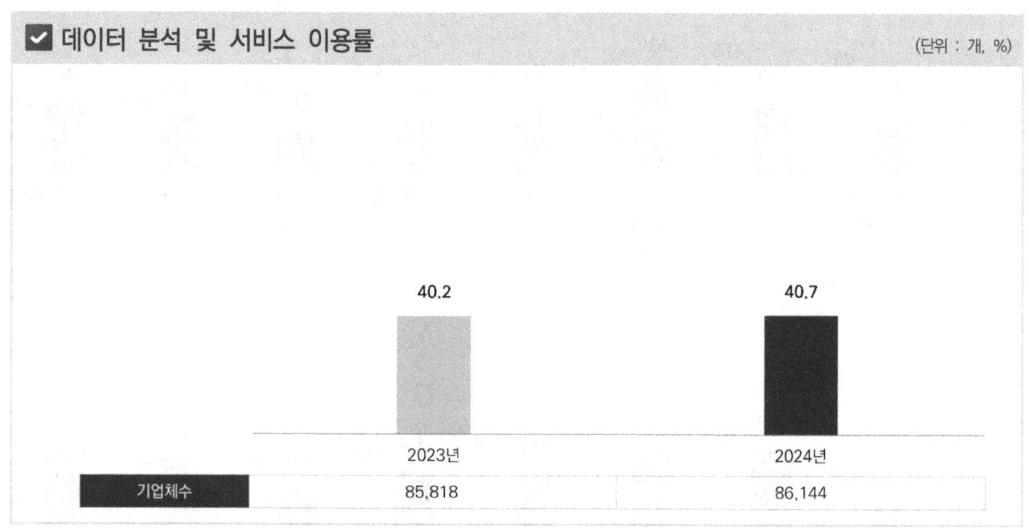

※ 기준시점 : 2024년 12월 31일
※ 기업체 : 전국의 종사자수 10인 이상 민간 부문 기업체(통계청, 2024년 12월 기준 기업통계등록부)

[업종별]

• 정보통신업(57.9%), 금융 및 보험업(57.4%), 도매 및 소매업(49.8%) 등의 순으로 데이터 분석 및 서비스 이용률이 높게 나타남

• 반면, 운수 및 창고업(18.8%), 부동산업(23.8%), 건설업(27.3%)에서는 상대적으로 낮게 조사됨

[종사자 규모별]

• 250명 이상 규모에서 데이터 분석 및 서비스 이용률이 59.7%로 종사자 규모가 클수록 데이터 분석 및 서비스의 이용률이 높은 것으로 나타남

[조직 형태별]

• 회사법인이 42.0%로 개인사업체(35.7%)에 비해 데이터 분석 및 서비스의 이용률이 높게 나타남

업종별_데이터 분석 및 서비스 이용률

(단위 : %)

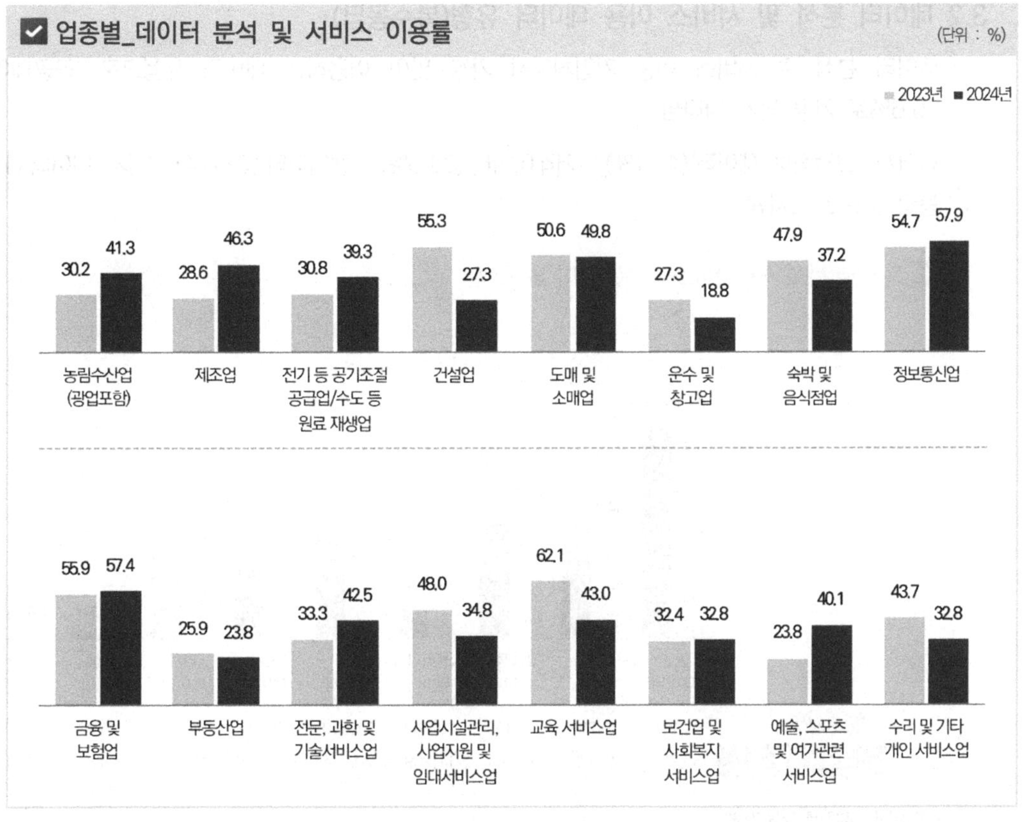

규모 및 조직 형태별_데이터 분석 및 서비스 이용률

(단위 : %)

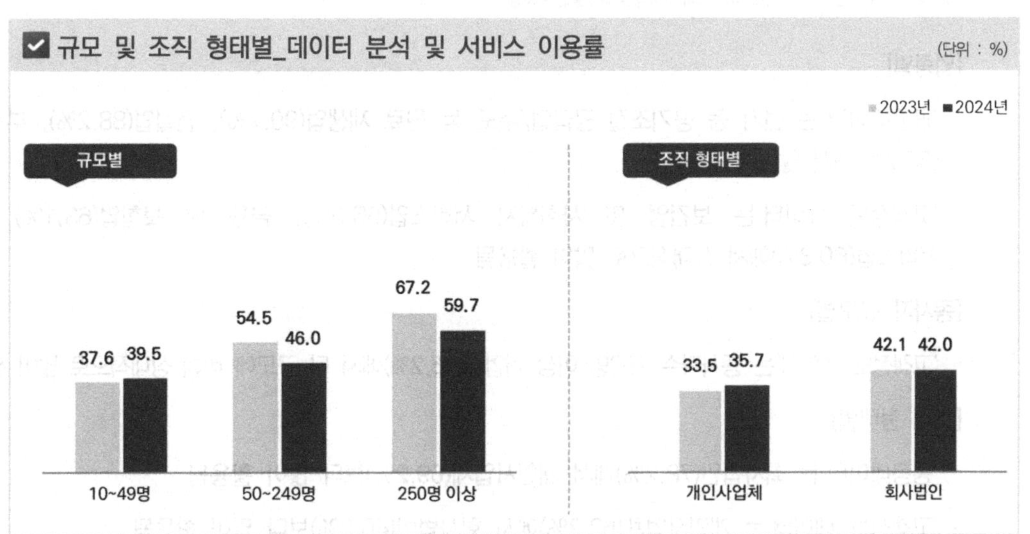

3.2 데이터 분석 및 서비스 이용 데이터 유형(복수응답)

- 데이터 분석 및 서비스 이용 기업체에서 가장 많이 이용하는 데이터 유형으로 '공공데이터'가 76.6%로 가장 높게 나타남
- 이어서 '고객정보 데이터'(43.1%), '거래데이터'(33.5%), '웹데이터'(23.6%), '센서 데이터'(15.6%) 등의 순으로 조사됨

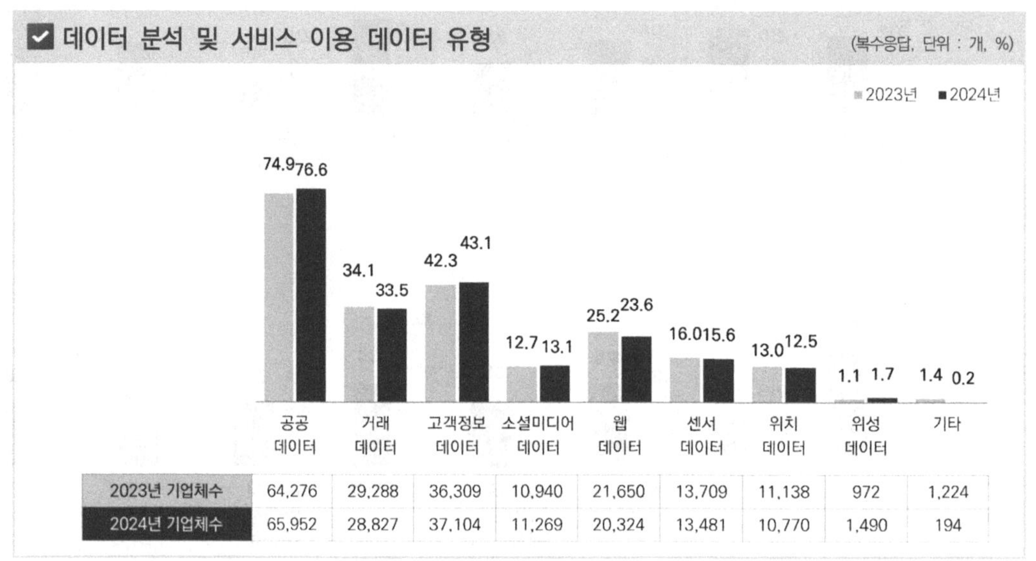

	공공 데이터	거래 데이터	고객정보 데이터	소셜미디어 데이터	웹 데이터	센서 데이터	위치 데이터	위성 데이터	기타
2023년 기업체수	64,276	29,288	36,309	10,940	21,650	13,709	11,138	972	1,224
2024년 기업체수	65,952	28,827	37,104	11,269	20,324	13,481	10,770	1,490	194

※ 기준시점 : 2024년 12월 31일
※ 기업체 : 데이터 분석 및 서비스 이용 기업체
※ 주 : 데이터 분석 및 서비스 이용 데이터 유형별 복수응답 수치임

[업종별]

- '공공데이터'는 전기 등 공기조절 공급업/수도 등 원료 재생업(90.7%), 건설업(88.2%), 부동산업(85.7%)에서 많이 활용됨
- '고객정보 데이터'는 보건업 및 사회복지 서비스업(65.9%), 금융 및 보험업(63.1%), 교육서비스업(60.3%)에서 상대적으로 많이 활용됨

[종사자 규모별]

- '고객정보 데이터'는 종사자수 250명 이상 기업체(46.2%)에서 타 규모에 비해 상대적으로 많이 활용됨

[조직 형태별]

- '공공데이터'는 회사법인(78.2%)에서 개인사업체(69.2%)보다 많이 활용됨
- '고객정보 데이터'는 개인사업체(53.2%)에서 회사법인(40.8%)보다 많이 활용됨

업종별_데이터 분석 및 서비스 이용 데이터 유형

(복수응답, 단위 : %, 상위 2순위)

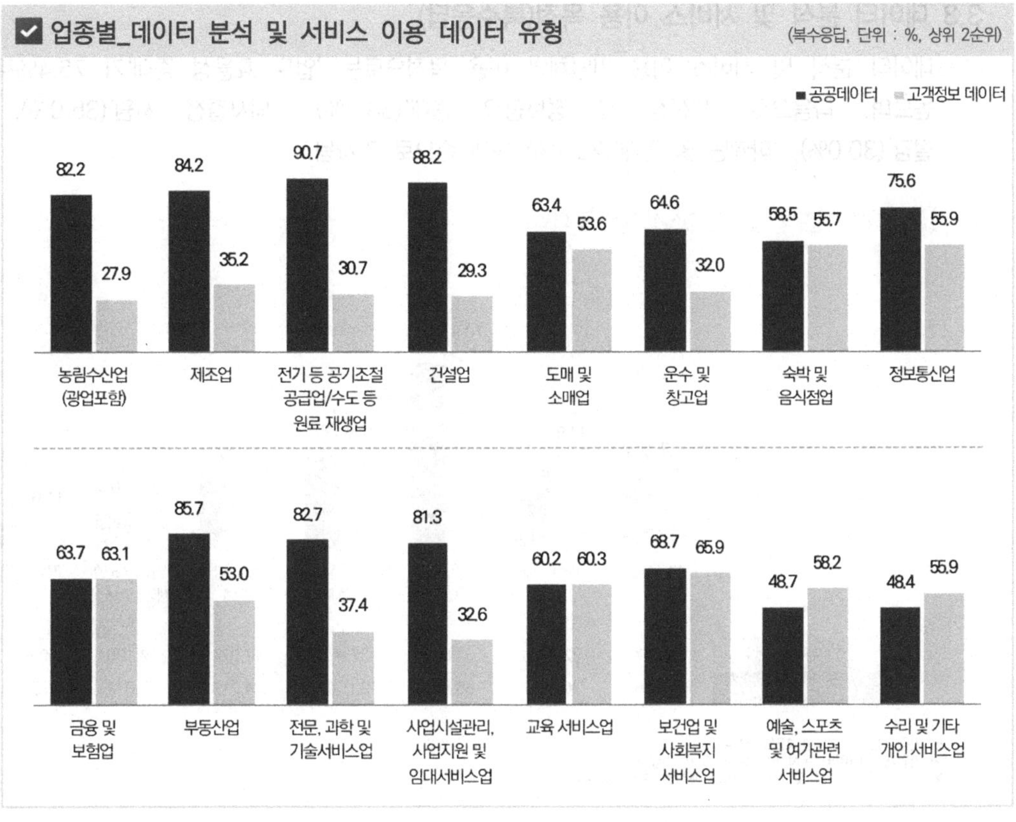

규모 및 조직 형태별_데이터 분석 및 서비스 이용 데이터 유형

(복수응답, 단위 : %, 상위 2순위)

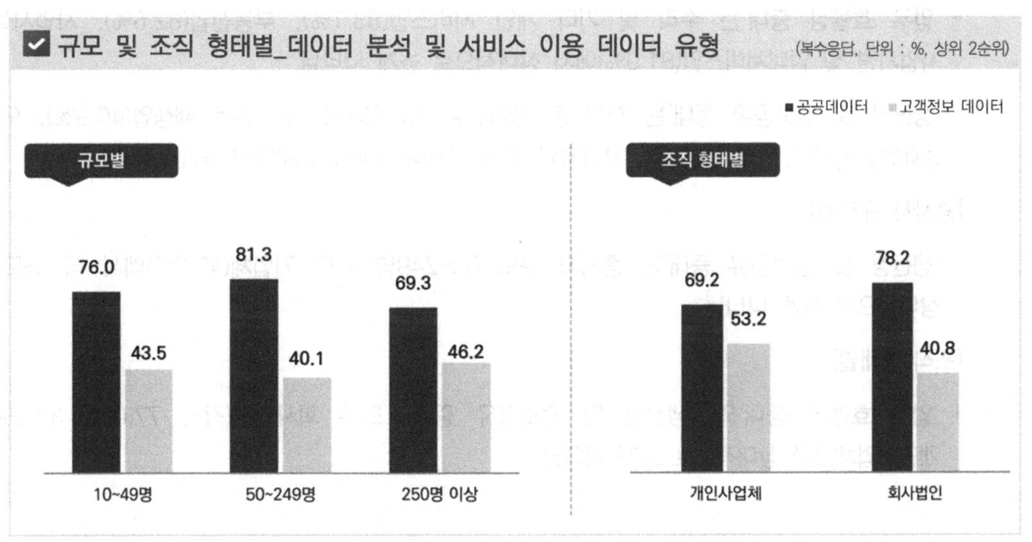

3.3 데이터 분석 및 서비스 이용 목적(복수응답)

- 데이터 분석 및 서비스 이용 기업체의 이용 목적으로는 '업무 효율성 증대'가 76.4%로 가장 높으며, 다음으로 '생산성 및 정보공유 증대'(38.7%), '의사결정 지원'(35.0%), '비용 절감'(30.0%), '마케팅 및 판매'(28.7%) 등의 순으로 조사됨

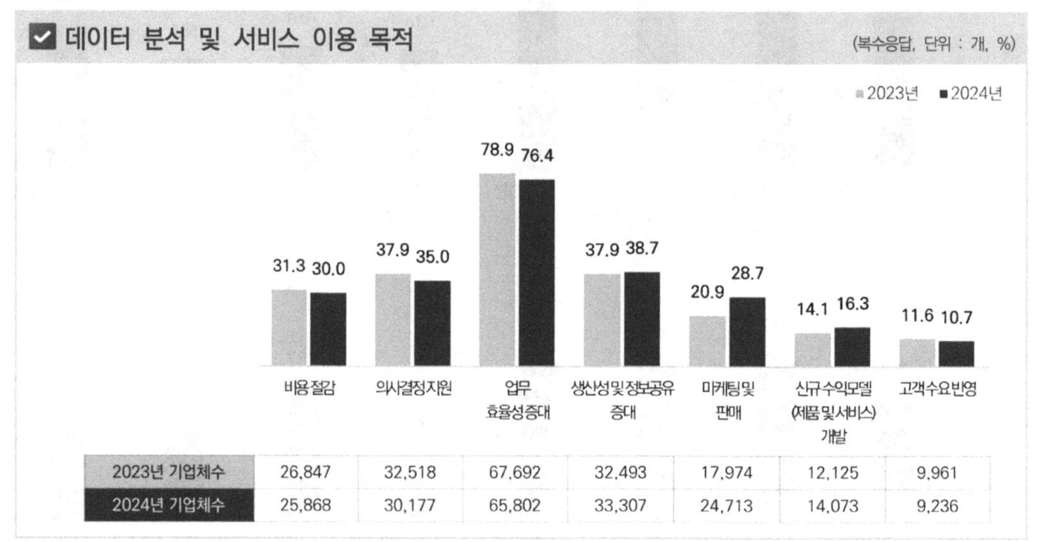

	비용절감	의사결정지원	업무 효율성증대	생산성및정보공유 증대	마케팅및 판매	신규수익모델 (제품및서비스) 개발	고객수요반영
2023년 기업체수	26,847	32,518	67,692	32,493	17,974	12,125	9,961
2024년 기업체수	25,868	30,177	65,802	33,307	24,713	14,073	9,236

※ 기준시점 : 2024년 12월 31일
※ 기업체 : 데이터 분석 및 서비스 이용 기업체
※ 주 : 데이터 분석 및 서비스 이용 목적별 복수응답 수치임

[업종별]

- '업무 효율성 증대'는 수리 및 기타 개인 서비스업(83.1%), 부동산업(82.6%), 사업시설관리, 사업지원 및 임대서비스업(81.9%)에서 상대적으로 높게 나타남
- '생산성 및 정보공유 증대'는 전기 등 공기조절 공급업/수도 등 원료 재생업(46.9%), 도매 및 소매업(46.4%), 사업시설관리, 사업지원 및 임대서비스업(42.2%)에서 높게 나타남

[종사자 규모별]

- '생산성 및 정보공유 증대'는 종사자 규모 50~249명 규모 기업체(42.0%)에서 타 규모 대비 상대적으로 높게 나타남

[조직 형태별]

- '업무 효율성 증대'와 '생산성 및 정보공유 증대' 모두 회사법인(각각 77.0%, 39.8%)에서 개인사업체보다 상대적으로 높게 나타남

업종별_데이터 분석 및 서비스 이용 목적

(복수응답, 단위 : %, 상위 2순위)

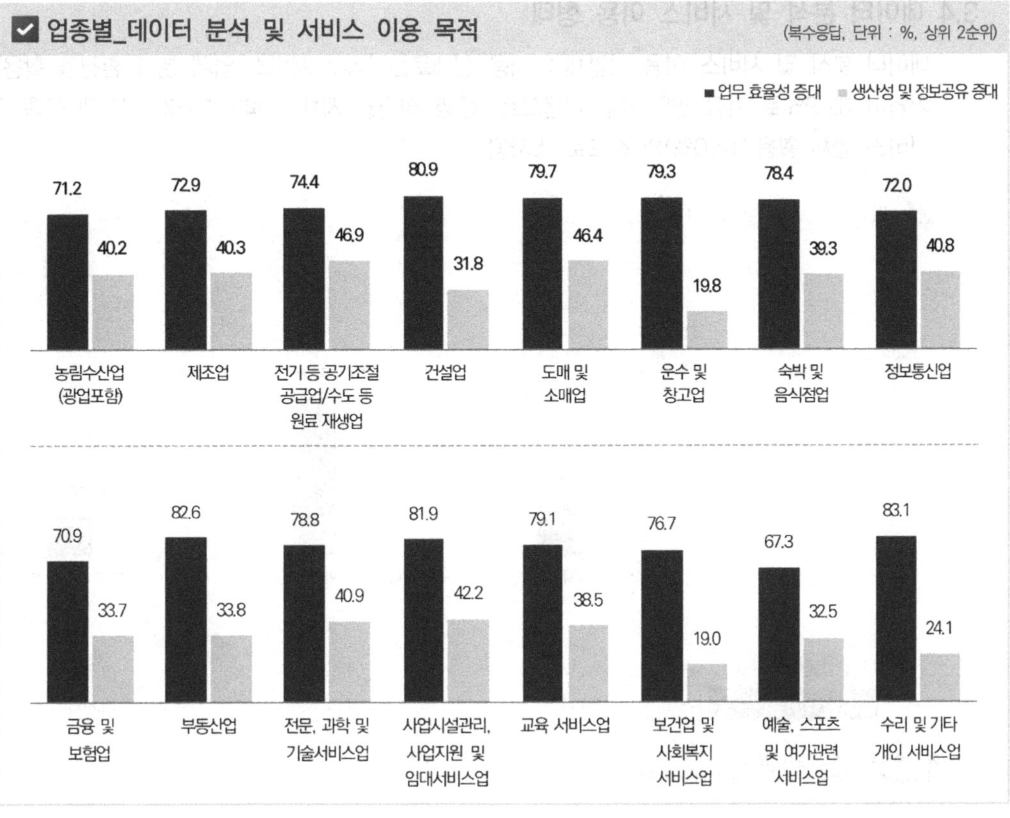

규모 및 조직 형태별_데이터 분석 및 서비스 이용 목적

(복수응답, 단위 : %, 상위 2순위)

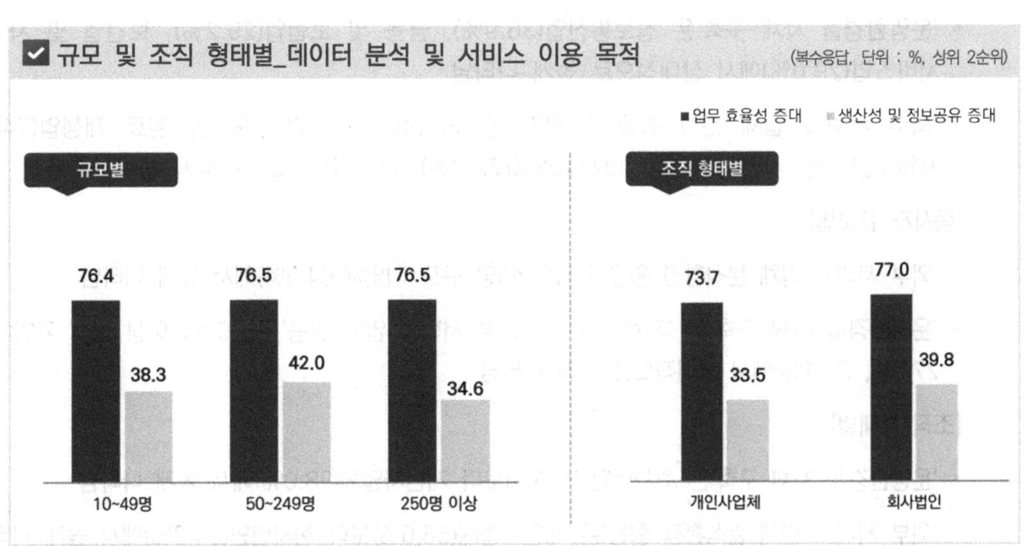

1. 정보화 기반
2. 정보화 응용
3. 지능정보기술 활용
4. 정보화 투자

3.4 데이터 분석 및 서비스 이용 형태

- 데이터 분석 및 서비스 이용 기업체의 이용 형태로는 '외부 서비스 업체 분석 환경을 활용'한다는 기업이 62.9%로 가장 많았으며, 다음으로 '운영 환경을 자체 구축'(21.0%), '자체 구축 및 외부 서비스 업체 활용'(16.0%)의 순으로 조사됨

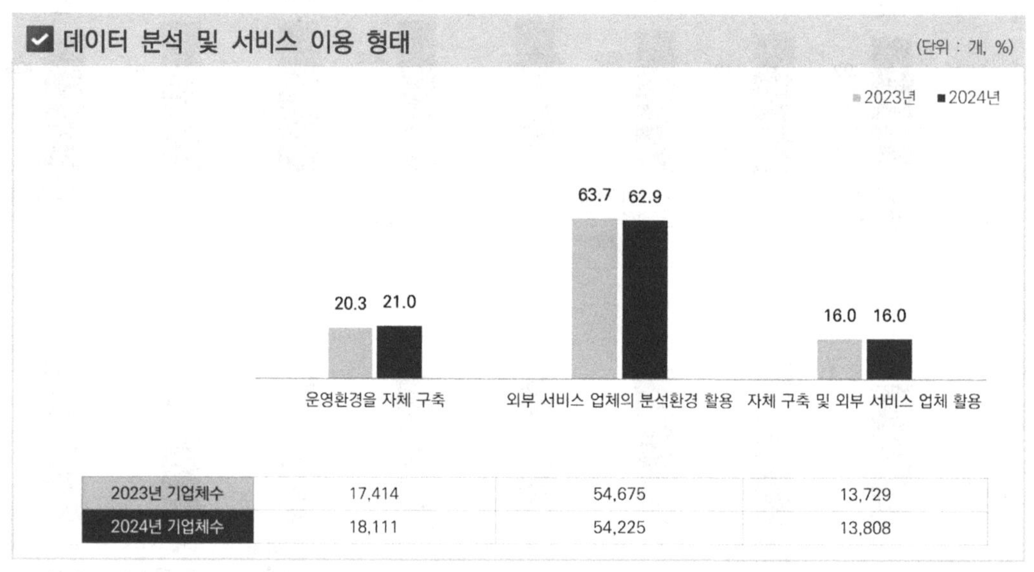

	운영환경을 자체 구축	외부 서비스 업체의 분석환경 활용	자체 구축 및 외부 서비스 업체 활용
2023년 기업체수	17,414	54,675	13,729
2024년 기업체수	18,111	54,225	13,808

※ 기준시점 : 2024년 12월 31일
※ 기업체 : 데이터 분석 및 서비스 이용 기업체

[업종별]

- '운영환경을 자체 구축'은 정보통신업(36.9%), 금융 및 보험업(29.2%), 보건업 및 사회복지 서비스업(29.0%)에서 상대적으로 높게 나타남
- '외부 서비스 업체 분석 활용'은 전기 등 공기조절 공급업/수도 등 원료 재생업(74.3%), 사업시설관리, 사업지원 및 임대서비스업(72.2%), 부동산업(72.1%)에서 높게 나타남

[종사자 규모별]

- '외부 서비스 업체 분석환경 활용'은 10~49명 규모 기업체(64.9%)에서 높게 나타남
- '운영환경을 자체 구축'과 '자체 구축 및 외부 서비스 업체 활용'은 250명 이상 규모 기업체(각각 27.0%, 27.1%)에서 상대적으로 높게 나타남

[조직 형태별]

- '운영환경을 자체 구축'은 회사법인(19.5%)보다 개인사업체(28.0%)에서 높게 나타남
- '외부 서비스 업체 분석환경 활용'은 개인사업체(56.6%)보다 회사법인(64.3%)에서 높게 나타남

업종별_데이터 분석 및 서비스 이용 형태

(단위 : 개, %)

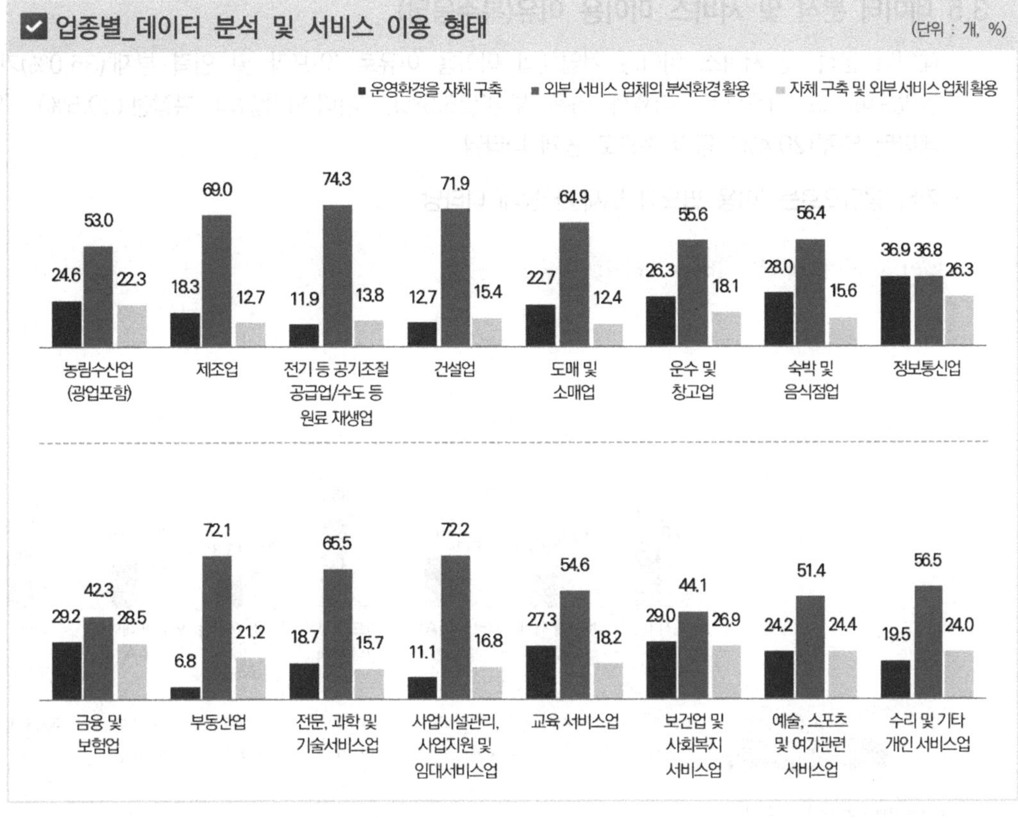

규모 및 조직 형태별_데이터 분석 및 서비스 이용 형태

(단위 : 개, %)

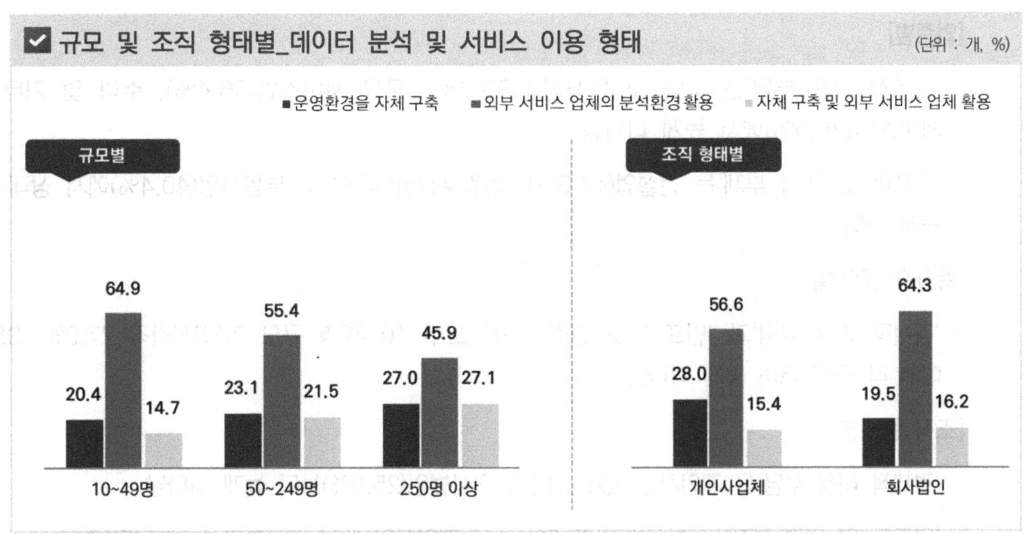

3.5 데이터 분석 및 서비스 미이용 이유(복수응답)

- 데이터 분석 및 서비스 미이용 기업체의 미이용 이유로 '인프라 및 인력 부재'(35.0%)가 가장 높았으며, 그 다음으로 '경제적 비용 부담'(26.6%), '서비스(기술)의 복잡성'(20.5%), '양질의 데이터 부족'(20.4%) 등의 순으로 높게 나타남
- 기타 응답으로는 '이용 필요성 부재'가 높게 나타남

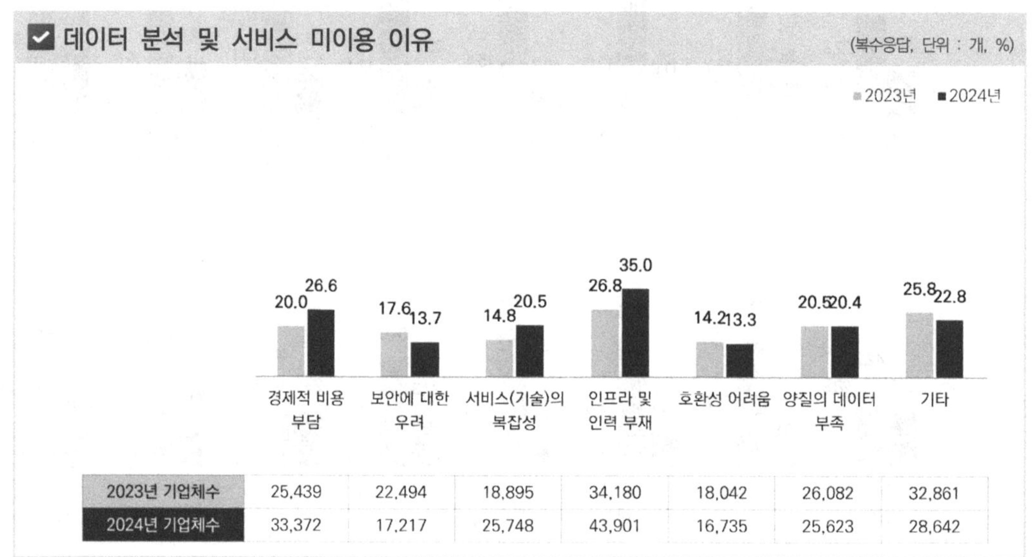

	경제적 비용 부담	보안에 대한 우려	서비스(기술)의 복잡성	인프라 및 인력 부재	호환성 어려움	양질의 데이터 부족	기타
2023년 기업체수	25,439	22,494	18,895	34,180	18,042	26,082	32,861
2024년 기업체수	33,372	17,217	25,748	43,901	16,735	25,623	28,642

※ 기준시점 : 2024년 12월 31일
※ 기업체 : 데이터 분석 및 서비스 미이용 기업체
※ 주 : 데이터 분석 및 서비스 미이용 이유별 복수응답 수치임

[업종별]

- '경제적 비용 부담'은 숙박 및 음식점업(36.6%), 교육 서비스업(36.4%), 수리 및 기타 개인 서비스업(36.0%)에서 높게 나타남
- '인프라 및 인력 부재'는 건설업(47.5%), 농림수산업(40.5%), 부동산업(40.4%)에서 상대적으로 높게 나타남

[종사자 규모별]

- '경제적 비용 부담'과 '인프라 및 인력 부재' 모두 10~49명 규모 기업체(각각 27.0%, 36.0%)에서 타 규모 대비 높게 나타남

[조직 형태별]

- '경제적 비용 부담'은 개인사업체(29.3%)가 회사법인(25.8%)보다 높게 나타남
- '인프라 및 인력 부재'는 회사법인(37.9%)에서 개인사업체(24.9%)보다 높게 나타남

업종별_데이터 분석 및 서비스 미이용 이유

(복수응답, 단위 : %, 상위 2순위)

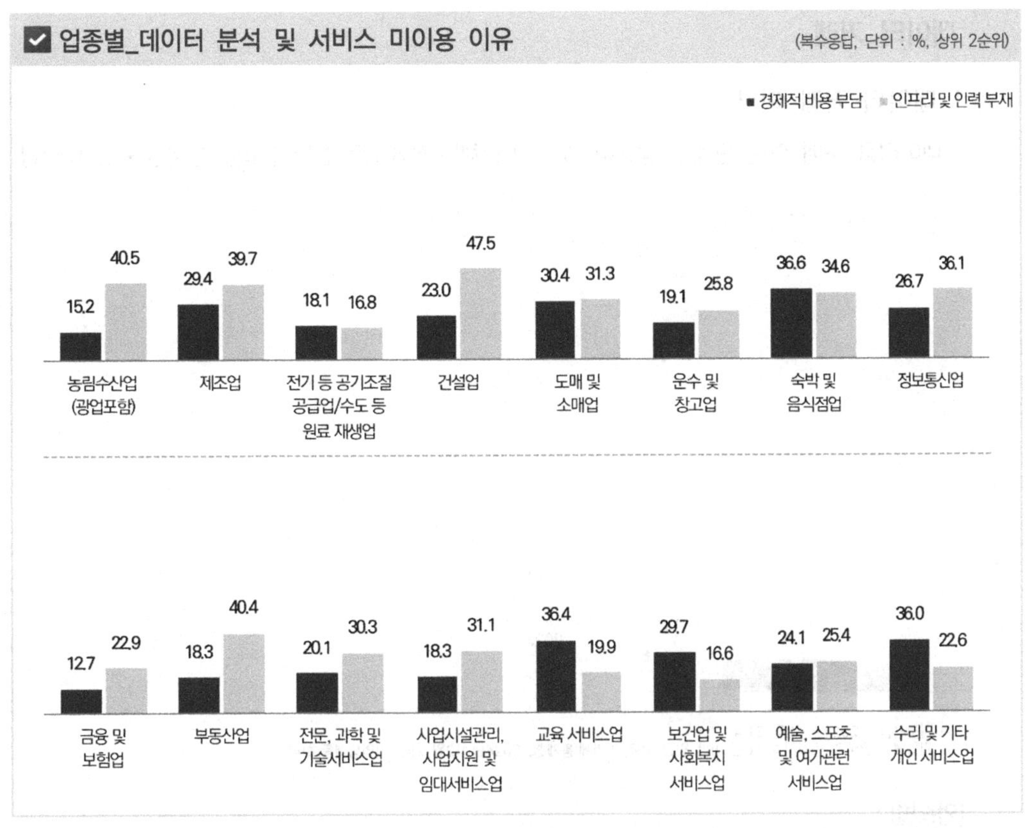

규모 및 조직 형태별_데이터 분석 및 서비스 미이용 이유

(복수응답, 단위 : %, 상위 2순위)

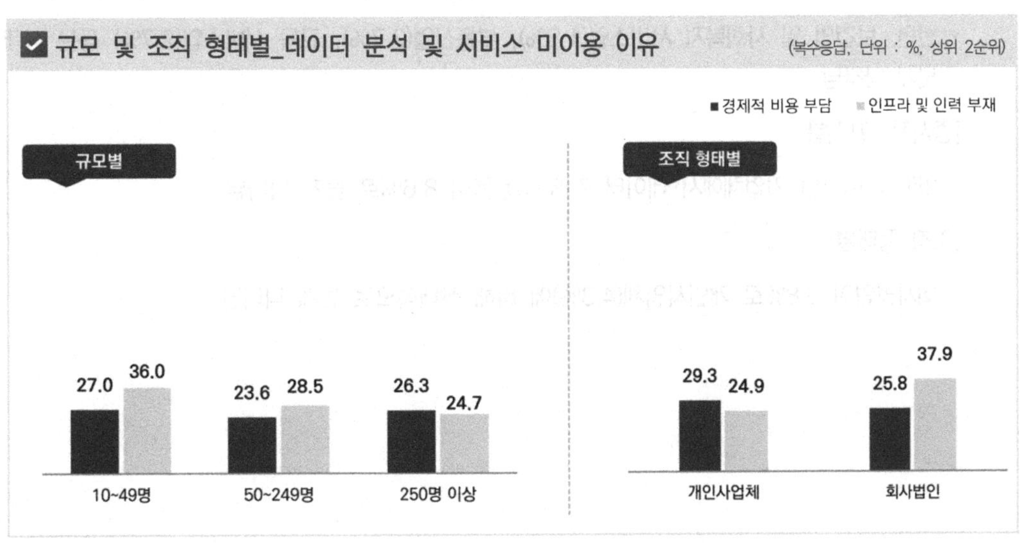

4 데이터 거래

4.1 데이터 거래 여부

- 데이터를 구매 또는 판매한 경험이 있는 기업체는 6.3%로 전년과 비슷한 수준으로 나타남

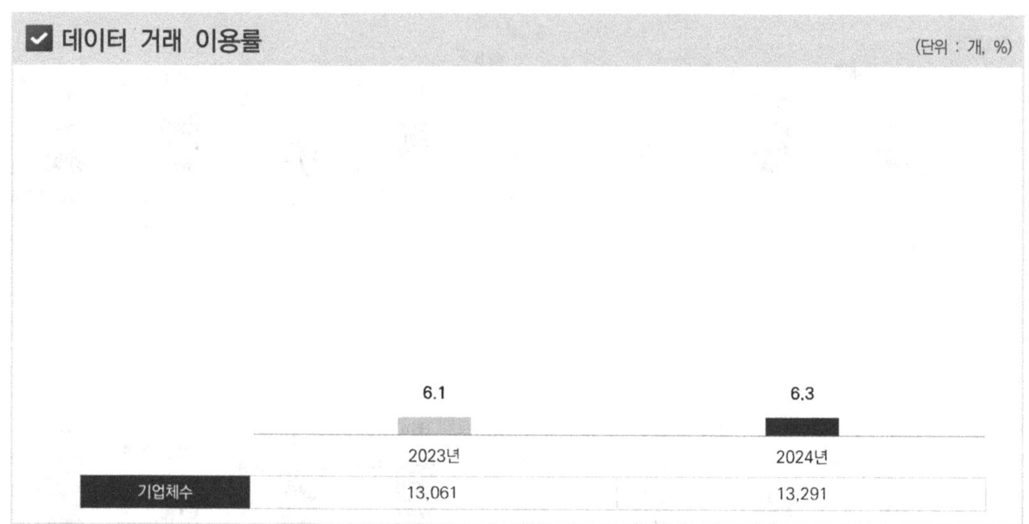

※ 기준시점 : 2024년 12월 31일
※ 기업체 : 전국의 종사자수 10인 이상 민간 부문 기업체(통계청, 2024년 12월 기준 기업통계등록부)

[업종별]

- 정보통신업(12.6%), 제조업(8.6%), 도매 및 소매업(8.0%) 등의 순으로 데이터 거래 이용이 높게 나타남
- 반면, 보건업 및 사회복지 서비스업(1.8%), 부동산업(2.7%), 교육 서비스업(2.7%) 등은 상대적으로 낮게 나타남

[종사자 규모별]

- 250명 이상인 기업체에서 데이터 거래 이용률이 8.6%로 높게 나타남

[조직 형태별]

- 회사법인이 6.8%로 개인사업체(4.3%)에 비해 상대적으로 높게 나타남

업종별_데이터 거래 이용률

(단위 : %)

규모 및 조직 형태별_데이터 거래 이용률

(단위 : %)

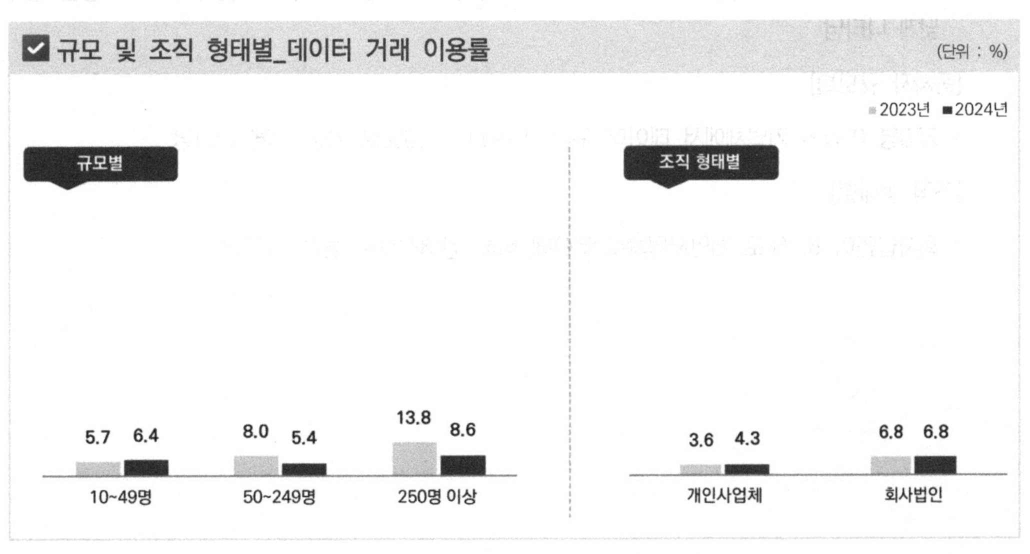

1. 정보화 기반
2. 정보화 응용
3. 지능정보기술 활용
4. 정보화 투자

4.2 데이터 구매 여부

- 데이터를 구매한 경험이 있는 기업체는 5.3%로 전년 대비 비슷한 수준으로 나타남

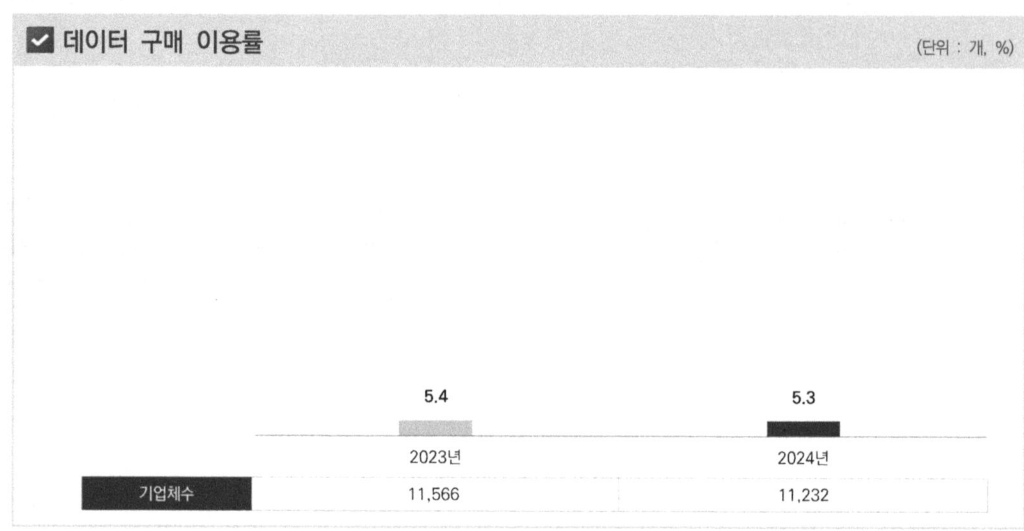

※ 기준시점 : 2024년 12월 31일
※ 기업체 : 전국의 종사자수 10인 이상 민간 부문 기업체(통계청, 2024년 12월 기준 기업통계등록부)

[업종별]

- 정보통신업(10.5%), 제조업(7.6%), 도매 및 소매업(6.0%) 등의 순으로 데이터 구매 이용이 높게 나타남
- 반면, 교육 서비스업(1.0%), 보건업 및 사회복지 서비스업(1.8%), 부동산업(2.3%) 등은 상대적으로 낮게 나타남

[종사자 규모별]

- 250명 이상인 기업체에서 데이터 구매 이용률이 7.6%로 가장 높게 나타남

[조직 형태별]

- 회사법인이 5.7%로 개인사업체(3.8%)에 비해 상대적으로 높게 나타남

업종별_데이터 구매 이용률

(단위 : %)

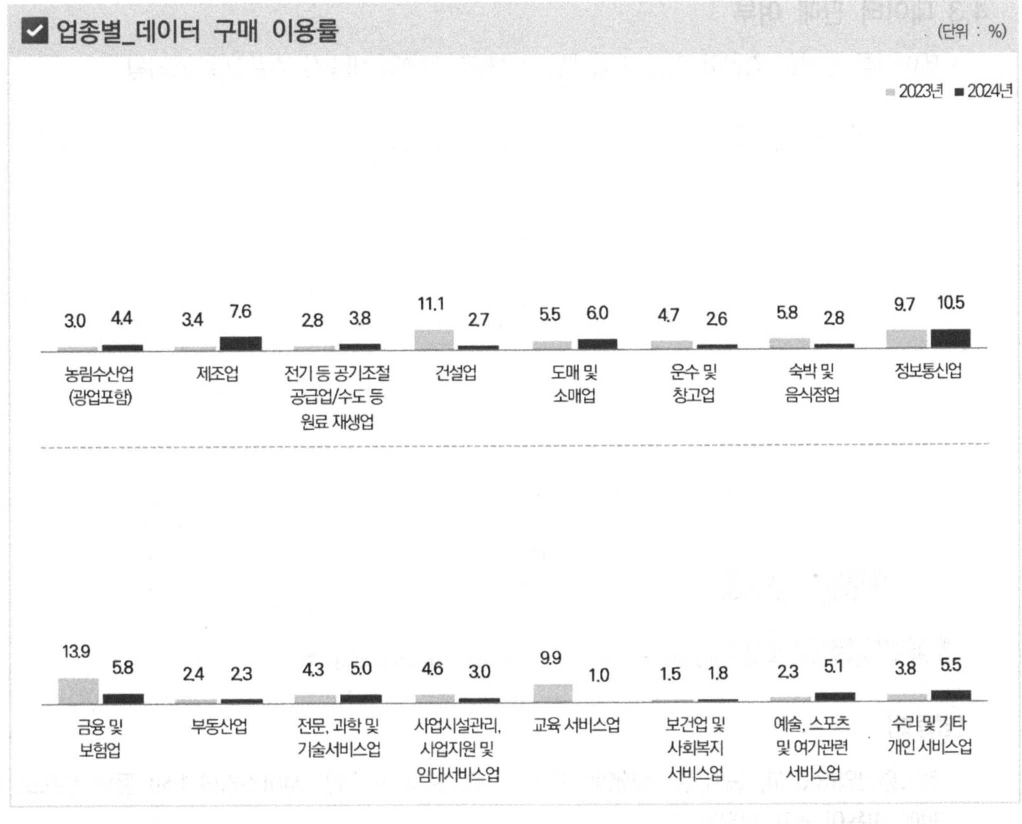

규모 및 조직 형태별_데이터 구매 이용률

(단위 : %)

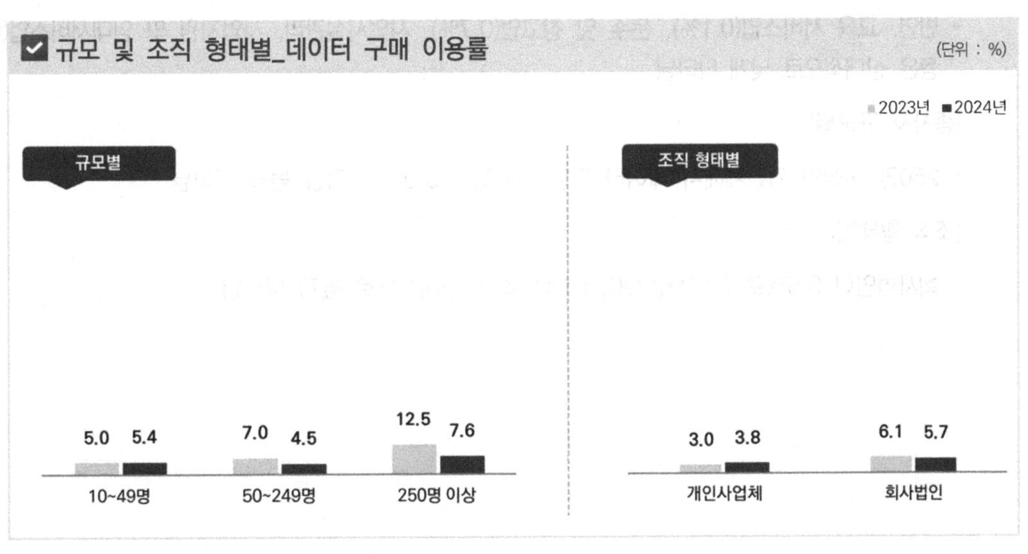

4.3 데이터 판매 여부

• 데이터를 판매한 경험이 있는 기업체는 3.2%로 전년과 비슷한 수준으로 조사됨

※ 기준시점 : 2024년 12월 31일
※ 기업체 : 전국의 종사자수 10인 이상 민간 부문 기업체(통계청, 2024년 12월 기준 기업통계등록부)

[업종별]

• 정보통신업(8.6%), 도매 및 소매업(5.5%), 수리 및 기타 개인 서비스업(4.1%) 등의 순으로 데이터 판매 이용이 높게 나타남

• 반면, 교육 서비스업(0.1%), 운수 및 창고업(0.7%), 사업시설관리, 사업지원 및 임대서비스업(0.8%) 등은 상대적으로 낮게 나타남

[종사자 규모별]

• 250명 이상인 기업체에서 데이터 판매 이용률이 3.9%로 가장 높게 나타남

[조직 형태별]

• 회사법인이 3.5%로 개인사업체(2.4%)에 비해 상대적으로 높게 나타남

업종별_데이터 판매 이용률

(단위 : %)

업종	2023년	2024년
농림수산업(광업포함)	3.2	2.0
제조업	2.1	3.8
전기 등 공기조절 공급업/수도 등 원료 재생업	2.0	2.1
건설업	4.4	1.4
도매 및 소매업	4.0	5.5
운수 및 창고업	2.6	0.7
숙박 및 음식점업	4.1	2.0
정보통신업	5.6	8.6
금융 및 보험업	15.2	2.9
부동산업	0.8	2.1
전문, 과학 및 기술서비스업	1.8	3.2
사업시설관리, 사업지원 및 임대서비스업	1.9	0.8
교육 서비스업	3.0	0.1
보건업 및 사회복지 서비스업	0.8	1.1
예술, 스포츠 및 여가관련 서비스업	2.1	3.9
수리 및 기타 개인 서비스업	1.7	4.1

규모 및 조직 형태별_데이터 판매 이용률

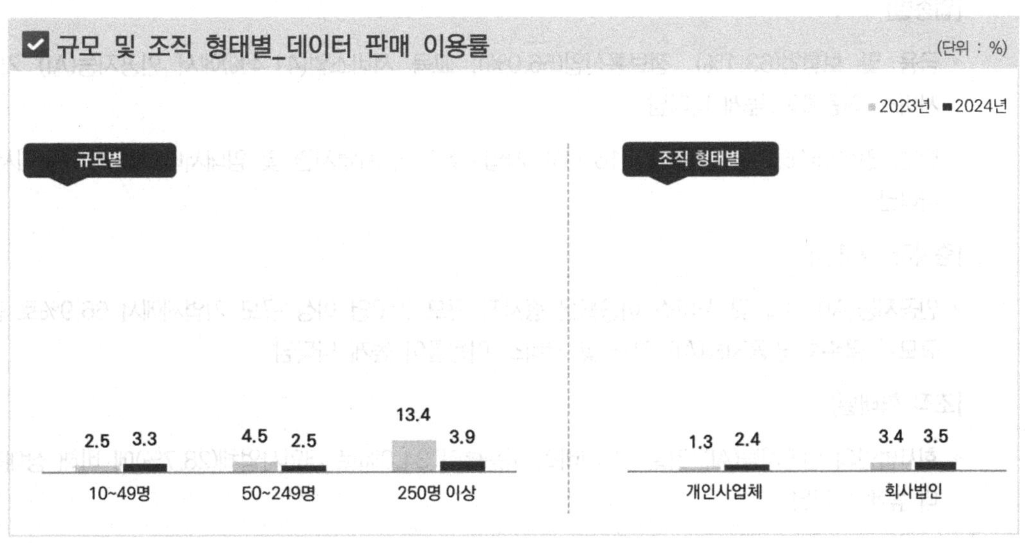

5 인공지능(AI) 기술 및 서비스

5.1 인공지능(AI) 기술 및 서비스 이용

- 인공지능(AI) 기술 및 서비스 이용률은 32.9%로 나타남
- 전년 대비 인공지능(AI) 기술 및 서비스 이용률은 2.6%p 증가함

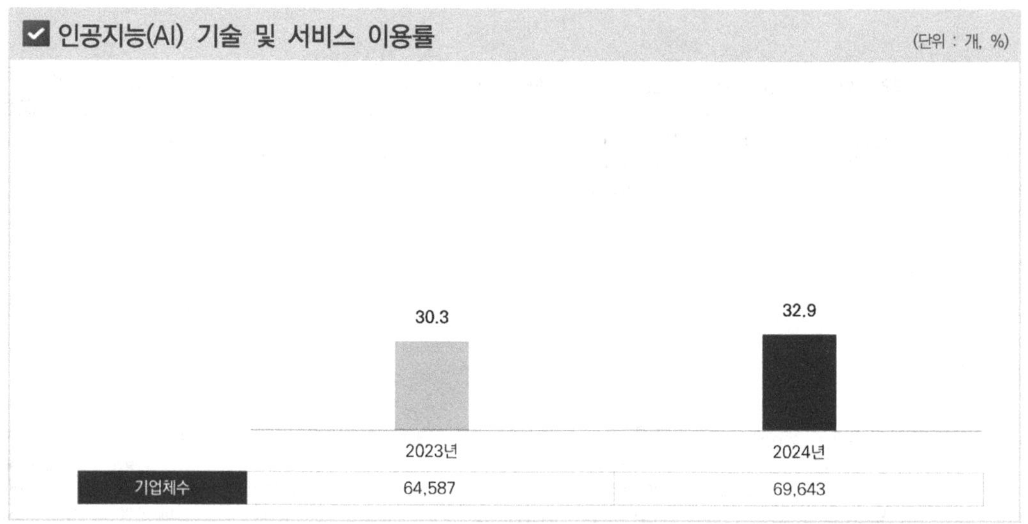

※ 기준시점 : 2024년 12월 31일
※ 기업체 : 전국의 종사자수 10인 이상 민간 부문 기업체(통계청, 2024년 12월 기준 기업통계등록부)

[업종별]

- 금융 및 보험업(63.1%), 정보통신업(56.0%), 교육 서비스업(41.4%)에서 인공지능(AI) 기술 및 서비스 이용률이 높게 나타남
- 반면, 건설업(15.9%), 부동산업(16.1%), 사업시설관리, 사업지원 및 임대서비스업(20.8%)에서 낮게 나타남

[종사자 규모별]

- 인공지능(AI) 기술 및 서비스 이용률은 종사자 규모 250명 이상 규모 기업체에서 66.9%로 종사자 규모가 클수록 인공지능(AI) 기술 및 서비스 이용률이 높게 나타남

[조직 형태별]

- 회사법인의 인공지능(AI) 기술 및 서비스 이용률이 34.0%로 개인사업체(28.7%)에 비해 상대적으로 더 높게 나타남

업종별_인공지능(AI) 기술 및 서비스 이용률

(단위 : %)

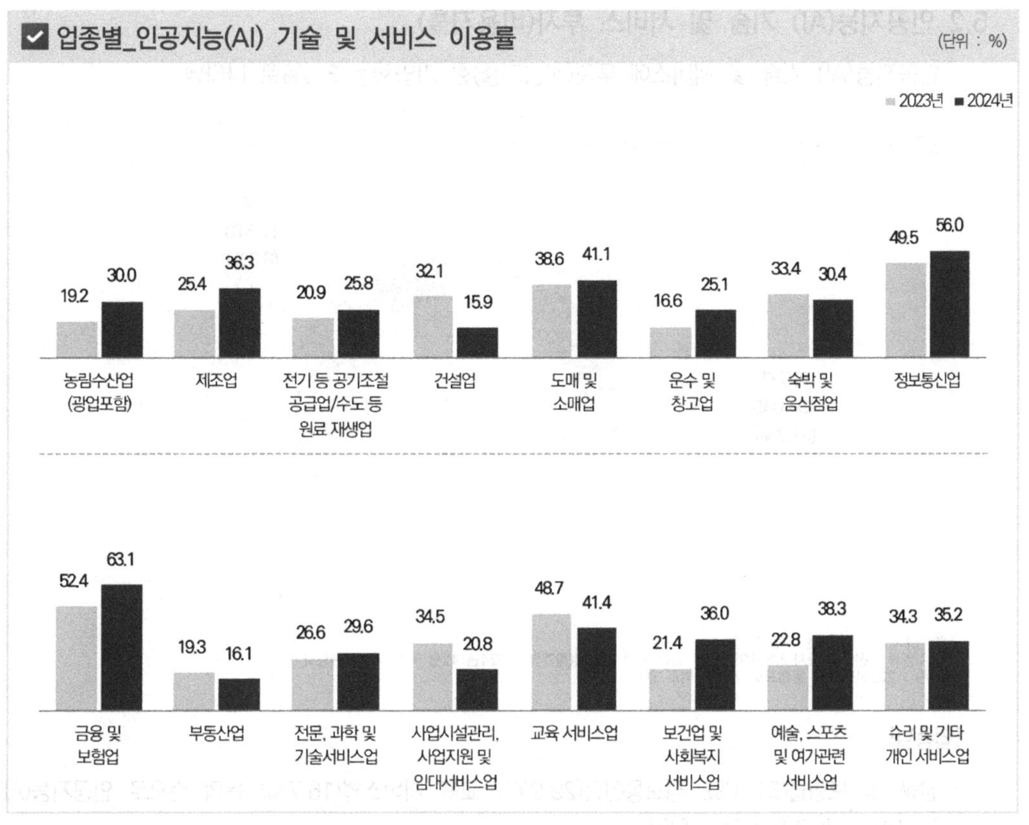

규모 및 조직 형태별_인공지능(AI) 기술 및 서비스 이용률

(단위 : %)

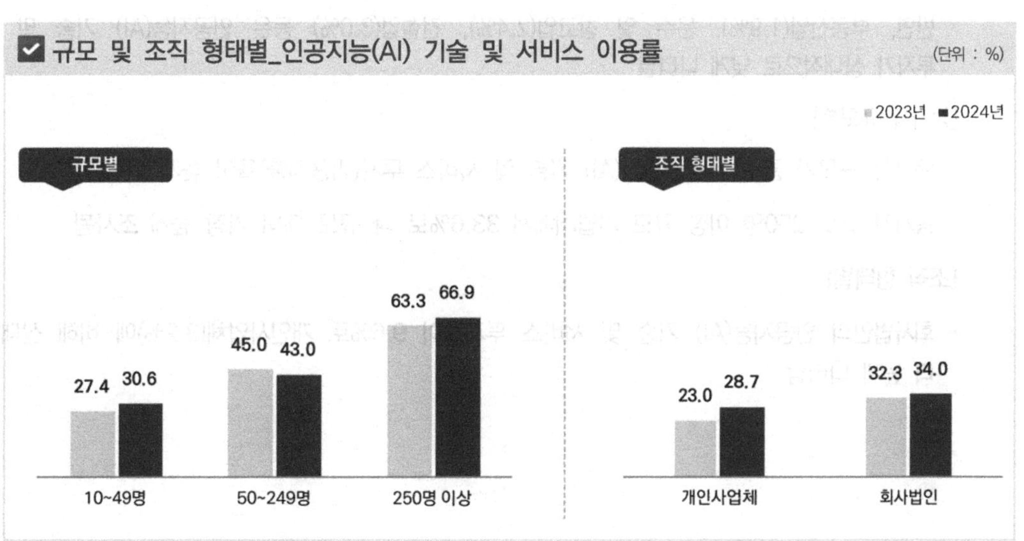

5.2 인공지능(AI) 기술 및 서비스 투자(비용지출)

- 인공지능(AI) 기술 및 서비스에 투자(비용지출)한 기업체는 8.3%로 나타남

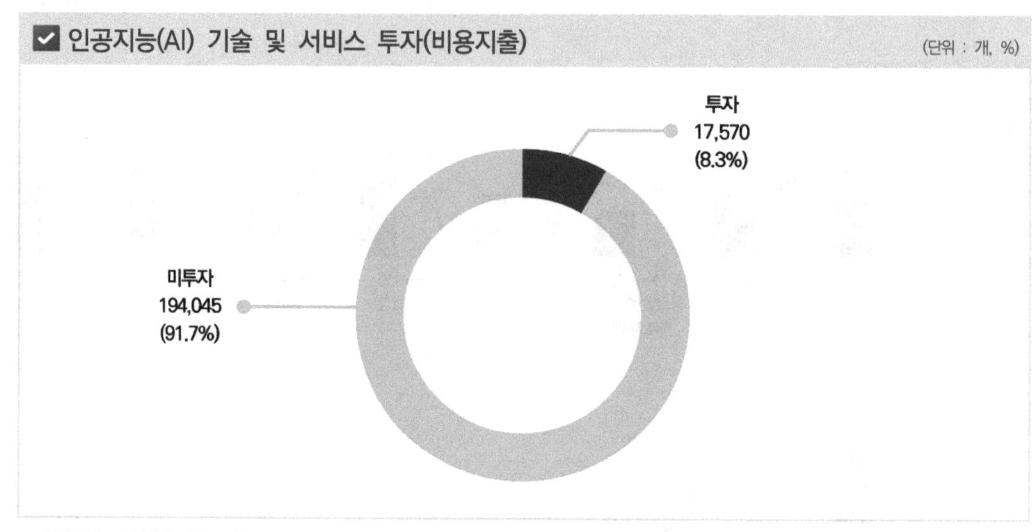

※ 기준시점 : 2024년 12월 31일
※ 기업체 : 전국의 종사자수 10인 이상 민간 부문 기업체(통계청, 2024년 12월 기준 기업통계등록부)
※ 주 : 2025년 신규 문항으로 시계열 비교 없음

[업종별]

- 금융 및 보험업(31.3%), 정보통신업(29.9%), 교육 서비스업(16.7%) 등의 순으로 인공지능(AI) 기술 및 서비스 투자가 높게 나타남
- 반면, 부동산업(1.9%), 운수 및 창고업(2.4%), 건설업(3.0%) 등은 인공지능(AI) 기술 및 서비스 투자가 상대적으로 낮게 나타남

[종사자 규모별]

- 종사자 규모가 클수록 인공지능(AI) 기술 및 서비스 투자(비용지출)율이 높게 나타남
- 종사자 규모 250명 이상 규모 기업체에서 33.6%로 타 규모 대비 가장 높게 조사됨

[조직 형태별]

- 회사법인의 인공지능(AI) 기술 및 서비스 투자율이 9.6%로 개인사업체(3.2%)에 비해 상대적으로 더 높게 나타남

업종별_인공지능(AI) 기술 및 서비스 투자(비용지출)

(단위 : 개, %)

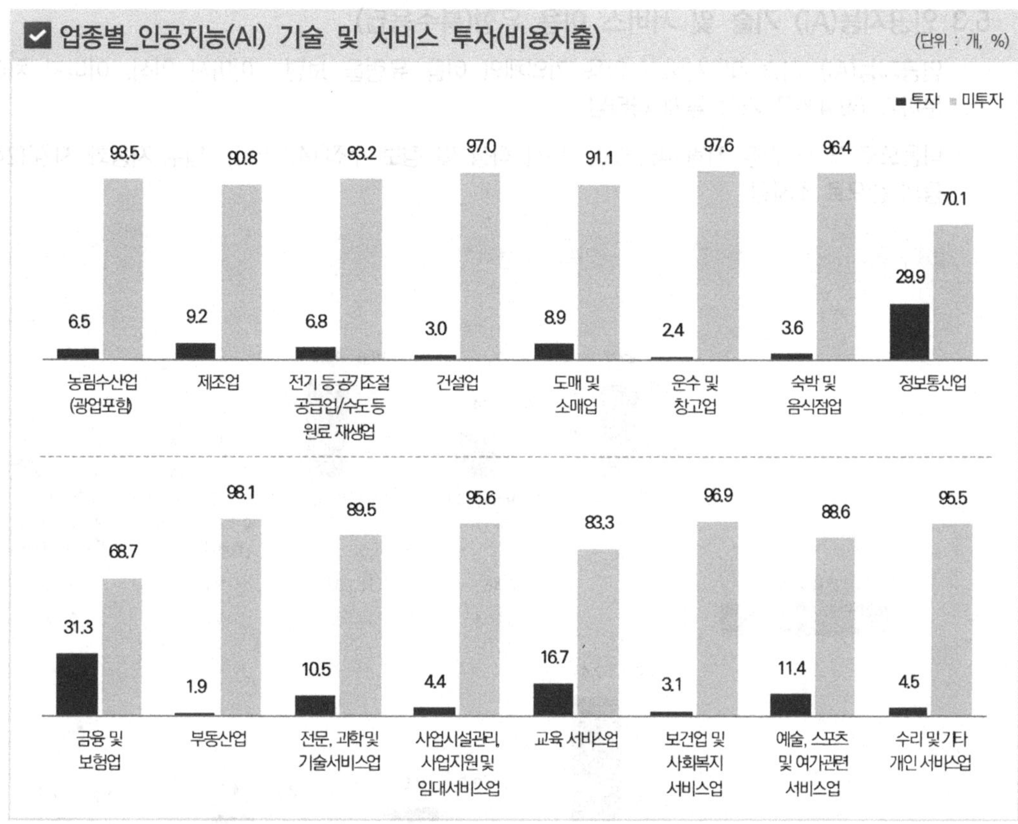

규모 및 조직 형태별_인공지능(AI) 기술 및 서비스 투자(비용지출)

(단위 : 개, %)

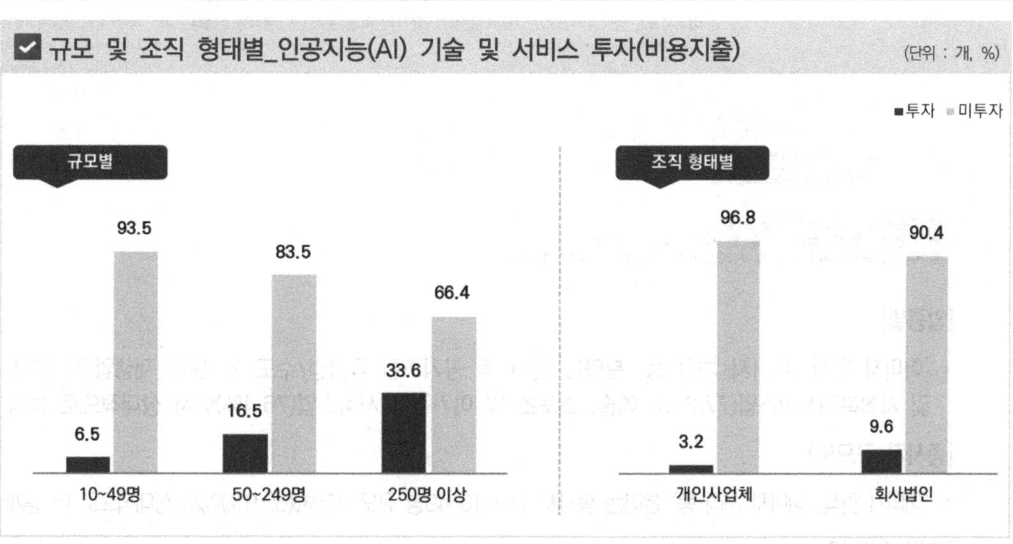

5.3 인공지능(AI) 기술 및 서비스 이용 유형(복수응답)

- 인공지능(AI) 기술 및 서비스 이용 기업체의 이용 유형을 보면, '이미지 인식, 이미지 처리 등' 분야가 69.4%로 가장 높게 나타남
- 다음으로 '의사 결정 지원'(49.6%), '문서 작성 및 정보 수집'(47.7%), '업무 자동화 지원'(24.2%) 등의 순으로 조사됨

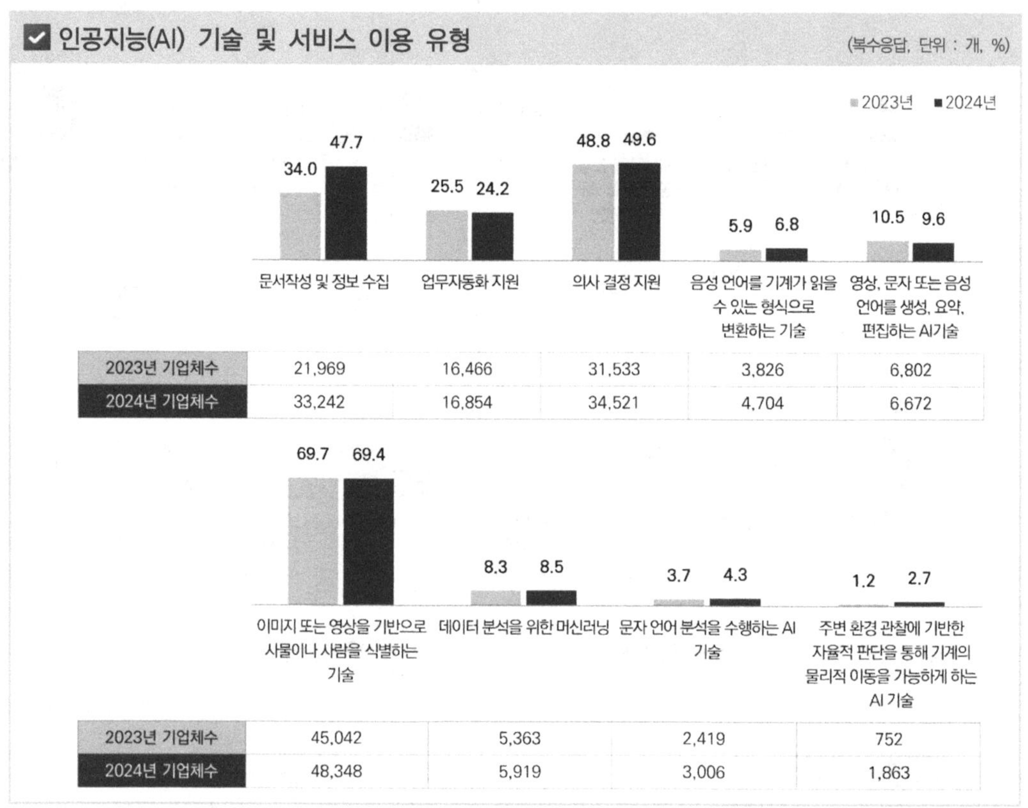

	문서작성 및 정보 수집	업무자동화 지원	의사 결정 지원	음성 언어를 기계가 읽을 수 있는 형식으로 변환하는 기술	영상, 문자 또는 음성 언어를 생성, 요약, 편집하는 AI기술
2023년 기업체수	21,969	16,466	31,533	3,826	6,802
2024년 기업체수	33,242	16,854	34,521	4,704	6,672

	이미지 또는 영상을 기반으로 사물이나 사람을 식별하는 기술	데이터 분석을 위한 머신러닝	문자 언어 분석을 수행하는 AI 기술	주변 환경 관찰에 기반한 자율적 판단을 통해 기계의 물리적 이동을 가능하게 하는 AI 기술
2023년 기업체수	45,042	5,363	2,419	752
2024년 기업체수	48,348	5,919	3,006	1,863

※ 기준시점 : 2024년 12월 31일
※ 기업체 : 인공지능(AI) 기술 및 서비스 이용 기업체
※ 주 : 인공지능(AI) 기술 및 서비스 이용 유형별 복수응답 수치임

[업종별]

- '이미지 인식, 이미지 처리 등' 분야는 전기 등 공기조절 공급업/수도 등 원료 재생업(85.0%), 보건업 및 사회복지서비스업(77.6%), 예술, 스포츠 및 여가관련 서비스업(76.4%)에서 상대적으로 높게 나타남

[종사자 규모별]

- '이미지 인식, 이미지 처리 등' 분야는 종사자 규모 10~49명 규모 기업체(69.9%)에서 상대적으로 더 높게 나타남

[조직 형태별]

- '이미지 인식, 이미지 처리 등' 분야는 회사법인(69.5%), '의사 결정 지원'은 개인사업체(54.4%)에서 상대적으로 높게 조사됨

☑ 업종별_인공지능(AI) 기술 및 서비스 이용 유형

(복수응답, 단위 : %, 상위 2순위)

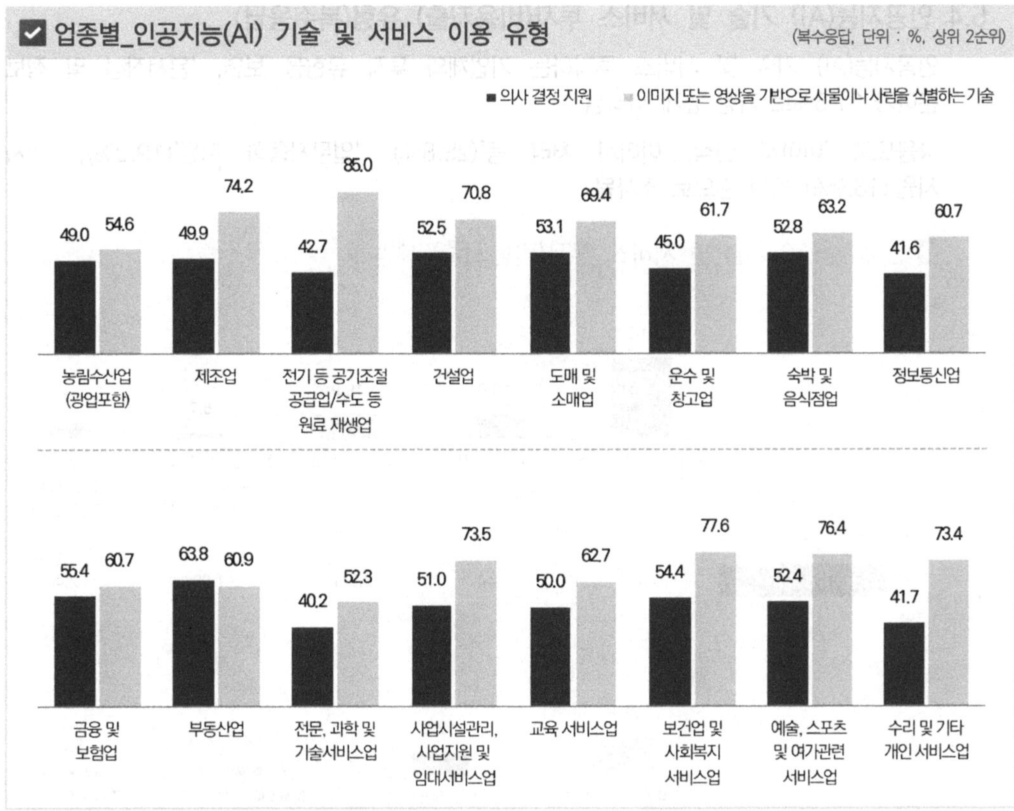

☑ 규모 및 조직 형태별_인공지능(AI) 기술 및 서비스 이용 유형

(복수응답, 단위 : %, 상위 2순위)

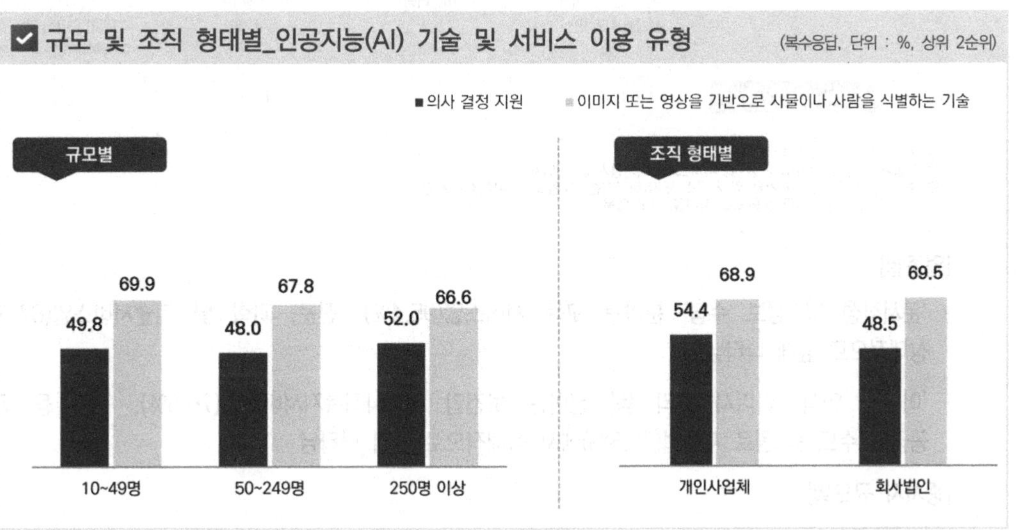

5.4 인공지능(AI) 기술 및 서비스 투자(비용지출) 유형(복수응답)

- 인공지능(AI) 기술 및 서비스 투자하는 기업체의 투자 유형을 보면, '문서작성 및 정보 수집' 분야가 61.5%로 가장 높게 나타남
- 다음으로 '이미지 인식, 이미지 처리 등'(28.8%), '업무자동화 지원'(19.0%), '의사 결정 지원'(18.9%) 등의 순으로 조사됨

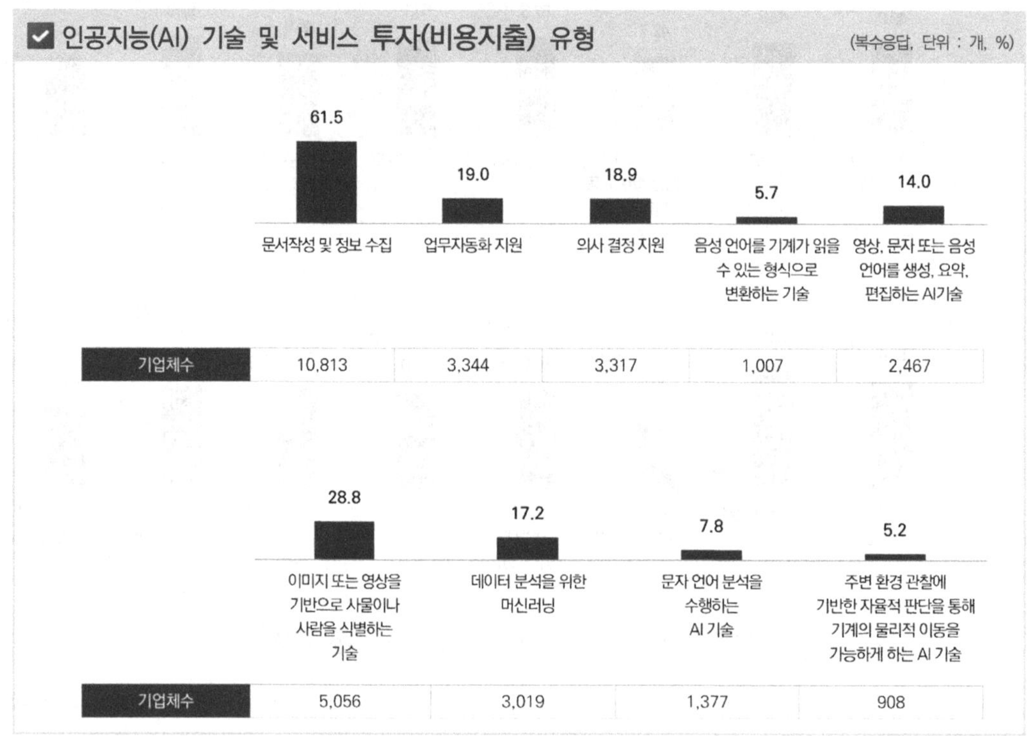

※ 기준시점 : 2024년 12월 31일
※ 기업체 : 인공지능(AI) 기술 및 서비스 투자(비용지출) 기업체
※ 주 : 1) 인공지능(AI) 기술 및 서비스 투자(비용지출) 유형별 복수응답 수치임
　　　2) 2025년 신규 문항으로 시계열 비교 없음

[업종별]

- '문서작성 및 정보 수집' 분야는 교육 서비스업(95.4%), 전문, 과학 및 기술서비스업(87.6%)에서 상대적으로 높게 나타남
- '이미지 인식, 이미지 처리 등' 분야는 보건업 및 사회복지서비스업(76.5%), 전기 등 공기조절 공급업/수도 등 원료 재생업(71.8%)에서 상대적으로 높게 나타남

[종사자 규모별]

- '문서작성 및 정보 수집' 분야는 종사자 규모 10~49명 규모 기업체(64.9%)에서 상대적으로 더 높게 나타남

[조직 형태별]

- '문서작성 및 정보 수집' 분야는 회사법인(62.6%), '이미지 인식, 이미지 처리 등' 분야는 개인사업체(32.0%)에서 상대적으로 높게 조사됨

업종별_인공지능(AI) 기술 및 서비스 투자(비용지출) 유형 (복수응답, 단위 : %, 상위 2순위)

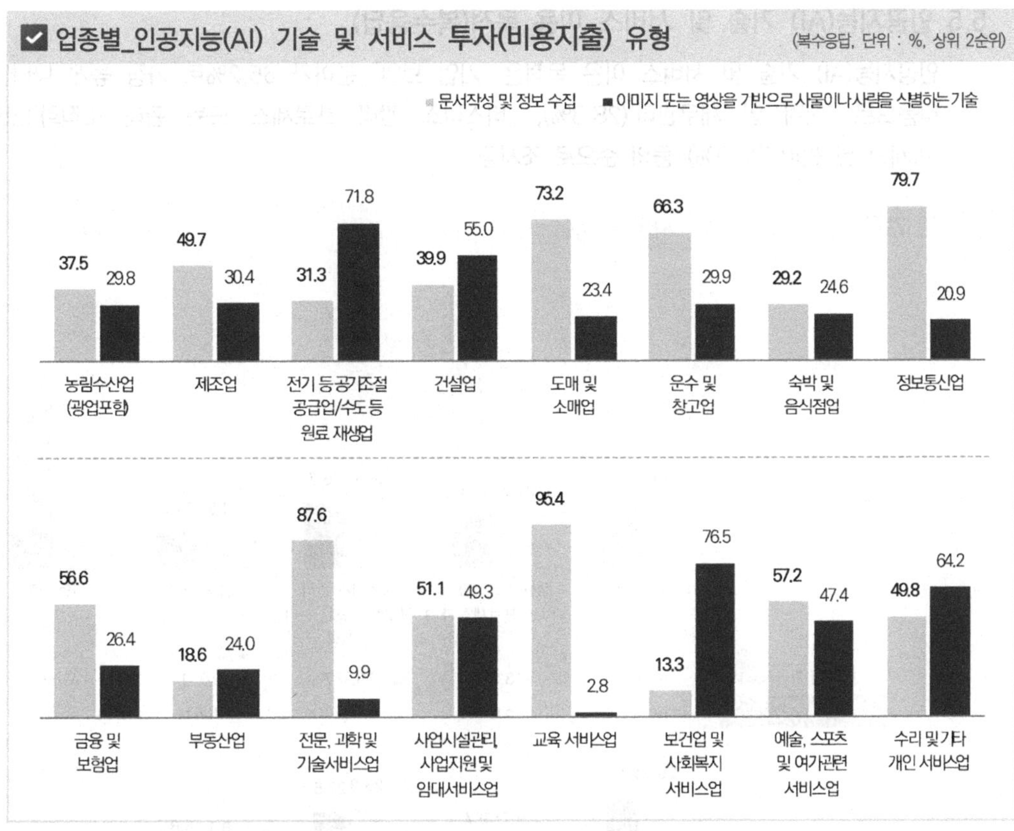

규모 및 조직 형태별_인공지능(AI) 기술 및 서비스 투자(비용지출) 유형 (복수응답, 단위 : %, 상위 2순위)

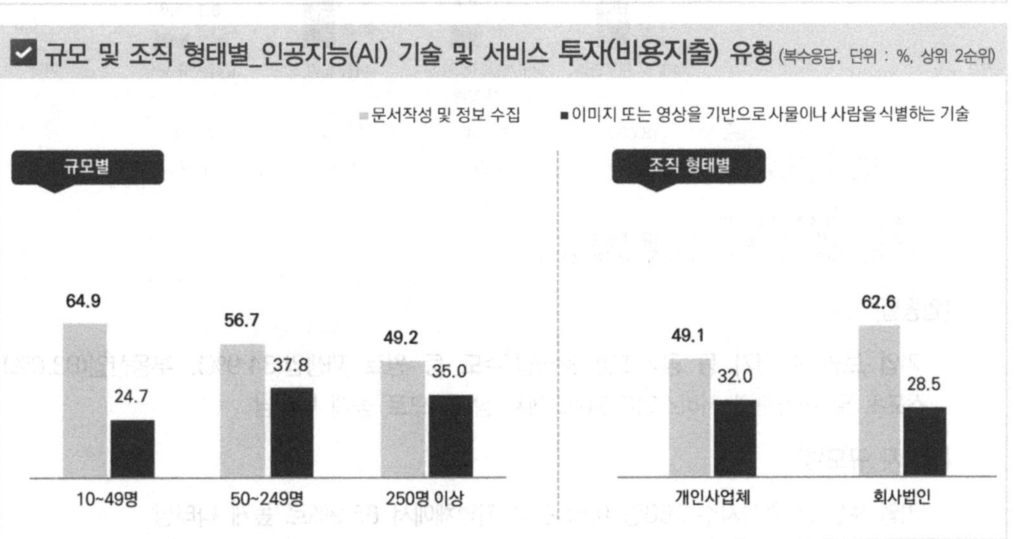

5.5 인공지능(AI) 기술 및 서비스 이용 목적(복수응답)

- 인공지능(AI) 기술 및 서비스 이용 목적은 '기업 보안' 분야가 65.2%로 가장 높게 나타났으며, 다음으로 '회계 및 재무관리'(28.3%), '비즈니스 관리 프로세스 또는 관리 조직화'(25.7%), '마케팅 및 판매'(24.9%) 등의 순으로 조사됨

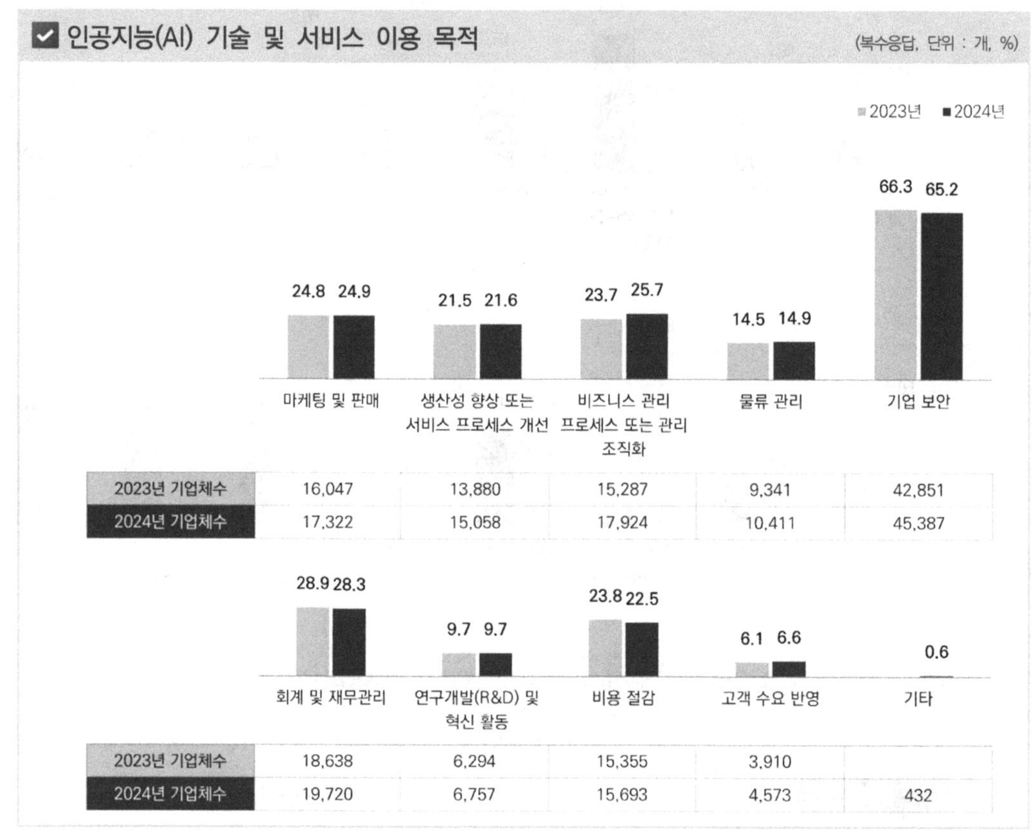

	마케팅 및 판매	생산성 향상 또는 서비스 프로세스 개선	비즈니스 관리 프로세스 또는 관리 조직화	물류 관리	기업 보안
2023년 기업체수	16,047	13,880	15,287	9,341	42,851
2024년 기업체수	17,322	15,058	17,924	10,411	45,387

	회계 및 재무관리	연구개발(R&D) 및 혁신 활동	비용 절감	고객 수요 반영	기타
2023년 기업체수	18,638	6,294	15,355	3,910	
2024년 기업체수	19,720	6,757	15,693	4,573	432

※ 기준시점 : 2024년 12월 31일
※ 기업체 : 인공지능(AI) 기술 및 서비스 이용 기업체
※ 주 : 인공지능(AI) 기술 및 서비스 이용 목적별 복수응답 수치임

[업종별]

- '기업 보안'은 전기 등 공기조절 공급업/수도 등 원료 재생업(84.9%), 부동산업(83.6%), 예술, 스포츠 및 여가관련 서비스업(75.6%)에서 상대적으로 높게 나타남

[종사자 규모별]

- '기업 보안'은 종사자수 250명 이상 규모 기업체에서 65.9%로 높게 나타남

[조직 형태별]

- '기업 보안'은 개인사업체(66.4%), '회계 및 재무관리'는 회사법인(28.6%)에서 상대적으로 높게 조사됨

업종별_인공지능(AI) 기술 및 서비스 이용 목적

(복수응답, 단위 : %, 상위 2순위)

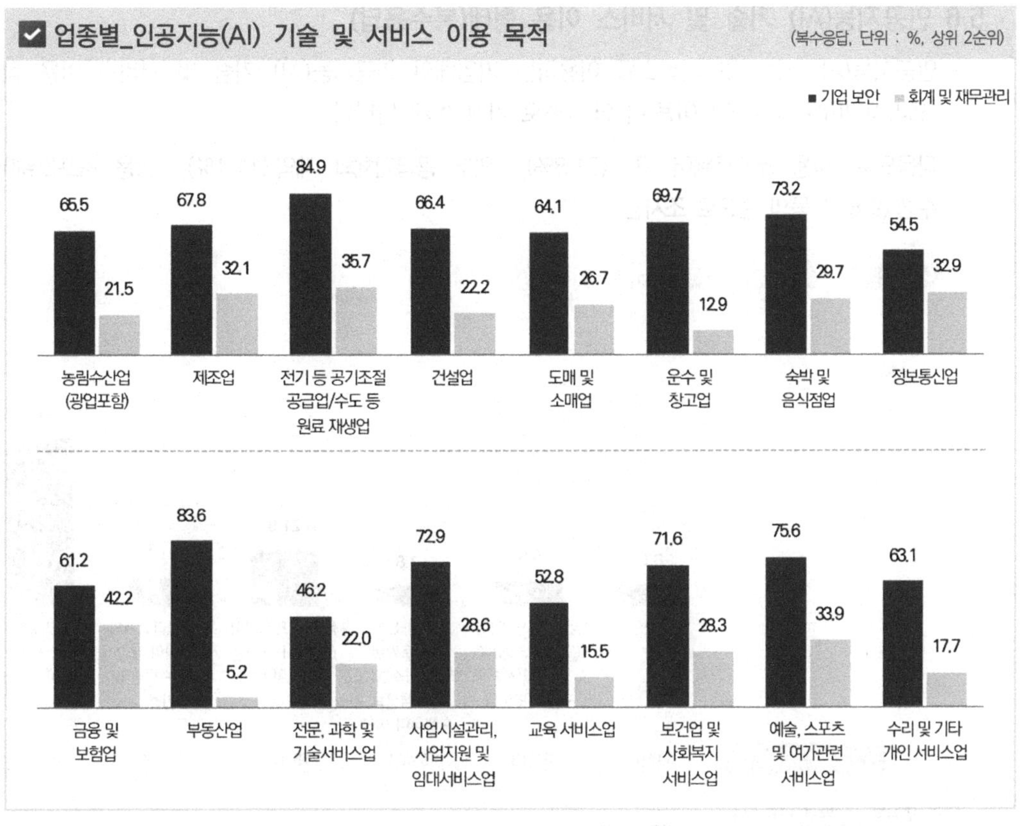

규모 및 조직 형태별_인공지능(AI) 기술 및 서비스 이용 목적

(복수응답, 단위 : %, 상위 2순위)

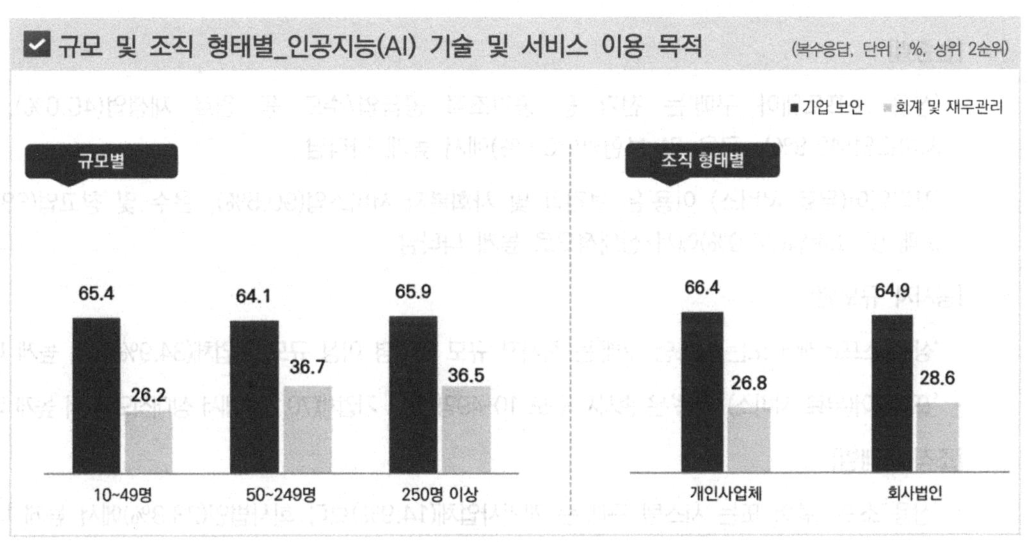

5.6 인공지능(AI) 기술 및 서비스 이용 형태(복수응답)

- 인공지능(AI) 기술 및 서비스를 이용하는 기업체의 인공지능(AI) 기술 및 서비스 이용 형태로는 '프리웨어(무료 서비스) 이용'이 65.1%로 가장 높게 나타남
- 다음으로 '상용 소프트웨어 구매'(21.8%), '외부 공급업체와 계약'(11.1%), '상용 소프트웨어 자체 수정'(9.8%) 등의 순으로 조사됨

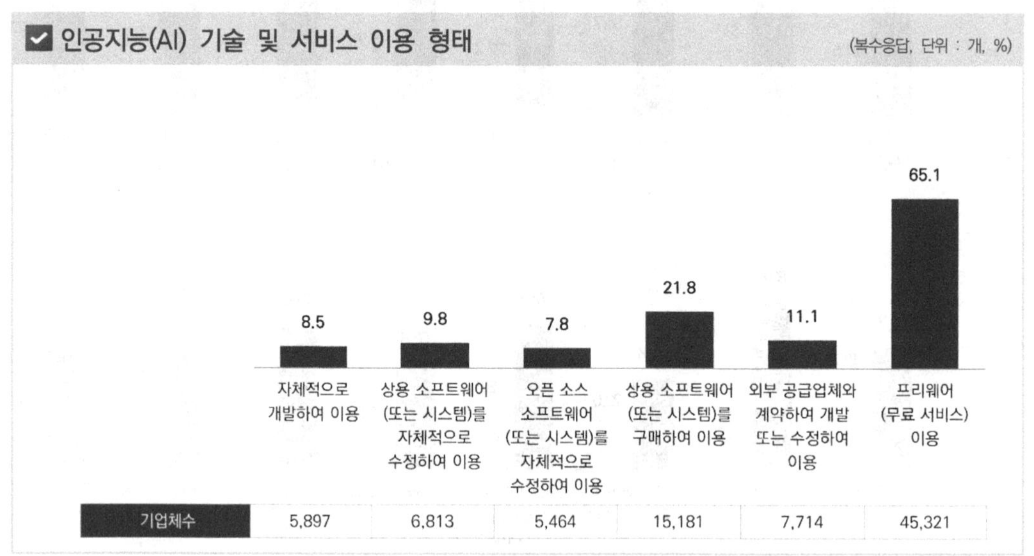

	자체적으로 개발하여 이용	상용 소프트웨어 (또는 시스템)를 자체적으로 수정하여 이용	오픈 소스 소프트웨어 (또는 시스템)를 자체적으로 수정하여 이용	상용 소프트웨어 (또는 시스템)를 구매하여 이용	외부 공급업체와 계약하여 개발 또는 수정하여 이용	프리웨어 (무료 서비스) 이용
기업체수	5,897	6,813	5,464	15,181	7,714	45,321

※ 기준시점 : 2024년 12월 31일
※ 기업체 : 인공지능(AI) 기술 및 서비스 이용 기업체
※ 주 : 1) 인공지능(AI) 기술 및 서비스 이용 형태별 복수응답 수치임
2) 전년 대비 보기 항목이 변경되어 시계열 비교 없음

[업종별]

- '상용 소프트웨어 구매'는 전기 등 공기조절 공급업/수도 등 원료 재생업(45.0%), 교육서비스업(42.8%), 금융 및 보험업(36.6%)에서 높게 나타남
- '프리웨어(무료 서비스) 이용'은 보건업 및 사회복지 서비스업(90.5%), 운수 및 창고업(88.1%), 도매 및 소매업(74.0%)에서 상대적으로 높게 나타남

[종사자 규모별]

- '상용 소프트웨어 또는 시스템 구매'는 종사자 규모 250명 이상 규모 기업체(34.9%)에서 높게 나타남
- '프리웨어(무료 서비스) 이용'은 종사자 규모 10~49명 규모 기업체(70.2%)에서 상대적으로 더 높게 나타남

[조직 형태별]

- '상용 소프트웨어 또는 시스템 구매'는 개인사업체(14.9%)보다 회사법인(23.3%)에서 높게 나타남
- '프리웨어(무료 서비스) 이용'은 회사법인(61.8%)보다 개인사업체(80.1%)에서 상대적으로 높게 조사됨

업종별_인공지능(AI) 기술 및 서비스 이용 형태

(복수응답, 단위 : %, 상위 2순위)

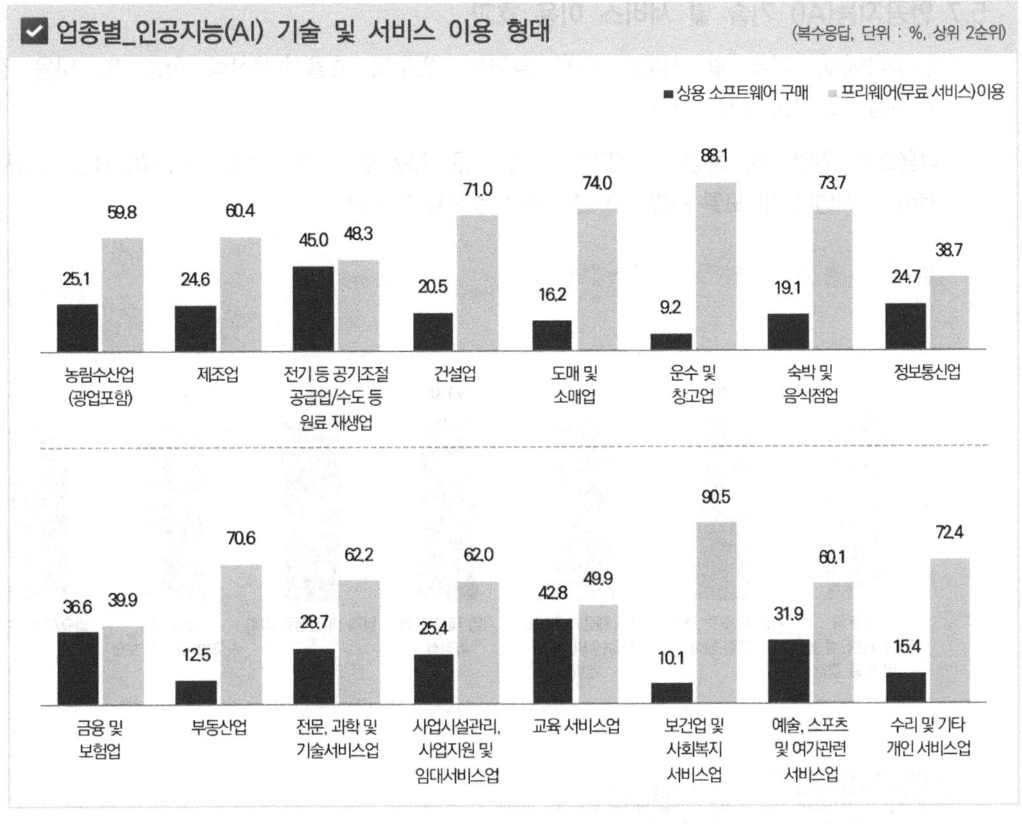

규모 및 조직 형태별_인공지능(AI) 기술 및 서비스 이용 형태

(복수응답, 단위 : %, 상위 2순위)

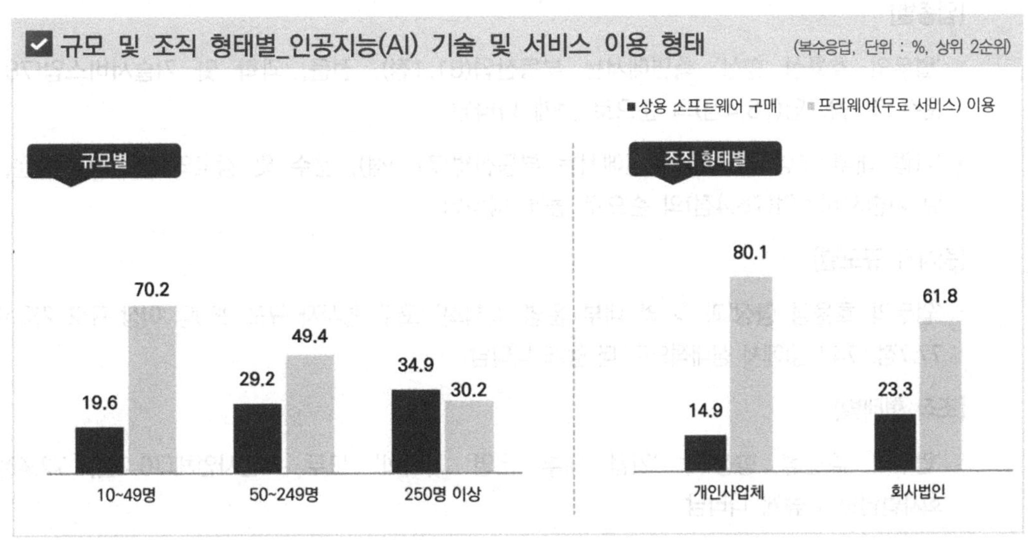

5.7 인공지능(AI) 기술 및 서비스 이용 효과

- 인공지능(AI) 기술 및 서비스 이용 효과는 '업무의 효율성/생산성 향상 및 비용 절감'이 74.9점으로 가장 높게 나타남
- 다음으로 '기업 내부 운영 최적화'(71.0점), '기존 제품 및 서비스 품질 향상'(70.3점), '신규 제품/서비스, 사업(수익) 모델 개발'(69.3점) 등의 순으로 조사됨

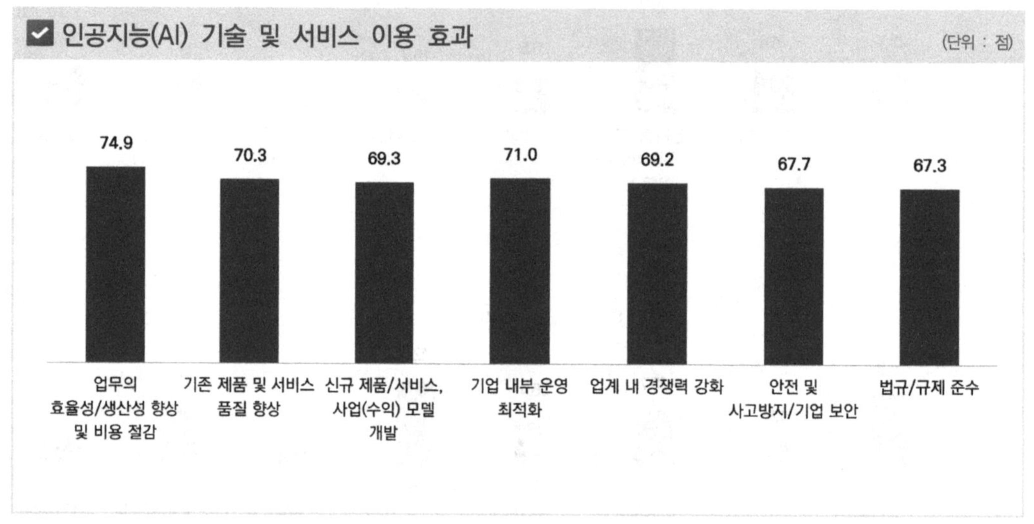

※ 기준시점 : 2024년 12월 31일
※ 기업체 : 인공지능(AI) 기술 및 서비스 이용 기업체
※ 주 : 1) 인공지능(AI) 기술 및 서비스 이용 형태별 복수응답 수치임
2) 2025년 신규 문항으로 시계열 비교 없음

[업종별]

- '업무의 효율성 향상' 측면에서는 부동산업(81.1점), 전문, 과학 및 기술서비스업(78.6점), 운수 및 창고업(78.4점)의 순으로 높게 나타남
- '기업 내부 운영 최적화' 측면에서는 부동산업(77.0점), 운수 및 창고업(75.7점), 전문, 과학 및 기술서비스업(75.4점)의 순으로 높게 나타남

[종사자 규모별]

- '업무의 효율성 향상'과 '기업 내부 운영 최적화' 모두 종사자 규모 250명 이상 규모 기업체(각각 77.7점, 74.5점)에서 상대적으로 더 높게 나타남

[조직 형태별]

- '업무의 효율성 향상'과 '기업 내부 운영 최적화' 모두 개인사업체(76.2점, 72.4점)에서 회사법인보다 높게 나타남

업종별_인공지능(AI) 기술 및 서비스 이용 효과

(단위 : 점, 상위 2순위)

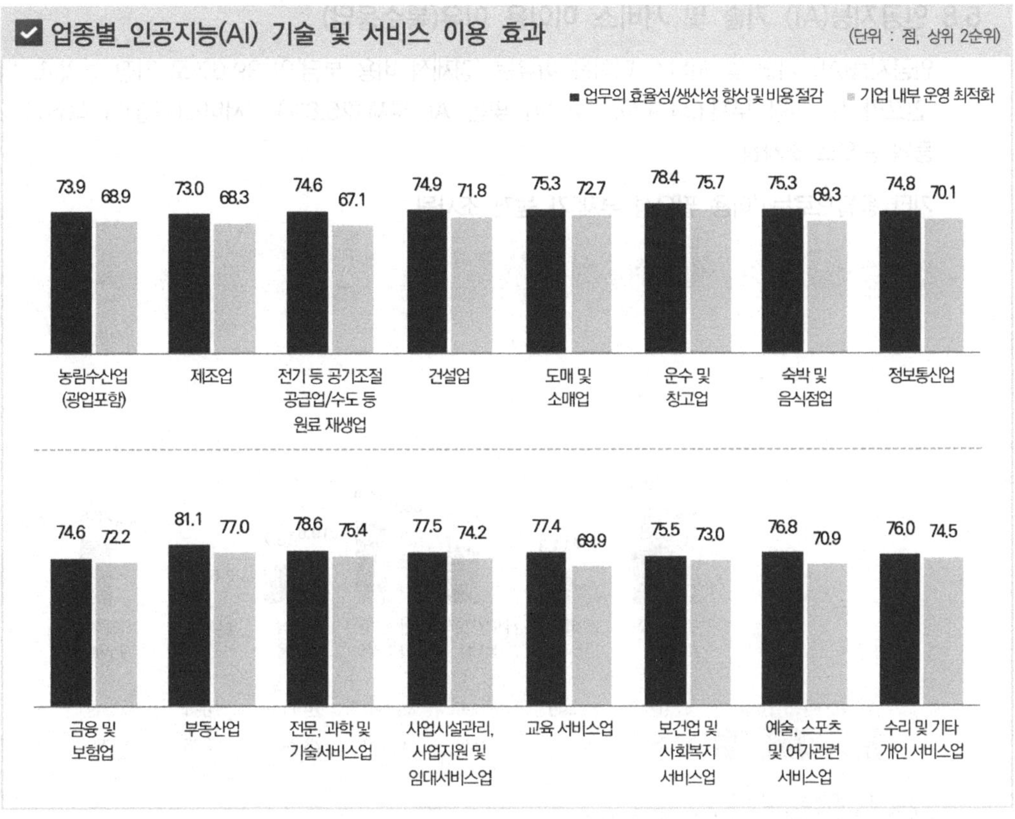

규모 및 조직 형태별_인공지능(AI) 기술 및 서비스 이용 효과

(단위 : 점, 상위 2순위)

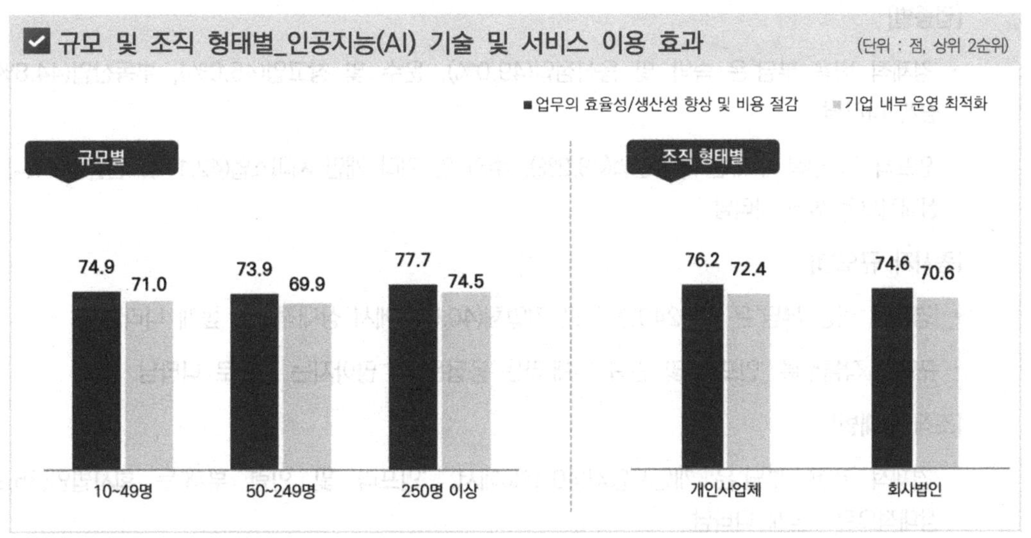

5.8 인공지능(AI) 기술 및 서비스 미이용 이유(복수응답)

- 인공지능(AI) 기술 및 서비스 미이용 이유는 '경제적 비용 부담'이 39.6%로 가장 높았고, 다음으로 '인프라 및 인력 부재'(34.9%), '수요에 맞는 AI 부재'(26.8%), '서비스(기술)의 복잡성'(24.6%) 등의 순으로 조사됨
- 기타 응답으로는 '이용 필요성 부재'가 높게 조사됨

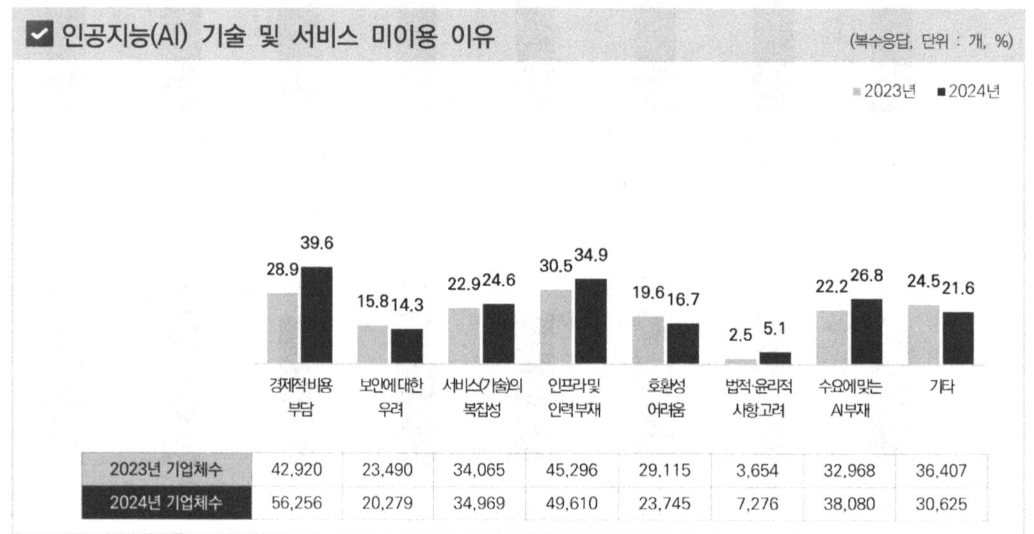

	경제적비용 부담	보안에대한 우려	서비스(기술)의 복잡성	인프라및 인력부재	호환성 어려움	법적·윤리적 사항고려	수요에맞는 AI부재	기타
2023년 기업체수	42,920	23,490	34,065	45,296	29,115	3,654	32,968	36,407
2024년 기업체수	56,256	20,279	34,969	49,610	23,745	7,276	38,080	30,625

※ 기준시점 : 2024년 12월 31일
※ 기업체 : 인공지능(AI) 기술 및 서비스 미이용 기업체
※ 주 : 인공지능(AI) 기술 및 서비스 미이용 이유별 복수응답 수치임

[업종별]

- '경제적 비용 부담'은 숙박 및 음식점업(49.0%), 운수 및 창고업(45.0%), 부동산업(44.8%)에서 높게 나타남
- '인프라 및 인력 부재'는 부동산업(48.2%), 수리 및 기타 개인 서비스업(42.1%), 건설업(41.4%)에서 상대적으로 높게 나타남

[종사자 규모별]

- '경제적 비용 부담'은 50~249명 규모 기업체(40.5%)에서 상대적으로 높게 나타남
- 규모가 작을수록 '인프라 및 인력 부재'라는 응답은 더 많아지는 것으로 나타남

[조직 형태별]

- '경제적 비용 부담'은 개인사업체(40.1%)에서, '인프라 및 인력 부재'는 회사법인(35.9)에서 상대적으로 높게 나타남

업종별_인공지능(AI) 기술 및 서비스 미이용 이유

(복수응답, 단위 : %, 상위 2순위)

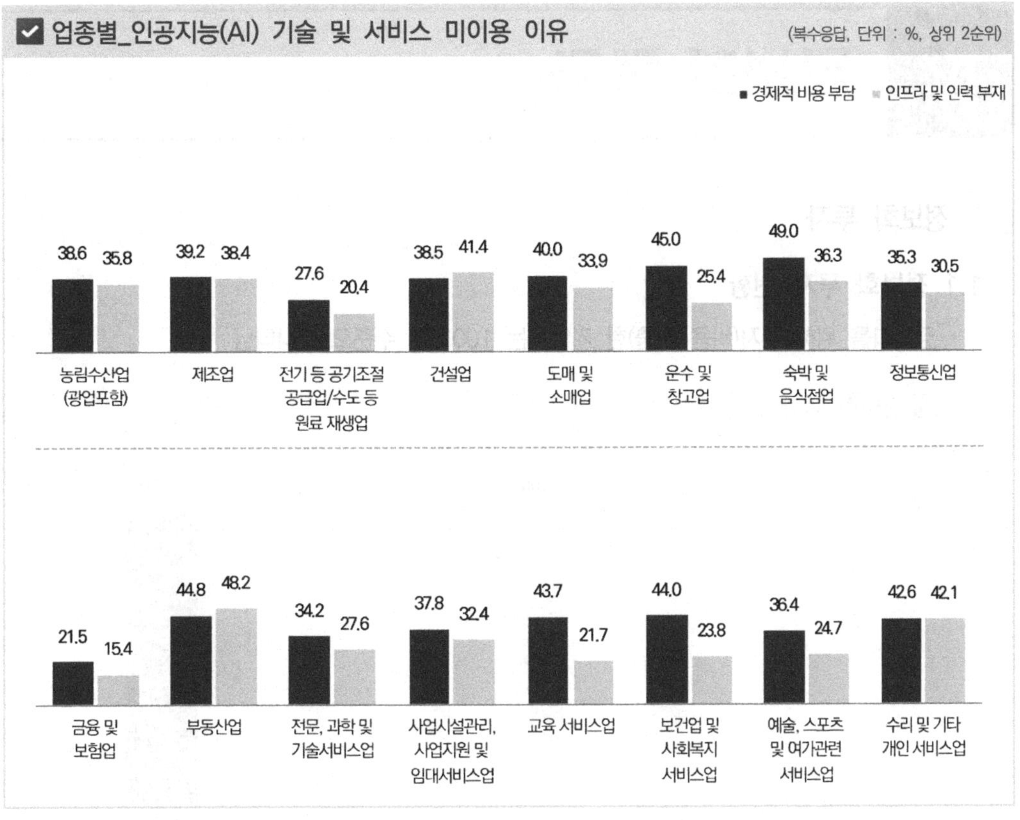

규모 및 조직 형태별_인공지능(AI) 기술 및 서비스 미이용 이유

(복수응답, 단위 : %, 상위 2순위)

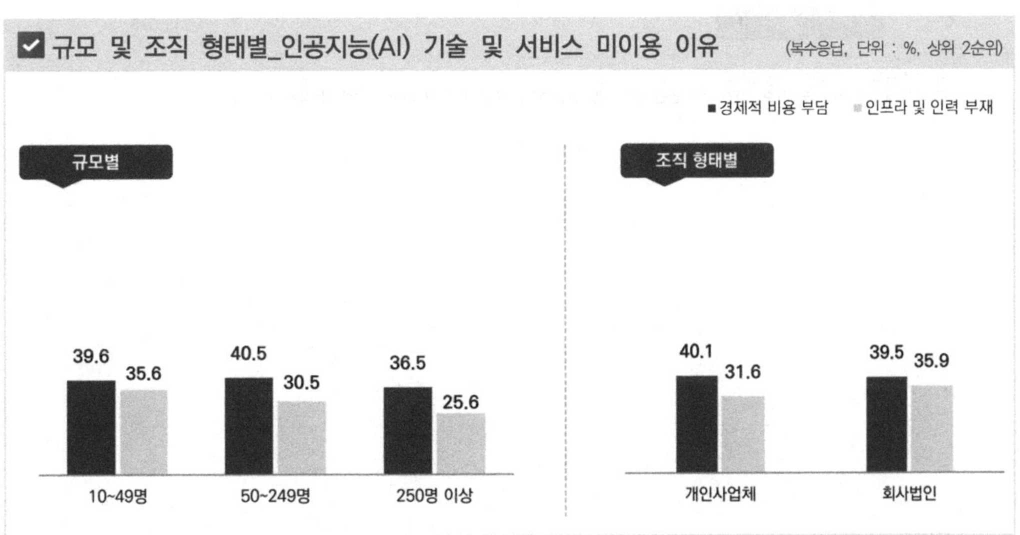

정보화 투자

1 정보화 투자

1.1 정보화 투자 현황

- 정보화를 위해 투자(비용 지출)한 기업체는 100.0% 수준으로 나타남

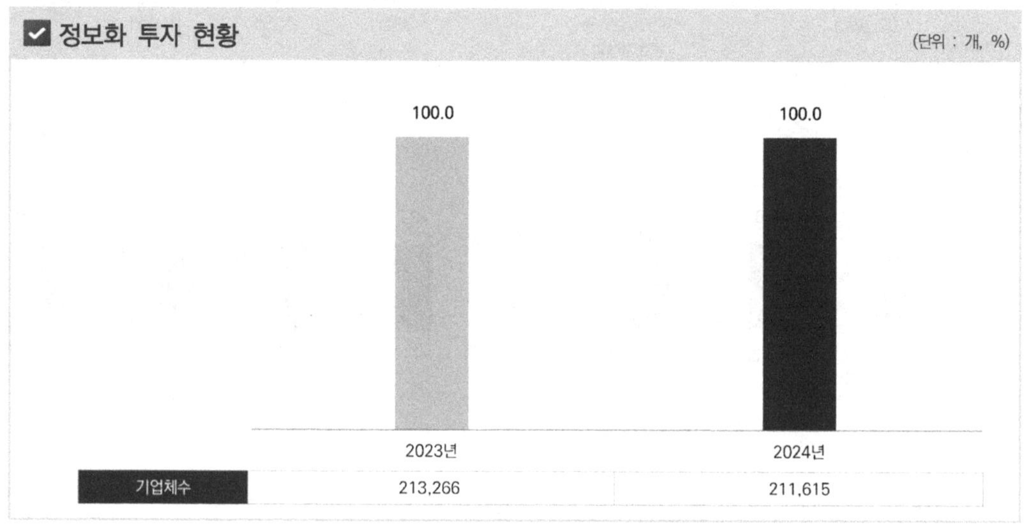

※ 기준시점 : 2024년 12월 31일
※ 기업체 : 전국의 종사자수 10인 이상 민간 부문 기업체(통계청, 2024년 12월 기준 기업통계등록부)

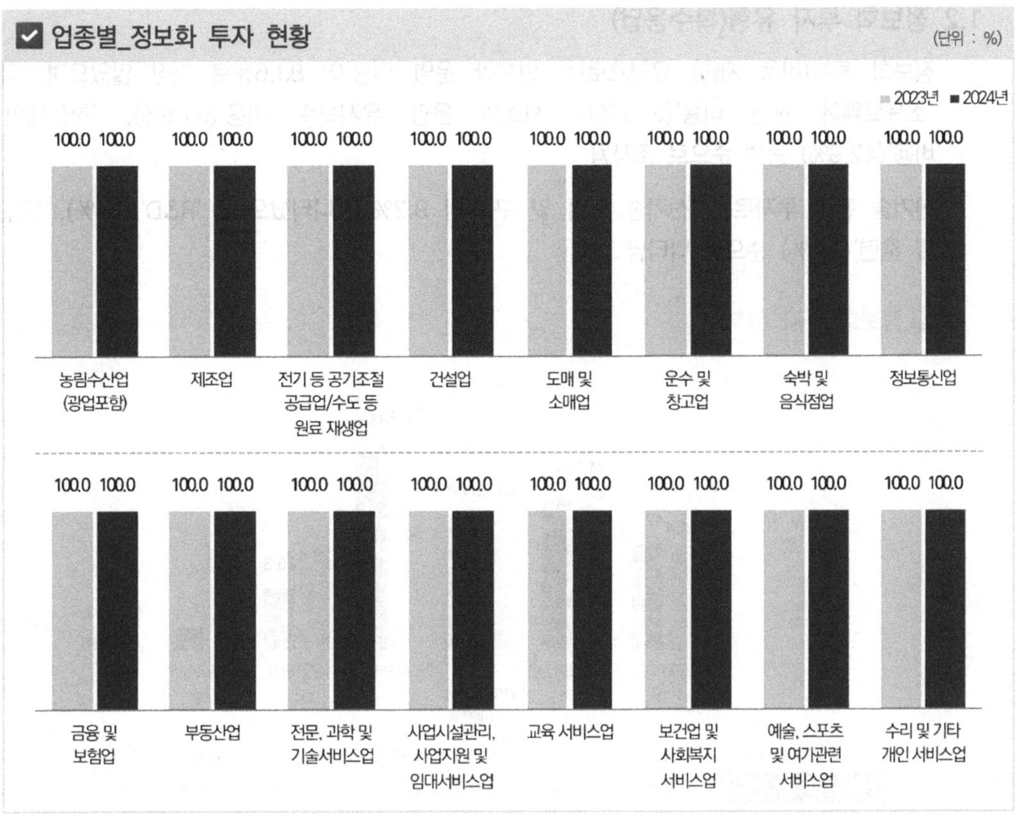
업종별_정보화 투자 현황
(단위 : %)
2023년
2024년
100.0 100.0
100.0 100.0
100.0 100.0
100.0 100.0
100.0 100.0
100.0 100.0
100.0 100.0
100.0 100.0
농림수산업 (광업포함)
제조업
전기 등 공기조절 공급업/수도 등 원료 재생업
건설업
도매 및 소매업
운수 및 창고업
숙박 및 음식점업
정보통신업
100.0 100.0
100.0 100.0
100.0 100.0
100.0 100.0
100.0 100.0
100.0 100.0
100.0 100.0
100.0 100.0
금융 및 보험업
부동산업
전문, 과학 및 기술서비스업
사업시설관리, 사업지원 및 임대서비스업
교육 서비스업
보건업 및 사회복지 서비스업
예술, 스포츠 및 여가관련 서비스업
수리 및 기타 개인 서비스업

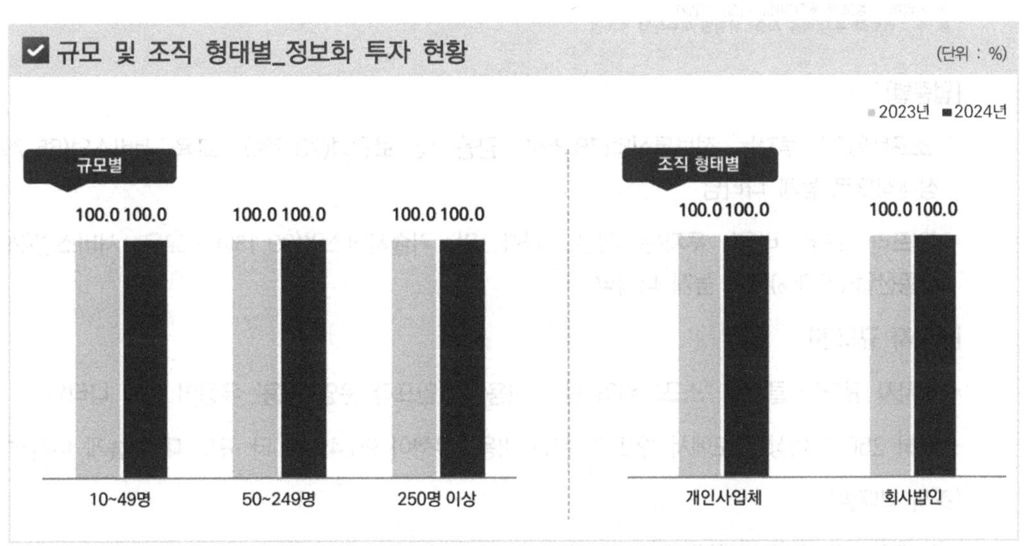
규모 및 조직 형태별_정보화 투자 현황
(단위 : %)
2023년
2024년
규모별
100.0 100.0
100.0 100.0
100.0 100.0
10~49명
50~249명
250명 이상
조직 형태별
100.0 100.0
100.0 100.0
개인사업체
회사법인

1.2 정보화 투자 유형(복수응답)

- 정보화 투자(비용 지출) 유형으로는 '인프라 운영 비용'이 83.6%로 가장 많았으며, 다음으로 '소프트웨어 관련 비용'(61.2%), '시스템 운영 유지보수 비용'(54.8%), '하드웨어 관련 비용'(42.9%) 등의 순으로 조사됨
- 신기술 관련 투자로는 '신기술 도입 및 구축'이 9.2%로 나타났으며, 'R&D'(5.4%), '기술 교육 및 훈련'(2.1%) 순으로 나타남

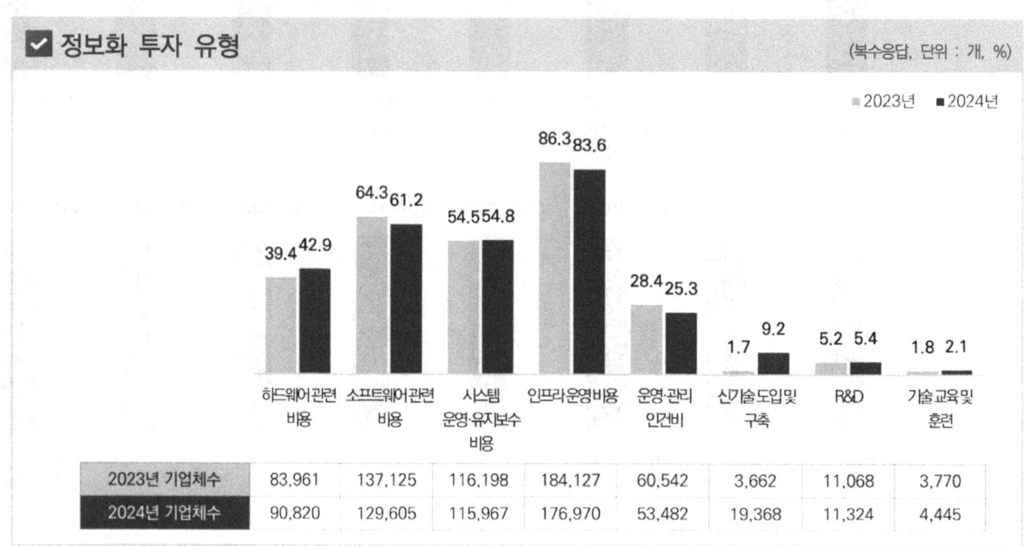

	하드웨어관련 비용	소프트웨어관련 비용	시스템 운영·유지보수 비용	인프라운영비용	운영·관리 인건비	신기술도입및 구축	R&D	기술교육및 훈련
2023년 기업체수	83,961	137,125	116,198	184,127	60,542	3,662	11,068	3,770
2024년 기업체수	90,820	129,605	115,967	176,970	53,482	19,368	11,324	4,445

※ 기준시점 : 2024년 12월 31일
※ 기업체 : 정보화 투자(비용 지출) 기업체
※ 주 : 정보화 투자(비용 지출) 유형별 복수응답 수치임

[업종별]

- '소프트웨어' 투자는 정보통신업(78.3%), 금융 및 보험업(73.2%), 교육 서비스업(65.7%)에서 상대적으로 높게 나타남
- '인프라 운영 비용' 투자는 전문, 과학 및 기술서비스업(99.1%), 교육 서비스업(99.1%), 부동산업(98.9%)에서 높게 나타남

[종사자 규모별]

- 종사자 규모가 클수록 '소프트웨어 관련 비용'과 '인프라 운영 비용' 유형이 높게 나타남
- 특히 250명 이상 규모에서 '인프라 운영 비용' 유형이 95.4%로 타 규모 대비 높게 나타남

[조직 형태별]

- '소프트웨어 관련 비용'은 회사법인이 61.8%로 개인사업체(59.2%)보다 높게 나타남
- '인프라 운영 비용'은 개인사업체(85.7%)에서 회사법인(83.1%)보다 높게 나타남

✔ 업종별_정보화 투자 유형

(복수응답, 단위 : %, 상위 2순위)

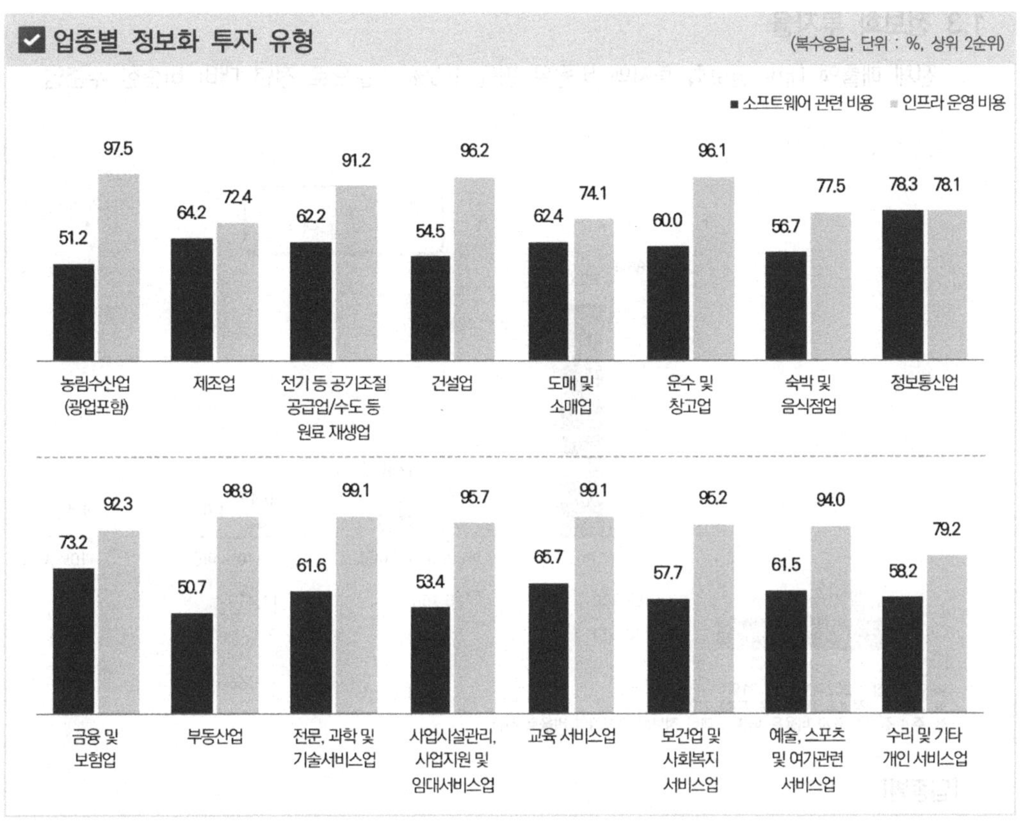

✔ 규모 및 조직 형태별_정보화 투자 유형

(복수응답, 단위 : %, 상위 2순위)

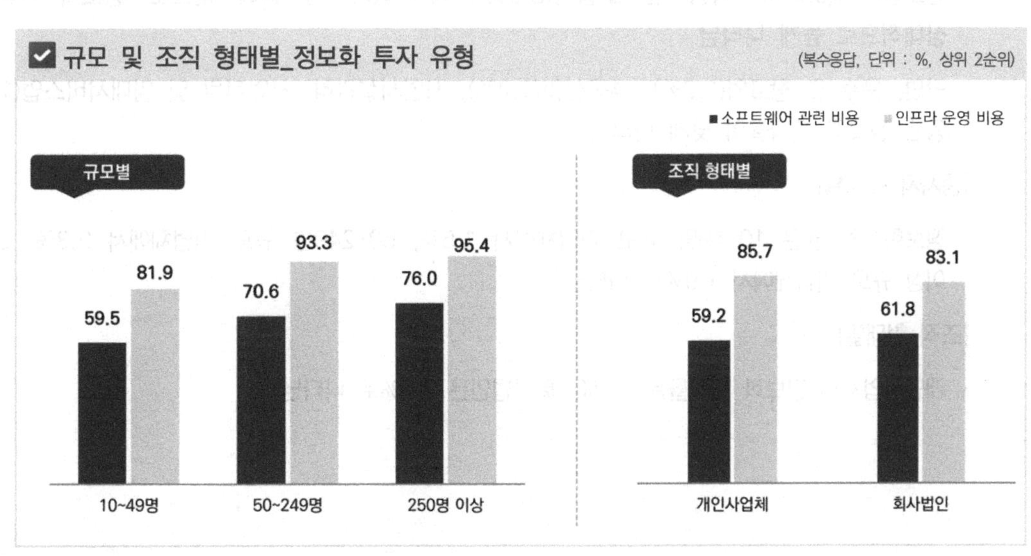

1.3 정보화 투자율

- 전체 매출액 대비 정보화 투자액 비율은 평균 1.8% 수준으로 전년 대비 비슷한 수준임

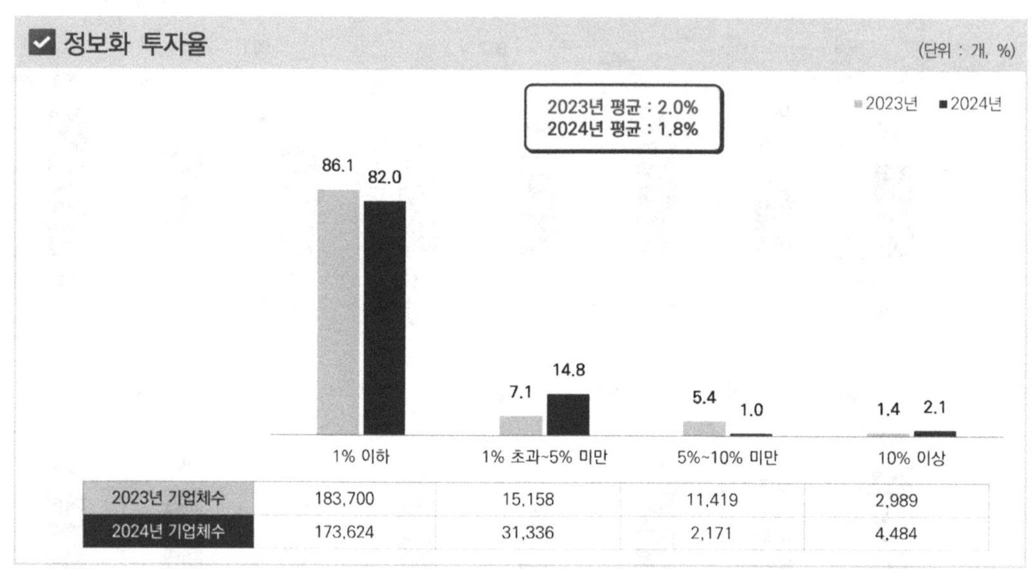

	1% 이하	1% 초과~5% 미만	5%~10% 미만	10% 이상
2023년 기업체수	183,700	15,158	11,419	2,989
2024년 기업체수	173,624	31,336	2,171	4,484

※ 기준시점 : 2024년 12월 31일
※ 기업체 : 정보화 투자(비용 지출) 기업체
※ 주 : 정보화 투자 비율은 매출액 대비 정보화 투자액의 비율로 산출

[업종별]

- 정보통신업(5.2%), 금융 및 보험업(5.0%), 제조업(2.1%) 등의 순으로 정보화 투자율이 상대적으로 높게 나타남
- 반면, 운수 및 창고업(1.2%), 부동산업(1.2%), 사업시설관리, 사업지원 및 임대서비스업(1.2%) 등은 정보화 투자율이 낮게 나타남

[종사자 규모별]

- 정보화 투자율은 10~49명 규모 기업체에서 1.6%, 50~249명 규모 기업체에서 3.3%, 250명 이상 규모 기업체에서 1.9%로 나타남

[조직 형태별]

- 개인사업체의 정보화 투자율은 1.4%, 회사법인은 2.0%로 나타남

업종별_정보화 투자율(평균)

(단위 : %)

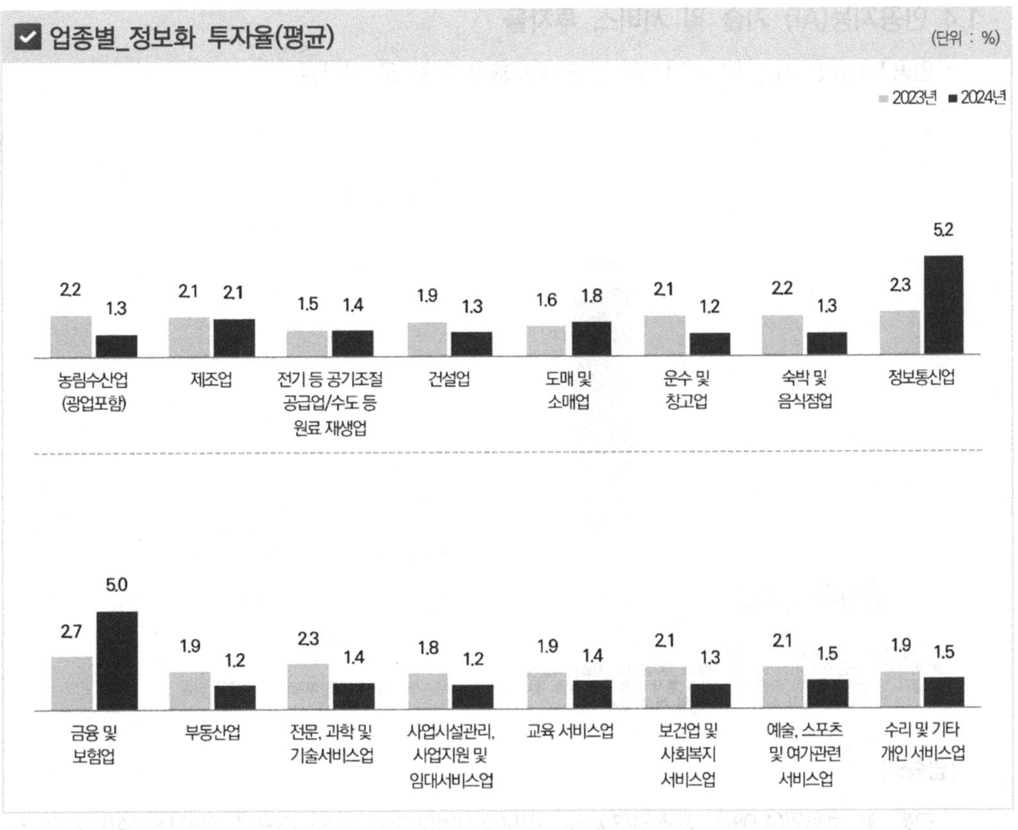

규모 및 조직 형태별_정보화 투자율(평균)

(단위 : %)

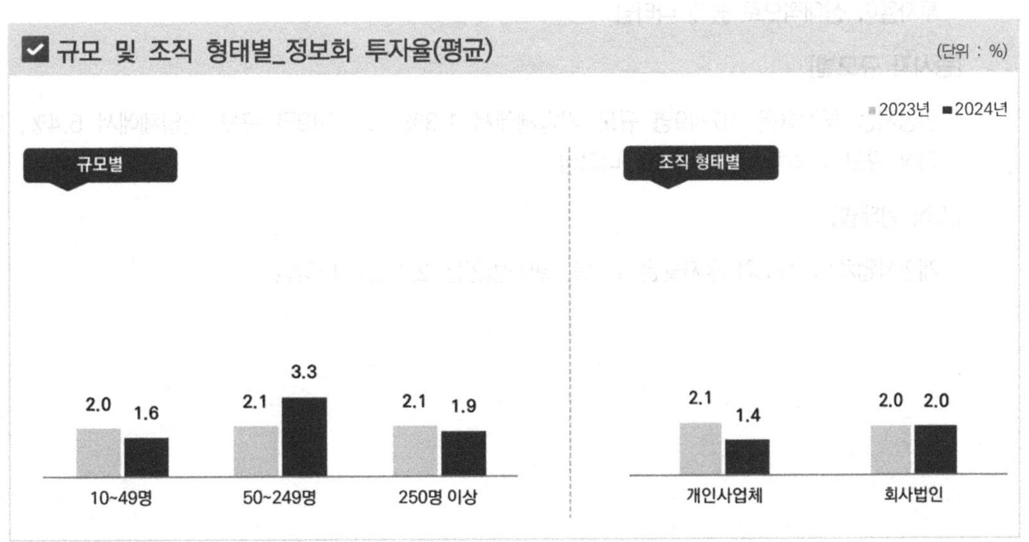

1.4 인공지능(AI) 기술 및 서비스 투자율

- 인공지능(AI) 기술 및 서비스의 평균 투자율은 2.3%로 나타남

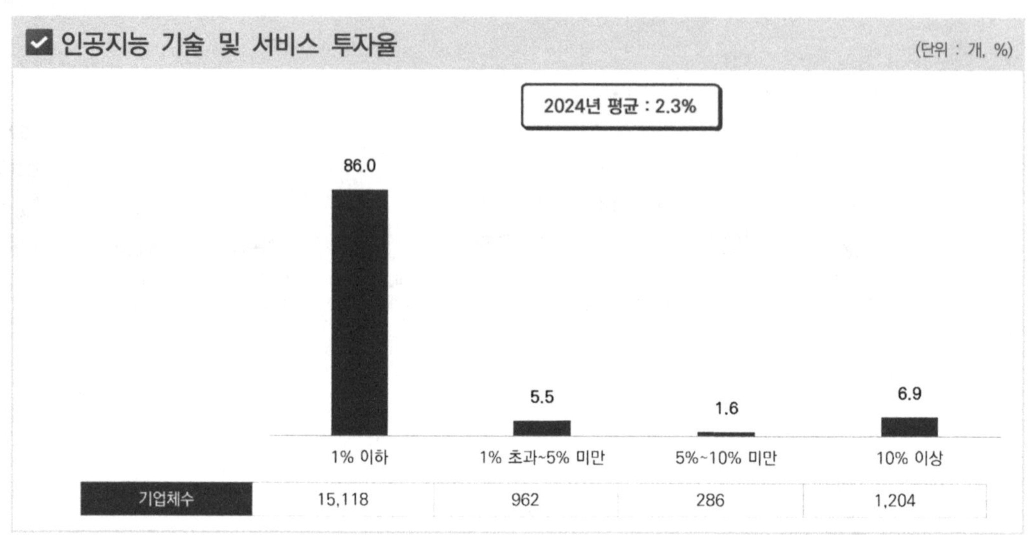

	1% 이하	1% 초과~5% 미만	5%~10% 미만	10% 이상
기업체수	15,118	962	286	1,204

※ 기준시점 : 2024년 12월 31일
※ 기업체 : 인공지능(AI) 기술 및 서비스 투자(비용 지출) 기업체
※ 주 : 1) 인공지능(AI) 기술 및 서비스 투자 비율은 매출액 대비 인공지능(AI) 기술 및 서비스 투자액의 비율로 산출
2) 2025년 신규 문항으로 시계열 비교 없음

[업종별]

- 금융 및 보험업(4.0%), 제조업(3.4%), 정보통신업(2.9%) 등의 순으로 인공지능(AI) 기술 및 서비스 투자율이 상대적으로 높게 나타남

[종사자 규모별]

- 인공지능 투자율은 10~49명 규모 기업체에서 1.3%, 50~249명 규모 기업체에서 5.4%, 250명 이상 규모 기업체에서 1.6%로 나타남

[조직 형태별]

- 개인사업체의 정보화 투자율은 1.4%, 회사법인은 2.4%로 나타남

업종별_인공지능 기술 및 서비스 투자율

(단위 : %)

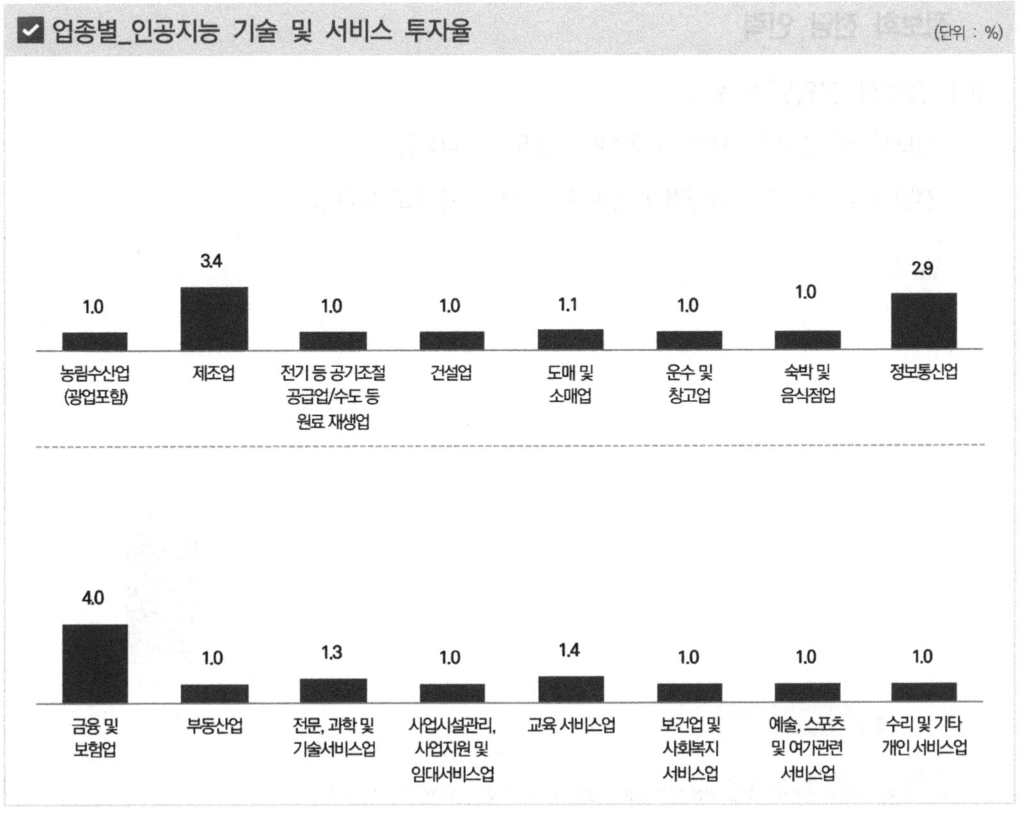

규모 및 조직 형태별_인공지능 기술 및 서비스 투자율

(단위 : %)

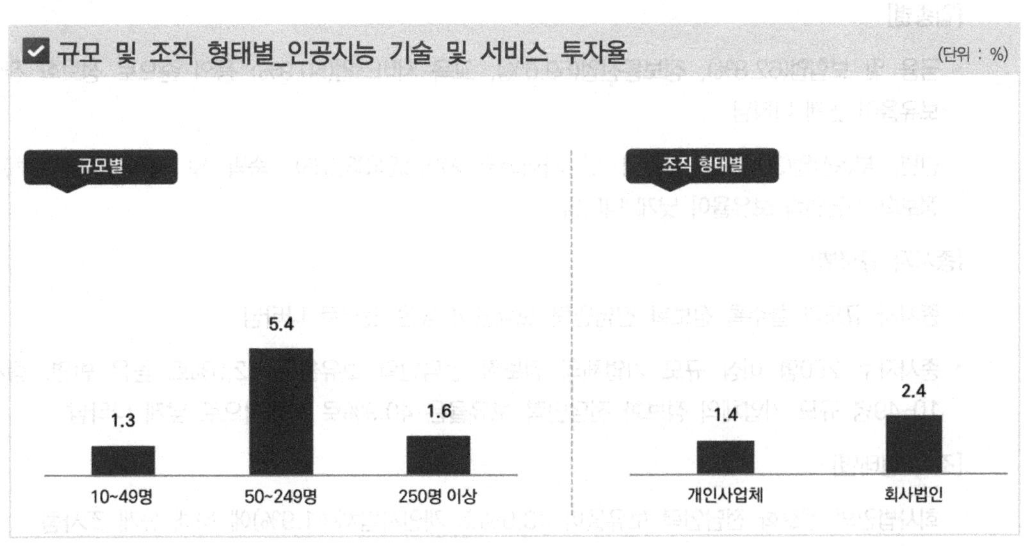

2 정보화 전담 인력

2.1 정보화 전담인력 보유

- 정보화 전담인력을 보유한 기업체는 43.5%로 나타남
- 전년 대비 정보화 전담인력 보유율은 비슷한 수준으로 나타남

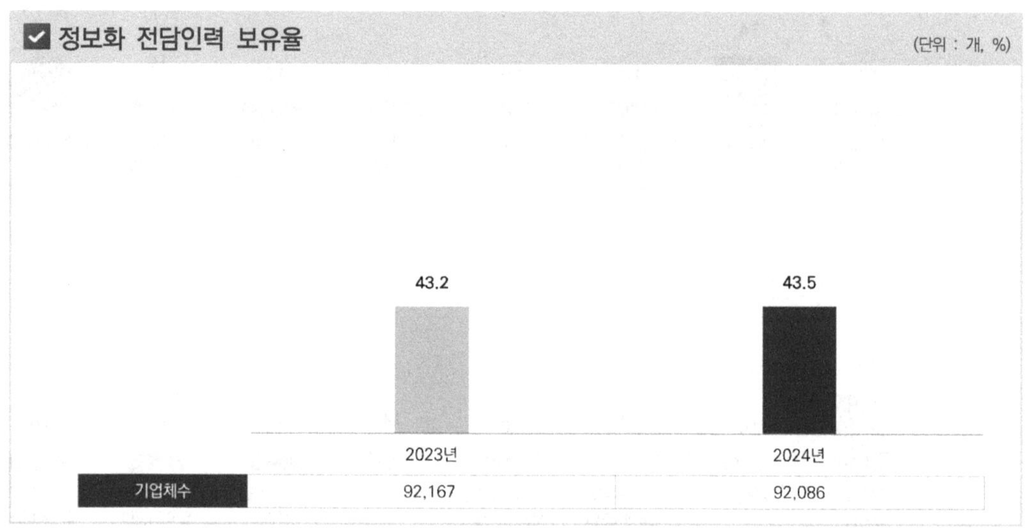

※ 기준시점 : 2024년 12월 31일
※ 기업체 : 전국의 종사자수 10인 이상 민간 부문 기업체(통계청, 2024년 12월 기준 기업통계등록부)

[업종별]

- 금융 및 보험업(62.8%), 정보통신업(59.6%), 교육 서비스업(50.9%) 등의 순으로 정보화 전담인력 보유율이 높게 나타남
- 반면, 부동산업(30.1%), 보건업 및 사회복지 서비스업(33.9%), 숙박 및 음식점업(36.5%) 등은 정보화 전담인력 보유율이 낮게 나타남

[종사자 규모별]

- 종사자 규모가 클수록 정보화 전담인력 보유율이 높은 것으로 나타남
- 종사자수 250명 이상 규모 기업체의 정보화 전담인력 보유율은 72.9%로 높은 반면, 종사자수 10~49명 규모 기업체의 정보화 전담인력 보유율은 40.9%로 상대적으로 낮게 나타남

[조직 형태별]

- 회사법인의 정보화 전담인력 보유율이 43.9%로 개인사업체(41.9%)에 비해 높게 조사됨

✔ 업종별_정보화 전담인력 보유율

(단위 : %)

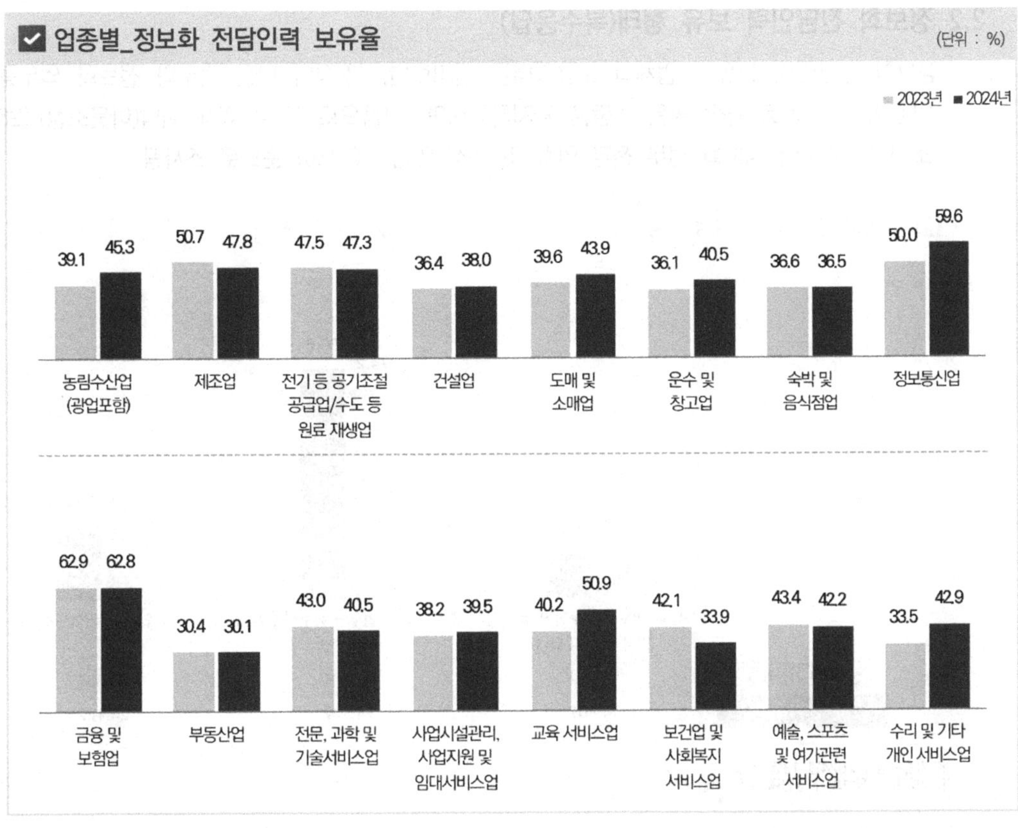

✔ 규모 및 조직 형태별_정보화 전담인력 보유율

(단위 : %)

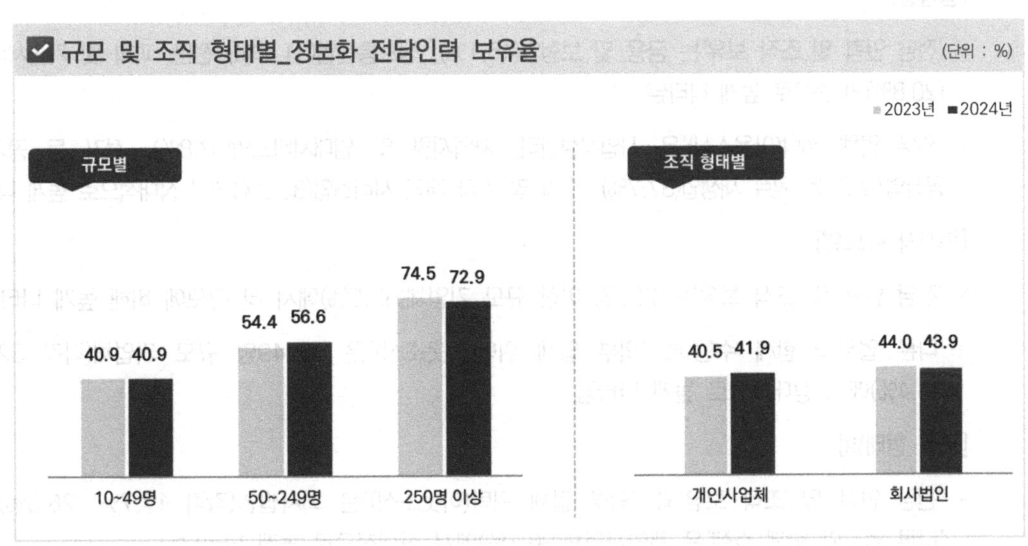

2.2 정보화 전담인력 보유 형태(복수응답)

- 정보화 전담인력 보유 기업체의 보유형태를 살펴보면, '조직의 다른 업무와 정보화 업무를 함께 수행'이 80.6%로 가장 많은 비중을 차지하였으며, 다음으로 '외부 업체 위탁(아웃소싱)'(26.2%), '조직 내 별도의 정보화 업무 전담 인력 및 조직 있음'(16.1%) 순으로 조사됨

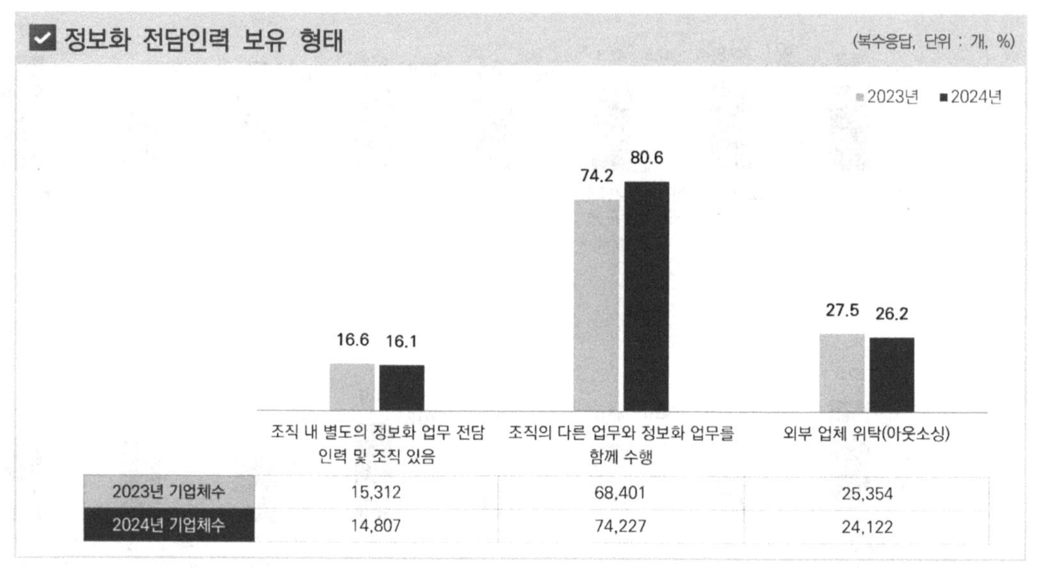

	조직 내 별도의 정보화 업무 전담 인력 및 조직 있음	조직의 다른 업무와 정보화 업무를 함께 수행	외부 업체 위탁(아웃소싱)
2023년 기업체수	15,312	68,401	25,354
2024년 기업체수	14,807	74,227	24,122

※ 기준시점 : 2024년 12월 31일
※ 기업체 : 정보화 전담인력 보유 기업체

[업종별]

- '전담 인력 및 조직 보유'는 금융 및 보험업(45.1%), 정보통신업(31.4%), 전문, 과학 및 기술서비스업(20.8%)의 순으로 높게 나타남
- '외부 업체 위탁(아웃소싱)'은 사업시설관리, 사업지원 및 임대서비스업(37.8%), 전기 등 공기조절 공급업/수도 등 원료 재생업(37.7%), 수리 및 기타 개인 서비스업(35.3%)에서 상대적으로 높게 나타남

[종사자 규모별]

- '전담 인력 및 조직 보유'는 250명 이상 규모 기업체(63.5%)에서 타 규모에 비해 높게 나타남
- '다른 업무와 함께 수행'과 '외부 업체 위탁(아웃소싱)'은 10~49명 규모 기업체(각각 82.3%, 26.4%)에서 상대적으로 높게 나타남

[조직 형태별]

- '전담 인력 및 조직 보유'와 '외부 업체 위탁(아웃소싱)'은 회사법인(각각 17.7%, 26.3%)에서, '다른 업무와 함께 수행'은 개인사업체(86.1%)에서 상대적으로 높게 나타남

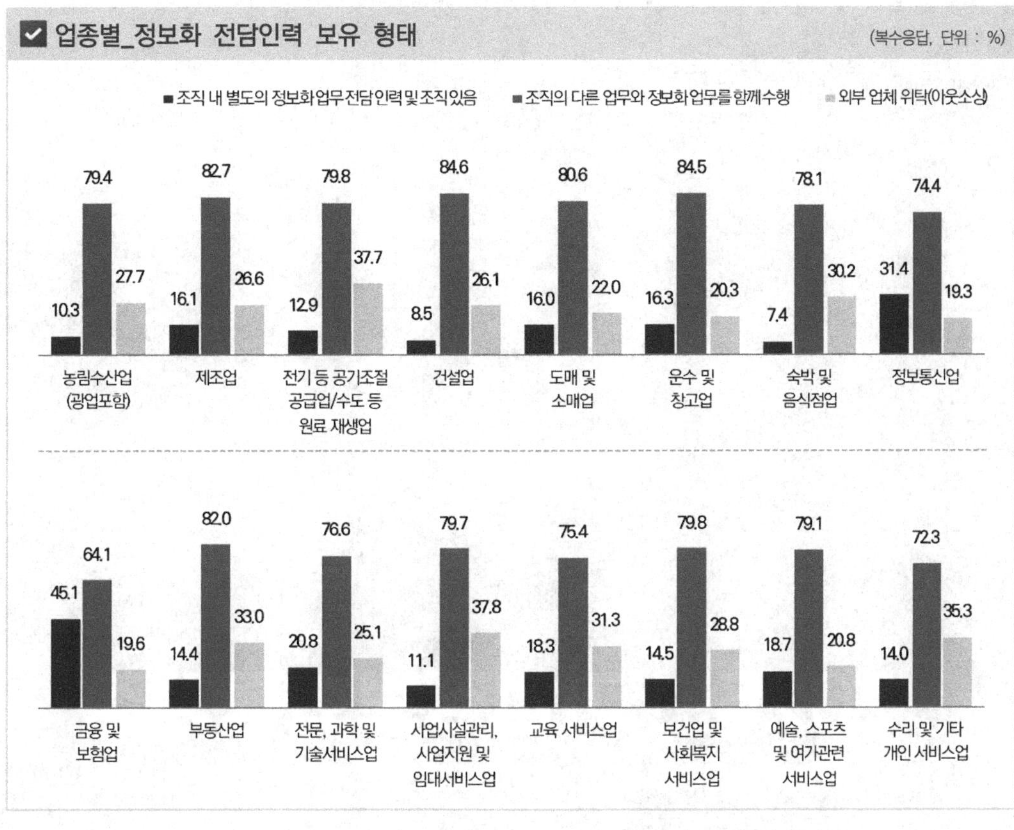
업종별_정보화 전담인력 보유 형태
(복수응답, 단위 : %)
■ 조직 내 별도의 정보화 업무 전담 인력 및 조직 있음
■ 조직의 다른 업무와 정보화 업무를 함께 수행
■ 외부 업체 위탁(아웃소싱)
농림수산업 (광업포함) 10.3 79.4 27.7
제조업 16.1 82.7 26.6
전기 등 공기조절 공급업/수도 등 원료 재생업 12.9 79.8 37.7
건설업 8.5 84.6 26.1
도매 및 소매업 16.0 80.6 22.0
운수 및 창고업 16.3 84.5 20.3
숙박 및 음식점업 7.4 78.1 30.2
정보통신업 31.4 74.4 19.3
금융 및 보험업 45.1 64.1 19.6
부동산업 14.4 82.0 33.0
전문, 과학 및 기술서비스업 20.8 76.6 25.1
사업시설관리, 사업지원 및 임대서비스업 11.1 79.7 37.8
교육 서비스업 18.3 75.4 31.3
보건업 및 사회복지 서비스업 14.5 79.8 28.8
예술, 스포츠 및 여가관련 서비스업 18.7 79.1 20.8
수리 및 기타 개인 서비스업 14.0 72.3 35.3

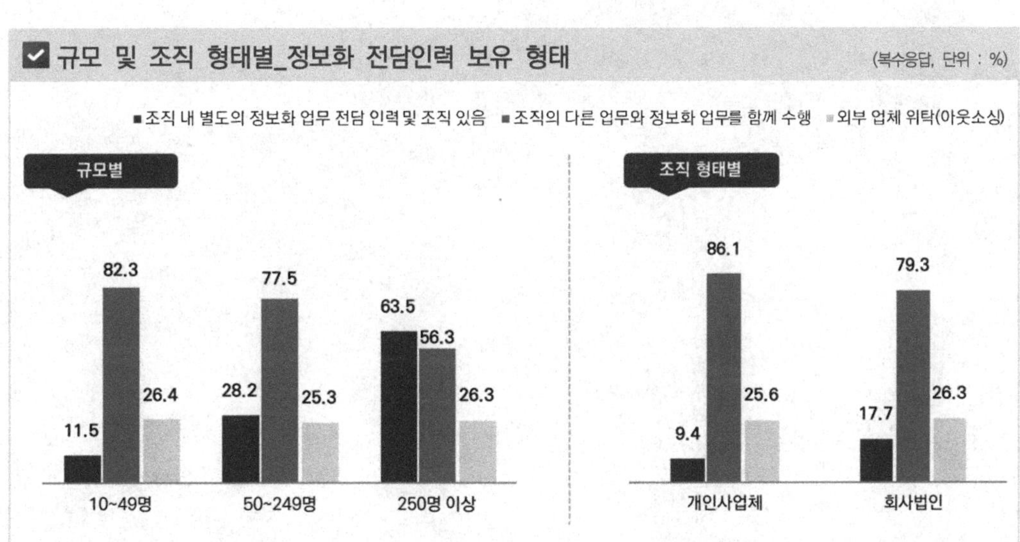
규모 및 조직 형태별_정보화 전담인력 보유 형태
(복수응답, 단위 : %)
■ 조직 내 별도의 정보화 업무 전담 인력 및 조직 있음
■ 조직의 다른 업무와 정보화 업무를 함께 수행
■ 외부 업체 위탁(아웃소싱)
규모별
10~49명 11.5 82.3 26.4
50~249명 28.2 77.5 25.3
250명 이상 63.5 56.3 26.3
조직 형태별
개인사업체 9.4 86.1 25.6
회사법인 17.7 79.3 26.3

2025년 기업정보화통계집

| Enterprise Informatization Statistics |

통계편

1 정보화 기반

2 정보화 응용

3 지능정보기술 활용

4 정보화 투자

PART I 정보화 기반

1 컴퓨터

1.1 컴퓨터 보유

(단위 : 개, %)

구 분		전체 기업체	컴퓨터 보유	
			기업체수	비율
전체		211,615	211,615	100.0
지 역 별				
서울		48,089	48,089	100.0
부산		12,049	12,049	100.0
대구		7,688	7,688	100.0
인천		10,892	10,892	100.0
광주		4,524	4,524	100.0
대전		4,778	4,778	100.0
울산		4,311	4,311	100.0
세종		932	932	100.0
경기		59,176	59,176	100.0
강원		4,719	4,719	100.0
충북		7,270	7,270	100.0
충남		9,104	9,104	100.0
전북		5,631	5,631	100.0
전남		6,710	6,710	100.0
경북		10,254	10,254	100.0
경남		13,113	13,113	100.0
제주		2,375	2,375	100.0
업종x규모별				
농림수산업 (광업포함)	10~49명	1,537	1,537	100.0
	50~249명	75	75	100.0
	250명 이상	4	4	100.0
	전체	1,616	1,616	100.0
제조업	10~49명	55,152	55,152	100.0
	50~249명	8,833	8,833	100.0
	250명 이상	1,384	1,384	100.0
	전체	65,369	65,369	100.0
전기 등 공기조절 공급업/수도 등 원료 재생업	10~49명	2,175	2,175	100.0
	50~249명	346	346	100.0
	250명 이상	37	37	100.0
	전체	2,558	2,558	100.0
건설업	10~49명	26,763	26,763	100.0
	50~249명	3,116	3,116	100.0
	250명 이상	515	515	100.0
	전체	30,394	30,394	100.0
도매 및 소매업	10~49명	26,036	26,036	100.0
	50~249명	2,256	2,256	100.0
	250명 이상	328	328	100.0
	전체	28,620	28,620	100.0
운수 및 창고업	10~49명	5,807	5,807	100.0
	50~249명	1,670	1,670	100.0
	250명 이상	263	263	100.0
	전체	7,740	7,740	100.0
숙박 및 음식점업	10~49명	10,313	10,313	100.0
	50~249명	535	535	100.0
	250명 이상	102	102	100.0
	전체	10,950	10,950	100.0

(계속)

(단위 : 개, %)

구 분		전체 기업체	컴퓨터 보유	
			기업체수	비율
정보통신업	10~49명	9,251	9,251	100.0
	50~249명	1,922	1,922	100.0
	250명 이상	329	329	100.0
	전체	11,502	11,502	100.0
금융 및 보험업	10~49명	977	977	100.0
	50~249명	362	362	100.0
	250명 이상	186	186	100.0
	전체	1,525	1,525	100.0
부동산업	10~49명	2,241	2,241	100.0
	50~249명	320	320	100.0
	250명 이상	126	126	100.0
	전체	2,687	2,687	100.0
전문, 과학 및 기술서비스업	10~49명	12,861	12,861	100.0
	50~249명	1,551	1,551	100.0
	250명 이상	235	235	100.0
	전체	14,647	14,647	100.0
사업시설관리, 사업지원 및 임대서비스업	10~49명	7,649	7,649	100.0
	50~249명	2,488	2,488	100.0
	250명 이상	838	838	100.0
	전체	10,975	10,975	100.0
교육 서비스업	10~49명	2,294	2,294	100.0
	50~249명	160	160	100.0
	250명 이상	32	32	100.0
	전체	2,486	2,486	100.0
보건업 및 사회복지서비스업	10~49명	12,621	12,621	100.0
	50~249명	2,153	2,153	100.0
	250명 이상	126	126	100.0
	전체	14,900	14,900	100.0
예술, 스포츠 및 여가관련 서비스업	10~49명	1,268	1,268	100.0
	50~249명	213	213	100.0
	250명 이상	20	20	100.0
	전체	1,501	1,501	100.0
수리 및 기타 개인 서비스업	10~49명	3,985	3,985	100.0
	50~249명	144	144	100.0
	250명 이상	16	16	100.0
	전체	4,145	4,145	100.0
조직형태별				
개인사업체		43,407	43,407	100.0
회사법인		168,208	168,208	100.0

※ 기준시점 : 2024년 12월 31일
※ 기업체 : 전국의 종사자수 10인 이상 민간 부문 기업체(통계청, 2024년 12월 기준 기업통계등록부)
※ 컴퓨터 보유 기업체 : 컴퓨터를 한 대라도 보유하고 있는 기업체

1.2 컴퓨터 종류별 보유 현황(복수응답)

(단위 : 개, %)

구 분		컴퓨터 보유 기업체	데스크탑 컴퓨터		노트북 컴퓨터		스마트폰/태블릿 PC/PDA/포스		기타	
			기업체수	비율	기업체수	비율	기업체수	비율	기업체수	비율
전체		211,615	202,602	95.7	103,219	48.8	97,775	46.2	4,700	2.2
지 역 별										
서울		48,089	44,109	91.7	25,989	54.0	20,432	42.5	686	1.4
부산		12,049	11,761	97.6	8,745	72.6	10,645	88.3	0	0.0
대구		7,688	7,614	99.0	5,924	77.1	6,485	84.4	0	0.0
인천		10,892	10,243	94.0	3,041	27.9	2,697	24.8	349	3.2
광주		4,524	4,513	99.8	1,372	30.3	1,683	37.2	10	0.2
대전		4,778	4,620	96.7	1,529	32.0	412	8.6	0	0.0
울산		4,311	4,301	99.8	3,612	83.8	3,485	80.8	0	0.0
세종		932	823	88.3	267	28.7	208	22.3	0	0.0
경기		59,176	56,343	95.2	25,493	43.1	21,609	36.5	3,302	5.6
강원		4,719	4,496	95.3	2,041	43.3	2,891	61.3	201	4.2
충북		7,270	7,021	96.6	1,401	19.3	1,673	23.0	0	0.0
충남		9,104	8,957	98.4	3,088	33.9	1,076	11.8	0	0.0
전북		5,631	5,629	100.0	1,216	21.6	1,944	34.5	11	0.2
전남		6,710	6,707	100.0	1,266	18.9	2,610	38.9	5	0.1
경북		10,254	10,127	98.8	7,561	73.7	8,270	80.7	0	0.0
경남		13,113	13,028	99.4	9,425	71.9	9,853	75.1	0	0.0
제주		2,375	2,309	97.2	1,247	52.5	1,801	75.8	138	5.8
업종x규모별										
농림수산업 (광업포함)	10~49명	1,537	1,520	98.9	364	23.7	692	45.0	3	0.2
	50~249명	75	75	100.0	33	43.9	36	48.3	0	0.0
	250명 이상	4	4	100.0	1	25.0	3	74.8	1	24.9
	전체	1,616	1,599	98.9	398	24.6	731	45.2	4	0.3
제조업	10~49명	55,152	53,831	97.6	27,632	50.1	24,036	43.6	95	0.2
	50~249명	8,833	8,739	98.9	6,086	68.9	3,915	44.3	11	0.1
	250명 이상	1,384	1,261	91.1	1,075	77.7	626	45.2	4	0.3
	전체	65,369	63,831	97.6	34,793	53.2	28,578	43.7	109	0.2
전기 등 공기조절 공급업/수도 등 원료 재생업	10~49명	2,175	2,159	99.3	838	38.5	1,002	46.1	0	0.0
	50~249명	346	328	94.7	160	46.3	146	42.2	0	0.0
	250명 이상	37	36	97.0	31	84.8	23	63.3	0	0.0
	전체	2,558	2,523	98.6	1,029	40.2	1,172	45.8	0	0.0
건설업	10~49명	26,763	26,684	99.7	12,367	46.2	11,270	42.1	0	0.0
	50~249명	3,116	3,102	99.5	1,611	51.7	1,229	39.4	0	0.0
	250명 이상	515	514	99.8	295	57.2	243	47.1	2	0.4
	전체	30,394	30,300	99.7	14,273	47.0	12,742	41.9	2	0.0
도매 및 소매업	10~49명	26,036	24,926	95.7	12,613	48.4	13,691	52.6	118	0.5
	50~249명	2,256	2,093	92.8	1,436	63.7	1,235	54.8	180	8.0
	250명 이상	328	300	91.4	278	84.6	179	54.6	10	3.1
	전체	28,620	27,319	95.5	14,326	50.1	15,105	52.8	308	1.1
운수 및 창고업	10~49명	5,807	5,623	96.8	2,387	41.1	2,414	41.6	0	0.0
	50~249명	1,670	1,645	98.5	712	42.6	1,074	64.3	25	1.5
	250명 이상	263	255	96.9	134	50.9	101	38.5	5	1.8
	전체	7,740	7,523	97.2	3,233	41.8	3,589	46.4	30	0.4
숙박 및 음식점업	10~49명	10,313	6,902	66.9	2,145	20.8	9,017	87.4	158	1.5
	50~249명	535	513	95.9	321	60.0	434	81.1	4	0.8
	250명 이상	102	97	94.7	90	88.4	69	67.8	13	13.0
	전체	10,950	7,511	68.6	2,556	23.3	9,520	86.9	176	1.6

(계속)

(단위 : 개, %)

구 분		컴퓨터 보유 기업체	데스크탑 컴퓨터		노트북 컴퓨터		스마트폰/태블릿 PC/PDA/포스		기타	
			기업체수	비율	기업체수	비율	기업체수	비율	기업체수	비율
정보통신업	10~49명	9,251	8,574	92.7	6,944	75.1	3,526	38.1	30	0.3
	50~249명	1,922	1,778	92.5	1,673	87.1	822	42.8	0	0.0
	250명 이상	329	305	92.7	286	86.9	108	32.8	0	0.0
	전체	11,502	10,657	92.6	8,903	77.4	4,456	38.7	30	0.3
금융 및 보험업	10~49명	977	896	91.7	591	60.5	214	21.9	0	0.0
	50~249명	362	362	100.0	279	77.2	132	36.5	0	0.0
	250명 이상	186	181	97.2	121	65.2	108	57.8	3	1.4
	전체	1,525	1,439	94.3	992	65.1	454	29.8	3	0.2
부동산업	10~49명	2,241	2,202	98.3	700	31.2	561	25.0	0	0.0
	50~249명	320	313	97.7	100	31.2	78	24.5	0	0.0
	250명 이상	126	125	98.9	54	42.6	35	27.9	0	0.0
	전체	2,687	2,639	98.2	853	31.8	675	25.1	0	0.0
전문, 과학 및 기술서비스업	10~49명	12,861	12,447	96.8	7,577	58.9	4,264	33.2	0	0.0
	50~249명	1,551	1,464	94.4	1,041	67.1	526	33.9	0	0.0
	250명 이상	235	219	93.0	186	79.3	117	49.9	3	1.2
	전체	14,647	14,130	96.5	8,805	60.1	4,907	33.5	3	0.0
사업시설관리, 사업지원 및 임대서비스업	10~49명	7,649	7,412	96.9	2,924	38.2	2,608	34.1	0	0.0
	50~249명	2,488	2,403	96.6	1,179	47.4	931	37.4	7	0.3
	250명 이상	838	816	97.3	509	60.7	352	42.0	6	0.7
	전체	10,975	10,630	96.9	4,611	42.0	3,891	35.5	13	0.1
교육서비스업	10~49명	2,294	2,126	92.7	1,308	57.0	1,456	63.5	263	11.5
	50~249명	160	158	98.9	132	82.5	69	42.9	0	0.0
	250명 이상	32	29	89.2	28	86.1	16	50.0	6	17.5
	전체	2,486	2,313	93.0	1,468	59.0	1,540	62.0	269	10.8
보건업 및 사회복지 서비스업	10~49명	12,621	12,433	98.5	4,056	32.1	5,749	45.6	3,008	23.8
	50~249명	2,153	2,153	100.0	792	36.8	1,470	68.3	387	18.0
	250명 이상	126	126	100.0	69	55.0	88	70.2	0	0.0
	전체	14,900	14,712	98.7	4,916	33.0	7,308	49.0	3,395	22.8
예술, 스포츠 및 여가관련 서비스업	10~49명	1,268	1,196	94.3	609	48.0	685	54.0	77	6.1
	50~249명	213	204	95.6	113	53.2	150	70.4	16	7.6
	250명 이상	20	20	100.0	17	85.0	13	67.5	0	0.0
	전체	1,501	1,419	94.6	740	49.3	848	56.5	93	6.2
수리 및 기타 개인 서비스업	10~49명	3,985	3,903	97.9	1,265	31.7	2,170	54.5	235	5.9
	50~249명	144	143	99.0	45	31.1	77	53.3	28	19.6
	250명 이상	16	12	72.9	14	84.7	13	82.1	1	9.0
	전체	4,145	4,057	97.9	1,323	31.9	2,260	54.5	265	6.4
조직형태별										
개인사업체		43,407	39,667	91.4	15,176	35.0	24,293	56.0	3,863	8.9
회사법인		168,208	162,934	96.9	88,044	52.3	73,482	43.7	837	0.5

※ 기준시점 : 2024년 12월 31일
※ 기업체 : 컴퓨터 보유 기업체
※ 컴퓨터 보유 기업체 : 2024년 12월 말 현재 컴퓨터를 한 대라도 보유하고 있는 기업체
※ 추정오차 : 데스크탑 컴퓨터 보유 ±734기업체, 노트북 보유 ±1,817기업체, 스마트폰/태블릿 PC/PDA/포스 보유 ±1,812기업체, 기타 보유 ±536기업체
※ 주 : 컴퓨터 종류별 복수응답 수치임

1.3 직원의 업무상 컴퓨터 이용 - ①

(단위 : 개, %)

구 분		컴퓨터 보유 기업체	20% 미만		20%~40% 미만		40%~60% 미만	
			기업체수	비율	기업체수	비율	기업체수	비율
전체		211,615	9,521	4.5	33,509	15.8	52,538	24.8
지 역 별								
서울		48,089	1,499	3.1	3,579	7.4	5,281	11.0
부산		12,049	104	0.9	2,931	24.3	4,571	37.9
대구		7,688	8	0.1	2,007	26.1	3,153	41.0
인천		10,892	750	6.9	1,673	15.4	2,735	25.1
광주		4,524	301	6.6	354	7.8	731	16.2
대전		4,778	320	6.7	686	14.3	1,367	28.6
울산		4,311	28	0.7	1,069	24.8	1,828	42.4
세종		932	19	2.0	181	19.4	214	23.0
경기		59,176	3,815	6.4	9,705	16.4	13,487	22.8
강원		4,719	335	7.1	645	13.7	1,142	24.2
충북		7,270	451	6.2	1,333	18.3	2,127	29.3
충남		9,104	586	6.4	1,847	20.3	2,435	26.7
전북		5,631	282	5.0	600	10.6	874	15.5
전남		6,710	633	9.4	1,134	16.9	1,291	19.2
경북		10,254	211	2.1	2,276	22.2	4,702	45.9
경남		13,113	25	0.2	3,218	24.5	6,035	46.0
제주		2,375	156	6.6	273	11.5	563	23.7
업종x규모별								
농림수산업(광업포함)	10~49명	1,537	179	11.6	387	25.2	614	39.9
	50~249명	75	6	7.8	15	20.0	26	34.4
	250명 이상	4	0	0.0	1	25.0	0	0.0
	전체	1,616	185	11.4	403	25.0	639	39.6
제조업	10~49명	55,152	3,426	6.2	12,209	22.1	18,311	33.2
	50~249명	8,833	419	4.7	1,740	19.7	2,694	30.5
	250명 이상	1,384	41	3.0	200	14.4	394	28.5
	전체	65,369	3,886	5.9	14,148	21.6	21,400	32.7
전기 등 공기조절 공급업/수도 등 원료 재생업	10~49명	2,175	148	6.8	565	26.0	676	31.1
	50~249명	346	69	20.0	69	20.0	91	26.3
	250명 이상	37	0	0.0	9	24.9	7	18.7
	전체	2,558	217	8.5	643	25.1	774	30.2
건설업	10~49명	26,763	687	2.6	3,845	14.4	7,529	28.1
	50~249명	3,116	348	11.2	791	25.4	826	26.5
	250명 이상	515	62	12.1	123	23.8	146	28.4
	전체	30,394	1,098	3.6	4,759	15.7	8,502	28.0
도매 및 소매업	10~49명	26,036	638	2.5	3,128	12.0	5,565	21.4
	50~249명	2,256	56	2.5	163	7.2	225	10.0
	250명 이상	328	5	1.6	17	5.1	20	6.0
	전체	28,620	700	2.4	3,307	11.6	5,810	20.3
운수 및 창고업	10~49명	5,807	311	5.4	1,126	19.4	1,711	29.5
	50~249명	1,670	231	13.8	329	19.7	346	20.7
	250명 이상	263	49	18.7	58	22.2	56	21.3
	전체	7,740	591	7.6	1,513	19.5	2,112	27.3
숙박 및 음식점업	10~49명	10,313	386	3.7	1,679	16.3	2,927	28.4
	50~249명	535	40	7.5	71	13.2	159	29.7
	250명 이상	102	4	3.8	8	7.6	22	21.9
	전체	10,950	430	3.9	1,758	16.1	3,108	28.4

(계속)

(단위 : 개, %)

구 분		컴퓨터 보유 기업체	20% 미만		20%~40% 미만		40%~60% 미만	
			기업체수	비율	기업체수	비율	기업체수	비율
정보통신업	10~49명	9,251	30	0.3	330	3.6	451	4.9
	50~249명	1,922	13	0.7	46	2.4	114	5.9
	250명 이상	329	2	0.7	4	1.2	8	2.5
	전체	11,502	45	0.4	380	3.3	574	5.0
금융 및 보험업	10~49명	977	0	0.0	20	2.0	20	2.0
	50~249명	362	0	0.0	4	1.0	4	1.0
	250명 이상	186	0	0.0	0	0.0	4	2.1
	전체	1,525	0	0.0	23	1.5	27	1.8
부동산업	10~49명	2,241	119	5.3	294	13.1	408	18.2
	50~249명	320	47	14.6	101	31.5	68	21.4
	250명 이상	126	21	16.4	31	24.9	23	18.4
	전체	2,687	186	6.9	426	15.8	500	18.6
전문, 과학 및 기술서비스업	10~49명	12,861	136	1.1	819	6.4	1,097	8.5
	50~249명	1,551	14	0.9	100	6.4	186	12.0
	250명 이상	235	2	0.7	20	8.4	28	12.1
	전체	14,647	151	1.0	939	6.4	1,312	9.0
사업시설관리, 사업지원 및 임대서비스업	10~49명	7,649	727	9.5	1,995	26.1	2,043	26.7
	50~249명	2,488	426	17.1	696	28.0	755	30.3
	250명 이상	838	175	20.9	215	25.6	228	27.2
	전체	10,975	1,328	12.1	2,906	26.5	3,026	27.6
교육서비스업	10~49명	2,294	35	1.5	88	3.8	219	9.5
	50~249명	160	2	1.3	4	2.3	8	4.7
	250명 이상	32	1	4.0	0	0.0	0	0.0
	전체	2,486	38	1.5	91	3.7	226	9.1
보건업 및 사회복지 서비스업	10~49명	12,621	320	2.5	1,110	8.8	2,289	18.1
	50~249명	2,153	61	2.8	185	8.6	370	17.2
	250명 이상	126	2	1.3	5	4.1	15	12.3
	전체	14,900	382	2.6	1,300	8.7	2,674	17.9
예술, 스포츠 및 여가관련 서비스업	10~49명	1,268	36	2.9	163	12.8	293	23.1
	50~249명	213	12	5.4	42	19.7	35	16.3
	250명 이상	20	0	0.0	3	15.1	9	42.6
	전체	1,501	48	3.2	207	13.8	336	22.4
수리 및 기타 개인 서비스업	10~49명	3,985	209	5.2	677	17.0	1,485	37.3
	50~249명	144	20	13.6	27	19.1	30	20.8
	250명 이상	16	4	26.9	2	9.4	2	15.2
	전체	4,145	233	5.6	706	17.0	1,518	36.6
조직형태별								
개인사업체		43,407	1,936	4.5	7,451	17.2	11,793	27.2
회사법인		168,208	7,585	4.5	26,058	15.5	40,745	24.2

※ 기준시점 : 2024년 12월 31일
※ 기업체 : 컴퓨터 보유 기업체
※ 컴퓨터 보유 기업체 : 2024년 12월 말 현재 컴퓨터를 한 대라도 보유하고 있는 기업체
※ 추정오차 : 20% 미만 ±754기업체, 20~40% 미만 ±1,327기업체, 40~60% 미만 ±1,570기업체, 60~80% 미만 ±1,169기업체, 80%~100% ±1,800기업체
※ 주 : 직원의 업무상 컴퓨터 이용률은 전체 직원 중 일주일에 적어도 한 번 이상 컴퓨터를 이용하여 업무를 수행하는 직원의 비율을 말함

1.3 직원의 업무상 컴퓨터 이용 - ②

(단위 : 개, %)

구 분		컴퓨터 보유 기업체	60%~80% 미만		80%~100%		평균
			기업체수	비율	기업체수	비율	
전체		211,615	24,766	11.7	91,281	43.1	67.5
지 역 별							
서울		48,089	3,013	6.3	34,717	72.2	83.1
부산		12,049	1,703	14.1	2,740	22.7	59.2
대구		7,688	852	11.1	1,667	21.7	57.8
인천		10,892	1,401	12.9	4,334	39.8	64.6
광주		4,524	436	9.6	2,703	59.8	76.0
대전		4,778	654	13.7	1,751	36.7	62.3
울산		4,311	495	11.5	890	20.7	58.2
세종		932	226	24.3	291	31.3	64.5
경기		59,176	8,962	15.1	23,208	39.2	64.9
강원		4,719	713	15.1	1,884	39.9	65.0
충북		7,270	921	12.7	2,439	33.5	61.6
충남		9,104	1,206	13.2	3,030	33.3	60.2
전북		5,631	553	9.8	3,322	59.0	75.6
전남		6,710	814	12.1	2,838	42.3	64.8
경북		10,254	1,092	10.6	1,974	19.2	55.9
경남		13,113	1,573	12.0	2,263	17.3	55.2
제주		2,375	153	6.4	1,230	51.8	70.3
업종x규모별							
농림수산업 (광업포함)	10~49명	1,537	150	9.8	206	13.4	46.9
	50~249명	75	10	14.0	18	23.8	55.5
	250명 이상	4	0	0.0	3	75.0	84.3
	전체	1,616	161	10.0	227	14.1	47.4
제조업	10~49명	55,152	9,877	17.9	11,329	20.5	55.2
	50~249명	8,833	1,570	17.8	2,410	27.3	60.6
	250명 이상	1,384	284	20.5	465	33.6	65.4
	전체	65,369	11,731	17.9	14,204	21.7	56.2
전기 등 공기조절 공급업/수도 등 원료 재생업	10~49명	2,175	288	13.2	499	22.9	54.8
	50~249명	346	26	7.5	91	26.2	50.6
	250명 이상	37	4	11.9	16	44.5	69.8
	전체	2,558	318	12.4	606	23.7	54.5
건설업	10~49명	26,763	2,963	11.1	11,738	43.9	68.2
	50~249명	3,116	349	11.2	802	25.7	53.6
	250명 이상	515	56	10.9	128	24.8	52.7
	전체	30,394	3,368	11.1	12,667	41.7	66.5
도매 및 소매업	10~49명	26,036	3,024	11.6	13,681	52.5	73.6
	50~249명	2,256	170	7.5	1,642	72.8	83.8
	250명 이상	328	44	13.3	243	74.1	85.1
	전체	28,620	3,238	11.3	15,566	54.4	74.5
운수 및 창고업	10~49명	5,807	316	5.4	2,343	40.4	64.9
	50~249명	1,670	152	9.1	613	36.7	59.7
	250명 이상	263	27	10.1	73	27.6	52.3
	전체	7,740	494	6.4	3,029	39.1	63.4
숙박 및 음식점업	10~49명	10,313	1,231	11.9	4,090	39.7	65.3
	50~249명	535	58	10.8	207	38.7	64.6
	250명 이상	102	19	18.3	49	48.4	70.5
	전체	10,950	1,307	11.9	4,347	39.7	65.3

(계속)

(단위 : 개, %)

구 분		컴퓨터 보유 기업체	60%~80% 미만		80%~100%		평균
			기업체수	비율	기업체수	비율	
정보통신업	10~49명	9,251	368	4.0	8,071	87.2	93.5
	50~249명	1,922	111	5.8	1,638	85.2	91.8
	250명 이상	329	11	3.4	304	92.3	95.3
	전체	11,502	490	4.3	10,012	87.0	93.2
금융 및 보험업	10~49명	977	24	2.5	913	93.5	96.5
	50~249명	362	17	4.8	338	93.2	96.8
	250명 이상	186	5	2.9	177	94.9	98.1
	전체	1,525	47	3.1	1,427	93.6	96.8
부동산업	10~49명	2,241	233	10.4	1,187	53.0	71.7
	50~249명	320	43	13.4	61	19.2	49.0
	250명 이상	126	8	6.0	43	34.2	53.8
	전체	2,687	284	10.6	1,291	48.1	68.2
전문, 과학 및 기술서비스업	10~49명	12,861	587	4.6	10,222	79.5	88.7
	50~249명	1,551	73	4.7	1,178	76.0	86.4
	250명 이상	235	16	6.8	169	72.0	83.7
	전체	14,647	676	4.6	11,569	79.0	88.4
사업시설관리, 사업지원 및 임대서비스업	10~49명	7,649	457	6.0	2,426	31.7	57.0
	50~249명	2,488	148	6.0	463	18.6	46.2
	250명 이상	838	60	7.2	159	19.0	45.1
	전체	10,975	666	6.1	3,049	27.8	53.6
교육서비스업	10~49명	2,294	92	4.0	1,860	81.1	88.8
	50~249명	160	11	7.0	136	84.7	90.7
	250명 이상	32	0	0.0	31	96.0	96.3
	전체	2,486	104	4.2	2,026	81.5	89.1
보건업 및 사회복지 서비스업	10~49명	12,621	981	7.8	7,922	62.8	78.2
	50~249명	2,153	196	9.1	1,341	62.3	77.6
	250명 이상	126	18	14.3	86	68.0	83.4
	전체	14,900	1,195	8.0	9,349	62.7	78.2
예술, 스포츠 및 여가관련 서비스업	10~49명	1,268	193	15.2	584	46.0	70.7
	50~249명	213	37	17.4	88	41.3	65.6
	250명 이상	20	3	12.6	6	29.7	60.4
	전체	1,501	232	15.5	678	45.1	69.8
수리 및 기타 개인 서비스업	10~49명	3,985	438	11.0	1,176	29.5	60.3
	50~249명	144	14	10.0	53	36.5	59.8
	250명 이상	16	3	18.0	5	30.5	54.4
	전체	4,145	455	11.0	1,233	29.8	60.3
조직형태별							
개인사업체		43,407	4,411	10.2	17,816	41.0	65.6
회사법인		168,208	20,356	12.1	73,464	43.7	67.9

※ 기준시점 : 2024년 12월 31일
※ 기업체 : 컴퓨터 보유 기업체
※ 컴퓨터 보유 기업체 : 2024년 12월 말 현재 컴퓨터를 한 대라도 보유하고 있는 기업체
※ 추정오차 : 20% 미만 ±754기업체, 20~40% 미만 ±1,327기업체, 40~60% 미만 ±1,570기업체, 60~80% 미만 ±1,169기업체, 80%~100% ±1,800기업체
※ 주 : 직원의 업무상 컴퓨터 이용률은 전체 직원 중 일주일에 적어도 한 번 이상 컴퓨터를 이용하여 업무를 수행하는 직원의 비율을 말함

1.4 네트워크(서버) 구축률

(단위 : 개, %)

구 분		컴퓨터 보유 기업체	네트워크(서버) 구축		네트워크(서버) 미구축	
			기업체수	비율	기업체수	비율
전체		211,615	182,039	86.0	29,576	14.0
지 역 별						
서울		48,089	41,703	86.7	6,386	13.3
부산		12,049	12,049	100.0	0	0.0
대구		7,688	7,688	100.0	0	0.0
인천		10,892	8,942	82.1	1,950	17.9
광주		4,524	3,358	74.2	1,166	25.8
대전		4,778	4,292	89.8	486	10.2
울산		4,311	4,311	100.0	0	0.0
세종		932	927	99.5	5	0.5
경기		59,176	46,134	78.0	13,042	22.0
강원		4,719	3,402	72.1	1,317	27.9
충북		7,270	6,512	89.6	758	10.4
충남		9,104	8,723	95.8	381	4.2
전북		5,631	4,540	80.6	1,091	19.4
전남		6,710	4,756	70.9	1,954	29.1
경북		10,254	10,254	100.0	0	0.0
경남		13,113	13,113	100.0	0	0.0
제주		2,375	1,337	56.3	1,038	43.7
업종x규모별						
농림수산업 (광업포함)	10~49명	1,537	1,085	70.6	452	29.4
	50~249명	75	67	89.9	8	10.1
	250명 이상	4	4	100.0	0	0.0
	전체	1,616	1,157	71.6	459	28.4
제조업	10~49명	55,152	48,000	87.0	7,152	13.0
	50~249명	8,833	8,646	97.9	187	2.1
	250명 이상	1,384	1,376	99.4	8	0.6
	전체	65,369	58,022	88.8	7,347	11.2
전기 등 공기조절 공급업/수도 등 원료 재생업	10~49명	2,175	1,671	76.9	504	23.1
	50~249명	346	288	83.2	58	16.8
	250명 이상	37	37	100.0	0	0.0
	전체	2,558	1,996	78.0	562	22.0
건설업	10~49명	26,763	21,180	79.1	5,583	20.9
	50~249명	3,116	2,620	84.1	496	15.9
	250명 이상	515	460	89.3	55	10.7
	전체	30,394	24,259	79.8	6,135	20.2
도매 및 소매업	10~49명	26,036	21,904	84.1	4,132	15.9
	50~249명	2,256	2,113	93.7	143	6.3
	250명 이상	328	326	99.5	2	0.5
	전체	28,620	24,343	85.1	4,277	14.9
운수 및 창고업	10~49명	5,807	4,937	85.0	870	15.0
	50~249명	1,670	1,549	92.7	121	7.3
	250명 이상	263	255	96.8	8	3.2
	전체	7,740	6,741	87.1	999	12.9
숙박 및 음식점업	10~49명	10,313	8,392	81.4	1,921	18.6
	50~249명	535	494	92.3	41	7.7
	250명 이상	102	102	100.0	0	0.0
	전체	10,950	8,988	82.1	1,962	17.9

(계속)

(단위 : 개, %)

구 분		컴퓨터 보유 기업체	네트워크(서버) 구축		네트워크(서버) 미구축	
			기업체수	비율	기업체수	비율
정보통신업	10~49명	9,251	8,577	92.7	674	7.3
	50~249명	1,922	1,915	99.7	7	0.3
	250명 이상	329	329	100.0	0	0.0
	전체	11,502	10,821	94.1	681	5.9
금융 및 보험업	10~49명	977	961	98.3	16	1.7
	50~249명	362	355	98.0	7	2.0
	250명 이상	186	186	100.0	0	0.0
	전체	1,525	1,502	98.5	23	1.5
부동산업	10~49명	2,241	1,790	79.9	451	20.1
	50~249명	320	237	74.2	83	25.8
	250명 이상	126	114	90.6	12	9.4
	전체	2,687	2,142	79.7	545	20.3
전문, 과학 및 기술서비스업	10~49명	12,861	10,150	78.9	2,711	21.1
	50~249명	1,551	1,485	95.7	66	4.3
	250명 이상	235	229	97.3	6	2.7
	전체	14,647	11,863	81.0	2,784	19.0
사업시설관리, 사업지원 및 임대서비스업	10~49명	7,649	6,054	79.1	1,595	20.9
	50~249명	2,488	1,927	77.5	561	22.5
	250명 이상	838	784	93.6	54	6.4
	전체	10,975	8,765	79.9	2,210	20.1
교육서비스업	10~49명	2,294	2,037	88.8	257	11.2
	50~249명	160	156	97.6	4	2.4
	250명 이상	32	32	100.0	0	0.0
	전체	2,486	2,225	89.5	261	10.5
보건업 및 사회복지 서비스업	10~49명	12,621	12,147	96.2	474	3.8
	50~249명	2,153	2,111	98.0	42	2.0
	250명 이상	126	125	98.9	1	1.1
	전체	14,900	14,382	96.5	518	3.5
예술, 스포츠 및 여가관련 서비스업	10~49명	1,268	1,116	88.0	152	12.0
	50~249명	213	201	94.5	12	5.5
	250명 이상	20	16	82.4	4	17.6
	전체	1,501	1,334	88.8	167	11.2
수리 및 기타 개인 서비스업	10~49명	3,985	3,354	84.2	631	15.8
	50~249명	144	131	90.8	13	9.2
	250명 이상	16	15	91.0	1	9.0
	전체	4,145	3,500	84.4	645	15.6
조직형태별						
개인사업체		43,407	38,634	89.0	4,773	11.0
회사법인		168,208	143,405	85.3	24,803	14.7

※ 기준시점 : 2024년 12월 31일
※ 기업체 : 컴퓨터 보유 기업체
※ 컴퓨터 보유 기업체 : 2024년 12월 말 현재 컴퓨터를 한 대라도 보유하고 있는 기업체
※ 추정오차 : 네트워크(서버) 구축 ±1,261기업체, 네트워크(서버) 미구축 ±1,261기업체
※ 주 : 네트워크는 데이터 및 자원 공유와 정보교환을 위해 유·무선으로 정보기기를 연결하는 것을 말함

2 인터넷

2.1 인터넷 접속

(단위 : 개, %)

구 분		전체 기업체	인터넷 접속 가능	
			기업체수	비율
전체		211,615	211,615	100.0
지 역 별				
서울		48,089	48,089	100.0
부산		12,049	12,049	100.0
대구		7,688	7,688	100.0
인천		10,892	10,892	100.0
광주		4,524	4,524	100.0
대전		4,778	4,778	100.0
울산		4,311	4,311	100.0
세종		932	932	100.0
경기		59,176	59,176	100.0
강원		4,719	4,719	100.0
충북		7,270	7,270	100.0
충남		9,104	9,104	100.0
전북		5,631	5,631	100.0
전남		6,710	6,710	100.0
경북		10,254	10,254	100.0
경남		13,113	13,113	100.0
제주		2,375	2,375	100.0
업종x규모별				
농림수산업 (광업포함)	10~49명	1,537	1,537	100.0
	50~249명	75	75	100.0
	250명 이상	4	4	100.0
	전체	1,616	1,616	100.0
제조업	10~49명	55,152	55,152	100.0
	50~249명	8,833	8,833	100.0
	250명 이상	1,384	1,384	100.0
	전체	65,369	65,369	100.0
전기 등 공기조절 공급업/수도 등 원료 재생업	10~49명	2,175	2,175	100.0
	50~249명	346	346	100.0
	250명 이상	37	37	100.0
	전체	2,558	2,558	100.0
건설업	10~49명	26,763	26,763	100.0
	50~249명	3,116	3,116	100.0
	250명 이상	515	515	100.0
	전체	30,394	30,394	100.0
도매 및 소매업	10~49명	26,036	26,036	100.0
	50~249명	2,256	2,256	100.0
	250명 이상	328	328	100.0
	전체	28,620	28,620	100.0
운수 및 창고업	10~49명	5,807	5,807	100.0
	50~249명	1,670	1,670	100.0
	250명 이상	263	263	100.0
	전체	7,740	7,740	100.0
숙박 및 음식점업	10~49명	10,313	10,313	100.0
	50~249명	535	535	100.0
	250명 이상	102	102	100.0
	전체	10,950	10,950	100.0

(계속)

(단위 : 개, %)

구 분		전체 기업체	인터넷 접속 가능	
			기업체수	비율
정보통신업	10~49명	9,251	9,251	100.0
	50~249명	1,922	1,922	100.0
	250명 이상	329	329	100.0
	전체	11,502	11,502	100.0
금융 및 보험업	10~49명	977	977	100.0
	50~249명	362	362	100.0
	250명 이상	186	186	100.0
	전체	1,525	1,525	100.0
부동산업	10~49명	2,241	2,241	100.0
	50~249명	320	320	100.0
	250명 이상	126	126	100.0
	전체	2,687	2,687	100.0
전문, 과학 및 기술서비스업	10~49명	12,861	12,861	100.0
	50~249명	1,551	1,551	100.0
	250명 이상	235	235	100.0
	전체	14,647	14,647	100.0
사업시설관리, 사업지원 및 임대서비스업	10~49명	7,649	7,649	100.0
	50~249명	2,488	2,488	100.0
	250명 이상	838	838	100.0
	전체	10,975	10,975	100.0
교육서비스업	10~49명	2,294	2,294	100.0
	50~249명	160	160	100.0
	250명 이상	32	32	100.0
	전체	2,486	2,486	100.0
보건업 및 사회복지 서비스업	10~49명	12,621	12,621	100.0
	50~249명	2,153	2,153	100.0
	250명 이상	126	126	100.0
	전체	14,900	14,900	100.0
예술, 스포츠 및 여가관련 서비스업	10~49명	1,268	1,268	100.0
	50~249명	213	213	100.0
	250명 이상	20	20	100.0
	전체	1,501	1,501	100.0
수리 및 기타 개인 서비스업	10~49명	3,985	3,985	100.0
	50~249명	144	144	100.0
	250명 이상	16	16	100.0
	전체	4,145	4,145	100.0
조직형태별				
개인사업체		43,407	43,407	100.0
회사법인		168,208	168,208	100.0

※ 기준시점 : 2024년 12월 31일
※ 기업체 : 전국의 종사자수 10인 이상 민간 부문 기업체(통계청, 2024년 12월 기준 기업통계등록부)
※ 주 : 인터넷 접속은 기기의 종류와 관계없이 이메일 송수신, 정보검색, 인터넷뱅킹, 데이터 파일 전송 등을 가능케 함을 말함

2.2 인터넷 접속 방법(복수응답) - ①

(단위 : 개, %)

구 분		인터넷 접속 기업체	케이블 모뎀		광랜		전용회선	
			기업체수	비율	기업체수	비율	기업체수	비율
전체		211,615	28,913	13.7	163,092	77.1	34,999	16.5
지 역 별								
서울		48,089	2,271	4.7	42,149	87.6	2,372	4.9
부산		12,049	2,412	20.0	5,585	46.4	6,073	50.4
대구		7,688	1,251	16.3	3,139	40.8	4,775	62.1
인천		10,892	1,089	10.0	9,772	89.7	207	1.9
광주		4,524	1,142	25.3	3,639	80.4	28	0.6
대전		4,778	1,349	28.2	3,180	66.6	101	2.1
울산		4,311	967	22.4	1,634	37.9	2,703	62.7
세종		932	39	4.2	869	93.3	2	0.2
경기		59,176	7,659	12.9	53,941	91.2	5,062	8.6
강원		4,719	224	4.8	4,469	94.7	101	2.1
충북		7,270	1,655	22.8	5,403	74.3	289	4.0
충남		9,104	2,602	28.6	6,281	69.0	83	0.9
전북		5,631	1,115	19.8	4,637	82.4	107	1.9
전남		6,710	1,156	17.2	5,691	84.8	93	1.4
경북		10,254	1,683	16.4	4,773	46.5	5,600	54.6
경남		13,113	2,236	17.1	5,624	42.9	7,299	55.7
제주		2,375	63	2.7	2,306	97.1	102	4.3
업종x규모별								
농림수산업 (광업포함)	10~49명	1,537	177	11.5	1,378	89.6	133	8.7
	50~249명	75	6	7.9	65	86.1	9	11.9
	250명 이상	4	0	0.0	2	50.1	3	75.1
	전체	1,616	183	11.3	1,444	89.4	145	9.0
제조업	10~49명	55,152	8,875	16.1	39,390	71.4	14,023	25.4
	50~249명	8,833	2,223	25.2	6,266	70.9	1,181	13.4
	250명 이상	1,384	88	6.4	947	68.5	535	38.6
	전체	65,369	11,186	17.1	46,604	71.3	15,739	24.1
전기 등 공기조절 공급업/수도 등 원료 재생업	10~49명	2,175	435	20.0	1,431	65.8	407	18.7
	50~249명	346	29	8.5	277	80.1	54	15.6
	250명 이상	37	1	3.1	30	81.5	16	44.3
	전체	2,558	465	18.2	1,739	68.0	477	18.6
건설업	10~49명	26,763	5,419	20.2	18,789	70.2	3,130	11.7
	50~249명	3,116	325	10.4	2,792	89.6	107	3.4
	250명 이상	515	16	3.0	454	88.1	111	21.5
	전체	30,394	5,760	18.9	22,034	72.5	3,348	11.0
도매 및 소매업	10~49명	26,036	2,696	10.4	20,909	80.3	4,003	15.4
	50~249명	2,256	63	2.8	2,072	91.8	275	12.2
	250명 이상	328	6	1.9	285	86.9	74	22.5
	전체	28,620	2,766	9.7	23,267	81.3	4,352	15.2
운수 및 창고업	10~49명	5,807	1,387	23.9	4,207	72.5	418	7.2
	50~249명	1,670	327	19.6	1,249	74.8	270	16.2
	250명 이상	263	8	3.2	219	83.2	76	28.7
	전체	7,740	1,723	22.3	5,675	73.3	763	9.9
숙박 및 음식점업	10~49명	10,313	990	9.6	8,226	79.8	1,090	10.6
	50~249명	535	22	4.1	456	85.3	131	24.5
	250명 이상	102	1	1.3	89	87.7	28	27.5
	전체	10,950	1,014	9.3	8,772	80.1	1,249	11.4

(계속)

(단위 : 개, %)

구 분		인터넷 접속 기업체	케이블 모뎀		광랜		전용회선	
			기업체수	비율	기업체수	비율	기업체수	비율
정보통신업	10~49명	9,251	493	5.3	7,561	81.7	1,276	13.8
	50~249명	1,922	158	8.2	1,361	70.8	520	27.0
	250명 이상	329	5	1.5	295	89.5	72	22.0
	전체	11,502	655	5.7	9,217	80.1	1,869	16.2
금융 및 보험업	10~49명	977	49	5.0	764	78.2	218	22.3
	50~249명	362	0	0.0	205	56.5	211	58.4
	250명 이상	186	0	0.0	118	63.3	142	76.5
	전체	1,525	49	3.2	1,086	71.2	571	37.5
부동산업	10~49명	2,241	59	2.6	1,934	86.3	307	13.7
	50~249명	320	4	1.1	274	85.5	43	13.4
	250명 이상	126	4	2.8	115	91.4	20	16.2
	전체	2,687	66	2.5	2,323	86.4	371	13.8
전문, 과학 및 기술서비스업	10~49명	12,861	1,654	12.9	10,441	81.2	1,378	10.7
	50~249명	1,551	137	8.9	1,354	87.3	333	21.5
	250명 이상	235	7	2.8	197	84.0	69	29.2
	전체	14,647	1,798	12.3	11,992	81.9	1,779	12.1
사업시설관리, 사업지원 및 임대서비스업	10~49명	7,649	988	12.9	5,794	75.7	1,680	22.0
	50~249명	2,488	193	7.8	2,038	81.9	419	16.8
	250명 이상	838	34	4.0	765	91.3	92	11.0
	전체	10,975	1,215	11.1	8,597	78.3	2,191	20.0
교육서비스업	10~49명	2,294	232	10.1	2,166	94.4	53	2.3
	50~249명	160	4	2.3	151	94.2	15	9.4
	250명 이상	32	0	0.0	29	89.2	9	28.4
	전체	2,486	236	9.5	2,345	94.3	77	3.1
보건업 및 사회복지 서비스업	10~49명	12,621	966	7.7	11,417	90.5	601	4.8
	50~249명	2,153	107	5.0	1,927	89.5	338	15.7
	250명 이상	126	0	0.0	108	85.8	30	24.2
	전체	14,900	1,073	7.2	13,453	90.3	969	6.5
예술, 스포츠 및 여가관련 서비스업	10~49명	1,268	182	14.3	1,067	84.1	145	11.4
	50~249명	213	20	9.6	172	80.7	28	12.9
	250명 이상	20	0	0.0	19	95.4	1	4.6
	전체	1,501	202	13.5	1,258	83.8	173	11.5
수리 및 기타 개인 서비스업	10~49명	3,985	513	12.9	3,147	79.0	901	22.6
	50~249명	144	10	7.1	129	89.9	16	10.9
	250명 이상	16	0	0.0	12	72.5	7	45.2
	전체	4,145	523	12.6	3,288	79.3	924	22.3
조직형태별								
개인사업체		43,407	4,525	10.4	32,998	76.0	7,930	18.3
회사법인		168,208	24,388	14.5	130,094	77.3	27,068	16.1

※ 기준시점 : 2024년 12월 31일
※ 기업체 : 인터넷 접속 기업체
※ 추정오차 : 케이블 모뎀 ±1,249기업체, 광랜 ±1,528기업체, 전용회선 ±1,351기업체, 무선랜 ±1,656기업체, 모바일 인터넷 ±1,760기업체
※ 주 : 인터넷 접속 방법별 복수응답 수치임

2.2 인터넷 접속 방법(복수응답) - ②

(단위 : 개, %)

구 분		인터넷 접속 기업체	무선랜		모바일 인터넷	
			기업체수	비율	기업체수	비율
전체		211,615	149,437	70.6	79,369	37.5
지 역 별						
서울		48,089	33,999	70.7	13,889	28.9
부산		12,049	11,973	99.4	7,640	63.4
대구		7,688	7,607	98.9	5,051	65.7
인천		10,892	5,649	51.9	2,620	24.1
광주		4,524	3,911	86.4	967	21.4
대전		4,778	2,429	50.8	1,623	34.0
울산		4,311	4,304	99.8	2,280	52.9
세종		932	773	83.0	305	32.7
경기		59,176	33,150	56.0	20,175	34.1
강원		4,719	3,810	80.7	1,431	30.3
충북		7,270	2,906	40.0	2,519	34.6
충남		9,104	3,688	40.5	2,019	22.2
전북		5,631	4,894	86.9	1,336	23.7
전남		6,710	5,689	84.8	1,528	22.8
경북		10,254	9,841	96.0	6,714	65.5
경남		13,113	12,905	98.4	8,059	61.5
제주		2,375	1,911	80.5	1,213	51.1
업종x규모별						
농림수산업(광업포함)	10~49명	1,537	854	55.6	740	48.1
	50~249명	75	57	76.2	36	48.3
	250명 이상	4	2	50.1	1	25.0
	전체	1,616	913	56.5	777	48.1
제조업	10~49명	55,152	36,856	66.8	25,146	45.6
	50~249명	8,833	6,009	68.0	2,752	31.2
	250명 이상	1,384	1,013	73.2	654	47.2
	전체	65,369	43,878	67.1	28,552	43.7
전기 등 공기조절 공급업/수도 등 원료 재생업	10~49명	2,175	1,551	71.3	871	40.0
	50~249명	346	269	77.7	157	45.4
	250명 이상	37	30	80.9	21	57.0
	전체	2,558	1,850	72.3	1,049	41.0
건설업	10~49명	26,763	19,606	73.3	7,789	29.1
	50~249명	3,116	2,170	69.6	1,286	41.3
	250명 이상	515	420	81.6	231	44.8
	전체	30,394	22,196	73.0	9,305	30.6
도매 및 소매업	10~49명	26,036	18,871	72.5	10,430	40.1
	50~249명	2,256	1,959	86.8	799	35.4
	250명 이상	328	242	73.8	158	48.0
	전체	28,620	21,072	73.6	11,386	39.8
운수 및 창고업	10~49명	5,807	4,079	70.2	1,836	31.6
	50~249명	1,670	1,246	74.6	701	42.0
	250명 이상	263	191	72.8	98	37.1
	전체	7,740	5,516	71.3	2,635	34.0
숙박 및 음식점업	10~49명	10,313	7,964	77.2	3,390	32.9
	50~249명	535	447	83.5	252	47.0
	250명 이상	102	80	78.5	46	45.2
	전체	10,950	8,490	77.5	3,688	33.7

(계속)

(단위 : 개, %)

구 분		인터넷 접속 기업체	무선랜		모바일 인터넷	
			기업체수	비율	기업체수	비율
정보통신업	10~49명	9,251	6,570	71.0	3,524	38.1
	50~249명	1,922	1,517	78.9	671	34.9
	250명 이상	329	185	56.2	131	40.0
	전체	11,502	8,272	71.9	4,326	37.6
금융 및 보험업	10~49명	977	498	51.0	263	26.9
	50~249명	362	157	43.4	215	59.3
	250명 이상	186	101	54.2	46	24.8
	전체	1,525	756	49.6	524	34.4
부동산업	10~49명	2,241	1,659	74.0	697	31.1
	50~249명	320	172	53.7	93	29.0
	250명 이상	126	84	66.9	27	21.4
	전체	2,687	1,915	71.3	817	30.4
전문, 과학 및 기술서비스업	10~49명	12,861	9,054	70.4	3,824	29.7
	50~249명	1,551	1,124	72.5	572	36.9
	250명 이상	235	206	87.6	116	49.2
	전체	14,647	10,384	70.9	4,512	30.8
사업시설관리, 사업지원 및 임대서비스업	10~49명	7,649	5,020	65.6	2,684	35.1
	50~249명	2,488	1,786	71.8	975	39.2
	250명 이상	838	615	73.4	382	45.6
	전체	10,975	7,421	67.6	4,041	36.8
교육서비스업	10~49명	2,294	1,787	77.9	658	28.7
	50~249명	160	102	63.7	52	32.4
	250명 이상	32	25	78.3	16	50.9
	전체	2,486	1,914	77.0	726	29.2
보건업 및 사회복지 서비스업	10~49명	12,621	9,010	71.4	4,319	34.2
	50~249명	2,153	1,668	77.5	697	32.4
	250명 이상	126	104	82.5	45	35.5
	전체	14,900	10,782	72.4	5,061	34.0
예술, 스포츠 및 여가관련 서비스업	10~49명	1,268	876	69.1	481	37.9
	50~249명	213	174	81.5	111	52.2
	250명 이상	20	13	67.5	12	62.5
	전체	1,501	1,064	70.9	604	40.3
수리 및 기타 개인 서비스업	10~49명	3,985	2,913	73.1	1,314	33.0
	50~249명	144	88	61.2	42	28.8
	250명 이상	16	13	81.9	11	67.0
	전체	4,145	3,014	72.7	1,366	33.0
조직형태별						
개인사업체		43,407	31,637	72.9	16,912	39.0
회사법인		168,208	117,800	70.0	62,457	37.1

※ 기준시점 : 2024년 12월 31일
※ 기업체 : 인터넷 접속 기업체
※ 추정오차 : 케이블 모뎀 ±1,249기업체, 광랜 ±1,528기업체, 전용회선 ±1,351기업체, 무선랜 ±1,656기업체, 모바일 인터넷 ±1,760기업체
※ 주 : 인터넷 접속 방법별 복수응답 수치임

2.3 직원의 업무상 인터넷 이용 - ①

(단위 : 개, %)

구 분		인터넷 접속 기업체	20% 미만		20%~40% 미만		40%~60% 미만	
			기업체수	비율	기업체수	비율	기업체수	비율
전체		211,615	11,133	5.3	34,372	16.2	40,908	19.3
지 역 별								
서울		48,089	1,763	3.7	2,793	5.8	5,265	10.9
부산		12,049	51	0.4	4,064	33.7	1,870	15.5
대구		7,688	41	0.5	2,789	36.3	1,031	13.4
인천		10,892	920	8.4	1,355	12.4	2,441	22.4
광주		4,524	302	6.7	375	8.3	726	16.0
대전		4,778	340	7.1	688	14.4	1,037	21.7
울산		4,311	16	0.4	1,530	35.5	579	13.4
세종		932	20	2.1	185	19.9	230	24.7
경기		59,176	4,770	8.1	8,301	14.0	13,897	23.5
강원		4,719	309	6.6	508	10.8	1,216	25.8
충북		7,270	552	7.6	1,191	16.4	1,400	19.3
충남		9,104	803	8.8	1,470	16.1	2,158	23.7
전북		5,631	243	4.3	480	8.5	1,073	19.0
전남		6,710	764	11.4	587	8.7	1,924	28.7
경북		10,254	43	0.4	3,127	30.5	2,510	24.5
경남		13,113	48	0.4	4,735	36.1	3,055	23.3
제주		2,375	147	6.2	193	8.1	496	20.9
업종x규모별								
농림수산업 (광업포함)	10~49명	1,537	142	9.2	326	21.2	532	34.6
	50~249명	75	10	13.8	18	24.4	15	19.9
	250명 이상	4	0	0.0	0	0.0	1	25.0
	전체	1,616	152	9.4	344	21.3	548	33.9
제조업	10~49명	55,152	3,743	6.8	12,135	22.0	16,532	30.0
	50~249명	8,833	416	4.7	1,646	18.6	2,022	22.9
	250명 이상	1,384	44	3.2	241	17.4	255	18.4
	전체	65,369	4,203	6.4	14,022	21.5	18,809	28.8
전기 등 공기조절 공급업/수도 등 원료 재생업	10~49명	2,175	212	9.8	550	25.3	545	25.0
	50~249명	346	62	17.9	73	21.2	80	23.1
	250명 이상	37	2	5.9	10	28.2	6	15.5
	전체	2,558	276	10.8	634	24.8	630	24.6
건설업	10~49명	26,763	955	3.6	4,763	17.8	4,701	17.6
	50~249명	3,116	364	11.7	600	19.2	800	25.7
	250명 이상	515	80	15.5	115	22.3	134	26.0
	전체	30,394	1,398	4.6	5,478	18.0	5,635	18.5
도매 및 소매업	10~49명	26,036	805	3.1	3,238	12.4	4,429	17.0
	50~249명	2,256	64	2.8	197	8.7	191	8.5
	250명 이상	328	3	1.0	14	4.2	23	6.9
	전체	28,620	872	3.0	3,449	12.1	4,642	16.2
운수 및 창고업	10~49명	5,807	442	7.6	982	16.9	834	14.4
	50~249명	1,670	229	13.7	375	22.4	195	11.7
	250명 이상	263	42	16.1	82	31.2	36	13.8
	전체	7,740	714	9.2	1,439	18.6	1,066	13.8
숙박 및 음식점업	10~49명	10,313	623	6.0	1,495	14.5	2,185	21.2
	50~249명	535	41	7.7	80	14.9	115	21.6
	250명 이상	102	4	3.8	11	10.9	22	21.1
	전체	10,950	669	6.1	1,586	14.5	2,322	21.2

(계속)

(단위 : 개, %)

구 분		인터넷 접속 기업체	20% 미만		20%~40% 미만		40%~60% 미만	
			기업체수	비율	기업체수	비율	기업체수	비율
정보통신업	10~49명	9,251	30	0.3	424	4.6	119	1.3
	50~249명	1,922	7	0.3	102	5.3	72	3.7
	250명 이상	329	4	1.2	7	2.0	2	0.6
	전체	11,502	41	0.4	533	4.6	193	1.7
금융 및 보험업	10~49명	977	0	0.0	31	3.2	16	1.7
	50~249명	362	4	1.0	17	4.8	7	2.0
	250명 이상	186	0	0.0	6	3.0	0	0.0
	전체	1,525	4	0.2	54	3.6	23	1.5
부동산업	10~49명	2,241	138	6.2	367	16.4	413	18.4
	50~249명	320	50	15.7	76	23.7	76	23.6
	250명 이상	126	18	14.6	35	27.7	25	19.7
	전체	2,687	207	7.7	478	17.8	514	19.1
전문, 과학 및 기술서비스업	10~49명	12,861	142	1.1	888	6.9	376	2.9
	50~249명	1,551	21	1.4	160	10.3	85	5.5
	250명 이상	235	2	0.7	14	5.9	20	8.7
	전체	14,647	164	1.1	1,061	7.2	481	3.3
사업시설관리, 사업지원 및 임대서비스업	10~49명	7,649	876	11.5	1,631	21.3	2,053	26.8
	50~249명	2,488	516	20.7	795	31.9	488	19.6
	250명 이상	838	159	18.9	251	29.9	189	22.6
	전체	10,975	1,551	14.1	2,676	24.4	2,731	24.9
교육서비스업	10~49명	2,294	35	1.5	182	7.9	146	6.3
	50~249명	160	0	0.0	4	2.3	8	4.8
	250명 이상	32	1	4.0	0	0.0	0	0.0
	전체	2,486	36	1.5	186	7.5	153	6.2
보건업 및 사회복지 서비스업	10~49명	12,621	424	3.4	970	7.7	1,909	15.1
	50~249명	2,153	59	2.7	244	11.3	188	8.7
	250명 이상	126	2	1.3	14	11.2	3	2.8
	전체	14,900	484	3.2	1,228	8.2	2,101	14.1
예술, 스포츠 및 여가관련 서비스업	10~49명	1,268	46	3.6	136	10.8	182	14.4
	50~249명	213	11	5.3	26	12.1	46	21.6
	250명 이상	20	0	0.0	3	15.0	10	47.8
	전체	1,501	57	3.8	165	11.0	238	15.9
수리 및 기타 개인 서비스업	10~49명	3,985	292	7.3	1,013	25.4	782	19.6
	50~249명	144	12	8.3	27	18.6	33	22.6
	250명 이상	16	1	8.8	0	0.0	7	42.3
	전체	4,145	305	7.4	1,040	25.1	822	19.8
조직형태별								
개인사업체		43,407	2,663	6.1	7,065	16.3	9,151	21.1
회사법인		168,208	8,470	5.0	27,307	16.2	31,757	18.9

※ 기준시점 : 2024년 12월 31일

※ 기업체 : 인터넷 접속 기업체

※ 추정오차 : 20% 미만 ±812기업체, 20%~40% 미만 ±1,341기업체, 40%~60% 미만 ±1,436기업체, 60%~80% 미만 ±1,485기업체, 80%~100% ±1,765기업체

※ 주 : 1) 직원의 업무상 인터넷 이용률 : 전체 직원 중 업무상 인터넷을 이용하는 직원의 비율

2) 업무상 인터넷 이용은 일주일에 적어도 한 번 이상 인터넷을 이용하여 업무를 보는 경우를 말함

2.3 직원의 업무상 인터넷 이용 - ②

(단위 : 개, %)

구 분		인터넷 접속 기업체	60%~80% 미만		80%~100%		평균 이용률
			기업체수	비율	기업체수	비율	
전체		211,615	44,794	21.2	80,408	38.0	65.9
지 역 별							
서울		48,089	4,978	10.4	33,291	69.2	82.0
부산		12,049	4,650	38.6	1,414	11.7	55.9
대구		7,688	2,992	38.9	836	10.9	54.8
인천		10,892	2,210	20.3	3,966	36.4	63.7
광주		4,524	424	9.4	2,697	59.6	75.0
대전		4,778	922	19.3	1,791	37.5	63.6
울산		4,311	1,887	43.8	300	6.9	54.0
세종		932	239	25.6	258	27.7	60.4
경기		59,176	12,038	20.3	20,170	34.1	63.1
강원		4,719	941	19.9	1,745	37.0	64.2
충북		7,270	1,765	24.3	2,362	32.5	62.3
충남		9,104	2,078	22.8	2,595	28.5	59.5
전북		5,631	521	9.3	3,314	58.9	74.0
전남		6,710	707	10.5	2,728	40.7	63.4
경북		10,254	3,784	36.9	790	7.7	54.2
경남		13,113	4,270	32.6	1,004	7.7	52.2
제주		2,375	390	16.4	1,149	48.4	70.4
업종x규모별							
농림수산업(광업포함)	10~49명	1,537	321	20.9	217	14.1	50.6
	50~249명	75	12	15.9	19	26.0	52.6
	250명 이상	4	0	0.0	3	75.0	89.3
	전체	1,616	333	20.6	239	14.8	50.8
제조업	10~49명	55,152	14,498	26.3	8,245	15.0	53.7
	50~249명	8,833	3,092	35.0	1,657	18.8	59.0
	250명 이상	1,384	512	37.0	331	23.9	61.6
	전체	65,369	18,102	27.7	10,233	15.7	54.6
전기 등 공기조절 공급업/수도 등 원료 재생업	10~49명	2,175	562	25.9	306	14.1	51.4
	50~249명	346	55	15.8	76	22.0	51.6
	250명 이상	37	6	15.3	13	35.1	62.5
	전체	2,558	623	24.3	395	15.4	51.6
건설업	10~49명	26,763	7,263	27.1	9,081	33.9	65.2
	50~249명	3,116	644	20.7	708	22.7	54.7
	250명 이상	515	93	18.1	93	18.1	49.3
	전체	30,394	8,000	26.3	9,882	32.5	63.9
도매 및 소매업	10~49명	26,036	4,986	19.1	12,578	48.3	72.1
	50~249명	2,256	295	13.1	1,509	66.9	80.8
	250명 이상	328	68	20.9	220	67.0	82.3
	전체	28,620	5,349	18.7	14,307	50.0	72.9
운수 및 창고업	10~49명	5,807	1,283	22.1	2,266	39.0	66.0
	50~249명	1,670	351	21.0	520	31.2	57.9
	250명 이상	263	42	15.8	61	23.1	50.6
	전체	7,740	1,675	21.6	2,847	36.8	63.7
숙박 및 음식점업	10~49명	10,313	2,003	19.4	4,007	38.9	64.5
	50~249명	535	140	26.2	158	29.6	59.9
	250명 이상	102	31	30.1	35	34.0	65.1
	전체	10,950	2,174	19.8	4,200	38.4	64.3

(계속)

(단위 : 개, %)

구 분		인터넷 접속 기업체	60%~80% 미만		80%~100%		평균 이용률
			기업체수	비율	기업체수	비율	
정보통신업	10~49명	9,251	818	8.8	7,860	85.0	92.7
	50~249명	1,922	208	10.8	1,533	79.8	87.6
	250명 이상	329	16	4.8	300	91.3	94.1
	전체	11,502	1,042	9.1	9,694	84.3	91.9
금융 및 보험업	10~49명	977	40	4.1	890	91.1	95.4
	50~249명	362	14	3.9	320	88.3	92.8
	250명 이상	186	5	2.7	175	94.3	97.2
	전체	1,525	59	3.9	1,385	90.8	95.0
부동산업	10~49명	2,241	331	14.8	992	44.3	67.5
	50~249명	320	57	17.8	61	19.1	51.0
	250명 이상	126	10	8.0	38	30.0	52.4
	전체	2,687	398	14.8	1,091	40.6	64.8
전문, 과학 및 기술서비스업	10~49명	12,861	1,554	12.1	9,902	77.0	88.2
	50~249명	1,551	226	14.6	1,059	68.3	83.1
	250명 이상	235	48	20.6	151	64.2	82.5
	전체	14,647	1,828	12.5	11,112	75.9	87.6
사업시설관리, 사업지원 및 임대서비스업	10~49명	7,649	1,140	14.9	1,948	25.5	55.3
	50~249명	2,488	402	16.1	287	11.5	42.9
	250명 이상	838	111	13.2	129	15.4	44.7
	전체	10,975	1,653	15.1	2,364	21.5	51.7
교육서비스업	10~49명	2,294	127	5.5	1,805	78.7	87.7
	50~249명	160	20	12.7	128	80.1	90.2
	250명 이상	32	0	0.0	31	96.0	95.2
	전체	2,486	147	5.9	1,963	79.0	88.0
보건업 및 사회복지 서비스업	10~49명	12,621	1,778	14.1	7,540	59.7	76.8
	50~249명	2,153	466	21.7	1,196	55.5	74.8
	250명 이상	126	32	25.2	75	59.5	78.0
	전체	14,900	2,276	15.3	8,811	59.1	76.5
예술, 스포츠 및 여가관련 서비스업	10~49명	1,268	329	26.0	574	45.3	72.0
	50~249명	213	55	26.0	74	34.9	64.4
	250명 이상	20	4	22.2	3	15.0	57.2
	전체	1,501	389	25.9	652	43.4	70.7
수리 및 기타 개인 서비스업	10~49명	3,985	721	18.1	1,176	29.5	58.9
	50~249명	144	20	14.0	53	36.6	62.4
	250명 이상	16	5	33.6	2	15.2	56.9
	전체	4,145	747	18.0	1,231	29.7	59.1
조직형태별							
개인사업체		43,407	8,592	19.8	15,936	36.7	64.0
회사법인		168,208	36,202	21.5	64,472	38.3	66.4

※ 기준시점 : 2024년 12월 31일
※ 기업체 : 인터넷 접속 기업체
※ 추정오차 : 20% 미만 ±812기업체, 20%~40% 미만 ±1,341기업체, 40%~60% 미만 ±1,436기업체, 60%~80% 미만 ±1,485기업체, 80%~100% ±1,765기업체
※ 주 : 1) 직원의 업무상 인터넷 이용률 : 전체 직원 중 업무상 인터넷을 이용하는 직원의 비율
2) 업무상 인터넷 이용은 일주일에 적어도 한 번 이상 인터넷을 이용하여 업무를 보는 경우를 말함

정보화 응용

1 웹사이트(홈페이지 등)

1.1 웹사이트(홈페이지 등) 이용

(단위 : 개, %)

구 분		전체 기업체	웹사이트(홈페이지 등) 이용		웹사이트(홈페이지 등) 미이용	
			기업체수	비율	기업체수	비율
전체		211,615	151,768	71.7	59,847	28.3
지 역 별						
서울		48,089	40,923	85.1	7,166	14.9
부산		12,049	7,412	61.5	4,637	38.5
대구		7,688	4,946	64.3	2,742	35.7
인천		10,892	7,668	70.4	3,224	29.6
광주		4,524	3,040	67.2	1,484	32.8
대전		4,778	3,718	77.8	1,060	22.2
울산		4,311	2,287	53.0	2,024	47.0
세종		932	633	67.9	299	32.1
경기		59,176	44,689	75.5	14,487	24.5
강원		4,719	2,836	60.1	1,883	39.9
충북		7,270	5,250	72.2	2,020	27.8
충남		9,104	6,409	70.4	2,695	29.6
전북		5,631	3,454	61.3	2,177	38.7
전남		6,710	4,265	63.6	2,445	36.4
경북		10,254	5,411	52.8	4,843	47.2
경남		13,113	7,318	55.8	5,795	44.2
제주		2,375	1,510	63.6	865	36.4
업종x규모별						
농림수산업 (광업포함)	10~49명	1,537	801	52.1	736	47.9
	50~249명	75	55	73.8	20	26.2
	250명 이상	4	4	100.0	0	0.0
	전체	1,616	860	53.2	756	46.8
제조업	10~49명	55,152	37,982	68.9	17,170	31.1
	50~249명	8,833	7,996	90.5	837	9.5
	250명 이상	1,384	1,367	98.8	17	1.2
	전체	65,369	47,345	72.4	18,024	27.6
전기 등 공기조절 공급업/수도 등 원료 재생업	10~49명	2,175	1,228	56.5	947	43.5
	50~249명	346	262	75.7	84	24.3
	250명 이상	37	37	100.0	0	0.0
	전체	2,558	1,527	59.7	1,031	40.3
건설업	10~49명	26,763	14,271	53.3	12,492	46.7
	50~249명	3,116	1,949	62.5	1,167	37.5
	250명 이상	515	434	84.2	81	15.8
	전체	30,394	16,654	54.8	13,740	45.2
도매 및 소매업	10~49명	26,036	19,450	74.7	6,586	25.3
	50~249명	2,256	1,994	88.4	262	11.6
	250명 이상	328	321	97.9	7	2.1
	전체	28,620	21,765	76.0	6,855	24.0
운수 및 창고업	10~49명	5,807	3,705	63.8	2,102	36.2
	50~249명	1,670	1,047	62.7	623	37.3
	250명 이상	263	221	84.1	42	15.9
	전체	7,740	4,973	64.3	2,767	35.7
숙박 및 음식점업	10~49명	10,313	7,196	69.8	3,117	30.2
	50~249명	535	464	86.8	71	13.2
	250명 이상	102	99	97.5	3	2.5
	전체	10,950	7,760	70.9	3,190	29.1

(계속)

(단위 : 개, %)

구 분		전체 기업체	웹사이트(홈페이지 등) 이용		웹사이트(홈페이지 등) 미이용	
			기업체수	비율	기업체수	비율
정보통신업	10~49명	9,251	8,330	90.0	921	10.0
	50~249명	1,922	1,883	98.0	39	2.0
	250명 이상	329	329	100.0	0	0.0
	전체	11,502	10,542	91.7	960	8.3
금융 및 보험업	10~49명	977	857	87.7	120	12.3
	50~249명	362	355	98.0	7	2.0
	250명 이상	186	183	98.4	3	1.6
	전체	1,525	1,395	91.4	130	8.6
부동산업	10~49명	2,241	1,250	55.8	991	44.2
	50~249명	320	241	75.4	79	24.6
	250명 이상	126	106	84.3	20	15.7
	전체	2,687	1,597	59.4	1,090	40.6
전문, 과학 및 기술서비스업	10~49명	12,861	9,568	74.4	3,293	25.6
	50~249명	1,551	1,391	89.7	160	10.3
	250명 이상	235	232	98.6	3	1.4
	전체	14,647	11,190	76.4	3,457	23.6
사업시설관리, 사업지원 및 임대서비스업	10~49명	7,649	4,743	62.0	2,906	38.0
	50~249명	2,488	1,706	68.6	782	31.4
	250명 이상	838	700	83.5	138	16.5
	전체	10,975	7,149	65.1	3,826	34.9
교육서비스업	10~49명	2,294	2,038	88.8	256	11.2
	50~249명	160	151	94.2	9	5.8
	250명 이상	32	31	96.0	1	4.0
	전체	2,486	2,219	89.3	267	10.7
보건업 및 사회복지 서비스업	10~49명	12,621	10,406	82.5	2,215	17.5
	50~249명	2,153	1,940	90.1	213	9.9
	250명 이상	126	124	98.7	2	1.3
	전체	14,900	12,471	83.7	2,429	16.3
예술, 스포츠 및 여가관련 서비스업	10~49명	1,268	1,034	81.5	234	18.5
	50~249명	213	206	96.8	7	3.2
	250명 이상	20	20	100.0	0	0.0
	전체	1,501	1,260	83.9	241	16.1
수리 및 기타 개인 서비스업	10~49명	3,985	2,925	73.4	1,060	26.6
	50~249명	144	121	83.7	23	16.3
	250명 이상	16	16	100.0	0	0.0
	전체	4,145	3,061	73.9	1,084	26.1
조직형태별						
개인사업체		43,407	30,387	70.0	13,020	30.0
회사법인		168,208	121,381	72.2	46,827	27.8

※ 기준시점 : 2024년 12월 31일

※ 기업체 : 전국의 종사자수 10인 이상 민간 부문 기업체(통계청, 2024년 12월 기준 기업통계등록부)

※ 추정오차 : 웹사이트(홈페이지 등) 이용 ±1,637기업체, 웹사이트(홈페이지 등) 미이용 ±1,637기업체

※ 주 : 1) 웹사이트, 홈페이지, 쇼핑몰 등을 운영하거나, 사업체/기관이 내용(콘텐츠)에 대해 통제 가능한 타사/기관의 웹사이트(관련 기업체의 웹사이트 포함)에 올라있는 경우 등을 포함함. 단, 온라인 디렉토리(기업체 주소와 전화번호 제공) 또는 다른 사업체/기관의 사이트에 광고로 게재된 경우는 제외됨

2) 자사 제품 및 서비스의 홍보, 광고 등을 위한 수단으로 이커머스 플랫폼(G마켓, 옥션, 11번가, 쿠팡, 네이버 스마트스토어 등) 및 동영상 플랫폼(Youtube, 카카오 TV, 치지직 등)을 활용하는 경우도 웹사이트 이용으로 포함함

1.2 웹사이트(홈페이지 등) 이용 형태(복수응답) - ①

(단위 : 개, %)

구 분		웹사이트(홈페이지 등) 이용 기업체	홈페이지		SNS		모바일 앱	
			기업체수	비율	기업체수	비율	기업체수	비율
전체		151,768	139,838	92.1	42,820	28.2	18,954	12.5
지 역 별								
서울		40,923	39,107	95.6	15,371	37.6	5,184	12.7
부산		7,412	6,459	87.1	1,755	23.7	1,544	20.8
대구		4,946	4,435	89.7	987	20.0	1,251	25.3
인천		7,668	6,984	91.1	2,267	29.6	881	11.5
광주		3,040	2,291	75.4	781	25.7	287	9.4
대전		3,718	3,579	96.3	723	19.4	445	12.0
울산		2,287	2,070	90.5	528	23.1	546	23.9
세종		633	578	91.4	226	35.7	196	31.0
경기		44,689	41,609	93.1	13,153	29.4	4,543	10.2
강원		2,836	2,452	86.4	831	29.3	101	3.6
충북		5,250	4,773	90.9	883	16.8	578	11.0
충남		6,409	6,218	97.0	989	15.4	512	8.0
전북		3,454	2,836	82.1	872	25.2	278	8.0
전남		4,265	3,245	76.1	876	20.5	433	10.2
경북		5,411	5,143	95.1	609	11.3	717	13.3
경남		7,318	6,773	92.6	1,478	20.2	1,297	17.7
제주		1,510	1,286	85.2	490	32.5	159	10.6
업종x규모별								
농림수산업(광업포함)	10~49명	801	720	89.9	119	14.8	60	7.5
	50~249명	55	54	97.3	9	16.2	4	8.1
	250명 이상	4	4	100.0	2	49.8	0	0.0
	전체	860	778	90.4	130	15.1	64	7.5
제조업	10~49명	37,982	34,480	90.8	8,271	21.8	3,910	10.3
	50~249명	7,996	7,859	98.3	1,678	21.0	1,127	14.1
	250명 이상	1,367	1,357	99.3	386	28.2	454	33.2
	전체	47,345	43,696	92.3	10,335	21.8	5,491	11.6
전기 등 공기조절 공급업/수도 등 원료 재생업	10~49명	1,228	1,100	89.6	177	14.4	146	11.9
	50~249명	262	236	90.0	51	19.3	25	9.6
	250명 이상	37	36	97.0	12	31.8	14	37.8
	전체	1,527	1,372	89.9	239	15.6	185	12.1
건설업	10~49명	14,271	13,432	94.1	1,798	12.6	533	3.7
	50~249명	1,949	1,857	95.3	283	14.5	78	4.0
	250명 이상	434	427	98.4	64	14.8	68	15.7
	전체	16,654	15,716	94.4	2,145	12.9	679	4.1
도매 및 소매업	10~49명	19,450	17,604	90.5	6,343	32.6	3,661	18.8
	50~249명	1,994	1,950	97.8	1,088	54.6	375	18.8
	250명 이상	321	319	99.5	204	63.5	121	37.8
	전체	21,765	19,873	91.3	7,635	35.1	4,158	19.1
운수 및 창고업	10~49명	3,705	3,549	95.8	634	17.1	104	2.8
	50~249명	1,047	984	94.0	198	18.9	127	12.1
	250명 이상	221	216	97.7	47	21.3	49	22.0
	전체	4,973	4,749	95.5	880	17.7	280	5.6
숙박 및 음식점업	10~49명	7,196	5,542	77.0	3,256	45.2	1,859	25.8
	50~249명	464	424	91.3	293	63.0	92	19.7
	250명 이상	99	99	100.0	53	53.6	43	42.9
	전체	7,760	6,065	78.2	3,602	46.4	1,994	25.7

(계속)

(단위 : 개, %)

구 분		웹사이트(홈페이지 등) 이용 기업체	홈페이지		SNS		모바일 앱	
			기업체수	비율	기업체수	비율	기업체수	비율
정보통신업	10~49명	8,330	8,204	98.5	2,741	32.9	1,778	21.3
	50~249명	1,883	1,876	99.7	733	38.9	422	22.4
	250명 이상	329	326	99.2	133	40.6	57	17.4
	전체	10,542	10,407	98.7	3,608	34.2	2,257	21.4
금융 및 보험업	10~49명	857	841	98.1	163	19.0	122	14.3
	50~249명	355	355	100.0	71	20.1	57	16.0
	250명 이상	183	183	100.0	103	56.4	109	59.8
	전체	1,395	1,379	98.9	338	24.2	288	20.7
부동산업	10~49명	1,250	1,172	93.8	233	18.6	115	9.2
	50~249명	241	237	98.5	40	16.4	11	4.5
	250명 이상	106	106	100.0	14	12.8	8	7.5
	전체	1,597	1,516	94.9	286	17.9	133	8.4
전문, 과학 및 기술서비스업	10~49명	9,568	9,139	95.5	2,622	27.4	836	8.7
	50~249명	1,391	1,378	99.1	400	28.8	279	20.1
	250명 이상	232	232	100.0	79	34.1	40	17.2
	전체	11,190	10,748	96.1	3,101	27.7	1,155	10.3
사업시설관리, 사업지원 및 임대서비스업	10~49명	4,743	4,232	89.2	926	19.5	532	11.2
	50~249명	1,706	1,621	95.0	287	16.8	167	9.8
	250명 이상	700	684	97.8	173	24.7	91	13.0
	전체	7,149	6,538	91.5	1,386	19.4	790	11.1
교육서비스업	10~49명	2,038	1,850	90.8	1,096	53.8	220	10.8
	50~249명	151	151	100.0	78	51.8	26	17.3
	250명 이상	31	31	100.0	21	69.9	10	33.3
	전체	2,219	2,031	91.5	1,196	53.9	256	11.5
보건업 및 사회복지 서비스업	10~49명	10,406	9,195	88.4	5,230	50.3	323	3.1
	50~249명	1,940	1,780	91.7	957	49.3	194	10.0
	250명 이상	124	123	98.7	54	43.4	27	21.6
	전체	12,471	11,098	89.0	6,240	50.0	544	4.4
예술, 스포츠 및 여가관련 서비스업	10~49명	1,034	889	86.0	529	51.1	147	14.2
	50~249명	206	204	98.9	104	50.4	41	20.0
	250명 이상	20	20	100.0	7	35.2	3	14.7
	전체	1,260	1,113	88.3	640	50.8	191	15.2
수리 및 기타 개인 서비스업	10~49명	2,925	2,631	90.0	1,005	34.4	460	15.7
	50~249명	121	112	92.7	46	38.0	22	18.1
	250명 이상	16	16	100.0	9	57.3	7	42.6
	전체	3,061	2,759	90.1	1,060	34.6	488	16.0
조직형태별								
개인사업체		30,387	25,775	84.8	11,531	37.9	4,156	13.7
회사법인		121,381	114,063	94.0	31,289	25.8	14,799	12.2

※ 기준시점 : 2024년 12월 31일
※ 기업체 : 웹사이트(홈페이지 등) 이용 기업체
※ 추정오차 : 홈페이지 ±788기업체, SNS ±1,317기업체, 모바일 앱 ±967기업체, 동영상 채널 ±884기업체, 이커머스 플랫폼 ±1,286기업체
※ 주 : 웹사이트(홈페이지 등) 이용 형태별 복수응답 수치임

1.2 웹사이트(홈페이지 등) 이용 형태(복수응답) - ②

(단위 : 개, %)

구 분		웹사이트 (홈페이지 등) 이용 기업체	동영상 채널		이커머스 플랫폼	
			기업체수	비율	기업체수	비율
전체		151,768	15,425	10.2	39,651	26.1
지 역 별						
서울		40,923	6,890	16.8	12,232	29.9
부산		7,412	425	5.7	1,101	14.9
대구		4,946	328	6.6	701	14.2
인천		7,668	1,154	15.1	2,137	27.9
광주		3,040	211	6.9	1,596	52.5
대전		3,718	17	0.5	645	17.4
울산		2,287	133	5.8	309	13.5
세종		633	36	5.7	150	23.7
경기		44,689	4,102	9.2	11,816	26.4
강원		2,836	448	15.8	979	34.5
충북		5,250	370	7.0	1,395	26.6
충남		6,409	148	2.3	762	11.9
전북		3,454	348	10.1	1,617	46.8
전남		4,265	137	3.2	1,949	45.7
경북		5,411	153	2.8	888	16.4
경남		7,318	401	5.5	922	12.6
제주		1,510	125	8.3	451	29.9
업종x규모별						
농림수산업 (광업포함)	10~49명	801	35	4.3	176	22.0
	50~249명	55	12	21.5	9	16.1
	250명 이상	4	2	49.8	3	74.8
	전체	860	49	5.7	188	21.8
제조업	10~49명	37,982	1,967	5.2	9,619	25.3
	50~249명	7,996	763	9.5	1,310	16.4
	250명 이상	1,367	305	22.3	437	32.0
	전체	47,345	3,036	6.4	11,366	24.0
전기 등 공기조절 공급업/수도 등 원료 재생업	10~49명	1,228	49	4.0	419	34.1
	50~249명	262	14	5.5	102	39.0
	250명 이상	37	4	10.0	7	19.1
	전체	1,527	67	4.4	528	34.6
건설업	10~49명	14,271	735	5.1	2,499	17.5
	50~249명	1,949	121	6.2	517	26.5
	250명 이상	434	48	11.2	109	25.1
	전체	16,654	904	5.4	3,125	18.8
도매 및 소매업	10~49명	19,450	2,820	14.5	5,767	29.6
	50~249명	1,994	768	38.5	1,030	51.7
	250명 이상	321	130	40.6	89	27.7
	전체	21,765	3,718	17.1	6,886	31.6
운수 및 창고업	10~49명	3,705	211	5.7	866	23.4
	50~249명	1,047	70	6.6	229	21.9
	250명 이상	221	30	13.6	57	25.8
	전체	4,973	311	6.2	1,152	23.2
숙박 및 음식점업	10~49명	7,196	655	9.1	2,373	33.0
	50~249명	464	89	19.1	209	44.9
	250명 이상	99	34	34.4	44	44.6
	전체	7,760	778	10.0	2,626	33.8

(계속)

(단위 : 개, %)

구 분		웹사이트 (홈페이지 등) 이용 기업체	동영상 채널		이커머스 플랫폼	
			기업체수	비율	기업체수	비율
정보통신업	10~49명	8,330	1,109	13.3	1,266	15.2
	50~249명	1,883	335	17.8	256	13.6
	250명 이상	329	85	25.9	78	23.6
	전체	10,542	1,529	14.5	1,600	15.2
금융 및 보험업	10~49명	857	53	6.2	154	18.0
	50~249명	355	29	8.1	54	15.2
	250명 이상	183	102	55.7	99	53.9
	전체	1,395	184	13.2	307	22.0
부동산업	10~49명	1,250	39	3.1	389	31.1
	50~249명	241	36	14.9	61	25.4
	250명 이상	106	12	11.2	37	35.0
	전체	1,597	87	5.4	487	30.5
전문, 과학 및 기술서비스업	10~49명	9,568	756	7.9	2,389	25.0
	50~249명	1,391	180	12.9	326	23.4
	250명 이상	232	76	32.7	88	38.1
	전체	11,190	1,012	9.0	2,803	25.0
사업시설관리, 사업지원 및 임대서비스업	10~49명	4,743	329	6.9	1,558	32.9
	50~249명	1,706	149	8.7	586	34.4
	250명 이상	700	86	12.2	197	28.2
	전체	7,149	564	7.9	2,342	32.8
교육서비스업	10~49명	2,038	688	33.7	601	29.5
	50~249명	151	50	33.4	52	34.7
	250명 이상	31	21	69.9	16	51.1
	전체	2,219	759	34.2	669	30.1
보건업 및 사회복지 서비스업	10~49명	10,406	1,540	14.8	3,944	37.9
	50~249명	1,940	302	15.5	509	26.2
	250명 이상	124	38	30.3	34	27.4
	전체	12,471	1,879	15.1	4,487	36.0
예술, 스포츠 및 여가관련 서비스업	10~49명	1,034	186	18.0	340	32.9
	50~249명	206	37	18.0	99	48.1
	250명 이상	20	4	17.5	2	10.1
	전체	1,260	227	18.0	441	35.0
수리 및 기타 개인 서비스업	10~49명	2,925	292	10.0	594	20.3
	50~249명	121	24	19.6	49	40.5
	250명 이상	16	5	33.2	3	18.1
	전체	3,061	321	10.5	646	21.1
조직형태별						
개인사업체		30,387	3,031	10.0	9,394	30.9
회사법인		121,381	12,394	10.2	30,258	24.9

※ 기준시점 : 2024년 12월 31일
※ 기업체 : 웹사이트(홈페이지 등) 이용 기업체
※ 추정오차 : 홈페이지 ±788기업체, SNS ±1,317기업체, 모바일 앱 ±967기업체, 동영상 채널 ±884기업체, 이커머스 플랫폼 ±1,286기업체
※ 주 : 웹사이트(홈페이지 등) 이용 형태별 복수응답 수치임

1.3 웹사이트(홈페이지 등) 제공 기능(복수응답) - ①

(단위 : 개, %)

구 분		웹사이트 (홈페이지 등) 이용 기업체	정보 제공		주문, 판매		고객 지원 서비스	
			기업체수	비율	기업체수	비율	기업체수	비율
전체		151,768	151,768	100.0	56,909	37.5	68,416	45.1
지 역 별								
서울		40,923	40,923	100.0	20,555	50.2	22,852	55.8
부산		7,412	7,412	100.0	1,788	24.1	2,594	35.0
대구		4,946	4,946	100.0	1,118	22.6	2,035	41.1
인천		7,668	7,668	100.0	3,136	40.9	3,555	46.4
광주		3,040	3,040	100.0	768	25.3	1,442	47.4
대전		3,718	3,718	100.0	902	24.3	1,885	50.7
울산		2,287	2,287	100.0	386	16.9	758	33.2
세종		633	633	100.0	216	34.1	441	69.7
경기		44,689	44,689	100.0	17,421	39.0	18,515	41.4
강원		2,836	2,836	100.0	1,528	53.9	1,300	45.8
충북		5,250	5,250	100.0	1,857	35.4	1,713	32.6
충남		6,409	6,409	100.0	1,708	26.7	2,800	43.7
전북		3,454	3,454	100.0	828	24.0	1,836	53.2
전남		4,265	4,265	100.0	979	22.9	1,927	45.2
경북		5,411	5,411	100.0	1,208	22.3	1,675	31.0
경남		7,318	7,318	100.0	1,492	20.4	2,465	33.7
제주		1,510	1,510	100.0	1,020	67.6	622	41.2
업종x규모별								
농림수산업 (광업포함)	10~49명	801	801	100.0	257	32.1	267	33.4
	50~249명	55	55	100.0	24	43.2	18	32.4
	250명 이상	4	4	100.0	3	74.8	3	74.8
	전체	860	860	100.0	284	33.0	288	33.5
제조업	10~49명	37,982	37,982	100.0	11,169	29.4	14,379	37.9
	50~249명	7,996	7,996	100.0	1,868	23.4	3,750	46.9
	250명 이상	1,367	1,367	100.0	433	31.7	756	55.3
	전체	47,345	47,345	100.0	13,470	28.5	18,885	39.9
전기 등 공기조절 공급업/수도 등 원료 재생업	10~49명	1,228	1,228	100.0	344	28.0	550	44.8
	50~249명	262	262	100.0	91	34.8	138	52.6
	250명 이상	37	37	100.0	5	13.0	16	44.0
	전체	1,527	1,527	100.0	440	28.8	704	46.1
건설업	10~49명	14,271	14,271	100.0	4,980	34.9	4,980	34.9
	50~249명	1,949	1,949	100.0	603	30.9	878	45.1
	250명 이상	434	434	100.0	197	45.4	241	55.5
	전체	16,654	16,654	100.0	5,780	34.7	6,099	36.6
도매 및 소매업	10~49명	19,450	19,450	100.0	10,559	54.3	8,683	44.6
	50~249명	1,994	1,994	100.0	1,223	61.4	1,400	70.2
	250명 이상	321	321	100.0	205	63.9	269	83.9
	전체	21,765	21,765	100.0	11,988	55.1	10,352	47.6
운수 및 창고업	10~49명	3,705	3,705	100.0	1,126	30.4	1,683	45.4
	50~249명	1,047	1,047	100.0	291	27.8	534	51.0
	250명 이상	221	221	100.0	68	30.9	113	51.1
	전체	4,973	4,973	100.0	1,485	29.9	2,330	46.8
숙박 및 음식점업	10~49명	7,196	7,196	100.0	4,019	55.8	3,303	45.9
	50~249명	464	464	100.0	309	66.6	278	59.9
	250명 이상	99	99	100.0	66	66.7	68	68.0
	전체	7,760	7,760	100.0	4,394	56.6	3,648	47.0

(계속)

(단위 : 개, %)

구 분		웹사이트 (홈페이지 등) 이용 기업체	정보 제공		주문, 판매		고객 지원 서비스	
			기업체수	비율	기업체수	비율	기업체수	비율
정보통신업	10~49명	8,330	8,330	100.0	4,242	50.9	4,767	57.2
	50~249명	1,883	1,883	100.0	582	30.9	818	43.4
	250명 이상	329	329	100.0	140	42.4	200	60.6
	전체	10,542	10,542	100.0	4,963	47.1	5,784	54.9
금융 및 보험업	10~49명	857	857	100.0	208	24.2	305	35.6
	50~249명	355	355	100.0	86	24.2	176	49.5
	250명 이상	183	183	100.0	110	60.2	150	81.7
	전체	1,395	1,395	100.0	404	29.0	630	45.2
부동산업	10~49명	1,250	1,250	100.0	370	29.6	431	34.5
	50~249명	241	241	100.0	72	29.7	119	49.1
	250명 이상	106	106	100.0	45	42.2	61	57.6
	전체	1,597	1,597	100.0	486	30.4	611	38.2
전문, 과학 및 기술서비스업	10~49명	9,568	9,568	100.0	3,280	34.3	4,065	42.5
	50~249명	1,391	1,391	100.0	473	34.0	765	55.0
	250명 이상	232	232	100.0	100	42.9	136	58.7
	전체	11,190	11,190	100.0	3,852	34.4	4,966	44.4
사업시설관리, 사업지원 및 임대서비스업	10~49명	4,743	4,743	100.0	1,892	39.9	2,155	45.4
	50~249명	1,706	1,706	100.0	585	34.3	875	51.3
	250명 이상	700	700	100.0	265	37.8	392	56.1
	전체	7,149	7,149	100.0	2,742	38.4	3,422	47.9
교육서비스업	10~49명	2,038	2,038	100.0	1,031	50.6	1,366	67.0
	50~249명	151	151	100.0	82	54.4	108	71.4
	250명 이상	31	31	100.0	25	81.1	25	81.2
	전체	2,219	2,219	100.0	1,138	51.3	1,499	67.5
보건업 및 사회복지 서비스업	10~49명	10,406	10,406	100.0	3,002	28.9	5,595	53.8
	50~249명	1,940	1,940	100.0	551	28.4	1,116	57.5
	250명 이상	124	124	100.0	47	37.6	77	62.1
	전체	12,471	12,471	100.0	3,600	28.9	6,788	54.4
예술, 스포츠 및 여가관련 서비스업	10~49명	1,034	1,034	100.0	511	49.4	543	52.5
	50~249명	206	206	100.0	164	79.8	148	71.9
	250명 이상	20	20	100.0	4	20.2	16	77.9
	전체	1,260	1,260	100.0	679	53.9	706	56.1
수리 및 기타 개인 서비스업	10~49명	2,925	2,925	100.0	1,148	39.2	1,633	55.8
	50~249명	121	121	100.0	49	40.8	59	48.9
	250명 이상	16	16	100.0	8	51.2	12	73.1
	전체	3,061	3,061	100.0	1,205	39.4	1,704	55.7
조직형태별								
개인사업체		30,387	30,387	100.0	10,258	33.8	13,842	45.6
회사법인		121,381	121,381	100.0	46,651	38.4	54,575	45.0

※ 기준시점 : 2024년 12월 31일
※ 기업체 : 웹사이트(홈페이지 등) 이용 기업체
※ 추정오차 : 주문, 판매 ±1,417기업체, 고객 지원 서비스 ±1,456기업체, 장애인용 서비스 ±470기업체, 외국어 지원 서비스 ±1,086 기업체
※ 주 : 웹사이트(홈페이지 등) 제공 기능별 복수응답 수치임

1.3 웹사이트(홈페이지 등) 제공 기능(복수응답) - ②

(단위 : 개, %)

구 분		웹사이트 (홈페이지 등) 이용 기업체	장애인용 서비스		외국어 지원 서비스	
			기업체수	비율	기업체수	비율
전체		151,768	4,028	2.7	25,004	16.5
지 역 별						
서울		40,923	1,049	2.6	7,833	19.1
부산		7,412	115	1.5	2,004	27.0
대구		4,946	99	2.0	1,548	31.3
인천		7,668	263	3.4	1,242	16.2
광주		3,040	233	7.7	409	13.5
대전		3,718	46	1.2	430	11.6
울산		2,287	38	1.7	745	32.6
세종		633	0	0.0	94	14.8
경기		44,689	1,177	2.6	4,037	9.0
강원		2,836	89	3.1	319	11.3
충북		5,250	138	2.6	681	13.0
충남		6,409	66	1.0	537	8.4
전북		3,454	252	7.3	666	19.3
전남		4,265	246	5.8	718	16.8
경북		5,411	11	0.2	1,281	23.7
경남		7,318	166	2.3	2,170	29.7
제주		1,510	40	2.6	289	19.1
업종x규모별						
농림수산업 (광업포함)	10~49명	801	21	2.6	66	8.3
	50~249명	55	0	0.0	12	21.5
	250명 이상	4	1	25.0	3	75.0
	전체	860	22	2.6	81	9.4
제조업	10~49명	37,982	983	2.6	4,913	12.9
	50~249명	7,996	415	5.2	3,588	44.9
	250명 이상	1,367	103	7.5	902	66.0
	전체	47,345	1,500	3.2	9,403	19.9
전기 등 공기조절 공급업/수도 등 원료 재생업	10~49명	1,228	48	3.9	211	17.2
	50~249명	262	22	8.2	58	22.1
	250명 이상	37	2	6.1	18	47.4
	전체	1,527	72	4.7	287	18.8
건설업	10~49명	14,271	417	2.9	1,250	8.8
	50~249명	1,949	49	2.5	340	17.4
	250명 이상	434	10	2.3	147	34.0
	전체	16,654	476	2.9	1,737	10.4
도매 및 소매업	10~49명	19,450	452	2.3	2,664	13.7
	50~249명	1,994	28	1.4	773	38.8
	250명 이상	321	15	4.7	126	39.1
	전체	21,765	495	2.3	3,563	16.4
운수 및 창고업	10~49명	3,705	53	1.4	684	18.5
	50~249명	1,047	13	1.2	165	15.8
	250명 이상	221	5	2.5	74	33.4
	전체	4,973	71	1.4	923	18.6
숙박 및 음식점업	10~49명	7,196	230	3.2	749	10.4
	50~249명	464	9	1.9	132	28.4
	250명 이상	99	3	3.2	31	30.8
	전체	7,760	242	3.1	911	11.7

(계속)

(단위 : 개, %)

구 분		웹사이트 (홈페이지 등) 이용 기업체	장애인용 서비스		외국어 지원 서비스	
			기업체수	비율	기업체수	비율
정보통신업	10~49명	8,330	245	2.9	1,590	19.1
	50~249명	1,883	39	2.1	638	33.9
	250명 이상	329	8	2.5	143	43.6
	전체	10,542	293	2.8	2,372	22.5
금융 및 보험업	10~49명	857	28	3.3	122	14.3
	50~249명	355	14	4.0	182	51.4
	250명 이상	183	66	36.3	73	39.6
	전체	1,395	109	7.8	377	27.0
부동산업	10~49명	1,250	0	0.0	98	7.8
	50~249명	241	4	1.5	21	8.9
	250명 이상	106	4	3.8	25	23.5
	전체	1,597	8	0.5	144	9.0
전문, 과학 및 기술서비스업	10~49명	9,568	141	1.5	1,444	15.1
	50~249명	1,391	33	2.4	523	37.6
	250명 이상	232	2	1.0	125	53.8
	전체	11,190	176	1.6	2,092	18.7
사업시설관리, 사업지원 및 임대서비스업	10~49명	4,743	30	0.6	659	13.9
	50~249명	1,706	25	1.5	280	16.4
	250명 이상	700	14	2.0	111	15.8
	전체	7,149	69	1.0	1,049	14.7
교육서비스업	10~49명	2,038	20	1.0	342	16.8
	50~249명	151	6	3.7	39	25.9
	250명 이상	31	0	0.0	11	37.2
	전체	2,219	25	1.1	393	17.7
보건업 및 사회복지 서비스업	10~49명	10,406	223	2.1	837	8.0
	50~249명	1,940	17	0.9	204	10.5
	250명 이상	124	5	4.4	18	14.6
	전체	12,471	245	2.0	1,060	8.5
예술, 스포츠 및 여가관련 서비스업	10~49명	1,034	25	2.5	142	13.8
	50~249명	206	7	3.4	51	24.9
	250명 이상	20	0	0.0	9	44.8
	전체	1,260	32	2.6	203	16.1
수리 및 기타 개인 서비스업	10~49명	2,925	189	6.5	371	12.7
	50~249명	121	0	0.0	35	28.8
	250명 이상	16	1	6.2	4	27.3
	전체	3,061	190	6.2	410	13.4
조직형태별						
개인사업체		30,387	640	2.1	3,124	10.3
회사법인		121,381	3,388	2.8	21,879	18.0

※ 기준시점 : 2024년 12월 31일
※ 기업체 : 웹사이트(홈페이지 등) 이용 기업체
※ 추정오차 : 주문, 판매 ±1,417기업체, 고객 지원 서비스 ±1,456기업체, 장애인용 서비스 ±470기업체, 외국어 지원 서비스 ±1,086 기업체
※ 주 : 웹사이트(홈페이지 등) 제공 기능별 복수응답 수치임

2 전자상거래

2.1 전자상거래 이용

(단위 : 개, %)

구 분		전체 기업체	전자상거래 이용		전자상거래 미이용	
			기업체수	비율	기업체수	비율
전체		211,615	121,545	57.4	90,070	42.6
지 역 별						
서울		48,089	36,626	76.2	11,463	23.8
부산		12,049	3,795	31.5	8,254	68.5
대구		7,688	2,016	26.2	5,672	73.8
인천		10,892	8,625	79.2	2,267	20.8
광주		4,524	1,540	34.0	2,984	66.0
대전		4,778	2,003	41.9	2,775	58.1
울산		4,311	840	19.5	3,471	80.5
세종		932	189	20.3	743	79.7
경기		59,176	41,756	70.6	17,420	29.4
강원		4,719	4,224	89.5	495	10.5
충북		7,270	2,617	36.0	4,653	64.0
충남		9,104	4,409	48.4	4,695	51.6
전북		5,631	1,573	27.9	4,058	72.1
전남		6,710	1,944	29.0	4,766	71.0
경북		10,254	3,073	30.0	7,181	70.0
경남		13,113	4,185	31.9	8,928	68.1
제주		2,375	2,128	89.6	247	10.4
업종x규모별						
농림수산업 (광업포함)	10~49명	1,537	719	46.8	818	53.2
	50~249명	75	51	68.0	24	32.0
	250명 이상	4	2	49.8	2	50.2
	전체	1,616	772	47.8	844	52.2
제조업	10~49명	55,152	28,349	51.4	26,803	48.6
	50~249명	8,833	4,764	53.9	4,069	46.1
	250명 이상	1,384	830	60.0	554	40.0
	전체	65,369	33,943	51.9	31,426	48.1
전기 등 공기조절 공급업/수도 등 원료 재생업	10~49명	2,175	1,065	49.0	1,110	51.0
	50~249명	346	259	74.9	87	25.1
	250명 이상	37	23	62.2	14	37.8
	전체	2,558	1,347	52.7	1,211	47.3
건설업	10~49명	26,763	12,487	46.7	14,276	53.3
	50~249명	3,116	1,820	58.4	1,296	41.6
	250명 이상	515	333	64.8	182	35.2
	전체	30,394	14,641	48.2	15,753	51.8
도매 및 소매업	10~49명	26,036	16,540	63.5	9,496	36.5
	50~249명	2,256	1,946	86.3	310	13.7
	250명 이상	328	289	88.2	39	11.8
	전체	28,620	18,775	65.6	9,845	34.4
운수 및 창고업	10~49명	5,807	3,119	53.7	2,688	46.3
	50~249명	1,670	940	56.3	730	43.7
	250명 이상	263	170	64.7	93	35.3
	전체	7,740	4,229	54.6	3,511	45.4
숙박 및 음식점업	10~49명	10,313	6,361	61.7	3,952	38.3
	50~249명	535	397	74.2	138	25.8
	250명 이상	102	91	89.0	11	11.0
	전체	10,950	6,849	62.5	4,101	37.5

(계속)

(단위 : 개, %)

구 분		전체 기업체	전자상거래 이용		전자상거래 미이용	
			기업체수	비율	기업체수	비율
정보통신업	10~49명	9,251	6,549	70.8	2,702	29.2
	50~249명	1,922	830	43.2	1,092	56.8
	250명 이상	329	281	85.5	48	14.5
	전체	11,502	7,660	66.6	3,842	33.4
금융 및 보험업	10~49명	977	679	69.5	298	30.5
	50~249명	362	107	29.6	255	70.4
	250명 이상	186	171	92.0	15	8.0
	전체	1,525	957	62.8	568	37.2
부동산업	10~49명	2,241	1,463	65.3	778	34.7
	50~249명	320	244	76.4	76	23.6
	250명 이상	126	97	76.9	29	23.1
	전체	2,687	1,805	67.2	882	32.8
전문, 과학 및 기술서비스업	10~49명	12,861	7,766	60.4	5,095	39.6
	50~249명	1,551	1,139	73.4	412	26.6
	250명 이상	235	188	80.2	47	19.8
	전체	14,647	9,093	62.1	5,554	37.9
사업시설관리, 사업지원 및 임대서비스업	10~49명	7,649	4,588	60.0	3,061	40.0
	50~249명	2,488	1,533	61.6	955	38.4
	250명 이상	838	674	80.4	164	19.6
	전체	10,975	6,795	61.9	4,180	38.1
교육서비스업	10~49명	2,294	1,801	78.5	493	21.5
	50~249명	160	147	91.8	13	8.2
	250명 이상	32	32	100.0	0	0.0
	전체	2,486	1,980	79.7	506	20.3
보건업 및 사회복지 서비스업	10~49명	12,621	8,471	67.1	4,150	32.9
	50~249명	2,153	1,320	61.3	833	38.7
	250명 이상	126	77	61.0	49	39.0
	전체	14,900	9,868	66.2	5,032	33.8
예술, 스포츠 및 여가관련 서비스업	10~49명	1,268	859	67.7	409	32.3
	50~249명	213	195	91.3	18	8.7
	250명 이상	20	20	100.0	0	0.0
	전체	1,501	1,074	71.5	427	28.5
수리 및 기타 개인 서비스업	10~49명	3,985	1,641	41.2	2,344	58.8
	50~249명	144	106	73.6	38	26.4
	250명 이상	16	12	72.8	4	27.2
	전체	4,145	1,758	42.4	2,387	57.6
조직형태별						
개인사업체		43,407	24,273	55.9	19,134	44.1
회사법인		168,208	97,272	57.8	70,936	42.2

※ 기준시점 : 2024년 12월 31일
※ 기업체 : 전국의 종사자수 10인 이상 민간 부문 기업체(통계청, 2024년 12월 기준 기업통계등록부)
※ 추정오차 : 전자상거래 이용 ±1,797기업체, 전자상거래 미이용 ±1,797기업체
※ 주 : 1) 본 조사에서 전자상거래란 "컴퓨터 및 네트워크를 통해 제품 또는 서비스에 대한 구매(발주) 또는 판매(수주)가 이루어지는 방식(모바일 상거래 포함)"을 말함
2) 인터넷 기반 이동전화(모바일 상거래 등)가 포함되나, 전화, 팩스 및 통상적인 이메일을 이용하여 제품 또는 서비스를 주문하거나 받는 경우는 포함되지 않음. 단, 온라인 결제여부는 관계없으나, 주문이 취소되거나 완료되지 않은 경우는 제외됨

2.2 전자상거래 구매(발주)

(단위 : 개, %)

구 분		전체 기업체	전자상거래 구매		전자상거래 미구매	
			기업체수	비율	기업체수	비율
전체		211,615	118,104	55.8	93,511	44.2
지 역 별						
서울		48,089	35,169	73.1	12,920	26.9
부산		12,049	3,686	30.6	8,363	69.4
대구		7,688	1,872	24.4	5,816	75.6
인천		10,892	8,478	77.8	2,414	22.2
광주		4,524	1,482	32.8	3,042	67.2
대전		4,778	1,964	41.1	2,814	58.9
울산		4,311	811	18.8	3,500	81.2
세종		932	141	15.2	791	84.8
경기		59,176	41,145	69.5	18,031	30.5
강원		4,719	4,148	87.9	571	12.1
충북		7,270	2,458	33.8	4,812	66.2
충남		9,104	4,284	47.1	4,820	52.9
전북		5,631	1,412	25.1	4,219	74.9
전남		6,710	1,858	27.7	4,852	72.3
경북		10,254	2,918	28.5	7,336	71.5
경남		13,113	4,155	31.7	8,958	68.3
제주		2,375	2,123	89.4	252	10.6
업종x규모별						
농림수산업 (광업포함)	10~49명	1,537	694	45.2	843	54.8
	50~249명	75	51	68.0	24	32.0
	250명 이상	4	2	49.8	2	50.2
	전체	1,616	747	46.3	869	53.7
제조업	10~49명	55,152	27,403	49.7	27,749	50.3
	50~249명	8,833	4,680	53.0	4,153	47.0
	250명 이상	1,384	818	59.1	566	40.9
	전체	65,369	32,901	50.3	32,468	49.7
전기 등 공기조절 공급업/수도 등 원료 재생업	10~49명	2,175	1,065	49.0	1,110	51.0
	50~249명	346	256	73.9	90	26.1
	250명 이상	37	23	62.2	14	37.8
	전체	2,558	1,343	52.5	1,215	47.5
건설업	10~49명	26,763	12,336	46.1	14,427	53.9
	50~249명	3,116	1,799	57.7	1,317	42.3
	250명 이상	515	330	64.0	185	36.0
	전체	30,394	14,464	47.6	15,930	52.4
도매 및 소매업	10~49명	26,036	15,804	60.7	10,232	39.3
	50~249명	2,256	1,924	85.3	332	14.7
	250명 이상	328	286	87.2	42	12.8
	전체	28,620	18,015	62.9	10,605	37.1
운수 및 창고업	10~49명	5,807	3,014	51.9	2,793	48.1
	50~249명	1,670	934	55.9	736	44.1
	250명 이상	263	170	64.7	93	35.3
	전체	7,740	4,118	53.2	3,622	46.8
숙박 및 음식점업	10~49명	10,313	5,933	57.5	4,380	42.5
	50~249명	535	389	72.7	146	27.3
	250명 이상	102	90	87.8	12	12.2
	전체	10,950	6,411	58.5	4,539	41.5

(계속)

(단위 : 개, %)

구 분		전체 기업체	전자상거래 구매		전자상거래 미구매	
			기업체수	비율	기업체수	비율
정보통신업	10~49명	9,251	6,149	66.5	3,102	33.5
	50~249명	1,922	823	42.8	1,099	57.2
	250명 이상	329	279	84.9	50	15.1
	전체	11,502	7,252	63.0	4,250	37.0
금융 및 보험업	10~49명	977	663	67.8	314	32.2
	50~249명	362	100	27.6	262	72.4
	250명 이상	186	168	90.5	18	9.5
	전체	1,525	931	61.1	594	38.9
부동산업	10~49명	2,241	1,463	65.3	778	34.7
	50~249명	320	237	74.1	83	25.9
	250명 이상	126	97	76.9	29	23.1
	전체	2,687	1,797	66.9	890	33.1
전문, 과학 및 기술서비스업	10~49명	12,861	7,731	60.1	5,130	39.9
	50~249명	1,551	1,132	73.0	419	27.0
	250명 이상	235	188	80.2	47	19.8
	전체	14,647	9,052	61.8	5,595	38.2
사업시설관리, 사업지원 및 임대서비스업	10~49명	7,649	4,410	57.7	3,239	42.3
	50~249명	2,488	1,506	60.5	982	39.5
	250명 이상	838	668	79.7	170	20.3
	전체	10,975	6,584	60.0	4,391	40.0
교육서비스업	10~49명	2,294	1,748	76.2	546	23.8
	50~249명	160	147	91.8	13	8.2
	250명 이상	32	32	100.0	0	0.0
	전체	2,486	1,927	77.5	559	22.5
보건업 및 사회복지 서비스업	10~49명	12,621	8,471	67.1	4,150	32.9
	50~249명	2,153	1,294	60.1	859	39.9
	250명 이상	126	75	59.6	51	40.4
	전체	14,900	9,841	66.0	5,059	34.0
예술, 스포츠 및 여가관련 서비스업	10~49명	1,268	834	65.7	434	34.3
	50~249명	213	190	89.0	23	11.0
	250명 이상	20	20	100.0	0	0.0
	전체	1,501	1,043	69.5	458	30.5
수리 및 기타 개인 서비스업	10~49명	3,985	1,562	39.2	2,423	60.8
	50~249명	144	103	71.6	41	28.4
	250명 이상	16	12	72.8	4	27.2
	전체	4,145	1,677	40.4	2,468	59.6
조직형태별						
개인사업체		43,407	23,788	54.8	19,619	45.2
회사법인		168,208	94,316	56.1	73,892	43.9

※ 기준시점 : 2024년 12월 31일

※ 기업체 : 전국의 종사자수 10인 이상 민간 부문 기업체(통계청, 2024년 12월 기준 기업통계등록부)

※ 추정오차 : 전자상거래 구매 ±1,805기업체, 전자상거래 미구매 ±1,805기업체

※ 주 : 구매에는 원료, 식료품, 부품, 사무용품, 기기, 유지보수용품, 보고서, 소프트웨어와 같은 정보서비스, 온라인 금융, 숙박, 교통 및 항공 여행과 같은 서비스 등 모든 자본이 포함

2.3.1 전자상거래 판매(수주)

(단위 : 개, %)

구 분		전체 기업체	전자상거래 판매		전자상거래 미판매	
			기업체수	비율	기업체수	비율
전체		211,615	51,147	24.2	160,468	75.8
지 역 별						
서울		48,089	19,543	40.6	28,546	59.4
부산		12,049	925	7.7	11,124	92.3
대구		7,688	632	8.2	7,056	91.8
인천		10,892	3,493	32.1	7,399	67.9
광주		4,524	536	11.8	3,988	88.2
대전		4,778	742	15.5	4,036	84.5
울산		4,311	217	5.0	4,094	95.0
세종		932	186	19.9	746	80.1
경기		59,176	15,944	26.9	43,232	73.1
강원		4,719	2,311	49.0	2,408	51.0
충북		7,270	1,668	22.9	5,602	77.1
충남		9,104	1,426	15.7	7,678	84.3
전북		5,631	566	10.0	5,065	90.0
전남		6,710	595	8.9	6,115	91.1
경북		10,254	616	6.0	9,638	94.0
경남		13,113	661	5.0	12,452	95.0
제주		2,375	1,086	45.7	1,289	54.3
업종x규모별						
농림수산업(광업포함)	10~49명	1,537	214	13.9	1,323	86.1
	50~249명	75	21	27.9	54	72.1
	250명 이상	4	2	49.8	2	50.2
	전체	1,616	237	14.7	1,379	85.3
제조업	10~49명	55,152	8,758	15.9	46,394	84.1
	50~249명	8,833	1,308	14.8	7,525	85.2
	250명 이상	1,384	320	23.1	1,064	76.9
	전체	65,369	10,386	15.9	54,983	84.1
전기 등 공기조절 공급업/수도 등 원료 재생업	10~49명	2,175	520	23.9	1,655	76.1
	50~249명	346	105	30.4	241	69.6
	250명 이상	37	3	6.9	34	93.1
	전체	2,558	628	24.5	1,930	75.5
건설업	10~49명	26,763	6,149	23.0	20,614	77.0
	50~249명	3,116	562	18.0	2,554	82.0
	250명 이상	515	175	33.9	340	66.1
	전체	30,394	6,886	22.7	23,508	77.3
도매 및 소매업	10~49명	26,036	9,993	38.4	16,043	61.6
	50~249명	2,256	1,131	50.1	1,125	49.9
	250명 이상	328	180	55.0	148	45.0
	전체	28,620	11,304	39.5	17,316	60.5
운수 및 창고업	10~49명	5,807	685	11.8	5,122	88.2
	50~249명	1,670	343	20.5	1,327	79.5
	250명 이상	263	49	18.7	214	81.3
	전체	7,740	1,077	13.9	6,663	86.1
숙박 및 음식점업	10~49명	10,313	4,220	40.9	6,093	59.1
	50~249명	535	278	52.0	257	48.0
	250명 이상	102	63	61.3	39	38.7
	전체	10,950	4,561	41.6	6,389	58.4

(계속)

(단위 : 개, %)

구 분		전체 기업체	전자상거래 판매		전자상거래 미판매	
			기업체수	비율	기업체수	비율
정보통신업	10~49명	9,251	3,658	39.5	5,593	60.5
	50~249명	1,922	353	18.4	1,569	81.6
	250명 이상	329	116	35.3	213	64.7
	전체	11,502	4,127	35.9	7,375	64.1
금융 및 보험업	10~49명	977	126	12.9	851	87.1
	50~249명	362	43	11.8	319	88.2
	250명 이상	186	103	55.5	83	44.5
	전체	1,525	273	17.9	1,252	82.1
부동산업	10~49명	2,241	292	13.0	1,949	87.0
	50~249명	320	57	17.9	263	82.1
	250명 이상	126	37	29.4	89	70.6
	전체	2,687	386	14.4	2,301	85.6
전문, 과학 및 기술서비스업	10~49명	12,861	3,047	23.7	9,814	76.3
	50~249명	1,551	419	27.0	1,132	73.0
	250명 이상	235	83	35.5	152	64.5
	전체	14,647	3,550	24.2	11,097	75.8
사업시설관리, 사업지원 및 임대서비스업	10~49명	7,649	1,409	18.4	6,240	81.6
	50~249명	2,488	548	22.0	1,940	78.0
	250명 이상	838	225	26.8	613	73.2
	전체	10,975	2,182	19.9	8,793	80.1
교육서비스업	10~49명	2,294	845	36.8	1,449	63.2
	50~249명	160	73	45.4	87	54.6
	250명 이상	32	24	74.2	8	25.8
	전체	2,486	941	37.9	1,545	62.1
보건업 및 사회복지 서비스업	10~49명	12,621	2,578	20.4	10,043	79.6
	50~249명	2,153	404	18.8	1,749	81.2
	250명 이상	126	32	25.3	94	74.7
	전체	14,900	3,014	20.2	11,886	79.8
예술, 스포츠 및 여가관련 서비스업	10~49명	1,268	471	37.1	797	62.9
	50~249명	213	160	75.0	53	25.0
	250명 이상	20	4	20.2	16	79.8
	전체	1,501	634	42.3	867	57.7
수리 및 기타 개인 서비스업	10~49명	3,985	910	22.8	3,075	77.2
	50~249명	144	42	29.2	102	70.8
	250명 이상	16	8	51.2	8	48.8
	전체	4,145	960	23.2	3,185	76.8
조직형태별						
개인사업체		43,407	8,817	20.3	34,590	79.7
회사법인		168,208	42,329	25.2	125,879	74.8

※ 기준시점 : 2024년 12월 31일
※ 기업체 : 전국의 종사자수 10인 이상 민간 부문 기업체(통계청, 2024년 12월 기준 기업통계등록부)
※ 추정오차 : 전자상거래 판매 ±1,556 기업체, 전자상거래 미판매 ±1,556기업체
※ 주 : 타사/기관을 대신해 받은 주문도 포함되며 자사를 대신해 타사/기관이 받은 주문도 포함

2.3.2 전자상거래 판매(수주)액 비중 - ①

(단위 : 개, %)

구 분		전자상거래 판매 기업체	20% 미만		20%~40% 미만		40%~60% 미만	
			기업체수	비율	기업체수	비율	기업체수	비율
전체		51,147	11,190	21.9	8,437	16.5	8,751	17.1
지 역 별								
서울		19,543	3,597	18.4	3,385	17.3	3,320	17.0
부산		925	83	9.0	245	26.5	126	13.7
대구		632	1	0.2	118	18.7	162	25.6
인천		3,493	1,203	34.4	602	17.2	486	13.9
광주		536	160	29.9	86	16.1	117	21.9
대전		742	122	16.4	190	25.6	229	30.9
울산		217	0	0.0	0	0.0	8	3.8
세종		186	53	28.3	30	15.9	101	54.4
경기		15,944	4,744	29.8	2,080	13.0	2,674	16.8
강원		2,311	410	17.8	253	11.0	231	10.0
충북		1,668	154	9.2	388	23.3	455	27.3
충남		1,426	91	6.4	517	36.3	105	7.4
전북		566	166	29.4	174	30.8	39	6.9
전남		595	147	24.8	105	17.7	148	24.9
경북		616	9	1.5	57	9.2	217	35.3
경남		661	15	2.2	55	8.4	269	40.7
제주		1,086	235	21.6	150	13.8	63	5.8
업종x규모별								
농림수산업(광업포함)	10~49명	214	31	14.6	38	17.7	31	14.6
	50~249명	21	6	28.4	4	21.4	4	21.4
	250명 이상	2	0	0.0	1	50.0	1	50.0
	전체	237	37	15.7	43	18.3	37	15.5
제조업	10~49명	8,758	2,298	26.2	1,796	20.5	1,227	14.0
	50~249명	1,308	261	19.9	301	23.0	301	23.0
	250명 이상	320	44	13.9	59	18.4	83	26.1
	전체	10,386	2,603	25.1	2,156	20.8	1,611	15.5
전기 등 공기조절 공급업/수도 등 원료 재생업	10~49명	520	32	6.1	98	18.9	65	12.5
	50~249명	105	0	0.0	0	0.0	18	17.2
	250명 이상	3	0	0.0	0	0.0	0	0.0
	전체	628	32	5.1	98	15.7	83	13.2
건설업	10~49명	6,149	1,659	27.0	999	16.2	573	9.3
	50~249명	562	114	20.3	86	15.2	106	18.9
	250명 이상	175	19	10.8	25	14.2	36	20.9
	전체	6,886	1,792	26.0	1,110	16.1	716	10.4
도매 및 소매업	10~49명	9,993	2,191	21.9	1,192	11.9	1,908	19.1
	50~249명	1,131	349	30.9	206	18.2	164	14.5
	250명 이상	180	42	23.6	49	27.0	41	22.7
	전체	11,304	2,583	22.8	1,447	12.8	2,113	18.7
운수 및 창고업	10~49명	685	53	7.7	108	15.8	236	34.4
	50~249명	343	19	5.5	31	9.2	83	24.1
	250명 이상	49	9	18.6	11	21.5	6	12.3
	전체	1,077	81	7.5	150	14.0	324	30.1
숙박 및 음식점업	10~49명	4,220	669	15.8	1,284	30.4	862	20.4
	50~249명	278	54	19.4	70	25.1	31	11.2
	250명 이상	63	16	25.2	4	5.8	7	10.6
	전체	4,561	738	16.2	1,357	29.8	900	19.7

(계속)

(단위 : 개, %)

구 분		전자상거래 판매 기업체	20% 미만		20%~40% 미만		40%~60% 미만	
			기업체수	비율	기업체수	비율	기업체수	비율
정보통신업	10~49명	3,658	551	15.1	492	13.4	462	12.6
	50~249명	353	66	18.6	46	13.0	45	12.8
	250명 이상	116	16	13.9	8	7.2	19	16.4
	전체	4,127	633	15.3	546	13.2	526	12.8
금융 및 보험업	10~49명	126	8	6.4	25	19.4	25	19.5
	50~249명	43	0	0.0	7	15.9	7	17.1
	250명 이상	103	0	0.0	5	5.1	30	29.3
	전체	273	8	3.0	37	13.5	62	22.9
부동산업	10~49명	292	58	20.0	58	20.0	78	26.7
	50~249명	57	15	25.4	7	12.5	11	18.6
	250명 이상	37	5	14.6	5	13.9	10	27.7
	전체	386	78	20.3	71	18.3	99	25.6
전문, 과학 및 기술서비스업	10~49명	3,047	794	26.0	381	12.5	589	19.3
	50~249명	419	47	11.1	60	14.2	93	22.2
	250명 이상	83	8	9.6	9	11.0	12	14.4
	전체	3,550	848	23.9	449	12.7	694	19.5
사업시설관리, 사업지원 및 임대서비스업	10~49명	1,409	154	10.9	177	12.5	212	15.1
	50~249명	548	157	28.6	131	23.8	97	17.7
	250명 이상	225	35	15.7	38	16.9	49	21.7
	전체	2,182	346	15.8	345	15.8	358	16.4
교육서비스업	10~49명	845	126	15.0	71	8.4	178	21.1
	50~249명	73	15	20.4	6	7.7	17	23.1
	250명 이상	24	3	14.6	0	0.0	5	19.4
	전체	941	145	15.4	76	8.1	200	21.2
보건업 및 사회복지 서비스업	10~49명	2,578	941	36.5	283	11.0	560	21.7
	50~249명	404	87	21.5	60	15.0	112	27.7
	250명 이상	32	9	27.6	2	5.7	9	28.5
	전체	3,014	1,037	34.4	345	11.4	681	22.6
예술, 스포츠 및 여가관련 서비스업	10~49명	471	50	10.7	112	23.7	108	22.9
	50~249명	160	9	5.8	11	7.1	9	5.9
	250명 이상	4	1	24.7	0	0.0	0	0.0
	전체	634	61	9.5	123	19.4	117	18.5
수리 및 기타 개인 서비스업	10~49명	910	160	17.6	81	9.0	210	23.1
	50~249명	42	6	14.1	1	3.4	15	35.5
	250명 이상	8	1	17.4	0	0.0	4	47.3
	전체	960	168	17.5	83	8.6	229	23.9
조직형태별								
개인사업체		8,817	2,138	24.3	1,814	20.6	1,671	19.0
회사법인		42,329	9,051	21.4	6,623	15.6	7,080	16.7

※ 기준시점 : 2024년 12월 31일
※ 기업체 : 전자상거래 판매(수주) 기업체
※ 추정오차 : 20% 미만 ±707기업체, 20%~40% 미만 ±635기업체, 40%~60% 미만 ±664기업체, 60%~80% 미만 ±714기업체, 80%~100% ±709기업체

2.3.2 전자상거래 판매(수주)액 비중 - ②

(단위 : 개, %)

구 분		전자상거래 판매 기업체	60%~80% 미만		80%~100%		전자상거래 판매(수주)액 비중(평균)
			기업체수	비율	기업체수	비율	
전체		51,147	11,504	22.5	11,264	22.0	48.5
지 역 별							
서울		19,543	4,155	21.3	5,085	26.0	51.5
부산		925	418	45.2	52	5.7	48.9
대구		632	309	48.9	41	6.5	54.3
인천		3,493	581	16.6	621	17.8	40.5
광주		536	128	23.8	45	8.4	40.5
대전		742	164	22.1	37	5.0	41.7
울산		217	165	76.1	43	20.1	65.4
세종		186	3	1.4	0	0.0	31.8
경기		15,944	3,075	19.3	3,371	21.1	44.8
강원		2,311	487	21.0	930	40.3	60.4
충북		1,668	352	21.1	319	19.2	51.5
충남		1,426	528	37.0	184	12.9	46.8
전북		566	161	28.4	26	4.6	36.0
전남		595	64	10.7	130	21.9	45.0
경북		616	238	38.7	95	15.4	58.4
경남		661	274	41.4	48	7.2	55.5
제주		1,086	404	37.2	234	21.6	51.6
업종x규모별							
농림수산업 (광업포함)	10~49명	214	82	38.2	32	14.8	50.2
	50~249명	21	5	21.7	1	7.1	36.6
	250명 이상	2	0	0.0	0	0.0	35.0
	전체	237	86	36.4	33	14.0	48.8
제조업	10~49명	8,758	2,125	24.3	1,312	15.0	42.7
	50~249명	1,308	330	25.2	115	8.8	41.7
	250명 이상	320	107	33.5	26	8.1	47.0
	전체	10,386	2,562	24.7	1,453	14.0	42.7
전기 등 공기조절 공급업/수도 등 원료 재생업	10~49명	520	112	21.6	213	40.9	64.2
	50~249명	105	47	44.8	40	37.9	72.6
	250명 이상	3	1	50.0	1	50.0	70.0
	전체	628	161	25.6	254	40.4	65.6
건설업	10~49명	6,149	845	13.7	2,072	33.7	50.5
	50~249명	562	149	26.5	107	19.0	48.7
	250명 이상	175	32	18.4	62	35.7	58.2
	전체	6,886	1,027	14.9	2,241	32.5	50.6
도매 및 소매업	10~49명	9,993	1,984	19.9	2,718	27.2	51.8
	50~249명	1,131	220	19.5	192	17.0	41.5
	250명 이상	180	28	15.5	20	11.3	40.2
	전체	11,304	2,232	19.7	2,930	25.9	50.5
운수 및 창고업	10~49명	685	183	26.7	105	15.3	51.1
	50~249명	343	83	24.1	127	37.1	60.1
	250명 이상	49	18	36.6	5	11.0	46.6
	전체	1,077	284	26.3	238	22.1	53.8
숙박 및 음식점업	10~49명	4,220	832	19.7	573	13.6	44.1
	50~249명	278	40	14.3	84	30.1	48.4
	250명 이상	63	23	37.3	13	21.0	50.5
	전체	4,561	895	19.6	670	14.7	44.4

(계속)

(단위 : 개, %)

구 분		전자상거래 판매 기업체	60%~80% 미만		80%~100%		전자상거래 판매(수주)액 비중(평균)
			기업체수	비율	기업체수	비율	
정보통신업	10~49명	3,658	800	21.9	1,354	37.0	59.8
	50~249명	353	131	37.0	65	18.5	50.8
	250명 이상	116	40	34.8	32	27.7	58.0
	전체	4,127	971	23.5	1,451	35.2	59.0
금융 및 보험업	10~49명	126	53	41.8	16	12.8	54.4
	50~249명	43	22	50.2	7	16.8	58.1
	250명 이상	103	52	50.6	15	14.9	60.4
	전체	273	127	46.5	39	14.2	57.2
부동산업	10~49명	292	97	33.3	0	0.0	40.0
	50~249명	57	14	24.9	11	18.7	47.5
	250명 이상	37	14	37.9	2	6.0	45.6
	전체	386	125	32.5	13	3.3	41.6
전문, 과학 및 기술서비스업	10~49명	3,047	696	22.8	588	19.3	46.3
	50~249명	419	127	30.3	93	22.1	55.3
	250명 이상	83	33	39.9	21	25.0	57.8
	전체	3,550	856	24.1	702	19.8	47.7
사업시설관리, 사업지원 및 임대서비스업	10~49명	1,409	568	40.3	299	21.2	55.3
	50~249명	548	92	16.8	72	13.0	38.4
	250명 이상	225	51	22.5	52	23.2	52.0
	전체	2,182	710	32.6	423	19.4	50.7
교육서비스업	10~49명	845	328	38.8	142	16.8	55.4
	50~249명	73	13	17.9	22	30.8	53.3
	250명 이상	24	10	42.4	6	23.6	57.6
	전체	941	351	37.3	170	18.0	55.3
보건업 및 사회복지 서비스업	10~49명	2,578	653	25.3	141	5.5	36.0
	50~249명	404	127	31.5	18	4.4	41.7
	250명 이상	32	9	27.7	3	10.5	44.0
	전체	3,014	789	26.2	162	5.4	36.9
예술, 스포츠 및 여가관련 서비스업	10~49명	471	121	25.6	80	17.1	49.4
	50~249명	160	35	22.0	95	59.2	75.6
	250명 이상	4	1	25.3	2	50.0	60.1
	전체	634	157	24.7	177	27.9	56.1
수리 및 기타 개인 서비스업	10~49명	910	161	17.7	297	32.6	54.7
	50~249명	42	9	21.9	11	25.1	55.2
	250명 이상	8	1	17.6	1	17.6	52.2
	전체	960	171	17.8	309	32.2	54.7
조직형태별							
개인사업체		8,817	1,906	21.6	1,288	14.6	43.6
회사법인		42,329	9,598	22.7	9,976	23.6	49.6

※ 기준시점 : 2024년 12월 31일

※ 기업체 : 전자상거래 판매(수주) 기업체

※ 추정오차 : 20% 미만 ±707기업체, 20%~40% 미만 ±635기업체, 40%~60% 미만 ±664기업체, 60%~80% 미만 ±714기업체, 80%~100% ±709기업체

2.3.3 전자상거래 판매(수주)액 고객 유형별 비중

(단위 : 개, %)

구 분		전자상거래 판매 기업체	가구/개인(소비자) 대상	기업 대상(관련기업 포함)	정부/공공기관 대상 (비영리단체 포함)
전체		51,147	43.9	39.1	17.0
지 역 별					
서울		19,543	38.9	46.9	14.2
부산		925	57.1	36.4	6.5
대구		632	53.1	42.8	4.1
인천		3,493	43.4	30.0	26.6
광주		536	85.0	9.7	5.2
대전		742	43.2	47.8	8.9
울산		217	17.1	65.2	17.6
세종		186	82.2	17.8	0.0
경기		15,944	49.2	37.3	13.5
강원		2,311	16.1	15.6	68.3
충북		1,668	53.8	28.5	17.7
충남		1,426	44.9	46.1	9.0
전북		566	76.9	16.4	6.7
전남		595	70.6	27.1	2.3
경북		616	50.1	43.3	6.6
경남		661	38.3	52.6	9.1
제주		1,086	31.0	26.2	42.8
업종x규모별					
농림수산업 (광업포함)	10~49명	214	48.4	30.0	21.6
	50~249명	21	33.5	54.8	11.7
	250명 이상	2	2.5	87.5	10.0
	전체	237	46.7	32.7	20.6
제조업	10~49명	8,758	45.1	48.0	6.9
	50~249명	1,308	51.8	43.6	4.7
	250명 이상	320	40.8	53.4	5.9
	전체	10,386	45.8	47.6	6.6
전기 등 공기조절 공급업/수도 등 원료 재생업	10~49명	520	19.1	16.8	64.1
	50~249명	105	3.5	30.1	66.4
	250명 이상	3	0.0	25.0	75.0
	전체	628	16.4	19.0	64.5
건설업	10~49명	6,149	4.9	31.9	63.2
	50~249명	562	1.2	58.3	40.4
	250명 이상	175	4.3	67.3	28.4
	전체	6,886	4.6	34.9	60.5
도매 및 소매업	10~49명	9,993	55.7	42.8	1.5
	50~249명	1,131	52.1	45.0	2.9
	250명 이상	180	76.5	22.4	1.1
	전체	11,304	55.7	42.7	1.6
운수 및 창고업	10~49명	685	39.6	52.8	7.7
	50~249명	343	66.4	24.7	9.0
	250명 이상	49	29.8	60.7	9.5
	전체	1,077	47.7	44.2	8.2
숙박 및 음식점업	10~49명	4,220	84.4	13.7	1.9
	50~249명	278	68.1	29.0	3.0
	250명 이상	63	52.5	40.9	6.6
	전체	4,561	83.0	15.0	2.0

(계속)

(단위 : 개, %)

구 분		전자상거래 판매 기업체	가구/개인(소비자) 대상	기업 대상(관련기업 포함)	정부/공공기관 대상 (비영리단체 포함)
정보통신업	10~49명	3,658	29.0	60.5	10.5
	50~249명	353	48.1	42.5	9.4
	250명 이상	116	42.8	38.4	18.8
	전체	4,127	31.0	58.4	10.7
금융 및 보험업	10~49명	126	49.4	42.2	8.3
	50~249명	43	55.7	35.6	8.8
	250명 이상	103	39.5	58.6	1.9
	전체	273	46.6	47.4	6.0
부동산업	10~49명	292	13.5	66.9	19.6
	50~249명	57	17.4	58.9	23.7
	250명 이상	37	10.2	64.2	25.6
	전체	386	13.8	65.4	20.8
전문, 과학 및 기술서비스업	10~49명	3,047	15.6	31.4	53.0
	50~249명	419	16.4	36.9	46.7
	250명 이상	83	13.7	45.7	40.6
	전체	3,550	15.7	32.4	51.9
사업시설관리, 사업지원 및 임대서비스업	10~49명	1,409	37.2	44.0	18.8
	50~249명	548	16.1	52.0	31.9
	250명 이상	225	10.9	68.0	21.0
	전체	2,182	29.2	48.5	22.4
교육서비스업	10~49명	845	64.6	34.3	1.0
	50~249명	73	74.2	23.3	2.5
	250명 이상	24	91.1	3.3	5.6
	전체	941	66.0	32.7	1.3
보건업 및 사회복지 서비스업	10~49명	2,578	73.6	24.3	2.0
	50~249명	404	64.9	29.9	5.3
	250명 이상	32	53.5	28.3	18.2
	전체	3,014	72.3	25.1	2.6
예술, 스포츠 및 여가관련 서비스업	10~49명	471	70.7	24.6	4.7
	50~249명	160	80.5	17.6	1.8
	250명 이상	4	61.1	37.7	1.2
	전체	634	73.1	22.9	4.0
수리 및 기타 개인 서비스업	10~49명	910	67.6	27.7	4.7
	50~249명	42	81.6	18.4	0.0
	250명 이상	8	82.6	17.4	0.0
	전체	960	68.3	27.2	4.5
조직형태별					
개인사업체		8,817	72.4	24.9	2.7
회사법인		42,329	38.0	42.1	20.0

※ 기준시점 : 2024년 12월 31일
※ 기업체 : 전자상거래 판매(수주) 기업체
※ 추정오차 : 가구/개인(소비자) 대상 ±849기업체, 기업대상(관련 기업 포함) ±835기업체, 정부/공공기관 대상(비영리단체 포함) ±642기업체
※ 주 : 전자상거래 판매(수주)액 고객 유형별 비중으로 전체 합계는 100%를 의미함
(가구/개인 소비자 대상 판매(수주)액 비중 + 기업 대상 판매(수주)액 비중 + 정부/공공기관 대상 판매(수주)액 비중 = 100%)

3 전자정부 서비스

3.1 전자정부 서비스 이용

(단위 : 개, %)

구 분		전체 기업체	전자정부 서비스 이용		전자정부 서비스 미이용	
			기업체수	비율	기업체수	비율
전체		211,615	202,692	95.8	8,923	4.2
지 역 별						
서울		48,089	44,840	93.2	3,249	6.8
부산		12,049	12,013	99.7	36	0.3
대구		7,688	7,682	99.9	6	0.1
인천		10,892	10,023	92.0	869	8.0
광주		4,524	4,524	100.0	0	0.0
대전		4,778	4,722	98.8	56	1.2
울산		4,311	4,293	99.6	18	0.4
세종		932	891	95.6	41	4.4
경기		59,176	56,394	95.3	2,782	4.7
강원		4,719	4,536	96.1	183	3.9
충북		7,270	6,791	93.4	479	6.6
충남		9,104	8,425	92.5	679	7.5
전북		5,631	5,535	98.3	96	1.7
전남		6,710	6,521	97.2	189	2.8
경북		10,254	10,162	99.1	92	0.9
경남		13,113	12,997	99.1	116	0.9
제주		2,375	2,345	98.8	30	1.2
업종x규모별						
농림수산업 (광업포함)	10~49명	1,537	1,430	93.0	107	7.0
	50~249명	75	75	100.0	0	0.0
	250명 이상	4	4	100.0	0	0.0
	전체	1,616	1,509	93.4	107	6.6
제조업	10~49명	55,152	53,439	96.9	1,713	3.1
	50~249명	8,833	8,677	98.2	156	1.8
	250명 이상	1,384	1,380	99.7	4	0.3
	전체	65,369	63,495	97.1	1,874	2.9
전기 등 공기조절 공급업/수도 등 원료 재생업	10~49명	2,175	2,127	97.8	48	2.2
	50~249명	346	339	97.9	7	2.1
	250명 이상	37	37	100.0	0	0.0
	전체	2,558	2,503	97.8	55	2.2
건설업	10~49명	26,763	25,921	96.9	842	3.1
	50~249명	3,116	3,081	98.9	35	1.1
	250명 이상	515	515	100.0	0	0.0
	전체	30,394	29,518	97.1	876	2.9
도매 및 소매업	10~49명	26,036	24,844	95.4	1,192	4.6
	50~249명	2,256	2,249	99.7	7	0.3
	250명 이상	328	319	97.4	9	2.6
	전체	28,620	27,412	95.8	1,208	4.2
운수 및 창고업	10~49명	5,807	5,466	94.1	341	5.9
	50~249명	1,670	1,657	99.2	13	0.8
	250명 이상	263	258	98.1	5	1.9
	전체	7,740	7,381	95.4	359	4.6
숙박 및 음식점업	10~49명	10,313	8,890	86.2	1,423	13.8
	50~249명	535	531	99.2	4	0.8
	250명 이상	102	101	98.9	1	1.1
	전체	10,950	9,521	87.0	1,429	13.0

(계속)

(단위 : 개, %)

구 분		전체 기업체	전자정부 서비스 이용		전자정부 서비스 미이용	
			기업체수	비율	기업체수	비율
정보통신업	10~49명	9,251	8,758	94.7	493	5.3
	50~249명	1,922	1,922	100.0	0	0.0
	250명 이상	329	321	97.4	8	2.6
	전체	11,502	11,001	95.6	501	4.4
금융 및 보험업	10~49명	977	936	95.9	41	4.1
	50~249명	362	362	100.0	0	0.0
	250명 이상	186	185	99.2	1	0.8
	전체	1,525	1,483	97.2	42	2.8
부동산업	10~49명	2,241	2,006	89.5	235	10.5
	50~249명	320	298	93.2	22	6.8
	250명 이상	126	125	98.9	1	1.1
	전체	2,687	2,429	90.4	258	9.6
전문, 과학 및 기술서비스업	10~49명	12,861	12,516	97.3	345	2.7
	50~249명	1,551	1,518	97.9	33	2.1
	250명 이상	235	231	98.2	4	1.8
	전체	14,647	14,265	97.4	382	2.6
사업시설관리, 사업지원 및 임대서비스업	10~49명	7,649	7,202	94.2	447	5.8
	50~249명	2,488	2,391	96.1	97	3.9
	250명 이상	838	832	99.3	6	0.7
	전체	10,975	10,424	95.0	551	5.0
교육서비스업	10~49명	2,294	2,132	92.9	162	7.1
	50~249명	160	154	96.5	6	3.5
	250명 이상	32	32	100.0	0	0.0
	전체	2,486	2,318	93.3	168	6.7
보건업 및 사회복지 서비스업	10~49명	12,621	11,960	94.8	661	5.2
	50~249명	2,153	2,083	96.8	70	3.2
	250명 이상	126	124	98.5	2	1.5
	전체	14,900	14,167	95.1	733	4.9
예술, 스포츠 및 여가관련 서비스업	10~49명	1,268	1,191	93.9	77	6.1
	50~249명	213	213	100.0	0	0.0
	250명 이상	20	14	72.4	6	27.6
	전체	1,501	1,419	94.5	82	5.5
수리 및 기타 개인 서비스업	10~49명	3,985	3,697	92.8	288	7.2
	50~249명	144	135	93.8	9	6.2
	250명 이상	16	14	87.5	2	12.5
	전체	4,145	3,846	92.8	299	7.2
조직형태별						
개인사업체		43,407	40,814	94.0	2,593	6.0
회사법인		168,208	161,878	96.2	6,330	3.8

※ 기준시점 : 2024년 12월 31일
※ 기업체 : 전국의 종사자수 10인 이상 민간 부문 기업체(통계청, 2024년 12월 기준 기업통계등록부)
※ 추정오차 : 전자정부 서비스 이용 ±731기업체, 전자정부 서비스 미이용 ±731기업체
※ 주 : 전자정부 서비스는 '인터넷을 통해 제공되는 정부 및 공공기관의 행정정보 및 공공서비스'를 말함

3.2 전자정부 서비스 이용 유형(복수응답)

(단위 : 개, %)

구 분		전자정부 서비스 이용 기업체	정보 검색 및 조회		각종 행정(민원) 양식 획득(다운로드 포함)		각종 행정(민원) 양식 작성 및 자료 제출		행정(민원) 업무 온라인 처리	
			기업체수	비율	기업체수	비율	기업체수	비율	기업체수	비율
전체		202,692	187,274	92.4	171,979	84.8	170,151	83.9	171,240	84.5
지 역 별										
서울		44,840	43,094	96.1	41,642	92.9	38,987	86.9	38,336	85.5
부산		12,013	9,973	83.0	8,382	69.8	9,835	81.9	10,360	86.2
대구		7,682	6,392	83.2	5,425	70.6	5,838	76.0	6,370	82.9
인천		10,023	9,542	95.2	9,294	92.7	9,039	90.2	8,838	88.2
광주		4,524	4,279	94.6	3,194	70.6	3,617	80.0	3,254	71.9
대전		4,722	4,497	95.3	3,211	68.0	3,119	66.1	2,701	57.2
울산		4,293	3,519	82.0	3,049	71.0	3,348	78.0	3,666	85.4
세종		891	588	66.1	538	60.4	856	96.1	771	86.5
경기		56,394	54,987	97.5	51,803	91.9	49,186	87.2	48,082	85.3
강원		4,536	4,398	97.0	4,455	98.2	4,197	92.5	4,390	96.8
충북		6,791	5,602	82.5	5,434	80.0	5,982	88.1	6,213	91.5
충남		8,425	7,853	93.2	7,406	87.9	7,246	86.0	6,184	73.4
전북		5,535	5,290	95.6	4,220	76.2	4,418	79.8	4,240	76.6
전남		6,521	6,120	93.9	5,321	81.6	5,646	86.6	5,772	88.5
경북		10,162	8,003	78.8	7,306	71.9	7,089	69.8	8,043	79.1
경남		12,997	10,812	83.2	9,034	69.5	9,819	75.5	11,890	91.5
제주		2,345	2,323	99.1	2,266	96.6	1,928	82.2	2,132	90.9
업종x규모별										
농림수산업(광업포함)	10~49명	1,430	1,347	94.2	1,214	84.9	1,186	82.9	1,148	80.2
	50~249명	75	69	92.0	62	82.0	61	81.8	69	92.0
	250명 이상	4	4	100.0	4	100.0	4	100.0	4	100.0
	전체	1,509	1,420	94.1	1,280	84.8	1,251	82.9	1,221	80.9
제조업	10~49명	53,439	48,994	91.7	43,566	81.5	42,586	79.7	43,698	81.8
	50~249명	8,677	7,685	88.6	7,729	89.1	8,298	95.6	8,152	94.0
	250명 이상	1,380	1,345	97.4	1,321	95.7	1,280	92.7	1,265	91.6
	전체	63,495	58,024	91.4	52,616	82.9	52,163	82.2	53,115	83.7
전기 등 공기조절 공급업/수도 등 원료 재생업	10~49명	2,127	1,985	93.3	1,858	87.4	1,916	90.1	1,818	85.5
	50~249명	339	335	98.9	324	95.6	335	98.9	335	98.9
	250명 이상	37	37	100.0	35	93.9	34	90.8	35	93.8
	전체	2,503	2,357	94.2	2,217	88.6	2,285	91.3	2,188	87.4
건설업	10~49명	25,921	23,476	90.6	21,010	81.1	23,043	88.9	22,258	85.9
	50~249명	3,081	2,925	94.9	2,796	90.7	2,743	89.0	2,787	90.4
	250명 이상	515	514	99.8	512	99.3	473	91.8	469	91.1
	전체	29,518	26,916	91.2	24,317	82.4	26,259	89.0	25,514	86.4
도매 및 소매업	10~49명	24,844	23,436	94.3	21,039	84.7	20,059	80.7	19,769	79.6
	50~249명	2,249	2,185	97.2	2,178	96.8	2,156	95.9	2,149	95.6
	250명 이상	319	294	92.0	298	93.2	290	90.7	294	92.2
	전체	27,412	25,916	94.5	23,515	85.8	22,505	82.1	22,213	81.0
운수 및 창고업	10~49명	5,466	4,734	86.6	4,608	84.3	4,889	89.4	4,913	89.9
	50~249명	1,657	1,544	93.2	1,519	91.7	1,568	94.6	1,607	96.9
	250명 이상	258	250	97.0	246	95.4	240	93.1	238	92.3
	전체	7,381	6,528	88.4	6,373	86.3	6,697	90.7	6,758	91.6
숙박 및 음식점업	10~49명	8,890	8,155	91.7	6,559	73.8	5,753	64.7	6,463	72.7
	50~249명	531	499	94.1	494	93.2	481	90.7	500	94.1
	250명 이상	101	101	100.0	97	96.2	92	91.0	91	89.8
	전체	9,521	8,755	92.0	7,151	75.1	6,326	66.4	7,053	74.1

(계속)

(단위 : 개, %)

구 분		전자정부 서비스 이용 기업체	정보 검색 및 조회		각종 행정(민원) 양식 획득(다운로드 포함)		각종 행정(민원) 양식 작성 및 자료 제출		행정(민원) 업무 온라인 처리	
			기업체수	비율	기업체수	비율	기업체수	비율	기업체수	비율
정보통신업	10~49명	8,758	8,385	95.7	8,020	91.6	7,467	85.3	7,345	83.9
	50~249명	1,922	1,909	99.3	1,679	87.3	1,613	83.9	1,463	76.1
	250명 이상	321	289	90.2	296	92.2	264	82.4	258	80.6
	전체	11,001	10,583	96.2	9,995	90.9	9,344	84.9	9,066	82.4
금융 및 보험업	10~49명	936	876	93.5	888	94.8	864	92.2	856	91.4
	50~249명	362	362	100.0	330	91.1	326	90.1	312	86.1
	250명 이상	185	185	100.0	182	98.5	182	98.5	182	98.5
	전체	1,483	1,422	95.9	1,400	94.4	1,372	92.5	1,349	91.0
부동산업	10~49명	2,006	1,967	98.1	1,753	87.4	1,851	92.3	1,756	87.6
	50~249명	298	291	97.6	284	95.2	266	89.1	277	92.7
	250명 이상	125	124	99.1	118	94.8	106	84.9	103	82.9
	전체	2,429	2,382	98.1	2,155	88.7	2,223	91.5	2,137	88.0
전문, 과학 및 기술서비스업	10~49명	12,516	12,064	96.4	11,488	91.8	11,492	91.8	11,576	92.5
	50~249명	1,518	1,386	91.3	1,445	95.2	1,411	93.0	1,445	95.2
	250명 이상	231	231	100.0	231	100.0	224	97.3	223	96.7
	전체	14,265	13,680	95.9	13,163	92.3	13,127	92.0	13,244	92.8
사업시설관리, 사업지원 및 임대서비스업	10~49명	7,202	6,518	90.5	6,391	88.7	5,996	83.3	6,242	86.7
	50~249명	2,391	2,228	93.2	2,293	95.9	2,109	88.2	2,058	86.1
	250명 이상	832	800	96.2	819	98.4	791	95.0	802	96.4
	전체	10,424	9,546	91.6	9,503	91.2	8,896	85.3	9,102	87.3
교육서비스업	10~49명	2,132	1,982	93.0	1,839	86.3	1,945	91.2	2,002	93.9
	50~249명	154	140	90.4	149	96.4	154	100.0	154	100.0
	250명 이상	32	32	100.0	32	100.0	32	100.0	32	100.0
	전체	2,318	2,154	92.9	2,020	87.1	2,131	91.9	2,189	94.4
보건업 및 사회복지 서비스업	10~49명	11,960	10,610	88.7	9,767	81.7	9,538	79.7	9,978	83.4
	50~249명	2,083	2,033	97.6	1,975	94.8	1,870	89.8	1,828	87.8
	250명 이상	124	122	98.5	117	94.0	119	95.5	113	91.1
	전체	14,167	12,765	90.1	11,858	83.7	11,526	81.4	11,920	84.1
예술, 스포츠 및 여가관련 서비스업	10~49명	1,191	1,083	90.9	1,039	87.2	1,027	86.2	1,065	89.4
	50~249명	213	204	95.7	201	94.5	199	93.5	197	92.4
	250명 이상	14	14	100.0	13	93.0	11	75.8	11	79.2
	전체	1,419	1,301	91.7	1,253	88.3	1,237	87.2	1,273	89.7
수리 및 기타 개인 서비스업	10~49명	3,697	3,382	91.5	3,020	81.7	2,672	72.3	2,766	74.8
	50~249명	135	131	96.8	128	94.7	122	90.4	119	88.1
	250명 이상	14	13	89.9	14	100.0	14	100.0	14	100.0
	전체	3,846	3,525	91.7	3,162	82.2	2,808	73.0	2,899	75.4
조직형태별										
개인사업체		40,814	36,904	90.4	32,341	79.2	30,478	74.7	32,324	79.2
회사법인		161,878	150,370	92.9	139,638	86.3	139,672	86.3	138,916	85.8

※ 기준시점 : 2024년 12월 31일

※ 기업체 : 전자정부 서비스 이용 기업체

※ 추정오차 : 정보 검색 및 조회 ±938기업체, 각종 행정민원 양식 획득(다운로드 포함) ±1,268기업체, 각종 행정민원 양식 작성 및 자료제출 ±1,298기업체, 행정민원 업무 온라인 처리 ±1,281기업체

※ 주 : 전자정부 서비스 이용 유형별 복수응답 수치임

4 공공데이터 활용

4.1 공공데이터 활용

(단위 : 개, %)

구 분		전체 기업체	공공데이터 활용		공공데이터 미활용	
			기업체수	비율	기업체수	비율
전체		211,615	116,259	54.9	95,356	45.1
지 역 별						
서울		48,089	24,450	50.8	23,639	49.2
부산		12,049	3,592	29.8	8,457	70.2
대구		7,688	2,046	26.6	5,642	73.4
인천		10,892	5,234	48.1	5,658	51.9
광주		4,524	3,852	85.1	672	14.9
대전		4,778	3,596	75.3	1,182	24.7
울산		4,311	857	19.9	3,454	80.1
세종		932	163	17.5	769	82.5
경기		59,176	40,447	68.3	18,729	31.7
강원		4,719	3,326	70.5	1,393	29.5
충북		7,270	3,050	42.0	4,220	58.0
충남		9,104	6,168	67.8	2,936	32.2
전북		5,631	5,187	92.1	444	7.9
전남		6,710	6,025	89.8	685	10.2
경북		10,254	2,375	23.2	7,879	76.8
경남		13,113	3,984	30.4	9,129	69.6
제주		2,375	1,907	80.3	468	19.7
업종x규모별						
농림수산업 (광업포함)	10~49명	1,537	785	51.1	752	48.9
	50~249명	75	57	76.1	18	23.9
	250명 이상	4	3	74.8	1	25.2
	전체	1,616	845	52.3	771	47.7
제조업	10~49명	55,152	30,302	54.9	24,850	45.1
	50~249명	8,833	4,948	56.0	3,885	44.0
	250명 이상	1,384	825	59.6	559	40.4
	전체	65,369	36,075	55.2	29,294	44.8
전기 등 공기조절 공급업/수도 등 원료 재생업	10~49명	2,175	1,138	52.3	1,037	47.7
	50~249명	346	230	66.3	116	33.7
	250명 이상	37	23	62.7	14	37.3
	전체	2,558	1,391	54.4	1,167	45.6
건설업	10~49명	26,763	17,946	67.1	8,817	32.9
	50~249명	3,116	2,461	79.0	655	21.0
	250명 이상	515	401	77.9	114	22.1
	전체	30,394	20,808	68.5	9,586	31.5
도매 및 소매업	10~49명	26,036	13,153	50.5	12,883	49.5
	50~249명	2,256	1,228	54.4	1,028	45.6
	250명 이상	328	177	54.0	151	46.0
	전체	28,620	14,557	50.9	14,063	49.1
운수 및 창고업	10~49명	5,807	2,751	47.4	3,056	52.6
	50~249명	1,670	933	55.9	737	44.1
	250명 이상	263	155	59.1	108	40.9
	전체	7,740	3,840	49.6	3,900	50.4
숙박 및 음식점업	10~49명	10,313	3,173	30.8	7,140	69.2
	50~249명	535	180	33.7	355	66.3
	250명 이상	102	41	40.7	61	59.3
	전체	10,950	3,395	31.0	7,555	69.0

(계속)

(단위 : 개, %)

구 분		전체 기업체	공공데이터 활용		공공데이터 미활용	
			기업체수	비율	기업체수	비율
정보통신업	10~49명	9,251	4,381	47.4	4,870	52.6
	50~249명	1,922	1,626	84.6	296	15.4
	250명 이상	329	197	59.9	132	40.1
	전체	11,502	6,204	53.9	5,298	46.1
금융 및 보험업	10~49명	977	199	20.3	778	79.7
	50~249명	362	327	90.3	35	9.7
	250명 이상	186	124	66.7	62	33.3
	전체	1,525	650	42.6	875	57.4
부동산업	10~49명	2,241	1,115	49.8	1,126	50.2
	50~249명	320	148	46.2	172	53.8
	250명 이상	126	85	67.5	41	32.5
	전체	2,687	1,348	50.2	1,339	49.8
전문, 과학 및 기술서비스업	10~49명	12,861	7,636	59.4	5,225	40.6
	50~249명	1,551	925	59.6	626	40.4
	250명 이상	235	161	68.7	74	31.3
	전체	14,647	8,723	59.6	5,924	40.4
사업시설관리, 사업지원 및 임대서비스업	10~49명	7,649	3,890	50.9	3,759	49.1
	50~249명	2,488	1,325	53.3	1,163	46.7
	250명 이상	838	643	76.7	195	23.3
	전체	10,975	5,859	53.4	5,116	46.6
교육서비스업	10~49명	2,294	1,051	45.8	1,243	54.2
	50~249명	160	67	41.8	93	58.2
	250명 이상	32	23	71.6	9	28.4
	전체	2,486	1,141	45.9	1,345	54.1
보건업 및 사회복지 서비스업	10~49명	12,621	7,821	62.0	4,800	38.0
	50~249명	2,153	1,316	61.1	837	38.9
	250명 이상	126	81	64.2	45	35.8
	전체	14,900	9,218	61.9	5,682	38.1
예술, 스포츠 및 여가관련 서비스업	10~49명	1,268	353	27.8	915	72.2
	50~249명	213	145	68.1	68	31.9
	250명 이상	20	7	35.1	13	64.9
	전체	1,501	505	33.7	996	66.3
수리 및 기타 개인 서비스업	10~49명	3,985	1,610	40.4	2,375	59.6
	50~249명	144	81	56.2	63	43.8
	250명 이상	16	10	60.2	6	39.8
	전체	4,145	1,700	41.0	2,445	59.0
조직형태별						
개인사업체		43,407	19,948	46.0	23,459	54.0
회사법인		168,208	96,310	57.3	71,898	42.7

※ 기준시점 : 2024년 12월 31일
※ 기업체 : 전국의 종사자수 10인 이상 민간 부문 기업체(통계청, 2024년 12월 기준 기업통계등록부)
※ 추정오차 : 공공데이터 활용 ±1,809기업체, 공공데이터 미활용 ±1,809기업체
※ 주 : 공공데이터는 '공공기관이 직무상 전자적 방식으로 처리, 작성, 취득해 관리하고 있는 문자, 영상, 음성 등으로 표현된 모든 종류의 데이터'를 말함

4.2 공공데이터 활용 수준(복수응답)

(단위 : 개, %)

구 분		공공데이터 활용 기업체	기초 수준		기능적 활용		전략적 응용		수익 창출	
			기업체수	비율	기업체수	비율	기업체수	비율	기업체수	비율
전체		116,259	108,838	93.6	47,088	40.5	12,313	10.6	18,344	15.8
지 역 별										
서울		24,450	22,232	90.9	10,691	43.7	3,376	13.8	5,835	23.9
부산		3,592	3,585	99.8	1,111	30.9	207	5.8	0	0.0
대구		2,046	2,037	99.5	629	30.7	38	1.9	6	0.3
인천		5,234	5,032	96.2	2,343	44.8	761	14.5	1,753	33.5
광주		3,852	3,789	98.4	1,599	41.5	211	5.5	61	1.6
대전		3,596	3,307	91.9	1,818	50.6	377	10.5	607	16.9
울산		857	857	100.0	202	23.6	80	9.3	0	0.0
세종		163	162	98.8	111	67.9	0	0.0	47	28.7
경기		40,447	37,319	92.3	15,586	38.5	4,099	10.1	6,011	14.9
강원		3,326	3,170	95.3	880	26.4	250	7.5	2,066	62.1
충북		3,050	2,955	96.9	1,467	48.1	389	12.8	711	23.3
충남		6,168	5,628	91.2	3,097	50.2	838	13.6	327	5.3
전북		5,187	4,995	96.3	2,700	52.0	540	10.4	162	3.1
전남		6,025	5,515	91.5	2,690	44.7	707	11.7	72	1.2
경북		2,375	2,366	99.6	734	30.9	37	1.6	2	0.1
경남		3,984	3,983	100.0	1,035	26.0	347	8.7	1	0.0
제주		1,907	1,907	100.0	396	20.8	56	2.9	683	35.8
업종x규모별										
농림수산업(광업포함)	10~49명	785	781	99.5	249	31.7	52	6.6	97	12.3
	50~249명	57	56	97.4	27	47.6	3	5.2	9	15.7
	250명 이상	3	3	100.0	3	100.0	0	0.0	2	66.6
	전체	845	840	99.4	279	33.0	55	6.5	108	12.7
제조업	10~49명	30,302	27,836	91.9	9,769	32.2	2,470	8.2	2,629	8.7
	50~249명	4,948	4,539	91.7	2,608	52.7	937	18.9	334	6.8
	250명 이상	825	811	98.2	458	55.5	133	16.1	99	12.0
	전체	36,075	33,185	92.0	12,834	35.6	3,539	9.8	3,061	8.5
전기 등 공기조절 공급업/수도 등 원료 재생업	10~49명	1,138	1,073	94.3	622	54.7	161	14.1	580	51.0
	50~249명	230	186	80.9	117	51.1	36	15.9	102	44.3
	250명 이상	23	20	85.3	16	70.6	9	39.7	11	45.4
	전체	1,391	1,278	91.9	756	54.4	206	14.8	692	49.8
건설업	10~49명	17,946	17,033	94.9	6,712	37.4	1,874	10.4	5,904	32.9
	50~249명	2,461	2,341	95.1	1,147	46.6	446	18.1	645	26.2
	250명 이상	401	382	95.2	251	62.5	78	19.5	170	42.4
	전체	20,808	19,757	94.9	8,109	39.0	2,398	11.5	6,719	32.3
도매 및 소매업	10~49명	13,153	11,904	90.5	5,452	41.5	1,038	7.9	635	4.8
	50~249명	1,228	1,221	99.4	508	41.4	155	12.6	171	14.0
	250명 이상	177	164	92.4	110	61.9	36	20.5	18	10.4
	전체	14,557	13,289	91.3	6,070	41.7	1,229	8.4	825	5.7
운수 및 창고업	10~49명	2,751	2,725	99.1	652	23.7	53	1.9	289	10.5
	50~249명	933	927	99.3	272	29.1	69	7.4	63	6.7
	250명 이상	155	153	98.3	78	50.4	14	8.9	17	10.7
	전체	3,840	3,805	99.1	1,002	26.1	136	3.5	369	9.6
숙박 및 음식점업	10~49명	3,173	2,975	93.8	1,239	39.0	308	9.7	41	1.3
	50~249명	180	180	100.0	39	21.7	9	4.8	18	10.0
	250명 이상	41	41	100.0	31	73.6	6	14.4	6	15.5
	전체	3,395	3,197	94.2	1,308	38.5	322	9.5	65	1.9

(계속)

(단위 : 개, %)

구 분		공공데이터 활용 기업체	기초 수준		기능적 활용		전략적 응용		수익 창출	
			기업체수	비율	기업체수	비율	기업체수	비율	기업체수	비율
정보통신업	10~49명	4,381	3,828	87.4	2,329	53.2	922	21.1	890	20.3
	50~249명	1,626	1,370	84.3	1,062	65.3	340	20.9	210	12.9
	250명 이상	197	192	97.3	129	65.7	60	30.4	65	32.9
	전체	6,204	5,390	86.9	3,521	56.7	1,323	21.3	1,165	18.8
금융 및 보험업	10~49명	199	162	81.6	114	57.2	24	12.3	12	6.1
	50~249명	327	305	93.4	219	67.0	50	15.4	14	4.4
	250명 이상	124	124	100.0	80	64.8	41	33.4	43	35.0
	전체	650	592	91.1	413	63.6	116	17.9	70	10.8
부동산업	10~49명	1,115	1,096	98.2	587	52.6	138	12.3	136	12.2
	50~249명	148	144	97.6	55	36.9	18	12.2	33	22.2
	250명 이상	85	80	93.7	52	61.1	14	16.8	26	30.1
	전체	1,348	1,319	97.9	693	51.4	170	12.6	195	14.4
전문, 과학 및 기술서비스업	10~49명	7,636	7,184	94.1	3,759	49.2	1,080	14.1	2,841	37.2
	50~249명	925	858	92.8	518	56.0	246	26.6	313	33.8
	250명 이상	161	158	97.8	110	68.2	42	25.8	69	42.5
	전체	8,723	8,199	94.0	4,387	50.3	1,368	15.7	3,222	36.9
사업시설관리, 사업지원 및 임대서비스업	10~49명	3,890	3,831	98.5	1,850	47.6	305	7.8	541	13.9
	50~249명	1,325	1,234	93.1	549	41.4	157	11.9	326	24.6
	250명 이상	643	621	96.6	329	51.1	144	22.4	200	31.0
	전체	5,859	5,686	97.1	2,728	46.6	606	10.3	1,067	18.2
교육서비스업	10~49명	1,051	1,016	96.6	594	56.5	106	10.0	235	22.4
	50~249명	67	63	94.4	35	52.9	6	8.4	4	5.5
	250명 이상	23	23	100.0	14	59.2	7	29.0	7	28.9
	전체	1,141	1,102	96.6	643	56.4	118	10.3	246	21.5
보건업 및 사회복지 서비스업	10~49명	7,821	7,779	99.5	2,987	38.2	427	5.5	138	1.8
	50~249명	1,316	1,290	98.1	593	45.1	104	7.9	235	17.9
	250명 이상	81	79	97.7	38	46.7	4	4.6	2	2.3
	전체	9,218	9,148	99.2	3,619	39.3	535	5.8	375	4.1
예술, 스포츠 및 여가관련 서비스업	10~49명	353	308	87.2	217	61.5	59	16.9	50	14.2
	50~249명	145	138	95.3	43	29.8	14	9.4	14	9.5
	250명 이상	7	7	100.0	1	14.4	1	14.4	0	0.0
	전체	505	453	89.7	261	51.8	74	14.7	64	12.6
수리 및 기타 개인 서비스업	10~49명	1,610	1,506	93.6	423	26.3	109	6.8	76	4.7
	50~249명	81	81	100.0	34	41.7	9	10.8	18	22.0
	250명 이상	10	10	100.0	5	55.0	0	0.0	8	85.3
	전체	1,700	1,597	93.9	463	27.2	118	7.0	102	6.0
조직형태별										
개인사업체		19,948	19,432	97.4	7,662	38.4	1,524	7.6	1,051	5.3
회사법인		96,310	89,405	92.8	39,426	40.9	10,789	11.2	17,293	18.0

※ 기준시점 : 2024년 12월 31일
※ 기업체 : 공공데이터 활용 기업체
※ 추정오차 : 기초 수준 ±643기업체, 기능적 활용 ±1,291기업체, 전략적 응용 ±809기업체, 수익 창출 ±958기업체

5 경영정보시스템

5.1 경영정보시스템 운영

(단위 : 개, %)

구 분		전체 기업체	경영정보시스템 운영		경영정보시스템 미운영	
			기업체수	비율	기업체수	비율
전체		211,615	150,180	71.0	61,435	29.0
지역별						
서울		48,089	33,554	69.8	14,535	30.2
부산		12,049	9,523	79.0	2,526	21.0
대구		7,688	5,739	74.6	1,949	25.4
인천		10,892	7,606	69.8	3,286	30.2
광주		4,524	3,040	67.2	1,484	32.8
대전		4,778	2,900	60.7	1,878	39.3
울산		4,311	3,449	80.0	862	20.0
세종		932	592	63.5	340	36.5
경기		59,176	42,661	72.1	16,515	27.9
강원		4,719	3,246	68.8	1,473	31.2
충북		7,270	4,709	64.8	2,561	35.2
충남		9,104	6,247	68.6	2,857	31.4
전북		5,631	3,536	62.8	2,095	37.2
전남		6,710	4,222	62.9	2,488	37.1
경북		10,254	7,726	75.3	2,528	24.7
경남		13,113	9,861	75.2	3,252	24.8
제주		2,375	1,570	66.1	805	33.9
업종x규모별						
농림수산업 (광업포함)	10~49명	1,537	908	59.1	629	40.9
	50~249명	75	61	81.9	14	18.1
	250명 이상	4	4	100.0	0	0.0
	전체	1,616	973	60.2	643	39.8
제조업	10~49명	55,152	39,986	72.5	15,166	27.5
	50~249명	8,833	7,929	89.8	904	10.2
	250명 이상	1,384	1,360	98.3	24	1.7
	전체	65,369	49,275	75.4	16,094	24.6
전기 등 공기조절 공급업/수도 등 원료 재생업	10~49명	2,175	1,324	60.9	851	39.1
	50~249명	346	277	80.0	69	20.0
	250명 이상	37	34	90.8	3	9.2
	전체	2,558	1,634	63.9	924	36.1
건설업	10~49명	26,763	16,225	60.6	10,538	39.4
	50~249명	3,116	2,251	72.2	865	27.8
	250명 이상	515	485	94.2	30	5.8
	전체	30,394	18,962	62.4	11,432	37.6
도매 및 소매업	10~49명	26,036	19,190	73.7	6,846	26.3
	50~249명	2,256	2,107	93.4	149	6.6
	250명 이상	328	325	99.0	3	1.0
	전체	28,620	21,621	75.5	6,999	24.5
운수 및 창고업	10~49명	5,807	4,180	72.0	1,627	28.0
	50~249명	1,670	1,308	78.3	362	21.7
	250명 이상	263	236	89.8	27	10.2
	전체	7,740	5,724	74.0	2,016	26.0
숙박 및 음식점업	10~49명	10,313	5,360	52.0	4,953	48.0
	50~249명	535	428	80.0	107	20.0
	250명 이상	102	97	95.0	5	5.0
	전체	10,950	5,885	53.7	5,065	46.3

(계속)

(단위 : 개, %)

구 분		전체 기업체	경영정보시스템 운영		경영정보시스템 미운영	
			기업체수	비율	기업체수	비율
정보통신업	10~49명	9,251	6,318	68.3	2,933	31.7
	50~249명	1,922	1,824	94.9	98	5.1
	250명 이상	329	319	96.9	10	3.1
	전체	11,502	8,461	73.6	3,041	26.4
금융 및 보험업	10~49명	977	782	80.1	195	19.9
	50~249명	362	344	95.0	18	5.0
	250명 이상	186	183	98.5	3	1.5
	전체	1,525	1,310	85.9	215	14.1
부동산업	10~49명	2,241	1,362	60.8	879	39.2
	50~249명	320	219	68.3	101	31.7
	250명 이상	126	120	94.9	6	5.1
	전체	2,687	1,701	63.3	986	36.7
전문, 과학 및 기술서비스업	10~49명	12,861	8,616	67.0	4,245	33.0
	50~249명	1,551	1,344	86.7	207	13.3
	250명 이상	235	227	96.6	8	3.4
	전체	14,647	10,187	69.5	4,460	30.5
사업시설관리, 사업지원 및 임대서비스업	10~49명	7,649	4,684	61.2	2,965	38.8
	50~249명	2,488	1,783	71.7	705	28.3
	250명 이상	838	726	86.6	112	13.4
	전체	10,975	7,193	65.5	3,782	34.5
교육서비스업	10~49명	2,294	1,510	65.8	784	34.2
	50~249명	160	137	85.9	23	14.1
	250명 이상	32	31	96.0	1	4.0
	전체	2,486	1,678	67.5	808	32.5
보건업 및 사회복지 서비스업	10~49명	12,621	9,978	79.1	2,643	20.9
	50~249명	2,153	1,758	81.7	395	18.3
	250명 이상	126	120	95.6	6	4.4
	전체	14,900	11,856	79.6	3,044	20.4
예술, 스포츠 및 여가관련 서비스업	10~49명	1,268	835	65.9	433	34.1
	50~249명	213	190	89.1	23	10.9
	250명 이상	20	18	89.9	2	10.1
	전체	1,501	1,043	69.5	458	30.5
수리 및 기타 개인 서비스업	10~49명	3,985	2,553	64.1	1,432	35.9
	50~249명	144	108	75.3	36	24.7
	250명 이상	16	16	100.0	0	0.0
	전체	4,145	2,677	64.6	1,468	35.4
조직형태별						
개인사업체		43,407	29,300	67.5	14,107	32.5
회사법인		168,208	120,880	71.9	47,328	28.1

※ 기준시점 : 2024년 12월 31일

※ 기업체 : 전국의 종사자수 10인 이상 민간 부문 기업체(통계청, 2024년 12월 기준 기업통계등록부)

※ 추정오차 : 경영정보시스템 운영 ±1,650기업체, 경영정보시스템 미운영 ±1,650기업체

5.2 운영중인 경영정보시스템 및 기술(복수응답)

(단위 : 개, %)

구 분		전체 기업체	전사적 자원 관리 (ERP)		고객관계 관리 (CRM)		기타		경영정보시스템을 활용한 적 없음	
			기업체수	비율	기업체수	비율	기업체수	비율	기업체수	비율
전체		211,615	137,598	65.0	46,718	22.1	7,799	3.7	61,435	29.0
지 역 별										
서울		48,089	30,279	63.0	12,235	25.4	2,514	5.2	14,535	30.2
부산		12,049	8,667	71.9	2,739	22.7	80	0.7	2,526	21.0
대구		7,688	5,127	66.7	1,828	23.8	94	1.2	1,949	25.4
인천		10,892	7,141	65.6	2,105	19.3	506	4.6	3,286	30.2
광주		4,524	2,809	62.1	1,019	22.5	37	0.8	1,484	32.8
대전		4,778	2,059	43.1	1,596	33.4	118	2.5	1,878	39.3
울산		4,311	3,287	76.3	1,023	23.7	0	0.0	862	20.0
세종		932	494	53.0	197	21.2	53	5.6	340	36.5
경기		59,176	39,515	66.8	10,754	18.2	3,220	5.4	16,515	27.9
강원		4,719	2,963	62.8	707	15.0	596	12.6	1,473	31.2
충북		7,270	4,352	59.9	1,484	20.4	49	0.7	2,561	35.2
충남		9,104	5,902	64.8	1,754	19.3	38	0.4	2,857	31.4
전북		5,631	3,242	57.6	1,755	31.2	4	0.1	2,095	37.2
전남		6,710	3,876	57.8	2,065	30.8	35	0.5	2,488	37.1
경북		10,254	6,982	68.1	2,582	25.2	94	0.9	2,528	24.7
경남		13,113	9,499	72.4	2,341	17.9	125	1.0	3,252	24.8
제주		2,375	1,404	59.1	534	22.5	236	10.0	805	33.9
업종x규모별										
농림수산업 (광업포함)	10~49명	1,537	792	51.5	389	25.3	7	0.4	629	40.9
	50~249명	75	60	79.9	15	20.2	3	4.0	14	18.1
	250명 이상	4	4	100.0	1	24.9	2	49.9	0	0.0
	전체	1,616	856	53.0	405	25.1	12	0.7	643	39.8
제조업	10~49명	55,152	37,832	68.6	8,802	16.0	531	1.0	15,166	27.5
	50~249명	8,833	7,804	88.4	1,643	18.6	82	0.9	904	10.2
	250명 이상	1,384	1,336	96.5	297	21.5	84	6.1	24	1.7
	전체	65,369	46,972	71.9	10,743	16.4	698	1.1	16,094	24.6
전기 등 공기조절 공급업/수도 등 원료 재생업	10~49명	2,175	1,241	57.1	647	29.7	0	0.0	851	39.1
	50~249명	346	273	79.0	88	25.3	0	0.0	69	20.0
	250명 이상	37	32	87.7	8	21.9	1	3.1	3	9.2
	전체	2,558	1,547	60.5	742	29.0	1	0.0	924	36.1
건설업	10~49명	26,763	14,969	55.9	5,608	21.0	420	1.6	10,538	39.4
	50~249명	3,116	2,138	68.6	524	16.8	14	0.5	865	27.8
	250명 이상	515	469	91.1	82	16.0	83	16.0	30	5.8
	전체	30,394	17,576	57.8	6,214	20.4	517	1.7	11,432	37.6
도매 및 소매업	10~49명	26,036	17,244	66.2	6,187	23.8	560	2.2	6,846	26.3
	50~249명	2,256	2,049	90.8	495	22.0	315	13.9	149	6.6
	250명 이상	328	323	98.4	181	55.2	55	16.6	3	1.0
	전체	28,620	19,616	68.5	6,864	24.0	929	3.2	6,999	24.5
운수 및 창고업	10~49명	5,807	3,858	66.4	1,052	18.1	639	11.0	1,627	28.0
	50~249명	1,670	1,257	75.3	126	7.5	222	13.3	362	21.7
	250명 이상	263	230	87.3	45	17.1	80	30.6	27	10.2
	전체	7,740	5,345	69.1	1,223	15.8	941	12.2	2,016	26.0
숙박 및 음식점업	10~49명	10,313	4,327	42.0	2,659	25.8	192	1.9	4,953	48.0
	50~249명	535	415	77.5	125	23.3	9	1.7	107	20.0
	250명 이상	102	96	93.7	38	37.3	16	15.3	5	5.0
	전체	10,950	4,837	44.2	2,822	25.8	217	2.0	5,065	46.3

(계속)

(단위 : 개, %)

구 분		전체 기업체	전사적 자원 관리 (ERP)		공급망 관리 (SCM)		기타		경영정보시스템을 활용한 적 없음	
			기업체수	비율	기업체수	비율	기업체수	비율	기업체수	비율
정보통신업	10~49명	9,251	5,521	59.7	2,556	27.6	122	1.3	2,933	31.7
	50~249명	1,922	1,811	94.2	473	24.6	33	1.7	98	5.1
	250명 이상	329	319	96.9	97	29.4	17	5.3	10	3.1
	전체	11,502	7,650	66.5	3,125	27.2	173	1.5	3,041	26.4
금융 및 보험업	10~49명	977	754	77.2	258	26.4	0	0.0	195	19.9
	50~249명	362	344	95.0	176	48.6	7	2.0	18	5.0
	250명 이상	186	183	98.5	138	74.0	52	27.7	3	1.5
	전체	1,525	1,282	84.0	572	37.5	59	3.9	215	14.1
부동산업	10~49명	2,241	1,287	57.4	345	15.4	78	3.5	879	39.2
	50~249명	320	201	62.8	39	12.1	18	5.6	101	31.7
	250명 이상	126	117	92.7	12	9.9	4	3.0	6	5.1
	전체	2,687	1,605	59.7	396	14.7	100	3.7	986	36.7
전문, 과학 및 기술서비스업	10~49명	12,861	8,059	62.7	2,734	21.3	248	1.9	4,245	33.0
	50~249명	1,551	1,331	85.8	222	14.3	13	0.9	207	13.3
	250명 이상	235	225	95.9	30	12.9	20	8.7	8	3.4
	전체	14,647	9,615	65.6	2,986	20.4	282	1.9	4,460	30.5
사업시설관리, 사업지원 및 임대서비스업	10~49명	7,649	4,409	57.6	1,369	17.9	150	2.0	2,965	38.8
	50~249명	2,488	1,705	68.5	424	17.0	59	2.4	705	28.3
	250명 이상	838	715	85.3	165	19.7	52	6.2	112	13.4
	전체	10,975	6,829	62.2	1,958	17.8	260	2.4	3,782	34.5
교육서비스업	10~49명	2,294	1,212	52.8	740	32.3	373	16.3	784	34.2
	50~249명	160	137	85.9	63	39.3	7	4.7	23	14.1
	250명 이상	32	30	92.4	21	67.1	5	17.1	1	4.0
	전체	2,486	1,379	55.5	825	33.2	386	15.5	808	32.5
보건업 및 사회복지 서비스업	10~49명	12,621	7,990	63.3	5,389	42.7	2,339	18.5	2,643	20.9
	50~249명	2,153	1,611	74.8	532	24.7	405	18.8	395	18.3
	250명 이상	126	113	89.7	55	44.0	5	4.2	6	4.4
	전체	14,900	9,714	65.2	5,977	40.1	2,749	18.5	3,044	20.4
예술, 스포츠 및 여가관련 서비스업	10~49명	1,268	667	52.6	402	31.7	36	2.8	433	34.1
	50~249명	213	178	83.6	99	46.5	9	4.3	23	10.9
	250명 이상	20	18	89.9	5	25.2	0	0.0	2	10.1
	전체	1,501	864	57.5	507	33.8	45	3.0	458	30.5
수리 및 기타 개인 서비스업	10~49명	3,985	1,817	45.6	1,327	33.3	391	9.8	1,432	35.9
	50~249명	144	80	55.5	28	19.3	37	25.9	36	24.7
	250명 이상	16	15	91.0	5	30.5	2	15.2	0	0.0
	전체	4,145	1,912	46.1	1,360	32.8	431	10.4	1,468	35.4
조직형태별										
개인사업체		43,407	24,138	55.6	13,129	30.2	3,505	8.1	14,107	32.5
회사법인		168,208	113,460	67.5	33,589	20.0	4,295	2.6	47,328	28.1

※ 기준시점 : 2024년 12월 31일
※ 기업체 : 전국의 종사자수 10인 이상 민간 부문 기업체(통계청, 2024년 12월 기준 기업통계등록부)
※ 추정오차 : 전사적 자원 관리(ERP) ±1,734기업체, 고객관계 관리(CRM) ±1,508기업체, 기타 ±685기업체
※ 주 : 경영정보시스템 운영 유형별 복수응답 수치임

5.3.1 ERP 운영 방식

(단위 : 개, %)

구 분		ERP 운영 기업체	자체 구축		아웃소싱 (공급업체의 솔루션 구매·운영)		자체 구축 및 아웃소싱 병행	
			기업체수	비율	기업체수	비율	기업체수	비율
전체		137,598	7,674	5.6	111,388	81.0	18,536	13.5
지 역 별								
서울		30,279	3,591	11.9	25,290	83.5	1,398	4.6
부산		8,667	231	2.7	3,890	44.9	4,546	52.4
대구		5,127	60	1.2	2,686	52.4	2,381	46.4
인천		7,141	325	4.5	6,637	92.9	179	2.5
광주		2,809	133	4.8	2,586	92.1	90	3.2
대전		2,059	73	3.6	1,926	93.6	59	2.9
울산		3,287	84	2.6	1,565	47.6	1,638	49.8
세종		494	61	12.3	433	87.7	0	0.0
경기		39,515	1,698	4.3	37,022	93.7	795	2.0
강원		2,963	119	4.0	2,753	92.9	91	3.1
충북		4,352	544	12.5	3,626	83.3	182	4.2
충남		5,902	185	3.1	5,430	92.0	287	4.9
전북		3,242	185	5.7	2,926	90.3	130	4.0
전남		3,876	191	4.9	3,491	90.1	194	5.0
경북		6,982	105	1.5	4,039	57.8	2,838	40.6
경남		9,499	81	0.9	5,703	60.0	3,715	39.1
제주		1,404	7	0.5	1,382	98.5	14	1.0
업종x규모별								
농림수산업 (광업포함)	10~49명	792	52	6.6	641	81.0	99	12.5
	50~249명	60	12	19.8	27	45.0	21	35.1
	250명 이상	4	1	25.0	2	50.1	1	24.9
	전체	856	65	7.6	670	78.3	121	14.1
제조업	10~49명	37,832	1,219	3.2	31,540	83.4	5,073	13.4
	50~249명	7,804	804	10.3	4,750	60.9	2,251	28.8
	250명 이상	1,336	396	29.7	602	45.1	337	25.3
	전체	46,972	2,418	5.1	36,893	78.5	7,661	16.3
전기 등 공기조절 공급업/수도 등 원료 재생업	10~49명	1,241	16	1.3	1,031	83.0	195	15.7
	50~249명	273	11	4.0	219	80.2	43	15.8
	250명 이상	32	3	10.3	17	53.8	12	35.9
	전체	1,547	30	2.0	1,267	81.9	249	16.1
건설업	10~49명	14,969	266	1.8	13,146	87.8	1,557	10.4
	50~249명	2,138	72	3.4	1,654	77.4	412	19.3
	250명 이상	469	40	8.5	335	71.4	94	20.1
	전체	17,576	378	2.1	15,135	86.1	2,064	11.7
도매 및 소매업	10~49명	17,244	1,081	6.3	14,578	84.5	1,585	9.2
	50~249명	2,049	213	10.4	1,593	77.7	244	11.9
	250명 이상	323	61	18.7	171	53.1	91	28.2
	전체	19,616	1,354	6.9	16,343	83.3	1,919	9.8
운수 및 창고업	10~49명	3,858	105	2.7	3,077	79.8	676	17.5
	50~249명	1,257	108	8.6	813	64.6	337	26.8
	250명 이상	230	48	20.8	125	54.3	57	24.9
	전체	5,345	260	4.9	4,015	75.1	1,070	20.0
숙박 및 음식점업	10~49명	4,327	76	1.8	3,833	88.6	417	9.6
	50~249명	415	9	2.1	337	81.2	69	16.7
	250명 이상	96	33	34.4	45	47.4	17	18.2
	전체	4,837	118	2.4	4,215	87.1	504	10.4

(계속)

(단위 : 개, %)

구 분		ERP 운영 기업체	자체 구축		아웃소싱 (공급업체의 솔루션 구매·운영)		자체 구축 및 아웃소싱 병행	
			기업체수	비율	기업체수	비율	기업체수	비율
정보통신업	10~49명	5,521	861	15.6	3,966	71.8	693	12.6
	50~249명	1,811	926	51.1	659	36.4	226	12.5
	250명 이상	319	99	30.9	148	46.3	73	22.8
	전체	7,650	1,886	24.6	4,772	62.4	992	13.0
금융 및 보험업	10~49명	754	57	7.5	642	85.1	55	7.3
	50~249명	344	157	45.8	147	42.8	39	11.4
	250명 이상	183	114	62.4	54	29.2	15	8.4
	전체	1,282	329	25.6	843	65.8	110	8.6
부동산업	10~49명	1,287	0	0.0	1,190	92.5	97	7.5
	50~249명	201	4	1.8	180	89.6	17	8.6
	250명 이상	117	11	9.5	95	81.1	11	9.4
	전체	1,605	15	0.9	1,465	91.3	125	7.8
전문, 과학 및 기술서비스업	10~49명	8,059	283	3.5	6,950	86.2	826	10.2
	50~249명	1,331	47	3.5	1,066	80.1	218	16.4
	250명 이상	225	37	16.6	146	64.6	42	18.8
	전체	9,615	367	3.8	8,161	84.9	1,087	11.3
사업시설관리, 사업지원 및 임대서비스업	10~49명	4,409	148	3.4	3,588	81.4	672	15.2
	50~249명	1,705	26	1.5	1,375	80.6	304	17.8
	250명 이상	715	47	6.5	566	79.2	102	14.3
	전체	6,829	221	3.2	5,530	81.0	1,078	15.8
교육서비스업	10~49명	1,212	109	9.0	994	82.1	108	8.9
	50~249명	137	7	5.3	106	77.2	24	17.5
	250명 이상	30	6	19.0	18	62.5	5	18.5
	전체	1,379	122	8.9	1,119	81.2	137	10.0
보건업 및 사회복지 서비스업	10~49명	7,990	0	0.0	7,261	90.9	729	9.1
	50~249명	1,611	52	3.2	1,219	75.7	341	21.1
	250명 이상	113	7	6.4	84	74.8	21	18.8
	전체	9,714	59	0.6	8,565	88.2	1,091	11.2
예술, 스포츠 및 여가관련 서비스업	10~49명	667	15	2.3	577	86.4	76	11.3
	50~249명	178	5	2.6	148	83.2	25	14.2
	250명 이상	18	4	22.2	12	67.0	2	10.8
	전체	864	24	2.8	737	85.3	103	11.9
수리 및 기타 개인 서비스업	10~49명	1,817	26	1.4	1,581	87.0	211	11.6
	50~249명	80	1	1.8	68	85.6	10	12.6
	250명 이상	15	2	16.7	9	63.1	3	20.2
	전체	1,912	29	1.5	1,658	86.7	224	11.7
조직형태별								
개인사업체		24,138	457	1.9	20,814	86.2	2,867	11.9
회사법인		113,460	7,217	6.4	90,574	79.8	15,669	13.8

※ 기준시점 : 2024년 12월 31일
※ 기업체 : ERP 운영 기업체
※ 추정오차 : 자체 구축 ±627기업체, 아웃소싱 ±735기업체, 자체구축 및 아웃소싱 병행 ±932기업체

5.3.2 CRM 운영 방식

(단위 : 개, %)

구 분		CRM 운영 기업체	자체 구축		아웃소싱 (공급업체의 솔루션 구매·운영)		자체 구축 및 아웃소싱 병행	
			기업체수	비율	기업체수	비율	기업체수	비율
전체		46,718	7,328	15.7	34,219	73.2	5,171	11.1
지 역 별								
서울		12,235	2,753	22.5	8,104	66.2	1,378	11.3
부산		2,739	249	9.1	1,772	64.7	718	26.2
대구		1,828	51	2.8	1,339	73.2	438	24.0
인천		2,105	193	9.2	1,729	82.2	182	8.6
광주		1,019	145	14.2	814	79.9	60	5.9
대전		1,596	240	15.0	1,353	84.7	4	0.2
울산		1,023	101	9.8	805	78.7	117	11.4
세종		197	54	27.2	144	72.8	0	0.0
경기		10,754	1,609	15.0	8,335	77.5	809	7.5
강원		707	55	7.8	595	84.2	57	8.0
충북		1,484	291	19.6	1,036	69.8	157	10.6
충남		1,754	344	19.6	1,331	75.9	79	4.5
전북		1,755	238	13.6	1,340	76.4	177	10.1
전남		2,065	307	14.8	1,455	70.5	303	14.7
경북		2,582	204	7.9	2,091	81.0	288	11.1
경남		2,341	341	14.6	1,634	69.8	366	15.6
제주		534	152	28.5	343	64.3	39	7.2
업종x규모별								
농림수산업 (광업포함)	10~49명	389	47	12.0	303	78.0	39	10.0
	50~249명	15	5	30.0	1	9.8	9	60.2
	250명 이상	1	0	0.0	0	0.0	1	100.0
	전체	405	51	12.6	305	75.3	49	12.1
제조업	10~49명	8,802	1,002	11.4	6,992	79.4	809	9.2
	50~249명	1,643	551	33.5	917	55.8	175	10.7
	250명 이상	297	94	31.6	154	51.9	49	16.4
	전체	10,743	1,647	15.3	8,063	75.1	1,032	9.6
전기 등 공기조절 공급업/수도 등 원료 재생업	10~49명	647	32	5.0	583	90.1	32	4.9
	50~249명	88	18	20.8	55	63.0	14	16.2
	250명 이상	8	1	13.9	3	42.1	4	44.0
	전체	742	52	6.9	642	86.4	49	6.6
건설업	10~49명	5,608	570	10.2	4,619	82.4	419	7.5
	50~249명	524	50	9.5	446	85.1	28	5.4
	250명 이상	82	14	17.3	56	68.3	12	14.4
	전체	6,214	634	10.2	5,122	82.4	459	7.4
도매 및 소매업	10~49명	6,187	1,097	17.7	4,346	70.2	744	12.0
	50~249명	495	85	17.2	320	64.6	91	18.3
	250명 이상	181	52	28.5	74	40.9	55	30.6
	전체	6,864	1,233	18.0	4,740	69.1	890	13.0
운수 및 창고업	10~49명	1,052	52	5.0	1,000	95.0	0	0.0
	50~249명	126	44	34.8	76	60.1	6	5.1
	250명 이상	45	18	39.6	13	29.5	14	31.0
	전체	1,223	114	9.3	1,089	89.0	20	1.7
숙박 및 음식점업	10~49명	2,659	478	18.0	1,916	72.1	264	9.9
	50~249명	125	9	7.1	103	82.3	13	10.6
	250명 이상	38	15	39.9	15	39.2	8	20.9
	전체	2,822	502	17.8	2,034	72.1	286	10.1

(계속)

(단위 : 개, %)

구 분		CRM 운영 기업체	자체 구축		아웃소싱 (공급업체의 솔루션 구매·운영)		자체 구축 및 아웃소싱 병행	
			기업체수	비율	기업체수	비율	기업체수	비율
정보통신업	10~49명	2,556	741	29.0	1,416	55.4	399	15.6
	50~249명	473	322	68.2	118	24.9	33	6.9
	250명 이상	97	42	43.2	35	36.0	20	20.8
	전체	3,125	1,105	35.4	1,568	50.2	452	14.5
금융 및 보험업	10~49명	258	36	14.1	186	72.2	36	13.8
	50~249명	176	100	57.1	54	30.7	22	12.3
	250명 이상	138	103	74.9	15	10.8	20	14.3
	전체	572	240	41.9	255	44.6	77	13.4
부동산업	10~49명	345	39	11.4	267	77.3	39	11.3
	50~249명	39	4	9.3	32	81.6	4	9.1
	250명 이상	12	0	0.0	9	69.2	4	30.8
	전체	396	43	10.9	307	77.4	46	11.7
전문, 과학 및 기술서비스업	10~49명	2,734	547	20.0	1,947	71.2	240	8.8
	50~249명	222	26	11.9	154	69.7	41	18.5
	250명 이상	30	14	44.8	11	35.5	6	19.7
	전체	2,986	587	19.7	2,112	70.7	287	9.6
사업시설관리, 사업지원 및 임대서비스업	10~49명	1,369	210	15.3	1,097	80.1	62	4.6
	50~249명	424	65	15.4	345	81.5	13	3.1
	250명 이상	165	36	21.9	108	65.7	20	12.4
	전체	1,958	312	15.9	1,550	79.2	96	4.9
교육서비스업	10~49명	740	127	17.2	540	73.0	72	9.8
	50~249명	63	5	8.6	37	59.1	20	32.3
	250명 이상	21	8	36.2	10	48.4	3	15.4
	전체	825	141	17.1	588	71.3	96	11.6
보건업 및 사회복지 서비스업	10~49명	5,389	320	5.9	4,066	75.4	1,004	18.6
	50~249명	532	69	12.9	310	58.4	152	28.7
	250명 이상	55	7	13.3	32	57.1	16	29.6
	전체	5,977	396	6.6	4,408	73.8	1,172	19.6
예술, 스포츠 및 여가관련 서비스업	10~49명	402	40	10.0	308	76.6	54	13.5
	50~249명	99	11	11.5	64	65.0	23	23.4
	250명 이상	5	3	59.5	1	20.3	1	20.3
	전체	507	55	10.8	374	73.7	79	15.5
수리 및 기타 개인 서비스업	10~49명	1,327	215	16.2	1,034	77.9	78	5.9
	50~249명	28	1	5.2	25	89.6	1	5.2
	250명 이상	5	1	20.3	4	79.7	0	0.0
	전체	1,360	218	16.0	1,063	78.1	80	5.8
조직형태별								
개인사업체		13,129	1,553	11.8	9,955	75.8	1,620	12.3
회사법인		33,589	5,775	17.2	24,265	72.2	3,550	10.6

※ 기준시점 : 2024년 12월 31일

※ 기업체 : CRM 운영 기업체

※ 추정오차 : 자체 구축 ±604기업체, 아웃소싱 ±735기업체, 자체구축 및 아웃소싱 병행 ±521기업체

6 원격근무(스마트워크)

6.1 원격근무(스마트워크) 운영

(단위 : 개, %)

구 분		전체 기업체	원격근무(스마트워크) 운영		원격근무(스마트워크) 미운영	
			기업체수	비율	기업체수	비율
전체		211,615	38,851	18.4	172,764	81.6
지 역 별						
서울		48,089	16,328	34.0	31,761	66.0
부산		12,049	643	5.3	11,406	94.7
대구		7,688	356	4.6	7,332	95.4
인천		10,892	2,486	22.8	8,406	77.2
광주		4,524	1,128	24.9	3,396	75.1
대전		4,778	252	5.3	4,526	94.7
울산		4,311	46	1.1	4,265	98.9
세종		932	40	4.3	892	95.7
경기		59,176	8,647	14.6	50,529	85.4
강원		4,719	2,360	50.0	2,359	50.0
충북		7,270	865	11.9	6,405	88.1
충남		9,104	459	5.0	8,645	95.0
전북		5,631	1,352	24.0	4,279	76.0
전남		6,710	1,531	22.8	5,179	77.2
경북		10,254	262	2.6	9,992	97.4
경남		13,113	514	3.9	12,599	96.1
제주		2,375	1,581	66.6	794	33.4
업종x규모별						
농림수산업 (광업포함)	10~49명	1,537	180	11.7	1,357	88.3
	50~249명	75	15	19.8	60	80.2
	250명 이상	4	2	49.8	2	50.2
	전체	1,616	197	12.2	1,419	87.8
제조업	10~49명	55,152	6,004	10.9	49,148	89.1
	50~249명	8,833	1,146	13.0	7,687	87.0
	250명 이상	1,384	537	38.8	847	61.2
	전체	65,369	7,686	11.8	57,683	88.2
전기 등 공기조절 공급업/수도 등 원료 재생업	10~49명	2,175	434	20.0	1,741	80.0
	50~249명	346	110	31.7	236	68.3
	250명 이상	37	16	44.0	21	56.0
	전체	2,558	560	21.9	1,998	78.1
건설업	10~49명	26,763	6,565	24.5	20,198	75.5
	50~249명	3,116	633	20.3	2,483	79.7
	250명 이상	515	211	41.0	304	59.0
	전체	30,394	7,410	24.4	22,984	75.6
도매 및 소매업	10~49명	26,036	4,315	16.6	21,721	83.4
	50~249명	2,256	1,197	53.1	1,059	46.9
	250명 이상	328	123	37.5	205	62.5
	전체	28,620	5,635	19.7	22,985	80.3
운수 및 창고업	10~49명	5,807	1,692	29.1	4,115	70.9
	50~249명	1,670	616	36.9	1,054	63.1
	250명 이상	263	79	30.0	184	70.0
	전체	7,740	2,387	30.8	5,353	69.2
숙박 및 음식점업	10~49명	10,313	705	6.8	9,608	93.2
	50~249명	535	226	42.3	309	57.7
	250명 이상	102	21	20.6	81	79.4
	전체	10,950	952	8.7	9,998	91.3

(계속)

(단위 : 개, %)

구 분		전체 기업체	원격근무(스마트워크) 운영		원격근무(스마트워크) 미운영	
			기업체수	비율	기업체수	비율
정보통신업	10~49명	9,251	2,366	25.6	6,885	74.4
	50~249명	1,922	432	22.5	1,490	77.5
	250명 이상	329	126	38.3	203	61.7
	전체	11,502	2,924	25.4	8,578	74.6
금융 및 보험업	10~49명	977	252	25.8	725	74.2
	50~249명	362	201	55.6	161	44.4
	250명 이상	186	122	65.3	64	34.7
	전체	1,525	575	37.7	950	62.3
부동산업	10~49명	2,241	370	16.5	1,871	83.5
	50~249명	320	61	18.9	259	81.1
	250명 이상	126	43	33.8	83	66.2
	전체	2,687	474	17.6	2,213	82.4
전문, 과학 및 기술서비스업	10~49명	12,861	3,289	25.6	9,572	74.4
	50~249명	1,551	506	32.6	1,045	67.4
	250명 이상	235	127	54.0	108	46.0
	전체	14,647	3,923	26.8	10,724	73.2
사업시설관리, 사업지원 및 임대서비스업	10~49명	7,649	1,713	22.4	5,936	77.6
	50~249명	2,488	667	26.8	1,821	73.2
	250명 이상	838	294	35.1	544	64.9
	전체	10,975	2,673	24.4	8,302	75.6
교육서비스업	10~49명	2,294	690	30.1	1,604	69.9
	50~249명	160	41	25.5	119	74.5
	250명 이상	32	14	42.3	18	57.7
	전체	2,486	744	29.9	1,742	70.1
보건업 및 사회복지 서비스업	10~49명	12,621	1,633	12.9	10,988	87.1
	50~249명	2,153	371	17.2	1,782	82.8
	250명 이상	126	37	29.6	89	70.4
	전체	14,900	2,041	13.7	12,859	86.3
예술, 스포츠 및 여가관련 서비스업	10~49명	1,268	235	18.5	1,033	81.5
	50~249명	213	111	51.9	102	48.1
	250명 이상	20	2	10.0	18	90.0
	전체	1,501	347	23.1	1,154	76.9
수리 및 기타 개인 서비스업	10~49명	3,985	268	6.7	3,717	93.3
	50~249명	144	46	32.0	98	68.0
	250명 이상	16	8	51.3	8	48.7
	전체	4,145	323	7.8	3,822	92.2
조직형태별						
개인사업체		43,407	4,721	10.9	38,686	89.1
회사법인		168,208	34,130	20.3	134,078	79.7

※ 기준시점 : 2024년 12월 31일
※ 기업체 : 전국의 종사자수 10인 이상 민간 부문 기업체(통계청, 2024년 12월 기준 기업통계등록부)
※ 추정오차 : 원격근무(스마트워크) 운영 ±1,407기업체, 원격근무(스마트워크) 미운영 ±1,407기업체
※ 주 : 원격근무(스마트워크) : 정보통신기술(ICT)을 활용하여 시간과 장소에 제약 없이 업무를 수행할 수 있는 유연한 근무방식을 말함

6.2 원격근무(스마트워크) 운영 방식(복수응답)

(단위 : 개, %)

구 분		원격근무(스마트워크) 운영 기업체	재택 근무		스마트오피스 근무		이동(모바일) 근무	
			기업체수	비율	기업체수	비율	기업체수	비율
전체		38,851	16,161	41.6	3,299	8.5	29,414	75.7
지 역 별								
서울		16,328	7,798	47.8	1,736	10.6	11,937	73.1
부산		643	258	40.1	50	7.8	450	70.0
대구		356	152	42.7	0	0.0	205	57.6
인천		2,486	797	32.1	68	2.7	1,983	79.8
광주		1,128	219	19.4	88	7.8	1,084	96.1
대전		252	109	43.0	19	7.4	142	56.1
울산		46	39	83.6	0	0.0	8	16.4
세종		40	0	0.0	0	0.0	40	100.0
경기		8,647	4,169	48.2	747	8.6	5,674	65.6
강원		2,360	548	23.2	52	2.2	2,299	97.4
충북		865	621	71.7	131	15.1	494	57.0
충남		459	306	66.7	26	5.7	327	71.4
전북		1,352	306	22.7	156	11.6	1,157	85.6
전남		1,531	281	18.4	73	4.8	1,429	93.3
경북		262	8	3.1	61	23.1	257	97.9
경남		514	147	28.6	2	0.4	373	72.6
제주		1,581	403	25.5	89	5.7	1,555	98.3
업종x규모별								
농림수산업(광업포함)	10~49명	180	53	29.3	10	5.7	152	84.4
	50~249명	15	3	20.1	3	20.0	13	90.0
	250명 이상	2	0	0.0	0	0.0	2	100.0
	전체	197	56	28.3	13	6.7	168	85.0
제조업	10~49명	6,004	2,058	34.3	331	5.5	4,800	79.9
	50~249명	1,146	530	46.3	218	19.0	856	74.7
	250명 이상	537	221	41.2	81	15.1	455	84.8
	전체	7,686	2,809	36.5	629	8.2	6,111	79.5
전기 등 공기조절 공급업/수도 등 원료 재생업	10~49명	434	112	25.8	15	3.6	419	96.4
	50~249명	110	37	33.7	7	6.6	91	83.3
	250명 이상	16	5	29.5	6	36.7	15	93.1
	전체	560	154	27.4	29	5.1	525	93.7
건설업	10~49명	6,565	2,104	32.0	305	4.7	5,536	84.3
	50~249명	633	127	20.1	14	2.3	584	92.3
	250명 이상	211	71	33.7	22	10.2	189	89.6
	전체	7,410	2,302	31.1	341	4.6	6,310	85.2
도매 및 소매업	10~49명	4,315	2,107	48.8	454	10.5	2,874	66.6
	50~249명	1,197	434	36.3	43	3.6	1,084	90.5
	250명 이상	123	93	75.7	26	21.0	73	59.2
	전체	5,635	2,635	46.8	522	9.3	4,031	71.5
운수 및 창고업	10~49명	1,692	714	42.2	133	7.8	1,454	85.9
	50~249명	616	185	30.0	25	4.1	559	90.7
	250명 이상	79	20	25.9	4	5.2	62	78.9
	전체	2,387	919	38.5	162	6.8	2,075	86.9
숙박 및 음식점업	10~49명	705	354	50.2	153	21.7	311	44.1
	50~249명	226	45	19.7	14	6.1	204	90.1
	250명 이상	21	9	44.0	1	5.1	17	78.6
	전체	952	407	42.8	168	17.6	531	55.8

(계속)

(단위 : 개, %)

구 분		원격근무 (스마트워크) 운영 기업체	재택 근무		스마트오피스 근무		이동(모바일) 근무	
			기업체수	비율	기업체수	비율	기업체수	비율
정보통신업	10~49명	2,366	1,814	76.7	368	15.6	1,074	45.4
	50~249명	432	347	80.3	171	39.5	282	65.3
	250명 이상	126	102	80.7	37	29.4	59	46.9
	전체	2,924	2,263	77.4	576	19.7	1,415	48.4
금융 및 보험업	10~49명	252	203	80.4	45	17.8	86	34.1
	50~249명	201	198	98.2	172	85.8	180	89.3
	250명 이상	122	50	41.3	9	7.1	91	75.3
	전체	575	450	78.4	226	39.3	357	62.1
부동산업	10~49명	370	98	26.3	39	10.5	331	89.5
	50~249명	61	28	46.8	4	6.0	47	76.9
	250명 이상	43	13	31.1	4	9.5	39	90.5
	전체	474	139	29.4	47	9.9	416	87.9
전문, 과학 및 기술서비스업	10~49명	3,289	1,581	48.1	103	3.1	2,128	64.7
	50~249명	506	287	56.7	54	10.6	319	63.0
	250명 이상	127	65	51.3	7	5.7	109	86.1
	전체	3,923	1,933	49.3	164	4.2	2,556	65.2
사업시설관리, 사업지원 및 임대서비스업	10~49명	1,713	566	33.1	90	5.3	1,476	86.2
	50~249명	667	248	37.1	52	7.8	582	87.3
	250명 이상	294	122	41.4	38	13.0	233	79.5
	전체	2,673	936	35.0	180	6.7	2,292	85.7
교육서비스업	10~49명	690	267	38.7	71	10.3	531	77.0
	50~249명	41	28	68.3	11	27.3	30	72.6
	250명 이상	14	5	34.1	1	8.5	12	91.5
	전체	744	299	40.3	83	11.2	573	77.0
보건업 및 사회복지 서비스업	10~49명	1,633	560	34.3	138	8.4	1,116	68.3
	50~249명	371	43	11.7	0	0.0	353	95.3
	250명 이상	37	11	28.8	2	4.9	32	85.4
	전체	2,041	614	30.1	139	6.8	1,501	73.5
예술, 스포츠 및 여가관련 서비스업	10~49명	235	90	38.5	10	4.2	210	89.4
	50~249명	111	33	29.4	5	4.1	106	95.7
	250명 이상	2	1	50.3	0	0.0	1	49.7
	전체	347	124	35.7	14	4.1	317	91.2
수리 및 기타 개인 서비스업	10~49명	268	110	41.2	0	0.0	186	69.5
	50~249명	46	7	16.0	4	9.8	43	93.4
	250명 이상	8	1	17.6	0	0.0	7	82.4
	전체	323	119	37.0	4	1.4	236	73.2
조직형태별								
개인사업체		4,721	1,678	35.5	313	6.6	3,432	72.7
회사법인		34,130	14,483	42.4	2,986	8.7	25,981	76.1

※ 기준시점 : 2024년 12월 31일
※ 기업체 : 원격 근무(스마트워크) 운영 기업체
※ 추정오차 : 재택근무 ±643기업체, 스마트오피스 근무 ±364기업체, 이동(모바일) 근무 ±559기업체
※ 주 : 원격 근무(스마트워크) 운영 방식별 복수응답 수치임

지능정보기술 활용

1 사물인터넷(IoT) 기기 및 서비스

1.1 사물인터넷(IoT) 기기 및 서비스 이용 여부

(단위 : 개, %)

구 분		전체 기업체	사물인터넷(IoT)기기 및 서비스 이용		사물인터넷(IoT)기기 및 서비스 미이용	
			기업체수	비율	기업체수	비율
전체		211,615	118,154	55.8	93,461	44.2
지 역 별						
서울		48,089	30,848	64.1	17,241	35.9
부산		12,049	5,343	44.3	6,706	55.7
대구		7,688	3,820	49.7	3,868	50.3
인천		10,892	5,829	53.5	5,063	46.5
광주		4,524	3,192	70.6	1,332	29.4
대전		4,778	1,839	38.5	2,939	61.5
울산		4,311	1,704	39.5	2,607	60.5
세종		932	551	59.1	381	40.9
경기		59,176	34,607	58.5	24,569	41.5
강원		4,719	2,346	49.7	2,373	50.3
충북		7,270	2,924	40.2	4,346	59.8
충남		9,104	4,115	45.2	4,989	54.8
전북		5,631	3,646	64.8	1,985	35.2
전남		6,710	4,046	60.3	2,664	39.7
경북		10,254	4,763	46.4	5,491	53.6
경남		13,113	7,174	54.7	5,939	45.3
제주		2,375	1,408	59.3	967	40.7
업종x규모별						
농림수산업 (광업포함)	10~49명	1,537	702	45.7	835	54.3
	50~249명	75	48	63.6	27	36.4
	250명 이상	4	3	74.8	1	25.2
	전체	1,616	753	46.6	863	53.4
제조업	10~49명	55,152	31,490	57.1	23,662	42.9
	50~249명	8,833	4,844	54.8	3,989	45.2
	250명 이상	1,384	978	70.6	406	29.4
	전체	65,369	37,311	57.1	28,058	42.9
전기 등 공기조절 공급업/수도 등 원료 재생업	10~49명	2,175	624	28.7	1,551	71.3
	50~249명	346	182	52.6	164	47.4
	250명 이상	37	26	71.6	11	28.4
	전체	2,558	832	32.5	1,726	67.5
건설업	10~49명	26,763	6,485	24.2	20,278	75.8
	50~249명	3,116	1,264	40.6	1,852	59.4
	250명 이상	515	389	75.6	126	24.4
	전체	30,394	8,138	26.8	22,256	73.2
도매 및 소매업	10~49명	26,036	18,979	72.9	7,057	27.1
	50~249명	2,256	1,853	82.1	403	17.9
	250명 이상	328	284	86.6	44	13.4
	전체	28,620	21,116	73.8	7,504	26.2
운수 및 창고업	10~49명	5,807	2,961	51.0	2,846	49.0
	50~249명	1,670	1,069	64.0	601	36.0
	250명 이상	263	190	72.4	73	27.6
	전체	7,740	4,221	54.5	3,519	45.5
숙박 및 음식점업	10~49명	10,313	8,371	81.2	1,942	18.8
	50~249명	535	434	81.2	101	18.8
	250명 이상	102	93	91.4	9	8.6
	전체	10,950	8,898	81.3	2,052	18.7

(계속)

(단위 : 개, %)

구 분		전체 기업체	사물인터넷(IoT)기기 및 서비스 이용		사물인터넷(IoT)기기 및 서비스 미이용	
			기업체수	비율	기업체수	비율
정보통신업	10~49명	9,251	5,531	59.8	3,720	40.2
	50~249명	1,922	1,677	87.2	245	12.8
	250명 이상	329	203	61.8	126	38.2
	전체	11,502	7,411	64.4	4,091	35.6
금융 및 보험업	10~49명	977	645	66.1	332	33.9
	50~249명	362	334	92.3	28	7.7
	250명 이상	186	163	87.9	23	12.1
	전체	1,525	1,143	74.9	382	25.1
부동산업	10~49명	2,241	698	31.2	1,543	68.8
	50~249명	320	100	31.4	220	68.6
	250명 이상	126	74	58.5	52	41.5
	전체	2,687	873	32.5	1,814	67.5
전문, 과학 및 기술서비스업	10~49명	12,861	3,797	29.5	9,064	70.5
	50~249명	1,551	633	40.8	918	59.2
	250명 이상	235	154	65.5	81	34.5
	전체	14,647	4,584	31.3	10,063	68.7
사업시설관리, 사업지원 및 임대서비스업	10~49명	7,649	2,227	29.1	5,422	70.9
	50~249명	2,488	583	23.4	1,905	76.6
	250명 이상	838	617	73.6	221	26.4
	전체	10,975	3,426	31.2	7,549	68.8
교육서비스업	10~49명	2,294	1,609	70.1	685	29.9
	50~249명	160	132	82.6	28	17.4
	250명 이상	32	30	92.7	2	7.3
	전체	2,486	1,771	71.2	715	28.8
보건업 및 사회복지 서비스업	10~49명	12,621	11,620	92.1	1,001	7.9
	50~249명	2,153	1,825	84.8	328	15.2
	250명 이상	126	120	95.5	6	4.5
	전체	14,900	13,565	91.0	1,335	9.0
예술, 스포츠 및 여가관련 서비스업	10~49명	1,268	918	72.4	350	27.6
	50~249명	213	176	82.6	37	17.4
	250명 이상	20	17	87.5	3	12.5
	전체	1,501	1,111	74.0	390	26.0
수리 및 기타 개인 서비스업	10~49명	3,985	2,898	72.7	1,087	27.3
	50~249명	144	91	63.2	53	36.8
	250명 이상	16	13	81.7	3	18.3
	전체	4,145	3,002	72.4	1,143	27.6
조직형태별						
개인사업체		43,407	30,938	71.3	12,469	28.7
회사법인		168,208	87,216	51.9	80,992	48.1

※ 기준시점 : 2024년 12월 31일
※ 기업체 : 전국의 종사자수 10인 이상 민간 부문 기업체(통계청, 2024년 12월 기준 기업통계등록부)
※ 추정오차 : 사물인터넷(IoT) 기기 및 서비스 이용 ±1,805기업체, 사물인터넷(IoT) 기기 및 서비스 미이용 ±1,805기업체

1.2 사물인터넷(IoT) 기기 및 서비스 이용 유형(복수응답) - ①

(단위 : 개, %)

구 분		사물인터넷(IoT) 기기 및 서비스 이용 기업체	기업 보안		고객서비스		결제 시스템		생산/제조 프로세스 관리	
			기업체수	비율	기업체수	비율	기업체수	비율	기업체수	비율
전체		118,154	95,935	81.2	29,728	25.2	53,446	45.2	11,289	9.6
지 역 별										
서울		30,848	25,636	83.1	7,831	25.4	13,537	43.9	2,451	7.9
부산		5,343	3,633	68.0	1,637	30.6	3,126	58.5	133	2.5
대구		3,820	2,759	72.2	814	21.3	2,362	61.8	180	4.7
인천		5,829	4,557	78.2	1,481	25.4	2,334	40.0	441	7.6
광주		3,192	2,722	85.3	813	25.5	1,890	59.2	947	29.7
대전		1,839	1,191	64.8	455	24.7	896	48.7	157	8.6
울산		1,704	1,317	77.3	459	26.9	755	44.3	60	3.5
세종		551	495	89.9	121	22.0	301	54.7	19	3.5
경기		34,607	29,777	86.0	8,577	24.8	13,290	38.4	2,521	7.3
강원		2,346	1,617	68.9	707	30.1	1,476	62.9	120	5.1
충북		2,924	1,626	55.6	829	28.3	1,447	49.5	669	22.9
충남		4,115	3,608	87.7	1,156	28.1	875	21.3	544	13.2
전북		3,646	3,116	85.5	993	27.2	2,502	68.6	952	26.1
전남		4,046	3,446	85.2	952	23.5	2,629	65.0	1,229	30.4
경북		4,763	3,760	78.9	976	20.5	2,143	45.0	402	8.4
경남		7,174	5,749	80.1	1,481	20.6	2,760	38.5	311	4.3
제주		1,408	926	65.8	445	31.6	1,125	79.9	150	10.7
업종x규모별										
농림수산업 (광업포함)	10~49명	702	425	60.6	155	22.1	244	34.8	129	18.4
	50~249명	48	18	37.6	10	21.6	19	40.6	21	43.6
	250명 이상	3	2	66.7	0	0.0	1	33.3	2	66.6
	전체	753	445	59.1	166	22.0	264	35.1	152	20.2
제조업	10~49명	31,490	28,899	91.8	5,969	19.0	7,083	22.5	4,880	15.5
	50~249명	4,844	4,284	88.4	957	19.8	1,157	23.9	1,272	26.3
	250명 이상	978	887	90.7	209	21.4	213	21.7	454	46.4
	전체	37,311	34,069	91.3	7,135	19.1	8,453	22.7	6,606	17.7
전기 등 공기조절 공급업/수도 등 원료 재생업	10~49명	624	496	79.5	272	43.7	160	25.7	64	10.2
	50~249명	182	160	88.0	44	24.0	70	38.4	44	24.0
	250명 이상	26	23	86.7	8	29.8	9	34.8	3	12.7
	전체	832	679	81.6	324	38.9	240	28.8	111	13.3
건설업	10~49명	6,485	5,223	80.5	1,798	27.7	1,329	20.5	307	4.7
	50~249명	1,264	1,052	83.2	270	21.3	416	32.9	71	5.6
	250명 이상	389	374	96.1	73	18.7	98	25.3	20	5.3
	전체	8,138	6,649	81.7	2,140	26.3	1,843	22.7	398	4.9
도매 및 소매업	10~49명	18,979	16,358	86.2	4,565	24.1	10,118	53.3	1,688	8.9
	50~249명	1,853	1,375	74.2	460	24.8	1,208	65.2	157	8.5
	250명 이상	284	259	91.0	100	35.1	180	63.5	24	8.6
	전체	21,116	17,992	85.2	5,125	24.3	11,506	54.5	1,869	8.9
운수 및 창고업	10~49명	2,961	1,865	63.0	785	26.5	1,200	40.5	130	4.4
	50~249명	1,069	514	48.1	234	21.9	739	69.1	64	5.9
	250명 이상	190	87	45.6	51	26.8	109	57.4	3	1.4
	전체	4,221	2,466	58.4	1,070	25.4	2,048	48.5	197	4.7
숙박 및 음식점업	10~49명	8,371	5,513	65.9	3,710	44.3	7,199	86.0	460	5.5
	50~249명	434	346	79.7	208	48.0	382	88.0	17	4.0
	250명 이상	93	70	74.7	57	61.3	81	86.4	5	5.0
	전체	8,898	5,929	66.6	3,976	44.7	7,661	86.1	483	5.4

(계속)

(단위 : 개, %)

구 분		사물인터넷(IoT) 기기 및 서비스 이용 기업체	기업 보안		고객서비스		결제 시스템		생산/제조 프로세스 관리	
			기업체수	비율	기업체수	비율	기업체수	비율	기업체수	비율
정보통신업	10~49명	5,531	5,254	95.0	1,817	32.9	1,812	32.8	430	7.8
	50~249명	1,677	1,652	98.5	412	24.6	288	17.2	98	5.9
	250명 이상	203	184	90.7	40	19.8	52	25.6	6	2.8
	전체	7,411	7,090	95.7	2,269	30.6	2,152	29.0	534	7.2
금융 및 보험업	10~49명	645	613	95.0	167	25.9	94	14.5	24	3.8
	50~249명	334	334	100.0	79	23.6	58	17.2	14	4.3
	250명 이상	163	161	98.2	33	20.1	46	28.0	14	8.6
	전체	1,143	1,108	96.9	279	24.4	197	17.3	53	4.6
부동산업	10~49명	698	582	83.3	232	33.3	136	19.5	39	5.6
	50~249명	100	90	89.3	36	35.6	14	14.2	7	7.2
	250명 이상	74	60	80.9	19	25.5	19	25.7	5	6.6
	전체	873	731	83.8	287	32.9	169	19.4	51	5.9
전문, 과학 및 기술서비스업	10~49명	3,797	3,064	80.7	1,015	26.7	943	24.8	73	1.9
	50~249명	633	560	88.5	200	31.6	122	19.2	40	6.3
	250명 이상	154	148	95.8	24	15.8	27	17.7	4	2.3
	전체	4,584	3,771	82.3	1,240	27.0	1,092	23.8	116	2.5
사업시설관리, 사업지원 및 임대서비스업	10~49명	2,227	1,780	79.9	601	27.0	540	24.3	90	4.0
	50~249명	583	490	84.1	125	21.5	151	25.8	14	2.4
	250명 이상	617	598	96.9	142	23.0	147	23.8	41	6.7
	전체	3,426	2,868	83.7	868	25.3	838	24.4	145	4.2
교육서비스업	10~49명	1,609	943	58.6	363	22.6	1,375	85.5	35	2.2
	50~249명	132	117	88.6	22	16.9	93	70.3	7	5.6
	250명 이상	30	26	88.3	9	30.6	24	80.1	4	15.0
	전체	1,771	1,086	61.4	395	22.3	1,492	84.2	47	2.7
보건업 및 사회복지 서비스업	10~49명	11,620	7,017	60.4	2,522	21.7	10,592	91.2	189	1.6
	50~249명	1,825	988	54.1	565	31.0	1,601	87.7	112	6.1
	250명 이상	120	79	65.4	60	50.0	112	93.1	6	4.6
	전체	13,565	8,083	59.6	3,147	23.2	12,305	90.7	307	2.3
예술, 스포츠 및 여가관련 서비스업	10~49명	918	738	80.4	447	48.7	726	79.1	65	7.1
	50~249명	176	160	90.8	125	71.0	158	89.5	21	11.7
	250명 이상	17	7	40.3	4	22.6	12	71.4	0	0.0
	전체	1,111	905	81.4	576	51.8	896	80.6	86	7.7
수리 및 기타 개인 서비스업	10~49명	2,898	2,010	69.4	709	24.5	2,214	76.4	127	4.4
	50~249명	91	43	46.8	21	23.0	66	72.6	6	6.5
	250명 이상	13	11	84.6	3	21.9	10	78.1	1	11.1
	전체	3,002	2,064	68.8	732	24.4	2,290	76.3	134	4.5
조직형태별										
개인사업체		30,938	21,305	68.9	8,301	26.8	22,688	73.3	1,554	5.0
회사법인		87,216	74,630	85.6	21,426	24.6	30,758	35.3	9,735	11.2

※ 기준시점 : 2024년 12월 31일

※ 기업체 : 사물인터넷(IoT) 기기 및 서비스 이용 기업체

※ 추정오차 : 기업보안 ±1,016기업체, 고객서비스 ±1,129기업체, 결제 시스템 ±1,295기업체, 생산/제조 프로세스 관리 ±765기업체, 물류 재고 및 상태 유지관리 ±847기업체, 에너지 관리 ±532기업체, 스마트 빌딩, 오피스 ±441기업체, 기타 ±168기업체

※ 주 : 사물인터넷(IoT) 기기 및 서비스 이용 유형별 복수응답 수치임

1.2 사물인터넷(IoT) 기기 및 서비스 이용 유형(복수응답) - ②

(단위 : 개, %)

구 분		사물인터넷(IoT) 기기 및 서비스 이용 기업체	물류 재고 및 상태 유지관리		에너지 관리		스마트 빌딩, 오피스		기타	
			기업체수	비율	기업체수	비율	기업체수	비율	기업체수	비율
전체		118,154	14,249	12.1	5,175	4.4	3,508	3.0	494	0.4
지 역 별										
서울		30,848	5,251	17.0	804	2.6	1,325	4.3	146	0.5
부산		5,343	510	9.5	551	10.3	25	0.5	0	0.0
대구		3,820	292	7.6	236	6.2	29	0.8	0	0.0
인천		5,829	235	4.0	73	1.3	76	1.3	0	0.0
광주		3,192	613	19.2	164	5.1	207	6.5	39	1.2
대전		1,839	23	1.2	6	0.3	4	0.2	0	0.0
울산		1,704	101	5.9	87	5.1	0	0.0	0	0.0
세종		551	26	4.7	0	0.0	0	0.0	0	0.0
경기		34,607	3,928	11.4	554	1.6	714	2.1	231	0.7
강원		2,346	135	5.8	24	1.0	49	2.1	32	1.4
충북		2,924	282	9.6	576	19.7	100	3.4	47	1.6
충남		4,115	103	2.5	101	2.4	39	1.0	0	0.0
전북		3,646	587	16.1	159	4.4	238	6.5	0	0.0
전남		4,046	851	21.0	228	5.6	401	9.9	0	0.0
경북		4,763	395	8.3	717	15.1	144	3.0	0	0.0
경남		7,174	761	10.6	886	12.3	146	2.0	0	0.0
제주		1,408	157	11.1	8	0.6	11	0.8	0	0.0
업종x규모별										
농림수산업 (광업포함)	10~49명	702	52	7.4	122	17.4	14	2.0	0	0.0
	50~249명	48	6	12.5	13	28.2	1	3.1	0	0.0
	250명 이상	3	3	100.0	0	0.0	0	0.0	0	0.0
	전체	753	61	8.1	136	18.0	16	2.1	0	0.0
제조업	10~49명	31,490	3,010	9.6	1,710	5.4	933	3.0	139	0.4
	50~249명	4,844	1,103	22.8	562	11.6	219	4.5	0	0.0
	250명 이상	978	405	41.4	188	19.2	95	9.7	5	0.5
	전체	37,311	4,517	12.1	2,460	6.6	1,247	3.3	144	0.4
전기 등 공기조절 공급업/수도 등 원료 재생업	10~49명	624	63	10.1	48	7.7	15	2.5	0	0.0
	50~249명	182	29	15.9	22	12.0	11	5.9	0	0.0
	250명 이상	26	5	17.7	11	40.3	3	13.0	0	0.0
	전체	832	97	11.6	80	9.6	30	3.6	0	0.0
건설업	10~49명	6,485	495	7.6	229	3.5	156	2.4	39	0.6
	50~249명	1,264	93	7.4	58	4.6	28	2.2	7	0.6
	250명 이상	389	31	7.9	36	9.2	18	4.6	2	0.5
	전체	8,138	619	7.6	323	4.0	203	2.5	48	0.6
도매 및 소매업	10~49명	18,979	4,262	22.5	487	2.6	405	2.1	73	0.4
	50~249명	1,853	616	33.3	84	4.5	50	2.7	14	0.8
	250명 이상	284	101	35.5	42	14.8	23	7.9	2	0.6
	전체	21,116	4,979	23.6	613	2.9	477	2.3	89	0.4
운수 및 창고업	10~49명	2,961	893	30.2	0	0.0	26	0.9	0	0.0
	50~249명	1,069	253	23.7	13	1.2	19	1.8	0	0.0
	250명 이상	190	59	30.8	6	3.2	4	2.0	2	0.9
	전체	4,221	1,204	28.5	19	0.4	49	1.2	2	0.0
숙박 및 음식점업	10~49명	8,371	622	7.4	273	3.3	37	0.4	0	0.0
	50~249명	434	36	8.3	18	4.1	4	1.0	0	0.0
	250명 이상	93	17	18.3	6	6.2	8	8.5	0	0.0
	전체	8,898	675	7.6	296	3.3	50	0.6	0	0.0

(계속)

(단위 : 개, %)

구 분		사물인터넷(IoT) 기기 및 서비스 이용 기업체	물류 재고 및 상태 유지관리		에너지 관리		스마트 빌딩, 오피스		기타	
			기업체수	비율	기업체수	비율	기업체수	비율	기업체수	비율
정보통신업	10~49명	5,531	582	10.5	153	2.8	337	6.1	61	1.1
	50~249명	1,677	98	5.9	39	2.3	164	9.8	0	0.0
	250명 이상	203	10	5.1	12	6.0	17	8.6	15	7.5
	전체	7,411	691	9.3	205	2.8	518	7.0	76	1.0
금융 및 보험업	10~49명	645	28	4.4	4	0.6	20	3.2	0	0.0
	50~249명	334	22	6.4	4	1.1	11	3.2	0	0.0
	250명 이상	163	13	7.8	1	0.9	21	12.6	1	0.9
	전체	1,143	63	5.5	9	0.8	52	4.5	1	0.1
부동산업	10~49명	698	39	5.6	0	0.0	58	8.3	0	0.0
	50~249명	100	11	10.7	4	3.5	0	0.0	0	0.0
	250명 이상	74	1	1.8	4	5.5	5	7.0	0	0.0
	전체	873	51	5.8	8	0.9	63	7.3	0	0.0
전문, 과학 및 기술서비스업	10~49명	3,797	274	7.2	240	6.3	138	3.6	34	0.9
	50~249명	633	47	7.4	40	6.2	20	3.2	7	1.0
	250명 이상	154	14	9.4	7	4.6	11	7.3	8	5.2
	전체	4,584	335	7.3	287	6.3	169	3.7	49	1.1
사업시설관리, 사업지원 및 임대서비스업	10~49명	2,227	59	2.7	60	2.7	147	6.6	0	0.0
	50~249명	583	13	2.2	0	0.0	26	4.5	0	0.0
	250명 이상	617	52	8.4	58	9.4	39	6.3	2	0.4
	전체	3,426	125	3.6	118	3.4	212	6.2	2	0.1
교육서비스업	10~49명	1,609	146	9.1	0	0.0	230	14.3	20	1.2
	50~249명	132	7	5.6	2	1.4	4	2.8	0	0.0
	250명 이상	30	4	14.5	0	0.0	8	26.7	0	0.0
	전체	1,771	157	8.9	2	0.1	242	13.7	20	1.1
보건업 및 사회복지 서비스업	10~49명	11,620	418	3.6	313	2.7	90	0.8	0	0.0
	50~249명	1,825	52	2.8	69	3.8	35	1.9	9	0.5
	250명 이상	120	2	1.5	0	0.0	0	0.0	0	0.0
	전체	13,565	471	3.5	381	2.8	124	0.9	9	0.1
예술, 스포츠 및 여가관련 서비스업	10~49명	918	75	8.2	86	9.3	20	2.2	0	0.0
	50~249명	176	11	6.5	21	11.9	5	2.7	0	0.0
	250명 이상	17	0	0.0	0	0.0	1	8.6	0	0.0
	전체	1,111	87	7.8	107	9.6	26	2.4	0	0.0
수리 및 기타 개인 서비스업	10~49명	2,898	107	3.7	131	4.5	28	1.0	51	1.8
	50~249명	91	4	4.7	1	1.6	0	0.0	3	3.3
	250명 이상	13	5	40.8	0	0.0	2	18.7	0	0.0
	전체	3,002	117	3.9	132	4.4	30	1.0	54	1.8
조직형태별										
개인사업체		30,938	1,973	6.4	1,040	3.4	206	0.7	30	0.1
회사법인		87,216	12,276	14.1	4,135	4.7	3,303	3.8	464	0.5

※ 기준시점 : 2024년 12월 31일

※ 기업체 : 사물인터넷(IoT) 기기 및 서비스 이용 기업체

※ 추정오차 : 기업보안 ±1,016기업체, 고객서비스 ±1,129기업체, 결제 시스템 ±1,295기업체, 생산/제조 프로세스 관리 ±765기업체, 물류 재고 및 상태 유지관리 ±847기업체, 에너지 관리 ±532기업체, 스마트 빌딩, 오피스 ±441기업체, 기타 ±168기업체

※ 주 : 사물인터넷(IoT) 기기 및 서비스 이용 유형별 복수응답 수치임

1.3 사물인터넷(IoT) 기기 및 서비스 이용 목적(복수응답) - ①

(단위 : 개, %)

구 분		사물인터넷(IoT) 기기 및 서비스 이용 기업체	비용 절감		업무 효율성 증대		생산성 및 정보공유 증대	
			기업체수	비율	기업체수	비율	기업체수	비율
전체		118,154	24,637	20.9	69,326	58.7	18,347	15.5
지 역 별								
서울		30,848	5,208	16.9	17,444	56.5	2,478	8.0
부산		5,343	962	18.0	3,784	70.8	1,770	33.1
대구		3,820	1,104	28.9	2,816	73.7	972	25.5
인천		5,829	898	15.4	3,074	52.7	337	5.8
광주		3,192	982	30.8	1,857	58.2	1,146	35.9
대전		1,839	530	28.8	1,041	56.6	576	31.3
울산		1,704	827	48.5	1,205	70.7	164	9.6
세종		551	34	6.3	255	46.4	138	25.1
경기		34,607	8,425	24.3	18,429	53.3	4,063	11.7
강원		2,346	376	16.0	1,363	58.1	71	3.0
충북		2,924	378	12.9	2,194	75.0	947	32.4
충남		4,115	547	13.3	2,174	52.8	653	15.9
전북		3,646	1,150	31.5	2,049	56.2	1,090	29.9
전남		4,046	1,223	30.2	2,221	54.9	1,206	29.8
경북		4,763	1,053	22.1	3,432	72.1	954	20.0
경남		7,174	725	10.1	4,977	69.4	1,662	23.2
제주		1,408	216	15.3	1,011	71.8	119	8.5
업종x규모별								
농림수산업(광업포함)	10~49명	702	28	3.9	327	46.5	123	17.5
	50~249명	48	4	9.4	31	65.5	19	40.6
	250명 이상	3	1	33.3	2	66.7	0	0.0
	전체	753	33	4.4	360	47.8	142	18.9
제조업	10~49명	31,490	7,914	25.1	15,983	50.8	6,011	19.1
	50~249명	4,844	1,052	21.7	2,164	44.7	1,610	33.2
	250명 이상	978	154	15.8	567	58.1	345	35.3
	전체	37,311	9,121	24.4	18,714	50.2	7,966	21.3
전기 등 공기조절 공급업/수도 등 원료 재생업	10~49명	624	97	15.5	159	25.6	95	15.3
	50~249명	182	18	10.0	62	34.0	51	28.2
	250명 이상	26	2	8.3	18	69.4	5	17.6
	전체	832	117	14.1	240	28.8	151	18.2
건설업	10~49명	6,485	1,258	19.4	3,150	48.6	691	10.7
	50~249명	1,264	128	10.1	490	38.8	177	14.0
	250명 이상	389	20	5.2	183	47.0	34	8.8
	전체	8,138	1,406	17.3	3,823	47.0	903	11.1
도매 및 소매업	10~49명	18,979	3,999	21.1	13,136	69.2	3,120	16.4
	50~249명	1,853	156	8.4	1,321	71.3	181	9.8
	250명 이상	284	30	10.6	217	76.5	34	11.9
	전체	21,116	4,185	19.8	14,675	69.5	3,336	15.8
운수 및 창고업	10~49명	2,961	320	10.8	2,069	69.9	211	7.1
	50~249명	1,069	107	10.0	834	78.0	94	8.8
	250명 이상	190	45	23.5	153	80.1	8	4.2
	전체	4,221	472	11.2	3,056	72.4	313	7.4
숙박 및 음식점업	10~49명	8,371	1,660	19.8	6,122	73.1	1,631	19.5
	50~249명	434	80	18.3	355	81.8	22	5.0
	250명 이상	93	15	15.7	76	81.2	12	13.4
	전체	8,898	1,754	19.7	6,553	73.6	1,665	18.7

(계속)

(단위 : 개, %)

구 분		사물인터넷(IoT) 기기 및 서비스 이용 기업체	비용 절감		업무 효율성 증대		생산성 및 정보공유 증대	
			기업체수	비율	기업체수	비율	기업체수	비율
정보통신업	10~49명	5,531	1,495	27.0	2,670	48.3	367	6.6
	50~249명	1,677	347	20.7	438	26.1	151	9.0
	250명 이상	203	15	7.2	78	38.3	21	10.3
	전체	7,411	1,856	25.0	3,186	43.0	539	7.3
금융 및 보험업	10~49명	645	32	5.0	255	39.6	29	4.4
	50~249명	334	198	59.2	54	16.2	25	7.5
	250명 이상	163	9	5.7	55	33.6	11	6.8
	전체	1,143	239	21.0	364	31.9	65	5.7
부동산업	10~49명	698	38	5.5	214	30.7	38	5.5
	50~249명	100	7	7.1	50	49.9	11	10.6
	250명 이상	74	7	9.9	44	60.0	1	1.5
	전체	873	53	6.1	309	35.4	50	5.7
전문, 과학 및 기술서비스업	10~49명	3,797	482	12.7	1,577	41.5	731	19.2
	50~249명	633	40	6.4	293	46.4	86	13.6
	250명 이상	154	5	3.1	54	35.2	12	7.8
	전체	4,584	527	11.5	1,925	42.0	829	18.1
사업시설관리, 사업지원 및 임대서비스업	10~49명	2,227	392	17.6	1,297	58.2	270	12.1
	50~249명	583	72	12.3	217	37.2	33	5.6
	250명 이상	617	37	6.1	286	46.3	44	7.2
	전체	3,426	501	14.6	1,799	52.5	347	10.1
교육서비스업	10~49명	1,609	311	19.4	1,218	75.7	167	10.4
	50~249명	132	20	15.5	78	59.0	0	0.0
	250명 이상	30	1	3.9	20	69.0	0	0.0
	전체	1,771	333	18.8	1,316	74.3	167	9.4
보건업 및 사회복지 서비스업	10~49명	11,620	2,438	21.0	8,491	73.1	1,138	9.8
	50~249명	1,825	188	10.3	1,317	72.2	177	9.7
	250명 이상	120	36	29.7	95	79.1	15	12.2
	전체	13,565	2,662	19.6	9,903	73.0	1,330	9.8
예술, 스포츠 및 여가관련 서비스업	10~49명	918	172	18.8	683	74.3	102	11.1
	50~249명	176	37	21.2	148	84.1	14	8.1
	250명 이상	17	1	5.2	15	83.3	1	5.2
	전체	1,111	210	18.9	845	76.0	117	10.5
수리 및 기타 개인 서비스업	10~49명	2,898	1,165	40.2	2,186	75.4	420	14.5
	50~249명	91	2	1.8	63	69.3	6	6.3
	250명 이상	13	0	0.0	10	78.0	2	18.5
	전체	3,002	1,167	38.9	2,259	75.3	429	14.3
조직형태별								
개인사업체		30,938	6,546	21.2	20,914	67.6	4,608	14.9
회사법인		87,216	18,092	20.7	48,412	55.5	13,739	15.8

※ 기준시점 : 2024년 12월 31일
※ 기업체 : 사물인터넷(IoT) 기기 및 서비스 이용 기업체
※ 추정오차 : 비용절감 ±1,057기업체, 업무 효율성 증대 ±1,281기업체, 생산성 및 정보공유 증대 ±942기업체, 정보보안 강화 ±1,286기업체, 근무 환경 개선 ±1,174기업체, 업무 방식 다양화 ±1,094기업체, 서비스 안정성 강화 ±1,051기업체, 고객 수요 반영 ±888기업체, 기타 ±138기업체
※ 주 : 사물인터넷(IoT) 기기 및 서비스 이용 목적별 복수응답 수치임

1.3 사물인터넷(IoT) 기기 및 서비스 이용 목적(복수응답) - ②

(단위 : 개, %)

구 분		사물인터넷(IoT) 기기 및 서비스 이용 기업체	정보보안 강화		근무 환경 개선		업무 방식 다양화	
			기업체수	비율	기업체수	비율	기업체수	비율
전체		118,154	67,929	57.5	33,697	28.5	27,115	22.9
지 역 별								
서울		30,848	21,057	68.3	8,461	27.4	7,566	24.5
부산		5,343	1,954	36.6	1,330	24.9	486	9.1
대구		3,820	1,471	38.5	862	22.6	457	12.0
인천		5,829	3,491	59.9	1,882	32.3	924	15.9
광주		3,192	2,352	73.7	1,143	35.8	805	25.2
대전		1,839	651	35.4	511	27.8	78	4.3
울산		1,704	320	18.8	414	24.3	404	23.7
세종		551	399	72.4	107	19.5	113	20.5
경기		34,607	23,062	66.6	10,281	29.7	9,429	27.2
강원		2,346	1,230	52.4	794	33.9	624	26.6
충북		2,924	976	33.4	831	28.4	623	21.3
충남		4,115	2,268	55.1	1,045	25.4	275	6.7
전북		3,646	2,408	66.0	1,166	32.0	1,093	30.0
전남		4,046	2,560	63.3	1,542	38.1	1,492	36.9
경북		4,763	945	19.8	1,000	21.0	1,056	22.2
경남		7,174	2,100	29.3	1,860	25.9	1,388	19.3
제주		1,408	686	48.7	466	33.1	305	21.6
업종x규모별								
농림수산업(광업포함)	10~49명	702	334	47.6	263	37.5	66	9.4
	50~249명	48	10	22.0	16	34.2	11	22.2
	250명 이상	3	1	33.3	0	0.0	1	33.3
	전체	753	346	45.9	279	37.1	77	10.3
제조업	10~49명	31,490	19,194	61.0	9,628	30.6	6,203	19.7
	50~249명	4,844	3,058	63.1	1,524	31.5	786	16.2
	250명 이상	978	741	75.8	351	35.9	248	25.4
	전체	37,311	22,993	61.6	11,504	30.8	7,237	19.4
전기 등 공기조절 공급업/수도 등 원료 재생업	10~49명	624	463	74.3	113	18.1	77	12.4
	50~249명	182	127	70.0	51	28.1	25	13.8
	250명 이상	26	21	78.4	9	34.1	2	8.3
	전체	832	612	73.5	173	20.8	105	12.6
건설업	10~49명	6,485	3,234	49.9	2,131	32.9	1,114	17.2
	50~249명	1,264	823	65.1	341	27.0	100	7.9
	250명 이상	389	303	77.8	115	29.6	36	9.3
	전체	8,138	4,359	53.6	2,587	31.8	1,251	15.4
도매 및 소매업	10~49명	18,979	11,962	63.0	4,721	24.9	4,309	22.7
	50~249명	1,853	1,113	60.1	456	24.6	428	23.1
	250명 이상	284	235	82.8	109	38.5	88	30.8
	전체	21,116	13,311	63.0	5,286	25.0	4,824	22.8
운수 및 창고업	10~49명	2,961	1,475	49.8	734	24.8	917	31.0
	50~249명	1,069	412	38.6	484	45.3	329	30.7
	250명 이상	190	79	41.3	71	37.5	89	46.9
	전체	4,221	1,966	46.6	1,289	30.5	1,335	31.6
숙박 및 음식점업	10~49명	8,371	4,052	48.4	2,204	26.3	2,819	33.7
	50~249명	434	195	45.0	208	47.9	231	53.2
	250명 이상	93	60	64.6	37	39.3	31	33.7
	전체	8,898	4,307	48.4	2,449	27.5	3,081	34.6

(계속)

(단위 : 개, %)

구 분		사물인터넷(IoT) 기기 및 서비스 이용 기업체	정보보안 강화		근무 환경 개선		업무 방식 다양화	
			기업체수	비율	기업체수	비율	기업체수	비율
정보통신업	10~49명	5,531	4,339	78.4	1,477	26.7	795	14.4
	50~249명	1,677	1,213	72.4	438	26.1	229	13.7
	250명 이상	203	170	83.8	71	34.7	38	18.7
	전체	7,411	5,722	77.2	1,985	26.8	1,063	14.3
금융 및 보험업	10~49명	645	565	87.5	215	33.4	57	8.8
	50~249명	334	312	93.5	72	21.5	36	10.8
	250명 이상	163	155	95.1	32	19.3	26	15.7
	전체	1,143	1,033	90.4	319	27.9	119	10.4
부동산업	10~49명	698	563	80.6	76	11.0	97	13.9
	50~249명	100	72	71.5	14	14.3	11	10.7
	250명 이상	74	45	61.7	28	37.6	23	31.8
	전체	873	680	78.0	119	13.6	131	15.0
전문, 과학 및 기술서비스업	10~49명	3,797	2,472	65.1	1,567	41.3	523	13.8
	50~249명	633	452	71.5	146	23.1	46	7.3
	250명 이상	154	138	89.7	33	21.4	18	11.7
	전체	4,584	3,062	66.8	1,746	38.1	588	12.8
사업시설관리, 사업지원 및 임대서비스업	10~49명	2,227	1,024	46.0	635	28.5	328	14.7
	50~249명	583	444	76.3	137	23.6	72	12.4
	250명 이상	617	520	84.3	142	23.0	94	15.3
	전체	3,426	1,988	58.0	914	26.7	494	14.4
교육서비스업	10~49명	1,609	881	54.7	514	32.0	507	31.5
	50~249명	132	102	77.4	45	34.1	21	15.6
	250명 이상	30	23	77.1	9	30.6	19	64.5
	전체	1,771	1,006	56.8	569	32.1	547	30.9
보건업 및 사회복지 서비스업	10~49명	11,620	3,850	33.1	2,765	23.8	4,228	36.4
	50~249명	1,825	781	42.8	603	33.1	640	35.1
	250명 이상	120	56	46.1	35	28.9	49	40.6
	전체	13,565	4,686	34.5	3,403	25.1	4,917	36.2
예술, 스포츠 및 여가관련 서비스업	10~49명	918	464	50.6	218	23.8	233	25.4
	50~249명	176	77	43.7	83	47.1	83	47.4
	250명 이상	17	7	40.3	6	34.4	4	20.3
	전체	1,111	548	49.3	307	27.6	320	28.8
수리 및 기타 개인 서비스업	10~49명	2,898	1,243	42.9	723	24.9	1,008	34.8
	50~249명	91	63	69.5	35	38.6	15	16.1
	250명 이상	13	3	26.2	10	73.7	5	37.4
	전체	3,002	1,309	43.6	768	25.6	1,027	34.2
조직형태별								
개인사업체		30,938	13,628	44.0	8,369	27.1	9,161	29.6
회사법인		87,216	54,301	62.3	25,328	29.0	17,954	20.6

※ 기준시점 : 2024년 12월 31일
※ 기업체 : 사물인터넷(IoT) 기기 및 서비스 이용 기업체
※ 추정오차 : 비용절감 ±1,057기업체, 업무 효율성 증대 ±1,281기업체, 생산성 및 정보공유 증대 ±942기업체, 정보보안 강화 ±1,286기업체, 근무 환경 개선 ±1,174기업체, 업무 방식 다양화 ±1,094기업체, 서비스 안정성 강화 ±1,051기업체, 고객 수요 반영 ±888기업체, 기타 ±138기업체
※ 주 : 사물인터넷(IoT) 기기 및 서비스 이용 목적별 복수응답 수치임

1.3 사물인터넷(IoT) 기기 및 서비스 이용 목적(복수응답) - ③

(단위 : 개, %)

구 분		사물인터넷(IoT) 기기 및 서비스 이용 기업체	서비스 안전성 강화		고객 수요 반영		기타	
			기업체수	비율	기업체수	비율	기업체수	비율
전체		118,154	24,305	20.6	15,914	13.5	336	0.3
지 역 별								
서울		30,848	6,533	21.2	4,725	15.3	90	0.3
부산		5,343	702	13.1	439	8.2	0	0.0
대구		3,820	773	20.2	172	4.5	0	0.0
인천		5,829	865	14.8	967	16.6	2	0.0
광주		3,192	899	28.2	906	28.4	39	1.2
대전		1,839	162	8.8	186	10.1	0	0.0
울산		1,704	205	12.0	34	2.0	0	0.0
세종		551	365	66.3	116	21.1	0	0.0
경기		34,607	8,416	24.3	4,177	12.1	194	0.6
강원		2,346	976	41.6	812	34.6	0	0.0
충북		2,924	733	25.1	280	9.6	10	0.4
충남		4,115	305	7.4	35	0.8	0	0.0
전북		3,646	1,181	32.4	1,238	34.0	0	0.0
전남		4,046	925	22.9	1,006	24.9	0	0.0
경북		4,763	307	6.5	61	1.3	0	0.0
경남		7,174	599	8.4	127	1.8	0	0.0
제주		1,408	358	25.4	633	45.0	0	0.0
업종x규모별								
농림수산업(광업포함)	10~49명	702	39	5.5	7	1.0	0	0.0
	50~249명	48	4	9.3	3	6.2	0	0.0
	250명 이상	3	1	33.3	1	33.3	0	0.0
	전체	753	44	5.9	11	1.4	0	0.0
제조업	10~49명	31,490	4,492	14.3	1,168	3.7	51	0.2
	50~249명	4,844	503	10.4	116	2.4	10	0.2
	250명 이상	978	178	18.2	57	5.9	0	0.0
	전체	37,311	5,173	13.9	1,341	3.6	62	0.2
전기 등 공기조절 공급업/수도 등 원료 재생업	10~49명	624	48	7.7	64	10.2	16	2.6
	50~249명	182	18	9.9	0	0.0	0	0.0
	250명 이상	26	5	17.1	1	4.4	0	0.0
	전체	832	71	8.5	65	7.8	16	1.9
건설업	10~49명	6,485	306	4.7	232	3.6	116	1.8
	50~249명	1,264	186	14.7	29	2.3	0	0.0
	250명 이상	389	21	5.3	9	2.4	0	0.0
	전체	8,138	513	6.3	270	3.3	116	1.4
도매 및 소매업	10~49명	18,979	4,172	22.0	2,184	11.5	36	0.2
	50~249명	1,853	529	28.6	644	34.7	7	0.4
	250명 이상	284	45	15.9	31	10.8	0	0.0
	전체	21,116	4,746	22.5	2,858	13.5	44	0.2
운수 및 창고업	10~49명	2,961	733	24.7	313	10.6	0	0.0
	50~249명	1,069	410	38.4	338	31.6	6	0.6
	250명 이상	190	91	47.8	72	37.9	0	0.0
	전체	4,221	1,234	29.2	722	17.1	6	0.2
숙박 및 음식점업	10~49명	8,371	3,964	47.4	2,765	33.0	0	0.0
	50~249명	434	222	51.1	165	37.9	0	0.0
	250명 이상	93	22	23.6	30	32.2	0	0.0
	전체	8,898	4,208	47.3	2,960	33.3	0	0.0

(계속)

(단위 : 개, %)

구 분		사물인터넷(IoT) 기기 및 서비스 이용 기업체	서비스 안전성 강화		고객 수요 반영		기타	
			기업체수	비율	기업체수	비율	기업체수	비율
정보통신업	10~49명	5,531	918	16.6	520	9.4	61	1.1
	50~249명	1,677	92	5.5	33	2.0	0	0.0
	250명 이상	203	22	10.8	31	15.2	2	1.0
	전체	7,411	1,032	13.9	584	7.9	63	0.8
금융 및 보험업	10~49명	645	33	5.0	8	1.3	0	0.0
	50~249명	334	22	6.4	25	7.5	0	0.0
	250명 이상	163	29	17.6	33	20.4	0	0.0
	전체	1,143	83	7.2	67	5.8	0	0.0
부동산업	10~49명	698	175	25.1	58	8.4	0	0.0
	50~249명	100	11	10.8	14	14.4	0	0.0
	250명 이상	74	25	33.3	15	19.8	0	0.0
	전체	873	211	24.2	87	10.0	0	0.0
전문, 과학 및 기술서비스업	10~49명	3,797	386	10.2	460	12.1	0	0.0
	50~249명	633	60	9.4	40	6.3	0	0.0
	250명 이상	154	10	6.8	3	2.1	0	0.0
	전체	4,584	456	10.0	503	11.0	0	0.0
사업시설관리, 사업지원 및 임대서비스업	10~49명	2,227	333	15.0	242	10.9	0	0.0
	50~249명	583	72	12.3	39	6.7	0	0.0
	250명 이상	617	118	19.1	45	7.4	0	0.0
	전체	3,426	523	15.3	327	9.5	0	0.0
교육서비스업	10~49명	1,609	561	34.9	439	27.3	0	0.0
	50~249명	132	11	8.6	13	9.9	0	0.0
	250명 이상	30	12	41.7	11	37.8	0	0.0
	전체	1,771	584	33.0	463	26.1	0	0.0
보건업 및 사회복지 서비스업	10~49명	11,620	3,423	29.5	4,065	35.0	0	0.0
	50~249명	1,825	631	34.5	735	40.3	0	0.0
	250명 이상	120	37	31.1	40	32.8	2	1.4
	전체	13,565	4,091	30.2	4,839	35.7	2	0.0
예술, 스포츠 및 여가관련 서비스업	10~49명	918	271	29.5	175	19.1	0	0.0
	50~249명	176	111	63.1	95	53.8	0	0.0
	250명 이상	17	1	5.2	3	16.9	0	0.0
	전체	1,111	383	34.4	273	24.5	0	0.0
수리 및 기타 개인 서비스업	10~49명	2,898	928	32.0	527	18.2	28	1.0
	50~249명	91	18	19.4	16	17.7	0	0.0
	250명 이상	13	5	40.5	2	18.5	0	0.0
	전체	3,002	951	31.7	546	18.2	28	0.9
조직형태별								
개인사업체		30,938	8,953	28.9	7,737	25.0	79	0.3
회사법인		87,216	15,352	17.6	8,177	9.4	257	0.3

※ 기준시점 : 2024년 12월 31일
※ 기업체 : 사물인터넷(IoT) 기기 및 서비스 이용 기업체
※ 추정오차 : 비용절감 ±1,057기업체, 업무 효율성 증대 ±1,281기업체, 생산성 및 정보공유 증대 ±942기업체, 정보보안 강화 ±1,286기업체, 근무 환경 개선 ±1,174기업체, 업무 방식 다양화 ±1,094기업체, 서비스 안정성 강화 ±1,051기업체, 고객 수요 반영 ±888기업체, 기타 ±138기업체
※ 주 : 사물인터넷(IoT) 기기 및 서비스 이용 목적별 복수응답 수치임

1.4 사물인터넷(IoT) 기기 및 서비스 미이용 이유(복수응답) - ①

(단위 : 개, %)

구 분		사물인터넷(IoT) 기기 및 서비스 미이용 기업체	경제적 비용 부담		보안에 대한 우려		서비스(기술)의 복잡성	
			기업체수	비율	기업체수	비율	기업체수	비율
전체		93,461	40,672	43.5	15,841	16.9	18,895	20.2
지 역 별								
서울		17,241	10,106	58.6	2,464	14.3	2,804	16.3
부산		6,706	2,936	43.8	1,673	25.0	966	14.4
대구		3,868	1,168	30.2	757	19.6	475	12.3
인천		5,063	2,153	42.5	387	7.7	484	9.6
광주		1,332	205	15.4	0	0.0	0	0.0
대전		2,939	1,468	49.9	350	11.9	797	27.1
울산		2,607	947	36.3	463	17.8	356	13.7
세종		381	219	57.4	62	16.4	231	60.5
경기		24,569	10,861	44.2	6,015	24.5	6,671	27.2
강원		2,373	1,767	74.5	87	3.7	629	26.5
충북		4,346	1,557	35.8	692	15.9	1,481	34.1
충남		4,989	1,749	35.1	628	12.6	1,969	39.5
전북		1,985	425	21.4	151	7.6	213	10.8
전남		2,664	671	25.2	190	7.1	320	12.0
경북		5,491	1,686	30.7	1,130	20.6	497	9.0
경남		5,939	2,052	34.6	781	13.1	702	11.8
제주		967	701	72.5	8	0.9	300	31.0
업종x규모별								
농림수산업 (광업포함)	10~49명	835	328	39.3	44	5.3	173	20.7
	50~249명	27	17	60.6	0	0.0	3	11.4
	250명 이상	1	1	100.0	1	100.0	0	0.0
	전체	863	346	40.0	45	5.3	176	20.4
제조업	10~49명	23,662	9,385	39.7	5,329	22.5	7,518	31.8
	50~249명	3,989	2,165	54.3	1,357	34.0	560	14.0
	250명 이상	406	123	30.2	107	26.2	46	11.2
	전체	28,058	11,673	41.6	6,793	24.2	8,123	29.0
전기 등 공기조절 공급업/수도 등 원료 재생업	10~49명	1,551	839	54.1	432	27.8	242	15.6
	50~249명	164	59	35.8	29	17.7	18	11.1
	250명 이상	11	1	9.9	9	90.1	0	0.0
	전체	1,726	898	52.0	470	27.2	261	15.1
건설업	10~49명	20,278	9,872	48.7	2,735	13.5	4,245	20.9
	50~249명	1,852	808	43.6	178	9.6	291	15.7
	250명 이상	126	11	8.7	6	4.6	12	9.3
	전체	22,256	10,691	48.0	2,918	13.1	4,547	20.4
도매 및 소매업	10~49명	7,057	3,243	46.0	1,341	19.0	1,459	20.7
	50~249명	403	164	40.7	99	24.6	35	8.8
	250명 이상	44	13	30.2	19	42.5	2	3.9
	전체	7,504	3,420	45.6	1,458	19.4	1,496	19.9
운수 및 창고업	10~49명	2,846	1,787	62.8	501	17.6	420	14.8
	50~249명	601	246	40.9	88	14.6	107	17.9
	250명 이상	73	17	23.0	18	25.4	25	34.5
	전체	3,519	2,050	58.2	607	17.3	553	15.7
숙박 및 음식점업	10~49명	1,942	1,326	68.3	429	22.1	526	27.1
	50~249명	101	13	12.9	13	12.9	17	17.2
	250명 이상	9	4	43.3	3	28.7	3	29.1
	전체	2,052	1,343	65.4	445	21.7	546	26.6

(계속)

(단위 : 개, %)

구 분		사물인터넷(IoT) 기기 및 서비스 미이용 기업체	경제적 비용 부담		보안에 대한 우려		서비스(기술)의 복잡성	
			기업체수	비율	기업체수	비율	기업체수	비율
정보통신업	10~49명	3,720	1,696	45.6	461	12.4	463	12.4
	50~249명	245	26	10.6	26	10.6	52	21.3
	250명 이상	126	44	35.1	45	35.9	6	4.6
	전체	4,091	1,767	43.2	532	13.0	520	12.7
금융 및 보험업	10~49명	332	141	42.6	126	38.0	28	8.5
	50~249명	28	7	25.6	7	25.6	0	0.0
	250명 이상	23	10	44.6	11	51.0	3	11.9
	전체	382	159	41.5	145	37.8	31	8.1
부동산업	10~49명	1,543	724	46.9	39	2.5	194	12.6
	50~249명	220	80	36.2	29	13.0	35	16.1
	250명 이상	52	14	26.8	10	19.1	5	9.8
	전체	1,814	817	45.1	77	4.3	235	12.9
전문, 과학 및 기술서비스업	10~49명	9,064	3,103	34.2	903	10.0	905	10.0
	50~249명	918	331	36.1	146	15.9	100	10.9
	250명 이상	81	21	25.3	25	31.2	12	14.7
	전체	10,063	3,454	34.3	1,074	10.7	1,017	10.1
사업시설관리, 사업지원 및 임대서비스업	10~49명	5,422	1,807	33.3	419	7.7	658	12.1
	50~249명	1,905	722	37.9	214	11.2	266	14.0
	250명 이상	221	83	37.6	24	10.7	39	17.5
	전체	7,549	2,612	34.6	656	8.7	963	12.8
교육서비스업	10~49명	685	215	31.3	194	28.3	114	16.6
	50~249명	28	7	26.8	7	26.6	6	20.1
	250명 이상	2	0	0.0	0	0.0	1	49.7
	전체	715	222	31.0	202	28.2	121	16.9
보건업 및 사회복지 서비스업	10~49명	1,001	556	55.5	230	23.0	94	9.4
	50~249명	328	111	33.9	25	7.7	0	0.0
	250명 이상	6	0	0.0	0	0.0	0	0.0
	전체	1,335	667	50.0	255	19.1	94	7.1
예술, 스포츠 및 여가관련 서비스업	10~49명	350	81	23.2	15	4.2	30	8.5
	50~249명	37	16	43.9	7	18.8	14	37.4
	250명 이상	3	1	59.8	0	0.0	0	0.0
	전체	390	99	25.4	22	5.6	44	11.2
수리 및 기타 개인 서비스업	10~49명	1,087	438	40.3	129	11.8	160	14.7
	50~249명	53	17	31.2	12	22.3	9	16.7
	250명 이상	3	0	0.0	0	0.0	0	0.0
	전체	1,143	455	39.8	140	12.3	169	14.7
조직형태별								
개인사업체		12,469	5,107	41.0	2,236	17.9	2,565	20.6
회사법인		80,992	35,564	43.9	13,606	16.8	16,330	20.2

※ 기준시점 : 2024년 12월 31일
※ 기업체 : 사물인터넷(IoT) 기기 및 서비스 미이용 기업체
※ 추정오차 : 경제적 비용 부담 ±1,272기업체, 보안에 대한 우려 ±963기업체, 서비스(기술)의 복잡성 ±1,031기업체, 인프라 및 인력 부재 ±1,249기업체, 호환성 어려움 ±1,033기업체, 기타 ±1,062기업체
※ 주 : 사물인터넷(IoT) 기기 및 서비스 미이용 이유별 복수응답 수치임

1.4 사물인터넷(IoT) 기기 및 서비스 미이용 이유(복수응답) - ②

(단위 : 개, %)

구 분		사물인터넷(IoT) 기기 및 서비스 미이용 기업체	인프라 및 인력 부재		호환성 어려움		기타	
			기업체수	비율	기업체수	비율	기업체수	비율
전체		93,461	35,992	38.5	19,027	20.4	20,503	21.9
지 역 별								
서울		17,241	6,502	37.7	3,360	19.5	3,285	19.1
부산		6,706	2,132	31.8	1,677	25.0	1,550	23.1
대구		3,868	1,255	32.5	700	18.1	1,216	31.4
인천		5,063	954	18.8	600	11.9	2,115	41.8
광주		1,332	736	55.2	11	0.8	589	44.2
대전		2,939	961	32.7	793	27.0	486	16.5
울산		2,607	833	32.0	784	30.1	646	24.8
세종		381	143	37.6	85	22.3	51	13.4
경기		24,569	9,205	37.5	4,496	18.3	5,045	20.5
강원		2,373	1,446	61.0	1,025	43.2	201	8.5
충북		4,346	1,992	45.8	732	16.8	569	13.1
충남		4,989	2,458	49.3	1,379	27.6	793	15.9
전북		1,985	1,091	55.0	155	7.8	535	27.0
전남		2,664	1,899	71.3	246	9.2	372	14.0
경북		5,491	1,792	32.6	1,002	18.2	1,401	25.5
경남		5,939	1,994	33.6	1,549	26.1	1,517	25.5
제주		967	597	61.8	432	44.7	132	13.7
업종x규모별								
농림수산업 (광업포함)	10~49명	835	289	34.6	145	17.4	149	17.9
	50~249명	27	3	11.0	1	5.5	6	22.5
	250명 이상	1	0	0.0	0	0.0	0	0.0
	전체	863	292	33.8	147	17.0	155	18.0
제조업	10~49명	23,662	11,399	48.2	5,575	23.6	2,942	12.4
	50~249명	3,989	960	24.1	1,131	28.4	682	17.1
	250명 이상	406	87	21.4	53	13.0	193	47.4
	전체	28,058	12,446	44.4	6,759	24.1	3,817	13.6
전기 등 공기조절 공급업/수도 등 원료 재생업	10~49명	1,551	355	22.9	211	13.6	454	29.3
	50~249명	164	44	26.6	18	11.1	51	31.1
	250명 이상	11	1	9.9	0	0.0	0	0.0
	전체	1,726	399	23.1	229	13.3	505	29.3
건설업	10~49명	20,278	9,827	48.5	4,536	22.4	3,674	18.1
	50~249명	1,852	551	29.7	255	13.8	451	24.3
	250명 이상	126	57	45.3	9	7.0	52	41.8
	전체	22,256	10,435	46.9	4,799	21.6	4,177	18.8
도매 및 소매업	10~49명	7,057	2,919	41.4	1,320	18.7	1,336	18.9
	50~249명	403	77	19.1	21	5.2	127	31.5
	250명 이상	44	5	11.7	5	11.2	10	22.9
	전체	7,504	3,001	40.0	1,346	17.9	1,473	19.6
운수 및 창고업	10~49명	2,846	846	29.7	687	24.1	422	14.8
	50~249명	601	259	43.2	184	30.7	94	15.7
	250명 이상	73	32	44.8	12	16.0	17	23.0
	전체	3,519	1,138	32.3	883	25.1	533	15.1
숙박 및 음식점업	10~49명	1,942	618	31.8	321	16.5	308	15.9
	50~249명	101	66	65.2	17	17.3	22	21.8
	250명 이상	9	3	29.1	1	14.3	4	42.0
	전체	2,052	687	33.5	339	16.5	334	16.3

(계속)

(단위 : 개, %)

구 분		사물인터넷(IoT) 기기 및 서비스 미이용 기업체	인프라 및 인력 부재		호환성 어려움		기타	
			기업체수	비율	기업체수	비율	기업체수	비율
정보통신업	10~49명	3,720	976	26.2	580	15.6	861	23.1
	50~249명	245	78	32.0	58	23.8	89	36.2
	250명 이상	126	8	6.1	13	10.7	31	24.3
	전체	4,091	1,062	26.0	652	15.9	980	24.0
금융 및 보험업	10~49명	332	68	20.5	28	8.5	89	26.9
	50~249명	28	0	0.0	0	0.0	17	61.5
	250명 이상	23	0	0.0	0	0.0	10	43.3
	전체	382	68	17.8	28	7.3	116	30.4
부동산업	10~49명	1,543	649	42.1	159	10.3	543	35.2
	50~249명	220	54	24.7	39	17.8	79	36.2
	250명 이상	52	13	25.0	7	13.9	19	36.8
	전체	1,814	716	39.5	205	11.3	641	35.3
전문, 과학 및 기술서비스업	10~49명	9,064	2,054	22.7	1,728	19.1	3,205	35.4
	50~249명	918	253	27.5	158	17.2	181	19.7
	250명 이상	81	21	25.6	12	15.3	19	24.0
	전체	10,063	2,328	23.1	1,899	18.9	3,405	33.8
사업시설관리, 사업지원 및 임대서비스업	10~49명	5,422	1,649	30.4	666	12.3	2,486	45.9
	50~249명	1,905	666	35.0	331	17.4	760	39.9
	250명 이상	221	94	42.6	36	16.4	65	29.3
	전체	7,549	2,409	31.9	1,034	13.7	3,311	43.9
교육서비스업	10~49명	685	131	19.1	197	28.7	144	21.0
	50~249명	28	9	33.5	2	6.7	9	33.1
	250명 이상	2	0	0.0	1	49.7	1	50.3
	전체	715	140	19.6	200	27.9	154	21.6
보건업 및 사회복지 서비스업	10~49명	1,001	233	23.3	280	27.9	307	30.6
	50~249명	328	193	58.8	48	14.7	35	10.6
	250명 이상	6	4	67.1	0	0.0	2	32.9
	전체	1,335	430	32.2	328	24.6	343	25.7
예술, 스포츠 및 여가관련 서비스업	10~49명	350	98	27.9	64	18.4	152	43.5
	50~249명	37	7	18.8	5	12.2	12	31.4
	250명 이상	3	0	0.0	0	0.0	1	40.2
	전체	390	104	26.8	69	17.7	165	42.3
수리 및 기타 개인 서비스업	10~49명	1,087	315	29.0	103	9.5	381	35.0
	50~249명	53	20	38.0	7	14.1	10	19.5
	250명 이상	3	1	48.8	0	0.0	2	51.2
	전체	1,143	336	29.4	111	9.7	392	34.3
조직형태별								
개인사업체		12,469	4,600	36.9	2,194	17.6	3,280	26.3
회사법인		80,992	31,393	38.8	16,832	20.8	17,223	21.3

※ 기준시점 : 2024년 12월 31일
※ 기업체 : 사물인터넷(IoT) 기기 및 서비스 미이용 기업체
※ 추정오차 : 경제적 비용 부담 ±1,272기업체, 보안에 대한 우려 ±963기업체, 서비스(기술)의 복잡성 ±1,031기업체,
인프라 및 인력 부재 ±1,249기업체, 호환성 어려움 ±1,033기업체, 기타 ±1,062기업체
※ 주 : 사물인터넷(IoT) 기기 및 서비스 미이용 이유별 복수응답 수치임

2 클라우드 컴퓨팅 서비스

2.1 클라우드 컴퓨팅 서비스 이용

(단위 : 개, %)

구 분		전체 기업체	클라우드 컴퓨팅 서비스 이용		클라우드 컴퓨팅 서비스 미이용	
			기업체수	비율	기업체수	비율
전체		211,615	164,529	77.7	47,086	22.3
지 역 별						
서울		48,089	34,788	72.3	13,301	27.7
부산		12,049	11,527	95.7	522	4.3
대구		7,688	7,108	92.5	580	7.5
인천		10,892	7,050	64.7	3,842	35.3
광주		4,524	4,349	96.1	175	3.9
대전		4,778	2,926	61.2	1,852	38.8
울산		4,311	3,891	90.3	420	9.7
세종		932	310	33.2	622	66.8
경기		59,176	44,471	75.1	14,705	24.9
강원		4,719	2,675	56.7	2,044	43.3
충북		7,270	4,666	64.2	2,604	35.8
충남		9,104	5,535	60.8	3,569	39.2
전북		5,631	5,494	97.6	137	2.4
전남		6,710	6,472	96.5	238	3.5
경북		10,254	9,443	92.1	811	7.9
경남		13,113	12,596	96.1	517	3.9
제주		2,375	1,227	51.7	1,148	48.3
업종x규모별						
농림수산업 (광업포함)	10~49명	1,537	1,035	67.3	502	32.7
	50~249명	75	66	88.1	9	11.9
	250명 이상	4	4	100.0	0	0.0
	전체	1,616	1,105	68.4	511	31.6
제조업	10~49명	55,152	46,088	83.6	9,064	16.4
	50~249명	8,833	8,216	93.0	617	7.0
	250명 이상	1,384	1,350	97.6	34	2.4
	전체	65,369	55,655	85.1	9,714	14.9
전기 등 공기조절 공급업/수도 등 원료 재생업	10~49명	2,175	1,297	59.6	878	40.4
	50~249명	346	281	81.1	65	18.9
	250명 이상	37	37	100.0	0	0.0
	전체	2,558	1,614	63.1	944	36.9
건설업	10~49명	26,763	18,374	68.7	8,389	31.3
	50~249명	3,116	2,484	79.7	632	20.3
	250명 이상	515	480	93.1	35	6.9
	전체	30,394	21,337	70.2	9,057	29.8
도매 및 소매업	10~49명	26,036	21,562	82.8	4,474	17.2
	50~249명	2,256	2,170	96.2	86	3.8
	250명 이상	328	325	99.0	3	1.0
	전체	28,620	24,056	84.1	4,564	15.9
운수 및 창고업	10~49명	5,807	4,228	72.8	1,579	27.2
	50~249명	1,670	1,353	81.0	317	19.0
	250명 이상	263	236	89.8	27	10.2
	전체	7,740	5,817	75.2	1,923	24.8
숙박 및 음식점업	10~49명	10,313	5,752	55.8	4,561	44.2
	50~249명	535	441	82.5	94	17.5
	250명 이상	102	96	93.7	6	6.3
	전체	10,950	6,288	57.4	4,662	42.6

(계속)

(단위 : 개, %)

구 분		전체 기업체	클라우드 컴퓨팅 서비스 이용		클라우드 컴퓨팅 서비스 미이용	
			기업체수	비율	기업체수	비율
정보통신업	10~49명	9,251	7,615	82.3	1,636	17.7
	50~249명	1,922	1,909	99.3	13	0.7
	250명 이상	329	326	99.2	3	0.8
	전체	11,502	9,850	85.6	1,652	14.4
금융 및 보험업	10~49명	977	839	85.9	138	14.1
	50~249명	362	358	99.0	4	1.0
	250명 이상	186	182	97.8	4	2.2
	전체	1,525	1,380	90.5	145	9.5
부동산업	10~49명	2,241	1,303	58.1	938	41.9
	50~249명	320	223	69.5	97	30.5
	250명 이상	126	118	93.8	8	6.2
	전체	2,687	1,644	61.2	1,043	38.8
전문, 과학 및 기술서비스업	10~49명	12,861	9,508	73.9	3,353	26.1
	50~249명	1,551	1,350	87.0	201	13.0
	250명 이상	235	230	98.0	5	2.0
	전체	14,647	11,088	75.7	3,559	24.3
사업시설관리, 사업지원 및 임대서비스업	10~49명	7,649	4,508	58.9	3,141	41.1
	50~249명	2,488	1,679	67.5	809	32.5
	250명 이상	838	745	88.9	93	11.1
	전체	10,975	6,932	63.2	4,043	36.8
교육서비스업	10~49명	2,294	1,556	67.8	738	32.2
	50~249명	160	147	91.7	13	8.3
	250명 이상	32	31	96.0	1	4.0
	전체	2,486	1,734	69.7	752	30.3
보건업 및 사회복지 서비스업	10~49명	12,621	10,025	79.4	2,596	20.6
	50~249명	2,153	1,849	85.9	304	14.1
	250명 이상	126	115	91.3	11	8.7
	전체	14,900	11,989	80.5	2,911	19.5
예술, 스포츠 및 여가관련 서비스업	10~49명	1,268	857	67.6	411	32.4
	50~249명	213	194	91.3	19	8.7
	250명 이상	20	18	89.9	2	10.1
	전체	1,501	1,069	71.2	432	28.8
수리 및 기타 개인 서비스업	10~49명	3,985	2,862	71.8	1,123	28.2
	50~249명	144	95	65.8	49	34.2
	250명 이상	16	14	84.7	2	15.3
	전체	4,145	2,970	71.7	1,175	28.3
조직형태별						
개인사업체		43,407	32,272	74.3	11,135	25.7
회사법인		168,208	132,256	78.6	35,952	21.4

※ 기준시점 : 2024년 12월 31일

※ 기업체 : 전국의 종사자수 10인 이상 민간 부문 기업체(통계청, 2024년 12월 기준 기업통계등록부)

※ 추정오차 : 클라우드 컴퓨팅 서비스 이용 ±1,512기업체, 클라우드 컴퓨팅 서비스 미이용 ±1,512기업체

2.2 클라우드 컴퓨팅 서비스 이용 유형(복수응답) - ①

(단위 : 개, %)

구 분		클라우드 컴퓨팅 서비스 이용 기업체	이메일		오피스 소프트웨어		재무 또는 회계 소프트웨어 애플리케이션		ERP (전사적 자원 관리) 소프트웨어	
			기업체수	비율	기업체수	비율	기업체수	비율	기업체수	비율
전체		164,529	136,434	82.9	79,474	48.3	16,000	9.7	98,279	59.7
지 역 별										
서울		34,788	26,660	76.6	19,047	54.8	5,220	15.0	19,282	55.4
부산		11,527	10,317	89.5	5,166	44.8	1,527	13.2	7,918	68.7
대구		7,108	6,164	86.7	2,765	38.9	866	12.2	4,513	63.5
인천		7,050	4,943	70.1	3,196	45.3	940	13.3	4,766	67.6
광주		4,349	4,254	97.8	1,893	43.5	450	10.3	2,156	49.6
대전		2,926	2,249	76.9	1,279	43.7	99	3.4	1,291	44.1
울산		3,891	3,495	89.8	1,242	31.9	318	8.2	2,832	72.8
세종		310	169	54.7	79	25.4	0	0.0	268	86.5
경기		44,471	37,611	84.6	23,122	52.0	3,119	7.0	27,684	62.3
강원		2,675	1,572	58.8	840	31.4	58	2.2	1,767	66.0
충북		4,666	3,829	82.1	2,739	58.7	249	5.3	3,159	67.7
충남		5,535	3,376	61.0	1,789	32.3	344	6.2	4,331	78.2
전북		5,494	5,459	99.4	2,664	48.5	511	9.3	2,252	41.0
전남		6,472	6,472	100.0	2,812	43.4	827	12.8	2,134	33.0
경북		9,443	8,024	85.0	4,864	51.5	546	5.8	5,428	57.5
경남		12,596	10,988	87.2	5,522	43.8	855	6.8	7,707	61.2
제주		1,227	852	69.5	456	37.2	72	5.9	792	64.6
업종x규모별										
농림수산업 (광업포함)	10~49명	1,035	879	85.0	674	65.1	63	6.1	410	39.6
	50~249명	66	51	77.5	41	61.6	20	29.5	54	81.6
	250명 이상	4	3	75.1	3	75.0	0	0.0	4	100.0
	전체	1,105	934	84.5	718	65.0	82	7.4	468	42.3
제조업	10~49명	46,088	41,224	89.4	26,286	57.0	3,283	7.1	30,207	65.5
	50~249명	8,216	6,641	80.8	4,438	54.0	1,477	18.0	6,964	84.8
	250명 이상	1,350	1,059	78.4	684	50.7	429	31.8	1,054	78.0
	전체	55,655	48,924	87.9	31,408	56.4	5,189	9.3	38,225	68.7
전기 등 공기조절 공급업/수도 등 원료 재생업	10~49명	1,297	1,233	95.1	608	46.9	79	6.1	546	42.1
	50~249명	281	219	78.0	161	57.4	40	14.2	186	66.1
	250명 이상	37	36	97.2	25	68.5	8	22.5	29	77.5
	전체	1,614	1,488	92.2	794	49.2	127	7.9	760	47.1
건설업	10~49명	18,374	15,272	83.1	6,313	34.4	757	4.1	8,331	45.3
	50~249명	2,484	2,020	81.3	1,192	48.0	171	6.9	1,563	62.9
	250명 이상	480	360	75.0	205	42.8	74	15.4	396	82.6
	전체	21,337	17,652	82.7	7,711	36.1	1,002	4.7	10,291	48.2
도매 및 소매업	10~49명	21,562	17,687	82.0	10,434	48.4	2,034	9.4	12,443	57.7
	50~249명	2,170	1,515	69.8	841	38.8	231	10.6	1,487	68.5
	250명 이상	325	274	84.6	168	51.6	94	29.1	281	86.5
	전체	24,056	19,476	81.0	11,442	47.6	2,359	9.8	14,211	59.1
운수 및 창고업	10~49명	4,228	3,231	76.4	1,479	35.0	212	5.0	2,778	65.7
	50~249명	1,353	960	70.9	501	37.0	95	7.0	1,150	85.0
	250명 이상	236	190	80.3	71	30.2	38	16.3	212	89.9
	전체	5,817	4,380	75.3	2,051	35.3	345	5.9	4,140	71.2
숙박 및 음식점업	10~49명	5,752	4,879	84.8	2,518	43.8	466	8.1	1,903	33.1
	50~249명	441	331	74.9	168	38.1	40	9.0	286	64.8
	250명 이상	96	72	75.2	37	38.9	24	24.9	69	72.0
	전체	6,288	5,281	84.0	2,723	43.3	529	8.4	2,258	35.9

(계속)

(단위 : 개, %)

구 분		클라우드 컴퓨팅 서비스 이용 기업체	이메일		오피스 소프트웨어		재무 또는 회계 소프트웨어 애플리케이션		전사적 자원 관리(ERP) 소프트웨어	
			기업체수	비율	기업체수	비율	기업체수	비율	기업체수	비율
정보통신업	10~49명	7,615	6,798	89.3	4,580	60.1	1,114	14.6	3,576	47.0
	50~249명	1,909	1,779	93.2	1,357	71.1	879	46.0	1,622	85.0
	250명 이상	326	271	83.2	198	60.6	54	16.5	268	82.0
	전체	9,850	8,848	89.8	6,134	62.3	2,047	20.8	5,466	55.5
금융 및 보험업	10~49명	839	637	75.8	430	51.2	53	6.3	584	69.6
	50~249명	358	355	99.0	291	81.1	194	54.1	305	85.0
	250명 이상	182	148	81.2	105	57.4	38	20.9	106	58.5
	전체	1,380	1,139	82.6	825	59.8	285	20.6	995	72.1
부동산업	10~49명	1,303	1,029	79.0	450	34.5	59	4.5	936	71.9
	50~249명	223	165	74.2	86	38.8	14	6.4	165	74.1
	250명 이상	118	83	70.2	37	31.5	16	13.6	102	86.2
	전체	1,644	1,278	77.7	573	34.9	89	5.4	1,203	73.2
전문, 과학 및 기술서비스업	10~49명	9,508	7,623	80.2	3,895	41.0	758	8.0	4,840	50.9
	50~249명	1,350	1,105	81.8	700	51.8	139	10.3	963	71.4
	250명 이상	230	161	70.1	101	44.1	34	14.8	164	71.4
	전체	11,088	8,889	80.2	4,696	42.4	931	8.4	5,968	53.8
사업시설관리, 사업지원 및 임대서비스업	10~49명	4,508	3,536	78.4	1,469	32.6	573	12.7	2,600	57.7
	50~249명	1,679	1,268	75.5	624	37.2	111	6.6	1,243	74.0
	250명 이상	745	569	76.4	320	42.9	127	17.0	573	77.0
	전체	6,932	5,373	77.5	2,413	34.8	811	11.7	4,416	63.7
교육서비스업	10~49명	1,556	1,248	80.2	978	62.8	159	10.2	774	49.7
	50~249명	147	123	83.6	74	50.5	28	18.9	93	63.2
	250명 이상	31	17	55.9	9	29.6	5	15.1	19	62.4
	전체	1,734	1,388	80.1	1,061	61.2	192	11.1	886	51.1
보건업 및 사회복지 서비스업	10~49명	10,025	6,784	67.7	4,499	44.9	1,378	13.7	5,871	58.6
	50~249명	1,849	1,359	73.5	632	34.2	240	13.0	1,282	69.3
	250명 이상	115	84	73.4	32	28.1	38	32.7	90	78.2
	전체	11,989	8,227	68.6	5,163	43.1	1,656	13.8	7,243	60.4
예술, 스포츠 및 여가관련 서비스업	10~49명	857	623	72.7	430	50.2	136	15.9	390	45.5
	50~249명	194	125	64.2	72	36.9	16	8.3	143	73.7
	250명 이상	18	9	52.7	12	64.1	5	25.2	17	94.4
	전체	1,069	757	70.8	513	48.0	157	14.7	550	51.5
수리 및 기타 개인 서비스업	10~49명	2,862	2,319	81.0	1,216	42.5	182	6.4	1,129	39.5
	50~249명	95	76	80.1	26	27.7	10	10.8	61	64.2
	250명 이상	14	5	39.4	6	46.5	7	50.2	9	68.2
	전체	2,970	2,400	80.8	1,249	42.0	199	6.7	1,199	40.4
조직형태별										
개인사업체		32,272	25,259	78.3	15,316	47.5	2,840	8.8	16,430	50.9
회사법인		132,256	111,175	84.1	64,158	48.5	13,160	10.0	81,849	61.9

※ 기준시점 : 2024년 12월 31일

※ 기업체 : 클라우드 컴퓨팅 서비스 이용 기업체

※ 추정오차 : 이메일 ±1,167기업체, 오피스 소프트웨어 ±1,550기업체, 재무 또는 회계 소프트웨어 애플리케이션 ±919기업체, 전사적 자원 관리(ERP) 소프트웨어 ±1,521기업체, 고객 관계 관리(CRM) ±1,046기업체, 보안 소프트웨어 ±1,542기업체, 협업(영상회의, 메신저, 일정 관리 등) 관련 소프트웨어 ±1,041기업체, 데이터베이스 호스팅 ±474기업체, 파일 저장 ±1,497기업체, 기업 소유의 소프트웨어를 실행하기 위한 컴퓨터 기능±409기업체, 애플리케이션 개발, 테스트 및 배포 ±251기업체

※ 주 : 클라우드 컴퓨팅 서비스 이용 유형별 복수응답 수치임

2.2 클라우드 컴퓨팅 서비스 이용 유형(복수응답) - ②

(단위 : 개, %)

구 분		클라우드 컴퓨팅 서비스 이용 기업체	고객 관계 관리(CRM)		보안 소프트웨어		협업(영상회의, 메신저, 일정 관리 등) 관련 소프트웨어		데이터베이스 호스팅	
			기업체수	비율	기업체수	비율	기업체수	비율	기업체수	비율
전체		164,529	21,549	13.1	73,534	44.7	21,272	12.9	3,930	2.4
지 역 별										
서울		34,788	5,924	17.0	13,803	39.7	5,927	17.0	1,342	3.9
부산		11,527	1,955	17.0	7,295	63.3	2,612	22.7	771	6.7
대구		7,108	1,184	16.7	5,019	70.6	1,749	24.6	250	3.5
인천		7,050	653	9.3	1,219	17.3	448	6.3	35	0.5
광주		4,349	534	12.3	2,679	61.6	363	8.4	110	2.5
대전		2,926	1,041	35.6	595	20.3	80	2.7	1	0.0
울산		3,891	633	16.3	2,720	69.9	1,083	27.8	44	1.1
세종		310	0	0.0	11	3.6	39	12.5	0	0.0
경기		44,471	3,925	8.8	20,360	45.8	2,566	5.8	316	0.7
강원		2,675	169	6.3	348	13.0	173	6.5	31	1.1
충북		4,666	386	8.3	424	9.1	620	13.3	65	1.4
충남		5,535	495	8.9	656	11.9	69	1.2	35	0.6
전북		5,494	1,059	19.3	2,657	48.4	624	11.4	140	2.6
전남		6,472	958	14.8	2,541	39.3	564	8.7	136	2.1
경북		9,443	1,182	12.5	5,260	55.7	1,880	19.9	289	3.1
경남		12,596	1,338	10.6	7,908	62.8	2,443	19.4	358	2.8
제주		1,227	113	9.2	38	3.1	33	2.7	8	0.6
업종x규모별										
농림수산업(광업포함)	10~49명	1,035	128	12.3	166	16.1	39	3.8	0	0.0
	50~249명	66	14	20.6	21	31.7	15	22.9	8	11.5
	250명 이상	4	0	0.0	0	0.0	0	0.0	0	0.0
	전체	1,105	141	12.8	187	17.0	54	4.9	8	0.7
제조업	10~49명	46,088	3,474	7.5	26,429	57.3	4,483	9.7	707	1.5
	50~249명	8,216	1,098	13.4	4,067	49.5	2,475	30.1	226	2.8
	250명 이상	1,350	234	17.3	644	47.7	381	28.2	80	5.9
	전체	55,655	4,806	8.6	31,140	56.0	7,340	13.2	1,013	1.8
전기 등 공기조절 공급업/수도 등 원료 재생업	10~49명	1,297	177	13.6	447	34.5	227	17.5	0	0.0
	50~249명	281	47	16.8	109	39.0	69	24.6	14	5.1
	250명 이상	37	5	12.3	16	43.1	17	47.2	5	12.9
	전체	1,614	228	14.1	572	35.4	314	19.4	19	1.2
건설업	10~49명	18,374	1,214	6.6	4,003	21.8	1,664	9.1	38	0.2
	50~249명	2,484	163	6.6	768	30.9	229	9.2	71	2.9
	250명 이상	480	49	10.1	181	37.7	88	18.4	23	4.9
	전체	21,337	1,426	6.7	4,952	23.2	1,980	9.3	133	0.6
도매 및 소매업	10~49명	21,562	3,717	17.2	11,101	51.5	1,546	7.2	416	1.9
	50~249명	2,170	303	13.9	534	24.6	233	10.7	98	4.5
	250명 이상	325	157	48.5	170	52.5	93	28.6	26	8.1
	전체	24,056	4,177	17.4	11,805	49.1	1,872	7.8	540	2.2
운수 및 창고업	10~49명	4,228	209	4.9	892	21.1	446	10.5	26	0.6
	50~249명	1,353	45	3.4	402	29.7	271	20.0	19	1.4
	250명 이상	236	33	13.9	84	35.5	62	26.3	3	1.2
	전체	5,817	287	4.9	1,378	23.7	779	13.4	47	0.8
숙박 및 음식점업	10~49명	5,752	806	14.0	3,490	60.7	116	2.0	118	2.0
	50~249명	441	62	14.0	162	36.6	65	14.7	0	0.0
	250명 이상	96	23	23.6	33	34.9	34	36.0	3	3.4
	전체	6,288	891	14.2	3,685	58.6	216	3.4	121	1.9

(계속)

(단위 : 개, %)

구 분		클라우드 컴퓨팅 서비스 이용 기업체	고객 관계 관리(CRM)		보안 소프트웨어		협업(영상회의, 메신저, 일정 관리 등) 관련 소프트웨어		데이터베이스 호스팅	
			기업체수	비율	기업체수	비율	기업체수	비율	기업체수	비율
정보통신업	10~49명	7,615	1,754	23.0	3,859	50.7	2,173	28.5	614	8.1
	50~249명	1,909	453	23.7	1,288	67.5	706	37.0	131	6.9
	250명 이상	326	84	25.6	181	55.5	139	42.7	47	14.5
	전체	9,850	2,291	23.3	5,328	54.1	3,018	30.6	793	8.1
금융 및 보험업	10~49명	839	153	18.3	441	52.6	223	26.6	12	1.4
	50~249명	358	197	55.1	298	83.0	137	38.1	65	18.1
	250명 이상	182	87	48.1	92	50.6	47	25.8	14	7.9
	전체	1,380	438	31.8	831	60.2	407	29.5	91	6.6
부동산업	10~49명	1,303	75	5.7	229	17.6	97	7.5	0	0.0
	50~249명	223	14	6.4	57	25.6	28	12.8	4	1.6
	250명 이상	118	5	4.1	20	17.0	7	5.9	0	0.0
	전체	1,644	94	5.7	306	18.6	133	8.1	4	0.2
전문, 과학 및 기술서비스업	10~49명	9,508	795	8.4	4,311	45.3	1,556	16.4	249	2.6
	50~249명	1,350	101	7.5	500	37.0	399	29.6	33	2.5
	250명 이상	230	23	9.9	73	31.6	57	24.7	2	0.7
	전체	11,088	918	8.3	4,884	44.0	2,012	18.1	284	2.6
사업시설관리, 사업지원 및 임대서비스업	10~49명	4,508	240	5.3	1,943	43.1	385	8.5	0	0.0
	50~249명	1,679	84	5.0	584	34.8	221	13.2	7	0.4
	250명 이상	745	127	17.0	264	35.4	100	13.4	33	4.4
	전체	6,932	451	6.5	2,790	40.3	706	10.2	39	0.6
교육서비스업	10~49명	1,556	417	26.8	751	48.3	630	40.5	71	4.5
	50~249명	147	50	34.0	46	31.5	41	27.7	9	6.2
	250명 이상	31	15	47.3	7	22.5	17	54.8	1	3.8
	전체	1,734	482	27.8	804	46.4	688	39.7	81	4.7
보건업 및 사회복지 서비스업	10~49명	10,025	3,413	34.0	2,298	22.9	1,049	10.5	547	5.5
	50~249명	1,849	385	20.8	468	25.3	220	11.9	110	5.9
	250명 이상	115	38	32.9	54	47.1	14	12.2	0	0.0
	전체	11,989	3,836	32.0	2,820	23.5	1,283	10.7	656	5.5
예술, 스포츠 및 여가관련 서비스업	10~49명	857	201	23.4	395	46.1	121	14.1	61	7.1
	50~249명	194	60	30.8	51	26.1	14	7.2	12	6.0
	250명 이상	18	4	19.7	4	24.7	2	13.9	0	0.0
	전체	1,069	264	24.7	451	42.1	137	12.8	73	6.8
수리 및 기타 개인 서비스업	10~49명	2,862	797	27.9	1,570	54.9	323	11.3	28	1.0
	50~249명	95	17	18.3	25	26.0	9	9.3	0	0.0
	250명 이상	14	4	28.7	5	36.4	2	18.0	0	0.0
	전체	2,970	819	27.6	1,599	53.8	334	11.2	28	0.9
조직형태별										
개인사업체		32,272	6,737	20.9	13,856	42.9	2,513	7.8	1,022	3.2
회사법인		132,256	14,812	11.2	59,677	45.1	18,759	14.2	2,908	2.2

※ 기준시점 : 2024년 12월 31일

※ 기업체 : 클라우드 컴퓨팅 서비스 이용 기업체

※ 추정오차 : 이메일 ±1,167기업체, 오피스 소프트웨어 ±1,550기업체, 재무 또는 회계 소프트웨어 애플리케이션 ±919기업체, 전사적 자원 관리(ERP) 소프트웨어 ±1,521기업체, 고객 관계 관리(CRM) ±1,046기업체, 보안 소프트웨어 ±1,542기업체, 협업(영상회의, 메신저, 일정 관리 등) 관련 소프트웨어 ±1,041기업체, 데이터베이스 호스팅 ±474기업체, 파일 저장 ±1,497기업체, 기업 소유의 소프트웨어를 실행하기 위한 컴퓨터 기능±409기업체, 애플리케이션 개발, 테스트 및 배포 ±251기업체

※ 주 : 클라우드 컴퓨팅 서비스 이용 유형별 복수응답 수치임

2.2 클라우드 컴퓨팅 서비스 이용 유형(복수응답) - ③

(단위 : 개, %)

구 분		클라우드 컴퓨팅 서비스 이용 기업체	파일 저장		기업 소유의 소프트웨어를 실행하기 위한 컴퓨팅 기능		애플리케이션 개발, 테스트 및 배포	
			기업체수	비율	기업체수	비율	기업체수	비율
전체		164,529	60,725	36.9	2,908	1.8	1,085	0.7
지 역 별								
서울		34,788	13,842	39.8	1,731	5.0	657	1.9
부산		11,527	7,570	65.7	19	0.2	0	0.0
대구		7,108	4,285	60.3	4	0.1	0	0.0
인천		7,050	1,933	27.4	148	2.1	0	0.0
광주		4,349	1,096	25.2	71	1.6	13	0.3
대전		2,926	222	7.6	0	0.0	0	0.0
울산		3,891	2,490	64.0	34	0.9	34	0.9
세종		310	49	15.8	0	0.0	0	0.0
경기		44,471	8,328	18.7	473	1.1	201	0.5
강원		2,675	802	30.0	38	1.4	31	1.1
충북		4,666	1,285	27.5	12	0.3	6	0.1
충남		5,535	486	8.8	35	0.6	30	0.5
전북		5,494	1,316	24.0	163	3.0	7	0.1
전남		6,472	2,040	31.5	159	2.5	105	1.6
경북		9,443	6,267	66.4	4	0.0	0	0.0
경남		12,596	8,545	67.8	7	0.1	0	0.0
제주		1,227	169	13.8	9	0.7	3	0.2
업종x규모별								
농림수산업(광업포함)	10~49명	1,035	204	19.7	4	0.3	0	0.0
	50~249명	66	24	36.6	0	0.0	0	0.0
	250명 이상	4	1	24.9	0	0.0	0	0.0
	전체	1,105	230	20.8	4	0.3	0	0.0
제조업	10~49명	46,088	16,802	36.5	325	0.7	136	0.3
	50~249명	8,216	4,105	50.0	180	2.2	20	0.2
	250명 이상	1,350	778	57.6	96	7.1	41	3.0
	전체	55,655	21,686	39.0	600	1.1	197	0.4
전기 등 공기조절 공급업/수도 등 원료 재생업	10~49명	1,297	596	45.9	16	1.2	0	0.0
	50~249명	281	157	56.1	4	1.3	0	0.0
	250명 이상	37	14	37.4	4	10.1	1	3.1
	전체	1,614	767	47.5	23	1.4	1	0.1
건설업	10~49명	18,374	5,986	32.6	115	0.6	0	0.0
	50~249명	2,484	724	29.1	21	0.9	0	0.0
	250명 이상	480	196	40.8	12	2.4	2	0.4
	전체	21,337	6,906	32.4	148	0.7	2	0.0
도매 및 소매업	10~49명	21,562	6,477	30.0	258	1.2	151	0.7
	50~249명	2,170	849	39.1	99	4.6	0	0.0
	250명 이상	325	107	33.0	21	6.4	1	0.5
	전체	24,056	7,434	30.9	378	1.6	152	0.6
운수 및 창고업	10~49명	4,228	1,577	37.3	0	0.0	0	0.0
	50~249명	1,353	523	38.6	26	1.9	6	0.5
	250명 이상	236	92	39.0	3	1.2	0	0.0
	전체	5,817	2,192	37.7	29	0.5	6	0.1
숙박 및 음식점업	10~49명	5,752	1,276	22.2	0	0.0	0	0.0
	50~249명	441	223	50.5	18	4.0	0	0.0
	250명 이상	96	35	37.1	12	12.3	0	0.0
	전체	6,288	1,534	24.4	29	0.5	0	0.0

(계속)

(단위 : 개, %)

구 분		클라우드 컴퓨팅 서비스 이용 기업체	파일 저장		기업 소유의 소프트웨어를 실행하기 위한 컴퓨팅 기능		애플리케이션 개발, 테스트 및 배포	
			기업체수	비율	기업체수	비율	기업체수	비율
정보통신업	10~49명	7,615	3,558	46.7	921	12.1	398	5.2
	50~249명	1,909	920	48.2	138	7.2	151	7.9
	250명 이상	326	141	43.3	64	19.5	25	7.7
	전체	9,850	4,620	46.9	1,122	11.4	575	5.8
금융 및 보험업	10~49명	839	341	40.6	0	0.0	0	0.0
	50~249명	358	229	64.0	47	13.0	22	6.0
	250명 이상	182	124	68.0	60	32.7	5	3.0
	전체	1,380	694	50.3	106	7.7	27	2.0
부동산업	10~49명	1,303	266	20.4	0	0.0	0	0.0
	50~249명	223	76	33.9	4	1.6	0	0.0
	250명 이상	118	33	28.2	2	2.1	0	0.0
	전체	1,644	374	22.8	6	0.4	0	0.0
전문, 과학 및 기술서비스업	10~49명	9,508	4,607	48.5	174	1.8	34	0.4
	50~249명	1,350	663	49.1	74	5.5	0	0.0
	250명 이상	230	128	55.8	16	6.8	0	0.0
	전체	11,088	5,398	48.7	263	2.4	34	0.3
사업시설관리, 사업지원 및 임대서비스업	10~49명	4,508	1,734	38.5	60	1.3	30	0.7
	50~249명	1,679	574	34.2	6	0.4	0	0.0
	250명 이상	745	277	37.2	21	2.8	7	0.9
	전체	6,932	2,586	37.3	87	1.3	37	0.5
교육서비스업	10~49명	1,556	991	63.7	35	2.3	53	3.4
	50~249명	147	52	35.4	6	3.8	0	0.0
	250명 이상	31	25	81.2	5	15.0	0	0.0
	전체	1,734	1,068	61.6	46	2.6	53	3.1
보건업 및 사회복지 서비스업	10~49명	10,025	2,497	24.9	0	0.0	0	0.0
	50~249명	1,849	756	40.9	0	0.0	0	0.0
	250명 이상	115	43	37.4	0	0.0	0	0.0
	전체	11,989	3,296	27.5	0	0.0	0	0.0
예술, 스포츠 및 여가관련 서비스업	10~49명	857	481	56.1	15	1.7	0	0.0
	50~249명	194	69	35.6	23	11.8	0	0.0
	250명 이상	18	4	24.8	0	0.0	0	0.0
	전체	1,069	555	51.9	38	3.5	0	0.0
수리 및 기타 개인 서비스업	10~49명	2,862	1,357	47.4	28	1.0	0	0.0
	50~249명	95	23	24.2	0	0.0	0	0.0
	250명 이상	14	8	61.0	1	7.3	0	0.0
	전체	2,970	1,388	46.7	29	1.0	0	0.0
조직형태별								
개인사업체		32,272	11,054	34.3	38	0.1	41	0.1
회사법인		132,256	49,671	37.6	2,870	2.2	1,044	0.8

※ 기준시점 : 2024년 12월 31일
※ 기업체 : 클라우드 컴퓨팅 서비스 이용 기업체
※ 추정오차 : 이메일 ±1,167기업체, 오피스 소프트웨어 ±1,550기업체, 재무 또는 회계 소프트웨어 애플리케이션 ±919기업체, 전사적 자원 관리(ERP) 소프트웨어 ±1,521기업체, 고객 관계 관리(CRM) ±1,046기업체, 보안 소프트웨어 ±1,542기업체, 협업(영상회의, 메신저, 일정 관리 등) 관련 소프트웨어 ±1,041기업체, 데이터베이스 호스팅 ±474기업체, 파일 저장 ±1,497기업체, 기업 소유의 소프트웨어를 실행하기 위한 컴퓨터 기능±409기업체, 애플리케이션 개발, 테스트 및 배포 ±251기업체
※ 주 : 클라우드 컴퓨팅 서비스 이용 유형별 복수응답 수치임

2.3 클라우드 컴퓨팅 서비스 이용 목적(복수응답) - ①

(단위 : 개, %)

구 분		클라우드 컴퓨팅 서비스 이용 기업체	비용 절감		업무 효율성 증대		생산성 및 정보공유 증대	
			기업체수	비율	기업체수	비율	기업체수	비율
전체		164,529	35,875	21.8	136,450	82.9	47,251	28.7
지 역 별								
서울		34,788	5,147	14.8	29,740	85.5	7,533	21.7
부산		11,527	4,358	37.8	9,286	80.6	5,266	45.7
대구		7,108	2,247	31.6	6,062	85.3	2,801	39.4
인천		7,050	764	10.8	6,209	88.1	1,303	18.5
광주		4,349	1,158	26.6	3,049	70.1	2,143	49.3
대전		2,926	823	28.1	1,905	65.1	865	29.6
울산		3,891	1,362	35.0	3,331	85.6	1,876	48.2
세종		310	28	9.1	310	100.0	77	25.0
경기		44,471	10,644	23.9	36,633	82.4	8,233	18.5
강원		2,675	67	2.5	2,504	93.6	496	18.5
충북		4,666	1,187	25.4	4,406	94.4	2,017	43.2
충남		5,535	598	10.8	4,356	78.7	1,074	19.4
전북		5,494	1,319	24.0	4,178	76.0	2,335	42.5
전남		6,472	1,509	23.3	4,771	73.7	2,310	35.7
경북		9,443	2,141	22.7	8,043	85.2	3,934	41.7
경남		12,596	2,462	19.5	10,539	83.7	4,928	39.1
제주		1,227	61	5.0	1,128	92.0	59	4.8
업종x규모별								
농림수산업 (광업포함)	10~49명	1,035	56	5.4	845	81.7	254	24.6
	50~249명	66	1	2.3	53	79.5	29	43.2
	250명 이상	4	0	0.0	3	75.1	1	25.2
	전체	1,105	57	5.2	900	81.5	284	25.7
제조업	10~49명	46,088	12,253	26.6	35,642	77.3	14,201	30.8
	50~249명	8,216	1,636	19.9	6,634	80.7	3,695	45.0
	250명 이상	1,350	268	19.9	1,081	80.1	542	40.2
	전체	55,655	14,157	25.4	43,357	77.9	18,438	33.1
전기 등 공기조절 공급업/수도 등 원료 재생업	10~49명	1,297	384	29.6	1,059	81.6	482	37.2
	50~249명	281	40	14.4	251	89.6	73	26.0
	250명 이상	37	5	12.8	32	87.8	21	56.7
	전체	1,614	429	26.6	1,342	83.2	576	35.7
건설업	10~49명	18,374	4,281	23.3	16,089	87.6	4,207	22.9
	50~249명	2,484	222	8.9	2,210	89.0	715	28.8
	250명 이상	480	45	9.5	456	95.0	158	33.0
	전체	21,337	4,548	21.3	18,755	87.9	5,080	23.8
도매 및 소매업	10~49명	21,562	5,608	26.0	17,992	83.4	6,128	28.4
	50~249명	2,170	113	5.2	1,986	91.5	365	16.8
	250명 이상	325	44	13.5	311	95.9	62	19.0
	전체	24,056	5,765	24.0	20,289	84.3	6,555	27.2
운수 및 창고업	10~49명	4,228	892	21.1	3,912	92.5	1,019	24.1
	50~249명	1,353	268	19.8	1,208	89.3	314	23.2
	250명 이상	236	40	16.8	196	83.0	65	27.4
	전체	5,817	1,200	20.6	5,316	91.4	1,397	24.0
숙박 및 음식점업	10~49명	5,752	1,082	18.8	4,007	69.7	1,938	33.7
	50~249명	441	34	7.8	397	89.9	79	17.8
	250명 이상	96	11	11.4	90	93.7	21	22.1
	전체	6,288	1,127	17.9	4,493	71.5	2,038	32.4

(계속)

(단위 : 개, %)

구 분		클라우드 컴퓨팅 서비스 이용 기업체	비용 절감		업무 효율성 증대		생산성 및 정보공유 증대	
			기업체수	비율	기업체수	비율	기업체수	비율
정보통신업	10~49명	7,615	2,294	30.1	6,266	82.3	1,963	25.8
	50~249명	1,909	397	20.8	1,149	60.2	812	42.5
	250명 이상	326	37	11.5	288	88.2	73	22.3
	전체	9,850	2,729	27.7	7,703	78.2	2,848	28.9
금융 및 보험업	10~49명	839	28	3.3	754	89.9	158	18.9
	50~249명	358	201	56.2	283	79.0	251	70.1
	250명 이상	182	19	10.5	161	88.3	24	13.1
	전체	1,380	248	18.0	1,198	86.9	433	31.4
부동산업	10~49명	1,303	75	5.8	1,208	92.7	290	22.2
	50~249명	223	18	7.9	212	95.1	61	27.5
	250명 이상	118	11	9.7	116	97.9	27	22.6
	전체	1,644	104	6.3	1,536	93.4	378	23.0
전문, 과학 및 기술서비스업	10~49명	9,508	2,445	25.7	8,215	86.4	3,017	31.7
	50~249명	1,350	192	14.2	1,218	90.2	393	29.1
	250명 이상	230	31	13.4	204	88.8	55	24.0
	전체	11,088	2,667	24.1	9,638	86.9	3,465	31.3
사업시설관리, 사업지원 및 임대서비스업	10~49명	4,508	719	16.0	4,148	92.0	1,222	27.1
	50~249명	1,679	252	15.0	1,550	92.3	521	31.0
	250명 이상	745	66	8.8	670	89.9	187	25.1
	전체	6,932	1,037	15.0	6,368	91.9	1,930	27.8
교육서비스업	10~49명	1,556	231	14.8	1,319	84.8	584	37.6
	50~249명	147	13	8.7	132	89.9	19	12.7
	250명 이상	31	7	21.5	30	96.7	1	3.8
	전체	1,734	250	14.4	1,481	85.4	604	34.8
보건업 및 사회복지 서비스업	10~49명	10,025	693	6.9	8,910	88.9	1,994	19.9
	50~249명	1,849	110	5.9	1,636	88.4	349	18.9
	250명 이상	115	18	15.2	102	88.7	40	34.4
	전체	11,989	820	6.8	10,647	88.8	2,383	19.9
예술, 스포츠 및 여가관련 서비스업	10~49명	857	112	13.1	724	84.5	169	19.7
	50~249명	194	14	7.0	165	84.6	16	8.4
	250명 이상	18	1	5.1	18	100.0	0	0.0
	전체	1,069	127	11.9	906	84.8	185	17.3
수리 및 기타 개인 서비스업	10~49명	2,862	604	21.1	2,422	84.6	631	22.1
	50~249명	95	5	4.8	86	90.6	22	23.2
	250명 이상	14	1	10.6	12	88.9	4	32.2
	전체	2,970	610	20.5	2,520	84.8	657	22.1
조직형태별								
개인사업체		32,272	4,921	15.2	26,234	81.3	8,741	27.1
회사법인		132,256	30,954	23.4	110,216	83.3	38,510	29.1

※ 기준시점 : 2024년 12월 31일
※ 기업체 : 클라우드 컴퓨팅 서비스 이용 기업체
※ 추정오차 : 비용절감 ±1,281기업체, 업무 효율성 증대 ±1,167기업체, 생산성 및 정보공유 증대 ±1,403기업체, 정보보안 강화 ±1,450기업체, 근무 환경 개선 ±1,381기업체, 업무 방식 다양화 ±1,384기업체, 서비스 안정성 강화 ±987기업체, 고객 수요 반영 ±685기업체
※ 주 : 클라우드 컴퓨팅 서비스 이용 목적별 복수응답 수치임

1. 정보화 기반
2. 정보화 응용
3. 지능정보기술 활용
4. 정보화 투자

2.3 클라우드 컴퓨팅 서비스 이용 목적(복수응답) - ②

(단위 : 개, %)

구 분		클라우드 컴퓨팅 서비스 이용 기업체	정보보안 강화		근무 환경 개선		업무 방식 다양화	
			기업체수	비율	기업체수	비율	기업체수	비율
전체		164,529	53,126	32.3	44,815	27.2	45,189	27.5
지 역 별								
서울		34,788	12,178	35.0	10,796	31.0	8,953	25.7
부산		11,527	3,572	31.0	1,966	17.1	3,020	26.2
대구		7,108	2,831	39.8	1,660	23.4	1,310	18.4
인천		7,050	1,810	25.7	1,860	26.4	1,536	21.8
광주		4,349	2,786	64.1	1,250	28.7	1,672	38.4
대전		2,926	943	32.2	685	23.4	521	17.8
울산		3,891	991	25.5	841	21.6	1,062	27.3
세종		310	27	8.8	14	4.5	53	17.2
경기		44,471	15,894	35.7	15,503	34.9	12,536	28.2
강원		2,675	384	14.4	785	29.3	723	27.0
충북		4,666	598	12.8	1,099	23.5	855	18.3
충남		5,535	1,264	22.8	943	17.0	693	12.5
전북		5,494	2,537	46.2	1,334	24.3	2,212	40.3
전남		6,472	2,589	40.0	1,402	21.7	3,770	58.3
경북		9,443	1,995	21.1	1,649	17.5	2,681	28.4
경남		12,596	2,572	20.4	2,904	23.1	3,512	27.9
제주		1,227	154	12.5	126	10.3	79	6.4
업종x규모별								
농림수산업 (광업포함)	10~49명	1,035	169	16.4	115	11.1	107	10.4
	50~249명	66	5	6.8	7	11.3	7	11.3
	250명 이상	4	1	24.9	1	24.9	0	0.0
	전체	1,105	175	15.8	123	11.1	115	10.4
제조업	10~49명	46,088	16,463	35.7	13,619	29.5	14,482	31.4
	50~249명	8,216	3,683	44.8	2,994	36.4	2,668	32.5
	250명 이상	1,350	550	40.7	479	35.4	383	28.3
	전체	55,655	20,696	37.2	17,091	30.7	17,532	31.5
전기 등 공기조절 공급업/수도 등 원료 재생업	10~49명	1,297	337	26.0	270	20.8	287	22.2
	50~249명	281	55	19.6	58	20.7	44	15.6
	250명 이상	37	24	65.6	19	52.4	11	28.4
	전체	1,614	416	25.8	347	21.5	341	21.1
건설업	10~49명	18,374	3,080	16.8	4,684	25.5	7,180	39.1
	50~249명	2,484	695	28.0	420	16.9	415	16.7
	250명 이상	480	146	30.4	126	26.2	98	20.5
	전체	21,337	3,921	18.4	5,229	24.5	7,694	36.1
도매 및 소매업	10~49명	21,562	8,389	38.9	5,765	26.7	4,849	22.5
	50~249명	2,170	439	20.2	445	20.5	426	19.6
	250명 이상	325	174	53.5	173	53.3	105	32.3
	전체	24,056	9,001	37.4	6,383	26.5	5,379	22.4
운수 및 창고업	10~49명	4,228	842	19.9	944	22.3	1,352	32.0
	50~249명	1,353	359	26.5	444	32.8	342	25.3
	250명 이상	236	67	28.3	79	33.3	73	30.8
	전체	5,817	1,267	21.8	1,467	25.2	1,767	30.4
숙박 및 음식점업	10~49명	5,752	2,795	48.6	1,266	22.0	1,064	18.5
	50~249명	441	82	18.6	123	27.9	92	20.9
	250명 이상	96	23	23.8	32	33.6	25	26.5
	전체	6,288	2,900	46.1	1,421	22.6	1,182	18.8

(계속)

(단위 : 개, %)

구 분		클라우드 컴퓨팅 서비스 이용 기업체	정보보안 강화		근무 환경 개선		업무 방식 다양화	
			기업체수	비율	기업체수	비율	기업체수	비율
정보통신업	10~49명	7,615	3,317	43.6	2,332	30.6	2,759	36.2
	50~249명	1,909	1,088	57.0	982	51.4	911	47.7
	250명 이상	326	174	53.3	159	48.7	129	39.5
	전체	9,850	4,580	46.5	3,473	35.3	3,798	38.6
금융 및 보험업	10~49명	839	382	45.5	389	46.4	251	29.9
	50~249명	358	305	85.0	233	65.0	237	66.2
	250명 이상	182	78	42.9	65	35.9	61	33.3
	전체	1,380	765	55.4	688	49.9	549	39.8
부동산업	10~49명	1,303	194	14.9	114	8.8	211	16.2
	50~249명	223	43	19.4	54	24.1	33	14.6
	250명 이상	118	27	23.2	19	15.7	15	12.8
	전체	1,644	264	16.1	186	11.3	259	15.8
전문, 과학 및 기술서비스업	10~49명	9,508	3,654	38.4	2,880	30.3	1,891	19.9
	50~249명	1,350	454	33.6	438	32.5	300	22.2
	250명 이상	230	72	31.2	62	27.0	42	18.2
	전체	11,088	4,180	37.7	3,380	30.5	2,233	20.1
사업시설관리, 사업지원 및 임대서비스업	10~49명	4,508	1,117	24.8	981	21.8	832	18.5
	50~249명	1,679	458	27.2	278	16.5	238	14.1
	250명 이상	745	221	29.6	232	31.2	106	14.2
	전체	6,932	1,795	25.9	1,491	21.5	1,175	16.9
교육서비스업	10~49명	1,556	540	34.7	614	39.4	380	24.4
	50~249명	147	63	43.2	71	48.3	41	27.9
	250명 이상	31	6	18.4	3	11.3	11	36.6
	전체	1,734	609	35.1	688	39.7	432	24.9
보건업 및 사회복지 서비스업	10~49명	10,025	1,279	12.8	1,195	11.9	1,355	13.5
	50~249명	1,849	293	15.8	380	20.5	320	17.3
	250명 이상	115	13	11.0	25	22.0	29	24.8
	전체	11,989	1,584	13.2	1,600	13.3	1,703	14.2
예술, 스포츠 및 여가관련 서비스업	10~49명	857	243	28.4	187	21.8	161	18.8
	50~249명	194	53	27.4	25	13.1	32	16.6
	250명 이상	18	5	28.0	7	39.0	7	41.5
	전체	1,069	301	28.2	219	20.5	201	18.8
수리 및 기타 개인 서비스업	10~49명	2,862	650	22.7	999	34.9	808	28.2
	50~249명	95	19	19.8	22	23.3	16	17.2
	250명 이상	14	2	17.9	6	46.9	4	29.1
	전체	2,970	672	22.6	1,028	34.6	829	27.9
조직형태별								
개인사업체		32,272	8,762	27.2	6,761	21.0	6,216	19.3
회사법인		132,256	44,364	33.5	38,054	28.8	38,973	29.5

※ 기준시점 : 2024년 12월 31일
※ 기업체 : 클라우드 컴퓨팅 서비스 이용 기업체
※ 추정오차 : 비용절감 ±1,281기업체, 업무 효율성 증대 ±1,167기업체, 생산성 및 정보공유 증대 ±1,403기업체, 정보보안 강화 ±1,450기업체, 근무 환경 개선 ±1,381기업체, 업무 방식 다양화 ±1,384기업체, 서비스 안정성 강화 ±987기업체, 고객 수요 반영 ±685기업체
※ 주 : 클라우드 컴퓨팅 서비스 이용 목적별 복수응답 수치임

2.3 클라우드 컴퓨팅 서비스 이용 목적(복수응답) - ③

(단위 : 개, %)

구 분		클라우드 컴퓨팅 서비스 이용 기업체	서비스 안전성 강화		고객 수요 반영	
			기업체수	비율	기업체수	비율
전체		164,529	18,804	11.4	8,459	5.1
지 역 별						
서울		34,788	4,905	14.1	1,998	5.7
부산		11,527	720	6.2	142	1.2
대구		7,108	509	7.2	178	2.5
인천		7,050	766	10.9	370	5.2
광주		4,349	997	22.9	467	10.7
대전		2,926	118	4.0	99	3.4
울산		3,891	205	5.3	61	1.6
세종		310	69	22.4	0	0.0
경기		44,471	5,615	12.6	2,687	6.0
강원		2,675	403	15.1	114	4.3
충북		4,666	279	6.0	190	4.1
충남		5,535	525	9.5	126	2.3
전북		5,494	1,363	24.8	794	14.5
전남		6,472	1,163	18.0	949	14.7
경북		9,443	531	5.6	95	1.0
경남		12,596	598	4.7	135	1.1
제주		1,227	39	3.2	55	4.4
업종x규모별						
농림수산업(광업포함)	10~49명	1,035	24	2.3	11	1.0
	50~249명	66	0	0.0	0	0.0
	250명 이상	4	0	0.0	0	0.0
	전체	1,105	24	2.2	11	1.0
제조업	10~49명	46,088	5,422	11.8	2,757	6.0
	50~249명	8,216	1,282	15.6	705	8.6
	250명 이상	1,350	207	15.3	78	5.8
	전체	55,655	6,910	12.4	3,540	6.4
전기 등 공기조절 공급업/수도 등 원료 재생업	10~49명	1,297	95	7.3	127	9.8
	50~249명	281	25	9.1	11	3.9
	250명 이상	37	6	15.8	2	6.6
	전체	1,614	126	7.8	140	8.7
건설업	10~49명	18,374	1,447	7.9	265	1.4
	50~249명	2,484	129	5.2	50	2.0
	250명 이상	480	27	5.5	12	2.5
	전체	21,337	1,603	7.5	327	1.5
도매 및 소매업	10~49명	21,562	3,100	14.4	930	4.3
	50~249명	2,170	179	8.2	121	5.6
	250명 이상	325	49	14.9	13	4.1
	전체	24,056	3,327	13.8	1,064	4.4
운수 및 창고업	10~49명	4,228	133	3.1	132	3.1
	50~249명	1,353	151	11.2	38	2.8
	250명 이상	236	26	10.9	10	4.2
	전체	5,817	310	5.3	180	3.1
숙박 및 음식점업	10~49명	5,752	992	17.3	153	2.7
	50~249명	441	31	7.0	9	2.0
	250명 이상	96	7	7.1	2	2.5
	전체	6,288	1,030	16.4	164	2.6

(계속)

(단위 : 개, %)

구 분		클라우드 컴퓨팅 서비스 이용 기업체	서비스 안전성 강화		고객 수요 반영	
			기업체수	비율	기업체수	비율
정보통신업	10~49명	7,615	1,443	18.9	674	8.9
	50~249명	1,909	420	22.0	224	11.7
	250명 이상	326	85	26.1	42	12.9
	전체	9,850	1,948	19.8	940	9.5
금융 및 보험업	10~49명	839	69	8.3	20	2.4
	50~249명	358	201	56.1	194	54.2
	250명 이상	182	31	17.2	8	4.5
	전체	1,380	302	21.9	223	16.1
부동산업	10~49명	1,303	19	1.5	58	4.5
	50~249명	223	11	4.9	7	3.2
	250명 이상	118	8	6.4	3	2.3
	전체	1,644	38	2.3	68	4.2
전문, 과학 및 기술서비스업	10~49명	9,508	653	6.9	307	3.2
	50~249명	1,350	164	12.2	73	5.4
	250명 이상	230	19	8.3	4	1.7
	전체	11,088	837	7.5	384	3.5
사업시설관리, 사업지원 및 임대서비스업	10~49명	4,508	90	2.0	87	1.9
	50~249명	1,679	91	5.4	39	2.3
	250명 이상	745	74	10.0	12	1.6
	전체	6,932	256	3.7	138	2.0
교육서비스업	10~49명	1,556	536	34.4	239	15.4
	50~249명	147	21	14.0	4	2.5
	250명 이상	31	10	32.3	6	18.3
	전체	1,734	566	32.7	248	14.3
보건업 및 사회복지 서비스업	10~49명	10,025	660	6.6	469	4.7
	50~249명	1,849	104	5.6	225	12.2
	250명 이상	115	20	17.6	20	17.1
	전체	11,989	784	6.5	714	6.0
예술, 스포츠 및 여가관련 서비스업	10~49명	857	112	13.1	72	8.3
	50~249명	194	48	24.9	16	8.2
	250명 이상	18	2	11.4	1	5.7
	전체	1,069	162	15.2	88	8.3
수리 및 기타 개인 서비스업	10~49명	2,862	577	20.2	229	8.0
	50~249명	95	3	3.0	0	0.0
	250명 이상	14	1	10.4	0	0.0
	전체	2,970	581	19.6	229	7.7
조직형태별						
개인사업체		32,272	2,850	8.8	1,397	4.3
회사법인		132,256	15,955	12.1	7,062	5.3

※ 기준시점 : 2024년 12월 31일

※ 기업체 : 클라우드 컴퓨팅 서비스 이용 기업체

※ 추정오차 : 비용절감 ±1,281기업체, 업무 효율성 증대 ±1,167기업체, 생산성 및 정보공유 증대 ±1,403기업체, 정보보안 강화 ±1,450기업체, 근무 환경 개선 ±1,381기업체, 업무 방식 다양화 ±1,384기업체, 서비스 안정성 강화 ±987기업체, 고객 수요 반영 ±685기업체

※ 주 : 클라우드 컴퓨팅 서비스 이용 목적별 복수응답 수치임

2.4 클라우드 컴퓨팅 서비스 미이용 이유(복수응답) - ①

(단위 : 개, %)

구 분		클라우드 컴퓨팅 서비스 미이용 기업체	경제적 비용 부담		보안에 대한 우려		서비스(기술)의 복잡성	
			기업체수	비율	기업체수	비율	기업체수	비율
전체		47,086	16,538	35.1	12,018	25.5	10,646	22.6
지 역 별								
서울		13,301	5,322	40.0	3,194	24.0	2,048	15.4
부산		522	53	10.2	125	24.0	40	7.7
대구		580	8	1.4	163	28.2	0	0.0
인천		3,842	704	18.3	632	16.4	335	8.7
광주		175	0	0.0	48	27.4	0	0.0
대전		1,852	1,071	57.8	470	25.4	688	37.2
울산		420	36	8.5	119	28.4	28	6.7
세종		622	202	32.4	356	57.2	330	53.0
경기		14,705	4,510	30.7	4,539	30.9	3,044	20.7
강원		2,044	1,206	59.0	405	19.8	508	24.9
충북		2,604	1,043	40.0	625	24.0	1,300	49.9
충남		3,569	1,544	43.3	887	24.8	2,004	56.2
전북		137	7	5.2	4	2.9	0	0.0
전남		238	53	22.3	14	5.8	14	5.8
경북		811	0	0.0	150	18.5	42	5.2
경남		517	158	30.6	107	20.8	0	0.0
제주		1,148	620	54.0	180	15.6	264	23.0
업종x규모별								
농림수산업(광업포함)	10~49명	502	168	33.4	79	15.7	101	20.2
	50~249명	9	3	33.1	0	0.0	4	49.4
	전체	511	171	33.4	79	15.4	106	20.7
제조업	10~49명	9,064	3,470	38.3	2,597	28.7	3,115	34.4
	50~249명	617	229	37.0	378	61.2	305	49.4
	250명 이상	34	27	78.7	21	63.0	20	58.9
	전체	9,714	3,725	38.3	2,996	30.8	3,440	35.4
전기 등 공기조절 공급업/수도 등 원료 재생업	10~49명	878	501	57.1	177	20.2	194	22.1
	50~249명	65	7	11.1	18	27.7	22	33.2
	전체	944	509	53.9	196	20.7	215	22.8
건설업	10~49명	8,389	3,592	42.8	1,729	20.6	2,376	28.3
	50~249명	632	156	24.7	163	25.8	92	14.5
	250명 이상	35	12	35.1	14	40.1	4	10.0
	전체	9,057	3,761	41.5	1,906	21.0	2,471	27.3
도매 및 소매업	10~49명	4,474	1,489	33.3	1,233	27.6	1,011	22.6
	50~249명	86	51	58.9	22	25.2	0	0.0
	250명 이상	3	2	50.0	3	100.0	0	0.0
	전체	4,564	1,542	33.8	1,258	27.6	1,011	22.2
운수 및 창고업	10~49명	1,579	338	21.4	367	23.2	450	28.5
	50~249명	317	126	39.8	57	18.0	114	36.0
	250명 이상	27	3	12.5	5	19.0	12	43.6
	전체	1,923	468	24.3	429	22.3	576	29.9
숙박 및 음식점업	10~49명	4,561	1,396	30.6	921	20.2	807	17.7
	50~249명	94	22	23.2	22	23.2	26	28.0
	250명 이상	6	4	59.8	5	79.9	3	39.7
	전체	4,662	1,421	30.5	948	20.3	836	17.9

(계속)

(단위 : 개, %)

구 분		클라우드 컴퓨팅 서비스 미이용 기업체	경제적 비용 부담		보안에 대한 우려		서비스(기술)의 복잡성	
			기업체수	비율	기업체수	비율	기업체수	비율
정보통신업	10~49명	1,636	642	39.2	432	26.4	249	15.2
	50~249명	13	0	0.0	0	0.0	0	0.0
	250명 이상	3	0	0.0	3	100.0	0	0.0
	전체	1,652	642	38.8	434	26.3	249	15.1
금융 및 보험업	10~49명	138	32	23.4	57	41.3	8	5.9
	50~249명	4	0	0.0	4	100.0	0	0.0
	250명 이상	4	3	68.8	4	100.0	1	34.4
	전체	145	35	24.1	65	44.4	10	6.6
부동산업	10~49명	938	410	43.7	155	16.5	38	4.1
	50~249명	97	7	7.5	18	18.5	0	0.0
	250명 이상	8	3	34.2	5	68.8	3	34.5
	전체	1,043	420	40.3	178	17.1	41	3.9
전문, 과학 및 기술서비스업	10~49명	3,353	1,311	39.1	1,002	29.9	416	12.4
	50~249명	201	73	36.2	67	33.5	27	13.2
	250명 이상	5	2	33.4	3	66.6	3	66.6
	전체	3,559	1,385	38.9	1,073	30.1	446	12.5
사업시설관리, 사업지원 및 임대서비스업	10~49명	3,141	752	23.9	750	23.9	387	12.3
	50~249명	809	215	26.5	188	23.3	103	12.8
	250명 이상	93	50	53.8	27	28.5	23	25.0
	전체	4,043	1,016	25.1	965	23.9	514	12.7
교육서비스업	10~49명	738	225	30.5	286	38.7	19	2.6
	50~249명	13	2	15.6	6	42.2	2	14.1
	250명 이상	1	0	0.0	1	100.0	0	0.0
	전체	752	227	30.2	293	38.9	21	2.8
보건업 및 사회복지 서비스업	10~49명	2,596	471	18.2	660	25.4	332	12.8
	50~249명	304	121	39.8	60	19.8	17	5.7
	250명 이상	11	4	32.0	6	51.1	7	66.2
	전체	2,911	596	20.5	726	24.9	357	12.3
예술, 스포츠 및 여가관련 서비스업	10~49명	411	132	32.2	65	15.9	21	5.0
	50~249명	19	14	74.9	9	50.1	12	62.4
	250명 이상	2	1	50.0	2	100.0	0	0.0
	전체	432	147	34.1	77	17.8	32	7.4
수리 및 기타 개인 서비스업	10~49명	1,123	450	40.1	372	33.1	314	27.9
	50~249명	49	23	46.1	24	49.2	8	15.4
	250명 이상	2	0	0.0	0	0.0	0	0.0
	전체	1,175	473	40.2	396	33.7	321	27.3
조직형태별								
개인사업체		11,135	3,119	28.0	2,815	25.3	1,910	17.2
회사법인		35,952	13,419	37.3	9,203	25.6	8,735	24.3

※ 기준시점 : 2024년 12월 31일

※ 기업체 : 클라우드 컴퓨팅 서비스 미이용 기업체

※ 추정오차 : 경제적 비용 부담 ±935기업체, 보안에 대한 우려 ±854기업체, 서비스(기술)의 복잡성 ±820기업체, 인프라 및 인력 부재 ±933기업체, 호환성 어려움 ±678기업체, 기타 ±906기업체

※ 주 : 클라우드 컴퓨팅 서비스 미이용 이유별 복수응답 수치임

2.4 클라우드 컴퓨팅 서비스 미이용 이유(복수응답) - ②

(단위 : 개, %)

구 분		클라우드 컴퓨팅 서비스 미이용 기업체	인프라 및 인력 부재		호환성 어려움		기타	
			기업체수	비율	기업체수	비율	기업체수	비율
전체		47,086	16,371	34.8	6,542	13.9	14,557	30.9
지 역 별								
서울		13,301	4,038	30.4	2,078	15.6	4,602	34.6
부산		522	241	46.2	81	15.4	153	29.3
대구		580	243	41.9	37	6.4	230	39.7
인천		3,842	463	12.1	209	5.4	2,353	61.2
광주		175	0	0.0	79	45.2	96	54.8
대전		1,852	873	47.1	568	30.6	43	2.3
울산		420	247	58.8	47	11.2	47	11.2
세종		622	255	40.9	241	38.7	41	6.6
경기		14,705	5,145	35.0	1,266	8.6	4,851	33.0
강원		2,044	889	43.5	472	23.1	559	27.3
충북		2,604	1,262	48.4	333	12.8	125	4.8
충남		3,569	1,427	40.0	552	15.5	623	17.5
전북		137	56	40.8	41	30.1	29	21.1
전남		238	93	39.0	14	5.9	71	29.8
경북		811	427	52.7	0	0.0	227	28.0
경남		517	213	41.1	39	7.6	168	32.5
제주		1,148	499	43.4	484	42.1	339	29.5
업종x규모별								
농림수산업(광업포함)	10~49명	502	236	47.0	46	9.2	95	18.9
	50~249명	9	4	50.1	0	0.0	2	16.8
	전체	511	241	47.1	46	9.0	96	18.8
제조업	10~49명	9,064	4,711	52.0	1,007	11.1	1,772	19.5
	50~249명	617	253	41.0	87	14.0	63	10.2
	250명 이상	34	17	50.5	18	53.3	0	0.0
	전체	9,714	4,981	51.3	1,111	11.4	1,835	18.9
전기 등 공기조절 공급업/수도 등 원료 재생업	10~49명	878	117	13.3	48	5.5	278	31.6
	50~249명	65	11	16.7	11	16.5	37	55.8
	전체	944	127	13.5	59	6.3	314	33.3
건설업	10~49명	8,389	3,214	38.3	1,309	15.6	2,496	29.8
	50~249명	632	221	34.9	35	5.6	270	42.6
	250명 이상	35	10	29.6	5	15.1	12	35.1
	전체	9,057	3,445	38.0	1,350	14.9	2,778	30.7
도매 및 소매업	10~49명	4,474	1,834	41.0	1,118	25.0	827	18.5
	50~249명	86	7	8.2	0	0.0	28	32.9
	250명 이상	3	0	0.0	2	50.0	0	0.0
	전체	4,564	1,841	40.3	1,120	24.5	855	18.7
운수 및 창고업	10~49명	1,579	449	28.5	187	11.8	710	45.0
	50~249명	317	159	50.0	82	25.9	45	14.0
	250명 이상	27	18	68.8	5	18.9	3	12.5
	전체	1,923	626	32.6	274	14.3	758	39.4
숙박 및 음식점업	10~49명	4,561	1,067	23.4	467	10.2	1,964	43.1
	50~249명	94	48	51.6	31	33.3	28	29.5
	250명 이상	6	3	39.7	1	19.5	0	0.0
	전체	4,662	1,118	24.0	499	10.7	1,992	42.7

(계속)

(단위 : 개, %)

구 분		클라우드 컴퓨팅 서비스 미이용 기업체	인프라 및 인력 부재		호환성 어려움		기타	
			기업체수	비율	기업체수	비율	기업체수	비율
정보통신업	10~49명	1,636	369	22.5	279	17.0	496	30.3
	50~249명	13	13	100.0	13	100.0	0	0.0
	250명 이상	3	0	0.0	0	0.0	3	100.0
	전체	1,652	382	23.1	292	17.7	499	30.2
금융 및 보험업	10~49명	138	20	14.6	20	14.7	45	32.3
	50~249명	4	0	0.0	0	0.0	0	0.0
	250명 이상	4	0	0.0	0	0.0	0	0.0
	전체	145	20	13.9	20	13.9	45	30.6
부동산업	10~49명	938	351	37.5	39	4.1	432	46.0
	50~249명	97	7	7.5	4	3.7	79	81.4
	250명 이상	8	1	14.1	0	0.0	1	17.1
	전체	1,043	360	34.5	42	4.0	512	49.1
전문, 과학 및 기술서비스업	10~49명	3,353	761	22.7	274	8.2	1,006	30.0
	50~249명	201	67	33.5	33	16.4	20	10.0
	250명 이상	5	2	33.4	0	0.0	0	0.0
	전체	3,559	830	23.3	307	8.6	1,026	28.8
사업시설관리, 사업지원 및 임대서비스업	10~49명	3,141	908	28.9	213	6.8	1,549	49.3
	50~249명	809	233	28.9	78	9.6	420	51.9
	250명 이상	93	47	50.9	23	24.7	26	27.3
	전체	4,043	1,188	29.4	314	7.8	1,994	49.3
교육서비스업	10~49명	738	165	22.4	181	24.6	219	29.6
	50~249명	13	10	71.8	6	43.7	0	0.0
	250명 이상	1	0	0.0	1	100.0	0	0.0
	전체	752	175	23.3	188	25.0	219	29.1
보건업 및 사회복지 서비스업	10~49명	2,596	521	20.1	663	25.5	1,084	41.8
	50~249명	304	35	11.4	87	28.7	87	28.6
	250명 이상	11	4	32.0	2	15.1	2	16.9
	전체	2,911	560	19.2	752	25.8	1,173	40.3
예술, 스포츠 및 여가관련 서비스업	10~49명	411	89	21.6	76	18.5	175	42.6
	50~249명	19	2	12.5	0	0.0	2	12.5
	250명 이상	2	0	0.0	0	0.0	0	0.0
	전체	432	91	21.1	76	17.6	178	41.2
수리 및 기타 개인 서비스업	10~49명	1,123	372	33.2	85	7.5	270	24.0
	50~249명	49	12	23.7	6	11.6	10	21.1
	250명 이상	2	0	0.0	0	0.0	2	100.0
	전체	1,175	384	32.7	90	7.7	283	24.1
조직형태별								
개인사업체		11,135	3,376	30.3	1,835	16.5	3,976	35.7
회사법인		35,952	12,995	36.1	4,707	13.1	10,581	29.4

※ 기준시점 : 2024년 12월 31일
※ 기업체 : 클라우드 컴퓨팅 서비스 미이용 기업체
※ 추정오차 : 경제적 비용 부담 ±935기업체, 보안에 대한 우려 ±854기업체, 서비스(기술)의 복잡성 ±820기업체, 인프라 및 인력 부재 ±933기업체, 호환성 어려움 ±678기업체, 기타 ±906기업체
※ 주 : 클라우드 컴퓨팅 서비스 미이용 이유별 복수응답 수치임

3 데이터 분석 및 서비스

3.1 데이터 분석 및 서비스 이용

(단위 : 개, %)

구 분		전체 기업체	데이터 분석 및 서비스 이용		데이터 분석 및 서비스 미이용	
			기업체수	비율	기업체수	비율
전체		211,615	86,144	40.7	125,471	59.3
지 역 별						
서울		48,089	19,331	40.2	28,758	59.8
부산		12,049	3,710	30.8	8,339	69.2
대구		7,688	2,258	29.4	5,430	70.6
인천		10,892	3,561	32.7	7,331	67.3
광주		4,524	2,847	62.9	1,677	37.1
대전		4,778	2,144	44.9	2,634	55.1
울산		4,311	1,142	26.5	3,169	73.5
세종		932	280	30.1	652	69.9
경기		59,176	29,124	49.2	30,052	50.8
강원		4,719	1,161	24.6	3,558	75.4
충북		7,270	2,808	38.6	4,462	61.4
충남		9,104	3,839	42.2	5,265	57.8
전북		5,631	3,135	55.7	2,496	44.3
전남		6,710	3,184	47.5	3,526	52.5
경북		10,254	3,232	31.5	7,022	68.5
경남		13,113	4,088	31.2	9,025	68.8
제주		2,375	297	12.5	2,078	87.5
업종x규모별						
농림수산업(광업포함)	10~49명	1,537	626	40.7	911	59.3
	50~249명	75	38	50.3	37	49.7
	250명 이상	4	4	100.0	0	0.0
	전체	1,616	667	41.3	949	58.7
제조업	10~49명	55,152	24,987	45.3	30,165	54.7
	50~249명	8,833	4,502	51.0	4,331	49.0
	250명 이상	1,384	763	55.1	621	44.9
	전체	65,369	30,252	46.3	35,117	53.7
전기 등 공기조절 공급업/수도 등 원료 재생업	10~49명	2,175	801	36.8	1,374	63.2
	50~249명	346	175	50.7	171	49.3
	250명 이상	37	28	75.8	9	24.2
	전체	2,558	1,005	39.3	1,553	60.7
건설업	10~49명	26,763	6,414	24.0	20,349	76.0
	50~249명	3,116	1,597	51.2	1,519	48.8
	250명 이상	515	301	58.4	214	41.6
	전체	30,394	8,311	27.3	22,083	72.7
도매 및 소매업	10~49명	26,036	13,097	50.3	12,939	49.7
	50~249명	2,256	918	40.7	1,338	59.3
	250명 이상	328	240	73.2	88	26.8
	전체	28,620	14,255	49.8	14,365	50.2
운수 및 창고업	10~49명	5,807	992	17.1	4,815	82.9
	50~249명	1,670	377	22.6	1,293	77.4
	250명 이상	263	83	31.7	180	68.3
	전체	7,740	1,453	18.8	6,287	81.2
숙박 및 음식점업	10~49명	10,313	3,851	37.3	6,462	62.7
	50~249명	535	152	28.4	383	71.6
	250명 이상	102	69	67.8	33	32.2
	전체	10,950	4,071	37.2	6,879	62.8

(계속)

(단위 : 개, %)

구 분		전체 기업체	데이터 분석 및 서비스 이용		데이터 분석 및 서비스 미이용	
			기업체수	비율	기업체수	비율
정보통신업	10~49명	9,251	4,766	51.5	4,485	48.5
	50~249명	1,922	1,632	84.9	290	15.1
	250명 이상	329	256	77.8	73	22.2
	전체	11,502	6,654	57.9	4,848	42.1
금융 및 보험업	10~49명	977	393	40.2	584	59.8
	50~249명	362	312	86.3	50	13.7
	250명 이상	186	170	91.2	16	8.8
	전체	1,525	875	57.4	650	42.6
부동산업	10~49명	2,241	488	21.8	1,753	78.2
	50~249명	320	87	27.1	233	72.9
	250명 이상	126	65	51.5	61	48.5
	전체	2,687	639	23.8	2,048	76.2
전문, 과학 및 기술서비스업	10~49명	12,861	5,348	41.6	7,513	58.4
	50~249명	1,551	734	47.3	817	52.7
	250명 이상	235	136	57.8	99	42.2
	전체	14,647	6,218	42.5	8,429	57.5
사업시설관리, 사업지원 및 임대서비스업	10~49명	7,649	2,560	33.5	5,089	66.5
	50~249명	2,488	765	30.8	1,723	69.2
	250명 이상	838	498	59.5	340	40.5
	전체	10,975	3,823	34.8	7,152	65.2
교육서비스업	10~49명	2,294	945	41.2	1,349	58.8
	50~249명	160	95	59.2	65	40.8
	250명 이상	32	28	88.8	4	11.2
	전체	2,486	1,068	43.0	1,418	57.0
보건업 및 사회복지 서비스업	10~49명	12,621	4,351	34.5	8,270	65.5
	50~249명	2,153	488	22.7	1,665	77.3
	250명 이상	126	51	40.1	75	59.9
	전체	14,900	4,890	32.8	10,010	67.2
예술, 스포츠 및 여가관련 서비스업	10~49명	1,268	506	39.9	762	60.1
	50~249명	213	88	41.4	125	58.6
	250명 이상	20	8	39.8	12	60.2
	전체	1,501	602	40.1	899	59.9
수리 및 기타 개인 서비스업	10~49명	3,985	1,288	32.3	2,697	67.7
	50~249명	144	60	41.8	84	58.2
	250명 이상	16	10	63.6	6	36.4
	전체	4,145	1,359	32.8	2,786	67.2
조직형태별						
개인사업체		43,407	15,490	35.7	27,917	64.3
회사법인		168,208	70,654	42.0	97,554	58.0

※ 기준시점 : 2024년 12월 31일

※ 기업체 : 전국의 종사자수 10인 이상 민간 부문 기업체(통계청, 2024년 12월 기준 기업통계등록부)

※ 추정오차 : 데이터 분석 및 서비스 이용 ±1,786기업체, 데이터 분석 및 서비스 미이용 ±1,786기업체

3.2 데이터 분석 및 서비스 이용 데이터 유형(복수응답) - ①

(단위 : 개, %)

구 분		데이터 분석 및 서비스 이용 기업체	공공데이터		거래데이터		고객정보 데이터	
			기업체수	비율	기업체수	비율	기업체수	비율
전체		86,144	65,952	76.6	28,827	33.5	37,104	43.1
지 역 별								
서울		19,331	12,047	62.3	6,883	35.6	10,122	52.4
부산		3,710	2,766	74.6	2,205	59.4	1,869	50.4
대구		2,258	1,525	67.5	1,458	64.6	1,295	57.4
인천		3,561	2,198	61.7	1,624	45.6	1,343	37.7
광주		2,847	2,676	94.0	1,277	44.9	1,421	49.9
대전		2,144	1,763	82.2	488	22.7	747	34.8
울산		1,142	737	64.5	589	51.6	546	47.8
세종		280	178	63.4	75	26.8	62	22.1
경기		29,124	24,715	84.9	6,360	21.8	10,522	36.1
강원		1,161	789	67.9	492	42.4	348	29.9
충북		2,808	2,274	81.0	433	15.4	934	33.3
충남		3,839	3,530	92.0	390	10.2	1,279	33.3
전북		3,135	2,965	94.6	1,400	44.7	1,678	53.5
전남		3,184	2,752	86.4	1,356	42.6	1,768	55.5
경북		3,232	1,930	59.7	1,855	57.4	1,335	41.3
경남		4,088	2,919	71.4	1,837	44.9	1,749	42.8
제주		297	190	64.0	106	35.9	85	28.6
업종x규모별								
농림수산업(광업포함)	10~49명	626	514	82.1	190	30.4	174	27.8
	50~249명	38	32	84.1	29	76.1	12	32.0
	250명 이상	4	3	75.1	1	24.9	0	0.0
	전체	667	548	82.2	220	33.0	186	27.9
제조업	10~49명	24,987	21,068	84.3	5,063	20.3	8,548	34.2
	50~249명	4,502	3,841	85.3	1,338	29.7	1,762	39.1
	250명 이상	763	553	72.5	266	34.8	331	43.4
	전체	30,252	25,462	84.2	6,667	22.0	10,641	35.2
전기 등 공기조절 공급업/수도 등 원료 재생업	10~49명	801	737	92.0	98	12.2	241	30.0
	50~249명	175	150	85.6	47	26.8	51	29.2
	250명 이상	28	25	87.8	8	29.0	16	58.0
	전체	1,005	911	90.7	153	15.2	308	30.7
건설업	10~49명	6,414	5,684	88.6	806	12.6	1,724	26.9
	50~249명	1,597	1,384	86.7	492	30.8	592	37.1
	250명 이상	301	260	86.6	83	27.5	116	38.5
	전체	8,311	7,329	88.2	1,380	16.6	2,432	29.3
도매 및 소매업	10~49명	13,097	8,411	64.2	7,074	54.0	7,100	54.2
	50~249명	918	500	54.4	493	53.7	381	41.5
	250명 이상	240	127	52.7	133	55.2	163	67.8
	전체	14,255	9,037	63.4	7,700	54.0	7,644	53.6
운수 및 창고업	10~49명	992	622	62.7	231	23.3	291	29.4
	50~249명	377	263	69.6	82	21.8	144	38.2
	250명 이상	83	53	64.1	26	31.6	30	35.6
	전체	1,453	938	64.6	340	23.4	465	32.0
숙박 및 음식점업	10~49명	3,851	2,265	58.8	2,607	67.7	2,181	56.6
	50~249명	152	85	56.0	71	46.9	57	37.7
	250명 이상	69	32	46.9	41	58.7	31	44.7
	전체	4,071	2,383	58.5	2,718	66.8	2,269	55.7

(계속)

(단위 : 개, %)

구 분		데이터 분석 및 서비스 이용 기업체	공공데이터		거래데이터		고객정보 데이터	
			기업체수	비율	기업체수	비율	기업체수	비율
정보통신업	10~49명	4,766	3,347	70.2	1,818	38.1	2,890	60.6
	50~249명	1,632	1,515	92.8	412	25.3	721	44.2
	250명 이상	256	171	67.0	64	25.0	111	43.2
	전체	6,654	5,034	75.6	2,294	34.5	3,722	55.9
금융 및 보험업	10~49명	393	186	47.4	129	32.9	223	56.6
	50~249명	312	302	96.6	122	39.1	194	62.1
	250명 이상	170	70	41.1	139	81.8	136	80.0
	전체	875	558	63.7	390	44.6	552	63.1
부동산업	10~49명	488	430	88.1	59	12.2	272	55.7
	50~249명	87	65	75.0	22	25.0	43	49.9
	250명 이상	65	54	82.6	23	35.2	24	36.4
	전체	639	548	85.7	104	16.2	339	53.0
전문, 과학 및 기술서비스업	10~49명	5,348	4,487	83.9	1,697	31.7	2,013	37.6
	50~249명	734	567	77.2	221	30.2	254	34.6
	250명 이상	136	89	65.4	47	34.5	57	41.7
	전체	6,218	5,142	82.7	1,965	31.6	2,324	37.4
사업시설관리, 사업지원 및 임대서비스업	10~49명	2,560	2,111	82.5	568	22.2	811	31.7
	50~249명	765	615	80.3	137	17.9	235	30.7
	250명 이상	498	382	76.7	133	26.7	200	40.2
	전체	3,823	3,107	81.3	839	21.9	1,246	32.6
교육서비스업	10~49명	945	579	61.3	421	44.5	585	61.9
	50~249명	95	48	50.9	52	54.7	43	44.9
	250명 이상	28	16	55.9	19	67.4	16	56.4
	전체	1,068	644	60.2	492	46.1	644	60.3
보건업 및 사회복지 서비스업	10~49명	4,351	2,998	68.9	2,303	52.9	2,953	67.9
	50~249명	488	324	66.4	240	49.1	254	52.1
	250명 이상	51	38	75.0	6	10.9	16	31.8
	전체	4,890	3,360	68.7	2,548	52.1	3,223	65.9
예술, 스포츠 및 여가관련 서비스업	10~49명	506	232	45.9	258	51.0	300	59.3
	50~249명	88	58	65.4	47	52.8	49	55.1
	250명 이상	8	3	42.9	5	57.1	2	24.3
	전체	602	293	48.7	309	51.3	351	58.2
수리 및 기타 개인 서비스업	10~49명	1,288	627	48.7	682	52.9	733	56.9
	50~249명	60	28	46.6	23	38.6	22	37.1
	250명 이상	10	2	23.8	4	38.1	4	38.0
	전체	1,359	658	48.4	709	52.2	759	55.9
조직형태별								
개인사업체		15,490	10,726	69.2	7,383	47.7	8,245	53.2
회사법인		70,654	55,226	78.2	21,445	30.4	28,859	40.8

※ 기준시점 : 2024년 12월 31일

※ 기업체 : 데이터 분석 및 서비스 이용 기업체

※ 추정오차 : 공공 데이터 ±920기업체, 거래 데이터 ±1,025기업체, 고객정보 데이터 ±1,075기업체, 소셜미디어 데이터 ±732기업체, 웹 데이터 ±922기업체, 센서 데이터 ±789기업체, 위치 데이터 ±718기업체, 위성 데이터 ±283기업체, 기타 ±103기업체

※ 주 : 데이터 분석 및 서비스 이용 데이터 유형별 복수응답 수치임

3.2 데이터 분석 및 서비스 이용 데이터 유형(복수응답) - ②

(단위 : 개, %)

구 분		데이터 분석 및 서비스 이용 기업체	소셜미디어 데이터		웹 데이터		센서 데이터	
			기업체수	비율	기업체수	비율	기업체수	비율
전체		86,144	11,269	13.1	20,324	23.6	13,481	15.6
지 역 별								
서울		19,331	4,361	22.6	5,108	26.4	3,111	16.1
부산		3,710	361	9.7	587	15.8	857	23.1
대구		2,258	281	12.4	382	16.9	535	23.7
인천		3,561	546	15.3	837	23.5	383	10.8
광주		2,847	769	27.0	1,933	67.9	253	8.9
대전		2,144	76	3.5	388	18.1	201	9.4
울산		1,142	93	8.1	172	15.1	303	26.6
세종		280	7	2.5	89	31.8	2	0.6
경기		29,124	1,982	6.8	4,907	16.8	4,097	14.1
강원		1,161	153	13.1	173	14.9	177	15.3
충북		2,808	156	5.6	376	13.4	524	18.7
충남		3,839	252	6.6	448	11.7	518	13.5
전북		3,135	1,013	32.3	2,036	64.9	299	9.5
전남		3,184	878	27.6	2,013	63.2	409	12.8
경북		3,232	80	2.5	345	10.7	833	25.8
경남		4,088	223	5.4	509	12.5	955	23.4
제주		297	39	13.1	22	7.3	24	8.0
업종x규모별								
농림수산업(광업포함)	10~49명	626	19	3.0	59	9.4	149	23.7
	50~249명	38	0	0.0	8	20.5	16	43.4
	250명 이상	4	0	0.0	0	0.0	2	50.1
	전체	667	19	2.8	66	9.9	167	25.0
제조업	10~49명	24,987	2,377	9.5	5,205	20.8	3,895	15.6
	50~249명	4,502	458	10.2	1,052	23.4	867	19.3
	250명 이상	763	99	13.0	171	22.4	161	21.2
	전체	30,252	2,934	9.7	6,428	21.2	4,924	16.3
전기 등 공기조절 공급업/수도 등 원료 재생업	10~49명	801	80	10.0	206	25.8	112	13.9
	50~249명	175	0	0.0	33	18.8	58	33.4
	250명 이상	28	1	4.1	8	28.5	9	33.6
	전체	1,005	81	8.1	247	24.6	180	17.9
건설업	10~49명	6,414	189	2.9	764	11.9	991	15.5
	50~249명	1,597	49	3.1	398	25.0	419	26.2
	250명 이상	301	21	7.1	84	27.8	56	18.6
	전체	8,311	259	3.1	1,246	15.0	1,465	17.6
도매 및 소매업	10~49명	13,097	2,323	17.7	3,576	27.3	2,015	15.4
	50~249명	918	133	14.5	185	20.1	168	18.3
	250명 이상	240	80	33.3	66	27.6	51	21.2
	전체	14,255	2,536	17.8	3,827	26.8	2,234	15.7
운수 및 창고업	10~49명	992	53	5.3	158	16.0	156	15.7
	50~249명	377	26	6.9	45	11.9	37	9.8
	250명 이상	83	1	1.2	9	10.5	20	24.4
	전체	1,453	80	5.5	212	14.6	213	14.7
숙박 및 음식점업	10~49명	3,851	812	21.1	1,214	31.5	550	14.3
	50~249명	152	13	8.7	27	17.6	13	8.8
	250명 이상	69	24	34.5	6	8.4	12	17.1
	전체	4,071	849	20.9	1,247	30.6	575	14.1

(계속)

(단위 : 개, %)

구 분		데이터 분석 및 서비스 이용 기업체	소셜미디어 데이터		웹 데이터		센서 데이터	
			기업체수	비율	기업체수	비율	기업체수	비율
정보통신업	10~49명	4,766	953	20.0	1,721	36.1	825	17.3
	50~249명	1,632	210	12.8	413	25.3	268	16.4
	250명 이상	256	47	18.4	61	23.7	55	21.4
	전체	6,654	1,209	18.2	2,194	33.0	1,148	17.3
금융 및 보험업	10~49명	393	28	7.2	65	16.4	65	16.5
	50~249명	312	50	16.1	83	26.4	54	17.3
	250명 이상	170	32	19.0	26	15.6	24	14.0
	전체	875	111	12.7	174	19.8	142	16.3
부동산업	10~49명	488	59	12.1	137	28.0	77	15.8
	50~249명	87	11	12.4	29	33.1	11	12.5
	250명 이상	65	4	5.9	19	28.7	9	14.1
	전체	639	74	11.5	184	28.8	97	15.1
전문, 과학 및 기술서비스업	10~49명	5,348	660	12.3	1,623	30.3	833	15.6
	50~249명	734	114	15.5	174	23.7	140	19.1
	250명 이상	136	24	17.4	29	21.4	20	14.7
	전체	6,218	798	12.8	1,826	29.4	994	16.0
사업시설관리, 사업지원 및 임대서비스업	10~49명	2,560	239	9.4	694	27.1	177	6.9
	50~249명	765	39	5.1	270	35.3	98	12.8
	250명 이상	498	52	10.5	90	18.0	77	15.5
	전체	3,823	331	8.7	1,054	27.6	352	9.2
교육서비스업	10~49명	945	377	39.9	307	32.5	143	15.1
	50~249명	95	26	27.7	26	27.4	6	6.0
	250명 이상	28	7	23.8	7	24.5	1	4.1
	전체	1,068	410	38.3	340	31.8	150	14.0
보건업 및 사회복지 서비스업	10~49명	4,351	834	19.2	644	14.8	505	11.6
	50~249명	488	103	21.1	96	19.6	103	21.1
	250명 이상	51	7	14.7	2	3.8	2	3.5
	전체	4,890	945	19.3	742	15.2	609	12.5
예술, 스포츠 및 여가관련 서비스업	10~49명	506	213	42.0	119	23.5	49	9.7
	50~249명	88	35	39.2	28	31.5	9	10.5
	250명 이상	8	1	12.8	3	31.6	0	0.0
	전체	602	248	41.2	149	24.8	59	9.7
수리 및 기타 개인 서비스업	10~49명	1,288	378	29.3	371	28.8	165	12.8
	50~249명	60	7	12.0	15	24.5	6	10.0
	250명 이상	10	1	9.8	1	14.0	1	14.2
	전체	1,359	386	28.4	387	28.5	173	12.7
조직형태별								
개인사업체		15,490	2,765	17.8	2,942	19.0	2,217	14.3
회사법인		70,654	8,504	12.0	17,382	24.6	11,263	15.9

※ 기준시점 : 2024년 12월 31일
※ 기업체 : 데이터 분석 및 서비스 이용 기업체
※ 추정오차 : 공공 데이터 ±920기업체, 거래 데이터 ±1,025기업체, 고객정보 데이터 ±1,075기업체, 소셜미디어 데이터 ±732기업체, 웹 데이터 ±922기업체, 센서 데이터 ±789기업체, 위치 데이터 ±718기업체, 위성 데이터 ±283기업체, 기타 ±103기업체
※ 주 : 데이터 분석 및 서비스 이용 데이터 유형별 복수응답 수치임

3.2 데이터 분석 및 서비스 이용 데이터 유형(복수응답) - ③

(단위 : 개, %)

구 분		데이터 분석 및 서비스 이용 기업체	위치데이터		위성 데이터		기타	
			기업체수	비율	기업체수	비율	기업체수	비율
전체		86,144	10,770	12.5	1,490	1.7	194	0.2
지 역 별								
서울		19,331	2,770	14.3	407	2.1	22	0.1
부산		3,710	573	15.4	46	1.2	0	0.0
대구		2,258	318	14.1	20	0.9	0	0.0
인천		3,561	613	17.2	131	3.7	0	0.0
광주		2,847	193	6.8	52	1.8	0	0.0
대전		2,144	119	5.6	47	2.2	0	0.0
울산		1,142	202	17.7	44	3.8	0	0.0
세종		280	0	0.0	0	0.0	0	0.0
경기		29,124	3,279	11.3	529	1.8	165	0.6
강원		1,161	231	19.9	38	3.3	7	0.6
충북		2,808	275	9.8	17	0.6	0	0.0
충남		3,839	332	8.6	41	1.1	0	0.0
전북		3,135	417	13.3	13	0.4	0	0.0
전남		3,184	382	12.0	21	0.7	0	0.0
경북		3,232	385	11.9	6	0.2	0	0.0
경남		4,088	671	16.4	57	1.4	0	0.0
제주		297	9	3.0	20	6.8	0	0.0
업종x규모별								
농림수산업(광업포함)	10~49명	626	82	13.1	10	1.7	4	0.6
	50~249명	38	6	16.4	1	3.6	0	0.0
	250명 이상	4	1	24.9	0	0.0	0	0.0
	전체	667	89	13.4	12	1.8	4	0.6
제조업	10~49명	24,987	2,726	10.9	327	1.3	51	0.2
	50~249명	4,502	414	9.2	103	2.3	0	0.0
	250명 이상	763	126	16.5	28	3.7	1	0.2
	전체	30,252	3,265	10.8	458	1.5	52	0.2
전기 등 공기조절 공급업/수도 등 원료 재생업	10~49명	801	127	15.8	16	2.0	0	0.0
	50~249명	175	11	6.2	11	6.1	0	0.0
	250명 이상	28	7	24.8	1	4.1	0	0.0
	전체	1,005	145	14.4	28	2.8	0	0.0
건설업	10~49명	6,414	606	9.4	227	3.5	0	0.0
	50~249명	1,597	353	22.1	7	0.4	0	0.0
	250명 이상	301	37	12.4	11	3.7	0	0.0
	전체	8,311	996	12.0	245	2.9	0	0.0
도매 및 소매업	10~49명	13,097	1,386	10.6	154	1.2	0	0.0
	50~249명	918	141	15.3	14	1.5	7	0.8
	250명 이상	240	40	16.8	4	1.5	2	0.7
	전체	14,255	1,567	11.0	172	1.2	9	0.1
운수 및 창고업	10~49명	992	439	44.2	79	7.9	0	0.0
	50~249명	377	138	36.5	31	8.3	0	0.0
	250명 이상	83	32	38.7	2	2.5	0	0.0
	전체	1,453	609	41.9	112	7.7	0	0.0
숙박 및 음식점업	10~49명	3,851	389	10.1	0	0.0	0	0.0
	50~249명	152	18	11.7	0	0.0	0	0.0
	250명 이상	69	10	14.9	0	0.0	0	0.0
	전체	4,071	417	10.2	0	0.0	0	0.0

(계속)

(단위 : 개, %)

구 분		데이터 분석 및 서비스 이용 기업체	위치데이터		위성 데이터		기타	
			기업체수	비율	기업체수	비율	기업체수	비율
정보통신업	10~49명	4,766	891	18.7	185	3.9	30	0.6
	50~249명	1,632	236	14.5	46	2.8	7	0.4
	250명 이상	256	48	18.6	19	7.6	2	0.7
	전체	6,654	1,175	17.7	250	3.8	39	0.6
금융 및 보험업	10~49명	393	28	7.2	4	1.0	0	0.0
	50~249명	312	32	10.4	4	1.2	0	0.0
	250명 이상	170	25	14.7	3	1.6	0	0.0
	전체	875	86	9.8	10	1.2	0	0.0
부동산업	10~49명	488	39	8.0	0	0.0	0	0.0
	50~249명	87	18	20.7	0	0.0	0	0.0
	250명 이상	65	6	9.3	0	0.0	0	0.0
	전체	639	63	9.8	0	0.0	0	0.0
전문, 과학 및 기술서비스업	10~49명	5,348	687	12.8	0	0.0	68	1.3
	50~249명	734	100	13.6	40	5.4	7	0.9
	250명 이상	136	19	13.9	6	4.1	10	7.1
	전체	6,218	806	13.0	45	0.7	85	1.4
사업시설관리, 사업지원 및 임대서비스업	10~49명	2,560	391	15.3	90	3.5	0	0.0
	50~249명	765	92	12.0	6	0.8	0	0.0
	250명 이상	498	53	10.6	6	1.3	0	0.0
	전체	3,823	535	14.0	102	2.7	0	0.0
교육서비스업	10~49명	945	146	15.4	18	1.9	0	0.0
	50~249명	95	5	5.7	2	2.0	2	1.9
	250명 이상	28	3	12.2	1	4.1	3	11.6
	전체	1,068	155	14.5	21	1.9	5	0.5
보건업 및 사회복지 서비스업	10~49명	4,351	426	9.8	0	0.0	0	0.0
	50~249명	488	52	10.6	17	3.5	0	0.0
	250명 이상	51	5	10.3	0	0.0	0	0.0
	전체	4,890	483	9.9	17	0.3	0	0.0
예술, 스포츠 및 여가관련 서비스업	10~49명	506	60	11.8	15	3.0	0	0.0
	50~249명	88	21	23.8	2	2.7	0	0.0
	250명 이상	8	1	12.7	0	0.0	0	0.0
	전체	602	82	13.6	17	2.9	0	0.0
수리 및 기타 개인 서비스업	10~49명	1,288	291	22.6	0	0.0	0	0.0
	50~249명	60	6	9.7	0	0.0	0	0.0
	250명 이상	10	1	9.9	0	0.0	0	0.0
	전체	1,359	298	22.0	0	0.0	0	0.0
조직형태별								
개인사업체		15,490	1,693	10.9	99	0.6	55	0.4
회사법인		70,654	9,077	12.8	1,392	2.0	139	0.2

※ 기준시점 : 2024년 12월 31일
※ 기업체 : 데이터 분석 및 서비스 이용 기업체
※ 추정오차 : 공공 데이터 ±920기업체, 거래 데이터 ±1,025기업체, 고객정보 데이터 ±1,075기업체, 소셜미디어 데이터 ±732기업체, 웹 데이터 ±922기업체, 센서 데이터 ±789기업체, 위치 데이터 ±718기업체, 위성 데이터 ±283기업체, 기타 ±103기업체
※ 주 : 데이터 분석 및 서비스 이용 데이터 유형별 복수응답 수치임

3.3 데이터 분석 및 서비스 이용 목적(복수응답) - ①

(단위 : 개, %)

구 분		데이터 분석 및 서비스 이용 기업체	비용 절감		의사결정 지원		업무 효율성 증대		생산성 및 정보공유 증대	
			기업체수	비율	기업체수	비율	기업체수	비율	기업체수	비율
전체		86,144	25,868	30.0	30,177	35.0	65,802	76.4	33,307	38.7
지 역 별										
서울		19,331	5,763	29.8	7,789	40.3	14,702	76.1	6,360	32.9
부산		3,710	765	20.6	581	15.6	2,730	73.6	1,179	31.8
대구		2,258	258	11.4	509	22.5	1,802	79.8	862	38.2
인천		3,561	545	15.3	1,057	29.7	2,659	74.7	1,096	30.8
광주		2,847	1,409	49.5	1,720	60.4	2,409	84.6	2,188	76.8
대전		2,144	303	14.1	536	25.0	1,584	73.9	975	45.5
울산		1,142	292	25.5	350	30.7	635	55.6	300	26.2
세종		280	62	22.1	57	20.2	76	27.2	116	41.4
경기		29,124	9,793	33.6	10,885	37.4	22,290	76.5	9,943	34.1
강원		1,161	161	13.9	490	42.2	897	77.3	470	40.5
충북		2,808	656	23.4	775	27.6	1,919	68.3	1,553	55.3
충남		3,839	899	23.4	677	17.6	3,409	88.8	1,340	34.9
전북		3,135	1,972	62.9	1,590	50.7	2,735	87.2	2,308	73.6
전남		3,184	1,843	57.9	1,387	43.6	2,528	79.4	2,287	71.8
경북		3,232	596	18.4	584	18.1	2,353	72.8	1,037	32.1
경남		4,088	494	12.1	1,096	26.8	2,870	70.2	1,184	29.0
제주		297	56	19.0	93	31.4	203	68.5	110	37.1
업종x규모별										
농림수산업(광업포함)	10~49명	626	73	11.6	109	17.5	450	71.9	248	39.6
	50~249명	38	3	8.3	14	36.5	23	59.8	18	47.8
	250명 이상	4	0	0.0	3	74.8	3	75.1	2	50.1
	전체	667	76	11.3	126	18.9	475	71.2	268	40.2
제조업	10~49명	24,987	8,710	34.9	8,626	34.5	18,105	72.5	9,815	39.3
	50~249명	4,502	1,175	26.1	1,300	28.9	3,423	76.0	2,041	45.3
	250명 이상	763	196	25.7	313	41.1	533	69.9	323	42.4
	전체	30,252	10,081	33.3	10,239	33.8	22,061	72.9	12,179	40.3
전기 등 공기조절 공급업/수도 등 원료 재생업	10~49명	801	353	44.0	96	12.0	592	73.8	382	47.7
	50~249명	175	29	16.6	47	26.9	131	75.0	81	46.0
	250명 이상	28	3	11.9	8	29.7	24	87.2	8	29.9
	전체	1,005	385	38.4	151	15.1	747	74.4	471	46.9
건설업	10~49명	6,414	1,565	24.4	1,902	29.6	5,184	80.8	1,793	28.0
	50~249명	1,597	275	17.3	590	37.0	1,296	81.2	723	45.3
	250명 이상	301	56	18.6	140	46.4	241	80.0	123	41.0
	전체	8,311	1,896	22.8	2,631	31.7	6,720	80.9	2,640	31.8
도매 및 소매업	10~49명	13,097	4,479	34.2	4,936	37.7	10,445	79.8	6,293	48.1
	50~249명	918	120	13.1	297	32.4	711	77.5	260	28.4
	250명 이상	240	66	27.3	86	35.8	201	83.9	65	27.1
	전체	14,255	4,665	32.7	5,320	37.3	11,358	79.7	6,619	46.4
운수 및 창고업	10~49명	992	103	10.4	340	34.3	780	78.6	184	18.6
	50~249명	377	64	16.9	69	18.3	308	81.5	82	21.8
	250명 이상	83	26	31.5	21	24.6	65	78.2	22	26.2
	전체	1,453	193	13.3	430	29.6	1,152	79.3	288	19.8
숙박 및 음식점업	10~49명	3,851	1,527	39.7	1,255	32.6	3,018	78.4	1,560	40.5
	50~249명	152	31	20.4	22	14.5	112	73.5	27	17.8
	250명 이상	69	11	16.5	27	39.6	62	89.4	14	20.4
	전체	4,071	1,569	38.5	1,304	32.0	3,191	78.4	1,601	39.3

(계속)

(단위 : 개, %)

구 분		데이터 분석 및 서비스 이용 기업체	비용 절감		의사결정 지원		업무 효율성 증대		생산성 및 정보공유 증대	
			기업체수	비율	기업체수	비율	기업체수	비율	기업체수	비율
정보통신업	10~49명	4,766	1,900	39.9	2,118	44.4	3,324	69.7	1,842	38.6
	50~249명	1,632	361	22.1	622	38.1	1,272	77.9	794	48.6
	250명 이상	256	58	22.6	102	39.9	192	75.1	78	30.4
	전체	6,654	2,318	34.8	2,842	42.7	4,788	72.0	2,714	40.8
금융 및 보험업	10~49명	393	73	18.5	126	31.9	288	73.3	113	28.8
	50~249명	312	90	28.8	219	70.2	194	62.1	155	49.5
	250명 이상	170	22	13.2	104	61.4	139	81.7	27	16.1
	전체	875	185	21.1	449	51.3	621	70.9	295	33.7
부동산업	10~49명	488	116	23.8	138	28.4	409	83.8	157	32.2
	50~249명	87	11	12.6	36	42.0	65	75.2	33	37.8
	250명 이상	65	15	22.6	34	51.9	54	83.5	26	40.6
	전체	639	141	22.1	208	32.6	528	82.6	216	33.8
전문, 과학 및 기술서비스업	10~49명	5,348	1,704	31.9	2,537	47.4	4,228	79.1	2,188	40.9
	50~249명	734	100	13.6	301	41.0	573	78.1	300	40.9
	250명 이상	136	25	18.3	53	39.1	100	73.7	53	39.3
	전체	6,218	1,829	29.4	2,891	46.5	4,901	78.8	2,541	40.9
사업시설관리, 사업지원 및 임대서비스업	10~49명	2,560	505	19.7	1,053	41.1	2,171	84.8	1,078	42.1
	50~249명	765	229	29.9	329	43.0	569	74.4	361	47.1
	250명 이상	498	92	18.4	147	29.6	389	78.0	174	34.9
	전체	3,823	825	21.6	1,529	40.0	3,129	81.9	1,612	42.2
교육서비스업	10~49명	945	218	23.1	376	39.7	743	78.6	379	40.1
	50~249명	95	15	15.5	31	33.2	84	88.4	28	29.2
	250명 이상	28	5	16.3	17	59.3	18	64.5	5	16.3
	전체	1,068	238	22.2	424	39.7	845	79.1	412	38.5
보건업 및 사회복지 서비스업	10~49명	4,351	560	12.9	640	14.7	3,383	77.7	814	18.7
	50~249명	488	129	26.3	119	24.4	327	66.9	103	21.0
	250명 이상	51	7	13.9	18	35.7	39	77.9	11	21.0
	전체	4,890	696	14.2	777	15.9	3,749	76.7	928	19.0
예술, 스포츠 및 여가관련 서비스업	10~49명	506	173	34.1	142	28.0	339	67.0	162	32.0
	50~249명	88	21	23.6	30	34.1	63	71.3	30	34.5
	250명 이상	8	1	12.5	4	44.3	4	44.5	3	42.9
	전체	602	194	32.3	175	29.1	406	67.3	196	32.5
수리 및 기타 개인 서비스업	10~49명	1,288	557	43.3	659	51.1	1,082	84.0	314	24.4
	50~249명	60	15	24.1	17	29.0	40	66.1	12	20.1
	250명 이상	10	4	38.1	4	37.7	8	75.9	1	9.8
	전체	1,359	576	42.4	680	50.0	1,130	83.1	327	24.1
조직형태별										
개인사업체		15,490	3,577	23.1	4,460	28.8	11,417	73.7	5,193	33.5
회사법인		70,654	22,291	31.5	25,717	36.4	54,385	77.0	28,114	39.8

※ 기준시점 : 2024년 12월 31일
※ 기업체 : 데이터 분석 및 서비스 이용 기업체
※ 추정오차 : 비용 절감 ±995기업체, 의사결정 지원 ±1,036기업체, 업무 효율성 증대 ±922기업체, 생산성 및 정보공유 증대 ±1,057기업체, 마케팅 및 판매 ±982기업체, 신규 수익모델(제품 및 서비스) 개발 ±803기업체, 고객 수요 반영 ±672기업체
※ 주 : 데이터 분석 및 서비스 이용 목적별 복수응답 수치임

3.3 데이터 분석 및 서비스 이용 목적(복수응답) - ②

(단위 : 개, %)

구 분		데이터 분석 및 서비스 이용 기업체	마케팅 및 판매		신규 수익모델 (제품 및 서비스) 개발		고객 수요 반영	
			기업체수	비율	기업체수	비율	기업체수	비율
전체		86,144	24,713	28.7	14,073	16.3	9,236	10.7
지 역 별								
서울		19,331	5,723	29.6	3,480	18.0	2,088	10.8
부산		3,710	703	18.9	277	7.5	142	3.8
대구		2,258	659	29.2	266	11.8	221	9.8
인천		3,561	1,025	28.8	536	15.1	342	9.6
광주		2,847	1,570	55.1	1,189	41.7	988	34.7
대전		2,144	687	32.1	0	0.0	172	8.0
울산		1,142	273	23.9	236	20.7	26	2.3
세종		280	81	29.0	8	2.9	0	0.0
경기		29,124	7,874	27.0	4,573	15.7	2,481	8.5
강원		1,161	147	12.7	193	16.6	72	6.2
충북		2,808	969	34.5	277	9.9	178	6.3
충남		3,839	421	11.0	196	5.1	237	6.2
전북		3,135	1,626	51.9	989	31.5	1,027	32.7
전남		3,184	1,605	50.4	1,214	38.1	1,035	32.5
경북		3,232	646	20.0	306	9.5	119	3.7
경남		4,088	671	16.4	318	7.8	64	1.6
제주		297	34	11.4	15	5.1	43	14.5
업종x규모별								
농림수산업 (광업포함)	10~49명	626	103	16.4	11	1.7	4	0.6
	50~249명	38	9	24.1	1	3.9	0	0.0
	250명 이상	4	0	0.0	1	24.9	0	0.0
	전체	667	112	16.8	13	2.0	4	0.5
제조업	10~49명	24,987	7,227	28.9	3,802	15.2	2,818	11.3
	50~249명	4,502	1,079	24.0	579	12.9	463	10.3
	250명 이상	763	152	19.9	143	18.7	67	8.8
	전체	30,252	8,457	28.0	4,523	15.0	3,348	11.1
전기 등 공기조절 공급업/수도 등 원료 재생업	10~49명	801	238	29.7	32	4.0	143	17.9
	50~249명	175	37	20.9	22	12.3	15	8.4
	250명 이상	28	9	32.6	4	13.2	0	0.0
	전체	1,005	284	28.3	58	5.7	158	15.7
건설업	10~49명	6,414	1,334	20.8	231	3.6	115	1.8
	50~249명	1,597	245	15.4	56	3.5	77	4.8
	250명 이상	301	45	14.9	30	9.9	12	3.9
	전체	8,311	1,624	19.5	316	3.8	205	2.5
도매 및 소매업	10~49명	13,097	4,913	37.5	2,805	21.4	1,347	10.3
	50~249명	918	233	25.3	142	15.5	85	9.3
	250명 이상	240	119	49.5	29	12.1	41	16.9
	전체	14,255	5,265	36.9	2,976	20.9	1,473	10.3
운수 및 창고업	10~49명	992	185	18.7	156	15.7	128	12.9
	50~249명	377	50	13.2	75	20.0	19	5.0
	250명 이상	83	29	34.7	13	15.0	11	13.0
	전체	1,453	264	18.2	244	16.8	157	10.8
숙박 및 음식점업	10~49명	3,851	2,126	55.2	931	24.2	928	24.1
	50~249명	152	35	23.3	9	5.9	4	2.9
	250명 이상	69	35	50.1	16	23.3	5	7.7
	전체	4,071	2,196	53.9	956	23.5	938	23.0

(계속)

(단위 : 개, %)

구 분		데이터 분석 및 서비스 이용 기업체	마케팅 및 판매		신규 수익모델 (제품 및 서비스) 개발		고객 수요 반영	
			기업체수	비율	기업체수	비율	기업체수	비율
정보통신업	10~49명	4,766	1,658	34.8	1,164	24.4	737	15.5
	50~249명	1,632	387	23.7	256	15.7	184	11.3
	250명 이상	256	82	32.2	63	24.4	34	13.3
	전체	6,654	2,127	32.0	1,483	22.3	955	14.3
금융 및 보험업	10~49명	393	97	24.7	57	14.4	65	16.6
	50~249명	312	158	50.6	93	29.9	126	40.3
	250명 이상	170	126	74.3	108	63.9	45	26.4
	전체	875	381	43.6	258	29.5	236	26.9
부동산업	10~49명	488	155	31.8	117	23.9	58	11.9
	50~249명	87	26	29.6	4	4.2	11	12.5
	250명 이상	65	14	21.2	19	29.7	8	11.7
	전체	639	195	30.4	140	21.9	77	12.0
전문, 과학 및 기술서비스업	10~49명	5,348	1,260	23.6	897	16.8	665	12.4
	50~249명	734	120	16.4	160	21.8	34	4.6
	250명 이상	136	48	35.5	53	39.3	20	14.5
	전체	6,218	1,428	23.0	1,111	17.9	718	11.5
사업시설관리, 사업지원 및 임대서비스업	10~49명	2,560	416	16.2	269	10.5	59	2.3
	50~249명	765	99	13.0	93	12.2	33	4.3
	250명 이상	498	123	24.6	53	10.6	32	6.3
	전체	3,823	638	16.7	415	10.9	123	3.2
교육서비스업	10~49명	945	323	34.2	414	43.8	199	21.1
	50~249명	95	28	29.4	17	17.7	19	19.6
	250명 이상	28	8	27.4	16	55.3	14	47.7
	전체	1,068	359	33.6	447	41.8	232	21.7
보건업 및 사회복지 서비스업	10~49명	4,351	835	19.2	599	13.8	417	9.6
	50~249명	488	94	19.2	34	6.9	9	1.8
	250명 이상	51	0	0.0	0	0.0	2	3.1
	전체	4,890	928	19.0	632	12.9	427	8.7
예술, 스포츠 및 여가관련 서비스업	10~49명	506	193	38.2	101	20.0	111	22.0
	50~249명	88	33	36.9	16	18.5	20	23.2
	250명 이상	8	2	25.6	1	12.8	0	0.0
	전체	602	228	37.8	118	19.7	132	21.9
수리 및 기타 개인 서비스업	10~49명	1,288	218	16.9	376	29.2	50	3.9
	50~249명	60	9	14.6	6	9.7	2	2.7
	250명 이상	10	1	9.8	1	9.8	2	23.9
	전체	1,359	228	16.7	383	28.2	54	4.0
조직형태별								
개인사업체		15,490	4,774	30.8	2,569	16.6	1,790	11.6
회사법인		70,654	19,938	28.2	11,504	16.3	7,445	10.5

※ 기준시점 : 2024년 12월 31일

※ 기업체 : 데이터 분석 및 서비스 이용 기업체

※ 추정오차 : 비용 절감 ±995기업체, 의사결정 지원 ±1,036기업체, 업무 효율성 증대 ±922기업체, 생산성 및 정보공유 증대 ±1,057기업체, 마케팅 및 판매 ±982기업체, 신규 수익모델(제품 및 서비스) 개발 ±803기업체, 고객 수요 반영 ±672기업체

※ 주 : 데이터 분석 및 서비스 이용 목적별 복수응답 수치임

3.4 데이터 분석 및 서비스 이용 형태

(단위 : 개, %)

구 분		데이터 분석 및 서비스 이용 기업체	데이터 분석 시스템과 운영환경을 자체적으로 구축하여 운영		데이터 분석 시스템과 운영환경을 자체적으로 구축하지 않고, 외부 서비스 업체의 분석환경을 이용		데이터 분석 시스템과 운영환경을 자체적으로 구축하고 외부 서비스 업체도 이용	
			기업체수	비율	기업체수	비율	기업체수	비율
전체		86,144	18,111	21.0	54,225	62.9	13,808	16.0
지 역 별								
서울		19,331	6,218	32.2	8,856	45.8	4,258	22.0
부산		3,710	922	24.8	1,798	48.5	990	26.7
대구		2,258	330	14.6	1,275	56.4	653	28.9
인천		3,561	576	16.2	2,344	65.8	641	18.0
광주		2,847	266	9.4	2,378	83.5	203	7.1
대전		2,144	298	13.9	1,490	69.5	357	16.6
울산		1,142	312	27.3	558	48.8	273	23.9
세종		280	84	29.9	151	53.8	46	16.3
경기		29,124	5,371	18.4	21,015	72.2	2,738	9.4
강원		1,161	198	17.1	578	49.8	385	33.2
충북		2,808	485	17.3	2,071	73.8	251	8.9
충남		3,839	348	9.1	3,155	82.2	336	8.8
전북		3,135	306	9.8	2,230	71.1	598	19.1
전남		3,184	255	8.0	2,582	81.1	348	10.9
경북		3,232	858	26.6	1,844	57.0	530	16.4
경남		4,088	1,143	28.0	1,804	44.1	1,142	27.9
제주		297	141	47.5	97	32.7	59	19.8
업종x규모별								
농림수산업 (광업포함)	10~49명	626	157	25.1	342	54.7	126	20.1
	50~249명	38	6	16.3	10	27.8	21	55.9
	250명 이상	4	1	25.0	1	24.9	2	50.1
	전체	667	164	24.6	354	53.0	149	22.3
제조업	10~49명	24,987	4,459	17.8	17,954	71.9	2,574	10.3
	50~249명	4,502	871	19.4	2,634	58.5	997	22.1
	250명 이상	763	218	28.6	275	36.0	270	35.4
	전체	30,252	5,548	18.3	20,863	69.0	3,841	12.7
전기 등 공기조절 공급업/수도 등 원료 재생업	10~49명	801	97	12.1	622	77.6	82	10.2
	50~249명	175	15	8.3	110	62.6	51	29.1
	250명 이상	28	7	26.6	15	53.2	6	20.2
	전체	1,005	119	11.9	746	74.3	139	13.8
건설업	10~49명	6,414	805	12.6	4,612	71.9	996	15.5
	50~249명	1,597	199	12.5	1,164	72.9	234	14.7
	250명 이상	301	48	16.1	203	67.4	49	16.5
	전체	8,311	1,053	12.7	5,978	71.9	1,280	15.4
도매 및 소매업	10~49명	13,097	2,872	21.9	8,744	66.8	1,481	11.3
	50~249명	918	320	34.8	408	44.5	190	20.7
	250명 이상	240	50	21.0	99	41.1	91	37.9
	전체	14,255	3,242	22.7	9,251	64.9	1,762	12.4
운수 및 창고업	10~49명	992	236	23.8	598	60.3	157	15.8
	50~249명	377	126	33.3	164	43.5	87	23.2
	250명 이상	83	20	23.8	44	53.2	19	23.0
	전체	1,453	382	26.3	807	55.6	264	18.1
숙박 및 음식점업	10~49명	3,851	1,066	27.7	2,204	57.3	580	15.1
	50~249명	152	54	35.5	57	37.9	40	26.6
	250명 이상	69	22	31.3	33	47.7	15	21.0
	전체	4,071	1,142	28.0	2,295	56.4	635	15.6

(계속)

(단위 : 개, %)

구 분		데이터 분석 및 서비스 이용 기업체	데이터 분석 시스템과 운영환경을 자체적으로 구축하여 운영		데이터 분석 시스템과 운영환경을 자체적으로 구축하지 않고, 외부 서비스 업체의 분석환경을 이용		데이터 분석 시스템과 운영환경을 자체적으로 구축하고 외부 서비스 업체도 이용	
			기업체수	비율	기업체수	비율	기업체수	비율
정보통신업	10~49명	4,766	1,752	36.8	1,724	36.2	1,290	27.1
	50~249명	1,632	610	37.4	629	38.5	394	24.1
	250명 이상	256	93	36.3	96	37.4	67	26.3
	전체	6,654	2,454	36.9	2,449	36.8	1,751	26.3
금융 및 보험업	10~49명	393	114	28.9	195	49.6	84	21.5
	50~249명	312	75	24.1	136	43.6	101	32.2
	250명 이상	170	66	39.1	39	22.7	65	38.2
	전체	875	255	29.2	370	42.3	250	28.5
부동산업	10~49명	488	19	3.9	370	75.8	99	20.4
	50~249명	87	11	12.4	55	62.9	21	24.7
	250명 이상	65	14	21.2	37	56.4	15	22.4
	전체	639	43	6.8	461	72.1	135	21.2
전문, 과학 및 기술서비스업	10~49명	5,348	975	18.2	3,545	66.3	829	15.5
	50~249명	734	140	19.0	473	64.5	121	16.4
	250명 이상	136	51	37.3	57	41.8	28	20.9
	전체	6,218	1,165	18.7	4,075	65.5	978	15.7
사업시설관리, 사업지원 및 임대서비스업	10~49명	2,560	209	8.2	1,932	75.5	418	16.3
	50~249명	765	118	15.4	517	67.6	130	17.0
	250명 이상	498	95	19.2	310	62.2	93	18.6
	전체	3,823	423	11.1	2,759	72.2	641	16.8
교육서비스업	10~49명	945	258	27.3	522	55.3	165	17.4
	50~249명	95	15	15.7	54	57.1	26	27.2
	250명 이상	28	18	64.5	7	23.4	3	12.2
	전체	1,068	291	27.3	583	54.6	194	18.2
보건업 및 사회복지 서비스업	10~49명	4,351	1,226	28.2	1,943	44.7	1,182	27.2
	50~249명	488	174	35.6	187	38.2	128	26.2
	250명 이상	51	18	36.5	27	53.3	5	10.2
	전체	4,890	1,418	29.0	2,157	44.1	1,315	26.9
예술, 스포츠 및 여가관련 서비스업	10~49명	506	115	22.7	284	56.2	107	21.1
	50~249명	88	26	29.0	25	28.8	37	42.2
	250명 이상	8	5	61.8	0	0.0	3	38.2
	전체	602	145	24.2	310	51.4	147	24.4
수리 및 기타 개인 서비스업	10~49명	1,288	242	18.8	729	56.6	317	24.6
	50~249명	60	17	29.0	35	59.0	7	12.0
	250명 이상	10	5	48.1	3	27.9	2	23.9
	전체	1,359	265	19.5	768	56.5	326	24.0
조직형태별								
개인사업체		15,490	4,333	28.0	8,774	56.6	2,382	15.4
회사법인		70,654	13,778	19.5	45,450	64.3	11,425	16.2

※ 기준시점 : 2024년 12월 31일
※ 기업체 : 데이터 분석 및 서비스 이용 기업체
※ 추정오차 : 데이터 분석 시스템과 운영환경을 자체적으로 구축하여 운영 ±885기업체,
데이터 분석 시스템과 운영환경을 자체적으로 구축하지 않고, 외부 서비스 업체의 분석환경을 활용 ±1,049기업체,
데이터 분석 시스템과 운영환경을 자체적으로 구축하고 외부 서비스 업체도 활용 ±797기업체

3.5 데이터 분석 및 서비스 미이용 이유(복수응답) - ①

(단위 : 개, %)

구 분		데이터 분석 및 서비스 미이용 기업체	경제적 비용 부담		보안에 대한 우려		서비스(기술)의 복잡성		인프라 및 인력 부재	
			기업체수	비율	기업체수	비율	기업체수	비율	기업체수	비율
전체		125,471	33,372	26.6	17,217	13.7	25,748	20.5	43,901	35.0
지 역 별										
서울		28,758	9,065	31.5	4,435	15.4	4,842	16.8	10,435	36.3
부산		8,339	1,412	16.9	862	10.3	2,009	24.1	2,457	29.5
대구		5,430	730	13.5	919	16.9	952	17.5	1,606	29.6
인천		7,331	1,390	19.0	515	7.0	596	8.1	1,225	16.7
광주		1,677	181	10.8	37	2.2	37	2.2	983	58.6
대전		2,634	1,424	54.1	710	27.0	891	33.8	575	21.8
울산		3,169	307	9.7	210	6.6	659	20.8	990	31.2
세종		652	249	38.2	153	23.5	224	34.4	384	58.9
경기		30,052	10,580	35.2	5,292	17.6	6,021	20.0	9,740	32.4
강원		3,558	1,322	37.2	511	14.4	878	24.7	1,894	53.3
충북		4,462	1,393	31.2	834	18.7	1,296	29.1	1,755	39.3
충남		5,265	1,718	32.6	1,109	21.1	2,074	39.4	1,964	37.3
전북		2,496	184	7.4	4	0.1	7	0.3	1,741	69.8
전남		3,526	411	11.6	135	3.8	207	5.9	2,656	75.3
경북		7,022	825	11.7	207	2.9	1,489	21.2	2,212	31.5
경남		9,025	1,679	18.6	1,008	11.2	2,412	26.7	2,481	27.5
제주		2,078	504	24.3	275	13.2	1,151	55.4	803	38.6
업종x규모별										
농림수산업(광업포함)	10~49명	911	131	14.4	93	10.2	128	14.1	372	40.8
	50~249명	37	13	36.0	6	16.0	7	19.8	12	32.1
	전체	949	144	15.2	99	10.4	136	14.3	384	40.5
제조업	10~49명	30,165	9,433	31.3	5,483	18.2	9,096	30.2	12,803	42.4
	50~249명	4,331	718	16.6	580	13.4	900	20.8	1,049	24.2
	250명 이상	621	160	25.8	223	35.9	116	18.7	106	17.1
	전체	35,117	10,311	29.4	6,287	17.9	10,112	28.8	13,958	39.7
전기 등 공기조절 공급업/수도 등 원료 재생업	10~49명	1,374	257	18.7	94	6.8	194	14.1	227	16.5
	50~249명	171	22	12.8	18	10.7	29	17.3	32	19.0
	250명 이상	9	2	24.3	5	50.9	2	24.1	2	24.8
	전체	1,553	281	18.1	117	7.5	225	14.5	261	16.8
건설업	10~49명	20,349	4,599	22.6	1,231	6.1	4,470	22.0	9,849	48.4
	50~249명	1,519	415	27.3	157	10.3	333	21.9	596	39.2
	250명 이상	214	71	32.9	55	25.5	57	26.6	48	22.5
	전체	22,083	5,085	23.0	1,443	6.5	4,860	22.0	10,493	47.5
도매 및 소매업	10~49명	12,939	3,974	30.7	2,066	16.0	3,066	23.7	4,255	32.9
	50~249명	1,338	393	29.4	392	29.3	107	8.0	227	17.0
	250명 이상	88	7	7.7	20	23.3	10	11.4	12	13.6
	전체	14,365	4,374	30.4	2,478	17.2	3,183	22.2	4,494	31.3
운수 및 창고업	10~49명	4,815	781	16.2	391	8.1	919	19.1	1,129	23.4
	50~249명	1,293	367	28.4	71	5.5	331	25.6	433	33.5
	250명 이상	180	52	29.1	23	13.0	15	8.4	58	32.6
	전체	6,287	1,201	19.1	485	7.7	1,266	20.1	1,620	25.8
숙박 및 음식점업	10~49명	6,462	2,440	37.8	848	13.1	1,235	19.1	2,209	34.2
	50~249명	383	66	17.2	57	14.9	83	21.7	166	43.3
	250명 이상	33	9	27.3	4	11.7	6	19.6	6	19.7
	전체	6,879	2,515	36.6	909	13.2	1,325	19.3	2,382	34.6

(계속)

(단위 : 개, %)

구 분		데이터 분석 및 서비스 미이용 기업체	경제적 비용 부담		보안에 대한 우려		서비스(기술)의 복잡성		인프라 및 인력 부재	
			기업체수	비율	기업체수	비율	기업체수	비율	기업체수	비율
정보통신업	10~49명	4,485	1,226	27.3	825	18.4	674	15.0	1,657	37.0
	50~249명	290	58	19.9	26	9.0	72	24.8	84	29.1
	250명 이상	73	10	13.2	33	45.7	8	10.4	10	13.2
	전체	4,848	1,293	26.7	884	18.2	754	15.5	1,751	36.1
금융 및 보험업	10~49명	584	77	13.1	195	33.4	77	13.2	133	22.8
	50~249명	50	0	0.0	7	14.5	11	21.8	14	29.2
	250명 이상	16	6	35.2	6	34.2	1	7.8	1	8.9
	전체	650	82	12.7	208	32.0	89	13.7	149	22.9
부동산업	10~49명	1,753	334	19.1	136	7.7	115	6.6	762	43.5
	50~249명	233	25	10.9	32	13.7	21	9.1	51	21.7
	250명 이상	61	14	23.3	13	21.5	10	16.0	15	24.2
	전체	2,048	374	18.3	181	8.8	146	7.1	828	40.4
전문, 과학 및 기술서비스업	10~49명	7,513	1,523	20.3	742	9.9	1,115	14.8	2,233	29.7
	50~249명	817	146	17.8	134	16.4	100	12.3	299	36.6
	250명 이상	99	26	26.3	41	41.6	9	9.3	26	25.8
	전체	8,429	1,695	20.1	917	10.9	1,224	14.5	2,558	30.3
사업시설관리, 사업지원 및 임대서비스업	10~49명	5,089	822	16.2	661	13.0	605	11.9	1,596	31.4
	50~249명	1,723	378	21.9	228	13.2	162	9.4	483	28.1
	250명 이상	340	105	31.0	83	24.4	123	36.3	147	43.3
	전체	7,152	1,305	18.3	971	13.6	891	12.5	2,227	31.1
교육서비스업	10~49명	1,349	513	38.0	371	27.5	218	16.2	270	20.0
	50~249명	65	4	5.7	11	17.2	4	5.7	13	20.0
	250명 이상	4	0	0.0	2	67.5	1	35.5	0	0.0
	전체	1,418	516	36.4	385	27.1	223	15.7	283	19.9
보건업 및 사회복지 서비스업	10~49명	8,270	2,298	27.8	787	9.5	610	7.4	1,125	13.6
	50~249명	1,665	658	39.5	337	20.2	94	5.6	515	30.9
	250명 이상	75	20	26.5	22	28.7	7	9.3	18	23.4
	전체	10,010	2,976	29.7	1,145	11.4	711	7.1	1,657	16.6
예술, 스포츠 및 여가관련 서비스업	10~49명	762	189	24.8	55	7.3	96	12.7	196	25.8
	50~249명	125	28	22.2	55	44.4	71	57.2	32	25.8
	250명 이상	12	0	0.0	1	8.4	0	0.0	0	0.0
	전체	899	217	24.1	112	12.4	168	18.7	228	25.4
수리 및 기타 개인 서비스업	10~49명	2,697	964	35.7	554	20.6	423	15.7	607	22.5
	50~249명	84	38	45.8	41	49.3	9	10.4	19	22.7
	250명 이상	6	0	0.0	1	24.8	3	49.6	3	49.4
	전체	2,786	1,002	36.0	597	21.4	435	15.6	629	22.6
조직형태별										
개인사업체		27,917	8,168	29.3	3,926	14.1	4,903	17.6	6,956	24.9
회사법인		97,554	25,204	25.8	13,291	13.6	20,845	21.4	36,945	37.9

※ 기준시점 : 2024년 12월 31일
※ 기업체 : 데이터 분석 및 서비스 미이용 기업체
※ 추정오차 : 경제적 비용 부담 ±1,301기업체, 보안에 대한 우려 ±1,013기업체, 서비스(기술)의 복잡성 ±1,189기업체, 인프라 및 인력 부재 ±1,404기업체, 호환성 어려움 ±1,001기업체, 양질의 데이터 부족 ±1,187기업체, 기타 ±1,235기업체
※ 주 : 데이터 분석 및 서비스 미이용 이유별 복수응답 수치임

3.5 데이터 분석 및 서비스 미이용 이유(복수응답) - ②

(단위 : 개, %)

구분		데이터 분석 및 서비스 미이용 기업체	호환성 어려움		양질의 데이터 부족		기타	
			기업체수	비율	기업체수	비율	기업체수	비율
전체		125,471	16,735	13.3	25,623	20.4	28,642	22.8
지역별								
서울		28,758	4,671	16.2	8,282	28.8	5,571	19.4
부산		8,339	667	8.0	1,644	19.7	3,147	37.7
대구		5,430	555	10.2	979	18.0	1,960	36.1
인천		7,331	509	6.9	2,242	30.6	2,661	36.3
광주		1,677	41	2.4	78	4.7	455	27.2
대전		2,634	302	11.5	441	16.7	142	5.4
울산		3,169	263	8.3	730	23.0	965	30.4
세종		652	170	26.0	20	3.1	53	8.1
경기		30,052	6,337	21.1	4,576	15.2	6,015	20.0
강원		3,558	846	23.8	1,394	39.2	237	6.7
충북		4,462	288	6.5	1,517	34.0	402	9.0
충남		5,265	504	9.6	567	10.8	1,149	21.8
전북		2,496	67	2.7	105	4.2	560	22.4
전남		3,526	114	3.2	127	3.6	546	15.5
경북		7,022	265	3.8	1,092	15.6	2,096	29.9
경남		9,025	671	7.4	1,206	13.4	2,374	26.3
제주		2,078	466	22.4	621	29.9	310	14.9
업종x규모별								
농림수산업(광업포함)	10~49명	911	70	7.7	246	26.9	120	13.1
	50~249명	37	1	4.0	3	8.0	9	24.1
	전체	949	72	7.6	249	26.2	128	13.5
제조업	10~49명	30,165	4,314	14.3	3,049	10.1	3,945	13.1
	50~249명	4,331	450	10.4	1,561	36.1	940	21.7
	250명 이상	621	51	8.2	55	8.8	230	36.9
	전체	35,117	4,815	13.7	4,665	13.3	5,114	14.6
전기 등 공기조절 공급업/수도 등 원료 재생업	10~49명	1,374	32	2.3	275	20.0	711	51.8
	50~249명	171	22	12.9	25	14.8	98	57.3
	250명 이상	9	1	11.6	2	24.3	0	0.0
	전체	1,553	55	3.6	302	19.5	809	52.1
건설업	10~49명	20,349	2,282	11.2	5,215	25.6	4,565	22.4
	50~249명	1,519	85	5.6	533	35.1	182	12.0
	250명 이상	214	15	7.1	6	3.0	79	36.7
	전체	22,083	2,383	10.8	5,754	26.1	4,826	21.9
도매 및 소매업	10~49명	12,939	2,567	19.8	2,670	20.6	2,420	18.7
	50~249명	1,338	49	3.7	243	18.2	319	23.9
	250명 이상	88	10	11.5	10	11.4	34	38.2
	전체	14,365	2,626	18.3	2,923	20.3	2,772	19.3
운수 및 창고업	10~49명	4,815	499	10.4	1,029	21.4	2,056	42.7
	50~249명	1,293	186	14.4	210	16.2	442	34.2
	250명 이상	180	36	19.9	50	27.7	43	23.7
	전체	6,287	720	11.5	1,289	20.5	2,540	40.4
숙박 및 음식점업	10~49명	6,462	1,166	18.0	1,979	30.6	1,184	18.3
	50~249명	383	97	25.2	111	29.1	53	13.7
	250명 이상	33	9	27.5	3	7.9	12	37.1
	전체	6,879	1,272	18.5	2,092	30.4	1,249	18.2

(계속)

(단위 : 개, %)

구 분		데이터 분석 및 서비스 미이용 기업체	호환성 어려움		양질의 데이터 부족		기타	
			기업체수	비율	기업체수	비율	기업체수	비율
정보통신업	10~49명	4,485	609	13.6	183	4.1	1,269	28.3
	50~249명	290	46	15.7	13	4.5	82	28.4
	250명 이상	73	13	18.3	8	10.5	17	22.8
	전체	4,848	668	13.8	204	4.2	1,368	28.2
금융 및 보험업	10~49명	584	98	16.7	32	5.5	207	35.5
	50~249명	50	4	7.3	0	0.0	28	56.3
	250명 이상	16	0	0.0	0	0.0	9	57.0
	전체	650	101	15.6	32	4.9	244	37.6
부동산업	10~49명	1,753	58	3.3	900	51.4	445	25.4
	50~249명	233	28	12.1	64	27.6	108	46.2
	250명 이상	61	10	16.3	26	41.9	9	15.0
	전체	2,048	96	4.7	990	48.4	562	27.5
전문, 과학 및 기술서비스업	10~49명	7,513	1,011	13.5	1,669	22.2	1,974	26.3
	50~249명	817	73	8.9	113	13.9	225	27.6
	250명 이상	99	11	10.9	12	12.1	17	16.8
	전체	8,429	1,095	13.0	1,794	21.3	2,215	26.3
사업시설관리, 사업지원 및 임대서비스업	10~49명	5,089	180	3.5	1,296	25.5	1,654	32.5
	50~249명	1,723	65	3.8	483	28.0	660	38.3
	250명 이상	340	48	14.1	57	16.8	90	26.5
	전체	7,152	292	4.1	1,836	25.7	2,405	33.6
교육서비스업	10~49명	1,349	254	18.8	183	13.6	344	25.5
	50~249명	65	19	28.8	11	17.0	26	39.9
	250명 이상	4	0	0.0	1	35.5	1	32.5
	전체	1,418	273	19.3	195	13.8	371	26.2
보건업 및 사회복지 서비스업	10~49명	8,270	1,887	22.8	2,448	29.6	2,398	29.0
	50~249명	1,665	155	9.3	398	23.9	388	23.3
	250명 이상	75	5	7.1	7	9.0	29	38.6
	전체	10,010	2,048	20.5	2,852	28.5	2,815	28.1
예술, 스포츠 및 여가관련 서비스업	10~49명	762	70	9.1	147	19.3	297	39.0
	50~249명	125	12	9.2	23	18.7	9	7.4
	250명 이상	12	0	0.0	1	8.4	11	91.6
	전체	899	81	9.0	172	19.1	318	35.3
수리 및 기타 개인 서비스업	10~49명	2,697	130	4.8	265	9.8	883	32.7
	50~249명	84	4	5.3	9	10.3	19	23.0
	250명 이상	6	1	24.8	0	0.0	2	25.8
	전체	2,786	136	4.9	274	9.8	904	32.4
조직형태별								
개인사업체		27,917	4,304	15.4	5,785	20.7	7,220	25.9
회사법인		97,554	12,431	12.7	19,838	20.3	21,422	22.0

※ 기준시점 : 2024년 12월 31일

※ 기업체 : 데이터 분석 및 서비스 미이용 기업체

※ 추정오차 : 경제적 비용 부담 ±1,301기업체, 보안에 대한 우려 ±1,013기업체, 서비스(기술)의 복잡성 ±1,189기업체, 인프라 및 인력 부재 ±1,404기업체, 호환성 어려움 ±1,001기업체, 양질의 데이터 부족 ±1,187기업체, 기타 ±1,235기업체

※ 주 : 데이터 분석 및 서비스 미이용 이유별 복수응답 수치임

4 데이터 거래

4.1 데이터 거래 여부

(단위 : 개, %)

구 분		전체 기업체	데이터 거래 이용		데이터 거래 미이용	
			기업체수	비율	기업체수	비율
전체		211,615	13,291	6.3	198,324	93.7
지 역 별						
서울		48,089	3,708	7.7	44,381	92.3
부산		12,049	249	2.1	11,800	97.9
대구		7,688	294	3.8	7,394	96.2
인천		10,892	519	4.8	10,373	95.2
광주		4,524	298	6.6	4,226	93.4
대전		4,778	459	9.6	4,319	90.4
울산		4,311	99	2.3	4,212	97.7
세종		932	53	5.6	879	94.4
경기		59,176	5,586	9.4	53,590	90.6
강원		4,719	85	1.8	4,634	98.2
충북		7,270	174	2.4	7,096	97.6
충남		9,104	789	8.7	8,315	91.3
전북		5,631	207	3.7	5,424	96.3
전남		6,710	444	6.6	6,266	93.4
경북		10,254	129	1.3	10,125	98.7
경남		13,113	182	1.4	12,931	98.6
제주		2,375	17	0.7	2,358	99.3
업종x규모별						
농림수산업(광업포함)	10~49명	1,537	85	5.5	1,452	94.5
	50~249명	75	3	4.0	72	96.0
	250명 이상	4	0	0.0	4	100.0
	전체	1,616	88	5.4	1,528	94.6
제조업	10~49명	55,152	4,974	9.0	50,178	91.0
	50~249명	8,833	539	6.1	8,294	93.9
	250명 이상	1,384	127	9.2	1,257	90.8
	전체	65,369	5,640	8.6	59,729	91.4
전기 등 공기조절 공급업/수도 등 원료 재생업	10~49명	2,175	80	3.7	2,095	96.3
	50~249명	346	15	4.3	331	95.7
	250명 이상	37	2	6.2	35	93.8
	전체	2,558	97	3.8	2,461	96.2
건설업	10~49명	26,763	799	3.0	25,964	97.0
	50~249명	3,116	140	4.5	2,976	95.5
	250명 이상	515	36	6.9	479	93.1
	전체	30,394	975	3.2	29,419	96.8
도매 및 소매업	10~49명	26,036	2,132	8.2	23,904	91.8
	50~249명	2,256	113	5.0	2,143	95.0
	250명 이상	328	51	15.6	277	84.4
	전체	28,620	2,296	8.0	26,324	92.0
운수 및 창고업	10~49명	5,807	181	3.1	5,626	96.9
	50~249명	1,670	31	1.9	1,639	98.1
	250명 이상	263	11	4.3	252	95.7
	전체	7,740	224	2.9	7,516	97.1
숙박 및 음식점업	10~49명	10,313	351	3.4	9,962	96.6
	50~249명	535	22	4.2	513	95.8
	250명 이상	102	17	16.2	85	83.8
	전체	10,950	389	3.6	10,561	96.4

(계속)

(단위 : 개, %)

구 분		전체 기업체	데이터 거래 이용		데이터 거래 미이용	
			기업체수	비율	기업체수	비율
정보통신업	10~49명	9,251	1,195	12.9	8,056	87.1
	50~249명	1,922	216	11.3	1,706	88.7
	250명 이상	329	44	13.3	285	86.7
	전체	11,502	1,455	12.6	10,047	87.4
금융 및 보험업	10~49명	977	49	5.0	928	95.0
	50~249명	362	28	7.8	334	92.2
	250명 이상	186	22	11.6	164	88.4
	전체	1,525	99	6.5	1,426	93.5
부동산업	10~49명	2,241	39	1.7	2,202	98.3
	50~249명	320	25	7.8	295	92.2
	250명 이상	126	9	6.9	117	93.1
	전체	2,687	72	2.7	2,615	97.3
전문, 과학 및 기술서비스업	10~49명	12,861	783	6.1	12,078	93.9
	50~249명	1,551	86	5.5	1,465	94.5
	250명 이상	235	13	5.7	222	94.3
	전체	14,647	882	6.0	13,765	94.0
사업시설관리, 사업지원 및 임대서비스업	10~49명	7,649	240	3.1	7,409	96.9
	50~249명	2,488	105	4.2	2,383	95.8
	250명 이상	838	56	6.6	782	93.4
	전체	10,975	401	3.6	10,574	96.4
교육서비스업	10~49명	2,294	57	2.5	2,237	97.5
	50~249명	160	9	5.9	151	94.1
	250명 이상	32	0	0.0	32	100.0
	전체	2,486	66	2.7	2,420	97.3
보건업 및 사회복지 서비스업	10~49명	12,621	223	1.8	12,398	98.2
	50~249명	2,153	43	2.0	2,110	98.0
	250명 이상	126	4	2.9	122	97.1
	전체	14,900	270	1.8	14,630	98.2
예술, 스포츠 및 여가관련 서비스업	10~49명	1,268	64	5.1	1,204	94.9
	50~249명	213	16	7.5	197	92.5
	250명 이상	20	1	5.1	19	94.9
	전체	1,501	81	5.4	1,420	94.6
수리 및 기타 개인 서비스업	10~49명	3,985	247	6.2	3,738	93.8
	50~249명	144	9	6.1	135	93.9
	250명 이상	16	0	0.0	16	100.0
	전체	4,145	256	6.2	3,889	93.8
조직형태별						
개인사업체		43,407	1,845	4.3	41,562	95.7
회사법인		168,208	11,446	6.8	156,762	93.2

※ 기준시점 : 2024년 12월 31일
※ 기업체 : 전국의 종사자수 10인 이상 민간 부문 기업체(통계청, 2024년 12월 기준 기업통계등록부)
※ 추정오차 : 데이터 거래 이용 ±882기업체, 데이터 거래 미이용 ±882기업체

4.2 데이터 구매 여부

(단위 : 개, %)

구 분		전체 기업체	데이터 구매 이용		데이터 구매 미이용	
			기업체수	비율	기업체수	비율
전체		211,615	11,232	5.3	200,383	94.7
지 역 별						
서울		48,089	2,750	5.7	45,339	94.3
부산		12,049	154	1.3	11,895	98.7
대구		7,688	256	3.3	7,432	96.7
인천		10,892	460	4.2	10,432	95.8
광주		4,524	253	5.6	4,271	94.4
대전		4,778	408	8.5	4,370	91.5
울산		4,311	79	1.8	4,232	98.2
세종		932	0	0.0	932	100.0
경기		59,176	4,954	8.4	54,222	91.6
강원		4,719	74	1.6	4,645	98.4
충북		7,270	167	2.3	7,103	97.7
충남		9,104	731	8.0	8,373	92.0
전북		5,631	205	3.6	5,426	96.4
전남		6,710	435	6.5	6,275	93.5
경북		10,254	126	1.2	10,128	98.8
경남		13,113	167	1.3	12,946	98.7
제주		2,375	13	0.5	2,362	99.5
업종x규모별						
농림수산업(광업포함)	10~49명	1,537	68	4.4	1,469	95.6
	50~249명	75	3	4.0	72	96.0
	250명 이상	4	0	0.0	4	100.0
	전체	1,616	71	4.4	1,545	95.6
제조업	10~49명	55,152	4,366	7.9	50,786	92.1
	50~249명	8,833	487	5.5	8,346	94.5
	250명 이상	1,384	116	8.4	1,268	91.6
	전체	65,369	4,968	7.6	60,401	92.4
전기 등 공기조절 공급업/수도 등 원료 재생업	10~49명	2,175	80	3.7	2,095	96.3
	50~249명	346	15	4.3	331	95.7
	250명 이상	37	2	6.2	35	93.8
	전체	2,558	97	3.8	2,461	96.2
건설업	10~49명	26,763	685	2.6	26,078	97.4
	50~249명	3,116	119	3.8	2,997	96.2
	250명 이상	515	28	5.4	487	94.6
	전체	30,394	832	2.7	29,562	97.3
도매 및 소매업	10~49명	26,036	1,613	6.2	24,423	93.8
	50~249명	2,256	70	3.1	2,186	96.9
	250명 이상	328	46	14.1	282	85.9
	전체	28,620	1,730	6.0	26,890	94.0
운수 및 창고업	10~49명	5,807	181	3.1	5,626	96.9
	50~249명	1,670	13	0.8	1,657	99.2
	250명 이상	263	10	3.7	253	96.3
	전체	7,740	204	2.6	7,536	97.4
숙박 및 음식점업	10~49명	10,313	270	2.6	10,043	97.4
	50~249명	535	18	3.3	517	96.7
	250명 이상	102	14	14.1	88	85.9
	전체	10,950	302	2.8	10,648	97.2

(계속)

(단위 : 개, %)

구 분		전체 기업체	데이터 구매 이용		데이터 구매 미이용	
			기업체수	비율	기업체수	비율
정보통신업	10~49명	9,251	980	10.6	8,271	89.4
	50~249명	1,922	190	9.9	1,732	90.1
	250명 이상	329	38	11.5	291	88.5
	전체	11,502	1,208	10.5	10,294	89.5
금융 및 보험업	10~49명	977	45	4.6	932	95.4
	50~249명	362	25	6.9	337	93.1
	250명 이상	186	19	10.2	167	89.8
	전체	1,525	89	5.8	1,436	94.2
부동산업	10~49명	2,241	39	1.7	2,202	98.3
	50~249명	320	18	5.6	302	94.4
	250명 이상	126	5	3.9	121	96.1
	전체	2,687	62	2.3	2,625	97.7
전문, 과학 및 기술서비스업	10~49명	12,861	648	5.0	12,213	95.0
	50~249명	1,551	79	5.1	1,472	94.9
	250명 이상	235	12	5.0	223	95.0
	전체	14,647	739	5.0	13,908	95.0
사업시설관리, 사업지원 및 임대서비스업	10~49명	7,649	210	2.7	7,439	97.3
	50~249명	2,488	72	2.9	2,416	97.1
	250명 이상	838	51	6.0	787	94.0
	전체	10,975	332	3.0	10,643	97.0
교육서비스업	10~49명	2,294	18	0.8	2,276	99.2
	50~249명	160	8	4.7	152	95.3
	250명 이상	32	0	0.0	32	100.0
	전체	2,486	25	1.0	2,461	99.0
보건업 및 사회복지 서비스업	10~49명	12,621	223	1.8	12,398	98.2
	50~249명	2,153	43	2.0	2,110	98.0
	250명 이상	126	4	2.9	122	97.1
	전체	14,900	270	1.8	14,630	98.2
예술, 스포츠 및 여가관련 서비스업	10~49명	1,268	59	4.7	1,209	95.3
	50~249명	213	16	7.5	197	92.5
	250명 이상	20	1	5.1	19	94.9
	전체	1,501	77	5.1	1,424	94.9
수리 및 기타 개인 서비스업	10~49명	3,985	219	5.5	3,766	94.5
	50~249명	144	9	6.1	135	93.9
	250명 이상	16	0	0.0	16	100.0
	전체	4,145	228	5.5	3,917	94.5
조직형태별						
개인사업체		43,407	1,657	3.8	41,750	96.2
회사법인		168,208	9,575	5.7	158,633	94.3

※ 기준시점 : 2024년 12월 31일
※ 기업체 : 전국의 종사자수 10인 이상 민간 부문 기업체(통계청, 2024년 12월 기준 기업통계등록부)
※ 추정오차 : 데이터 구매 이용 ±815기업체, 데이터 구매 미이용 ±815기업체

4.3 데이터 판매 여부

(단위 : 개, %)

구 분		전체 기업체	데이터 판매 이용		데이터 판매 미이용	
			기업체수	비율	기업체수	비율
전체		211,615	6,875	3.2	204,740	96.8
지 역 별						
서울		48,089	2,415	5.0	45,674	95.0
부산		12,049	103	0.9	11,946	99.1
대구		7,688	165	2.2	7,523	97.8
인천		10,892	209	1.9	10,683	98.1
광주		4,524	111	2.5	4,413	97.5
대전		4,778	227	4.8	4,551	95.2
울산		4,311	42	1.0	4,269	99.0
세종		932	0	0.0	932	100.0
경기		59,176	2,690	4.5	56,486	95.5
강원		4,719	28	0.6	4,691	99.4
충북		7,270	102	1.4	7,168	98.6
충남		9,104	356	3.9	8,748	96.1
전북		5,631	22	0.4	5,609	99.6
전남		6,710	268	4.0	6,442	96.0
경북		10,254	59	0.6	10,195	99.4
경남		13,113	64	0.5	13,049	99.5
제주		2,375	13	0.5	2,362	99.5
업종x규모별						
농림수산업 (광업포함)	10~49명	1,537	32	2.1	1,505	97.9
	50~249명	75	0	0.0	75	100.0
	250명 이상	4	0	0.0	4	100.0
	전체	1,616	32	2.0	1,584	98.0
제조업	10~49명	55,152	2,252	4.1	52,900	95.9
	50~249명	8,833	176	2.0	8,657	98.0
	250명 이상	1,384	52	3.7	1,332	96.3
	전체	65,369	2,480	3.8	62,889	96.2
전기 등 공기조절 공급업/수도 등 원료 재생업	10~49명	2,175	47	2.2	2,128	97.8
	50~249명	346	4	1.1	342	98.9
	250명 이상	37	2	6.2	35	93.8
	전체	2,558	53	2.1	2,505	97.9
건설업	10~49명	26,763	303	1.1	26,460	98.9
	50~249명	3,116	113	3.6	3,003	96.4
	250명 이상	515	14	2.6	501	97.4
	전체	30,394	429	1.4	29,965	98.6
도매 및 소매업	10~49명	26,036	1,494	5.7	24,542	94.3
	50~249명	2,256	42	1.9	2,214	98.1
	250명 이상	328	28	8.5	300	91.5
	전체	28,620	1,564	5.5	27,056	94.5
운수 및 창고업	10~49명	5,807	26	0.4	5,781	99.6
	50~249명	1,670	25	1.5	1,645	98.5
	250명 이상	263	3	1.0	260	99.0
	전체	7,740	54	0.7	7,686	99.3
숙박 및 음식점업	10~49명	10,313	197	1.9	10,116	98.1
	50~249명	535	9	1.7	526	98.3
	250명 이상	102	7	6.9	95	93.1
	전체	10,950	214	2.0	10,736	98.0

(계속)

(단위 : 개, %)

구 분		전체 기업체	데이터 판매 이용		데이터 판매 미이용	
			기업체수	비율	기업체수	비율
정보통신업	10~49명	9,251	859	9.3	8,392	90.7
	50~249명	1,922	105	5.5	1,817	94.5
	250명 이상	329	26	8.0	303	92.0
	전체	11,502	991	8.6	10,511	91.4
금융 및 보험업	10~49명	977	24	2.5	953	97.5
	50~249명	362	7	1.9	355	98.1
	250명 이상	186	13	7.2	173	92.8
	전체	1,525	45	2.9	1,480	97.1
부동산업	10~49명	2,241	39	1.7	2,202	98.3
	50~249명	320	11	3.3	309	96.7
	250명 이상	126	6	4.8	120	95.2
	전체	2,687	56	2.1	2,631	97.9
전문, 과학 및 기술서비스업	10~49명	12,861	406	3.2	12,455	96.8
	50~249명	1,551	59	3.8	1,492	96.2
	250명 이상	235	3	1.4	232	98.6
	전체	14,647	469	3.2	14,178	96.8
사업시설관리, 사업지원 및 임대서비스업	10~49명	7,649	30	0.4	7,619	99.6
	50~249명	2,488	39	1.6	2,449	98.4
	250명 이상	838	24	2.8	814	97.2
	전체	10,975	92	0.8	10,883	99.2
교육서비스업	10~49명	2,294	0	0.0	2,294	100.0
	50~249명	160	4	2.3	156	97.7
	250명 이상	32	0	0.0	32	100.0
	전체	2,486	4	0.1	2,482	99.9
보건업 및 사회복지 서비스업	10~49명	12,621	129	1.0	12,492	99.0
	50~249명	2,153	34	1.6	2,119	98.4
	250명 이상	126	0	0.0	126	100.0
	전체	14,900	163	1.1	14,737	98.9
예술, 스포츠 및 여가관련 서비스업	10~49명	1,268	45	3.5	1,223	96.5
	50~249명	213	14	6.5	199	93.5
	250명 이상	20	0	0.0	20	100.0
	전체	1,501	58	3.9	1,443	96.1
수리 및 기타 개인 서비스업	10~49명	3,985	166	4.2	3,819	95.8
	50~249명	144	6	4.0	138	96.0
	250명 이상	16	0	0.0	16	100.0
	전체	4,145	171	4.1	3,974	95.9
조직형태별						
개인사업체		43,407	1,032	2.4	42,375	97.6
회사법인		168,208	5,843	3.5	162,365	96.5

※ 기준시점 : 2024년 12월 31일
※ 기업체 : 전국의 종사자수 10인 이상 민간 부문 기업체(통계청, 2024년 12월 기준 기업통계등록부)
※ 추정오차 : 데이터 판매 이용 ±645기업체, 데이터 판매 미이용 ±645기업체

5 인공지능(AI) 기술 및 서비스

5.1 인공지능(AI) 기술 및 서비스 이용

(단위 : 개, %)

구 분		전체 기업체	인공지능(AI) 기술 및 서비스 이용		인공지능(AI) 기술 및 서비스 미이용	
			기업체수	비율	기업체수	비율
전체		211,615	69,643	32.9	141,972	67.1
지 역 별						
서울		48,089	19,131	39.8	28,958	60.2
부산		12,049	3,136	26.0	8,913	74.0
대구		7,688	2,004	26.1	5,684	73.9
인천		10,892	2,700	24.8	8,192	75.2
광주		4,524	3,064	67.7	1,460	32.3
대전		4,778	1,084	22.7	3,694	77.3
울산		4,311	991	23.0	3,320	77.0
세종		932	180	19.3	752	80.7
경기		59,176	18,324	31.0	40,852	69.0
강원		4,719	789	16.7	3,930	83.3
충북		7,270	1,418	19.5	5,852	80.5
충남		9,104	2,166	23.8	6,938	76.2
전북		5,631	3,274	58.1	2,357	41.9
전남		6,710	3,960	59.0	2,750	41.0
경북		10,254	2,823	27.5	7,431	72.5
경남		13,113	4,221	32.2	8,892	67.8
제주		2,375	378	15.9	1,997	84.1
업종x규모별						
농림수산업 (광업포함)	10~49명	1,537	435	28.3	1,102	71.7
	50~249명	75	45	59.9	30	40.1
	250명 이상	4	4	100.0	0	0.0
	전체	1,616	484	30.0	1,132	70.0
제조업	10~49명	55,152	18,791	34.1	36,361	65.9
	50~249명	8,833	4,023	45.5	4,810	54.5
	250명 이상	1,384	947	68.4	437	31.6
	전체	65,369	23,761	36.3	41,608	63.7
전기 등 공기조절 공급업/수도 등 원료 재생업	10~49명	2,175	465	21.4	1,710	78.6
	50~249명	346	164	47.4	182	52.6
	250명 이상	37	31	84.6	6	15.4
	전체	2,558	660	25.8	1,898	74.2
건설업	10~49명	26,763	3,486	13.0	23,277	87.0
	50~249명	3,116	1,060	34.0	2,056	66.0
	250명 이상	515	294	57.1	221	42.9
	전체	30,394	4,840	15.9	25,554	84.1
도매 및 소매업	10~49명	26,036	10,402	40.0	15,634	60.0
	50~249명	2,256	1,084	48.1	1,172	51.9
	250명 이상	328	265	80.8	63	19.2
	전체	28,620	11,751	41.1	16,869	58.9
운수 및 창고업	10~49명	5,807	1,333	22.9	4,474	77.1
	50~249명	1,670	488	29.2	1,182	70.8
	250명 이상	263	120	45.7	143	54.3
	전체	7,740	1,941	25.1	5,799	74.9
숙박 및 음식점업	10~49명	10,313	3,063	29.7	7,250	70.3
	50~249명	535	177	33.2	358	66.8
	250명 이상	102	83	81.6	19	18.4
	전체	10,950	3,324	30.4	7,626	69.6

(계속)

(단위 : 개, %)

구 분		전체 기업체	인공지능(AI) 기술 및 서비스 이용		인공지능(AI) 기술 및 서비스 미이용	
			기업체수	비율	기업체수	비율
정보통신업	10~49명	9,251	4,552	49.2	4,699	50.8
	50~249명	1,922	1,611	83.8	311	16.2
	250명 이상	329	276	84.0	53	16.0
	전체	11,502	6,439	56.0	5,063	44.0
금융 및 보험업	10~49명	977	478	49.0	499	51.0
	50~249명	362	320	88.3	42	11.7
	250명 이상	186	165	88.6	21	11.4
	전체	1,525	963	63.1	562	36.9
부동산업	10~49명	2,241	273	12.2	1,968	87.8
	50~249명	320	79	24.6	241	75.4
	250명 이상	126	80	63.3	46	36.7
	전체	2,687	431	16.1	2,256	83.9
전문, 과학 및 기술서비스업	10~49명	12,861	3,634	28.3	9,227	71.7
	50~249명	1,551	573	36.9	978	63.1
	250명 이상	235	129	54.9	106	45.1
	전체	14,647	4,336	29.6	10,311	70.4
사업시설관리, 사업지원 및 임대서비스업	10~49명	7,649	1,314	17.2	6,335	82.8
	50~249명	2,488	470	18.9	2,018	81.1
	250명 이상	838	503	60.0	335	40.0
	전체	10,975	2,287	20.8	8,688	79.2
교육서비스업	10~49명	2,294	907	39.5	1,387	60.5
	50~249명	160	95	59.1	65	40.9
	250명 이상	32	29	89.2	3	10.8
	전체	2,486	1,030	41.4	1,456	58.6
보건업 및 사회복지 서비스업	10~49명	12,621	4,390	34.8	8,231	65.2
	50~249명	2,153	887	41.2	1,266	58.8
	250명 이상	126	87	69.2	39	30.8
	전체	14,900	5,364	36.0	9,536	64.0
예술, 스포츠 및 여가관련 서비스업	10~49명	1,268	444	35.0	824	65.0
	50~249명	213	118	55.3	95	44.7
	250명 이상	20	12	62.3	8	37.7
	전체	1,501	574	38.3	927	61.7
수리 및 기타 개인 서비스업	10~49명	3,985	1,385	34.8	2,600	65.2
	50~249명	144	62	42.8	82	57.2
	250명 이상	16	12	73.1	4	26.9
	전체	4,145	1,458	35.2	2,687	64.8
조직형태별						
개인사업체		43,407	12,469	28.7	30,938	71.3
회사법인		168,208	57,174	34.0	111,034	66.0

※ 기준시점 : 2024년 12월 31일
※ 기업체 : 전국의 종사자수 10인 이상 민간 부문 기업체(통계청, 2024년 12월 기준 기업통계등록부)
※ 추정오차 : 인공지능(AI) 기술 및 서비스 이용 ±1,708기업체, 인공지능(AI) 기술 및 서비스 미이용 ±1,708기업체

5.2 인공지능 기술 및 서비스 투자(비용지출) 여부

(단위 : 개, %)

구 분		전체 기업체	인공지능 기술 및 서비스 투자(비용지출)		인공지능 기술 및 서비스 미투자(비용 미지출)	
			기업체수	비율	기업체수	비율
전체		211,615	17,570	8.3	194,045	91.7
지 역 별						
서울		48,089	7,296	15.2	40,793	84.8
부산		12,049	786	6.5	11,263	93.5
대구		7,688	351	4.6	7,337	95.4
인천		10,892	1,144	10.5	9,748	89.5
광주		4,524	986	21.8	3,538	78.2
대전		4,778	169	3.5	4,609	96.5
울산		4,311	93	2.1	4,218	97.9
세종		932	4	0.4	928	99.6
경기		59,176	3,422	5.8	55,754	94.2
강원		4,719	261	5.5	4,458	94.5
충북		7,270	196	2.7	7,074	97.3
충남		9,104	115	1.3	8,989	98.7
전북		5,631	750	13.3	4,881	86.7
전남		6,710	990	14.8	5,720	85.2
경북		10,254	374	3.6	9,880	96.4
경남		13,113	564	4.3	12,549	95.7
제주		2,375	70	2.9	2,305	97.1
업종x규모별						
농림수산업(광업포함)	10~49명	1,537	89	5.8	1,448	94.2
	50~249명	75	15	20.0	60	80.0
	250명 이상	4	1	25.2	3	74.8
	전체	1,616	105	6.5	1,511	93.5
제조업	10~49명	55,152	3,701	6.7	51,451	93.3
	50~249명	8,833	1,818	20.6	7,015	79.4
	250명 이상	1,384	496	35.8	888	64.2
	전체	65,369	6,015	9.2	59,354	90.8
전기 등 공기조절 공급업/수도 등 원료 재생업	10~49명	2,175	80	3.7	2,095	96.3
	50~249명	346	73	21.0	273	79.0
	250명 이상	37	20	54.1	17	45.9
	전체	2,558	173	6.8	2,385	93.2
건설업	10~49명	26,763	569	2.1	26,194	97.9
	50~249명	3,116	227	7.3	2,889	92.7
	250명 이상	515	123	24.0	392	76.0
	전체	30,394	919	3.0	29,475	97.0
도매 및 소매업	10~49명	26,036	2,073	8.0	23,963	92.0
	50~249명	2,256	312	13.8	1,944	86.2
	250명 이상	328	162	49.4	166	50.6
	전체	28,620	2,547	8.9	26,073	91.1
운수 및 창고업	10~49명	5,807	78	1.3	5,729	98.7
	50~249명	1,670	68	4.1	1,602	95.9
	250명 이상	263	39	15.0	224	85.0
	전체	7,740	186	2.4	7,554	97.6
숙박 및 음식점업	10~49명	10,313	315	3.1	9,998	96.9
	50~249명	535	39	7.4	496	92.6
	250명 이상	102	45	43.7	57	56.3
	전체	10,950	399	3.6	10,551	96.4

(계속)

(단위 : 개, %)

구 분		전체 기업체	인공지능 기술 및 서비스 투자(비용지출)		인공지능 기술 및 서비스 미투자(비용 미지출)	
			기업체수	비율	기업체수	비율
정보통신업	10~49명	9,251	2,337	25.3	6,914	74.7
	50~249명	1,922	925	48.1	997	51.9
	250명 이상	329	176	53.4	153	46.6
	전체	11,502	3,438	29.9	8,064	70.1
금융 및 보험업	10~49명	977	183	18.7	794	81.3
	50~249명	362	180	49.6	182	50.4
	250명 이상	186	115	62.1	71	37.9
	전체	1,525	478	31.3	1,047	68.7
부동산업	10~49명	2,241	0	0.0	2,241	100.0
	50~249명	320	21	6.7	299	93.3
	250명 이상	126	30	23.6	96	76.4
	전체	2,687	51	1.9	2,636	98.1
전문, 과학 및 기술서비스업	10~49명	12,861	1,213	9.4	11,648	90.6
	50~249명	1,551	267	17.2	1,284	82.8
	250명 이상	235	53	22.4	182	77.6
	전체	14,647	1,533	10.5	13,114	89.5
사업시설관리, 사업지원 및 임대서비스업	10~49명	7,649	120	1.6	7,529	98.4
	50~249명	2,488	170	6.8	2,318	93.2
	250명 이상	838	197	23.5	641	76.5
	전체	10,975	486	4.4	10,489	95.6
교육서비스업	10~49명	2,294	357	15.6	1,937	84.4
	50~249명	160	37	23.1	123	76.9
	250명 이상	32	20	63.6	12	36.4
	전체	2,486	415	16.7	2,071	83.3
보건업 및 사회복지 서비스업	10~49명	12,621	323	2.6	12,298	97.4
	50~249명	2,153	113	5.3	2,040	94.7
	250명 이상	126	33	26.1	93	73.9
	전체	14,900	469	3.1	14,431	96.9
예술, 스포츠 및 여가관련 서비스업	10~49명	1,268	135	10.6	1,133	89.4
	50~249명	213	28	13.0	185	87.0
	250명 이상	20	8	39.8	12	60.2
	전체	1,501	171	11.4	1,330	88.6
수리 및 기타 개인 서비스업	10~49명	3,985	157	3.9	3,828	96.1
	50~249명	144	21	14.3	123	85.7
	250명 이상	16	9	54.8	7	45.2
	전체	4,145	187	4.5	3,958	95.5
조직형태별						
개인사업체		43,407	1,401	3.2	42,006	96.8
회사법인		168,208	16,168	9.6	152,040	90.4

※ 기준시점 : 2024년 12월 31일
※ 기업체 : 전국의 종사자수 10인 이상 민간 부문 기업체(통계청, 2024년 12월 기준 기업통계등록부)
※ 추정오차 : 인공지능(AI) 기술 및 서비스 투자(비용지출) ±1,003기업체, 인공지능(AI) 기술 및 서비스 미투자(비용 미지출) ±1,003기업체

5.3 인공지능(AI) 기술 및 서비스 이용 유형(복수응답) - ①

(단위 : 개, %)

구 분		인공지능(AI) 기술 및 서비스 이용 기업체	문서작성 및 정보 수집		업무자동화 지원		의사 결정 지원		음성 언어를 기계가 읽을 수 있는 형식으로 변환하는 기술	
			기업체수	비율	기업체수	비율	기업체수	비율	기업체수	비율
전체		69,643	33,242	47.7	16,854	24.2	34,521	49.6	4,704	6.8
지 역 별										
서울		19,131	12,041	62.9	4,178	21.8	9,168	47.9	1,827	9.6
부산		3,136	1,412	45.0	510	16.3	1,392	44.4	227	7.2
대구		2,004	694	34.6	706	35.2	1,034	51.6	90	4.5
인천		2,700	1,337	49.5	676	25.0	1,325	49.1	225	8.3
광주		3,064	1,655	54.0	805	26.3	1,042	34.0	330	10.8
대전		1,084	630	58.2	205	18.9	523	48.3	106	9.8
울산		991	389	39.3	267	26.9	531	53.6	9	0.9
세종		180	2	0.9	22	12.2	172	95.8	39	21.6
경기		18,324	6,495	35.4	5,214	28.5	10,743	58.6	751	4.1
강원		789	374	47.5	222	28.1	476	60.4	18	2.2
충북		1,418	468	33.0	248	17.5	831	58.6	6	0.4
충남		2,166	800	36.9	539	24.9	1,142	52.7	102	4.7
전북		3,274	1,943	59.4	933	28.5	1,033	31.5	315	9.6
전남		3,960	2,187	55.2	806	20.3	1,302	32.9	457	11.5
경북		2,823	846	30.0	593	21.0	1,574	55.8	64	2.3
경남		4,221	1,888	44.7	723	17.1	2,061	48.8	116	2.7
제주		378	80	21.2	208	54.9	172	45.4	23	6.1
업종x규모별										
농림수산업(광업포함)	10~49명	435	202	46.4	77	17.6	216	49.6	15	3.5
	50~249명	45	23	50.2	12	26.7	19	43.3	3	6.6
	250명 이상	4	2	50.2	1	24.9	2	49.9	0	0.0
	전체	484	226	46.8	90	18.5	237	49.0	18	3.7
제조업	10~49명	18,791	7,694	40.9	5,267	28.0	9,521	50.7	1,083	5.8
	50~249명	4,023	2,518	62.6	1,251	31.1	1,901	47.3	331	8.2
	250명 이상	947	535	56.5	358	37.8	439	46.4	123	13.0
	전체	23,761	10,747	45.2	6,876	28.9	11,861	49.9	1,536	6.5
전기 등 공기조절 공급업/수도 등 원료 재생업	10~49명	465	144	30.9	113	24.2	207	44.4	16	3.5
	50~249명	164	88	53.4	54	33.1	58	35.5	7	4.4
	250명 이상	31	16	52.1	10	32.8	17	55.6	6	19.3
	전체	660	248	37.5	177	26.8	282	42.7	30	4.5
건설업	10~49명	3,486	1,358	39.0	829	23.8	1,903	54.6	38	1.1
	50~249명	1,060	670	63.2	185	17.5	488	46.0	78	7.3
	250명 이상	294	141	48.1	62	21.1	149	50.8	31	10.4
	전체	4,840	2,169	44.8	1,076	22.2	2,540	52.5	146	3.0
도매 및 소매업	10~49명	10,402	4,502	43.3	2,373	22.8	5,481	52.7	442	4.3
	50~249명	1,084	437	40.3	213	19.6	595	54.9	42	3.9
	250명 이상	265	140	53.0	50	19.0	163	61.6	23	8.7
	전체	11,751	5,079	43.2	2,636	22.4	6,239	53.1	508	4.3
운수 및 창고업	10~49명	1,333	577	43.3	390	29.3	544	40.8	52	3.9
	50~249명	488	197	40.5	113	23.2	272	55.8	13	2.6
	250명 이상	120	56	46.3	47	38.9	57	47.7	6	5.3
	전체	1,941	830	42.8	550	28.3	873	45.0	71	3.7
숙박 및 음식점업	10~49명	3,063	1,124	36.7	570	18.6	1,605	52.4	115	3.7
	50~249명	177	66	37.0	44	24.9	103	57.8	0	0.0
	250명 이상	83	31	37.1	18	22.2	46	55.9	11	12.9
	전체	3,324	1,220	36.7	633	19.0	1,754	52.8	125	3.8

(계속)

(단위 : 개, %)

구 분		인공지능(AI) 기술 및 서비스 이용 기업체	문서작성 및 정보 수집		업무자동화 지원		의사 결정 지원		음성 언어를 기계가 읽을 수 있는 형식으로 변환하는 기술	
			기업체수	비율	기업체수	비율	기업체수	비율	기업체수	비율
정보통신업	10~49명	4,552	3,601	79.1	828	18.2	1,813	39.8	678	14.9
	50~249명	1,611	1,467	91.1	334	20.7	720	44.7	203	12.6
	250명 이상	276	191	69.3	40	14.5	143	51.7	19	6.9
	전체	6,439	5,259	81.7	1,202	18.7	2,676	41.6	900	14.0
금융 및 보험업	10~49명	478	284	59.5	97	20.3	230	48.2	49	10.2
	50~249명	320	273	85.4	50	15.7	208	65.2	36	11.2
	250명 이상	165	79	47.7	45	27.3	95	57.7	24	14.9
	전체	963	636	66.1	192	20.0	534	55.4	109	11.3
부동산업	10~49명	273	98	35.8	136	50.0	156	57.1	20	7.2
	50~249명	79	22	27.3	14	18.0	61	77.3	0	0.0
	250명 이상	80	16	19.8	5	6.7	59	73.5	1	1.7
	전체	431	135	31.3	156	36.1	275	63.8	21	4.9
전문, 과학 및 기술서비스업	10~49명	3,634	2,447	67.3	451	12.4	1,495	41.2	315	8.7
	50~249명	573	386	67.5	73	12.8	180	31.4	53	9.3
	250명 이상	129	58	45.2	39	30.1	66	51.0	9	6.8
	전체	4,336	2,892	66.7	564	13.0	1,741	40.2	378	8.7
사업시설관리, 사업지원 및 임대서비스업	10~49명	1,314	411	31.3	418	31.8	656	49.9	90	6.9
	50~249명	470	223	47.4	111	23.5	235	50.1	6	1.4
	250명 이상	503	219	43.5	120	23.9	275	54.6	35	6.9
	전체	2,287	853	37.3	649	28.4	1,166	51.0	132	5.8
교육서비스업	10~49명	907	647	71.4	150	16.5	453	50.0	91	10.0
	50~249명	95	55	58.6	17	17.8	47	49.2	6	5.9
	250명 이상	29	15	52.1	3	11.7	15	52.0	6	19.7
	전체	1,030	717	69.7	170	16.5	515	50.0	102	9.9
보건업 및 사회복지 서비스업	10~49명	4,390	1,073	24.5	1,111	25.3	2,475	56.4	457	10.4
	50~249명	887	319	36.0	155	17.5	405	45.7	78	8.8
	250명 이상	87	38	43.9	18	20.7	40	45.4	11	12.6
	전체	5,364	1,431	26.7	1,284	23.9	2,920	54.4	546	10.2
예술, 스포츠 및 여가관련 서비스업	10~49명	444	201	45.3	141	31.8	221	49.8	34	7.7
	50~249명	118	37	31.1	44	37.2	69	58.9	12	9.8
	250명 이상	12	2	16.0	3	27.4	10	84.0	3	27.6
	전체	574	240	41.7	189	32.8	301	52.4	49	8.6
수리 및 기타 개인 서비스업	10~49명	1,385	526	38.0	394	28.5	570	41.1	28	2.0
	50~249명	62	26	42.6	12	19.1	37	59.5	3	4.6
	250명 이상	12	6	54.0	4	33.1	2	12.9	2	20.8
	전체	1,458	559	38.3	410	28.1	608	41.7	33	2.3
조직형태별										
개인사업체		12,469	4,090	32.8	2,873	23.0	6,779	54.4	766	6.1
회사법인		57,174	29,152	51.0	13,981	24.5	27,742	48.5	3,939	6.9

※ 기준시점 : 2024년 12월 31일

※ 기업체 : 인공지능(AI) 기술 및 서비스 이용 기업체

※ 추정오차 : 문서작성 및 정보 수집 ±899기업체, 업무자동화 지원 ±771기업체, 의사 결정 지원 ±900기업체, 음성 언어를 기계가 읽을 수 있는 형식으로 변환하는 기술 ±452기업체, 영상, 문자 또는 음성 언어를 생성, 요약, 편집하는 AI기술 ±530기업체, 이미지 또는 영상을 기반으로 사물이나 사람을 식별하는 기술 ±829기업체, 데이터 분석을 위한 머신러닝 ±502기업체, 문자 언어 분석을 수행하는 AI 기술 ±366기업체, 주변 환경 관찰에 기반한 자율적 판단을 통해 기계의 물리적 이동을 가능하게 하는 AI 기술 ±290기업체

※ 주 : 인공지능(AI) 기술 및 서비스 이용 유형별 복수응답 수치임

5.3 인공지능(AI) 기술 및 서비스 이용 유형(복수응답) - ②

(단위 : 개, %)

구 분		인공지능(AI) 기술 및 서비스 이용 기업체	영상, 문자 또는 음성 언어를 생성, 요약, 편집하는 AI기술		이미지 또는 영상을 기반으로 사물이나 사람을 식별하는 기술		데이터 분석을 위한 머신러닝	
			기업체수	비율	기업체수	비율	기업체수	비율
전체		69,643	6,672	9.6	48,348	69.4	5,919	8.5
지 역 별								
서울		19,131	2,493	13.0	12,482	65.2	1,875	9.8
부산		3,136	543	17.3	2,048	65.3	149	4.7
대구		2,004	195	9.7	1,407	70.2	75	3.7
인천		2,700	227	8.4	2,251	83.4	274	10.1
광주		3,064	193	6.3	2,179	71.1	535	17.4
대전		1,084	85	7.9	603	55.7	97	8.9
울산		991	100	10.1	670	67.6	103	10.4
세종		180	0	0.0	122	67.7	0	0.0
경기		18,324	1,023	5.6	13,034	71.1	992	5.4
강원		789	66	8.4	545	69.1	49	6.3
충북		1,418	45	3.2	893	63.0	77	5.4
충남		2,166	80	3.7	1,573	72.6	65	3.0
전북		3,274	388	11.9	2,480	75.8	627	19.2
전남		3,960	375	9.5	2,669	67.4	831	21.0
경북		2,823	378	13.4	2,015	71.4	118	4.2
경남		4,221	446	10.6	3,104	73.5	13	0.3
제주		378	32	8.5	272	72.0	38	10.1
업종x규모별								
농림수산업 (광업포함)	10~49명	435	57	13.1	232	53.3	14	3.2
	50~249명	45	9	20.0	31	69.8	4	9.9
	250명 이상	4	0	0.0	1	24.9	0	0.0
	전체	484	66	13.6	264	54.6	18	3.8
제조업	10~49명	18,791	1,423	7.6	14,201	75.6	1,772	9.4
	50~249명	4,023	571	14.2	2,773	68.9	629	15.6
	250명 이상	947	209	22.1	649	68.6	217	22.9
	전체	23,761	2,203	9.3	17,623	74.2	2,617	11.0
전기 등 공기조절 공급업/수도 등 원료 재생업	10~49명	465	48	10.4	402	86.3	15	3.3
	50~249명	164	15	8.9	135	82.2	36	22.2
	250명 이상	31	8	27.0	25	81.2	7	22.7
	전체	660	71	10.8	562	85.0	59	8.9
건설업	10~49명	3,486	260	7.4	2,544	73.0	153	4.4
	50~249명	1,060	42	4.0	658	62.0	71	6.7
	250명 이상	294	27	9.2	222	75.6	39	13.4
	전체	4,840	329	6.8	3,424	70.8	264	5.4
도매 및 소매업	10~49명	10,402	960	9.2	7,227	69.5	491	4.7
	50~249명	1,084	78	7.2	788	72.6	85	7.8
	250명 이상	265	94	35.4	143	54.2	28	10.7
	전체	11,751	1,131	9.6	8,158	69.4	605	5.1
운수 및 창고업	10~49명	1,333	51	3.9	809	60.7	26	2.0
	50~249명	488	31	6.3	321	65.9	6	1.3
	250명 이상	120	19	16.1	68	56.8	7	6.0
	전체	1,941	101	5.2	1,198	61.7	40	2.0
숙박 및 음식점업	10~49명	3,063	76	2.5	1,923	62.8	116	3.8
	50~249명	177	18	10.0	124	70.0	4	2.5
	250명 이상	83	19	23.0	52	62.4	10	12.4
	전체	3,324	113	3.4	2,100	63.2	130	3.9

(계속)

(단위 : 개, %)

구 분		인공지능(AI) 기술 및 서비스 이용 기업체	영상, 문자 또는 음성 언어를 생성, 요약, 편집하는 AI기술		이미지 또는 영상을 기반으로 사물이나 사람을 식별하는 기술		데이터 분석을 위한 머신러닝	
			기업체수	비율	기업체수	비율	기업체수	비율
정보통신업	10~49명	4,552	923	20.3	2,673	58.7	738	16.2
	50~249명	1,611	314	19.5	1,076	66.8	197	12.2
	250명 이상	276	98	35.3	159	57.4	85	30.7
	전체	6,439	1,335	20.7	3,908	60.7	1,020	15.8
금융 및 보험업	10~49명	478	45	9.3	324	67.8	49	10.2
	50~249명	320	72	22.5	165	51.7	32	10.1
	250명 이상	165	72	43.5	95	57.9	65	39.5
	전체	963	188	19.5	585	60.7	146	15.2
부동산업	10~49명	273	0	0.0	175	64.2	0	0.0
	50~249명	79	32	40.9	50	63.6	0	0.0
	250명 이상	80	45	56.6	37	47.0	1	1.7
	전체	431	77	17.9	263	60.9	1	0.3
전문, 과학 및 기술서비스업	10~49명	3,634	313	8.6	1,814	49.9	278	7.6
	50~249명	573	66	11.5	367	64.0	80	14.0
	250명 이상	129	14	10.6	85	66.1	21	16.2
	전체	4,336	392	9.0	2,266	52.3	379	8.7
사업시설관리, 사업지원 및 임대서비스업	10~49명	1,314	89	6.8	982	74.7	92	7.0
	50~249명	470	52	11.1	307	65.2	19	4.1
	250명 이상	503	82	16.3	392	77.9	58	11.5
	전체	2,287	224	9.8	1,681	73.5	170	7.4
교육서비스업	10~49명	907	36	4.0	565	62.3	91	10.0
	50~249명	95	11	11.8	65	68.5	11	11.8
	250명 이상	29	10	35.9	16	55.9	16	55.0
	전체	1,030	58	5.6	646	62.7	117	11.4
보건업 및 사회복지 서비스업	10~49명	4,390	136	3.1	3,464	78.9	227	5.2
	50~249명	887	43	4.8	638	71.9	9	1.0
	250명 이상	87	24	27.4	60	68.6	11	12.3
	전체	5,364	202	3.8	4,162	77.6	247	4.6
예술, 스포츠 및 여가관련 서비스업	10~49명	444	36	8.0	344	77.4	35	7.9
	50~249명	118	18	15.7	85	72.6	7	5.8
	250명 이상	12	6	44.5	9	75.9	1	12.0
	전체	574	60	10.4	439	76.4	43	7.6
수리 및 기타 개인 서비스업	10~49명	1,385	108	7.8	1,015	73.3	51	3.7
	50~249명	62	9	14.2	49	78.7	9	14.4
	250명 이상	12	3	29.3	6	54.6	3	25.6
	전체	1,458	120	8.2	1,070	73.4	63	4.3
조직형태별								
개인사업체		12,469	645	5.2	8,595	68.9	567	4.5
회사법인		57,174	6,026	10.5	39,752	69.5	5,352	9.4

※ 기준시점 : 2024년 12월 31일

※ 기업체 : 인공지능(AI) 기술 및 서비스 이용 기업체

※ 추정오차 : 문서작성 및 정보 수집 ±899기업체, 업무자동화 지원 ±771기업체, 의사 결정 지원 ±900기업체, 음성 언어를 기계가 읽을 수 있는 형식으로 변환하는 기술 ±452기업체, 영상, 문자 또는 음성 언어를 생성, 요약, 편집하는 AI기술 ±530기업체, 이미지 또는 영상을 기반으로 사물이나 사람을 식별하는 기술 ±829기업체, 데이터 분석을 위한 머신러닝 ±502기업체, 문자 언어 분석을 수행하는 AI 기술 ±366기업체, 주변 환경 관찰에 기반한 자율적 판단을 통해 기계의 물리적 이동을 가능하게 하는 AI 기술 ±290기업체

※ 주 : 인공지능(AI) 기술 및 서비스 이용 유형별 복수응답 수치임

5.3 인공지능(AI) 기술 및 서비스 이용 유형(복수응답) - ③

(단위 : 개, %)

구 분		인공지능(AI) 기술 및 서비스 이용 기업체	문자 언어 분석을 수행하는 AI 기술		주변 환경 관찰에 기반한 자율적 판단을 통해 기계의 물리적 이동을 가능하게 하는 AI 기술	
			기업체수	비율	기업체수	비율
전체		69,643	3,006	4.3	1,863	2.7
지 역 별						
서울		19,131	1,485	7.8	314	1.6
부산		3,136	61	1.9	9	0.3
대구		2,004	66	3.3	3	0.1
인천		2,700	368	13.6	83	3.1
광주		3,064	59	1.9	500	16.3
대전		1,084	12	1.1	52	4.8
울산		991	46	4.6	0	0.0
세종		180	2	1.2	39	21.6
경기		18,324	598	3.3	184	1.0
강원		789	2	0.3	7	0.9
충북		1,418	37	2.6	14	1.0
충남		2,166	32	1.5	3	0.2
전북		3,274	77	2.3	209	6.4
전남		3,960	71	1.8	404	10.2
경북		2,823	3	0.1	0	0.0
경남		4,221	82	2.0	41	1.0
제주		378	4	1.0	1	0.3
업종x규모별						
농림수산업 (광업포함)	10~49명	435	7	1.6	14	3.1
	50~249명	45	2	3.5	1	3.3
	250명 이상	4	0	0.0	1	24.9
	전체	484	9	1.8	16	3.3
제조업	10~49명	18,791	282	1.5	892	4.7
	50~249명	4,023	697	17.3	228	5.7
	250명 이상	947	89	9.4	106	11.2
	전체	23,761	1,068	4.5	1,226	5.2
전기 등 공기조절 공급업/수도 등 원료 재생업	10~49명	465	32	7.0	15	3.3
	50~249명	164	7	4.5	7	4.4
	250명 이상	31	1	3.7	1	3.6
	전체	660	41	6.2	24	3.6
건설업	10~49명	3,486	0	0.0	38	1.1
	50~249명	1,060	28	2.7	7	0.7
	250명 이상	294	10	3.4	9	3.1
	전체	4,840	38	0.8	54	1.1
도매 및 소매업	10~49명	10,402	227	2.2	37	0.4
	50~249명	1,084	28	2.6	50	4.6
	250명 이상	265	6	2.4	14	5.1
	전체	11,751	262	2.2	100	0.9
운수 및 창고업	10~49명	1,333	26	2.0	0	0.0
	50~249명	488	6	1.3	0	0.0
	250명 이상	120	1	0.9	5	4.5
	전체	1,941	34	1.7	5	0.3
숙박 및 음식점업	10~49명	3,063	238	7.8	80	2.6
	50~249명	177	0	0.0	4	2.5
	250명 이상	83	6	7.0	13	15.2
	전체	3,324	244	7.3	97	2.9

(계속)

(단위 : 개, %)

구 분		인공지능(AI) 기술 및 서비스 이용 기업체	문자 언어 분석을 수행하는 AI 기술		주변 환경 관찰에 기반한 자율적 판단을 통해 기계의 물리적 이동을 가능하게 하는 AI 기술	
			기업체수	비율	기업체수	비율
정보통신업	10~49명	4,552	427	9.4	93	2.0
	50~249명	1,611	295	18.3	13	0.8
	250명 이상	276	43	15.5	17	6.3
	전체	6,439	765	11.9	124	1.9
금융 및 보험업	10~49명	478	12	2.5	4	0.8
	50~249명	320	165	51.7	0	0.0
	250명 이상	165	1	0.8	5	3.3
	전체	963	179	18.6	10	1.0
부동산업	10~49명	273	0	0.0	0	0.0
	50~249명	79	4	4.6	0	0.0
	250명 이상	80	3	3.3	2	3.1
	전체	431	6	1.5	2	0.6
전문, 과학 및 기술서비스업	10~49명	3,634	173	4.8	73	2.0
	50~249명	573	20	3.5	27	4.6
	250명 이상	129	5	3.8	7	5.6
	전체	4,336	198	4.6	107	2.5
사업시설관리, 사업지원 및 임대서비스업	10~49명	1,314	30	2.3	0	0.0
	50~249명	470	7	1.4	0	0.0
	250명 이상	503	25	5.0	11	2.3
	전체	2,287	62	2.7	11	0.5
교육서비스업	10~49명	907	20	2.2	0	0.0
	50~249명	95	0	0.0	0	0.0
	250명 이상	29	0	0.0	2	8.1
	전체	1,030	20	1.9	2	0.2
보건업 및 사회복지 서비스업	10~49명	4,390	47	1.1	46	1.0
	50~249명	887	0	0.0	25	2.9
	250명 이상	87	4	4.2	4	4.3
	전체	5,364	51	0.9	75	1.4
예술, 스포츠 및 여가관련 서비스업	10~49명	444	20	4.6	0	0.0
	50~249명	118	7	5.8	7	5.9
	250명 이상	12	0	0.0	0	0.0
	전체	574	27	4.7	7	1.2
수리 및 기타 개인 서비스업	10~49명	1,385	0	0.0	0	0.0
	50~249명	62	1	2.3	2	2.6
	250명 이상	12	1	8.5	0	0.0
	전체	1,458	2	0.2	2	0.1
조직형태별						
개인사업체		12,469	472	3.8	199	1.6
회사법인		57,174	2,534	4.4	1,664	2.9

※ 기준시점 : 2024년 12월 31일

※ 기업체 : 인공지능(AI) 기술 및 서비스 이용 기업체

※ 추정오차 : 문서작성 및 정보 수집 ±899기업체, 업무자동화 지원 ±771기업체, 의사 결정 지원 ±900기업체, 음성 언어를 기계가 읽을 수 있는 형식으로 변환하는 기술 ±452기업체, 영상, 문자 또는 음성 언어를 생성, 요약, 편집하는 AI기술 ±530기업체, 이미지 또는 영상을 기반으로 사물이나 사람을 식별하는 기술 ±829기업체, 데이터 분석을 위한 머신러닝 ±502기업체, 문자 언어 분석을 수행하는 AI 기술 ±366기업체, 주변 환경 관찰에 기반한 자율적 판단을 통해 기계의 물리적 이동을 가능하게 하는 AI 기술 ±290기업체

※ 주 : 인공지능(AI) 기술 및 서비스 이용 유형별 복수응답 수치임

5.4 인공지능 기술 및 서비스 투자(비용지출) 유형(복수응답) - ①

(단위 : 개, %)

구 분		인공지능(AI) 기술 및 서비스 투자(비용지출) 기업체	문서작성 및 정보 수집		업무자동화 지원		의사 결정 지원		음성 언어를 기계가 읽을 수 있는 형식으로 변환하는 기술	
			기업체수	비율	기업체수	비율	기업체수	비율	기업체수	비율
전체		17,570	10,813	61.5	3,344	19.0	3,317	18.9	1,007	5.7
지 역 별										
서울		7,296	5,781	79.2	963	13.2	1,434	19.7	664	9.1
부산		786	466	59.3	16	2.0	90	11.4	25	3.2
대구		351	179	50.9	14	3.9	43	12.2	32	9.2
인천		1,144	848	74.1	379	33.2	386	33.7	44	3.9
광주		986	148	15.0	344	34.8	46	4.6	0	0.0
대전		169	69	40.6	105	62.1	4	2.6	0	0.0
울산		93	43	46.7	7	7.2	46	49.2	2	1.9
세종		4	2	42.2	0	0.0	0	0.0	0	0.0
경기		3,422	1,786	52.2	779	22.8	946	27.6	117	3.4
강원		261	189	72.3	53	20.2	72	27.5	0	0.0
충북		196	122	62.4	39	19.7	52	26.4	2	1.0
충남		115	60	52.4	34	29.5	13	10.9	3	2.9
전북		750	154	20.5	181	24.2	68	9.1	48	6.4
전남		990	206	20.8	406	41.0	35	3.6	59	6.0
경북		374	316	84.5	6	1.5	19	5.2	5	1.3
경남		564	390	69.3	14	2.5	49	8.7	6	1.1
제주		70	54	77.6	6	7.9	14	20.6	0	0.0
업종x규모별										
농림수산업(광업포함)	10~49명	89	31	34.8	7	7.7	33	37.8	0	0.0
	50~249명	15	7	49.7	5	30.3	5	30.0	0	0.0
	250명 이상	1	1	100.0	0	0.0	0	0.0	0	0.0
	전체	105	39	37.5	11	10.9	38	36.3	0	0.0
제조업	10~49명	3,701	1,700	45.9	1,122	30.3	282	7.6	93	2.5
	50~249명	1,818	1,060	58.3	720	39.6	566	31.1	31	1.7
	250명 이상	496	227	45.8	203	40.9	94	18.9	32	6.4
	전체	6,015	2,987	49.7	2,045	34.0	941	15.7	156	2.6
전기 등 공기조절 공급업/수도 등 원료 재생업	10~49명	80	17	20.7	16	20.6	16	19.9	0	0.0
	50~249명	73	29	40.3	25	34.7	14	19.8	4	4.8
	250명 이상	20	8	41.2	6	29.3	6	29.6	3	13.0
	전체	173	54	31.3	48	27.6	36	21.0	6	3.5
건설업	10~49명	569	190	33.3	114	20.0	268	47.2	0	0.0
	50~249명	227	120	53.0	43	18.9	100	44.0	7	3.1
	250명 이상	123	58	46.6	28	22.8	33	26.5	10	8.0
	전체	919	367	39.9	185	20.1	401	43.6	17	1.8
도매 및 소매업	10~49명	2,073	1,628	78.5	151	7.3	452	21.8	184	8.9
	50~249명	312	148	47.6	42	13.6	92	29.6	0	0.0
	250명 이상	162	88	54.5	35	21.5	76	46.7	5	3.2
	전체	2,547	1,864	73.2	228	9.0	620	24.4	189	7.4
운수 및 창고업	10~49명	78	52	66.6	0	0.0	26	33.3	0	0.0
	50~249명	68	44	64.6	6	9.3	31	45.2	6	9.2
	250명 이상	39	27	68.6	19	49.4	10	26.3	3	6.9
	전체	186	123	66.3	26	13.9	67	36.2	9	4.8
숙박 및 음식점업	10~49명	315	78	24.9	0	0.0	80	25.5	0	0.0
	50~249명	39	26	66.5	13	33.3	18	44.5	0	0.0
	250명 이상	45	12	27.0	5	10.6	15	33.6	7	15.8
	전체	399	117	29.2	18	4.5	113	28.3	7	1.8

(계속)

(단위 : 개, %)

구 분		인공지능(AI) 기술 및 서비스 투자(비용지출) 기업체	문서작성 및 정보 수집		업무자동화 지원		의사 결정 지원		음성 언어를 기계가 읽을 수 있는 형식으로 변환하는 기술	
			기업체수	비율	기업체수	비율	기업체수	비율	기업체수	비율
정보통신업	10~49명	2,337	2,062	88.2	246	10.5	185	7.9	278	11.9
	50~249명	925	551	59.5	111	12.0	196	21.2	85	9.2
	250명 이상	176	127	72.3	17	9.8	38	21.5	11	6.3
	전체	3,438	2,740	79.7	374	10.9	419	12.2	374	10.9
금융 및 보험업	10~49명	183	118	64.5	45	24.5	44	24.3	8	4.5
	50~249명	180	93	52.0	18	10.0	75	42.0	14	8.0
	250명 이상	115	59	51.3	34	29.1	46	40.1	15	12.8
	전체	478	270	56.6	96	20.2	166	34.8	37	7.8
부동산업	50~249명	21	7	33.2	0	0.0	21	100.0	0	0.0
	250명 이상	30	2	8.1	0	0.0	21	70.9	0	0.0
	전체	51	10	18.6	0	0.0	43	83.1	0	0.0
전문, 과학 및 기술서비스업	10~49명	1,213	1,109	91.4	34	2.8	104	8.5	66	5.4
	50~249명	267	207	77.5	40	15.1	13	5.0	13	5.0
	250명 이상	53	27	51.9	17	32.0	14	26.7	5	9.1
	전체	1,533	1,343	87.6	91	6.0	131	8.5	84	5.5
사업시설관리, 사업지원 및 임대서비스업	10~49명	120	60	49.9	0	0.0	30	25.1	30	24.8
	50~249명	170	99	58.0	20	11.6	66	38.6	0	0.0
	250명 이상	197	90	45.9	41	21.1	72	36.8	11	5.7
	전체	486	249	51.1	61	12.6	168	34.6	41	8.4
교육서비스업	10~49명	357	357	100.0	0	0.0	35	9.9	53	14.9
	50~249명	37	26	69.7	6	15.2	11	30.3	4	10.0
	250명 이상	20	13	61.8	2	10.7	3	16.3	3	16.3
	전체	415	396	95.4	8	1.9	50	12.0	60	14.5
보건업 및 사회복지 서비스업	10~49명	323	49	15.0	95	29.5	0	0.0	0	0.0
	50~249명	113	9	7.6	9	7.6	34	30.2	0	0.0
	250명 이상	33	5	15.7	11	33.1	9	27.9	4	11.4
	전체	469	62	13.3	115	24.5	43	9.2	4	0.8
예술, 스포츠 및 여가관련 서비스업	10~49명	135	85	63.1	24	17.8	30	22.0	15	11.0
	50~249명	28	11	41.4	5	16.5	9	33.9	5	16.4
	250명 이상	8	1	12.5	2	30.3	4	49.8	2	30.3
	전체	171	98	57.2	31	18.2	43	25.3	22	12.8
수리 및 기타 개인 서비스업	10~49명	157	79	50.4	0	0.0	25	15.8	0	0.0
	50~249명	21	9	42.7	3	13.9	12	57.3	0	0.0
	250명 이상	9	5	55.8	4	44.2	0	0.0	1	11.3
	전체	187	93	49.8	7	3.6	37	19.6	1	0.5
조직형태별										
개인사업체		1,401	688	49.1	216	15.4	285	20.3	4	0.3
회사법인		16,168	10,125	62.6	3,128	19.3	3,032	18.8	1,004	6.2

※ 기준시점 : 2024년 12월 31일

※ 기업체 : 인공지능(AI) 기술 및 서비스 투자(비용지출) 기업체

※ 추정오차 : 문서작성 및 정보 수집 ±354기업체, 업무자동화 지원 ±285기업체, 의사 결정 지원 ±285기업체, 음성 언어를 기계가 읽을 수 있는 형식으로 변환하는 기술 ±169기업체, 영상, 문자 또는 음성 언어를 생성, 요약, 편집하는 AI기술 ±253기업체, 이미지 또는 영상을 기반으로 사물이나 사람을 식별하는 기술 ±329기업체, 데이터 분석을 위한 머신러닝 ±274기업체, 문자 언어 분석을 수행하는 AI 기술 ±195기업체, 주변 환경 관찰에 기반한 자율적 판단을 통해 기계의 물리적 이동을 가능하게 하는 AI 기술 ±161기업체

※ 주 : 인공지능(AI) 기술 및 서비스 투자(비용지출) 유형별 복수응답 수치임

5.4 인공지능 기술 및 서비스 투자(비용지출) 유형(복수응답) - ②

(단위 : 개, %)

구 분		인공지능(AI) 기술 및 서비스 투자(비용지출) 기업체	영상, 문자 또는 음성 언어를 생성, 요약, 편집하는 AI기술		이미지 또는 영상을 기반으로 사물이나 사람을 식별하는 기술		데이터 분석을 위한 머신러닝	
			기업체수	비율	기업체수	비율	기업체수	비율
전체		17,570	2,467	14.0	5,056	28.8	3,019	17.2
지 역 별								
서울		7,296	1,080	14.8	1,592	21.8	1,065	14.6
부산		786	342	43.5	146	18.6	76	9.6
대구		351	95	26.9	117	33.3	3	0.9
인천		1,144	151	13.2	514	44.9	140	12.2
광주		986	9	1.0	361	36.6	430	43.6
대전		169	3	1.8	1	0.8	4	2.4
울산		93	12	13.0	54	58.5	34	37.2
세종		4	0	0.0	4	100.0	0	0.0
경기		3,422	365	10.7	1,009	29.5	318	9.3
강원		261	18	7.1	70	26.9	31	11.7
충북		196	3	1.5	70	35.6	10	5.3
충남		115	9	7.7	12	10.8	9	8.2
전북		750	108	14.4	338	45.1	378	50.5
전남		990	111	11.2	546	55.1	471	47.6
경북		374	69	18.4	105	28.2	12	3.1
경남		564	78	13.8	112	20.0	4	0.7
제주		70	15	21.7	4	5.4	34	48.7
업종x규모별								
농림수산업 (광업포함)	10~49명	89	22	25.2	28	31.9	0	0.0
	50~249명	15	5	30.0	3	19.8	1	9.9
	250명 이상	1	0	0.0	0	0.0	0	0.0
	전체	105	27	25.6	31	29.8	1	1.4
제조업	10~49명	3,701	475	12.8	980	26.5	985	26.6
	50~249명	1,818	156	8.6	672	37.0	451	24.8
	250명 이상	496	78	15.8	174	35.0	136	27.4
	전체	6,015	710	11.8	1,826	30.4	1,571	26.1
전기 등 공기조절 공급업/수도 등 원료 재생업	10~49명	80	0	0.0	63	79.3	15	19.4
	50~249명	73	7	9.8	51	70.3	29	39.7
	250명 이상	20	7	36.5	9	46.9	4	18.4
	전체	173	14	8.4	124	71.8	48	27.8
건설업	10~49명	569	149	26.2	307	53.9	0	0.0
	50~249명	227	21	9.3	128	56.4	14	6.3
	250명 이상	123	9	7.6	71	57.7	15	11.8
	전체	919	179	19.5	506	55.0	29	3.1
도매 및 소매업	10~49명	2,073	254	12.3	438	21.1	114	5.5
	50~249명	312	28	9.1	121	38.7	50	15.9
	250명 이상	162	54	33.3	38	23.3	17	10.3
	전체	2,547	336	13.2	596	23.4	181	7.1
운수 및 창고업	10~49명	78	0	0.0	26	33.3	26	33.4
	50~249명	68	6	8.5	24	35.4	0	0.0
	250명 이상	39	14	36.0	5	13.8	6	14.0
	전체	186	20	10.7	56	29.9	32	17.0
숙박 및 음식점업	10~49명	315	0	0.0	74	23.6	40	12.7
	50~249명	39	9	22.2	13	33.2	0	0.0
	250명 이상	45	12	26.4	11	24.1	6	12.5
	전체	399	21	5.2	98	24.6	46	11.5

(계속)

(단위 : 개, %)

구 분		인공지능(AI) 기술 및 서비스 투자(비용지출) 기업체	영상, 문자 또는 음성 언어를 생성, 요약, 편집하는 AI기술		이미지 또는 영상을 기반으로 사물이나 사람을 식별하는 기술		데이터 분석을 위한 머신러닝	
			기업체수	비율	기업체수	비율	기업체수	비율
정보통신업	10~49명	2,337	371	15.9	339	14.5	432	18.5
	50~249명	925	223	24.1	341	36.9	111	12.0
	250명 이상	176	61	34.8	39	22.4	65	36.9
	전체	3,438	655	19.1	719	20.9	608	17.7
금융 및 보험업	10~49명	183	28	15.4	53	29.0	16	8.9
	50~249명	180	50	28.0	40	22.0	11	6.0
	250명 이상	115	53	46.2	34	29.1	48	41.8
	전체	478	132	27.6	126	26.4	75	15.8
부동산업	50~249명	21	18	83.2	7	33.2	0	0.0
	250명 이상	30	18	61.8	5	17.4	1	4.5
	전체	51	36	70.8	12	24.0	1	2.6
전문, 과학 및 기술서비스업	10~49명	1,213	34	2.8	104	8.6	138	11.4
	50~249명	267	46	17.4	27	10.0	40	15.0
	250명 이상	53	12	22.8	20	38.1	16	31.3
	전체	1,533	93	6.1	151	9.9	195	12.7
사업시설관리, 사업지원 및 임대서비스업	10~49명	120	60	49.9	30	24.8	30	25.1
	50~249명	170	27	15.7	98	57.5	7	3.8
	250명 이상	197	40	20.6	112	57.0	23	11.5
	전체	486	127	26.1	240	49.3	59	12.2
교육서비스업	10~49명	357	0	0.0	0	0.0	91	25.3
	50~249명	37	7	20.2	9	25.3	4	10.0
	250명 이상	20	6	27.6	2	10.6	13	65.8
	전체	415	13	3.2	11	2.8	108	26.0
보건업 및 사회복지 서비스업	10~49명	323	0	0.0	276	85.5	47	14.5
	50~249명	113	26	22.8	70	61.7	0	0.0
	250명 이상	33	13	39.2	13	38.9	6	16.7
	전체	469	39	8.2	359	76.5	52	11.2
예술, 스포츠 및 여가관련 서비스업	10~49명	135	20	14.7	71	52.5	5	3.6
	50~249명	28	12	41.7	9	32.8	2	8.1
	250명 이상	8	5	57.1	1	11.5	1	18.8
	전체	171	36	21.1	81	47.4	9	5.0
수리 및 기타 개인 서비스업	10~49명	157	25	15.8	104	65.8	0	0.0
	50~249명	21	3	14.0	16	79.2	1	6.8
	250명 이상	9	2	22.8	0	0.0	3	34.2
	전체	187	30	15.9	120	64.2	4	2.4
조직형태별								
개인사업체		1,401	152	10.8	448	32.0	217	15.5
회사법인		16,168	2,316	14.3	4,608	28.5	2,802	17.3

※ 기준시점 : 2024년 12월 31일

※ 기업체 : 인공지능(AI) 기술 및 서비스 투자(비용지출) 기업체

※ 추정오차 : 문서작성 및 정보 수집 ±354기업체, 업무자동화 지원 ±285기업체, 의사 결정 지원 ±285기업체, 음성 언어를 기계가 읽을 수 있는 형식으로 변환하는 기술 ±169기업체, 영상, 문자 또는 음성 언어를 생성, 요약, 편집하는 AI기술 ±253기업체, 이미지 또는 영상을 기반으로 사물이나 사람을 식별하는 기술 ±329기업체, 데이터 분석을 위한 머신러닝 ±274기업체, 문자 언어 분석을 수행하는 AI 기술 ±195기업체, 주변 환경 관찰에 기반한 자율적 판단을 통해 기계의 물리적 이동을 가능하게 하는 AI 기술 ±161기업체

※ 주 : 인공지능(AI) 기술 및 서비스 투자(비용지출) 유형별 복수응답 수치임

5.4 인공지능 기술 및 서비스 투자(비용지출) 유형(복수응답) - ③

(단위 : 개, %)

구 분		인공지능(AI) 기술 및 서비스 투자(비용지출) 기업체	문자 언어 분석을 수행하는 AI 기술		주변 환경 관찰에 기반한 자율적 판단을 통해 기계의 물리적 이동을 가능하게 하는 AI 기술	
			기업체수	비율	기업체수	비율
전체		17,570	1,377	7.8	908	5.2
지 역 별						
서울		7,296	827	11.3	153	2.1
부산		786	2	0.2	2	0.2
대구		351	2	0.4	2	0.4
인천		1,144	342	29.9	39	3.4
광주		986	0	0.0	276	28.0
대전		169	1	0.8	1	0.7
울산		93	36	38.4	0	0.0
세종		4	0	0.0	0	0.0
경기		3,422	153	4.5	83	2.4
강원		261	0	0.0	7	2.9
충북		196	2	0.9	14	7.1
충남		115	2	1.4	3	3.0
전북		750	4	0.5	89	11.8
전남		990	7	0.7	198	20.0
경북		374	0	0.0	0	0.0
경남		564	0	0.0	39	7.0
제주		70	1	1.5	1	1.6
업종x규모별						
농림수산업 (광업포함)	10~49명	89	0	0.0	10	11.6
	50~249명	15	0	0.0	0	0.0
	250명 이상	1	0	0.0	0	0.0
	전체	105	0	0.0	10	9.8
제조업	10~49명	3,701	0	0.0	420	11.4
	50~249명	1,818	584	32.1	135	7.4
	250명 이상	496	42	8.4	77	15.6
	전체	6,015	625	10.4	632	10.5
전기 등 공기조절 공급업/수도 등 원료 재생업	10~49명	80	0	0.0	0	0.0
	50~249명	73	4	5.1	4	4.8
	250명 이상	20	0	0.0	1	5.6
	전체	173	4	2.2	5	2.7
건설업	10~49명	569	0	0.0	0	0.0
	50~249명	227	7	3.2	0	0.0
	250명 이상	123	2	1.4	4	3.2
	전체	919	9	1.0	4	0.4
도매 및 소매업	10~49명	2,073	40	1.9	0	0.0
	50~249명	312	14	4.5	43	13.7
	250명 이상	162	2	1.1	12	7.3
	전체	2,547	56	2.2	55	2.1
운수 및 창고업	10~49명	78	0	0.0	0	0.0
	50~249명	68	0	0.0	0	0.0
	250명 이상	39	1	2.6	4	11.1
	전체	186	1	0.6	4	2.4
숙박 및 음식점업	10~49명	315	40	12.7	80	25.4
	50~249명	39	0	0.0	0	0.0
	250명 이상	45	3	7.8	9	21.1
	전체	399	44	10.9	89	22.4

(계속)

(단위 : 개, %)

구 분		인공지능(AI) 기술 및 서비스 투자(비용지출) 기업체	문자 언어 분석을 수행하는 AI 기술		주변 환경 관찰에 기반한 자율적 판단을 통해 기계의 물리적 이동을 가능하게 하는 AI 기술	
			기업체수	비율	기업체수	비율
정보통신업	10~49명	2,337	124	5.3	0	0.0
	50~249명	925	197	21.3	7	0.7
	250명 이상	176	13	7.6	12	6.9
	전체	3,438	334	9.7	19	0.5
금융 및 보험업	10~49명	183	4	2.2	0	0.0
	50~249명	180	129	72.0	0	0.0
	250명 이상	115	0	0.0	4	3.5
	전체	478	133	27.9	4	0.8
부동산업	50~249명	21	0	0.0	0	0.0
	250명 이상	30	3	8.9	1	3.7
	전체	51	3	5.2	1	2.2
전문, 과학 및 기술서비스업	10~49명	1,213	104	8.5	34	2.8
	50~249명	267	7	2.5	14	5.1
	250명 이상	53	2	3.0	6	10.7
	전체	1,533	112	7.3	53	3.5
사업시설관리, 사업지원 및 임대서비스업	10~49명	120	30	25.1	0	0.0
	50~249명	170	0	0.0	0	0.0
	250명 이상	197	13	6.5	6	2.9
	전체	486	43	8.8	6	1.2
교육서비스업	10~49명	357	0	0.0	0	0.0
	50~249명	37	0	0.0	0	0.0
	250명 이상	20	0	0.0	1	5.7
	전체	415	0	0.0	1	0.3
보건업 및 사회복지 서비스업	10~49명	323	0	0.0	0	0.0
	50~249명	113	0	0.0	18	15.5
	250명 이상	33	2	5.6	2	5.8
	전체	469	2	0.4	19	4.1
예술, 스포츠 및 여가관련 서비스업	10~49명	135	10	7.7	0	0.0
	50~249명	28	0	0.0	5	16.4
	250명 이상	8	0	0.0	0	0.0
	전체	171	10	6.1	5	2.7
수리 및 기타 개인 서비스업	10~49명	157	0	0.0	0	0.0
	50~249명	21	0	0.0	0	0.0
	250명 이상	9	1	11.3	0	0.0
	전체	187	1	0.5	0	0.0
조직형태별						
개인사업체		1,401	111	7.9	99	7.1
회사법인		16,168	1,266	7.8	808	5.0

※ 기준시점 : 2024년 12월 31일

※ 기업체 : 인공지능(AI) 기술 및 서비스 투자(비용지출) 기업체

※ 추정오차 : 문서작성 및 정보 수집 ±354기업체, 업무자동화 지원 ±285기업체, 의사 결정 지원 ±285기업체, 음성 언어를 기계가 읽을 수 있는 형식으로 변환하는 기술 ±169기업체, 영상, 문자 또는 음성 언어를 생성, 요약, 편집하는 AI기술 ±253기업체, 이미지 또는 영상을 기반으로 사물이나 사람을 식별하는 기술 ±329기업체, 데이터 분석을 위한 머신러닝 ±274기업체, 문자 언어 분석을 수행하는 AI 기술 ±195기업체, 주변 환경 관찰에 기반한 자율적 판단을 통해 기계의 물리적 이동을 가능하게 하는 AI 기술 ±161기업체

※ 주 : 인공지능(AI) 기술 및 서비스 투자(비용지출) 유형별 복수응답 수치임

5.5 인공지능(AI) 기술 및 서비스 이용 목적(복수응답) - ①

(단위 : 개, %)

구 분		인공지능(AI) 기술 및 서비스 이용 기업체	마케팅 및 판매		생산성 향상 또는 서비스 프로세스 개선		비즈니스 관리 프로세스 또는 관리 조직화	
			기업체수	비율	기업체수	비율	기업체수	비율
전체		69,643	17,322	24.9	15,058	21.6	17,924	25.7
지 역 별								
서울		19,131	7,407	38.7	3,976	20.8	5,508	28.8
부산		3,136	671	21.4	440	14.0	900	28.7
대구		2,004	449	22.4	600	30.0	432	21.6
인천		2,700	716	26.5	667	24.7	673	24.9
광주		3,064	593	19.3	1,089	35.5	1,380	45.0
대전		1,084	97	9.0	246	22.7	294	27.1
울산		991	210	21.2	190	19.1	172	17.3
세종		180	0	0.0	24	13.5	2	0.9
경기		18,324	3,944	21.5	3,516	19.2	2,287	12.5
강원		789	141	17.9	179	22.7	189	23.9
충북		1,418	60	4.2	120	8.4	360	25.4
충남		2,166	177	8.2	368	17.0	370	17.1
전북		3,274	808	24.7	1,040	31.8	1,495	45.7
전남		3,960	1,042	26.3	1,430	36.1	1,926	48.6
경북		2,823	312	11.1	507	18.0	380	13.5
경남		4,221	620	14.7	595	14.1	1,540	36.5
제주		378	75	19.8	71	18.7	18	4.7
업종x규모별								
농림수산업 (광업포함)	10~49명	435	73	16.8	86	19.9	133	30.6
	50~249명	45	3	6.6	13	30.0	26	56.8
	250명 이상	4	2	50.2	2	49.9	1	25.2
	전체	484	78	16.1	102	21.1	160	33.0
제조업	10~49명	18,791	3,120	16.6	5,195	27.6	4,054	21.6
	50~249명	4,023	1,388	34.5	1,257	31.2	1,746	43.4
	250명 이상	947	321	34.0	339	35.8	324	34.3
	전체	23,761	4,829	20.3	6,791	28.6	6,124	25.8
전기 등 공기조절 공급업/수도 등 원료 재생업	10~49명	465	81	17.4	48	10.4	16	3.4
	50~249명	164	44	26.7	51	31.1	66	40.2
	250명 이상	31	12	37.7	10	33.4	16	52.3
	전체	660	136	20.6	110	16.6	98	14.9
건설업	10~49명	3,486	828	23.7	567	16.3	640	18.4
	50~249명	1,060	163	15.4	92	8.6	529	49.9
	250명 이상	294	72	24.4	56	19.1	90	30.7
	전체	4,840	1,063	22.0	715	14.8	1,259	26.0
도매 및 소매업	10~49명	10,402	2,618	25.2	1,623	15.6	2,477	23.8
	50~249명	1,084	299	27.6	228	21.1	273	25.2
	250명 이상	265	134	50.5	59	22.2	99	37.5
	전체	11,751	3,051	26.0	1,910	16.3	2,850	24.2
운수 및 창고업	10~49명	1,333	262	19.6	52	3.9	284	21.3
	50~249명	488	120	24.6	120	24.6	77	15.7
	250명 이상	120	37	30.8	29	23.9	11	9.1
	전체	1,941	418	21.6	201	10.4	372	19.2
숙박 및 음식점업	10~49명	3,063	582	19.0	543	17.7	542	17.7
	50~249명	177	57	32.2	27	14.9	35	19.9
	250명 이상	83	37	44.1	9	11.1	15	18.6
	전체	3,324	676	20.3	578	17.4	592	17.8

(계속)

(단위 : 개, %)

구 분		인공지능(AI) 기술 및 서비스 이용 기업체	마케팅 및 판매		생산성 향상 또는 서비스 프로세스 개선		비즈니스 관리 프로세스 또는 관리 조직화	
			기업체수	비율	기업체수	비율	기업체수	비율
정보통신업	10~49명	4,552	2,148	47.2	1,075	23.6	1,478	32.5
	50~249명	1,611	870	54.0	281	17.5	806	50.1
	250명 이상	276	153	55.3	33	12.1	100	36.2
	전체	6,439	3,171	49.2	1,390	21.6	2,385	37.0
금융 및 보험업	10~49명	478	163	34.0	93	19.4	183	38.2
	50~249명	320	165	51.7	25	7.9	180	56.2
	250명 이상	165	113	68.5	18	11.2	64	38.6
	전체	963	441	45.8	137	14.2	426	44.2
부동산업	10~49명	273	40	14.5	78	28.5	38	14.1
	50~249명	79	18	22.8	18	22.8	11	13.7
	250명 이상	80	4	4.8	8	9.6	18	22.3
	전체	431	61	14.2	103	24.0	67	15.5
전문, 과학 및 기술서비스업	10~49명	3,634	1,465	40.3	664	18.3	1,324	36.4
	50~249명	573	199	34.8	113	19.8	260	45.4
	250명 이상	129	47	36.3	26	19.9	23	17.9
	전체	4,336	1,711	39.5	803	18.5	1,607	37.1
사업시설관리, 사업지원 및 임대서비스업	10~49명	1,314	266	20.3	180	13.7	294	22.4
	50~249명	470	131	27.9	72	15.2	105	22.2
	250명 이상	503	114	22.6	104	20.7	143	28.4
	전체	2,287	511	22.3	355	15.5	541	23.7
교육서비스업	10~49명	907	124	13.7	183	20.2	429	47.3
	50~249명	95	37	39.4	17	17.7	42	44.9
	250명 이상	29	14	48.5	6	20.2	2	8.1
	전체	1,030	175	17.0	206	20.0	474	46.0
보건업 및 사회복지 서비스업	10~49명	4,390	180	4.1	1,150	26.2	421	9.6
	50~249명	887	269	30.3	155	17.5	119	13.4
	250명 이상	87	42	48.4	13	14.7	7	8.1
	전체	5,364	491	9.2	1,318	24.6	547	10.2
예술, 스포츠 및 여가관련 서비스업	10~49명	444	99	22.4	95	21.3	99	22.4
	50~249명	118	34	29.2	21	17.6	14	11.6
	250명 이상	12	3	27.4	1	8.0	3	23.4
	전체	574	137	23.9	116	20.3	116	20.2
수리 및 기타 개인 서비스업	10~49명	1,385	343	24.7	209	15.1	287	20.7
	50~249명	62	25	40.8	9	14.0	19	30.9
	250명 이상	12	3	29.4	5	45.4	1	8.5
	전체	1,458	371	25.5	223	15.3	307	21.1
조직형태별								
개인사업체		12,469	2,019	16.2	2,427	19.5	1,743	14.0
회사법인		57,174	15,303	26.8	12,631	22.1	16,181	28.3

※ 기준시점 : 2024년 12월 31일
※ 기업체 : 인공지능(AI) 기술 및 서비스 이용 기업체
※ 추정오차 : 마케팅 및 판매 ±778기업체, 생산성 향상 또는 서비스 프로세스 개선 ±741기업체, 비즈니스 관리 프로세스 또는 관리 조직화 ±787기업체, 물류 관리 ±642기업체, 기업 보안 ±858기업체, 회계 및 재무관리 ±811기업체, 연구개발(R&D) 및 혁신 활동 ±533기업체, 비용 절감 ±752기업체, 고객 수요 반영 ±466기업체, 기타 ±141기업체
※ 주 : 인공지능(AI) 기술 및 서비스 이용 목적별 복수응답 수치임

5.5 인공지능(AI) 기술 및 서비스 이용 목적(복수응답) - ②

(단위 : 개, %)

구 분		인공지능(AI) 기술 및 서비스 이용 기업체	물류 관리		기업 보안		회계 및 재무관리	
			기업체수	비율	기업체수	비율	기업체수	비율
전체		69,643	10,411	14.9	45,387	65.2	19,720	28.3
지 역 별								
서울		19,131	3,088	16.1	11,352	59.3	5,625	29.4
부산		3,136	367	11.7	2,066	65.9	864	27.6
대구		2,004	235	11.7	1,328	66.2	581	29.0
인천		2,700	289	10.7	1,778	65.9	1,293	47.9
광주		3,064	448	14.6	2,010	65.6	895	29.2
대전		1,084	188	17.4	520	48.0	317	29.3
울산		991	51	5.2	602	60.7	201	20.3
세종		180	0	0.0	158	87.8	4	2.1
경기		18,324	3,050	16.6	13,230	72.2	5,181	28.3
강원		789	113	14.3	509	64.5	83	10.6
충북		1,418	287	20.3	995	70.2	258	18.2
충남		2,166	188	8.7	1,508	69.6	566	26.1
전북		3,274	442	13.5	2,180	66.6	1,059	32.4
전남		3,960	496	12.5	2,309	58.3	1,111	28.1
경북		2,823	442	15.6	1,974	69.9	598	21.2
경남		4,221	655	15.5	2,631	62.3	1,063	25.2
제주		378	70	18.6	236	62.5	21	5.7
업종x규모별								
농림수산업 (광업포함)	10~49명	435	50	11.5	294	67.5	88	20.1
	50~249명	45	4	10.0	22	49.9	17	36.8
	250명 이상	4	0	0.0	1	24.9	0	0.0
	전체	484	55	11.3	317	65.5	104	21.5
제조업	10~49명	18,791	3,141	16.7	12,967	69.0	5,333	28.4
	50~249명	4,023	678	16.8	2,565	63.7	1,898	47.2
	250명 이상	947	191	20.1	583	61.5	403	42.6
	전체	23,761	4,009	16.9	16,115	67.8	7,635	32.1
전기 등 공기조절 공급업/수도 등 원료 재생업	10~49명	465	63	13.5	416	89.5	143	30.7
	50~249명	164	33	20.1	120	73.1	80	49.0
	250명 이상	31	4	11.3	24	78.0	13	40.8
	전체	660	99	15.0	561	84.9	236	35.7
건설업	10~49명	3,486	457	13.1	2,314	66.4	729	20.9
	50~249명	1,060	170	16.0	679	64.1	234	22.1
	250명 이상	294	33	11.2	220	75.0	113	38.3
	전체	4,840	660	13.6	3,214	66.4	1,075	22.2
도매 및 소매업	10~49명	10,402	1,706	16.4	6,610	63.5	2,790	26.8
	50~249명	1,084	191	17.6	745	68.8	275	25.4
	250명 이상	265	49	18.7	177	67.0	76	28.7
	전체	11,751	1,946	16.6	7,533	64.1	3,142	26.7
운수 및 창고업	10~49명	1,333	52	3.9	938	70.4	128	9.6
	50~249명	488	39	7.9	334	68.6	89	18.2
	250명 이상	120	28	23.5	79	66.0	34	28.4
	전체	1,941	119	6.1	1,352	69.7	251	12.9
숙박 및 음식점업	10~49명	3,063	308	10.0	2,281	74.4	930	30.4
	50~249명	177	9	5.0	103	57.8	36	20.1
	250명 이상	83	14	17.1	49	58.7	23	27.2
	전체	3,324	331	10.0	2,432	73.2	989	29.7

(계속)

(단위 : 개, %)

구 분		인공지능(AI) 기술 및 서비스 이용 기업체	물류 관리		기업 보안		회계 및 재무관리	
			기업체수	비율	기업체수	비율	기업체수	비율
정보통신업	10~49명	4,552	554	12.2	2,428	53.3	1,293	28.4
	50~249명	1,611	236	14.6	924	57.4	728	45.2
	250명 이상	276	28	10.2	157	56.7	100	36.2
	전체	6,439	817	12.7	3,508	54.5	2,121	32.9
금융 및 보험업	10~49명	478	57	11.8	304	63.5	134	28.0
	50~249명	320	32	10.1	194	60.7	190	59.5
	250명 이상	165	12	7.4	92	55.8	82	49.8
	전체	963	101	10.5	590	61.2	406	42.2
부동산업	10~49명	273	39	14.4	233	85.6	0	0.0
	50~249명	79	21	27.1	64	81.7	14	18.0
	250명 이상	80	4	4.7	63	78.5	8	10.2
	전체	431	64	14.9	360	83.6	22	5.2
전문, 과학 및 기술서비스업	10~49명	3,634	384	10.6	1,641	45.1	734	20.2
	50~249명	573	73	12.8	279	48.8	174	30.3
	250명 이상	129	23	17.7	83	64.0	48	37.0
	전체	4,336	480	11.1	2,003	46.2	955	22.0
사업시설관리, 사업지원 및 임대서비스업	10~49명	1,314	212	16.1	899	68.5	356	27.1
	50~249명	470	59	12.6	372	79.1	137	29.2
	250명 이상	503	86	17.1	395	78.5	162	32.2
	전체	2,287	357	15.6	1,666	72.9	655	28.6
교육서비스업	10~49명	907	91	10.0	470	51.9	126	13.9
	50~249명	95	11	11.6	59	62.9	20	21.5
	250명 이상	29	0	0.0	14	48.1	13	44.5
	전체	1,030	102	9.9	544	52.8	159	15.5
보건업 및 사회복지 서비스업	10~49명	4,390	878	20.0	3,179	72.4	1,306	29.8
	50~249명	887	93	10.4	610	68.8	180	20.3
	250명 이상	87	6	6.4	50	57.6	31	35.0
	전체	5,364	976	18.2	3,839	71.6	1,516	28.3
예술, 스포츠 및 여가관련 서비스업	10~49명	444	85	19.1	334	75.1	157	35.3
	50~249명	118	16	13.7	95	80.4	37	31.3
	250명 이상	12	3	23.6	6	47.9	1	8.2
	전체	574	104	18.1	434	75.6	195	33.9
수리 및 기타 개인 서비스업	10~49명	1,385	182	13.1	864	62.4	233	16.8
	50~249명	62	7	11.7	48	78.1	22	35.6
	250명 이상	12	1	12.2	8	66.8	3	25.2
	전체	1,458	190	13.1	919	63.1	258	17.7
조직형태별								
개인사업체		12,469	1,788	14.3	8,276	66.4	3,344	26.8
회사법인		57,174	8,623	15.1	37,111	64.9	16,376	28.6

※ 기준시점 : 2024년 12월 31일
※ 기업체 : 인공지능(AI) 기술 및 서비스 이용 기업체
※ 추정오차 : 마케팅 및 판매 ±778기업체, 생산성 향상 또는 서비스 프로세스 개선 ±741기업체, 비즈니스 관리 프로세스 또는 관리 조직화 ±787기업체, 물류 관리 ±642기업체, 기업 보안 ±858기업체, 회계 및 재무관리 ±811기업체, 연구개발(R&D) 및 혁신 활동 ±533기업체, 비용 절감 ±752기업체, 고객 수요 반영 ±466기업체, 기타 ±141기업체
※ 주 : 인공지능(AI) 기술 및 서비스 이용 목적별 복수응답 수치임

5.5 인공지능(AI) 기술 및 서비스 이용 목적(복수응답) - ③

(단위 : 개, %)

구 분		인공지능(AI) 기술 및 서비스 이용 기업체	연구개발(R&D) 및 혁신 활동		비용 절감		고객 수요 반영		기타	
			기업체수	비율	기업체수	비율	기업체수	비율	기업체수	비율
전체		69,643	6,757	9.7	15,693	22.5	4,573	6.6	432	0.6
지 역 별										
서울		19,131	2,615	13.7	4,425	23.1	1,735	9.1	95	0.5
부산		3,136	144	4.6	779	24.8	14	0.4	0	0.0
대구		2,004	16	0.8	552	27.5	11	0.6	0	0.0
인천		2,700	372	13.8	629	23.3	207	7.7	9	0.3
광주		3,064	720	23.5	437	14.3	202	6.6	0	0.0
대전		1,084	14	1.3	183	16.9	101	9.3	0	0.0
울산		991	1	0.1	236	23.8	34	3.5	0	0.0
세종		180	0	0.0	4	2.5	0	0.0	0	0.0
경기		18,324	1,419	7.7	4,353	23.8	798	4.4	326	1.8
강원		789	75	9.5	116	14.7	68	8.6	0	0.0
충북		1,418	64	4.5	179	12.6	121	8.6	0	0.0
충남		2,166	68	3.1	707	32.6	0	0.0	0	0.0
전북		3,274	525	16.0	602	18.4	483	14.8	0	0.0
전남		3,960	508	12.8	955	24.1	671	16.9	0	0.0
경북		2,823	15	0.5	717	25.4	3	0.1	0	0.0
경남		4,221	190	4.5	702	16.6	88	2.1	0	0.0
제주		378	11	2.9	118	31.2	36	9.5	2	0.5
업종x규모별										
농림수산업 (광업포함)	10~49명	435	11	2.5	92	21.1	3	0.8	0	0.0
	50~249명	45	3	6.6	17	36.8	0	0.0	0	0.0
	250명 이상	4	0	0.0	1	24.9	0	0.0	0	0.0
	전체	484	14	2.8	109	22.6	3	0.7	0	0.0
제조업	10~49명	18,791	1,730	9.2	4,317	23.0	1,388	7.4	236	1.3
	50~249명	4,023	776	19.3	916	22.8	474	11.8	0	0.0
	250명 이상	947	216	22.8	241	25.4	73	7.7	5	0.6
	전체	23,761	2,722	11.5	5,474	23.0	1,935	8.1	242	1.0
전기 등 공기조절 공급업/수도 등 원료 재생업	10~49명	465	48	10.3	114	24.4	15	3.3	0	0.0
	50~249명	164	39	24.1	62	37.8	22	13.3	0	0.0
	250명 이상	31	7	22.2	8	26.8	3	10.5	0	0.0
	전체	660	94	14.3	184	27.9	41	6.1	0	0.0
건설업	10~49명	3,486	191	5.5	1,035	29.7	115	3.3	0	0.0
	50~249명	1,060	71	6.7	156	14.7	14	1.3	0	0.0
	250명 이상	294	31	10.7	87	29.6	15	5.1	2	0.6
	전체	4,840	293	6.1	1,278	26.4	145	3.0	2	0.0
도매 및 소매업	10~49명	10,402	560	5.4	2,485	23.9	335	3.2	73	0.7
	50~249명	1,084	113	10.4	290	26.8	64	5.9	0	0.0
	250명 이상	265	31	11.6	61	23.1	19	7.2	0	0.0
	전체	11,751	704	6.0	2,836	24.1	418	3.6	73	0.6
운수 및 창고업	10~49명	1,333	104	7.8	312	23.4	27	2.0	0	0.0
	50~249명	488	6	1.3	101	20.6	6	1.2	0	0.0
	250명 이상	120	5	4.1	34	27.9	3	2.6	0	0.0
	전체	1,941	115	5.9	446	23.0	36	1.8	0	0.0
숙박 및 음식점업	10~49명	3,063	121	4.0	512	16.7	76	2.5	0	0.0
	50~249명	177	4	2.5	58	32.7	0	0.0	4	2.5
	250명 이상	83	8	9.8	29	34.6	11	13.6	1	1.3
	전체	3,324	134	4.0	599	18.0	87	2.6	5	0.2

(계속)

(단위 : 개, %)

구 분		인공지능(AI) 기술 및 서비스 이용 기업체	연구개발(R&D) 및 혁신 활동		비용 절감		고객 수요 반영		기타	
			기업체수	비율	기업체수	비율	기업체수	비율	기업체수	비율
정보통신업	10~49명	4,552	1,353	29.7	1,046	23.0	644	14.1	31	0.7
	50~249명	1,611	380	23.6	274	17.0	236	14.7	0	0.0
	250명 이상	276	115	41.7	61	22.2	56	20.3	5	1.9
	전체	6,439	1,848	28.7	1,381	21.4	936	14.5	36	0.6
금융 및 보험업	10~49명	478	32	6.8	122	25.5	21	4.3	0	0.0
	50~249명	320	54	16.9	93	29.2	165	51.7	0	0.0
	250명 이상	165	73	44.3	39	23.4	37	22.2	8	4.6
	전체	963	159	16.6	254	26.4	222	23.1	8	0.8
부동산업	10~49명	273	0	0.0	78	28.5	0	0.0	0	0.0
	50~249명	79	11	13.7	14	18.2	0	0.0	0	0.0
	250명 이상	80	6	8.1	12	15.2	0	0.0	0	0.0
	전체	431	17	4.0	104	24.2	0	0.0	0	0.0
전문, 과학 및 기술서비스업	10~49명	3,634	275	7.6	523	14.4	103	2.8	0	0.0
	50~249명	573	87	15.2	93	16.3	27	4.7	0	0.0
	250명 이상	129	30	23.0	30	23.4	14	11.2	2	1.2
	전체	4,336	392	9.0	646	14.9	144	3.3	2	0.0
사업시설관리, 사업지원 및 임대서비스업	10~49명	1,314	30	2.3	357	27.2	0	0.0	0	0.0
	50~249명	470	7	1.4	117	24.9	0	0.0	0	0.0
	250명 이상	503	37	7.4	148	29.4	35	6.9	0	0.0
	전체	2,287	74	3.2	622	27.2	35	1.5	0	0.0
교육서비스업	10~49명	907	73	8.0	236	26.0	164	18.0	37	4.1
	50~249명	95	4	3.9	17	17.7	4	3.9	0	0.0
	250명 이상	29	9	30.7	10	35.8	12	43.5	4	15.6
	전체	1,030	85	8.3	263	25.5	180	17.4	42	4.1
보건업 및 사회복지 서비스업	10~49명	4,390	47	1.1	835	19.0	277	6.3	0	0.0
	50~249명	887	26	2.9	172	19.4	44	5.0	18	2.0
	250명 이상	87	11	12.7	20	23.1	11	12.8	4	4.3
	전체	5,364	84	1.6	1,026	19.1	332	6.2	21	0.4
예술, 스포츠 및 여가관련 서비스업	10~49명	444	10	2.2	81	18.2	26	5.8	0	0.0
	50~249명	118	2	2.0	32	27.4	2	1.9	0	0.0
	250명 이상	12	0	0.0	3	27.4	0	0.0	1	12.0
	전체	574	12	2.1	116	20.2	28	4.8	1	0.3
수리 및 기타 개인 서비스업	10~49명	1,385	0	0.0	334	24.1	28	2.0	0	0.0
	50~249명	62	6	9.2	18	28.4	1	2.3	0	0.0
	250명 이상	12	2	20.8	1	8.5	2	17.1	0	0.0
	전체	1,458	8	0.6	353	24.2	31	2.2	0	0.0
조직형태별										
개인사업체		12,469	375	3.0	2,732	21.9	486	3.9	92	0.7
회사법인		57,174	6,382	11.2	12,961	22.7	4,087	7.1	340	0.6

※ 기준시점 : 2024년 12월 31일

※ 기업체 : 인공지능(AI) 기술 및 서비스 이용 기업체

※ 추정오차 : 마케팅 및 판매 ±778기업체, 생산성 향상 또는 서비스 프로세스 개선 ±741기업체, 비즈니스 관리 프로세스 또는 관리 조직화 ±787기업체, 물류 관리 ±642기업체, 기업 보안 ±858기업체, 회계 및 재무관리 ±811기업체, 연구개발(R&D) 및 혁신 활동 ±533기업체, 비용 절감 ±752기업체, 고객 수요 반영 ±466기업체, 기타 ±141기업체

※ 주 : 인공지능(AI) 기술 및 서비스 이용 목적별 복수응답 수치임

5.6 인공지능(AI) 기술 및 서비스 이용 형태(복수응답) - ①

(단위 : 개, %)

구 분		인공지능(AI) 기술 및 서비스 이용 기업체	자체적으로 개발하여 이용		상용 소프트웨어 또는 시스템을 자체적으로 수정하여 이용		오픈 소스 소프트웨어 또는 시스템을 자체적으로 수정하여 이용	
			기업체수	비율	기업체수	비율	기업체수	비율
전체		69,643	5,897	8.5	6,813	9.8	5,464	7.8
지 역 별								
서울		19,131	2,475	12.9	2,663	13.9	1,810	9.5
부산		3,136	310	9.9	242	7.7	102	3.2
대구		2,004	127	6.3	166	8.3	43	2.2
인천		2,700	103	3.8	304	11.3	224	8.3
광주		3,064	134	4.4	268	8.8	523	17.1
대전		1,084	6	0.6	108	9.9	69	6.4
울산		991	158	16.0	114	11.5	21	2.1
세종		180	4	2.5	2	0.9	0	0.0
경기		18,324	1,476	8.1	1,514	8.3	1,325	7.2
강원		789	39	5.0	43	5.4	51	6.5
충북		1,418	11	0.8	98	6.9	7	0.5
충남		2,166	9	0.4	105	4.9	23	1.1
전북		3,274	230	7.0	373	11.4	603	18.4
전남		3,960	316	8.0	509	12.9	420	10.6
경북		2,823	328	11.6	65	2.3	11	0.4
경남		4,221	139	3.3	238	5.6	227	5.4
제주		378	31	8.2	1	0.3	3	0.9
업종x규모별								
농림수산업 (광업포함)	10~49명	435	11	2.4	25	5.7	14	3.3
	50~249명	45	0	0.0	4	9.9	4	10.0
	250명 이상	4	1	24.9	1	24.9	1	25.0
	전체	484	12	2.4	30	6.3	20	4.1
제조업	10~49명	18,791	1,405	7.5	1,879	10.0	1,880	10.0
	50~249명	4,023	499	12.4	521	13.0	323	8.0
	250명 이상	947	188	19.8	178	18.8	60	6.3
	전체	23,761	2,092	8.8	2,577	10.8	2,262	9.5
전기 등 공기조절 공급업/수도 등 원료 재생업	10~49명	465	17	3.6	32	6.8	64	13.7
	50~249명	164	22	13.3	33	20.1	15	8.9
	250명 이상	31	3	11.0	4	11.6	2	7.0
	전체	660	42	6.3	68	10.3	81	12.2
건설업	10~49명	3,486	111	3.2	223	6.4	153	4.4
	50~249명	1,060	43	4.1	99	9.3	42	4.0
	250명 이상	294	25	8.4	44	14.9	16	5.6
	전체	4,840	179	3.7	366	7.6	211	4.4
도매 및 소매업	10~49명	10,402	631	6.1	1,044	10.0	680	6.5
	50~249명	1,084	43	3.9	71	6.5	71	6.5
	250명 이상	265	46	17.2	64	24.1	36	13.5
	전체	11,751	720	6.1	1,179	10.0	786	6.7
운수 및 창고업	10~49명	1,333	26	2.0	0	0.0	26	2.0
	50~249명	488	13	2.6	19	4.0	0	0.0
	250명 이상	120	6	4.8	10	8.4	16	13.5
	전체	1,941	45	2.3	29	1.5	42	2.2
숙박 및 음식점업	10~49명	3,063	436	14.2	387	12.6	277	9.1
	50~249명	177	4	2.5	9	4.9	0	0.0
	250명 이상	83	8	9.1	10	12.4	11	13.4
	전체	3,324	447	13.5	406	12.2	289	8.7

(계속)

(단위 : 개, %)

구 분		인공지능(AI) 기술 및 서비스 이용 기업체	자체적으로 개발하여 이용		상용 소프트웨어 또는 시스템을 자체적으로 수정하여 이용		오픈 소스 소프트웨어 또는 시스템을 자체적으로 수정하여 이용	
			기업체수	비율	기업체수	비율	기업체수	비율
정보통신업	10~49명	4,552	1,165	25.6	800	17.6	707	15.5
	50~249명	1,611	420	26.1	302	18.7	275	17.1
	250명 이상	276	81	29.4	44	15.8	33	12.1
	전체	6,439	1,666	25.9	1,146	17.8	1,015	15.8
금융 및 보험업	10~49명	478	16	3.4	37	7.6	28	5.9
	50~249명	320	40	12.4	57	18.0	36	11.2
	250명 이상	165	52	31.4	33	20.2	19	11.8
	전체	963	108	11.2	127	13.2	84	8.7
부동산업	10~49명	273	0	0.0	19	7.1	0	0.0
	50~249명	79	0	0.0	4	4.6	4	4.5
	250명 이상	80	3	3.4	5	6.4	7	9.2
	전체	431	3	0.6	28	6.5	11	2.5
전문, 과학 및 기술서비스업	10~49명	3,634	139	3.8	207	5.7	243	6.7
	50~249명	573	13	2.4	47	8.1	53	9.3
	250명 이상	129	22	16.8	16	12.1	4	3.4
	전체	4,336	174	4.0	269	6.2	300	6.9
사업시설관리, 사업지원 및 임대서비스업	10~49명	1,314	88	6.7	30	2.3	0	0.0
	50~249명	470	39	8.3	65	13.8	46	9.7
	250명 이상	503	65	13.0	72	14.4	37	7.3
	전체	2,287	193	8.4	167	7.3	82	3.6
교육서비스업	10~49명	907	18	2.0	161	17.7	108	11.9
	50~249명	95	2	2.0	13	13.8	9	9.8
	250명 이상	29	3	11.6	8	27.8	6	19.7
	전체	1,030	23	2.2	182	17.6	123	11.9
보건업 및 사회복지 서비스업	10~49명	4,390	47	1.1	49	1.1	0	0.0
	50~249명	887	18	2.0	17	1.9	17	2.0
	250명 이상	87	2	2.1	9	10.5	9	10.4
	전체	5,364	67	1.3	74	1.4	27	0.5
예술, 스포츠 및 여가관련 서비스업	10~49명	444	5	1.1	30	6.7	40	8.9
	50~249명	118	0	0.0	16	13.6	5	3.9
	250명 이상	12	1	7.4	0	0.0	0	0.0
	전체	574	6	1.0	46	8.0	44	7.7
수리 및 기타 개인 서비스업	10~49명	1,385	109	7.9	105	7.5	78	5.7
	50~249명	62	9	14.2	10	16.7	6	9.3
	250명 이상	12	3	29.3	3	29.4	2	20.8
	전체	1,458	122	8.3	118	8.1	86	5.9
조직형태별								
개인사업체		12,469	702	5.6	882	7.1	673	5.4
회사법인		57,174	5,195	9.1	5,931	10.4	4,791	8.4

※ 기준시점 : 2024년 12월 31일

※ 기업체 : 인공지능(AI) 기술 및 서비스 이용 기업체

※ 추정오차 : 자체적으로 개발하여 이용 ±501기업체, 상용 소프트웨어 또는 시스템을 자체적으로 수정하여 이용 ±535기업체, 오픈소스 소프트웨어 또는 시스템을 자체적으로 수정하여 이용 ±484기업체, 상용 소프트웨어 또는 시스템을 구매하여 이용 ±743기업체, 외부 공급업체와 계약하여 개발 또는 수정하여 이용 ±565기업체, 프리웨어(무료 서비스) 이용 ±858기업체

※ 주 : 인공지능(AI) 기술 및 서비스 이용 형태별 복수응답 수치임

5.6 인공지능(AI) 기술 및 서비스 이용 형태(복수응답) - ②

(단위 : 개, %)

구 분		인공지능(AI) 기술 및 서비스 이용 기업체	상용 소프트웨어 또는 시스템을 구매하여 이용		외부 공급업체와 계약하여 개발 또는 수정하여 이용		프리웨어(무료 서비스) 이용	
			기업체수	비율	기업체수	비율	기업체수	비율
전체		69,643	15,181	21.8	7,714	11.1	45,321	65.1
지 역 별								
서울		19,131	4,452	23.3	2,770	14.5	10,602	55.4
부산		3,136	534	17.0	491	15.7	2,130	67.9
대구		2,004	224	11.2	173	8.6	1,520	75.8
인천		2,700	903	33.4	227	8.4	1,461	54.1
광주		3,064	1,203	39.3	139	4.5	1,821	59.4
대전		1,084	212	19.5	94	8.7	721	66.6
울산		991	144	14.6	134	13.5	641	64.7
세종		180	2	1.2	4	2.1	174	96.6
경기		18,324	3,564	19.4	2,093	11.4	12,786	69.8
강원		789	268	33.9	131	16.7	443	56.2
충북		1,418	324	22.8	105	7.4	1,106	78.0
충남		2,166	149	6.9	91	4.2	2,010	92.8
전북		3,274	987	30.1	315	9.6	1,912	58.4
전남		3,960	1,122	28.3	367	9.3	1,999	50.5
경북		2,823	443	15.7	295	10.5	2,250	79.7
경남		4,221	625	14.8	235	5.6	3,440	81.5
제주		378	25	6.6	49	13.1	307	81.1
업종x규모별								
농림수산업(광업포함)	10~49명	435	99	22.7	78	17.8	270	62.1
	50~249명	45	21	46.3	8	16.9	18	40.3
	250명 이상	4	2	50.1	0	0.0	1	25.0
	전체	484	122	25.1	85	17.6	289	59.8
제조업	10~49명	18,791	4,182	22.3	1,868	9.9	12,412	66.1
	50~249명	4,023	1,432	35.6	624	15.5	1,633	40.6
	250명 이상	947	232	24.5	316	33.4	312	33.0
	전체	23,761	5,846	24.6	2,808	11.8	14,358	60.4
전기 등 공기조절 공급업/수도 등 원료 재생업	10~49명	465	209	44.8	65	13.9	258	55.4
	50~249명	164	69	42.2	29	17.8	54	33.2
	250명 이상	31	20	62.7	10	30.4	7	21.4
	전체	660	297	45.0	103	15.6	319	48.3
건설업	10~49명	3,486	536	15.4	378	10.8	2,614	75.0
	50~249명	1,060	291	27.4	106	10.0	733	69.2
	250명 이상	294	165	56.0	63	21.5	87	29.6
	전체	4,840	991	20.5	548	11.3	3,435	71.0
도매 및 소매업	10~49명	10,402	1,521	14.6	900	8.7	7,992	76.8
	50~249명	1,084	290	26.7	177	16.3	652	60.2
	250명 이상	265	89	33.5	97	36.8	57	21.5
	전체	11,751	1,900	16.2	1,174	10.0	8,701	74.0
운수 및 창고업	10~49명	1,333	105	7.8	51	3.9	1,228	92.2
	50~249명	488	56	11.4	37	7.5	413	84.6
	250명 이상	120	19	15.9	17	14.4	68	56.7
	전체	1,941	180	9.2	106	5.4	1,709	88.1
숙박 및 음식점업	10~49명	3,063	553	18.1	77	2.5	2,322	75.8
	50~249명	177	44	24.8	27	14.9	111	62.7
	250명 이상	83	39	46.9	20	23.5	18	21.4
	전체	3,324	636	19.1	123	3.7	2,451	73.7

(계속)

(단위 : 개, %)

구 분		인공지능(AI) 기술 및 서비스 이용 기업체	상용 소프트웨어 또는 시스템을 구매하여 이용		외부 공급업체와 계약하여 개발 또는 수정하여 이용		프리웨어(무료 서비스) 이용	
			기업체수	비율	기업체수	비율	기업체수	비율
정보통신업	10~49명	4,552	1,169	25.7	824	18.1	1,912	42.0
	50~249명	1,611	340	21.1	414	25.7	502	31.2
	250명 이상	276	80	28.9	125	45.2	77	27.8
	전체	6,439	1,589	24.7	1,363	21.2	2,491	38.7
금융 및 보험업	10~49명	478	167	34.8	48	10.1	267	55.9
	50~249명	320	126	39.3	43	13.5	93	29.2
	250명 이상	165	60	36.3	91	55.0	23	14.2
	전체	963	352	36.6	182	18.9	384	39.9
부동산업	10~49명	273	19	7.1	19	7.1	253	92.9
	50~249명	79	7	9.0	36	45.5	32	40.9
	250명 이상	80	27	34.3	31	39.0	19	23.4
	전체	431	54	12.5	86	20.0	304	70.6
전문, 과학 및 기술서비스업	10~49명	3,634	967	26.6	178	4.9	2,387	65.7
	50~249명	573	247	43.1	67	11.7	252	44.1
	250명 이상	129	29	22.3	36	27.7	57	44.1
	전체	4,336	1,242	28.7	280	6.5	2,696	62.2
사업시설관리, 사업지원 및 임대서비스업	10~49명	1,314	182	13.8	89	6.8	1,072	81.6
	50~249명	470	150	31.9	118	25.0	203	43.2
	250명 이상	503	250	49.6	143	28.4	142	28.3
	전체	2,287	582	25.4	350	15.3	1,417	62.0
교육서비스업	10~49명	907	381	42.0	55	6.1	475	52.4
	50~249명	95	48	50.9	13	13.8	37	39.4
	250명 이상	29	12	40.9	12	43.0	1	4.0
	전체	1,030	441	42.8	80	7.8	514	49.9
보건업 및 사회복지 서비스업	10~49명	4,390	417	9.5	191	4.4	4,066	92.6
	50~249명	887	95	10.7	43	4.9	740	83.4
	250명 이상	87	29	33.2	9	10.6	45	51.8
	전체	5,364	541	10.1	244	4.5	4,852	90.5
예술, 스포츠 및 여가관련 서비스업	10~49명	444	146	33.0	30	6.8	273	61.5
	50~249명	118	32	27.4	14	11.8	69	58.9
	250명 이상	12	4	35.4	6	44.5	2	20.0
	전체	574	183	31.9	49	8.6	345	60.1
수리 및 기타 개인 서비스업	10~49명	1,385	187	13.5	105	7.6	1,040	75.1
	50~249명	62	34	54.5	21	33.4	15	24.2
	250명 이상	12	4	37.4	6	50.2	0	0.0
	전체	1,458	225	15.4	132	9.0	1,055	72.4
조직형태별								
개인사업체		12,469	1,863	14.9	775	6.2	9,988	80.1
회사법인		57,174	13,317	23.3	6,939	12.1	35,333	61.8

※ 기준시점 : 2024년 12월 31일

※ 기업체 : 인공지능(AI) 기술 및 서비스 이용 기업체

※ 추정오차 : 자체적으로 개발하여 이용 ±501기업체, 상용 소프트웨어 또는 시스템을 자체적으로 수정하여 이용 ±535기업체, 오픈소스 소프트웨어 또는 시스템을 자체적으로 수정하여 이용 ±484기업체, 상용 소프트웨어 또는 시스템을 구매하여 이용 ±743기업체, 외부 공급업체와 계약하여 개발 또는 수정하여 이용 ±565기업체, 프리웨어(무료 서비스) 이용 ±858기업체

※ 주 : 인공지능(AI) 기술 및 서비스 이용 형태별 복수응답 수치임

5.7 인공지능(AI) 기술 및 서비스 이용 효과

(단위 : 개, 점)

구 분		인공지능(AI) 기술 및 서비스 이용 기업체	업무의 효율성/생산성 향상 및 비용 절감	기존 제품 및 서비스 품질 향상	신규 제품/서비스, 사업(수익) 모델 개발	기업 내부 운영 최적화	업계 내 경쟁력 강화	안전 및 사고방지/기업 보안	법규/규제 준수
전체		69,643	74.9	70.3	69.3	71.0	69.2	67.7	67.3
지 역 별									
서울		19,131	74.7	71.6	69.5	71.6	70.0	67.1	66.6
부산		3,136	76.9	71.0	68.2	73.3	71.6	70.3	68.6
대구		2,004	75.0	69.7	70.9	72.9	69.7	70.4	68.2
인천		2,700	74.5	72.8	69.1	69.1	68.7	69.2	68.2
광주		3,064	73.0	61.2	61.7	64.2	60.4	61.7	61.8
대전		1,084	71.8	66.1	67.8	69.6	69.0	63.5	68.4
울산		991	71.4	69.8	66.2	69.8	69.8	66.5	65.6
세종		180	92.8	93.0	93.1	92.7	93.7	93.9	93.1
경기		18,324	76.1	73.6	72.5	74.3	72.7	71.6	71.0
강원		789	76.6	72.9	70.1	76.2	71.5	71.9	72.2
충북		1,418	73.9	73.6	71.7	67.7	68.7	62.8	63.3
충남		2,166	76.1	71.8	71.8	71.6	69.3	70.6	71.7
전북		3,274	68.9	58.0	57.4	60.3	56.3	56.9	56.9
전남		3,960	68.6	57.5	57.6	58.6	56.3	54.7	55.1
경북		2,823	77.6	73.7	74.2	75.6	74.9	73.0	72.6
경남		4,221	78.2	69.8	73.2	72.0	70.2	69.3	68.2
제주		378	87.5	87.1	86.0	83.6	84.9	83.0	83.9
업종x규모별									
농림수산업 (광업포함)	10~49명	435	73.2	67.0	66.9	68.5	66.9	66.0	64.4
	50~249명	45	80.8	72.5	70.8	71.7	69.2	70.8	69.1
	250명 이상	4	75.1	81.3	68.8	75.1	75.0	62.5	68.8
	전체	484	73.9	67.6	67.3	68.9	67.2	66.4	64.8
제조업	10~49명	18,791	72.9	67.9	68.7	68.3	67.3	66.6	64.9
	50~249명	4,023	73.1	68.4	66.2	67.5	64.6	63.0	63.0
	250명 이상	947	74.6	70.7	70.5	71.3	69.8	67.8	66.9
	전체	23,761	73.0	68.1	68.4	68.3	67.0	66.1	64.6
전기 등 공기조절 공급업/수도 등 원료 재생업	10~49명	465	73.3	69.8	67.2	67.2	66.4	69.9	63.8
	50~249명	164	76.7	68.4	70.6	65.7	67.3	70.5	66.1
	250명 이상	31	83.3	76.9	74.1	73.3	68.7	68.8	64.7
	전체	660	74.6	69.8	68.3	67.1	66.7	70.0	64.4
건설업	10~49명	3,486	74.9	70.6	67.0	71.7	69.7	68.9	68.7
	50~249명	1,060	74.5	65.9	63.6	71.1	64.9	65.0	69.0
	250명 이상	294	76.8	76.0	74.5	75.6	74.2	71.2	71.5
	전체	4,840	74.9	69.9	66.7	71.8	68.9	68.2	68.9
도매 및 소매업	10~49명	10,402	74.7	70.1	68.9	72.1	70.3	68.3	69.9
	50~249명	1,084	79.1	74.1	74.4	76.5	74.2	72.7	72.9
	250명 이상	265	83.5	79.1	75.2	79.0	73.8	71.2	69.6
	전체	11,751	75.3	70.6	69.6	72.7	70.8	68.8	70.2
운수 및 창고업	10~49명	1,333	78.0	70.6	67.2	75.0	70.6	68.2	69.1
	50~249명	488	80.5	75.6	74.0	77.6	75.2	73.3	73.6
	250명 이상	120	74.0	73.0	72.3	75.2	73.5	73.8	73.7
	전체	1,941	78.4	72.0	69.2	75.7	71.9	69.8	70.6
숙박 및 음식점업	10~49명	3,063	75.2	67.6	66.6	68.9	66.5	65.7	68.2
	50~249명	177	76.4	77.7	69.0	74.0	76.4	68.3	70.2
	250명 이상	83	78.6	72.9	76.0	76.2	73.4	68.0	68.9
	전체	3,324	75.3	68.2	66.9	69.3	67.2	65.9	68.3

(계속)

(단위 : 개, 점)

구 분		인공지능(AI) 기술 및 서비스 이용 기업체	업무의 효율성/생산성 향상 및 비용 절감	기존 제품 및 서비스 품질 향상	신규 제품/서비스, 사업(수익) 모델 개발	기업 내부 운영 최적화	업계 내 경쟁력 강화	안전 및 사고방지/기업 보안	법규/규제 준수
정보통신업	10~49명	4,552	77.6	72.8	69.1	72.2	69.6	65.6	64.6
	50~249명	1,611	66.0	65.5	64.3	62.9	62.2	61.5	60.8
	250명 이상	276	80.3	78.5	75.5	78.0	76.5	65.0	67.4
	전체	6,439	74.8	71.3	68.2	70.1	68.1	64.5	63.7
금융 및 보험업	10~49명	478	78.2	74.3	69.9	76.9	69.9	66.3	65.9
	50~249명	320	64.0	62.6	59.5	59.8	58.4	64.6	63.5
	250명 이상	165	84.5	82.3	82.8	82.6	82.1	79.3	76.9
	전체	963	74.6	71.8	68.7	72.2	68.2	67.9	67.0
부동산업	10~49명	273	83.9	76.8	75.0	78.5	80.4	76.8	78.6
	50~249명	79	73.8	74.9	84.1	78.4	73.8	80.7	72.7
	250명 이상	80	78.3	73.1	71.5	70.5	71.4	66.9	68.0
	전체	431	81.1	75.8	76.0	77.0	77.5	75.7	75.6
전문, 과학 및 기술서비스업	10~49명	3,634	78.8	77.4	74.3	75.4	72.0	69.9	68.0
	50~249명	573	77.3	71.2	71.2	75.3	67.4	64.2	63.9
	250명 이상	129	77.3	75.2	75.7	73.5	73.1	69.6	70.3
	전체	4,336	78.6	76.5	73.9	75.4	71.4	69.2	67.5
사업시설관리, 사업지원 및 임대서비스업	10~49명	1,314	77.4	74.5	75.7	74.6	74.0	73.4	71.8
	50~249명	470	78.1	75.0	73.6	73.6	72.6	72.2	71.6
	250명 이상	503	77.4	73.3	72.1	73.4	73.0	72.3	72.2
	전체	2,287	77.5	74.4	74.5	74.2	73.5	72.9	71.8
교육서비스업	10~49명	907	77.1	69.1	70.2	69.2	67.3	67.2	68.2
	50~249명	95	78.0	79.0	70.0	74.5	71.5	67.1	65.7
	250명 이상	29	83.6	83.8	79.7	78.9	84.9	70.8	69.8
	전체	1,030	77.4	70.5	70.4	69.9	68.2	67.3	68.0
보건업 및 사회복지 서비스업	10~49명	4,390	75.1	70.9	70.9	72.5	71.7	71.5	70.7
	50~249명	887	77.2	70.9	69.6	75.5	73.3	70.6	69.4
	250명 이상	87	78.7	74.9	69.7	74.9	71.1	61.9	69.7
	전체	5,364	75.5	70.9	70.7	73.0	72.0	71.2	70.5
예술, 스포츠 및 여가관련 서비스업	10~49명	444	76.5	68.5	70.3	70.0	68.9	68.2	65.6
	50~249명	118	78.5	73.1	70.2	73.6	69.7	72.2	71.2
	250명 이상	12	71.1	76.0	67.8	78.2	70.1	63.9	68.2
	전체	574	76.8	69.6	70.2	70.9	69.1	68.9	66.8
수리 및 기타 개인 서비스업	10~49명	1,385	76.0	72.3	71.1	74.5	76.5	71.7	72.2
	50~249명	62	75.4	77.5	72.7	76.2	73.5	78.7	72.0
	250명 이상	12	81.5	78.3	71.0	73.0	78.2	61.6	71.0
	전체	1,458	76.0	72.5	71.2	74.5	76.4	71.9	72.1
조직형태별									
개인사업체		12,469	76.2	71.5	71.5	72.4	70.7	70.9	70.2
회사법인		57,174	74.6	70.0	68.8	70.6	68.9	67.0	66.7

※ 기준시점 : 2024년 12월 31일
※ 기업체 : 인공지능(AI) 기술 및 서비스 이용 기업체
※ 주 : 인공지능(AI) 기술 및 서비스 이용 효과별 100점 평균 수치임

5.8 인공지능(AI) 기술 및 서비스 미이용 이유(복수응답) - ①

(단위 : 개, %)

구 분		인공지능(AI) 기술 및 서비스 미이용 기업체	경제적 비용 부담		보안에 대한 우려		서비스(기술)의 복잡성		인프라 및 인력 부재	
			기업체수	비율	기업체수	비율	기업체수	비율	기업체수	비율
전체		141,972	56,256	39.6	20,279	14.3	34,969	24.6	49,610	34.9
지 역 별										
서울		28,958	14,854	51.3	4,855	16.8	6,143	21.2	11,512	39.8
부산		8,913	2,782	31.2	1,029	11.5	2,382	26.7	2,919	32.8
대구		5,684	1,638	28.8	848	14.9	1,370	24.1	1,576	27.7
인천		8,192	3,004	36.7	414	5.1	917	11.2	1,781	21.7
광주		1,460	6	0.4	0	0.0	0	0.0	366	25.1
대전		3,694	1,416	38.3	569	15.4	1,465	39.6	1,367	37.0
울산		3,320	1,058	31.9	555	16.7	925	27.9	1,107	33.3
세종		752	364	48.4	106	14.1	434	57.7	461	61.3
경기		40,852	15,941	39.0	8,277	20.3	10,784	26.4	13,414	32.8
강원		3,930	2,212	56.3	366	9.3	1,087	27.7	2,031	51.7
충북		5,852	3,515	60.1	235	4.0	1,218	20.8	2,315	39.6
충남		6,938	3,071	44.3	957	13.8	2,338	33.7	2,649	38.2
전북		2,357	157	6.7	0	0.0	0	0.0	1,082	45.9
전남		2,750	289	10.5	45	1.6	0	0.0	1,409	51.3
경북		7,431	2,087	28.1	615	8.3	2,311	31.1	2,216	29.8
경남		8,892	2,870	32.3	1,254	14.1	2,598	29.2	2,436	27.4
제주		1,997	991	49.6	155	7.8	998	50.0	967	48.4
업종x규모별										
농림수산업 (광업포함)	10~49명	1,102	425	38.5	24	2.2	200	18.1	403	36.5
	50~249명	30	12	39.6	0	0.0	6	20.2	3	9.9
	전체	1,132	437	38.6	24	2.1	206	18.2	406	35.8
제조업	10~49명	36,361	13,987	38.5	6,533	18.0	11,381	31.3	14,512	39.9
	50~249명	4,810	2,146	44.6	1,021	21.2	1,880	39.1	1,344	27.9
	250명 이상	437	175	40.0	136	31.1	113	25.8	102	23.4
	전체	41,608	16,308	39.2	7,691	18.5	13,374	32.1	15,958	38.4
전기 등 공기조절 공급업/수도 등 원료 재생업	10~49명	1,710	483	28.3	172	10.1	245	14.3	325	19.0
	50~249명	182	40	22.2	11	6.0	36	20.0	62	33.9
	250명 이상	6	0	0.0	4	62.0	1	18.2	1	18.2
	전체	1,898	524	27.6	187	9.8	282	14.9	388	20.4
건설업	10~49명	23,277	8,937	38.4	1,110	4.8	5,835	25.1	9,927	42.6
	50~249명	2,056	834	40.5	157	7.6	420	20.4	608	29.6
	250명 이상	221	75	34.1	35	15.7	58	26.3	51	22.9
	전체	25,554	9,846	38.5	1,301	5.1	6,313	24.7	10,585	41.4
도매 및 소매업	10~49명	15,634	6,224	39.8	2,681	17.1	4,018	25.7	5,408	34.6
	50~249명	1,172	521	44.4	270	23.0	228	19.5	299	25.5
	250명 이상	63	2	2.7	15	24.4	3	5.4	3	5.4
	전체	16,869	6,746	40.0	2,967	17.6	4,250	25.2	5,710	33.9
운수 및 창고업	10~49명	4,474	2,105	47.0	601	13.4	1,006	22.5	1,035	23.1
	50~249명	1,182	455	38.5	83	7.0	322	27.3	399	33.7
	250명 이상	143	51	35.4	20	13.8	33	22.9	40	27.7
	전체	5,799	2,611	45.0	704	12.1	1,361	23.5	1,473	25.4
숙박 및 음식점업	10~49명	7,250	3,565	49.2	1,119	15.4	2,054	28.3	2,595	35.8
	50~249명	358	164	45.8	39	10.9	70	19.7	167	46.6
	250명 이상	19	10	53.3	5	26.1	4	19.1	5	26.0
	전체	7,626	3,739	49.0	1,163	15.2	2,128	27.9	2,766	36.3

(계속)

(단위 : 개, %)

구 분		인공지능(AI) 기술 및 서비스 미이용 기업체	경제적 비용 부담		보안에 대한 우려		서비스(기술)의 복잡성		인프라 및 인력 부재	
			기업체수	비율	기업체수	비율	기업체수	비율	기업체수	비율
정보통신업	10~49명	4,699	1,685	35.9	884	18.8	614	13.1	1,468	31.2
	50~249명	311	91	29.2	52	16.7	52	16.9	72	23.0
	250명 이상	53	12	22.4	24	45.3	6	11.0	4	7.4
	전체	5,063	1,787	35.3	960	19.0	672	13.3	1,543	30.5
금융 및 보험업	10~49명	499	105	21.1	199	39.9	52	10.5	80	16.1
	50~249명	42	0	0.0	14	34.0	11	25.5	4	8.5
	250명 이상	21	16	74.4	14	66.0	4	20.2	3	13.6
	전체	562	121	21.5	228	40.5	67	12.0	87	15.4
부동산업	10~49명	1,968	939	47.7	135	6.9	291	14.8	1,001	50.8
	50~249명	241	54	22.5	32	13.4	28	11.7	72	29.9
	250명 이상	46	16	34.9	9	19.9	9	19.4	15	32.1
	전체	2,256	1,009	44.8	177	7.8	328	14.6	1,088	48.2
전문, 과학 및 기술서비스업	10~49명	9,227	3,214	34.8	979	10.6	2,036	22.1	2,429	26.3
	50~249명	978	259	26.5	180	18.4	193	19.7	387	39.5
	250명 이상	106	51	48.1	45	42.8	21	19.6	34	31.6
	전체	10,311	3,524	34.2	1,204	11.7	2,250	21.8	2,850	27.6
사업시설관리, 사업지원 및 임대서비스업	10~49명	6,335	2,378	37.5	333	5.3	998	15.7	2,019	31.9
	50~249명	2,018	781	38.7	123	6.1	370	18.4	674	33.4
	250명 이상	335	126	37.7	38	11.2	80	24.0	122	36.6
	전체	8,688	3,285	37.8	494	5.7	1,449	16.7	2,815	32.4
교육서비스업	10~49명	1,387	619	44.6	438	31.5	309	22.3	306	22.1
	50~249명	65	15	22.7	24	37.1	7	11.4	9	14.3
	250명 이상	3	2	66.7	1	33.3	0	0.0	1	33.3
	전체	1,456	636	43.7	463	31.8	316	21.7	317	21.7
보건업 및 사회복지 서비스업	10~49명	8,231	3,603	43.8	1,779	21.6	979	11.9	1,866	22.7
	50~249명	1,266	584	46.2	302	23.8	279	22.1	398	31.4
	250명 이상	39	12	32.2	18	46.3	0	0.0	1	3.7
	전체	9,536	4,200	44.0	2,099	22.0	1,259	13.2	2,265	23.8
예술, 스포츠 및 여가관련 서비스업	10~49명	824	293	35.6	51	6.2	61	7.4	193	23.4
	50~249명	95	44	46.7	32	34.0	49	51.0	35	36.8
	250명 이상	8	0	0.0	1	19.9	1	13.3	1	13.3
	전체	927	337	36.4	85	9.2	110	11.9	229	24.7
수리 및 기타 개인 서비스업	10~49명	2,600	1,109	42.6	506	19.5	579	22.3	1,115	42.9
	50~249명	82	36	43.3	28	34.1	22	26.7	14	17.3
	250명 이상	4	0	0.0	0	0.0	3	66.4	1	33.6
	전체	2,687	1,144	42.6	534	19.9	604	22.5	1,131	42.1
조직형태별										
개인사업체		30,938	12,413	40.1	5,024	16.2	6,982	22.6	9,766	31.6
회사법인		111,034	43,843	39.5	15,255	13.7	27,987	25.2	39,843	35.9

※ 기준시점 : 2024년 12월 31일
※ 기업체 : 인공지능(AI) 기술 및 서비스 미이용 기업체
※ 추정오차 : 경제적 비용 부담 ±1,592기업체, 보안에 대한 우려 ±1,139기업체, 서비스(기술)의 복잡성 ±1,402기업체, 인프라 및 인력 부재 ±1,552기업체, 호환성 어려움 ±1,215기업체, 법적·윤리적 사항 고려 ±718기업체, 수요에 맞는 AI 부재 ±1,442기업체, 기타 ±1,339기업체
※ 주 : 인공지능(AI) 기술 및 서비스 미이용 이유별 복수응답 수치임

5.8 인공지능(AI) 기술 및 서비스 미이용 이유(복수응답) - ②

(단위 : 개, %)

구 분		인공지능(AI) 기술 및 서비스 미이용 기업체	호환성 어려움		법적·윤리적 사항 고려		수요에 맞는 AI 부재		기타	
			기업체수	비율	기업체수	비율	기업체수	비율	기업체수	비율
전체		141,972	23,745	16.7	7,276	5.1	38,080	26.8	30,625	21.6
지 역 별										
서울		28,958	4,419	15.3	663	2.3	8,623	29.8	5,495	19.0
부산		8,913	1,443	16.2	150	1.7	1,653	18.5	2,488	27.9
대구		5,684	573	10.1	126	2.2	819	14.4	1,912	33.6
인천		8,192	1,402	17.1	112	1.4	2,821	34.4	2,985	36.4
광주		1,460	85	5.8	0	0.0	779	53.4	473	32.4
대전		3,694	409	11.1	170	4.6	829	22.4	341	9.2
울산		3,320	348	10.5	47	1.4	545	16.4	845	25.5
세종		752	129	17.1	102	13.5	56	7.4	53	7.0
경기		40,852	9,236	22.6	5,395	13.2	11,634	28.5	8,238	20.2
강원		3,930	789	20.1	85	2.2	1,527	38.9	733	18.7
충북		5,852	892	15.2	77	1.3	1,871	32.0	342	5.8
충남		6,938	1,195	17.2	183	2.6	999	14.4	1,587	22.9
전북		2,357	240	10.2	0	0.0	1,519	64.4	658	27.9
전남		2,750	77	2.8	0	0.0	2,088	75.9	297	10.8
경북		7,431	749	10.1	11	0.2	723	9.7	1,807	24.3
경남		8,892	1,018	11.4	60	0.7	1,114	12.5	1,980	22.3
제주		1,997	742	37.2	96	4.8	479	24.0	392	19.6
업종x규모별										
농림수산업 (광업포함)	10~49명	1,102	163	14.8	0	0.0	323	29.3	183	16.6
	50~249명	30	1	4.9	1	4.9	10	34.6	6	20.4
	전체	1,132	164	14.5	1	0.1	333	29.4	189	16.7
제조업	10~49명	36,361	7,748	21.3	3,294	9.1	7,918	21.8	4,733	13.0
	50~249명	4,810	769	16.0	98	2.0	1,171	24.4	661	13.7
	250명 이상	437	61	14.0	18	4.1	54	12.4	132	30.2
	전체	41,608	8,578	20.6	3,410	8.2	9,143	22.0	5,526	13.3
전기 등 공기조절 공급업/수도 등 원료 재생업	10~49명	1,710	114	6.6	80	4.7	493	28.8	795	46.5
	50~249명	182	18	10.0	7	4.0	44	24.0	61	33.7
	250명 이상	6	2	38.0	0	0.0	0	0.0	0	0.0
	전체	1,898	134	7.1	87	4.6	537	28.3	856	45.1
건설업	10~49명	23,277	3,686	15.8	114	0.5	9,661	41.5	5,116	22.0
	50~249명	2,056	286	13.9	28	1.4	639	31.1	451	21.9
	250명 이상	221	22	10.1	0	0.0	29	12.9	74	33.5
	전체	25,554	3,994	15.6	142	0.6	10,329	40.4	5,640	22.1
도매 및 소매업	10~49명	15,634	3,128	20.0	1,040	6.6	3,585	22.9	3,353	21.4
	50~249명	1,172	86	7.3	22	1.9	413	35.3	239	20.4
	250명 이상	63	3	5.4	0	0.0	27	43.5	22	34.9
	전체	16,869	3,217	19.1	1,062	6.3	4,026	23.9	3,614	21.4
운수 및 창고업	10~49명	4,474	955	21.3	52	1.2	1,161	25.9	1,420	31.7
	50~249명	1,182	198	16.7	76	6.4	315	26.7	359	30.3
	250명 이상	143	24	16.8	7	4.7	31	21.7	41	28.9
	전체	5,799	1,176	20.3	134	2.3	1,507	26.0	1,820	31.4
숙박 및 음식점업	10~49명	7,250	1,306	18.0	547	7.5	1,042	14.4	1,434	19.8
	50~249명	358	110	30.9	17	4.9	67	18.7	66	18.5
	250명 이상	19	3	13.6	1	6.7	7	39.7	5	27.1
	전체	7,626	1,419	18.6	566	7.4	1,116	14.6	1,505	19.7

(계속)

(단위 : 개, %)

구 분		인공지능(AI) 기술 및 서비스 미이용 기업체	호환성 어려움		법적·윤리적 사항 고려		수요에 맞는 AI 부재		기타	
			기업체수	비율	기업체수	비율	기업체수	비율	기업체수	비율
정보통신업	10~49명	4,699	550	11.7	214	4.6	895	19.0	989	21.0
	50~249명	311	59	18.9	7	2.1	111	35.6	64	20.5
	250명 이상	53	0	0.0	0	0.0	16	29.6	13	25.2
	전체	5,063	609	12.0	220	4.4	1,021	20.2	1,066	21.0
금융 및 보험업	10~49명	499	53	10.5	12	2.4	125	25.1	118	23.6
	50~249명	42	4	8.5	0	0.0	11	25.2	14	32.3
	250명 이상	21	0	0.0	1	6.8	3	13.6	3	13.6
	전체	562	56	10.0	13	2.4	139	24.7	134	23.9
부동산업	10~49명	1,968	99	5.0	0	0.0	683	34.7	581	29.5
	50~249명	241	39	16.3	7	3.1	87	36.0	108	44.7
	250명 이상	46	9	19.3	1	2.9	10	21.6	13	27.9
	전체	2,256	147	6.5	9	0.4	780	34.6	702	31.1
전문, 과학 및 기술서비스업	10~49명	9,227	1,196	13.0	211	2.3	3,086	33.4	2,188	23.7
	50~249명	978	107	10.9	20	2.0	240	24.5	127	13.0
	250명 이상	106	18	17.4	3	2.6	21	19.6	8	7.1
	전체	10,311	1,321	12.8	234	2.3	3,347	32.5	2,322	22.5
사업시설관리, 사업지원 및 임대서비스업	10~49명	6,335	419	6.6	30	0.5	1,764	27.8	2,197	34.7
	50~249명	2,018	163	8.1	7	0.3	475	23.5	858	42.5
	250명 이상	335	35	10.5	2	0.5	91	27.2	99	29.6
	전체	8,688	618	7.1	38	0.4	2,330	26.8	3,153	36.3
교육서비스업	10~49명	1,387	235	16.9	54	3.9	296	21.3	311	22.4
	50~249명	65	17	25.9	2	2.9	24	37.0	2	2.8
	250명 이상	3	0	0.0	0	0.0	1	33.3	0	0.0
	전체	1,456	251	17.3	56	3.9	321	22.1	313	21.5
보건업 및 사회복지 서비스업	10~49명	8,231	1,348	16.4	936	11.4	2,218	26.9	2,433	29.6
	50~249명	1,266	95	7.5	234	18.5	336	26.5	267	21.0
	250명 이상	39	5	13.2	7	17.5	8	21.8	12	31.9
	전체	9,536	1,448	15.2	1,177	12.3	2,562	26.9	2,712	28.4
예술, 스포츠 및 여가관련 서비스업	10~49명	824	91	11.0	15	1.8	148	18.0	290	35.2
	50~249명	95	32	34.0	0	0.0	16	17.2	9	9.8
	250명 이상	8	1	13.4	0	0.0	3	39.9	3	40.2
	전체	927	124	13.4	15	1.6	167	18.1	302	32.6
수리 및 기타 개인 서비스업	10~49명	2,600	480	18.5	106	4.1	399	15.3	753	29.0
	50~249명	82	4	5.2	4	5.4	22	26.9	16	19.7
	250명 이상	4	3	66.4	0	0.0	0	0.0	1	33.6
	전체	2,687	487	18.1	111	4.1	421	15.7	770	28.7
조직형태별										
개인사업체		30,938	4,755	15.4	2,496	8.1	6,311	20.4	7,764	25.1
회사법인		111,034	18,990	17.1	4,779	4.3	31,769	28.6	22,862	20.6

※ 기준시점 : 2024년 12월 31일
※ 기업체 : 인공지능(AI) 기술 및 서비스 미이용 기업체
※ 추정오차 : 경제적 비용 부담 ±1,592기업체, 보안에 대한 우려 ±1,139기업체, 서비스(기술)의 복잡성 ±1,402기업체, 인프라 및 인력 부재 ±1,552기업체, 호환성 어려움 ±1,215기업체, 법적·윤리적 사항 고려 ±718기업체, 수요에 맞는 AI 부재 ±1,442기업체, 기타 ±1,339기업체
※ 주 : 인공지능(AI) 기술 및 서비스 미이용 이유별 복수응답 수치임

정보화 투자

1 정보화 투자

1.1 정보화 투자(비용 지출) 현황

(단위 : 개, %)

구 분		전체 기업체	정보화 투자	
			기업체수	비율
전체		211,615	211,615	100.0
지 역 별				
서울		48,089	48,089	100.0
부산		12,049	12,049	100.0
대구		7,688	7,688	100.0
인천		10,892	10,892	100.0
광주		4,524	4,524	100.0
대전		4,778	4,778	100.0
울산		4,311	4,311	100.0
세종		932	932	100.0
경기		59,176	59,176	100.0
강원		4,719	4,719	100.0
충북		7,270	7,270	100.0
충남		9,104	9,104	100.0
전북		5,631	5,631	100.0
전남		6,710	6,710	100.0
경북		10,254	10,254	100.0
경남		13,113	13,113	100.0
제주		2,375	2,375	100.0
업종x규모별				
농림수산업 (광업포함)	10~49명	1,537	1,537	100.0
	50~249명	75	75	100.0
	250명 이상	4	4	100.0
	전체	1,616	1,616	100.0
제조업	10~49명	55,152	55,152	100.0
	50~249명	8,833	8,833	100.0
	250명 이상	1,384	1,384	100.0
	전체	65,369	65,369	100.0
전기 등 공기조절 공급업/수도 등 원료 재생업	10~49명	2,175	2,175	100.0
	50~249명	346	346	100.0
	250명 이상	37	37	100.0
	전체	2,558	2,558	100.0
건설업	10~49명	26,763	26,763	100.0
	50~249명	3,116	3,116	100.0
	250명 이상	515	515	100.0
	전체	30,394	30,394	100.0
도매 및 소매업	10~49명	26,036	26,036	100.0
	50~249명	2,256	2,256	100.0
	250명 이상	328	328	100.0
	전체	28,620	28,620	100.0
운수 및 창고업	10~49명	5,807	5,807	100.0
	50~249명	1,670	1,670	100.0
	250명 이상	263	263	100.0
	전체	7,740	7,740	100.0
숙박 및 음식점업	10~49명	10,313	10,313	100.0
	50~249명	535	535	100.0
	250명 이상	102	102	100.0
	전체	10,950	10,950	100.0

(계속)

(단위 : 개, %)

구 분		전체 기업체	정보화 투자	
			기업체수	비율
정보통신업	10~49명	9,251	9,251	100.0
	50~249명	1,922	1,922	100.0
	250명 이상	329	329	100.0
	전체	11,502	11,502	100.0
금융 및 보험업	10~49명	977	977	100.0
	50~249명	362	362	100.0
	250명 이상	186	186	100.0
	전체	1,525	1,525	100.0
부동산업	10~49명	2,241	2,241	100.0
	50~249명	320	320	100.0
	250명 이상	126	126	100.0
	전체	2,687	2,687	100.0
전문, 과학 및 기술서비스업	10~49명	12,861	12,861	100.0
	50~249명	1,551	1,551	100.0
	250명 이상	235	235	100.0
	전체	14,647	14,647	100.0
사업시설관리, 사업지원 및 임대서비스업	10~49명	7,649	7,649	100.0
	50~249명	2,488	2,488	100.0
	250명 이상	838	838	100.0
	전체	10,975	10,975	100.0
교육서비스업	10~49명	2,294	2,294	100.0
	50~249명	160	160	100.0
	250명 이상	32	32	100.0
	전체	2,486	2,486	100.0
보건업 및 사회복지 서비스업	10~49명	12,621	12,621	100.0
	50~249명	2,153	2,153	100.0
	250명 이상	126	126	100.0
	전체	14,900	14,900	100.0
예술, 스포츠 및 여가관련 서비스업	10~49명	1,268	1,268	100.0
	50~249명	213	213	100.0
	250명 이상	20	20	100.0
	전체	1,501	1,501	100.0
수리 및 기타 개인 서비스업	10~49명	3,985	3,985	100.0
	50~249명	144	144	100.0
	250명 이상	16	16	100.0
	전체	4,145	4,145	100.0
조직형태별				
개인사업체		43,407	43,407	100.0
회사법인		168,208	168,208	100.0

※ 기준시점 : 2024년 12월 31일
※ 기업체 : 전국의 종사자수 10인 이상 민간 부문 기업체(통계청, 2024년 12월 기준 기업통계등록부)

1.2 정보화 투자(비용 지출) 유형(복수응답) - ①

(단위 : 개, %)

구 분		정보화 투자 기업체	하드웨어 관련 비용		소프트웨어 관련 비용		시스템 운영·유지보수 비용		인프라 운영 비용	
			기업체수	비율	기업체수	비율	기업체수	비율	기업체수	비율
전체		211,615	90,820	42.9	129,605	61.2	115,967	54.8	176,970	83.6
지 역 별										
서울		48,089	20,234	42.1	29,817	62.0	30,414	63.2	39,386	81.9
부산		12,049	10,024	83.2	10,083	83.7	5,669	47.0	11,862	98.4
대구		7,688	6,053	78.7	6,433	83.7	3,454	44.9	7,645	99.4
인천		10,892	2,871	26.4	5,773	53.0	5,532	50.8	10,264	94.2
광주		4,524	576	12.7	1,946	43.0	2,502	55.3	4,524	100.0
대전		4,778	3,012	63.0	3,327	69.6	3,000	62.8	3,445	72.1
울산		4,311	3,205	74.3	3,411	79.1	1,736	40.3	4,273	99.1
세종		932	566	60.7	560	60.1	431	46.3	792	85.0
경기		59,176	20,760	35.1	33,206	56.1	33,916	57.3	40,585	68.6
강원		4,719	774	16.4	2,305	48.9	1,932	40.9	4,538	96.2
충북		7,270	1,864	25.6	3,804	52.3	3,989	54.9	5,915	81.4
충남		9,104	3,395	37.3	5,479	60.2	5,554	61.0	6,294	69.1
전북		5,631	618	11.0	2,816	50.0	3,521	62.5	5,586	99.2
전남		6,710	853	12.7	2,972	44.3	4,014	59.8	6,638	98.9
경북		10,254	6,504	63.4	7,441	72.6	3,648	35.6	9,769	95.3
경남		13,113	9,185	70.0	9,256	70.6	5,717	43.6	13,094	99.9
제주		2,375	328	13.8	977	41.1	937	39.4	2,360	99.4
업종x규모별										
농림수산업 (광업포함)	10~49명	1,537	337	21.9	779	50.7	615	40.0	1,499	97.5
	50~249명	75	35	46.1	45	60.1	47	62.1	74	98.0
	250명 이상	4	2	49.8	3	74.8	3	75.1	4	100.0
	전체	1,616	374	23.1	827	51.2	665	41.1	1,576	97.5
제조업	10~49명	55,152	25,843	46.9	33,739	61.2	31,715	57.5	38,069	69.0
	50~249명	8,833	5,186	58.7	7,101	80.4	5,734	64.9	7,987	90.4
	250명 이상	1,384	1,007	72.7	1,152	83.3	943	68.1	1,246	90.0
	전체	65,369	32,036	49.0	41,992	64.2	38,393	58.7	47,301	72.4
전기 등 공기조절 공급업/수도 등 원료 재생업	10~49명	2,175	851	39.1	1,338	61.5	932	42.8	1,961	90.2
	50~249명	346	172	49.7	222	64.1	178	51.6	335	96.9
	250명 이상	37	31	84.8	33	87.9	34	93.1	37	100.0
	전체	2,558	1,054	41.2	1,592	62.2	1,145	44.8	2,333	91.2
건설업	10~49명	26,763	9,281	34.7	14,393	53.8	12,291	45.9	25,695	96.0
	50~249명	3,116	1,335	42.8	1,816	58.3	1,757	56.4	3,039	97.5
	250명 이상	515	236	45.9	358	69.6	304	59.0	506	98.3
	전체	30,394	10,852	35.7	16,568	54.5	14,351	47.2	29,240	96.2
도매 및 소매업	10~49명	26,036	11,881	45.6	16,084	61.8	15,299	58.8	18,673	71.7
	50~249명	2,256	1,053	46.7	1,495	66.3	1,508	66.8	2,207	97.8
	250명 이상	328	258	78.7	267	81.5	282	85.9	325	99.0
	전체	28,620	13,192	46.1	17,846	62.4	17,089	59.7	21,204	74.1
운수 및 창고업	10~49명	5,807	1,859	32.0	3,442	59.3	3,127	53.8	5,549	95.6
	50~249명	1,670	647	38.7	1,040	62.3	917	54.9	1,633	97.8
	250명 이상	263	133	50.4	158	60.2	171	64.9	253	96.2
	전체	7,740	2,639	34.1	4,640	60.0	4,214	54.4	7,435	96.1
숙박 및 음식점업	10~49명	10,313	3,501	33.9	5,794	56.2	4,937	47.9	7,871	76.3
	50~249명	535	229	42.8	339	63.3	388	72.5	522	97.6
	250명 이상	102	48	47.4	80	78.1	76	74.5	98	96.3
	전체	10,950	3,778	34.5	6,212	56.7	5,401	49.3	8,492	77.5

(계속)

(단위 : 개, %)

구 분		정보화 투자 기업체	하드웨어 관련 비용		소프트웨어 관련 비용		시스템 운영·유지보수 비용		인프라 운영 비용	
			기업체수	비율	기업체수	비율	기업체수	비율	기업체수	비율
정보통신업	10~49명	9,251	5,190	56.1	7,089	76.6	6,700	72.4	7,190	77.7
	50~249명	1,922	1,253	65.2	1,615	84.0	1,365	71.0	1,462	76.1
	250명 이상	329	278	84.5	306	92.9	246	74.7	327	99.4
	전체	11,502	6,720	58.4	9,010	78.3	8,312	72.3	8,979	78.1
금융 및 보험업	10~49명	977	372	38.1	665	68.0	755	77.2	929	95.0
	50~249명	362	297	82.1	308	85.1	330	91.1	297	82.1
	250명 이상	186	103	55.6	144	77.3	71	38.2	182	97.7
	전체	1,525	773	50.7	1,116	73.2	1,155	75.8	1,408	92.3
부동산업	10~49명	2,241	678	30.2	1,083	48.3	914	40.8	2,221	99.1
	50~249명	320	136	42.6	198	61.8	161	50.3	309	96.6
	250명 이상	126	66	52.0	83	65.7	68	53.8	126	100.0
	전체	2,687	880	32.7	1,363	50.7	1,143	42.5	2,656	98.9
전문, 과학 및 기술서비스업	10~49명	12,861	4,838	37.6	7,651	59.5	5,669	44.1	12,755	99.2
	50~249명	1,551	919	59.2	1,185	76.4	906	58.4	1,524	98.3
	250명 이상	235	166	70.6	180	76.5	151	64.4	234	99.5
	전체	14,647	5,923	40.4	9,016	61.6	6,727	45.9	14,513	99.1
사업시설관리, 사업지원 및 임대서비스업	10~49명	7,649	2,250	29.4	3,870	50.6	3,371	44.1	7,325	95.8
	50~249명	2,488	895	36.0	1,457	58.6	1,297	52.1	2,371	95.3
	250명 이상	838	347	41.5	530	63.2	573	68.4	802	95.7
	전체	10,975	3,493	31.8	5,856	53.4	5,241	47.8	10,498	95.7
교육서비스업	10~49명	2,294	938	40.9	1,490	65.0	1,182	51.5	2,276	99.2
	50~249명	160	82	51.0	111	69.6	138	86.1	154	96.5
	250명 이상	32	26	81.6	31	96.4	14	43.8	32	100.0
	전체	2,486	1,045	42.1	1,632	65.7	1,333	53.6	2,463	99.1
보건업 및 사회복지 서비스업	10~49명	12,621	4,409	34.9	7,225	57.2	6,288	49.8	11,934	94.6
	50~249명	2,153	1,048	48.7	1,278	59.4	1,216	56.5	2,119	98.4
	250명 이상	126	85	67.7	94	74.4	99	78.5	124	98.6
	전체	14,900	5,542	37.2	8,597	57.7	7,602	51.0	14,178	95.2
예술, 스포츠 및 여가관련 서비스업	10~49명	1,268	528	41.7	758	59.8	819	64.6	1,186	93.6
	50~249명	213	91	42.5	148	69.7	164	77.2	204	95.7
	250명 이상	20	19	94.9	17	84.8	18	89.9	20	100.0
	전체	1,501	638	42.5	924	61.5	1,002	66.7	1,410	94.0
수리 및 기타 개인 서비스업	10~49명	3,985	1,828	45.9	2,309	57.9	2,109	52.9	3,123	78.4
	50~249명	144	44	30.2	89	62.1	70	48.9	144	100.0
	250명 이상	16	10	64.1	15	91.0	15	91.2	16	100.0
	전체	4,145	1,882	45.4	2,413	58.2	2,194	52.9	3,283	79.2
조직형태별										
개인사업체		43,407	17,571	40.5	25,682	59.2	20,487	47.2	37,198	85.7
회사법인		168,208	73,250	43.5	103,923	61.8	95,479	56.8	139,772	83.1

※ 기준시점 : 2024년 12월 31일

※ 기업체 : 정보화 투자(비용 지출) 기업체

※ 추정오차 : 하드웨어 관련 비용 ±1,799기업체, 소프트웨어 관련 비용 ±1,771기업체, 시스템 운영·유지보수 비용 ±1,809기업체, 인프라 운영 비용 ±1,345기업체, 운영·관리 인건비 ±1,580기업체, 신기술 도입 및 구축 ±1,048기업체, R&D ±818기업체, 기술 교육 및 훈련 ±521기업체

※ 주 : 정보화 투자(비용 지출) 유형별 복수응답 수치임

1.2 정보화 투자 유형(복수응답) - ②

(단위 : 개, %)

구 분		정보화 투자 기업체	운영·관리 인건비		신기술 도입 및 구축		R&D		기술 교육 및 훈련	
			기업체수	비율	기업체수	비율	기업체수	비율	기업체수	비율
전체		211,615	53,482	25.3	19,368	9.2	11,324	5.4	4,445	2.1
지 역 별										
서울		48,089	12,372	25.7	8,270	17.2	5,335	11.1	1,853	3.9
부산		12,049	6,415	53.2	786	6.5	415	3.4	187	1.6
대구		7,688	3,561	46.3	351	4.6	322	4.2	56	0.7
인천		10,892	1,445	13.3	1,146	10.5	672	6.2	394	3.6
광주		4,524	512	11.3	1,092	24.1	461	10.2	173	3.8
대전		4,778	1,872	39.2	218	4.6	72	1.5	5	0.1
울산		4,311	2,043	47.4	93	2.1	79	1.8	14	0.3
세종		932	228	24.5	4	0.4	4	0.4	53	5.6
경기		59,176	8,290	14.0	3,779	6.4	1,567	2.6	279	0.5
강원		4,719	236	5.0	269	5.7	86	1.8	38	0.8
충북		7,270	2,696	37.1	210	2.9	133	1.8	92	1.3
충남		9,104	2,489	27.3	127	1.4	70	0.8	8	0.1
전북		5,631	576	10.2	811	14.4	559	9.9	522	9.3
전남		6,710	632	9.4	1,205	18.0	906	13.5	512	7.6
경북		10,254	3,761	36.7	374	3.6	313	3.1	171	1.7
경남		13,113	6,197	47.3	564	4.3	315	2.4	53	0.4
제주		2,375	155	6.5	71	3.0	14	0.6	35	1.5
업종x규모별										
농림수산업 (광업포함)	10~49명	1,537	286	18.6	89	5.8	24	1.6	7	0.4
	50~249명	75	33	44.3	15	20.0	8	10.1	1	2.0
	250명 이상	4	4	100.0	1	25.2	1	25.2	0	0.0
	전체	1,616	323	20.0	105	6.5	33	2.0	8	0.5
제조업	10~49명	55,152	12,623	22.9	4,122	7.5	2,470	4.5	1,175	2.1
	50~249명	8,833	4,331	49.0	1,932	21.9	1,550	17.5	758	8.6
	250명 이상	1,384	1,182	85.4	530	38.3	447	32.3	160	11.5
	전체	65,369	18,135	27.7	6,584	10.1	4,468	6.8	2,093	3.2
전기 등 공기조절 공급업/수도 등 원료 재생업	10~49명	2,175	540	24.8	80	3.7	62	2.9	127	5.8
	50~249명	346	157	45.2	73	21.0	55	15.8	18	5.2
	250명 이상	37	32	87.8	20	54.1	14	38.0	8	22.1
	전체	2,558	729	28.5	173	6.8	131	5.1	153	6.0
건설업	10~49명	26,763	4,451	16.6	569	2.1	189	0.7	76	0.3
	50~249명	3,116	676	21.7	241	7.7	107	3.4	21	0.7
	250명 이상	515	211	41.1	123	24.0	61	11.8	17	3.3
	전체	30,394	5,338	17.6	934	3.1	357	1.2	114	0.4
도매 및 소매업	10~49명	26,036	6,237	24.0	2,374	9.1	1,105	4.2	442	1.7
	50~249명	2,256	1,022	45.3	319	14.1	162	7.2	28	1.3
	250명 이상	328	268	81.8	164	49.9	113	34.6	36	10.9
	전체	28,620	7,527	26.3	2,856	10.0	1,381	4.8	507	1.8
운수 및 창고업	10~49명	5,807	783	13.5	78	1.3	0	0.0	26	0.4
	50~249명	1,670	390	23.3	68	4.1	13	0.8	12	0.7
	250명 이상	263	130	49.5	39	15.0	25	9.7	1	0.4
	전체	7,740	1,303	16.8	186	2.4	38	0.5	39	0.5
숙박 및 음식점업	10~49명	10,313	1,939	18.8	315	3.1	118	1.1	0	0.0
	50~249명	535	198	37.0	39	7.4	22	4.1	18	3.3
	250명 이상	102	73	71.3	46	45.0	24	23.5	8	8.0
	전체	10,950	2,210	20.2	400	3.7	164	1.5	26	0.2

(계속)

(단위 : 개, %)

구 분		정보화 투자 기업체	운영·관리 인건비		신기술 도입 및 구축		R&D		기술 교육 및 훈련	
			기업체수	비율	기업체수	비율	기업체수	비율	기업체수	비율
정보통신업	10~49명	9,251	3,951	42.7	2,889	31.2	1,626	17.6	432	4.7
	50~249명	1,922	1,398	72.7	1,109	57.7	985	51.2	315	16.4
	250명 이상	329	281	85.5	181	55.0	155	47.2	36	11.0
	전체	11,502	5,630	49.0	4,179	36.3	2,766	24.0	784	6.8
금융 및 보험업	10~49명	977	357	36.5	183	18.7	85	8.7	12	1.2
	50~249명	362	297	82.1	216	59.5	176	48.6	111	30.8
	250명 이상	186	178	95.4	117	62.8	101	54.6	43	23.2
	전체	1,525	832	54.5	515	33.8	362	23.8	167	10.9
부동산업	10~49명	2,241	423	18.9	0	0.0	0	0.0	0	0.0
	50~249명	320	72	22.4	21	6.7	14	4.5	0	0.0
	250명 이상	126	48	38.1	30	23.6	8	6.2	1	0.9
	전체	2,687	542	20.2	51	1.9	22	0.8	1	0.0
전문, 과학 및 기술서비스업	10~49명	12,861	2,910	22.6	1,213	9.4	555	4.3	173	1.3
	50~249명	1,551	559	36.0	280	18.1	167	10.7	67	4.3
	250명 이상	235	153	65.2	54	22.9	45	19.0	11	4.8
	전체	14,647	3,622	24.7	1,547	10.6	766	5.2	251	1.7
사업시설관리, 사업지원 및 임대서비스업	10~49명	7,649	1,646	21.5	150	2.0	90	1.2	30	0.4
	50~249명	2,488	478	19.2	176	7.1	58	2.3	13	0.5
	250명 이상	838	262	31.2	199	23.7	103	12.3	30	3.6
	전체	10,975	2,385	21.7	525	4.8	251	2.3	73	0.7
교육서비스업	10~49명	2,294	749	32.6	377	16.4	180	7.9	126	5.5
	50~249명	160	84	52.3	37	23.1	24	15.1	6	3.5
	250명 이상	32	26	81.6	20	63.6	15	45.4	10	31.5
	전체	2,486	859	34.5	434	17.5	219	8.8	141	5.7
보건업 및 사회복지 서비스업	10~49명	12,621	1,971	15.6	369	2.9	90	0.7	0	0.0
	50~249명	2,153	602	28.0	113	5.3	68	3.2	27	1.2
	250명 이상	126	80	63.3	33	26.1	13	10.2	2	1.5
	전체	14,900	2,653	17.8	515	3.5	171	1.1	29	0.2
예술, 스포츠 및 여가관련 서비스업	10~49명	1,268	230	18.1	140	11.0	60	4.7	16	1.2
	50~249명	213	104	48.7	30	14.1	16	7.5	9	4.3
	250명 이상	20	14	72.4	8	39.8	4	17.6	1	5.0
	전체	1,501	348	23.2	178	11.9	80	5.3	26	1.7
수리 및 기타 개인 서비스업	10~49명	3,985	1,007	25.3	157	3.9	104	2.6	26	0.6
	50~249명	144	25	17.2	21	14.3	7	5.1	3	2.1
	250명 이상	16	13	82.1	9	54.8	5	30.5	4	24.2
	전체	4,145	1,044	25.2	187	4.5	116	2.8	32	0.8
조직형태별										
개인사업체		43,407	8,686	20.0	1,598	3.7	590	1.4	124	0.3
회사법인		168,208	44,796	26.6	17,770	10.6	10,735	6.4	4,320	2.6

※ 기준시점 : 2024년 12월 31일
※ 기업체 : 정보화 투자(비용 지출) 기업체
※ 추정오차 : 하드웨어 관련 비용 ±1,799기업체, 소프트웨어 관련 비용 ±1,771기업체, 시스템 운영·유지보수 비용 ±1,809기업체, 인프라 운영 비용 ±1,345기업체, 운영·관리 인건비 ±1,580기업체, 신기술 도입 및 구축 ±1,048기업체, R&D ±818기업체, 기술 교육 및 훈련 ±521기업체
※ 주 : 정보화 투자(비용 지출) 유형별 복수응답 수치임

1.3 정보화 투자율

(단위 : 개, %)

구 분		정보화 투자 기업체	1% 이하		1% 초과~5% 미만		5%~10% 미만		10% 이상		평균 투자율
			기업체수	비율	기업체수	비율	기업체수	비율	기업체수	비율	
전체		211,615	173,624	82.0	31,336	14.8	2,171	1.0	4,484	2.1	1.8
지 역 별											
서울		48,089	36,664	76.2	7,006	14.6	949	2.0	3,470	7.2	3.2
부산		12,049	10,102	83.8	1,878	15.6	0	0.0	69	0.6	1.5
대구		7,688	6,358	82.7	1,330	17.3	0	0.0	0	0.0	1.3
인천		10,892	9,030	82.9	1,295	11.9	96	0.9	471	4.3	2.3
광주		4,524	3,915	86.5	609	13.5	0	0.0	0	0.0	1.2
대전		4,778	3,426	71.7	1,170	24.5	175	3.7	7	0.1	1.6
울산		4,311	3,565	82.7	660	15.3	0	0.0	86	2.0	2.1
세종		932	830	89.1	102	10.9	0	0.0	0	0.0	1.2
경기		59,176	50,377	85.1	7,910	13.4	658	1.1	231	0.4	1.3
강원		4,719	4,049	85.8	617	13.1	53	1.1	0	0.0	1.3
충북		7,270	6,491	89.3	766	10.5	10	0.1	3	0.0	1.2
충남		9,104	6,584	72.3	2,236	24.6	222	2.4	62	0.7	1.6
전북		5,631	4,569	81.1	1,022	18.2	0	0.0	39	0.7	1.5
전남		6,710	5,956	88.8	754	11.2	0	0.0	0	0.0	1.2
경북		10,254	8,401	81.9	1,853	18.1	0	0.0	0	0.0	1.3
경남		13,113	11,096	84.6	1,971	15.0	0	0.0	46	0.3	1.4
제주		2,375	2,210	93.1	157	6.6	8	0.3	0	0.0	1.2
업종x규모별											
농림수산업 (광업포함)	10~49명	1,537	1,343	87.4	187	12.2	4	0.2	3	0.2	1.3
	50~249명	75	71	94.1	4	5.9	0	0.0	0	0.0	1.1
	250명 이상	4	4	100.0	0	0.0	0	0.0	0	0.0	1.0
	전체	1,616	1,417	87.7	192	11.9	4	0.2	3	0.2	1.3
제조업	10~49명	55,152	44,350	80.4	8,949	16.2	1,190	2.2	663	1.2	1.8
	50~249명	8,833	6,560	74.3	1,188	13.5	185	2.1	899	10.2	3.8
	250명 이상	1,384	1,026	74.1	211	15.3	28	2.1	119	8.6	3.1
	전체	65,369	51,936	79.5	10,349	15.8	1,403	2.1	1,681	2.6	2.1
전기 등 공기조절 공급업/수도 등 원료 재생업	10~49명	2,175	1,935	89.0	208	9.6	16	0.7	16	0.7	1.4
	50~249명	346	310	89.5	36	10.5	0	0.0	0	0.0	1.2
	250명 이상	37	35	93.6	2	6.4	0	0.0	0	0.0	1.1
	전체	2,558	2,280	89.1	246	9.6	16	0.6	16	0.6	1.4
건설업	10~49명	26,763	23,173	86.6	3,550	13.3	0	0.0	39	0.1	1.3
	50~249명	3,116	2,747	88.1	362	11.6	0	0.0	7	0.2	1.2
	250명 이상	515	449	87.1	63	12.2	0	0.0	4	0.7	1.3
	전체	30,394	26,369	86.8	3,975	13.1	0	0.0	50	0.2	1.3
도매 및 소매업	10~49명	26,036	21,492	82.5	3,773	14.5	183	0.7	588	2.3	1.9
	50~249명	2,256	1,931	85.6	283	12.6	28	1.2	14	0.6	1.5
	250명 이상	328	279	85.0	46	14.0	1	0.4	2	0.5	1.3
	전체	28,620	23,702	82.8	4,102	14.3	213	0.7	604	2.1	1.8
운수 및 창고업	10~49명	5,807	5,098	87.8	709	12.2	0	0.0	0	0.0	1.2
	50~249명	1,670	1,461	87.5	202	12.1	6	0.4	0	0.0	1.2
	250명 이상	263	211	80.2	52	19.8	0	0.0	0	0.0	1.4
	전체	7,740	6,770	87.5	964	12.4	6	0.1	0	0.0	1.2
숙박 및 음식점업	10~49명	10,313	8,749	84.8	1,564	15.2	0	0.0	0	0.0	1.3
	50~249명	535	468	87.5	58	10.9	4	0.8	4	0.8	1.4
	250명 이상	102	95	93.0	6	5.8	1	1.2	0	0.0	1.1
	전체	10,950	9,311	85.0	1,628	14.9	6	0.1	4	0.0	1.3

(계속)

(단위 : 개, %)

구 분		정보화 투자 기업체	1% 이하		1% 초과~5% 미만		5%~10% 미만		10% 이상		평균 투자율
			기업체수	비율	기업체수	비율	기업체수	비율	기업체수	비율	
정보통신업	10~49명	9,251	5,835	63.1	2,310	25.0	307	3.3	800	8.6	3.4
	50~249명	1,922	584	30.4	293	15.3	158	8.2	887	46.2	14.4
	250명 이상	329	251	76.2	56	17.0	8	2.6	14	4.3	2.0
	전체	11,502	6,670	58.0	2,659	23.1	473	4.1	1,701	14.8	5.2
금융 및 보험업	10~49명	977	852	87.2	112	11.5	8	0.8	4	0.4	1.3
	50~249명	362	92	25.5	32	8.9	4	1.0	234	64.5	16.9
	250명 이상	186	158	85.2	26	14.1	1	0.7	0	0.0	1.4
	전체	1,525	1,103	72.3	171	11.2	13	0.9	238	15.6	5.0
부동산업	10~49명	2,241	1,970	87.9	271	12.1	0	0.0	0	0.0	1.2
	50~249명	320	298	93.3	22	6.7	0	0.0	0	0.0	1.1
	250명 이상	126	107	84.9	18	14.2	1	0.8	0	0.0	1.4
	전체	2,687	2,376	88.4	310	11.5	1	0.0	0	0.0	1.2
전문, 과학 및 기술서비스업	10~49명	12,861	11,494	89.4	1,298	10.1	0	0.0	69	0.5	1.4
	50~249명	1,551	1,325	85.5	192	12.4	20	1.3	13	0.9	1.4
	250명 이상	235	212	90.3	22	9.2	1	0.5	0	0.0	1.2
	전체	14,647	13,032	89.0	1,512	10.3	21	0.1	82	0.6	1.4
사업시설관리, 사업지원 및 임대서비스업	10~49명	7,649	6,689	87.4	960	12.6	0	0.0	0	0.0	1.2
	50~249명	2,488	2,138	85.9	350	14.1	0	0.0	0	0.0	1.3
	250명 이상	838	731	87.3	104	12.4	3	0.3	0	0.0	1.3
	전체	10,975	9,557	87.1	1,415	12.9	3	0.0	0	0.0	1.2
교육서비스업	10~49명	2,294	1,878	81.9	398	17.4	0	0.0	18	0.8	1.4
	50~249명	160	145	90.7	9	5.8	6	3.5	0	0.0	1.3
	250명 이상	32	31	96.4	1	3.6	0	0.0	0	0.0	1.1
	전체	2,486	2,054	82.6	409	16.4	6	0.2	18	0.7	1.4
보건업 및 사회복지 서비스업	10~49명	12,621	10,374	82.2	2,247	17.8	0	0.0	0	0.0	1.3
	50~249명	2,153	1,880	87.3	265	12.3	8	0.4	0	0.0	1.2
	250명 이상	126	110	87.4	16	12.6	0	0.0	0	0.0	1.2
	전체	14,900	12,364	83.0	2,528	17.0	8	0.1	0	0.0	1.3
예술, 스포츠 및 여가관련 서비스업	10~49명	1,268	1,070	84.4	187	14.8	0	0.0	11	0.8	1.5
	50~249명	213	192	90.2	21	9.8	0	0.0	0	0.0	1.2
	250명 이상	20	16	80.0	4	20.0	0	0.0	0	0.0	1.3
	전체	1,501	1,278	85.2	212	14.1	0	0.0	11	0.7	1.5
수리 및 기타 개인 서비스업	10~49명	3,985	3,264	81.9	645	16.2	0	0.0	76	1.9	1.5
	50~249명	144	127	87.9	17	12.1	0	0.0	0	0.0	1.3
	250명 이상	16	15	93.7	1	6.3	0	0.0	0	0.0	1.1
	전체	4,145	3,405	82.2	663	16.0	0	0.0	76	1.8	1.5
조직형태별											
개인사업체		43,407	35,678	82.2	7,290	16.8	308	0.7	131	0.3	1.4
회사법인		168,208	137,946	82.0	24,045	14.3	1,864	1.1	4,352	2.6	2.0

※ 기준시점 : 2024년 12월 31일
※ 기업체 : 정보화 투자(비용 지출) 기업체
※ 추정오차 : 1% 이하 ±1,395기업체, 1% 초과~5% 미만 ±1,291기업체, 5%~10% 미만 ±366기업체, 10% 이상 ±524기업체
※ 주 : 정보화 투자율은 매출액 대비 정보화 투자액의 비율로 산출

1.4 인공지능(AI) 기술 및 서비스 투자율

(단위 : 개, %)

구 분		인공지능(AI) 기술 및 서비스 투자 기업체	1% 이하		1% 초과~5% 미만		5%~10% 미만		10% 이상		평균 투자율
			기업체수	비율	기업체수	비율	기업체수	비율	기업체수	비율	
전체		17,570	15,118	86.0	962	5.5	286	1.6	1,204	6.9	2.3
지 역 별											
서울		7,296	5,555	76.1	698	9.6	248	3.4	794	10.9	3.1
부산		786	786	100.0	0	0.0	0	0.0	0	0.0	1.0
대구		351	351	100.0	0	0.0	0	0.0	0	0.0	1.0
인천		1,144	719	62.9	69	6.1	21	1.9	334	29.2	6.9
광주		986	937	95.0	49	5.0	0	0.0	0	0.0	1.1
대전		169	169	100.0	0	0.0	0	0.0	0	0.0	1.0
울산		93	58	62.8	0	0.0	0	0.0	34	37.2	4.4
세종		4	4	100.0	0	0.0	0	0.0	0	0.0	1.0
경기		3,422	3,318	97.0	46	1.4	17	0.5	41	1.2	1.2
강원		261	261	100.0	0	0.0	0	0.0	0	0.0	1.0
충북		196	196	100.0	0	0.0	0	0.0	0	0.0	1.0
충남		115	115	100.0	0	0.0	0	0.0	0	0.0	1.0
전북		750	700	93.4	50	6.6	0	0.0	0	0.0	1.1
전남		990	941	95.1	49	4.9	0	0.0	0	0.0	1.1
경북		374	374	100.0	0	0.0	0	0.0	0	0.0	1.0
경남		564	564	100.0	0	0.0	0	0.0	0	0.0	1.0
제주		70	70	100.0	0	0.0	0	0.0	0	0.0	1.0
업종x규모별											
농림수산업 (광업포함)	10~49명	89	89	100.0	0	0.0	0	0.0	0	0.0	1.0
	50~249명	15	15	100.0	0	0.0	0	0.0	0	0.0	1.0
	250명 이상	1	1	100.0	0	0.0	0	0.0	0	0.0	1.0
	전체	105	105	100.0	0	0.0	0	0.0	0	0.0	1.0
제조업	10~49명	3,701	3,327	89.9	281	7.6	0	0.0	94	2.5	1.3
	50~249명	1,818	1,086	59.7	42	2.3	53	2.9	637	35.0	7.6
	250명 이상	496	410	82.7	15	3.1	34	6.8	37	7.5	2.9
	전체	6,015	4,822	80.2	339	5.6	86	1.4	767	12.8	3.4
전기 등 공기조절 공급업/수도 등 원료 재생업	10~49명	80	80	100.0	0	0.0	0	0.0	0	0.0	1.0
	50~249명	73	73	100.0	0	0.0	0	0.0	0	0.0	1.0
	250명 이상	20	20	100.0	0	0.0	0	0.0	0	0.0	1.0
	전체	173	173	100.0	0	0.0	0	0.0	0	0.0	1.0
건설업	10~49명	569	569	100.0	0	0.0	0	0.0	0	0.0	1.0
	50~249명	227	220	96.9	7	3.1	0	0.0	0	0.0	1.0
	250명 이상	123	123	100.0	0	0.0	0	0.0	0	0.0	1.0
	전체	919	912	99.2	7	0.8	0	0.0	0	0.0	1.0
도매 및 소매업	10~49명	2,073	1,963	94.7	110	5.3	0	0.0	0	0.0	1.1
	50~249명	312	312	100.0	0	0.0	0	0.0	0	0.0	1.0
	250명 이상	162	162	100.0	0	0.0	0	0.0	0	0.0	1.0
	전체	2,547	2,436	95.7	110	4.3	0	0.0	0	0.0	1.1
운수 및 창고업	10~49명	78	78	100.0	0	0.0	0	0.0	0	0.0	1.0
	50~249명	68	68	100.0	0	0.0	0	0.0	0	0.0	1.0
	250명 이상	39	39	100.0	0	0.0	0	0.0	0	0.0	1.0
	전체	186	186	100.0	0	0.0	0	0.0	0	0.0	1.0
숙박 및 음식점업	10~49명	315	315	100.0	0	0.0	0	0.0	0	0.0	1.0
	50~249명	39	39	100.0	0	0.0	0	0.0	0	0.0	1.0
	250명 이상	45	45	100.0	0	0.0	0	0.0	0	0.0	1.0
	전체	399	399	100.0	0	0.0	0	0.0	0	0.0	1.0

(계속)

(단위 : 개, %)

구 분		인공지능(AI) 기술 및 서비스 투자 기업체	1% 이하		1% 초과~5% 미만		5%~10% 미만		10% 이상		평균 투자율
			기업체수	비율	기업체수	비율	기업체수	비율	기업체수	비율	
정보통신업	10~49명	2,337	1,876	80.3	339	14.5	62	2.6	61	2.6	1.5
	50~249명	925	452	48.9	99	10.7	118	12.8	256	27.7	6.7
	250명 이상	176	164	93.4	4	2.2	6	3.3	2	1.1	1.3
	전체	3,438	2,492	72.5	441	12.8	186	5.4	319	9.3	2.9
금융 및 보험업	10~49명	183	183	100.0	0	0.0	0	0.0	0	0.0	1.0
	50~249명	180	72	40.0	29	16.0	14	8.0	65	36.0	9.0
	250명 이상	115	115	100.0	0	0.0	0	0.0	0	0.0	1.0
	전체	478	370	77.4	29	6.0	14	3.0	65	13.5	4.0
부동산업	50~249명	21	21	100.0	0	0.0	0	0.0	0	0.0	1.0
	250명 이상	30	30	100.0	0	0.0	0	0.0	0	0.0	1.0
	전체	51	51	100.0	0	0.0	0	0.0	0	0.0	1.0
전문, 과학 및 기술서비스업	10~49명	1,213	1,144	94.3	35	2.8	0	0.0	34	2.8	1.3
	50~249명	267	267	100.0	0	0.0	0	0.0	0	0.0	1.0
	250명 이상	53	51	97.7	1	2.3	0	0.0	0	0.0	1.0
	전체	1,533	1,462	95.4	36	2.3	0	0.0	34	2.2	1.3
사업시설관리, 사업지원 및 임대서비스업	10~49명	120	120	100.0	0	0.0	0	0.0	0	0.0	1.0
	50~249명	170	170	100.0	0	0.0	0	0.0	0	0.0	1.0
	250명 이상	197	197	100.0	0	0.0	0	0.0	0	0.0	1.0
	전체	486	486	100.0	0	0.0	0	0.0	0	0.0	1.0
교육서비스업	10~49명	357	340	95.0	0	0.0	0	0.0	18	5.0	1.5
	50~249명	37	37	100.0	0	0.0	0	0.0	0	0.0	1.0
	250명 이상	20	20	100.0	0	0.0	0	0.0	0	0.0	1.0
	전체	415	397	95.7	0	0.0	0	0.0	18	4.3	1.4
보건업 및 사회복지 서비스업	10~49명	323	323	100.0	0	0.0	0	0.0	0	0.0	1.0
	50~249명	113	113	100.0	0	0.0	0	0.0	0	0.0	1.0
	250명 이상	33	33	100.0	0	0.0	0	0.0	0	0.0	1.0
	전체	469	469	100.0	0	0.0	0	0.0	0	0.0	1.0
예술, 스포츠 및 여가관련 서비스업	10~49명	135	135	100.0	0	0.0	0	0.0	0	0.0	1.0
	50~249명	28	28	100.0	0	0.0	0	0.0	0	0.0	1.0
	250명 이상	8	8	100.0	0	0.0	0	0.0	0	0.0	1.0
	전체	171	171	100.0	0	0.0	0	0.0	0	0.0	1.0
수리 및 기타 개인 서비스업	10~49명	157	157	100.0	0	0.0	0	0.0	0	0.0	1.0
	50~249명	21	21	100.0	0	0.0	0	0.0	0	0.0	1.0
	250명 이상	9	9	100.0	0	0.0	0	0.0	0	0.0	1.0
	전체	187	187	100.0	0	0.0	0	0.0	0	0.0	1.0
조직형태별											
개인사업체		1,401	1,378	98.3	0	0.0	0	0.0	24	1.7	1.4
회사법인		16,168	13,740	85.0	962	5.9	286	1.8	1,180	7.3	2.4

※ 기준시점 : 2024년 12월 31일

※ 기업체 : 인공지능(AI) 기술 및 서비스 투자(비용 지출) 기업체

※ 추정오차 : 1% 이하 ±252기업체, 1% 초과~5% 미만 ±165기업체, 5%~10% 미만 ±92기업체, 10% 이상 ±184기업체

※ 주 : 인공지능(AI) 기술 및 서비스 투자율은 매출액 대비 인공지능(AI) 기술 및 서비스 투자액의 비율로 산출

2 정보화 전담인력

2.1 정보화 전담인력 보유

(단위 : 개, %)

구 분		전체 기업체	정보화 전담인력 보유		정보화 전담인력 미보유	
			기업체수	비율	기업체수	비율
전체		211,615	92,086	43.5	119,529	56.5
지 역 별						
서울		48,089	16,987	35.3	31,102	64.7
부산		12,049	11,580	96.1	469	3.9
대구		7,688	7,363	95.8	325	4.2
인천		10,892	2,608	23.9	8,284	76.1
광주		4,524	1,249	27.6	3,275	72.4
대전		4,778	1,889	39.5	2,889	60.5
울산		4,311	4,289	99.5	22	0.5
세종		932	316	33.9	616	66.1
경기		59,176	13,453	22.7	45,723	77.3
강원		4,719	620	13.1	4,099	86.9
충북		7,270	3,657	50.3	3,613	49.7
충남		9,104	3,087	33.9	6,017	66.1
전북		5,631	1,291	22.9	4,340	77.1
전남		6,710	1,469	21.9	5,241	78.1
경북		10,254	9,329	91.0	925	9.0
경남		13,113	12,498	95.3	615	4.7
제주		2,375	400	16.9	1,975	83.1
업종x규모별						
농림수산업 (광업포함)	10~49명	1,537	682	44.4	855	55.6
	50~249명	75	47	62.3	28	37.7
	250명 이상	4	4	100.0	0	0.0
	전체	1,616	733	45.3	883	54.7
제조업	10~49명	55,152	23,951	43.4	31,201	56.6
	50~249명	8,833	6,067	68.7	2,766	31.3
	250명 이상	1,384	1,259	91.0	125	9.0
	전체	65,369	31,278	47.8	34,091	52.2
전기 등 공기조절 공급업/수도 등 원료 재생업	10~49명	2,175	981	45.1	1,194	54.9
	50~249명	346	193	55.8	153	44.2
	250명 이상	37	35	93.9	2	6.1
	전체	2,558	1,209	47.3	1,349	52.7
건설업	10~49명	26,763	9,911	37.0	16,852	63.0
	50~249명	3,116	1,364	43.8	1,752	56.2
	250명 이상	515	279	54.1	236	45.9
	전체	30,394	11,554	38.0	18,840	62.0
도매 및 소매업	10~49명	26,036	10,981	42.2	15,055	57.8
	50~249명	2,256	1,297	57.5	959	42.5
	250명 이상	328	282	86.0	46	14.0
	전체	28,620	12,560	43.9	16,060	56.1
운수 및 창고업	10~49명	5,807	2,204	38.0	3,603	62.0
	50~249명	1,670	767	45.9	903	54.1
	250명 이상	263	162	61.7	101	38.3
	전체	7,740	3,134	40.5	4,606	59.5
숙박 및 음식점업	10~49명	10,313	3,629	35.2	6,684	64.8
	50~249명	535	285	53.3	250	46.7
	250명 이상	102	78	76.3	24	23.7
	전체	10,950	3,992	36.5	6,958	63.5

(계속)

(단위 : 개, %)

구 분		전체 기업체	정보화 전담인력 보유		정보화 전담인력 미보유	
			기업체수	비율	기업체수	비율
정보통신업	10~49명	9,251	5,095	55.1	4,156	44.9
	50~249명	1,922	1,475	76.8	447	23.2
	250명 이상	329	285	86.6	44	13.4
	전체	11,502	6,855	59.6	4,647	40.4
금융 및 보험업	10~49명	977	481	49.3	496	50.7
	50~249명	362	297	82.1	65	17.9
	250명 이상	186	179	96.2	7	3.8
	전체	1,525	958	62.8	567	37.2
부동산업	10~49명	2,241	656	29.3	1,585	70.7
	50~249명	320	97	30.3	223	69.7
	250명 이상	126	55	43.9	71	56.1
	전체	2,687	809	30.1	1,878	69.9
전문, 과학 및 기술서비스업	10~49명	12,861	4,956	38.5	7,905	61.5
	50~249명	1,551	812	52.3	739	47.7
	250명 이상	235	169	71.9	66	28.1
	전체	14,647	5,937	40.5	8,710	59.5
사업시설관리, 사업지원 및 임대서비스업	10~49명	7,649	3,090	40.4	4,559	59.6
	50~249명	2,488	862	34.7	1,626	65.3
	250명 이상	838	387	46.1	451	53.9
	전체	10,975	4,340	39.5	6,635	60.5
교육서비스업	10~49명	2,294	1,133	49.4	1,161	50.6
	50~249명	160	108	67.3	52	32.7
	250명 이상	32	26	81.6	6	18.4
	전체	2,486	1,267	50.9	1,219	49.1
보건업 및 사회복지 서비스업	10~49명	12,621	4,021	31.9	8,600	68.1
	50~249명	2,153	948	44.0	1,205	56.0
	250명 이상	126	82	64.8	44	35.2
	전체	14,900	5,051	33.9	9,849	66.1
예술, 스포츠 및 여가관련 서비스업	10~49명	1,268	487	38.4	781	61.6
	50~249명	213	132	61.9	81	38.1
	250명 이상	20	14	72.4	6	27.6
	전체	1,501	633	42.2	868	57.8
수리 및 기타 개인 서비스업	10~49명	3,985	1,719	43.1	2,266	56.9
	50~249명	144	47	32.4	97	67.6
	250명 이상	16	13	82.1	3	17.9
	전체	4,145	1,779	42.9	2,366	57.1
조직형태별						
개인사업체		43,407	18,168	41.9	25,239	58.1
회사법인		168,208	73,918	43.9	94,290	56.1

※ 기준시점 : 2024년 12월 31일
※ 기업체 : 전국의 종사자수 10인 이상 민간 부문 기업체(통계청, 2024년 12월 기준 기업통계등록부)
※ 추정오차 : 정보화 전담인력 보유 ±1,802기업체, 정보화 전담인력 미보유 ±1,802기업체

2.2 정보화 전담인력 보유 형태(복수응답)

(단위 : 개, %)

구 분		정보화 전담인력 보유 기업체	조직 내 별도의 정보화 업무 전담 인력 및 조직 있음		조직의 다른 업무와 정보화 업무를 함께 수행		외부 업체 위탁(아웃소싱)	
			기업체수	비율	기업체수	비율	기업체수	비율
전체		92,086	14,807	16.1	74,227	80.6	24,122	26.2
지 역 별								
서울		16,987	4,573	26.9	12,074	71.1	3,387	19.9
부산		11,580	1,185	10.2	11,141	96.2	3,271	28.2
대구		7,363	953	12.9	7,094	96.3	1,764	24.0
인천		2,608	543	20.8	1,669	64.0	812	31.1
광주		1,249	290	23.3	1,004	80.4	227	18.2
대전		1,889	255	13.5	1,110	58.7	838	44.4
울산		4,289	377	8.8	4,209	98.1	692	16.1
세종		316	75	23.7	149	47.2	146	46.2
경기		13,453	2,750	20.4	8,009	59.5	4,663	34.7
강원		620	188	30.2	287	46.2	275	44.3
충북		3,657	496	13.6	2,154	58.9	2,349	64.2
충남		3,087	285	9.2	1,766	57.2	1,462	47.4
전북		1,291	208	16.1	908	70.4	452	35.0
전남		1,469	373	25.4	1,132	77.0	241	16.4
경북		9,329	1,032	11.1	9,153	98.1	790	8.5
경남		12,498	1,126	9.0	12,121	97.0	2,639	21.1
제주		400	98	24.5	247	61.7	115	28.6
업종x규모별								
농림수산업(광업포함)	10~49명	682	61	8.9	542	79.4	190	27.8
	50~249명	47	12	25.9	38	80.7	13	28.7
	250명 이상	4	3	75.1	2	50.1	0	0.0
	전체	733	76	10.3	581	79.4	203	27.7
제조업	10~49명	23,951	2,522	10.5	20,159	84.2	6,647	27.8
	50~249명	6,067	1,629	26.9	4,988	82.2	1,294	21.3
	250명 이상	1,259	880	69.9	710	56.4	378	30.0
	전체	31,278	5,032	16.1	25,857	82.7	8,319	26.6
전기 등 공기조절 공급업/수도 등 원료 재생업	10~49명	981	80	8.2	806	82.1	364	37.1
	50~249명	193	55	28.2	142	73.6	80	41.5
	250명 이상	35	21	60.8	17	49.0	11	32.5
	전체	1,209	156	12.9	965	79.8	456	37.7
건설업	10~49명	9,911	692	7.0	8,490	85.7	2,556	25.8
	50~249명	1,364	189	13.9	1,096	80.4	361	26.5
	250명 이상	279	96	34.6	193	69.3	94	33.9
	전체	11,554	977	8.5	9,780	84.6	3,012	26.1
도매 및 소매업	10~49명	10,981	1,299	11.8	9,069	82.6	2,412	22.0
	50~249명	1,297	511	39.4	912	70.3	306	23.6
	250명 이상	282	200	71.0	142	50.5	49	17.5
	전체	12,560	2,010	16.0	10,123	80.6	2,767	22.0
운수 및 창고업	10~49명	2,204	263	11.9	1,938	87.9	372	16.9
	50~249명	767	166	21.6	602	78.4	221	28.7
	250명 이상	162	83	51.1	108	66.3	43	26.5
	전체	3,134	512	16.3	2,647	84.5	635	20.3
숙박 및 음식점업	10~49명	3,629	156	4.3	2,890	79.6	1,049	28.9
	50~249명	285	92	32.3	183	64.3	136	47.6
	250명 이상	78	46	58.7	44	57.0	21	26.9
	전체	3,992	294	7.4	3,118	78.1	1,206	30.2

(계속)

(단위 : 개, %)

구 분		정보화 전담인력 보유 기업체	조직 내 별도의 정보화 업무 전담 인력 및 조직 있음		조직의 다른 업무와 정보화 업무를 함께 수행		외부 업체 위탁(아웃소싱)	
			기업체수	비율	기업체수	비율	기업체수	비율
정보통신업	10~49명	5,095	1,139	22.4	4,022	78.9	1,013	19.9
	50~249명	1,475	797	54.0	946	64.1	272	18.4
	250명 이상	285	219	76.7	132	46.2	40	14.0
	전체	6,855	2,155	31.4	5,100	74.4	1,325	19.3
금융 및 보험업	10~49명	481	134	27.8	332	68.9	98	20.3
	50~249명	297	125	42.0	219	73.7	57	19.1
	250명 이상	179	173	96.9	64	35.6	33	18.5
	전체	958	432	45.1	614	64.1	187	19.6
부동산업	10~49명	656	76	11.6	561	85.4	210	32.0
	50~249명	97	7	7.4	79	81.6	43	43.9
	250명 이상	55	33	60.2	23	41.2	15	26.6
	전체	809	117	14.4	663	82.0	267	33.0
전문, 과학 및 기술서비스업	10~49명	4,956	866	17.5	3,878	78.2	1,276	25.7
	50~249명	812	247	30.4	584	72.0	179	22.0
	250명 이상	169	121	71.8	87	51.4	36	21.3
	전체	5,937	1,234	20.8	4,549	76.6	1,491	25.1
사업시설관리, 사업지원 및 임대서비스업	10~49명	3,090	237	7.7	2,461	79.6	1,170	37.8
	50~249명	862	104	12.1	732	84.8	367	42.5
	250명 이상	387	139	36.0	265	68.5	105	27.2
	전체	4,340	481	11.1	3,457	79.7	1,642	37.8
교육서비스업	10~49명	1,133	164	14.5	878	77.5	374	33.0
	50~249명	108	45	41.4	67	61.9	17	15.3
	250명 이상	26	23	86.7	10	38.7	6	22.0
	전체	1,267	231	18.3	955	75.4	396	31.3
보건업 및 사회복지 서비스업	10~49명	4,021	549	13.6	3,228	80.3	1,068	26.6
	50~249명	948	136	14.3	752	79.3	360	38.0
	250명 이상	82	47	58.0	51	61.9	29	35.1
	전체	5,051	732	14.5	4,030	79.8	1,457	28.8
예술, 스포츠 및 여가관련 서비스업	10~49명	487	59	12.2	392	80.5	110	22.7
	50~249명	132	55	42.0	100	75.6	16	12.2
	250명 이상	14	4	27.4	10	65.7	5	37.6
	전체	633	119	18.7	501	79.1	132	20.8
수리 및 기타 개인 서비스업	10~49명	1,719	234	13.6	1,245	72.4	606	35.2
	50~249명	47	4	9.3	33	71.5	19	40.6
	250명 이상	13	11	84.7	7	55.7	4	26.7
	전체	1,779	250	14.0	1,286	72.3	628	35.3
조직형태별								
개인사업체		18,168	1,717	9.4	15,641	86.1	4,657	25.6
회사법인		73,918	13,090	17.7	58,585	79.3	19,466	26.3

※ 기준시점 : 2024년 12월 31일

※ 기업체 : 정보화 전담인력 보유 기업체

※ 추정오차 : 조직 내 별도의 정보화 업무 전담 인력 및 조직 있음 ±794기업체, 조직의 다른 업무와 정보화 업무를 함께 수행 ±855기업체, 외부 업체 위탁(아웃소싱) ±951기업체

2025년 기업정보화통계집

| Enterprise Informatization Statistics |

부록

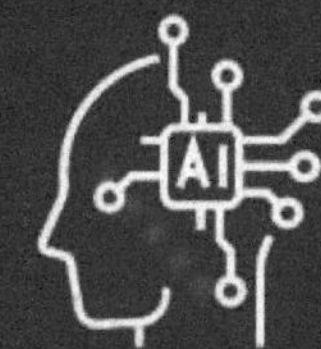

1 용어 정의

2 모집단 정의

3 주요 항목의 표본 오차

4 기업정보화통계조사 설문지

1 용어 정의

1. 기업체(企業體)

- 통계청의 〈기업통계등록부〉에서 인용되었으며, 재화와 서비스를 생산하는 법적·제도적 최소 경영 단위로 자원배분에 관한 의사결정의 자율성이 있고 수입·지출과 자금관리에 관한 재무제표(대차대조표, 손익계산서, 기타 기록)를 독립적으로 유지, 관리하는 단위를 말함
  본 조사는 사업체가 아닌 기업체 기준으로 표본선정이 이루어졌으며 기업체 기준으로 설문작성을 해야 함

예시	- 기업체 조사 : ○○생명 전 사업체의 내용을 합하여 1개의 설문에 조사함 - 사업체 조사 : ○○생명 본사는 본사 사업체에 대한 정보만 조사하고, 각 지역의 지사 (○○생명 ○○지사)도 각각의 개별 사업체에 대한 정보만 조사함

※ 기업체에서 전산관련 업무를 담당하는 응답자에게 전 사업체의 내용을 포괄하여 설문지를 작성하게끔 협조 요청을 해야 함

- 집단 구분
  - 산업분류 : 리스트에 표시되어 있는 5자리 산업분류 번호를 옮겨 적도록 함
  - 규모 : 종사자 수 규모에 따라 총 4개로 구분됨. 실제 종사자 수 규모가 리스트와 차이를 보일 경우에는 조사를 중단해야 함. 전수층의 경우에는 변동된 사항을 꼭 기재할 것

규모번호	종사자 수 규모	규모번호	종사자 수 규모
1	10 ~ 49명	3	250 ~ 999명
2	50 ~ 249명	4	1,000명 이상

- 조직 형태

규모번호	설명
1. 개인사업체	개인이 소유·경영하는 사업체 (※ 법인격을 갖추지 않고 2인 이상이 공동으로 운영하는 기업체도 포함)
2. 회사법인	상법상의 주식회사, 유한회사, 합자회사, 합명회사를 말함

2. 컴퓨터 보유

- 조사시점 기준(2024년 12월 말 현재) 전체 기업체 중 컴퓨터를 보유하고 있는 기업체

컴퓨터	기업체 업무를 위해 사용되는 데스크탑, 휴대용 컴퓨터(노트북, 넷북, 태블릿 PC 등), 기타 휴대용기기(스마트폰, 개인휴대정보단말기 등)를 모두 포함 ※ 기업체에서 구매(6개월 이상 장기 임대 포함)하여 업무용으로 제공하는 컴퓨터만 해당 ※ 개인 이용을 목적으로 개인이 구매한 기기는 제외하나, 기업체에서 일정 부분 이용료를 지불해주는 기기 포함
데스크탑 컴퓨터	모니터, 본체, 키보드가 분리되어 구성되어 있으며 휴대가 불가능함
노트북(넷북 포함)	모니터, 본체, 키보드 일체형이며 휴대가 가능함
스마트폰	휴대폰에 컴퓨터 지원 기능을 추가한 지능형 단말기로 통화 기능은 물론 이메일, 인터넷, 뱅킹, 게임 등이 가능함
태블릿 PC	펜으로 접촉해 컴퓨터에 입력하거나 터치스크린 방식의 소형 모바일 PC
포스(POS)	전자식 금전등록기를 사용해 상품 데이터 및 매장의 매출정보 등을 종합 관리하는 시스템

3. 인터넷 접속 방법

- 조사시점 기준(2024년 12월 말 현재) 전체 기업체 중 인터넷 접속이 가능한 기업체
  - 컴퓨터뿐만 아니라, 이동전화, 인터넷 전화, 포스, 내비게이션 등을 이용한 인터넷 접속을 모두 포함

- 인터넷 접속 방법

(1) **케이블 모뎀 (Cable Modem)**
PC를 케이블 TV 회선에 연결하여 최고 10Mbps 정도의 속도로 데이터를 받을 수 있도록 해주는 장치임. PC 접속을 위해서 케이블 라인 하나는 TV로 다른 하나는 케이블 모뎀으로 가도록 분기되어야 함

☞ 케이블 TV 회선 : 5MHz ~ 850MHz 대역
(검고 굵은 케이블 선이 꽂혀 있음)

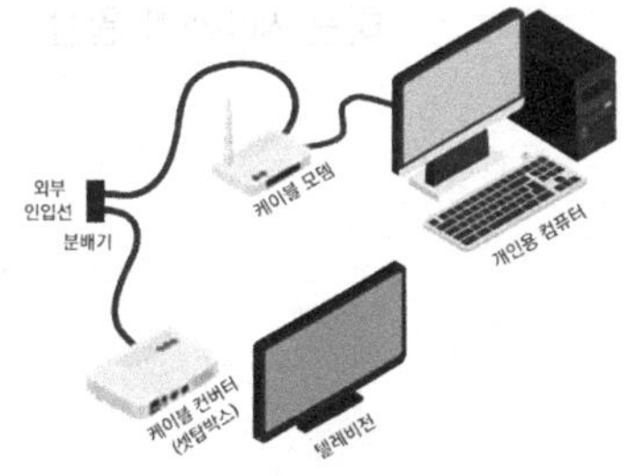

(2) 광랜 (Optic Lan) (FTTH, 아파트랜)

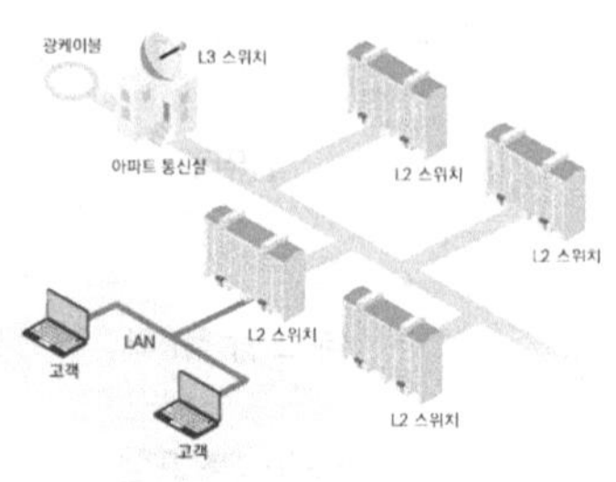

통신망의 하부 구조인 통신매체로 광섬유 케이블을 사용하는 랜으로 기가비트 이더넷(Gigabit Ethernet)이라고도 함

최근에 들어서 인터넷, 인트라넷 환경이 급속도로 발달되고 있는 가운데 멀티미디어화에 대응하기 위해 랜의 고속화와 광역화 요구가 더욱 크게 일고 있으며, 이런 요구를 만족시켜 주기 위하여 고속 이더넷(Fast Ethernet), 100Mbps 이더넷 등이 등장하였는데 이 역시 랜의 사용자수와 멀티미디어에 요구되는 응용업무를 모두 지원하기가 어려운 가운데 광랜이 등장하게 됨

(3) 전용회선 (dedicated line)

두 지점 간에 정해진 사용자(개인이나 기업)에 의해 하루 24시간 항상 사용이 가능한 통신 경로를 의미함

전용회선은 물리적인 경로를 사용자가 직접 보유하거나, 전화 회사로부터 임차할 수 있음

※ 일반적으로 대기업들은 ISP(인터넷 서비스 제공업체)로부터 전용회선을 임차하여 여러 지역에 분포되어 있는 자사의 지사나 사무소들을 서로 연결 또는 자신의 사설망을 구축하거나 유지

※ 예 : E1, E3, T1, ATM 등

(4) 무선랜(WiFi 와이파이)

노트북이나 개인 PC, PDA, 모바일 PC 등의 단말기를 이용하여 무선으로 인터넷 접속을 가능하게 하는 서비스를 말함

(5) 무선인터넷(모바일 인터넷)

이동전화 단말기를 이용하여 무선으로 이동통신망(3G/4G/5G)를 통한 인터넷 접속을 가능하게 하는 서비스를 말함

4. 웹사이트(홈페이지 등) 이용 기업체

• 조사시점 기준(2024년 12월 말 현재) 전체 기업체 중 웹사이트(홈페이지 등)을 이용하고 있는 기업체

웹사이트 (홈페이지 등)	본 조사에서 웹사이트(홈페이지 등)란 월드와이드웹(www)에 주소로 확인되어 위치한 사이트를 말함 - 홈페이지, 쇼핑몰 등을 운영하거나, 타사/기관의 웹사이트에 게시된 자사/기관의 내용(콘텐츠)에 대해 통제 가능한 경우도 포함 - 일반 블로그(네이버 블로그, 티스토리 등), 소셜네트워크서비스(트위터, 페이스북 등) 등을 포함 - 자사 제품 및 서비스의 홍보, 광고 등을 위한 수단으로 동영상 플랫폼(Youtube, 아프리카 TV, 카카오TV, 네이버 TV 등)을 활용하는 경우도 웹사이트 이용으로 포함

• 이용 형태

이용 형태	응답 방법
- 자체 페이지 보유 - 자체 페이지를 보유하지는 않았지만 쇼핑몰이나 모바일 어플리케이션 등을 통해 정보를 올리고 관리할 수 있는 경우	웹사이트 이용
- 미보유	웹사이트 미이용

5. 전자상거래 이용 기업체

• 2024년 1월부터 2024년 12월까지 전체 기업체 중 전자상거래를 통해 제품 또는 서비스를 구매(발주) 또는 판매(수주)한 경험이 있는 기업체

전자상거래 (e-Commerce)	본 조사에서 전자상거래는 '제품 또는 서비스 구매(발주) 또는 판매(수주)가 컴퓨터 및 네트워크를 통해 온라인으로 이루어지는 방식(모바일 상거래 포함) 의미' - 전자상거래 대상으로는 원료, 식료품, 부품, 사무용품, 기기, 유지보수용품, 보고서, 소프트웨어 등과 같은 정보서비스, 온라인 금융, 숙박, 교통 및 항공 여행과 같은 서비스를 포함 - 모바일 상거래와 같이 인터넷 기반 이동전화는 포함되나, 전화, 팩스, 통상적인 이메일을 사용해 제품 또는 서비스를 주문하거나 받는 경우는 포함하지 않음 - 비용 결제와 배송은 온라인으로 이루어지지 않아도 포함되나, 주문이 취소되거나 완료되지 않은 경우는 제외함 - 금융보험업의 경우에는 '인터넷을 매개로 한 네트워크를 통해 상품 또는 서비스를 구매하거나, 인터넷 마켓플레이스(인터넷 뱅킹 서비스가 가능한 웹사이트)를 통해 상품, 정보, 서비스를 판매하는 방식'을 말함

6. 전자정부 서비스 이용 기업체

- 2024년 1월부터 2024년 12월까지 전체 기업체 중 전자정부 서비스(정부 · 공공기관의 행정정보 및 공공서비스)를 이용한 기업체
  - 본 조사에서 전자정부 서비스는 행정 및 공공기관이 인터넷(모바일 포함)을 통해 온라인으로 처리할 수 있는 서비스를 말함
  - 행정기관 및 공공기관의 홈페이지나 포털사이트 등을 통한 정보 입수뿐만 아니라 문의사항 및 애로사항을 처리하는 것도 전자정부서비스에 해당
  - 개인 이용 목적이 아닌 해당 기업체의 업무 처리를 위한 이용만 해당

    ※ 정부/공공기관에는 공공 서비스 및 행정 활동을 하는 기관으로 중앙 및 지방 정부기관, 지자체, 공공도서관 및 병원, 대학 등의 준정부기관도 포함

- 전자정부 서비스 이용 유형

정보검색 및 조회	행정·공공기관에서 제공하는 각종 정보를 해당웹사이트에서 검색 및 조회 예) 창업지원정보, 세금 납부 방법, 법령 정보, 고용(취업)정보, 각종 인·허가, 공공데이터 등
각종 행정(민원) 양식 획득 (다운로드 포함)	행정·공공기관에서 제공하는 각종 신청, 신고, 납부 등을 위해 작성해야 하는 민원양식을 인터넷 등을 통해 다운로드 예) 세금(연말정산)신고서, 각종 인·허가 신청서, 입찰 문서 등 양식
각종 행정(민원) 양식 작성 및 자료 제출	행정·공공기관에서 제출해야 하는 각종 민원서식(양식)의 내용 작성, 자료 제출 등을 인터넷을 통해 처리 예) 세금(연말정산) 신고서, 각종 인·허가 신청서, 통계자료 등
행정(민원) 업무 온라인 처리	행정·공공기관에서 찾아가 처리해야 하는 신청, 신고, 납부 등의 각종 행정(민원) 업무 절차를 온라인으로 처리 예) 4대 보험 가입, 조달 입찰, 무역 처리, 각종 세금(공과금) 납부, 기차표 및 공공 시설물 예약 등

7. 공공데이터 활용 기업체

- 2024년 1월부터 2024년 12월까지 전체 기업체 중 공공데이터를 활용한 경험이 있는 기업체
  - 본 조사에서 공공데이터란 행정 · 공공기관이 직무상 전자적 방식으로 처리, 작성, 취득해 관리하고 있는 문자, 음성, 영상 등과 같은 모든 종류의 데이터를 의미
  - 공공데이터를 통해 "앱"처럼 새로운 서비스를 개발하는 것 뿐 아니라 단순하게 자료를 받아서 분석하고, 처리하고, 활용하는 것도 모두 공공데이터를 이용하는 것에 포함

    ※ 현재 공공데이터를 활용해 새로운 서비스를 개발할 수 있도록 공공데이터 포털(www.data.go.kr)을 통해 공공데이터를 제공 중

8. 경영정보시스템

ERP (전사적 자원관리)	생산, 판매, 인사, 회계 등의 업무를 통합·관리해주는 시스템/소프트웨어를 말함 - 조직 전산실 내부에 구축/설치하는 ERP와 클라우드(SaaS*) 기반의 ERP 모두 포함 (*사용료를 지불하고 ERP 소프트웨어를 인터넷/웹 등을 통해 이용) - 사업체/기관의 업무 특성에 맞춰 기능들을 맞춤화할 수 있으며, ERP를 구축한 조직은 한 부서에서 데이터를 입력하면 전 부서의 업무에 반영되어 즉시 처리가능(ERP 기능 : 회계 관리, 인사/급여, 영업/구매/자재, 제조 관리, 경영 정보, 생산/원가, 그룹웨어/웹메일 등) 예) 자체 개발 ERP 시스템/SAP Korea, 더존, 오라클, 영림원, 마이크로소프트 등 공급 업체의 ERP/Compiere, ERP5, Openbravo, SQL-Ledger, WebERP 등 ERP 공개소프트웨어
CRM (고객관계관리)	고객을 사업 활동의 중심에 놓는 관리기법으로 정보통신기술을 활용하여 고객과 관련된 정보를 수집, 통합, 처리, 분석하는 것을 말함 - 고객정보를 수집, 저장 및 타 부서 제공, 가격책정, 판매홍보, 유통경로 선택 등 마케팅 목적의 고객정보 분석에 활용 예) 자체 구축 CRM 시스템/Compiere, CentricCRM, OpenCRX,SugarCRM 등 CRM 공개소프트웨어

9. 원격근무(스마트워크) 운영 기업체

- 조사시점 기준(2024년 12월 말 현재) 전체 기업체 중 원격근무(스마트워크)를 도입·수행하고 있는 기업체
  - 본 조사에서 원격근무(스마트워크)는 정보통신기술(ICT)을 활용하여 시간과 장소에 제약 없이 업무를 수행할 수 있는 유연한 근무방식을 말함

- 원격근무(스마트워크) 수행 형태

재택근무	사무실에 출근하지 않고 자택에서 업무를 수행하는 형태 예) 출산, 육아, 가사 등으로 인해 자택에서 근무
스마트오피스 근무	기존 본사 외 원격 근무가 가능한 거점 오피스에서 업무를 수행하는 형태 예) 출장, 회의 등으로 사무실에 출근할 수 없는 경우 스마트오피스에서 근무
이동(모바일) 근무	휴대용 ICT 기기를 활용해 시간과 장소에 대한 제약 없이 업무를 수행하는 형태 예) 노트북, PDA, 스마트폰 등을 이용하여 고객 방문, 영업 활동, 주차관리, 통계 조사, 식품·의약품 감시, 가스 검침, 우편 발송, 택배 등의 업무 수행

10. 사물인터넷(IoT) 기기 및 서비스 이용 기업체

- 조사시점 기준(2024년 12월 말 현재) 전체 기업체 중 사물인터넷(IoT) 기기 및 서비스를 이용한 경험이 있는 기업체
  - 본 조사에서 사물인터넷(IoT) 기술 및 서비스는 사람과 사물, 사물과 사물, 사물과 시스템 간 통신(인터넷 등)을 통해 연결하여 정보를 상호 소통하게 하는 기술 및 서비스를 말함
  - RFID · USN 등 물리적 센싱 기기를 통해 인지, 모니터링 등의 활동을 수행하며, 그 과정에서 축적된 데이터는 유 · 무선 통신을 통해 제공됨으로써 다양한 분야에 활용되고 있음

    예) 원격조정이 가능한 스마트 팩토리·스마트 홈, 실내온도를 조절하는 스마트 빌딩, 부정맥 환자의 심장박동 모니터링 등

11. 클라우드 컴퓨팅 서비스 이용 기업체

- 조사시점 기준(2024년 12월 말 현재) 전체 기업체 중 클라우드 컴퓨팅 서비스를 이용한 경험이 있는 기업체
  - 본 조사에서 클라우드 컴퓨팅 서비스는 소프트웨어(프로그램), 스토리지(저장공간), 데이터베이스, 서버 등과 같은 ICT 자원들을 개별적으로 구매하지 않고 여러 사람이 공유함으로써, 비용 절감뿐만 아니라, 장소와 기기에 구애받지 않고 이용할 수 있도록 인터넷과 연결된 데이터 센터 등에 저장해 놓고, 사용료를 지불하여 필요할 때마다 필요한 양만큼 할당을 받아 이용하는 것을 말함
  - 소프트웨어와 데이터를 인터넷과 연결된 일부 데이터센터에 저장한 뒤 필요할 때마다 인터넷에 접속하기만 하면 장소나 기기에 구애받지 않고 언제 어디서든 작업을 할 수 있는 것을 말함

    예) 네이버 MYBOX, KT 클라우드, 구글 드라이브, 드롭박스(dropbox), LG유플러스 웹하드, Zoom, 구글 미트(Google Meet), 웹엑스(Webex), 카카오워크, 네이버웍스, 슬랙, MS 팀즈, 아마존 웹서비스(AWS), MS 오피스365/애저(Azure), 구글 클라우드/구글 맵(Maps)/구글 캘린더/구글 앱 엔진 등

12. 데이터 분석 및 서비스 이용 기업체

- 조사시점 기준(2024년 12월 말 현재) 전체 기업체 중 데이터 분석 및 서비스를 이용하고 있는 기업체
  - 본 조사에서 데이터 분석 및 서비스는 소프트웨어 도구 및 기술을 사용하여 데이터 패턴, 트렌드 분석을 통해 의사 결정을 지원하는 서비스를 말함

    예) 고객정보 분석을 통한 고객 맞춤형 서비스 제공(보험상품 추가판매, 고객성향에 기반한 상품 추천 등), 기상 데이터를 활용한 매장 배치 변경, SNS 데이터 분석을 통한 고객서비스 전략 수립(VIP고객 프로그램 운영 등), 다수 민원의 성향 분석 및 정책 반영, SNS데이터를 통한 정책관련 여론 동향 파악, CCTV/통화량 분석을 통한 유동인구 추산 등

13. 데이터 거래 이용 기업체

- 조사시점 기준(2024년 12월 말 현재) 전체 기업체 중 데이터 거래(구매/판매)를 이용하고 있는 기업체
  - 본 조사에서 데이터 거래는 데이터 공급자(판매자)와 수요자(구매자)가 온·오프라인 방식으로 데이터를 전송·사용·이전하는 행위를 말함
  - 중개업체(데이터거래사, 데이터거래소 등)를 통한 데이터 거래도 포함

    예) - 금융 데이터(성별, 연령별, 거주지별 카드 소비 패턴)
    - 뉴스 데이터(경제 카테고리의 신문 및 방송 뉴스 텍스트 데이터)
    - 고객 정보 데이터(사용자 추천 전국 맛집 데이터, 직장인 식권 소비현황 데이터 등)
    - 공간 데이터(전국 아파트와 주변 환경 및 시설 정보 데이터)
    - 거래 데이터(온라인 쇼핑몰의 상품별 구매 데이터)

14. 인공지능(AI) 기술 및 서비스 이용 기업체

- 조사시점 기준(2024년 12월 말 현재) 전체 기업체 중 인공지능(AI) 기술 및 서비스를 이용하고 있는 기업체
  - 본 조사에서 인공지능(AI) 기술 및 서비스는 텍스트 마이닝, 컴퓨터 비전, 음성 인식, 머신러닝, 딥러닝 등과 같은 기술을 사용하여 데이터를 수집·활용하여, 예측, 추천 또는 최선의 의사결정을 지원하는 기술 및 서비스를 말함

    예) - 음성으로 대화하면서 필요한 정보를 제공하는 인공지능 비서 서비스(삼성전자의 빅스비, 애플의 시리, 네이버의 클로바 등)
    - 주식, 투자, 금융 상품 추천 등의 로보어드바이저, 인공지능 기반 신용평가 및 심사
    - 인공지능 바둑 프로그램(구글의 알파고), 자연어로 주어진 질문에 답변하는 인공지능 시스템
    - 인공지능 로봇(고객응대, 군사용, 재난구조, 물류 운반, 가사지원 로봇, 애완로봇, 경비용 로봇 등)
    - 번역/법률/기사 작성 등 인공지능 기반 자동화
    - 운전보조 시스템(모바일 센서, 자율주차, 긴급제동, 졸음방지 등), 자율주행자동차 등

15. 정보화 투자 기업체

- 2024년 1월부터 2024년 12월까지 전체 기업체 중 정보화를 위해 예산을 투자(또는 비용 지출)한 경험이 있는 기업체
  - 정보화 예산 투자(비용 지출)에는 하드웨어, 소프트웨어, 네트워크 등 정보시스템을 도입하기 위한 구입·구축 비용, 시스템 운영 · 유지보수를 위한 인건비, 통신 이용료를 모두 포함

- 정보화 예산 투자(비용 지출) 유형

하드웨어 관련 비용 (구입/구축/임대 등)	컴퓨터 관련 부품 및 주변장치 등 ICT 장비 비용 예) 컴퓨터 장비(CPU, 메인보드, 메모리, 그래픽카드, 프린터 등), 통신장비(랜카드, 허브, 스위치, 라우터 등)
소프트웨어 관련 비용 (구입/구축/임대 등)	운영체제(OS), 문서작성, 그래픽, 보안, 프로그램 개발 등 소프트웨어 프로그램 제품 예) 한글, 엑셀, 워드, 포토샵, 바이러스 백신, 윈도우/리눅스, 자바, ERP C++정보시스템도입을 위한 정보화사업(프로젝트) 용역 등(계약 금액) 예) 업무관련 프로그램 개발을 위한 정보시스템 기획(ISP), 컨설팅, 개발, 업그레이드(변경, 확장) 등
시스템 운영·유지보수 비용	시스템 운영·유지보수 비용 예) 시스템 운영·관리, 웹 호스팅·하우징 서비스, DB백업·하드웨어 수리 등의 외부 위탁 비용 등
인프라 운영 비용	정보시스템 운영·관리를 위한 소모성 경비, 예) 인터넷 등 정보통신 회선 및 서비스 이용료, 컴퓨터에 연결되어 있는 유·무선 통신회선의 사용료·임대료, 클라우드 인프라 이용 비용 등
운영·관리 인건비	정보시스템 운영·관리 담당업무를 수행하는 사내 직원의 인건비 *외부 인력 인건비 미포함
신기술 도입 및 구축	인공지능(AI), 데이터 분석, AI 자동화 로봇 등 신기술 도입 및 구축 비용 예) ChatGPT등 생성형 AI 서비스 구독, 산업용 AI 자동화 로봇 도입 등
R&D	신기술을 활용한 제품개발, 기존 제품 개선, 연구협력, 신기술 시장 조사 및 기술 도입 연구 비용 등
기술 교육 및 훈련	신기술 활용 관련 직원 교육, 전문가 세미나 및 워크샵 참여, 필요한 기술 라이선스 획득 비용 등

2 모집단 정의

- 표본조사 결과를 전체 결과로 추정하기 위해 사용된 모수치는 다음과 같음
- 기업체 모수치 : 2024년 12월 기준, 통계청 “2024 기업통계등록부”의 종사자수 10인 이상 기업체를 조사모집단으로 하였으며, 지역은 17개 시도, 산업은 한국표준산업분류(11차 개정)에 의한 19개 대분류 산업에 대해 국제기구 분류기준 권고(안)을 적용하여 16개의 업종과 4개의 규모에 따라 분류하여 총 211,615개 기업체로 모수를 추정함

기업체 모수치 : 업종x규모

업종	규모	기업체수	업종	규모	기업체수
농림수산업(광업포함)	10~49명	1,537	금융 및 보험업	10~49명	977
	50~249명	75		50~249명	362
	250~999명	4		250~999명	130
	1,000명 이상	–		1,000명 이상	56
	전 체	1,616		전 체	1,525
제조업	10~49명	55,152	부동산업	10~49명	2,241
	50~249명	8,833		50~249명	320
	250~999명	1,156		250~999명	90
	1,000명 이상	228		1,000명 이상	36
	전 체	65,369		전 체	2,687
전기 등 공기조절 공급업/수도 등 원료 재생업	10~49명	2,175	전문, 과학 및 기술서비스업	10~49명	12,861
	50~249명	346		50~249명	1,551
	250~999명	28		250~999명	199
	1,000명 이상	9		1,000명 이상	36
	전 체	2,558		전 체	14,647
건설업	10~49명	26,763	사업시설관리, 사업지원 및 임대서비스업	10~49명	7,649
	50~249명	3,116		50~249명	2,488
	250~999명	430		250~999명	643
	1,000명 이상	85		1,000명 이상	195
	전 체	30,394		전 체	10,975
도매 및 소매업	10~49명	26,036	교육서비스업	10~49명	2,294
	50~249명	2,256		50~249명	160
	250~999명	262		250~999명	29
	1,000명 이상	66		1,000명 이상	3
	전 체	28,620		전 체	2,486
운수 및 창고업	10~49명	5,807	보건업 및 사회복지 서비스업	10~49명	12,621
	50~249명	1,670		50~249명	2,153
	250~999명	227		250~999명	123
	1,000명 이상	36		1,000명 이상	3
	전 체	7,740		전 체	14,900
숙박 및 음식점업	10~49명	10,313	예술, 스포츠 및 여가관련 서비스업	10~49명	1,268
	50~249명	535		50~249명	213
	250~999명	72		250~999명	14
	1,000명 이상	30		1,000명 이상	6
	전 체	10,950		전 체	1,501
정보통신업	10~49명	9,251	수리 및 기타 개인 서비스업	10~49명	3,985
	50~249명	1,922		50~249명	144
	250~999명	276		250~999명	13
	1,000명 이상	53		1,000명 이상	3
	전 체	11,502		전 체	4,145

기업체 모수치 : 지역, 조직형태

구분		기업체수
전체		211,615
지역	서울	48,089
	부산	12,049
	대구	7,688
	인천	10,892
	광주	4,524
	대전	4,778
	울산	4,311
	세종	932
	경기	59,176
	강원	4,719
	충북	7,270
	충남	9,104
	전북	5,631
	전남	6,710
	경북	10,254
	경남	13,113
	제주	2,375
조직형태	개인사업체	43,407
	회사법인	168,208

※ 기업체 모집단 변경 후 기타 업종 분리, 전기/가스/증기 및 공기조절 공급업(KSIC D), 수도/하수/폐기물 처리/원료재생업(KSIC E) 통합, 공공행정/국방 및 사회보장 행정(KSIC O) 제외, 협회 및 단체/수리 및 기타 개인서비스(KSIC S) 중 협회 및 단체 제외

3 주요 항목의 표본 오차

1. 사물인터넷 이용

(단위 : %)

구분		사물인터넷 이용	표본오차	95% 신뢰구간		상대표준오차*
				하한	상한	
전체		55.8	0.9	55.0	56.7	0.8
지 역 별						
서울		64.1	1.5	62.7	65.6	1.2
부산		44.3	3.7	40.7	48.0	4.2
대구		49.7	4.8	44.9	54.4	4.9
인천		53.5	4.1	49.4	57.6	3.9
광주		70.6	5.7	64.9	76.2	4.1
대전		38.5	5.6	32.8	44.1	7.5
울산		39.5	6.0	33.5	45.5	7.8
세종		59.1	13.5	45.5	72.6	11.7
경기		58.5	1.7	56.7	60.2	1.5
강원		49.7	6.1	43.7	55.8	6.2
충북		40.2	4.8	35.4	45.1	6.1
충남		45.2	4.2	41.0	49.4	4.8
전북		64.8	5.5	59.3	70.2	4.3
전남		60.3	4.8	55.5	65.1	4.1
경북		46.4	4.3	42.1	50.8	4.7
경남		54.7	3.7	51.0	58.4	3.4
제주		59.3	8.0	51.3	67.3	6.9
업종x규모별						
농림수산업(광업포함)	10~49명	45.7	4.0	41.7	49.6	4.4
	50~249명	63.6	7.8	55.8	71.4	6.2
	250명 이상	74.8	0.0	74.8	74.8	0.0
	전 체	46.6	3.7	42.9	50.3	4.0
제조업	10~49명	57.1	2.8	54.3	59.9	2.5
	50~249명	54.8	3.2	51.7	58.0	3.0
	250명 이상	70.6	2.2	68.4	72.8	1.6
	전 체	57.1	1.8	55.3	58.9	1.6
전기 등 공기조절 공급업/수도 등 원료 재생업	10~49명	28.7	7.4	21.3	36.1	13.2
	50~249명	52.6	8.6	44.0	61.2	8.3
	250명 이상	71.6	5.8	65.8	77.5	4.2
	전 체	32.5	5.4	27.1	37.9	8.4
건설업	10~49명	24.2	3.1	21.1	27.4	6.6
	50~249명	40.6	4.3	36.3	44.8	5.4
	250명 이상	75.6	2.9	72.7	78.5	2.0
	전 체	26.8	2.2	24.6	29.0	4.2
도매 및 소매업	10~49명	72.9	3.2	69.6	76.1	2.3
	50~249명	82.1	3.9	78.2	86.0	2.4
	250명 이상	86.6	3.0	83.6	89.6	1.8
	전 체	73.8	2.4	71.4	76.2	1.7
운수 및 창고업	10~49명	51.0	6.5	44.5	57.5	6.5
	50~249명	64.0	5.3	58.7	69.3	4.2
	250명 이상	72.4	4.0	68.4	76.4	2.8
	전 체	54.5	3.7	50.9	58.2	3.4
숙박 및 음식점업	10~49명	81.2	4.7	76.5	85.8	2.9
	50~249명	81.2	6.2	75.0	87.3	3.9
	250명 이상	91.4	2.5	88.8	93.9	1.4
	전 체	81.3	3.5	77.8	84.7	2.2

(계속)

(단위 : 개, %)

구분		사물인터넷 이용	표본오차	95% 신뢰구간		상대표준오차*
				하한	상한	
정보통신업	10~49명	59.8	5.5	54.3	65.2	4.7
	50~249명	87.2	3.5	83.7	90.8	2.1
	250명 이상	61.8	5.3	56.5	67.1	4.4
	전 체	64.4	3.3	61.1	67.7	2.6
금융 및 보험업	10~49명	66.1	5.2	60.9	71.3	4.0
	50~249명	92.3	4.4	87.9	96.7	2.5
	250명 이상	87.9	2.9	85.0	90.8	1.7
	전 체	74.9	3.2	71.7	78.2	2.2
부동산업	10~49명	31.2	8.3	22.9	39.4	13.6
	50~249명	31.4	8.2	23.1	39.6	13.4
	250명 이상	58.5	4.4	54.1	62.9	3.8
	전 체	32.5	5.0	27.5	37.4	7.8
전문, 과학 및 기술서비스업	10~49명	29.5	4.6	24.9	34.1	7.9
	50~249명	40.8	5.8	35.0	46.6	7.3
	250명 이상	65.5	4.4	61.1	69.9	3.4
	전 체	31.3	3.2	28.1	34.5	5.2
사업시설관리, 사업지원 및 임대서비스업	10~49명	29.1	5.5	23.6	34.6	9.6
	50~249명	23.4	3.9	19.5	27.3	8.5
	250명 이상	73.6	2.1	71.5	75.8	1.5
	전 체	31.2	2.5	28.7	33.7	4.1
교육서비스업	10~49명	70.1	7.8	62.3	77.9	5.7
	50~249명	82.6	5.5	77.1	88.1	3.4
	250명 이상	92.7	3.5	89.3	96.2	1.9
	전 체	71.2	5.5	65.8	76.7	3.9
보건업 및 사회복지서비스업	10~49명	92.1	3.2	88.9	95.3	1.8
	50~249명	84.8	4.2	80.6	89.0	2.5
	250명 이상	95.5	3.2	92.3	98.8	1.7
	전 체	91.0	2.3	88.8	93.3	1.3
예술, 스포츠 및 여가관련 서비스업	10~49명	72.4	5.0	67.4	77.4	3.5
	50~249명	82.6	5.9	76.7	88.5	3.6
	250명 이상	87.5	5.0	82.5	92.4	2.9
	전 체	74.0	4.0	70.1	78.0	2.7
수리 및 기타 개인 서비스업	10~49명	72.7	7.0	65.7	79.7	4.9
	50~249명	63.2	5.4	57.8	68.6	4.4
	250명 이상	81.7	11.4	70.2	93.1	7.1
	전 체	72.4	5.3	67.2	77.7	3.7
조직형태별						
개인사업체		71.3	2.3	69.0	73.5	1.6
회사법인		51.9	0.9	50.9	52.8	0.9

※ 변동계수(Coefficient of Variation) : 표준오차 / 추정치 × 100

2. 클라우드 컴퓨팅 서비스 이용

(단위 : %)

구분		클라우드 컴퓨팅 서비스 이용	표본오차	95% 신뢰구간		상대표준오차*
				하한	상한	
전체		77.7	0.7	77.0	78.5	0.5
지 역 별						
서울		72.3	1.4	71.0	73.7	1.0
부산		95.7	1.5	94.2	97.2	0.8
대구		92.5	2.5	89.9	95.0	1.4
인천		64.7	3.9	60.8	68.6	3.1
광주		96.1	2.4	93.7	98.5	1.3
대전		61.2	5.7	55.6	66.9	4.7
울산		90.3	3.6	86.6	93.9	2.1
세종		33.2	13.0	20.3	46.2	19.9
경기		75.1	1.5	73.6	76.7	1.0
강원		56.7	6.0	50.7	62.7	5.4
충북		64.2	4.7	59.5	68.9	3.8
충남		60.8	4.1	56.7	64.9	3.5
전북		97.6	1.8	95.8	99.3	0.9
전남		96.5	1.8	94.6	98.3	1.0
경북		92.1	2.3	89.8	94.4	1.3
경남		96.1	1.4	94.6	97.5	0.8
제주		51.7	8.1	43.5	59.8	8.0
업종x규모별						
농림수산업 (광업포함)	10~49명	67.3	3.7	63.6	71.1	2.8
	50~249명	88.1	5.2	82.8	93.3	3.0
	250명 이상	100.0	0.0	100.0	100.0	0.0
	전 체	68.4	3.4	64.9	71.8	2.6
제조업	10~49명	83.6	2.1	81.5	85.7	1.3
	50~249명	93.0	1.6	91.4	94.6	0.9
	250명 이상	97.6	0.7	96.8	98.3	0.4
	전 체	85.1	1.3	83.8	86.4	0.8
전기 등 공기조절 공급업/수도 등 원료 재생업	10~49명	59.6	8.0	51.6	67.7	6.9
	50~249명	81.1	6.7	74.3	87.8	4.2
	250명 이상	100.0	0.0	100.0	100.0	0.0
	전 체	63.1	5.5	57.6	68.7	4.5
건설업	10~49명	68.7	3.4	65.3	72.0	2.5
	50~249명	79.7	3.5	76.2	83.2	2.2
	250명 이상	93.1	1.7	91.4	94.9	0.9
	전 체	70.2	2.3	67.9	72.5	1.7
도매 및 소매업	10~49명	82.8	2.8	80.1	85.6	1.7
	50~249명	96.2	2.0	94.2	98.1	1.0
	250명 이상	99.0	0.9	98.1	99.8	0.5
	전 체	84.1	2.0	82.0	86.1	1.2
운수 및 창고업	10~49명	72.8	5.8	67.0	78.6	4.0
	50~249명	81.0	4.4	76.6	85.3	2.7
	250명 이상	89.8	2.7	87.1	92.5	1.5
	전 체	75.2	3.2	72.0	78.3	2.2
숙박 및 음식점업	10~49명	55.8	5.9	49.9	61.7	5.4
	50~249명	82.5	6.0	76.5	88.5	3.7
	250명 이상	93.7	2.2	91.5	95.9	1.2
	전 체	57.4	4.4	53.1	61.8	3.9

(계속)

(단위 : 개, %)

구분		클라우드 컴퓨팅 서비스 이용	표본오차	95% 신뢰구간		상대표준오차※
				하한	상한	
정보통신업	10~49명	82.3	4.2	78.1	86.6	2.6
	50~249명	99.3	0.9	98.5	100.2	0.4
	250명 이상	99.2	1.0	98.2	100.2	0.5
	전 체	**85.6**	**2.4**	**83.2**	**88.1**	**1.4**
금융 및 보험업	10~49명	85.9	3.8	82.1	89.7	2.3
	50~249명	99.0	1.6	97.4	100.7	0.8
	250명 이상	97.8	1.3	96.5	99.1	0.7
	전 체	**90.5**	**2.2**	**88.3**	**92.7**	**1.2**
부동산업	10~49명	58.1	8.8	49.3	67.0	7.7
	50~249명	69.5	8.2	61.4	77.7	6.0
	250명 이상	93.8	2.2	91.7	96.0	1.2
	전 체	**61.2**	**5.2**	**56.0**	**66.3**	**4.3**
전문, 과학 및 기술서비스업	10~49명	73.9	4.4	69.5	78.3	3.0
	50~249명	87.0	4.0	83.1	91.0	2.3
	250명 이상	98.0	1.3	96.7	99.3	0.7
	전 체	**75.7**	**3.0**	**72.7**	**78.7**	**2.0**
사업시설관리, 사업지원 및 임대서비스업	10~49명	58.9	6.0	53.0	64.9	5.2
	50~249명	67.5	4.3	63.2	71.8	3.3
	250명 이상	88.9	1.5	87.3	90.4	0.9
	전 체	**63.2**	**2.6**	**60.6**	**65.8**	**2.1**
교육서비스업	10~49명	67.8	8.0	59.9	75.8	6.0
	50~249명	91.7	4.0	87.7	95.7	2.2
	250명 이상	96.0	2.6	93.4	98.6	1.4
	전 체	**69.7**	**5.5**	**64.2**	**75.3**	**4.1**
보건업 및 사회복지서비스업	10~49명	79.4	4.8	74.7	84.2	3.1
	50~249명	85.9	4.1	81.8	90.0	2.4
	250명 이상	91.3	4.4	86.9	95.7	2.5
	전 체	**80.5**	**3.1**	**77.3**	**83.6**	**2.0**
예술, 스포츠 및 여가관련 서비스업	10~49명	67.6	5.2	62.3	72.8	3.9
	50~249명	91.3	4.4	86.9	95.7	2.4
	250명 이상	89.9	4.5	85.4	94.4	2.6
	전 체	**71.2**	**4.1**	**67.1**	**75.3**	**2.9**
수리 및 기타 개인 서비스업	10~49명	71.8	7.1	64.7	78.9	5.0
	50~249명	65.8	5.3	60.5	71.2	4.1
	250명 이상	84.7	10.6	74.1	95.3	6.4
	전 체	**71.7**	**5.3**	**66.3**	**77.0**	**3.8**
조직형태별						
개인사업체		74.3	2.2	72.2	76.5	1.5
회사법인		78.6	0.7	77.9	79.4	0.5

※ 변동계수(Coefficient of Variation) : 표준오차 / 추정치 × 100

3. 데이터 분석 및 서비스 이용

(단위 : %)

구분		데이터 분석 및 서비스 이용	표본오차	95% 신뢰구간		상대표준오차*
				하한	상한	
전체		40.7	0.8	39.9	41.6	1.1
지 역 별						
서울		40.2	1.5	38.7	41.7	1.9
부산		30.8	3.4	27.4	34.2	5.7
대구		29.4	4.3	25.0	33.7	7.5
인천		32.7	3.8	28.9	36.5	6.0
광주		62.9	6.0	56.9	69.0	4.9
대전		44.9	5.8	39.1	50.6	6.6
울산		26.5	5.4	21.1	31.9	10.4
세종		30.1	12.6	17.4	42.7	21.4
경기		49.2	1.8	47.5	51.0	1.8
강원		24.6	5.2	19.4	29.8	10.8
충북		38.6	4.8	33.8	43.4	6.3
충남		42.2	4.2	38.0	46.3	5.1
전북		55.7	5.7	50.0	61.4	5.2
전남		47.5	4.9	42.5	52.4	5.3
경북		31.5	4.0	27.5	35.5	6.5
경남		31.2	3.4	27.8	34.6	5.6
제주		12.5	5.4	7.1	17.9	22.0
업종x규모별						
농림수산업 (광업포함)	10~49명	40.7	3.9	36.8	44.6	4.9
	50~249명	50.3	8.1	42.2	58.4	8.2
	250명 이상	100.0	0.0	100.0	100.0	0.0
	전 체	41.3	3.6	37.6	44.9	4.5
제조업	10~49명	45.3	2.8	42.5	48.1	3.2
	50~249명	51.0	3.2	47.8	54.2	3.2
	250명 이상	55.1	2.4	52.7	57.5	2.2
	전 체	46.3	1.8	44.5	48.1	2.0
전기 등 공기조절 공급업/수도 등 원료 재생업	10~49명	36.8	7.9	28.9	44.7	11.0
	50~249명	50.7	8.6	42.1	59.3	8.7
	250명 이상	75.8	5.5	70.2	81.3	3.7
	전 체	39.3	5.6	33.7	44.9	7.3
건설업	10~49명	24.0	3.1	20.8	27.1	6.6
	50~249명	51.2	4.3	46.9	55.6	4.3
	250명 이상	58.4	3.3	55.0	61.7	2.9
	전 체	27.3	2.2	25.1	29.6	4.2
도매 및 소매업	10~49명	50.3	3.7	46.6	54.0	3.7
	50~249명	40.7	5.0	35.7	45.7	6.3
	250명 이상	73.2	3.9	69.3	77.1	2.7
	전 체	49.8	2.7	47.1	52.6	2.8
운수 및 창고업	10~49명	17.1	4.9	12.2	22.0	14.6
	50~249명	22.6	4.6	18.0	27.2	10.5
	250명 이상	31.7	4.2	27.5	35.9	6.7
	전 체	18.8	2.9	15.9	21.6	7.8
숙박 및 음식점업	10~49명	37.3	5.8	31.6	43.1	7.9
	50~249명	28.4	7.1	21.3	35.5	12.8
	250명 이상	67.8	4.2	63.6	72.0	3.2
	전 체	37.2	4.3	32.9	41.5	5.9

(계속)

(단위 : 개, %)

구분		데이터 분석 및 서비스 이용	표본오차	95% 신뢰구간		상대표준오차*
				하한	상한	
정보통신업	10~49명	51.5	5.6	46.0	57.1	5.5
	50~249명	84.9	3.8	81.2	88.7	2.3
	250명 이상	77.8	4.5	73.2	82.3	3.0
	전 체	57.9	3.4	54.5	61.3	3.0
금융 및 보험업	10~49명	40.2	5.4	34.9	45.6	6.8
	50~249명	86.3	5.7	80.6	92.0	3.4
	250명 이상	91.2	2.5	88.7	93.8	1.4
	전 체	57.4	3.7	53.7	61.1	3.3
부동산업	10~49명	21.8	7.4	14.4	29.1	17.3
	50~249명	27.1	7.9	19.2	35.0	14.9
	250명 이상	51.5	4.5	47.0	55.9	4.4
	전 체	23.8	4.5	19.3	28.3	9.7
전문, 과학 및 기술서비스업	10~49명	41.6	5.0	36.6	46.5	6.1
	50~249명	47.3	5.9	41.4	53.2	6.4
	250명 이상	57.8	4.6	53.2	62.4	4.1
	전 체	42.5	3.4	39.0	45.9	4.1
사업시설관리, 사업지원 및 임대서비스업	10~49명	33.5	5.7	27.7	39.2	8.7
	50~249명	30.8	4.3	26.5	35.0	7.1
	250명 이상	59.5	2.4	57.1	61.8	2.0
	전 체	34.8	2.6	32.3	37.4	3.7
교육서비스업	10~49명	41.2	8.4	32.8	49.6	10.4
	50~249명	59.2	7.1	52.1	66.3	6.1
	250명 이상	88.8	4.2	84.5	93.0	2.4
	전 체	43.0	6.0	37.0	48.9	7.1
보건업 및 사회복지서비스업	10~49명	34.5	5.6	28.9	40.1	8.3
	50~249명	22.7	4.9	17.8	27.6	11.0
	250명 이상	40.1	7.7	32.4	47.9	9.8
	전 체	32.8	3.7	29.1	36.5	5.8
예술, 스포츠 및 여가관련 서비스업	10~49명	39.9	5.5	34.5	45.4	7.0
	50~249명	41.4	7.6	33.8	49.0	9.4
	250명 이상	39.8	7.4	32.5	47.2	9.4
	전 체	40.1	4.4	35.7	44.6	5.6
수리 및 기타 개인 서비스업	10~49명	32.3	7.3	25.0	39.7	11.6
	50~249명	41.8	5.5	36.3	47.3	6.8
	250명 이상	63.6	14.2	49.4	77.8	11.4
	전 체	32.8	5.5	27.3	38.3	8.6
조직형태별						
개인사업체		35.7	2.4	33.3	38.1	3.4
회사법인		42.0	0.9	41.1	42.9	1.1

※ 변동계수(Coefficient of Variation) : 표준오차 / 추정치 × 100

4. 인공지능 기술 및 서비스 이용

(단위 : %)

구분		인공지능 기술 및 서비스 이용	표본오차	95% 신뢰구간		상대표준오차*
				하한	상한	
전체		32.9	0.8	32.1	33.7	1.3
지 역 별						
서울		39.8	1.5	38.3	41.3	1.9
부산		26.0	3.3	22.8	29.3	6.4
대구		26.1	4.2	21.9	30.2	8.2
인천		24.8	3.5	21.3	28.3	7.3
광주		67.7	5.8	61.9	73.6	4.4
대전		22.7	4.9	17.8	27.5	10.9
울산		23.0	5.2	17.8	28.2	11.5
세종		19.3	10.9	8.4	30.1	28.7
경기		31.0	1.6	29.3	32.6	2.7
강원		16.7	4.5	12.2	21.2	13.8
충북		19.5	3.9	15.6	23.4	10.2
충남		23.8	3.6	20.2	27.4	7.7
전북		58.1	5.7	52.5	63.8	5.0
전남		59.0	4.9	54.2	63.9	4.2
경북		27.5	3.9	23.7	31.4	7.1
경남		32.2	3.4	28.8	35.6	5.4
제주		15.9	5.9	10.0	21.9	19.1
업종x규모별						
농림수산업 (광업포함)	10~49명	28.3	3.6	24.7	31.9	6.5
	50~249명	59.9	7.9	51.9	67.8	6.8
	250명 이상	100.0	0.0	100.0	100.0	0.0
	전 체	30.0	3.4	26.6	33.4	5.8
제조업	10~49명	34.1	2.7	31.4	36.8	4.0
	50~249명	45.5	3.2	42.4	48.7	3.6
	250명 이상	68.4	2.2	66.2	70.6	1.7
	전 체	36.3	1.8	34.6	38.1	2.5
전기 등 공기조절 공급업/수도 등 원료 재생업	10~49명	21.4	6.7	14.7	28.1	16.0
	50~249명	47.4	8.6	38.8	55.9	9.3
	250명 이상	84.6	4.7	79.9	89.3	2.8
	전 체	25.8	5.0	20.8	30.8	9.9
건설업	10~49명	13.0	2.5	10.6	15.5	9.6
	50~249명	34.0	4.1	29.9	38.1	6.2
	250명 이상	57.1	3.3	53.7	60.4	3.0
	전 체	15.9	1.8	14.1	17.8	5.9
도매 및 소매업	10~49명	40.0	3.6	36.4	43.5	4.6
	50~249명	48.1	5.1	43.0	53.1	5.4
	250명 이상	80.8	3.5	77.3	84.2	2.2
	전 체	41.1	2.7	38.4	43.8	3.4
운수 및 창고업	10~49명	22.9	5.4	17.5	28.4	12.1
	50~249명	29.2	5.0	24.2	34.3	8.8
	250명 이상	45.7	4.5	41.3	50.2	5.0
	전 체	25.1	3.2	21.9	28.3	6.5
숙박 및 음식점업	10~49명	29.7	5.4	24.3	35.1	9.3
	50~249명	33.2	7.4	25.7	40.6	11.4
	250명 이상	81.6	3.5	78.1	85.1	2.2
	전 체	30.4	4.1	26.3	34.4	6.8

(계속)

(단위 : 개, %)

구분		인공지능 기술 및 서비스 이용	표본오차	95% 신뢰구간		상대표준오차*
				하한	상한	
정보통신업	10~49명	49.2	5.6	43.6	54.8	5.8
	50~249명	83.8	3.9	79.9	87.7	2.4
	250명 이상	84.0	4.0	80.0	88.0	2.4
	전 체	56.0	3.4	52.6	59.4	3.1
금융 및 보험업	10~49명	49.0	5.5	43.5	54.4	5.7
	50~249명	88.3	5.3	83.0	93.7	3.1
	250명 이상	88.6	2.9	85.7	91.4	1.6
	전 체	63.1	3.6	59.5	66.7	2.9
부동산업	10~49명	12.2	5.8	6.3	18.0	24.5
	50~249명	24.6	7.6	17.0	32.3	15.8
	250명 이상	63.3	4.3	59.0	67.6	3.5
	전 체	16.1	3.9	12.2	19.9	12.4
전문, 과학 및 기술서비스업	10~49명	28.3	4.5	23.7	32.8	8.2
	50~249명	36.9	5.7	31.2	42.7	7.9
	250명 이상	54.9	4.6	50.3	59.5	4.3
	전 체	29.6	3.2	26.4	32.8	5.5
사업시설관리, 사업지원 및 임대서비스업	10~49명	17.2	4.6	12.6	21.7	13.6
	50~249명	18.9	3.6	15.3	22.5	9.8
	250명 이상	60.0	2.4	57.6	62.4	2.0
	전 체	20.8	2.2	18.7	23.0	5.3
교육서비스업	10~49명	39.5	8.3	31.2	47.9	10.8
	50~249명	59.1	7.1	52.0	66.2	6.1
	250명 이상	89.2	4.1	85.0	93.3	2.4
	전 체	41.4	5.9	35.5	47.4	7.3
보건업 및 사회복지서비스업	10~49명	34.8	5.6	29.1	40.4	8.3
	50~249명	41.2	5.7	35.5	46.9	7.1
	250명 이상	69.2	7.3	62.0	76.5	5.4
	전 체	36.0	3.8	32.2	39.8	5.4
예술, 스포츠 및 여가관련 서비스업	10~49명	35.0	5.3	29.7	40.3	7.7
	50~249명	55.3	7.7	47.6	63.0	7.1
	250명 이상	62.3	7.3	55.1	69.6	6.0
	전 체	38.3	4.4	33.9	42.7	5.8
수리 및 기타 개인 서비스업	10~49명	34.8	7.5	27.3	42.2	11.0
	50~249명	42.8	5.6	37.2	48.4	6.6
	250명 이상	73.1	13.1	60.0	86.2	9.1
	전 체	35.2	5.6	29.6	40.8	8.1
조직형태별						
개인사업체		28.7	2.3	26.5	31.0	4.0
회사법인		34.0	0.9	33.1	34.9	1.3

※ 변동계수(Coefficient of Variation) : 표준오차 / 추정치 × 100

4 2025년 기업정보화통계조사 설문지

통계법 제33조(비밀의 보호)

① 통계의 작성과정에서 알려진 사항으로서 개인이나 법인 또는 단체 등의 비밀에 속하는 사항은 보호되어야 한다.

② 통계의 작성을 위하여 수집된 개인이나 법인 또는 단체 등의 비밀에 속하는 자료는 통계작성 외의 목적으로 사용되어서는 아니 된다.

승인번호 제 120008 호

| 주관기관 | 과학기술정보통신부

| 전담기관 | NIA 한국지능정보사회진흥원

| 조사기관 | 한국갤럽

2025년 기업정보화통계조사

ID

안녕하십니까?

과학기술정보통신부와 한국지능정보사회진흥원에서는 지능정보화기본법 제66조 및 동법 시행령 제53조, 통계법 제17조 의거해 **우리나라 기업체**의 **정보화 현황**을 종합적으로 파악하기 위해 **10인 이상 기업체**를 모집단으로 하는 표본조사인 **기업정보화통계조사**를 실시하고 있습니다.

본 조사는 우리나라 **정보화 부문 공식 통계 자료**로서 조사된 **통계값은** OECD(경제개발협력기구) 및 UNCTAD(유엔무역개발회의) 등 **국제기구에 제공**됩니다.

바쁘실 줄 아오나 **정부의 효과적인 정보화 정책 수립**에 도움이 될 수 있도록 적극적인 협조를 부탁드립니다.
아울러 작성해 주신 자료는 **반드시 조사와 연구에 관련된 목적에만 사용**되며, **비밀은 철저히 보장**될 것임을 약속 드립니다.
설문조사에 응해 주셔서 감사드리며, 귀사의 평안과 번창을 기원합니다.

과학기술정보통신부 · 한국지능정보사회진흥원

| 조사관련 문의처 | ㈜한국갤럽조사연구소 문정주 선임연구원(02-3702-2644)

지 역	①서울 ②부산 ③대구 ④인천 ⑤광주 ⑥대전 ⑦울산 ⑧세종 ⑨경기 ⑩강원 ⑪충북 ⑫충남 ⑬전북 ⑭전남 ⑮경북 ⑯경남 ⑰제주
기업체명 *(조사원 기입)*	
표본 번호 *(조사원 기입)*	□□□□□ - □
집단 구분 *(조사원 기입)*	산업분류(5자리) □□□□□ 규모번호(1~4) □ 업종구분(01~16) □□
조직 형태 *(조사원 기입)*	①개인사업체 ②회사법인

응답해 주실 때 꼭 지켜 주십시오

1. 질문지는 첫 페이지부터 **순서대로 차례차례** 응답해 주십시오. 질문 앞에 특별한 언급이 없는 한 모든 질문에 답해 주십시오. (겉표지를 포함해 1 ~ 23페이지로 구성되어 있습니다)
2. 응답은 귀 기업체의 **전산담당자/정보화담당자**(대리급 이상)께서 해 주시기 바랍니다. 전산담당자/정보화담당자가 없으실 경우, 총무담당자나 대표께서 직접 기입해 주셔도 됩니다.
3. 질문지에 응답하실 때 특별한 요구가 없으면 보기번호 중 한 개만 골라 주시기 바랍니다.
4. 질문 앞에 특별한 언급이 없는 한 모든 설문의 응답 기준 시점은 「**2024년 12월 31일**」입니다.

※ 작년 1년간(2024년 1월 ~ 12월)을 기준으로 하는 문항은 문항에 별도로 표기가 되어 있습니다.

- 1 -

※ 귀 기업체 전체를 기준으로 응답하여 주시기 바랍니다.

Ⅰ. 정보화 기반

컴퓨터

◈ 기업체의 기본적인 컴퓨터 활용 수준을 파악하기 위한 질문입니다.

- 기업체에서 구매(6개월 이상 장기 임대 포함)하여 업무용으로 제공하는 컴퓨터만 해당합니다.
- 개인 이용을 목적으로 개인이 구매한 기기는 제외하나, 기업체에서 일정 부분 이용료를 지불해주는 기기는 포함합니다.

문1 **(모든 기업체)**

귀 기업체에서는 **업무상 어떤 컴퓨터를 활용**하고 있습니까? 해당하는 항목에 **모두** √ 표해 주시기 바랍니다.

구분	종 류	설명(예시)	활용 여부
컴퓨터 활용	1) 데스크탑 컴퓨터	개인 PC, 넷탑, 워크스테이션, 서버 PC 등	□
	2) 노트북 컴퓨터	장소에 구애 없이 사용가능한 휴대용 컴퓨터(넷북 등)	□
	3) 스마트폰/태블릿PC/ PDA/포스 (POS: Point of sales)	무선통신이 가능하고, 개인이 휴대하여 이동하면서 자료를 확인하거나 실시간으로 데이터를 상호 교환할 수 있는 기기 (휴대용 카드결제기, 전력·가스 검침 등에 사용하는 단말기 등도 포함)	□
	4) 기타(적어주십시오 : ______)		□
컴퓨터 미활용	컴퓨터를 활용하지 않음		□

☞ 컴퓨터를 활용하면 문2로 가시오
☞ 컴퓨터를 활용하지 않으면 문4로 가시오

문2 **(문1에서 '컴퓨터 활용'으로 응답한 기업체만 해당)**

귀 기업체의 총 직원과 **일상 업무에 컴퓨터를 이용하는 직원**은 각각 몇 명입니까?
직원 수를 응답하기 어려운 경우에는 대략적인 비율을 응답해 주십시오.
※ 일상 업무에서 컴퓨터 이용이란 일주일에 적어도 한 번 이상 컴퓨터를 이용하여 업무를 수행하는 경우를 의미

전체 직원 수	컴퓨터 이용 직원 수		컴퓨터 이용 직원 비율			
			백	십	일	
명	명	or				%

문3 **(문1에서 '컴퓨터 활용'으로 응답한 기업체만 해당)**

귀 기업체에서는 **네트워크(혹은 서버)가 구축**되어 있습니까?
※ 네트워크 : 데이터 및 자원 공유와 정보 교환을 위해 유/무선으로 정보기기를 연결하는 것
서버 : 인터넷을 통해 클라이언트에게 서비스나 정보를 제공하는 역할을 수행하는 컴퓨터

구분	구축 여부
1) 예	□
2) 아니오	□

- 2 -

인터넷

◈ 기업체의 인터넷 이용 환경 및 활용 수준을 파악하기 위한 질문입니다.

[인터넷] 컴퓨터(기기)를 이용하여 이메일 송·수신, 정보 검색, 인터넷 뱅킹, 데이터 전송 등이 가능한 전 세계적인 통신망

문4 **(모든 기업체)**

귀 기업체에서 **업무상 인터넷을 이용하기 위해 접속하는 방법**은 무엇입니까?
해당하는 항목에 **모두** √ 표해 주시기 바랍니다.

구분	유형	구분	설명(예시)	접속 방법
인터넷 이용	유선	1) 케이블 모뎀	예) 유선방송사 인터넷, SK B 인터넷 스피드, LG U+프라임 등	□
		2) 광랜	예) KT 광랜, SK B 인터넷 광랜, LG U+ 광랜 등	□
		3) 전용회선	예) E1, E3, T1, ATM 등	□
	무선	4) 무선랜(Wi-Fi)	예) KT 올레 와이파이, SK T 와이파이, LG U+ 와이파이 등	□
		5) 모바일 인터넷	예) KT olleh, SK T, SK 브로드밴드, LG U+ZONE 등	□
	기타	6) 기타	(적어주십시오 : ______________________) (업체 및 서비스 명을 기입해 주세요)	□
인터넷 미이용	인터넷을 이용하지 않음			□

☞ **인터넷을 이용하면 문5**로 가시오

☞ **인터넷을 이용하지 않으면 문6**으로 가시오

문5 **(문4에서 '인터넷 이용'으로 응답한 기업체만 해당)**

귀 기업체의 총 직원과 **일상 업무에 인터넷을 이용하는 직원**은 각각 몇 명입니까?
직원 수를 응답하기 어려운 경우에는 대략적인 비율을 응답해 주십시오.
※ 일상 업무에서 인터넷 이용이란 일주일에 적어도 한 번 이상 인터넷을 이용하여 업무를 수행하는 경우를 말합니다.

전체 직원 수	인터넷 이용 직원 수
명	명

or

인터넷 이용 직원 비율			
백	십	일	
			%

- 3 -

웹사이트(홈페이지 등)

◈ 기업체의 자체 웹·앱 서비스 이용 여부를 파악하기 위한 질문입니다.

[웹사이트(홈페이지 등)] **인터넷을 통해 접근할 수 있는 일련의 웹 페이지와 관련된 콘텐츠**

▪ 아래 유형에 해당되는 경우 웹사이트 이용으로 포함합니다.

웹사이트(홈페이지 등) 유형

- **홈페이지** : 회사 소개, 제품 및 서비스 정보, 고객 지원 등을 제공하는 페이지
- **SNS(소셜 네트워크 서비스)** : 일반 블로그 등 소셜 네트워크 서비스를 이용하는 경우
- **모바일 앱** : 모바일 기기에서 이용할 목적으로 구축된 애플리케이션을 운영
- **동영상 채널** : 동영상 채널을 활용해 마케팅, 광고, 제품/서비스 홍보 등을 하는 경우
- **이커머스 플랫폼** : 이커머스 플랫폼(포털사이트, 모바일 앱 등)을 이용하는 경우

문6 (모든 기업체)

귀 기업체에서는 **어떤 형태의 웹사이트(홈페이지 등)를 이용**하고 있습니까? 해당하는 항목에 **모두** √ 표해 주시기 바랍니다.

구분	유형	설명(예시)	이용 여부
웹사이트 이용	1) 홈페이지	예) http://www.nia.or.kr	□
	2) SNS (소셜 네트워크 서비스)	예) 페이스북, X(트위터), 인스타그램, 틱톡, 쓰레드, 네이버 밴드, 카카오스토리, 라인 등	□
	3) 모바일 앱	예) 전용 모바일 앱을 통해 서비스(업체 및 판매 상품정보 직접 등록, 온라인 주문 등) 제공	□
	4) 동영상 채널	예) Youtube, SOOP(아프리카TV), 네이버 치지직, 카카오TV 등	□
	5) 이커머스 플랫폼	예) 쿠팡, 배달의민족, 요기요, 네이버지도, 카카오맵, 알리익스프레스, 테무, 네이버 스마트스토어, G마켓, 옥션, 11번가 등	□
웹사이트 미이용	웹사이트를 이용하지 않음		□

☞ **웹사이트를 이용하면 문7로 가시오**

☞ **웹사이트를 이용하지 않으면 문8로 가시오**

문7 (문6에서 '웹사이트 이용'으로 응답한 기업체만 해당)

귀 기업체의 **웹사이트(홈페이지 등)에서는 아래의 기능 중 어떤 기능을 제공**하고 있습니까?
해당하는 항목에 **모두** √ 표해 주시기 바랍니다.

구분	설명(예시)	제공 여부
1) 정보 제공	제품·서비스 및 인력 채용에 대한 정보 제공 및 홍보·광고	□
2) 주문 · 판매	물리적/전자적 제품·서비스를 온라인으로 처리하기 위해 장바구니, 주문, 예약, 결제, 배송 추적 기능 등을 제공	□
3) 고객 지원 서비스	Q&A, 원격지원 및 챗봇 등으로 고객 문의사항 접수 및 답변, 고객 맞춤형 서비스* 제공 *개별 고객의 특성과 요구에 맞춰 상품이나 서비스의 내용이나 방식을 조절	□
4) 장애인용 서비스	멀티미디어(동영상) 콘텐츠에 대한 자막 · 원고 · 수화 제공, 음성 출력 및 음성 인식 기능, 화면 확대 및 색조 대비 향상 기능 등	□
5) 외국어 지원 서비스	두 가지 이상의 언어로 컨텐츠 제공	□

- 4 -

전자상거래 구매(발주)/판매(수주)

◈ 기업체의 온라인 상에서의 거래 여부를 파악하기 위한 질문입니다.

[전자상거래] **제품 또는 서비스의 구매(발주) 또는 판매(수주)가 컴퓨터 및 네트워크를 통해 온라인으로 이루어지는 방식 (모바일 상거래 포함)**

- 전자상거래 대상으로는 ① 물리적 상품(온라인 주문, 우편/ 택배/ 퀵 등의 오프라인 배송)
  ② 디지털 상품(교육 콘텐츠, 온라인게임, 동영상, 음악, 온라인 금융 및 증권 정보 등에 접속 또는 다운로드)
  ③ 기타 서비스(엔터테인먼트, 여행, 교통, 뷰티, 의료, 음식 예약/예매) 등을 포함합니다.
- 모바일 상거래와 같이 인터넷 기반 이동전화는 포함되나, 전화, 팩스, 통상적인 이메일을 사용해 제품 또는 서비스를 주문하거나 받는 경우는 포함하지 않습니다.
- 비용 결제와 배송은 온라인으로 이루어지지 않아도 포함되나, 주문이 취소되거나 완료되지 않은 경우는 제외됩니다.
- 금융보험업의 경우에는 '인터넷을 매개로 한 네트워크를 통해 상품 또는 서비스를 구매하거나, 인터넷 마켓플레이스 (인터넷 뱅킹 서비스가 가능한 웹사이트)를 통해 상품, 정보, 서비스를 판매하는 방식'을 말합니다.

문8 **(모든 기업체)**

귀 기업체에서는 **작년 1년간(2024년 1~12월) 전자상거래(모바일 상거래 포함)를 통해 업무와 관련된 제품 또는 서비스를 구매(발주)/판매(수주)** 하신 적이 있습니까?
해당하는 항목에 <u>모두</u> √ 표해 주시기 바랍니다.

구분	이용 여부	
	예	아니오
1) 구매(발주)	□	□
2) 판매(수주)	□	□

☞ 판매(수주) 경험이 <u>있으면</u> 문9로 가시오

☞ 판매(수주) 경험이 <u>없으면</u> 문11로 가시오

문9 **(문8에서 2) 판매(수주)에서 '예'로 응답한 기업체만 해당)**

귀 기업체에서 **작년 1년간(2024년 1~12월) 총 판매(수주)액 중 전자상거래를 통한 판매(수주)액**이 차지하는 비율은 몇 %입니까?

전자상거래 판매(수주) 비율
= (전자상거래 판매(수주)액 / 총 판매(수주)액) x 100

백	십	일	
			%

문10 **(문8에서 2) 판매(수주)에서 '예'로 응답한 기업체만 해당)**

귀 기업체에서 전자상거래를 통해 제품 또는 서비스를 판매(수주)한 고객을 아래와 같이 구분하였을 때, **작년 1년간(2024년 1~12월)** 각 유형별 전자상거래 판매(수주)액 비율(%)에 대해 각각 응답해 주시기 바랍니다. (부가가치세 제외)

구분	전자상거래 판매(수주)액 비율	단위
1) 가구/개인(소비자) 대상		%
2) 기업 대상(관련기업 포함)		%
3) 정부/공공기관 대상(비영리단체 포함)		%
합 계	100	%

- 5 -

전자정부 서비스

◈ 기업체의 국내 전자정부 서비스 활용 수준을 파악하기 위한 질문입니다.

[전자정부 서비스] **온라인 형태로 제공되는 행정서비스나 정보를 의미**

- 세금, 관세, 기업등록, 치안, 공공보건, 환경 등과 관련된 행정(민원) 신청, 문의, 신고 등의 업무처리, 행정정보 제공 등이 온라인상으로 처리되는 서비스 등을 포함합니다.
- 또한, 행정 및 공공기관의 홈페이지나 포털 사이트 등을 통한 정보 입수뿐만 아니라 문의사항 및 애로사항을 처리하는 것도 전자정부서비스에 해당됩니다. (※ 개인 이용 목적이 아닌 해당 기업체의 업무 처리를 위한 이용만 해당)

전자정부 서비스 예시

서비스	주소	서비스	주소
근로자 4대 보험	▸ www.4insure.or.kr	나라장터전자조달	▸ www.g2b.go.kr
기업지원플러스 G4B	▸ www.g4b.go.kr	전자무역	▸ www.utradehub.or.kr
국세청 웹사이트	▸ www.nts.go.kr	전자통관	▸ unipass.customs.go.kr
국세청 홈텍스	▸ www.hometax.go.kr	세움터(건축행정시스템)	▸ www.eais.go.kr
정부24	▸ www.gov.kr	국민신문고	▸ www.epeople.go.kr

문11 (모든 기업체)

귀 기업체에서 **작년 1년간(2024년 1~12월) 이용해 본 전자정부 서비스**는 무엇입니까?
해당하는 항목에 모두 √ 표해 주시기 바랍니다.

구분	유형	설명(예시)	이용 여부
전자정부 서비스 이용	1) 정보 검색 및 조회	행정 · 공공기관에서 제공하는 각종 정보를 해당 웹사이트에서 검색 및 조회 예) 창업지원, 세금 납부, 법령, 고용(취업), 각종 인 · 허가, 공공데이터 등	□
	2) 각종 행정(민원) 양식 획득 (다운로드 포함)	행정 · 공공기관에서 제공하는 각종 신청, 신고, 납부 등을 위해 작성해야 하는 민원양식을 인터넷 등을 통해 다운로드 예) 세금(연말정산)신고서, 각종 인·허가 신청서, 입찰 문서 등 양식	□
	3) 각종 행정(민원) 양식 작성 및 자료 제출	행정 · 공공기관에 제출해야 하는 각종 민원서식(양식)의 내용 작성, 자료 제출 등을 인터넷을 통해 처리 예) 세금(연말정산)신고서, 각종 인·허가 신청서, 통계자료 등	□
	4) 행정(민원) 업무 온라인 처리	행정 · 공공기관에 찾아가 처리해야 하는 신청, 신고, 납부 등의 각종 행정(민원) 업무의 절차를 온라인으로 처리 예) 4대 보험 가입, 조달 입찰, 무역 처리, 각종 세금 (공과금) 납부, 기차표 및 공공 시설물 예약 등	□
전자정부 서비스 미이용	전자정부 서비스를 이용하지 않음		□

- 6 -

1. 용어 정의
2. 모집단 정의
3. 주요 항목의 표본 오차
4. 기업정보화통계조사 설문지

공공데이터

◈ 기업체의 공공데이터 활용 여부를 파악하기 위한 질문입니다.

[공공데이터] **공공기관(국가기관, 지방자치단체, 공공기관 등)이 생성 또는 취득하여 관리하고 있는 자료 또는 정보를 의미하며, 기관이 업무를 수행하며 생성된 다양한 형태의 모든 자료 및 정보를 의미**

- 공공데이터법 시행을 통해 누구든지 편리하게 공공데이터를 이용할 수 있도록 개방 및 제공이 의무화되었으며, 공공데이터포털(www.data.go.kr), 디지털 집현전, 공공누리, 정보공개포털, 통계청 홈페이지 등을 통해 제공

공공데이터 예시

- 조달청 입찰공고 정보, 특허청 특허정보, 기상청 실시간 날씨정보, 행정안전부 지방행정 인허가정보 등
- 사업체 등록 현황, 기술은행 기술정보, 지역화폐 이용정보, 에너지 사용 및 거래 현황, 주요 상권 현황 등
- 의약품 회수/허가 정보, 식품접객업 기업 정보, 농산물 잔류농약 검사 결과 등
- 주차장 기본 정보, 교통카드 이용통계, 버스 위치 정보, 자율주행 데이터, 화물운임공표 정보 등
- 대기질 정보, 수질 정보, 환경영향평가 정보, 하수처리시설 현황 정보, 오염물/소음·진동 배출시설 정보 등
- 친환경인증정보, 저수지 수위 정보, 작물 품종 정보, 농업 기술 동영상, 생태경관보전지역 정보 등
- 모든 법령, 법령해석례, 생활법령정보, 판례 정보, 보호관찰대상자 현황, 보호관찰관 현황 등

문12 (모든 기업체)

귀 기업체에서는 **작년 1년간(2024년 1~12월) 공공데이터를 활용**하신 적이 있습니까?

구 분	활용 여부
1) 예	☐
2) 아니오	☐

☞ **공공데이터를 활용하면 문13**으로 가시오

☞ **공공데이터를 활용하지 않으면 문14**로 가시오

문13 (문12에서 공공데이터 '활용'이라고 응답한 기업체)

귀 기업체에서 **공공데이터를 활용하는 수준**은 아래 중 어느 것에 해당됩니까? (복수응답)

구분	해당 여부
1) 기초 수준 - 데이터 검색 및 다운로드 현황 파악을 위한 단발성·단순 조회 및 데이터 다운로드	☐
2) 기능적 활용 - 1차 분석 및 업무 참고자료로 활용 기본적인 데이터의 추이와 패턴을 확인하거나 분석한 자료를 업무 참고자료로 활용	☐
3) 전략적 응용 - 고급 분석 및 기업 의사결정 근거자료로 활용 2개 이상의 데이터를 결합 혹은 고급 분석 기법(머신러닝 등)으로 분석하거나 그 결과를 조직 의사결정에 활용	☐
4) 수익 창출 - 공공데이터를 활용하여 관련 서비스/상품 개발	☐

- 7 -

경영정보시스템

◈ 기업체의 경영정보시스템 활용 유형 및 방식을 파악하기 위한 질문입니다.

[경영정보시스템] **기업 경영정보를 총괄(자료 저장, 정보 생성 등)하여 의사결정 등을 지원하는 종합 시스템**

경영정보시스템 유형

- **ERP(전사적 지원 관리)** : 생산, 판매, 인사, 회계 등의 업무를 개별 또는 통합적으로 관리
- **CRM(고객관계 관리)** : 고객과 관련된 정보를 수집, 통합, 처리, 분석해 마케팅 목적의 고객정보 분석

문14 **(모든 기업체)**

아래의 항목 중 귀 기업체에서 운영(활용)중인 경영정보시스템은 무엇입니까?
해당하는 항목에 모두 √ 표해 주시기 바랍니다.

구분		운영 여부
경영정보 시스템 활용	1) ERP(전사적 자원 관리) 예) 자체 개발 ERP 시스템, ERP 공급업체 시스템(SAP Korea, 더존, 오라클, 영림원, 마이크로소프트 등), ERP 공개소프트웨어(Compiere, ERP5, Openbravo, SQL-Ledger, WebERP 등)	□
	2) CRM(고객관계 관리) 예) 자체 구축 CRM 시스템, CRM 공급업체 시스템(Compiere, CentricCRM, OpenCRX, SugarCRM, salesforce 등)	□
	3) 기타(적어주십시오 : ____________________) 예) SCM, HRP, KMS, RFID, NFC, IoT 등	□
경영정보 시스템 미활용	4) 경영정보시스템을 활용한 적 없음	□

☞ 경영정보시스템을 운영하면 **문15**로 가시오

☞ 경영정보시스템을 운영하지 않으면 **문16**으로 가시오

문15 **(문14에서 '경영정보시스템 운영'으로 응답한 기업체만 해당)**

귀 기업체에서는 어떤 방식으로 경영정보시스템을 운영하고 있습니까?
해당하는 항목에 모두 √ 표해 주시기 바랍니다.

구분	운영 방식		
	자체 구축	아웃소싱 (공급업체의 솔루션 구매·운영)	자체구축 및 아웃소싱 병행
1) ERP(전사적 자원 관리)	□	□	□
2) CRM(고객관계 관리)	□	□	□

- 8 -

1. 용어 정의 / 2. 모집단 정의 / 3. 주요 항목의 표본 오차 / 4. 기업정보화통계조사 설문지

원격근무(스마트워크)

◈ 기업체의 원격근무(스마트워크) 운영 여부를 파악하기 위한 질문입니다.

[원격근무(스마트워크)] **정보통신기술(ICT)을 활용하여 시간과 장소에 제약 없이 업무를 수행할 수 있는 유연한 근무방식**

원격근무(스마트워크) 형태

- **재택근무** : 사무실에 출근하지 않고 집에서 업무를 수행하는 형태
  예) 회사 정책 혹은 출산, 육아, 가사 등 개인 사정으로 인해 집에서 근무
- **스마트오피스 근무** : 기존 본사 외 원격 근무가 가능한 거점 오피스에서 업무를 수행하는 형태
  예) 출장, 회의 등으로 사무실에 출근할 수 없는 경우 스마트오피스에서 근무
- **이동(모바일) 근무** : 휴대용 ICT 기기를 활용해 시간과 장소에 대한 제약 없이 업무를 수행하는 형태
  예) 노트북, 스마트폰, PDA 등을 이용하여 고객 방문, 영업 활동, 주차관리, 통계조사, 식품 · 의약품 감시, 가스 검침, 우편 발송, 택배 등을 업무로 수행하는 경우

문16 (모든 기업체)

귀 기업체에서는 어떤 방식으로 원격근무(스마트워크)를 운영하고 있습니까?
해당하는 항목에 **모두** √ 표해 주시기 바랍니다.

구분		운영 여부
원격근무(스마트워크) 운영	1) 재택 근무	□
	2) 스마트오피스 근무	□
	3) 이동(모바일) 근무	□
	4) 기타(적어주십시오 : ______________________________)	□
원격근무(스마트워크) 미운영	원격근무(스마트워크)를 운영하지 않음	□

- 9 -

※ 지금부터는 지능정보기술 활용에 대해 질문 드리겠습니다. 동일한 기기 및 서비스에 여러 기술이 활용되는 경우에도 중복 응답이 가능하니, 충분히 읽어 보시고 응답해 주시기 바랍니다.

Ⅲ. 지능정보기술 활용

사물인터넷(IoT)

◈ 기업체의 사물인터넷 기기 및 서비스 활용 유형과 목적을 파악하기 위한 질문입니다.

[사물인터넷(Internet of things)] **사람과 사물, 사물과 사물, 사물과 시스템 간을 통신(인터넷 등)을 통해 연결하여 정보를 상호 소통하게 하는 기술 및 서비스**

문17 (모든 기업체)

귀 기업체에서는 **사물인터넷(IoT) 기기 및 서비스 중 어떤 유형**을 이용하십니까?
해당하는 항목에 모두 √ 표해주시기 바랍니다.

구분	이용 여부
1) 기업 보안 예) 잠금장치(스마트도어락), 스마트 보안 카메라(CCTV 등), 스마트 출입시스템(건물 내 사람 및 차량 출입통제), 스마트 경보 시스템(화재, 도난, 가스 경보 단말, 경광등, 비상벨 등)	□
2) 고객서비스 예) 키오스크(Kiosk), 상품 위치정보 제공 서비스, 취약계층 복지 서비스(음성인식 스피커 등), 카메라 · 센서 등으로 고객 활동 모니터링(헬스케어 등)	□
3) 결제 시스템 예) RFID · NFC 등을 이용한 카드 결제 시스템(삼성페이, 애플페이 등), POS기기	□
4) 생산/제조 프로세스 관리(스마트팜 · 스마트팩토리) 예) 생산 자동화, 고장예측, 공정 이상 감지, 모니터링 등 스마트 양식장, 작물 재배, 축사 오염물질 관리, 재배환경 및 농산물 유통관리 서비스 등	□
5) 물류 재고 및 상태 (유지)관리 예) 통합관제, 실시간 재고 관리 서비스, GPS 이용 물류 추적/유지관리를 위한 모니터링	□
6) 에너지 관리 예) 에너지 통합관제(전력/전원 모니터링 및 제어), 원격 계량기 · 온습도 조절 장치 · 조명 등	□
7) 스마트 빌딩 · 오피스 예) 스마트기기(원격제어), 스마트사물함, 변동 좌석시스템, 영상회의시스템, 문서고 관리시스템, 회의록 기록 시스템 등	□
8) 기타(적어주십시오 : ______________________)	□
9) 위 사물인터넷(IoT) 기기 및 서비스를 이용한 적 없음	□

☞ 사물인터넷(IoT) 기기 및 서비스를 이용하면 **문18**로 가시오
☞ 사물인터넷(IoT) 기기 및 서비스를 이용하지 않으면 **문19**로 가시오

문18 (문17에서 '사물인터넷(IoT) 기기 및 서비스 이용'으로 응답한 기업체만 해당)

귀 기업체에서 사물인터넷(IoT) 기기 및 서비스를 이용하는 목적은 무엇입니까?
해당하는 항목에 모두 √ 표해주시기 바랍니다.

구분	해당 여부
1) 비용 절감	□
2) 업무 효율성 증대	□
3) 생산성 및 정보공유 증대	□
4) 정보보안 강화	□
5) 근무 환경 개선	□
6) 업무 방식 다양화	□
7) 서비스 안전성 강화	□
8) 고객 수요 반영	□
9) 기타(적어주십시오 : ________________)	□

☞ 응답 후, 문20으로 가시오

문19 (문17에서 '사물인터넷(IoT) 기기 및 서비스 미이용'으로 응답한 기업체만 해당)

귀 기업체에서 사물인터넷(IoT) 기기 및 서비스를 이용하지 않는 이유는 무엇입니까?
해당하는 항목에 모두 √ 표해주시기 바랍니다.

구분	설명(예시)	해당 여부
1) 경제적 비용 부담	도입 및 운영·유지비용 추가 발생으로 인한 사업예산 초과 우려	□
2) 보안에 대한 우려	내부 자료 유출, 보안사고(해킹 등) 발생 등 정보보안 우려	□
3) 서비스(기술)의 복잡성	사물인터넷(IoT) 기기 및 서비스가 자체적으로 가지고 있는 기술적 어려움 및 분석의 복잡성	□
4) 인프라 및 인력 부재	사물인터넷(IoT) 기기 및 서비스 이용을 위한 인프라 및 전문인력 부재	□
5) 호환성 어려움	사물인터넷(IoT) 기기 및 서비스 이용을 위한 기존 장비 및 제어·관리 소프트웨어 간의 호환성 어려움	□
6) 기타	(적어주십시오 : ________________)	□

- 11 -

클라우드 컴퓨팅 서비스

◈ 기업체의 클라우드 컴퓨팅 서비스 활용 유형과 목적을 파악하기 위한 질문입니다.

[클라우드 컴퓨팅(Cloud Computing)]
소프트웨어, 스토리지(저장공간), 데이터베이스, 서버 등과 같은 정보통신(IT) 자원을 직접 구축·운영하지 않고 네트워크에 접속하여 실시간으로 자원을 활용하고 비용을 지불하는 방식의 서비스
- 대표적으로 서비스 모델은 IT 자원의 제공 범위에 따라 IaaS/PaaS/SaaS으로 구분
※ 클라우드 컴퓨팅에는 가상 사설망(VPN)을 통한 연결을 포함합니다.

문20 (모든 기업체)

귀 기업체에서는 **아래의 클라우드 컴퓨팅 서비스 중 무엇을** 이용하십니까?
해당하는 항목에 **모두** √ 표해주시기 바랍니다.

	구분	이용 여부
Outlook	**1) 이메일** 예) 네이버, 다음(Daum), Microsoft Exchange Online, Office 365, Gmail Enterprise, 가비아(gabia), Amazon Simple Email Service 등 클라우드 기반 서비스	□
Office 365	**2) 오피스 소프트웨어** 예) Microsoft Office Cloud, Google Docs, Office 365, 에버노트 등 클라우드 기반 서비스	□
SAP	**3) 재무 또는 회계 소프트웨어 애플리케이션** 예) SAP Business ByDesign, Twinfield, Concur, Netsuite 등 클라우드 기반 서비스	□
DOUZONE 더존비즈온	**4) ERP(전사적 자원 관리) 소프트웨어** 예) ERP 공급업체(SAP, 더존비즈온, 영림원, 오라클 등)의 ERP 소프트웨어, 자체 개발 ERP 시스템 등 클라우드 기반 서비스	□
salesforce	**5) 고객 관계 관리(CRM)** 예) 세일즈포스(Salesforce), Oracle CRM on Demand 등 클라우드 기반 서비스	□
V3	**6) 보안 소프트웨어** 예) 바이러스 백신 프로그램, 네트워크 엑세스 제어 등 클라우드 기반 서비스	□
zoom	**7) 협업(영상회의, 메신저, 일정 관리 등) 관련 소프트웨어** 예) 슬랙, 팀즈, Zoom, 웹엑스, 네이버웍스, 카카오워크 등 클라우드 기반 서비스	□
EDB	**8) 데이터베이스 호스팅(웹 공간과는 별도로 데이터베이스만 용도로 사용할 수 있는 DB 전용 호스팅)** 예) EnterpriseDB, Elastra등 클라우드 기반 서비스	□
OneDrive	**9) 파일 저장** 예) 구글드라이브, Dropbox, 아이클라우드, OneDrive, 네이버 MYBOX, KT 클라우드, GitHub 등 클라우드 기반 서비스	□
aws	**10) 기업 소유의 소프트웨어를 실행하기 위한 컴퓨팅 기능** 예) Amazon Web Services EC2, Microsoft Azure, Google Cloud Platform, Flexiscale 등 클라우드 기반 서비스	□
CO	**11) 애플리케이션 개발, 테스트 및 배포** 예) Google Colab, Heroku, RedHat OpenShift 등 클라우드 기반 서비스	□
12) 기타(적어주십시오 : ______________________________)		□
13) 위 클라우드 컴퓨팅 서비스를 이용한 적 없음		□

☞ 클라우드 컴퓨팅 서비스를 이용하면 **문21**로 가시오
☞ 클라우드 컴퓨팅 서비스를 이용하지 않으면 **문22**로 가시오

문21 **(문20에서 '클라우드 컴퓨팅 서비스 이용'으로 응답한 기업체만 해당)**

귀 기업체에서 **클라우드 컴퓨팅 서비스를 이용하는 목적은** 무엇입니까?
해당하는 항목에 <u>모두</u> √ 표해주시기 바랍니다.

구분	해당 여부
1) 비용 절감	□
2) 업무 효율성 증대	□
3) 생산성 및 정보공유 증대	□
4) 정보보안 강화	□
5) 근무 환경 개선	□
6) 업무 방식 다양화	□
7) 서비스 안전성 강화	□
8) 고객 수요 반영	□
9) 기타(적어주십시오 : ______________________________)	□

☞ <u>응답 후,</u> 문23으로 가시오

문22 **(문20에서 '클라우드 컴퓨팅 서비스 미이용'으로 응답한 기업체만 해당)**

귀 기업체에서 클라우드 컴퓨팅 서비스를 이용하지 않는 이유는 무엇입니까?
해당하는 항목에 <u>모두</u> √ 표해주시기 바랍니다.

구분	설명(예시)	해당 여부
1) 경제적 비용 부담	도입 및 운영·유지비용 추가 발생으로 인한 사업예산 초과 우려	□
2) 보안에 대한 우려	내부 자료 유출, 보안사고(해킹 등) 발생 등 정보보안 우려	□
3) 서비스(기술)의 복잡성	클라우드 컴퓨팅 서비스가 자체적으로 가지고 있는 기술적 어려움 및 분석의 복잡성	□
4) 인프라 및 인력 부재	클라우드 컴퓨팅 서비스 이용을 위한 인프라 및 전문인력 부재	□
5) 호환성 어려움	클라우드 컴퓨팅 서비스 이용을 위한 기존 장비 및 제어·관리 소프트웨어 간의 호환성 어려움	□
6) 기타	(적어주십시오 : ______________________________)	□

- 13 -

데이터 분석

◈ 기업체의 데이터 분석 및 서비스 활용 유형과 목적을 파악하기 위한 질문입니다.

[데이터 분석] **소프트웨어 도구 및 기술을 사용하여 데이터 패턴, 트렌드 분석을 통해 의사 결정을 지원하는 서비스**

- 데이터는 기업의 데이터 소스 또는 외부 소스(예: 공급업체, 고객, 정부)에서 추출할 수 있습니다.
- 데이터 분석 기술 또는 운영환경(분석 프로그램/서비스 인력 등)을 자체적으로 구축·운영하거나 외부 서비스 제공 업체의 분석 환경(시스템, 프로그램/서비스 등)을 활용하여 수행하는 경우를 모두 포함합니다.

문23 (모든 기업체)

귀 기업체에서 데이터 분석 및 서비스를 이용 시 어떤 데이터 유형을 활용하십니까?
해당하는 항목에 <u>모두</u> √ 표해주시기 바랍니다.

구분	이용 여부
1) 공공데이터 예) 행정·공공기관이 직무상 전자적 방식으로 처리, 작성, 취득해 관리하고 있는 문자, 음성, 영상 등과 같은 모든 종류의 데이터 ※ 공공데이터 포털(www.data.go.kr), 공공누리 등을 통해 제공되는 모든 데이터 포함	□
2) 거래데이터(판매 내역, 지불 기록 등) 예) 신용/직불카드 및 금융 거래 데이터, 유통업체 데이터, ERP 수집 데이터, 자체 웹 데이터 등	□
3) 고객정보 데이터 예) 고객 상품 및 서비스 구매 정보, 위치, 선호도, 리뷰, 검색, CRM 수집 데이터 등	□
4) 소셜미디어 데이터 예) 뉴스, SNS(인스타그램, 페이스북, X(트위터), 블로그 등 공개자료) 데이터, 기업 고유 소셜미디어 프로필(개인정보, 댓글, 비디오, 오디오, 이미지 등) 데이터 등	□
5) 웹 데이터 예) 검색엔진 동향, 온라인 가격정보, 온라인 검색, 등록 정보 등 웹 크롤링을 통해 수집한 데이터 등	□
6) 센서 데이터 예) 스마트 장치 또는 센서(도로/기상/전력/기계 센서 및 RFID 태그, 바코드 등)에 의해 수집된 데이터 등	□
7) 위치데이터 예) 휴대용 기기 또는 차량(이동전화 네트워크, 무선 연결 또는 GPS를 사용한 휴대용 장치)으로부터 수집된 데이터 등	□
8) 위성 데이터 예) 위성 이미지, 내비게이션 신호, 위치 신호 등 기업 자체 인프라 또는 외부에서 제공하는 서비스(AWS Ground Station 등)를 통해 수집된 데이터 ※ 휴대용 기기 또는 차량에서 수집된 위치데이터는 제외	□
9) 기타(적어주십시오 : ______________________________)	□
10) 위 데이터 분석 및 서비스를 이용한 적 없음	□

☞ <u>데이터 분석 및 서비스를 이용하면</u> **문24**로 가시오

☞ <u>데이터 분석 및 서비스를 이용하지 않으면</u> **문26**으로 가시오

- 14 -

문24 (문23에서 '데이터 분석 및 서비스 이용'으로 응답한 기업체만 해당)

귀 기업체에서 **데이터 분석 및 서비스를 이용하는 목적**은 무엇입니까?
해당하는 항목에 **모두** √ 표해주시기 바랍니다.

구분	해당 여부
1) 비용 절감	□
2) 의사결정 지원	□
3) 업무 효율성 증대	□
4) 생산성 및 정보공유 증대	□
5) 마케팅 및 판매	□
6) 비즈니스(제품 및 서비스) 개발 및 개선	□
7) 고객 수요 반영	□
8) 기타(적어주십시오 : ________________________________)	□

문25 (문23에서 '데이터 분석 및 서비스 이용'으로 응답한 기업체만 해당)

귀 기업체에서 **데이터 분석 및 서비스를 이용하는 형태**는 무엇입니까?

구분	해당 여부
1) 데이터 분석 시스템과 운영환경을 자체적으로 구축하여 운영	□
2) 데이터 분석 시스템과 운영환경을 자체적으로 구축하지 않고, 외부 서비스 업체의 분석환경을 활용	□
3) 데이터 분석 시스템과 운영환경을 자체적으로 구축하고 외부 서비스 업체도 활용	□

☞ 응답 후, 문27로 가시오

- 15 -

문26 (문23에서 '데이터 분석 및 서비스 미이용'으로 응답한 기업체만 해당)

귀 기업체에서 **데이터 분석 및 서비스**를 이용하지 않는 이유는 무엇입니까?
해당하는 항목에 모두 √ 표해주시기 바랍니다.

구분	설명(예시)	해당 여부
1) 경제적 비용 부담	도입 및 운영·유지비용 추가 발생으로 인한 사업예산 초과 우려	□
2) 보안에 대한 우려	내부 자료 유출, 보안사고(해킹 등) 발생 등 정보보안 우려	□
3) 서비스(기술)의 복잡성	데이터 분석 및 서비스가 자체적으로 가지고 있는 기술적 어려움 및 분석의 복잡성	□
4) 인프라 및 인력 부재	데이터 분석 및 서비스 이용을 위한 인프라 및 전문인력 부재	□
5) 호환성 어려움	데이터 분석 및 서비스 이용을 위한 기존 장비 및 제어·관리 소프트웨어 간의 호환성 어려움	□
6) 양질의 데이터 부족	분석 서비스에 활용할 만한 데이터 부재, 데이터 품질 · 가공 문제 등	□
7) 기타	(적어주십시오 : ____________________)	□

데이터 거래

◈ 기업체의 데이터 거래 여부를 파악하기 위한 질문입니다.

[데이터 거래] **데이터 공급자(판매자)와 수요자(구매자)가 온·오프라인 방식으로 데이터를 전송·사용·이전하는 행위**

- 중개업체(데이터거래사, 데이터거래소 등)를 통한 데이터 거래도 포함합니다.
- 데이터에는 DB 테이블 외에도 문자, 음성, 영상, 사진 등의 정보를 모두 포함합니다.
- 데이터 예시
  - 통계 데이터(시장정보, 리서치 정보 등 통계, 시장동향 관련 데이터)
  - 금융 데이터(성별, 연령별, 거주지별 카드 소비 패턴)
  - 뉴스 데이터(경제 카테고리의 신문 및 방송 뉴스 텍스트 데이터)
  - 고객 정보 데이터(사용자 추천 전국 맛집 데이터, 직장인 식권 소비현황 데이터 등)
  - 공간 데이터(전국 아파트와 주변 환경 및 시설 정보 데이터)
  - 거래 데이터(온라인 쇼핑몰의 상품별 구매 데이터)

문27 (모든 기업체)

귀 기업체에서는 **작년 1년간(2024년 1~12월) 데이터를 구매/판매** 하신 적이 있습니까?
해당하는 항목에 모두 √ 표해주시기 바랍니다.

구 분	거래 여부	
	예	아니오
1) 구매	□	□
2) 판매	□	□

- 16 -

인공지능(AI)

◈ 기업체의 인공지능 기술 및 서비스 활용 유형과 목적을 파악하기 위한 질문입니다.

[인공지능(A.I.: Artificial Intelligence)]
텍스트 마이닝, 컴퓨터 비전, 음성 인식, 머신러닝, 딥러닝 등과 같은 기술을 사용하여 데이터를 수집·활용하여, 예측, 추천 또는 최선의 의사결정을 지원하는 기술 및 서비스

- **인공지능 이용이란 유형별 업무상 인공지능 기술 및 서비스를 이용하는 것을 의미합니다.**
  기업 투자(비용지출)는 기업 차원 유료 API 사용 및 유료 서비스 비용 지출 등을 의미하며 **인공지능 이용과 구분됩니다.**

문28 (모든 기업체)

귀 기업체에서 **업무상 인공지능(AI) 기술 및 서비스를 이용 시 어떤 유형을 활용하십니까?**
해당하는 항목별 이용 유형에 **모두** √ 표해주시기 바랍니다.

구분		이용 여부	기업 투자 (비용지출) 여부
ChatGPT Copilot	**1) 문서작성 및 정보 수집** 예) 코파일럿, 파파고, 구글 번역, 딥엘(DeepL), ChatGPT, 제미나이(Gemini), 뤼튼(wrtn), 클로바 X, 한컴독스 AI, 노션 AI(Notion AI) 등	□	□
SMART FACTORY	**2) 업무자동화 지원** 예) 로봇을 통한 공정·업무 자동화(스마트팩토리, 스마트 물류, 스마트팜 등), 지능형 RPA 및 ERP, AI 기반 비서 서비스, 반복 작업을 자동화하거나 효율화하는 업무에 활용(AI 활용 코딩 등)	□	□
	3) 의사 결정 지원 예) 고객의 구매 내역, 검색 기록, 소셜 미디어 활동 등을 분석하여 마케팅 지원 판매 데이터를 분석하여 수요 예측 및 재고 관리 지원	□	□
NAVER	**4) 음성 언어를 기계가 읽을 수 있는 형식으로 변환하는 기술(음성 인식)** 예) 음성인식을 통한 문서 작성 및 요약(클로바노트, 원노트 등), 인공지능 비서(구글 어시스턴트, 애플 시리, 삼성 빅스비, 네이버 클로바 등)	□	□
DALL·E	**5) 영상, 문자 또는 음성 언어를 생성, 요약, 편집하는 AI기술(자연어생성, 음성합성, 영상 생성 등)** 예) 챗봇을 통한 고객지원 서비스 및 고객응대로봇, AI 휴먼을 활용한 영상 서비스, 자막 자동 생성 서비스, 이미지 제작 등	□	□
Google Lens	**6) 이미지 또는 영상을 기반으로 사물이나 사람을 식별하는 기술(이미지 인식, 이미지 처리 등)** 예) 구글렌즈, 네이버렌즈 등 이미지 인식 기반 정보검색, 영상 이해·분석, 영상편집, 위험 평가 및 탐지, OCR을 통한 텍스트 인식, AI객체인식 (열체크, 안면 인식 등), 지능형 보안카메라(CCTV) 등	□	□
AI	**7) 데이터 분석을 위한 머신러닝(딥러닝)** 예) 제조 품질 및 생산관리(불량, 오류 등의 이상 감지), AI 채점, AI 기반 상품 어드바이징 서비스, R&D(신제품 및 서비스 개발 최적화) 등	□	□
Spam GUARD	**8) 문자 언어 분석을 수행하는 AI 기술(텍스트마이닝)** 예) 스팸 필터링, 문헌 분석 및 추천, 고객 리뷰 분석, 언론기사 분석 등	□	□
	9) 주변 환경 관찰에 기반한 자율적 판단을 통해 기계의 물리적 이동을 가능하게 하는 AI 기술 예) 자율 로봇, 자율 주행 차량, 자율 드론 등	□	□
10) 기타(적어주십시오 : ________________)		□	□
11) 위 인공지능(AI) 기술 및 서비스를 이용한 적 없음		□	

☞ 인공지능 기술 및 서비스를 이용하면 **문29**로 가시오
☞ 인공지능 기술 및 서비스를 이용하지 않으면 **문32**로 가시오

– 17 –

문29 **(문28에서 '인공지능 기술 및 서비스 이용'으로 응답한 기업체만 해당)**

귀 기업체에서 **업무상 인공지능(AI) 기술 및 서비스를 이용하는 목적**은 무엇입니까?
해당하는 항목에 **모두** √ 표해주시기 바랍니다.

구분	해당 여부
1) 마케팅 및 판매 예) 챗봇, 통화대기 안내음성 서비스, 대화형 인공지능 기반 키오스크 등 고객 지원 서비스 제공, 맞춤형 자산관리, 맞춤형 광고 제공, 시장 분석을 통한 가격 최적화, 세일즈 마케팅 콘텐츠 제작, 시장 조사, 산업 및 경제사 분석, 제품 분석, 유통 등	□
2) 생산성 향상 또는 제조 공정/서비스 프로세스 개선 예) 제품 분류 및 제품 결함 검사, 공정 최적화 및 유지보수, 로봇을 통한 조립 작업	□
3) 비즈니스 관리 프로세스 또는 관리 조직화 예) 문서 초안 작성, 위험 평가, 비즈니스 예측, 인적 자원관리	□
4) 물류 관리 예) 로봇을 통한 물류 분류, 인공지능 기반 재고 파악 등	□
5) 기업 보안 예) 인공지능 기반 모니터링, AI객체인식(열체크, 안면 인식 등), 지능형 보안카메라(CCTV), 사이버 공격 탐지	□
6) 회계 및 재무관리 예) 지능형 ERP·CRM, 재무 분석, 대출 심사 등	□
7) 연구개발(R&D) 및 혁신 활동 예) 기존 제품 및 서비스 품질 향상, 신규 제품 및 서비스 기획 및 개발 등	□
8) 비용 절감 예) 인력 대체, 실시간 재고 관리 등을 통한 손실 최소화 등	□
9) 고객 수요 반영 예) 고객의 요청(요구)으로 인공지능 기술 및 서비스 활용	□
10) 기타(적어주십시오 : ____________________)	□

문30 **(문28에서 '인공지능 기술 및 서비스 이용'으로 응답한 기업체만 해당)**

귀 기업체에서 **업무상 인공지능(AI) 기술 및 서비스 이용 형태**는 무엇입니까?
※ 모기업 또는 계열사에 고용된 직원이 이용하는 경우도 포함하여 응답해주시기 바랍니다.

구분	해당 여부
1) 자체적으로 개발하여 이용	□
2) 상용 소프트웨어(또는 시스템)를 자체적으로 수정하여 이용	□
3) 오픈 소스 소프트웨어(또는 시스템)를 자체적으로 수정하여 이용	□
4) 상용 소프트웨어(또는 시스템)를 구매하여 이용 ※ 이미 구매한 소프트웨어 및 시스템에 통합되어 있는 경우도 포함	□
5) 외부 공급업체와 계약하여 개발 또는 수정하여 이용	□
6) 프리웨어(무료 서비스) 이용	□
7) 기타(적어주십시오 : ____________________)	□

- 18 -

문31 (문28에서 '인공지능 기술 및 서비스 이용'으로 응답한 기업체만 해당)

인공지능 기술 및 서비스 도입으로 인한 효과가 귀 기업체에 얼마나 나타났는지에 대해 답변하여 주시기 바랍니다.

구분	설명(예시)	이용 효과				
		전혀 효과 없음	효과 없음	보통	효과 있음	매우 효과 있음
1) 업무의 효율성/생산성 향상 및 비용절감	▪ 업무 절차(공정), 시스템 개선을 통한 간소화/자동화 처리 ▪ 업무 처리/제품 생산 및 속도/생산성 향상 ▪ 원자재 구매/마케팅/물류/서비스 비용 절감	①	②	③	④	⑤
2) 기존 제품 및 서비스 품질 향상	▪ AI 도입을 통한 기존 제품 또는 서비스 품질 향상	①	②	③	④	⑤
3) 신규 제품/서비스, 사업(수익) 모델 개발	▪ 신규 제품/서비스 개발 ▪ 신규 사업(수익) 모델 개발 ▪ 해외 진출(시장 개척)	①	②	③	④	⑤
4) 기업 내부 운영 최적화	▪ 조직운영 관련 조직 내부 부서 간 협업 강화 ▪ 직원들의 업무 만족도 향상	①	②	③	④	⑤
5) 업계 내 경쟁력 강화	▪ 투자 유치, 업계 생존을 위한 도입	①	②	③	④	⑤
6) 안전 및 사고방지/기업 보안	▪ 예측 유지보수, 영상 분석, 환경 모니터링, 리스크 평가 등을 통한 사고 예방 ▪ 침입 탐지, 악성 소프트웨어 감지, 사용자 행동 분석, 피싱 필터링, 자동 보안 패치 등을 통한 기업 보안 강화	①	②	③	④	⑤
7) 법규/규제 준수	▪ 규제 모니터링, 문서 자동 검토, 감사 및 보고의 자동화, 데이터 보호 등을 통한 효율적인 법규/규제 준수	①	②	③	④	⑤

☞ 응답 후, 문33으로 가시오

문32 (문28에서 '인공지능 기술 및 서비스 미이용'으로 응답한 기업체만 해당)

귀 기업체에서 **업무상 인공지능(AI) 기술 및 서비스**를 이용하지 않는 이유는 무엇입니까?
해당하는 항목에 모두 √ 표해주시기 바랍니다.

구분	설명(예시)	해당 여부
1) 경제적 비용 부담	도입 및 운영·유지비용 추가 발생으로 인한 사업예산 초과 우려	□
2) 보안에 대한 우려	내부 자료 유출, 보안사고(해킹 등) 발생 등 정보보안 우려	□
3) 서비스(기술)의 복잡성	인공지능(AI) 기술 및 서비스가 자체적으로 가지고 있는 기술적 어려움 및 분석의 복잡성	□
4) 인프라 및 인력 부재	인공지능(AI) 기술 및 서비스 이용을 위한 인프라 및 전문인력 부재	□
5) 호환성 어려움	인공지능(AI) 기술 및 서비스 이용을 위한 기존 장비 및 제어·관리 소프트웨어 간의 호환성 어려움	□
6) 법적·윤리적 사항 고려	인공지능(AI) 기술 및 서비스 관련 제도적 요건에 의한 이용의 어려움	□
7) 수요에 맞는 AI 부재	필요로 하는 AI 기술 및 서비스 솔루션을 찾지 못함	□
8) 기타	(적어주십시오 : ____________________)	□

- 19 -

Ⅳ. 정보화 투자

정보화 투자

◈ 기업체의 정보화 관련 투자 여부를 파악하기 위한 질문입니다.

문33 (모든 기업체)

귀 기업체에서 아래의 항목 중 **작년 1년간(2024년 1~12월) 투자(비용지출) 하신 부분**이 있습니까?
해당하는 항목에 **모두** √ 표해주시기 바랍니다.

구분		설명(예시)	투자 여부
1) 기초 인프라 투자	1-1) 하드웨어 관련 비용 (구입, 구축, 임대 등)	컴퓨터 관련 부품 및 주변 장치 등 ICT 장비 비용 예) 컴퓨터 장비(CPU, 메인보드, 메모리, 그래픽카드, 프린터 등), 통신장비(랜카드, 허브, 스위치, 라우터 등)	□
	1-2) 소프트웨어 관련 비용 (구입, 구축, 임대 등)	운영체제(OS), 문서작성, 그래픽, 보안, 프로그램 개발 등 소프트웨어 프로그램 제품 예) 한글, 엑셀, 워드, 포토샵, 바이러스 백신, 윈도우/리눅스, 자바, ERP C++정보시스템 도입을 위한 정보화사업(프로젝트) 용역 등(계약 금액) 예) 업무관련 프로그램 개발을 위한 정보시스템 기획(ISP), 컨설팅, 개발 업그레이드(변경, 확장) 등	□
2) 운영 및 유지 보수	2-1) 시스템 운영·유지보수 비용	시스템 운영·유지보수 비용 예) 시스템 운영·관리, 웹 호스팅·하우징 서비스, DB 백업·하드웨어 수리 등을 외부 위탁한 비용 등	□
	2-2) 인프라 운영 비용	정보시스템 운영·관리를 위한 소모성 경비 예) 인터넷 등 정보통신 회선 및 서비스 이용료, 컴퓨터에 연결되어 있는 유·무선 통신회선의 사용료·임대료, 클라우드 인프라 이용 비용 등	□
	2-3) 운영·관리 인건비	정보시스템 운영·관리 담당업무를 수행하는 사내 직원의 인건비 * 외부 인력 인건비 미포함	□
3) 신기술 및 혁신 투자	3-1) 신기술 도입 및 구축	인공지능(AI), 데이터 분석, AI 자동화 로봇 등 신기술 도입 및 구축 비용 예) ChatGPT 등 생성형 AI 서비스 구독, 산업용 AI 자동화 로봇 도입 등	□
	3-2) R&D	신기술을 활용한 제품개발, 기존 제품 개선, 연구협력, 신기술 시장 조사 및 기술 도입 연구 비용 등	□
	3-3) 기술 교육 및 훈련	신기술 활용 관련 직원 교육, 전문가 세미나 및 워크샵 참여, 필요한 기술 라이선스 획득 비용 등	□
4) 투자(비용지출)하지 않음			□

문34 (문33에서 '정보화 투자'로 응답한 기업체만 해당)

귀 기업체의 **작년 1년간(2024년 1~12월) 정보화 투자 금액은 얼마나 됩니까?**
투자 금액 혹은 총 매출액 중 정보화 투자 비용이 차지하는 비율을 응답해 주십시오.

정보화 투자 금액	AI 기술 투자 금액		정보화 투자 비율 = (정보화 투자액 / 총 매출액) x 100	정보화 투자 비율	AI 기술 투자 비율
__억 __만원	__억 __만원	Or		____%	____%

- 20 -

1. 용어 정의 2. 모집단 정의 3. 주요 항목의 표본 오차 4. 기업정보화통계조사 설문지

정보화 전담 인력

◈ 기업체의 정보화 전담 인력 보유 여부 및 형태를 파악하기 위한 질문입니다.

[정보화 전담 인력] **조직이나 기관 내에서 정보화와 관련된 업무를 전문적으로 수행하는 인력**

- 주로 정보기술(IT)과 정보화 사업을 계획하고 추진하는 역할을 맡아 디지털 전환(DX), 데이터 관리, 시스템 개발, 전자정부 서비스, IT 인프라 구축 등 다양한 정보화 관련 활동을 지원하거나 관리
- 정보화 전담 인력 업무 예시
  - 정보화 전략 및 정책 수립: 조직이나 기관에서 정보화 전략을 수립하고, ICT 기술을 어떻게 활용할지에 대한 방향을 제시
  - 정보 시스템 구축 및 운영 관리: 전산 시스템, 네트워크 인프라, 데이터베이스 등 정보화 관련 시스템을 구축하고, 이를 안정적으로 운영
  - 정보화 교육 및 지원: 조직 내 다른 구성원들이 새로운 정보화 기술을 사용할 수 있도록 교육을 제공하거나, 기술적 지원 제공
  - 정보보호 및 보안 관리: 정보 시스템의 보안을 관리하고, 해킹이나 데이터 유출 등의 위험을 방지
  - 정보화 프로젝트 관리: 정보화 사업이나 프로젝트가 원활하게 진행될 수 있도록 관리하고, 필요한 자원과 예산을 조정

문35 **(모든 기업체)**

귀 기업체에서는 **작년 1년간(2024년 1~12월) 정보화 전담 인력을 보유**하였습니까?
정보화 전담 인력을 보유했다면 해당하는 보유형태에 **모두** √ 표해주시기 바랍니다.

구분	보유 여부
1) 예	□
2) 아니오	□

보유 형태
□ 1) 조직 내 별도의 정보화 업무 전담 인력 및 조직 있음
□ 2) 조직의 다른 업무와 정보화 업무를 함께 수행
□ 3) 외부 업체 위탁(아웃소싱)

- 21 -

자료 분류용 질문

지금 말씀해 주시는 내용은 통계적인 자료 분류 목적 이외에 다른 어떤 목적으로도 사용되지 않습니다.

D1 귀 기업체의 **2024년 12월 31일 기준 종사자수**는 남녀 각각 총 몇 명입니까?

남성	명
여성	명

D2 귀 기업체의 **2024년도 매출액**은 대략 얼마입니까?

매출액	____억 ____만원

D2-1 (무응답일 경우), 그럼 귀 기업체의 2024년 매출액은 다음 중 어디에 가깝습니까?

① 5천만원 미만
② 5천만원 이상~ 1억원 미만
③ 1억원 이상~5억원 미만
④ 5억원 이상~10억원 미만
⑤ 10억원 이상~50억원 미만
⑥ 50억원 이상~100억원 미만
⑦ 100억원 이상~200억원 미만
⑧ 200억원 이상~300억원 미만
⑨ 300억원 이상~500억원 미만
⑩ 500억원 이상~1,000억원 미만
⑪ 1,000억원 이상

응답자 관련 사항

기업체 주소	____________시 /도 __________시/군/구______________ 읍/면/동 상세주소 :
응답자 성명	
연락처	전화번호 : 이메일 : *※ 조사결과 안내에 대한 메일 수신을 원하시면 체크해 주세요*
직위 및 소속	직위 : / 소속 :

" 응답해 주셔서 감사합니다 "

- 22 -

현장 방문 기록표 (조사원 기록사항)

조사 방법	질문지 작성 현황
□ 1) 방문면접조사	□ 1) 정보화(ICT) 관련 종사자
□ 2) 현장방문 시 조사가 불가능하여 질문지 배포 후 방문하여 조사완료	□ 2) 기업체 대표
□ 3) 온라인 조사	□ 3) 기업체 총무부서 담당자
□ 4) 이메일·팩스 조사	□ 4) 기타(적어주십시오 : ______________________)
□ 5) 기타(적어주십시오 : ______________________)	

조사대상 기업체 정보변경 현황	리스트 정보	변경사항
기업체명		
업종		
규모		
대표자		
전화번호		

조사 일시	2025년 ______월 _______일 _______ 시 ________ 분부터( )분간

조사원 성명		ID		에디터	실사연구원	자료확인요청

“ 응답자의 명함을 받아 오십시오 ”

- 23 -

2025년 기업정보화통계집

초판 인쇄 2026년 02월 10일
초판 발행 2026년 02월 14일

저　자 과학기술정보통신부, 한국지능정보사회진흥원

발행인 김갑용

발행처 진한엠앤비
주소 서울시 서대문구 독립문로 14길 66 205호(냉천동 260)
전화 02) 364 - 8491(대) / 팩스 02) 319 - 3537
홈페이지주소 http://www.jinhanbook.co.kr
등록번호 제25100-2016-000019호 (등록일자 : 1993년 05월 25일)

ISBN 979-11-290-6315-1 (93310) [정가 36,000원]